O TIRADENTES

LUCAS FIGUEIREDO

O Tiradentes

Uma biografia de Joaquim José da Silva Xavier

Copyright © 2018 by Lucas Figueiredo

Grafia atualizada segundo o Acordo Ortográfico da Língua Portuguesa de 1990, que entrou em vigor no Brasil em 2009.

Capa e caderno de fotos
Mateus Valadares

Imagem de capa
Inspirada na pintura *Alferes Joaquim José da Silva Xavier, o "Tiradentes"*, de José Wasth Rodrigues, 1940, óleo sobre tela. Museu Histórico Nacional, Rio de Janeiro

Mapas
Sonia Vaz

Pesquisa iconográfica
Danilo Araujo Marques e José Antônio de Souza Queiroz (Projeto República: Núcleo de pesquisa, documentação e memória/UFMG).

Preparação
Osvaldo Tagliavini Filho

Checagem
Érico Melo

Checagem histórica
Carla Anastasia

Índice remissivo
Luciano Marchiori

Revisão
Jane Pessoa, Huendel Viana e
Carmen T. S. Costa

Dados Internacionais de Catalogação na Publicação (CIP)
(Câmara Brasileira do Livro, SP, Brasil)

> Figueiredo, Lucas
> O Tiradentes : Uma biografia de Joaquim José da Silva Xavier / Lucas Figueiredo. — 1ª ed. — São Paulo : Companhia das Letras, 2018.
>
> Bibliografia.
> ISBN 978-85-359-3136-5
>
> 1. Brasil – História – Conjuração Mineira, 1789 2. Revolucionários – Brasil – Biografia 3. Tiradentes, 1746-1792 I. Título.

18-16676   CDD-923.281

Índice para catálogo sistemático:
1. Brasil : Revolucionários : Biografia   923.281
   Maria Paula C. Riyuzo – Bibliotecária – CRB-8/7639

[2018]
Todos os direitos desta edição reservados à
EDITORA SCHWARCZ S.A.
Rua Bandeira Paulista, 702, cj. 32
04532-002 — São Paulo — SP
Telefone: (11) 3707-3500
www.companhiadasletras.com.br
www.blogdacompanhia.com.br
facebook.com/companhiadasletras
instagram.com/companhiadasletras
twitter.com/cialetras

Para Teresa

Consiste o ser herói em viver justo.
Tomás Antônio Gonzaga, *Marília de Dirceu*

Sumário

Mapas	13
Atualização e localização dos topônimos	17
Lista de personagens	25
PARTE I — DAS ORIGENS À VIDA NA ESTRADA	31
PARTE II — VIDA MILITAR	61
PARTE III — O LOUCO DESEJO DE LIBERDADE	127
PARTE IV — ARMANDO A MEADA	161
PARTE V — O TRAIDOR (POR QUÊ?)	231
PARTE VI — SEM MEDO DO BACALHAU	245
PARTE VII — CASTELOS NO AR	269
PARTE VIII — NO CENTRO DO ALVO	293
PARTE IX — NA PRISÃO	309
PARTE X — O JULGAMENTO	339
PARTE XI — A EXECUÇÃO	357
EPÍLOGO: DEPOIS DO FIM	369
Sobre este livro	385
Notas	389

Fontes 487
Referências bibliográficas.. 489
Créditos das imagens... 498
Índice remissivo 505

PARA AUXILIAR A LEITURA

    O leitor está prestes a entrar numa história que se passa no final do século XVIII e é ambientada em localidades do Brasil, dos Estados Unidos e de países da Europa e da África. A fim de facilitar a *viagem*, as próximas páginas trazem um material de apoio que poderá ser consultado no decorrer da leitura. Começa com dois mapas. O primeiro mostra as capitanias de Minas Gerais e do Rio de Janeiro com a identificação dos principais pontos onde a trama se desenrola. O segundo — uma carta de Vila Rica (atual Ouro Preto, Minas Gerais) dos anos 1788-9 — assinala o local de residências, prédios públicos, logradouros e igrejas. Há também um gráfico que aponta a curva da produção de ouro em Minas ao longo da trajetória de Tiradentes. E por fim duas listas: uma que atualiza e localiza os topônimos citados — afinal, poucos devem se lembrar, por exemplo, que no fim do século XVIII a rua da Carioca, no centro do Rio de Janeiro, se chamava rua do Piolho — e outra que elenca os principais personagens com uma pequena descrição de cada um.

CAPITANIAS DE MINAS GERAIS E DO RIO DE JANEIRO

VILA RICA (1788-9)

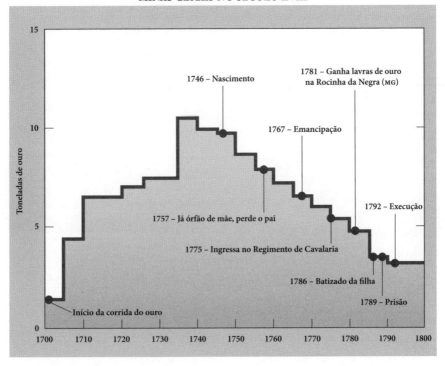

Atualização e localização dos topônimos

Abranches, vila	Guarda (Portugal)
Albemarle, condado	Condado de Albemarle (Virgínia, Estados Unidos)
Alentejo, região	Alentejo (região de Portugal)
Alfândega, rua	Rua da Alfândega (centro do Rio de Janeiro)
Antônio Dias, freguesia	Ouro Preto (MG)
Antônio Dias, ponte	Ponte de Antônio Dias (Ouro Preto, MG)
Araçuaí, vila	Araçuaí (MG)
Bahia, capitania	Estado da Bahia
Baía de Guanabara	Baía de Guanabara (RJ)
Baixo Vouga, região	Baixo Vouga (região de Portugal)
Bananeiras, lugarejo	Conselheiro Lafaiete (MG)
Bandeirinhas, lugarejo	Divisa de Conselheiro Lafaiete e Queluzito (MG)
Barra do Rio das Velhas, arraial	Barra do Guaicuí (distrito de Várzea da Palma, MG)
Barreiro Grande, arraial	Três Marias (MG)
Barroso, povoado	Barroso (MG)
Beira, província	Região da Beira (Portugal)
Berri, Rue de	Rue de Berri (rua de Paris)

Bichinho, vilarejo	Vitoriano Veloso, também conhecido como Bichinho (distrito de Prados, MG)
Birmingham, povoado	Birmingham (Inglaterra)
Bonjardim, rua	Rua do Bonjardim (Porto, Portugal)
Borda do Campo, arraial	Barbacena (MG)
Borda do Campo, fazenda	Barbacena (MG)
Cabaceira Grande, lugarejo	Cabaceira Grande (vila da província de Nampula, Moçambique)
Cachoeira do Campo, arraial	Cachoeira do Campo (distrito de Ouro Preto, MG)
Cachoeira do Funil	Rio das Flores (RJ)
Cachoeiras de Macacu	*ver* Sertões da Cachoeira do Macacu
Caconda, lugarejo	Caconda (vila da província de Huila, Angola)
Cadeia, rua	Rua da Assembleia (centro do Rio de Janeiro)
Caeté, vila	Caeté (MG)
Caldeirões, fazenda	Região localizada entre Cachoeira do Campo e Ouro Branco (MG)
Campanha do Rio Verde, arraial	Campanha (MG)
Campos Gerais da Laje, fazenda	Resende Costa (MG)
Canal Real de Languedoc	Canal du Midi (França)
Capão do Lana, fazenda	Miguel Burnier (distrito de Ouro Preto, MG)
Carijós, arraial	Conselheiro Lafaiete (MG)
Catas Altas, arraial	Catas Altas (MG)
Catas Altas da Noruega, arraial	Catas Altas da Noruega (MG)
Catete, região	Catete (bairro do Rio de Janeiro)
Caveira, fazenda	Barbacena (MG)
Cebolas, arraial	Inconfidência, também conhecido como Sebollas (distrito de Paraíba do Sul, RJ)
Celorico de Basto, vila	Celorico de Basto (Portugal)
Champs-Élysées, Avenue des	Avenue des Champs-Élysées (avenida de Paris, França)
Chapéu d'Uvas, lugarejo	Paula Lima (bairro de Juiz de Fora, MG)
Coimbra, cidade	Coimbra (Portugal)
Conceição do Ibitipoca, arraial	Conceição do Ibitipoca (distrito de Lima Duarte, MG)
Confederação Helvética	Suíça

Copa Cabana, região	Copacabana (bairro do Rio de Janeiro)
Cormatin, vila	Cormatin (França)
Cuiabá, vila	Cuiabá (MT)
Cuieté, povoado	Conselheiro Pena (MG)
Curvelo, arraial	Curvelo (MG)
Descoberto do Macacu, povoado	Cachoeiras de Macacu (RJ)
Direita, rua (Vila Rica)	Rua Conde de Bobadela (Ouro Preto, MG)
Direita, rua (Rio de Janeiro)	Rua Primeiro de Março (centro do Rio de Janeiro)
Engenho do Campo, lugarejo	Ressaquinha (MG)
Engenho do Mato, arraial	Paula Lima (distrito de Juiz de Fora, MG)
Espírito Santo da Varginha, vila	Varginha (MG)
Estremoz, cidade	Estremoz (Portugal)
Fazenda da Vargem, lugarejo	Matias Barbosa (MG)
Genebra, cidade	Genebra (Suíça)
Goa, colônia portuguesa	Goa (Índia)
Goiás, capitania	Estados de Goiás e Tocantins
Guarda do Rio Marmelada, posto dos Dragões	Abaeté (MG)
Igreja Nova, arraial	Barbacena (MG)
Iguaçu, freguesia	Nova Iguaçu (RJ)
Iguaçu, rio	Rio Iguaçu (Baixada Fluminense, RJ)
Ilha de Santa Catarina, vila	Florianópolis (SC)
Itambé, sítio	Santo Antônio do Itambé (MG)
Juiz de Fora, fazenda	Juiz de Fora (MG)
Lagoa Dourada, arraial	Lagoa Dourada (MG)
Laje, arraial	Resende Costa (MG)
Lampadosa, largo	Praça Tiradentes (centro do Rio de Janeiro)
Lapa, bairro	Lapa (bairro do Rio de Janeiro)
Lapa do Desterro, rua	Rua da Lapa (centro do Rio de Janeiro)
Latoeiros, rua	Rua Gonçalves Dias (centro do Rio de Janeiro)
Leiria, cidade	Leiria (Portugal)
Luanda, cidade	Luanda (Angola)
Mariana, cidade	Mariana (MG)
Marapicu, arraial	Marapicu (bairro de Nova Iguaçu, RJ)

Massachusetts, estado	Região que engloba os estados de Massachusetts e Maine (Estados Unidos)
Mata do Macaia, arraial	Macaia (distrito de Bom Sucesso, MG)
Matias Barbosa, arraial	Matias Barbosa (MG)
Matozinhos, arraial	Matozinhos (bairro de São José del-Rei, MG)
Mendanha, fazenda	Lagoa Dourada (MG)
Mercês, rua	Rua das Mercês (Ouro Preto, MG)
Meriti, rio	Rio Meriti (Baixada Fluminense, RJ)
Minas Gerais, capitania	Estado de Minas Gerais
Minas Novas, vila	Minas Novas (MG)
Minho, província	Minho (província de Portugal)
Mogi das Cruzes, vila	Mogi das Cruzes (SP)
Monte Real, freguesia	União das Freguesia de Monte Real e Carvide (Portugal)
Montpellier, cidade	Montpellier (França)
Mossuril, lugarejo	Mossuril (vila da província de Nampula, Moçambique)
Mucuia, lugarejo	Mucuia (vila da província de Nampula, Moçambique)
Neuchâtel, região	Neuchâtel (cantão da Suíça)
Nictheroy, lugarejo	Niterói (RJ)
Nîmes, cidade	Nîmes (França)
Nossa Senhora do Bom Sucesso das Minas Novas do Araçuaí, vila	Minas Novas (MG)
Nossa Senhora do Cabo, lugarejo	Sesimbra (vila do distrito de Setúbal, Portugal)
Nossa Senhora do Campo Alegre de Carijós	Conceição do Ibitipoca (MG)
Novo Redondo, lugarejo	Sumbe (Angola)
Ourives, rua	Essa rua do centro do Rio de Janeiro não existe mais; em seu lugar, há hoje duas ruas, Miguel Couto e Rodrigo Silva
Ouro Branco, arraial	Ouro Branco (MG)
Ouro Preto, arraial	Ouro Preto (MG)
Ouro Preto, freguesia	Ouro Preto (MG)

Ouro Preto, ponte	Ponte do Pilar (Ouro Preto, MG)
Ouvidor, rua	Rua Cláudio Manuel (Ouro Preto, MG)
Paracatu, arraial	Paracatu (MG)
Paraopeba, fazenda	Região entre Conselheiro Lafaiete e Congonhas (MG)
Paris, cidade	Paris (França)
Paty do Alferes, arraial	Paty do Alferes (RJ)
Paulistas, rua	Rua dos Paulistas (Ouro Preto, MG)
Península de Setúbal	Península de Setúbal (Portugal)
Pescadores, rua	Rua Visconde de Inhaúma (centro do Rio de Janeiro)
Piabanha, rio	Rio Piabanha (Rio de Janeiro)
Pilar, freguesia	Ouro Preto (MG)
Piolho, rua	Rua da Carioca (centro do Rio de Janeiro)
Pitangui, vila	Pitangui (MG)
Pombal, fazenda	Ritápolis (MG)
Ponta do Morro, fazenda	Região entre Prados e Tiradentes (MG)
Ponta do Morro, lugarejo	Região entre Prados e Tiradentes (MG)
Ponte de Lima, vila	Ponte de Lima (vila do distrito de Viana do Castelo, Portugal)
Ponte Seca, rua	Rua Cônego Simões (Ouro Preto, MG)
Porto, cidade	Porto (Portugal)
Porto da Estrela	Magé (RJ)
Porto de Meneses	Além Paraíba (MG)
Prados, arraial	Prados (MG)
Províncias Unidas	Países Baixos (Holanda)
Quartéis, rua	Rua Bela (bairro de São Cristóvão, Rio de Janeiro)
Quitanda, rua	Rua da Quitanda (centro do Rio de Janeiro)
Recôncavo da Guanabara	Baixada Fluminense (região do estado do Rio de Janeiro)
Registro de Matias Barbosa, posto fiscal	Matias Barbosa (MG)
Registro do Paraibuna, posto fiscal	Simão Pereira (MG)
Registro do Ribeirão da Areia, posto fiscal	Pitangui (MG)
Registro Velho, fazenda	Barbacena (MG)

Ribeirão, lugarejo	Queluzito (MG)
Rio da Prata, região	Uruguai e Argentina
Rio das Pedras, arraial	Ouro Preto (MG)
Rio de Janeiro, capitania	Estado do Rio de Janeiro
Rio de Janeiro, cidade	Rio de Janeiro (RJ)
Rocinha da Negra, sítio e lavras	Simão Pereira (MG)
Rosário, ponte	Ponte do Rosário (Ouro Preto, MG)
Sabará, vila	Sabará (MG)
Sabarabuçu, região	Região com núcleo em Sabará (MG)
Saint-Honoré, Rue	Rue Saint-Honoré (Paris)
Salvaterra de Magos, vila	Salvaterra de Magos (vila do distrito de Santarém, Portugal)
Santa Clara, freguesia	União das Freguesias Santa Clara e Castelo Viegas (Coimbra, Portugal)
Santa Luzia, praia	A praia foi aterrada na década de 1920 para dar lugar ao aeroporto Santos Dumont (Rio de Janeiro)
Santa Maria dos Olivais, vilarejo	Olivais (freguesia de Lisboa, Portugal)
Santa Quitéria, morro	Praça Tiradentes (Ouro Preto, MG)
Santana da Carnota, vilarejo	Alenquer (Portugal)
Santana da Ressaca, vila	Carandaí (MG)
Santo André de Codeçoso, aldeia	Codeçoso (Portugal)
Santo Ildefonso, freguesia	União das Freguesias de Cedofeita, Santo Ildefonso, Sé, Miragaia, São Nicolau e Vitória (Porto, Portugal)
São Bento do Tamanduá, arraial	Itapecerica (MG)
São Cristóvão, região	Bairro de São Cristóvão (Rio de Janeiro)
São Domingos, colônia	Haiti
São João	*ver* São João del-Rei
São João del-Rei, vila	São João del-Rei (MG)
São João dos Limões, vila	Braga (Portugal)
São José, rua	Rua São José (Ouro Preto, MG)
São José, ponte	Ponte dos Contos (Ouro Preto, MG)
São José, vila	*ver* São José del-Rei
São José del-Rei, vila	Tiradentes (MG)

São Martinho de Leitões, vila	Leitões (Portugal)
São Paulo, capitania	Estado de São Paulo
São Paulo, vila	São Paulo (SP)
São Pedro, rua	Essa rua não existe mais; ficava nas imediações da igreja de Nossa Senhora da Candelária, no centro do Rio de Janeiro
São Sebastião do Rio Abaixo, arraial	Ritápolis (MG)
São Vicente, vila	São Vicente (SP)
Seca, ponte	Ponte Seca (Ouro Preto, MG)
Senhora Mãe dos Homens, rua	Rua da Alfândega (centro do Rio de Janeiro)
Serra da Estrela	Serra da Estrela (Portugal)
Serra da Mantiqueira	Serra da Mantiqueira (divisa dos estados de Minas Gerais, Rio de Janeiro e São Paulo)
Serra das Abóboras, arraial	Paraíba do Sul (RJ)
Serra de Petrópolis	Serra de Petrópolis (RJ)
Serra de Santo Antônio do Itacambiruçu, arraial	Itacambira (MG)
Sertão da Farinha Podre, região	Triângulo Mineiro (região de Minas Gerais)
Sertão do rio São Francisco, região	Norte de Minas Gerais
Sertões da Cachoeira do Macacu, região	Região com núcleo em Cachoeiras de Macacu (RJ)
Sete Lagoas, arraial	Sete Lagoas (MG)
Simão Pereira, lugarejo	Simão Pereira (MG)
Sítio do Pé Pequeno, lugar	Raposos (MG)
Sol, rua	Rua Padre Toledo (Tiradentes, MG)
Taubaté, vila	Taubaté (SP)
Tejuco, arraial	Diamantina (MG)
Vale de Joux	Vale de Joux (Suíça)
Varginha do Lourenço, sítio e estalagem	Entre Ouro Branco e Conselheiro Lafaiete (MG)
Venda Nova, arraial	Venda Nova (MG)
Vila de Nossa Senhora dos Remédios de Paraty	Paraty (RJ)
Vila de Santos	Santos (SP)
Vila do Carmo	Mariana (MG)
Vila do Príncipe	Serro (MG)

Vila Nova da Rainha	Caeté (MG)
Vila Real de Nossa Senhora da Conceição do Sabará	Sabará (MG)
Vila Rica	Ouro Preto (MG)
Vila Rica, morro	Morro que divide os bairros de Botafogo e Copacabana (Rio de Janeiro); em 1892, o morro foi cortado pelo túnel Alaor Prata, mais tarde chamado de túnel Velho
Vila Viçosa	Vila Viçosa (Portugal)
Werneck, sítio	Werneck, distrito de (região entre Paty do Alferes e Miguel Pereira, RJ)
Zona da Mata	Zona da Mata (sudeste de Minas Gerais)

Lista de personagens

ALEXANDRE DA SILVA (ALEXANDRE PARDO), escravo do padre Rolim, para quem redigia as cartas.
ANTÔNIA DA ENCARNAÇÃO XAVIER, mãe de Tiradentes.
ANTÔNIA DA SILVA XAVIER, irmã de Tiradentes.
ANTÔNIA MARIA DO ESPÍRITO SANTO, companheira de Tiradentes, mãe de Joaquina.
ANTÔNIO DA SILVA DOS SANTOS, irmão de Tiradentes.
ANTÔNIO DE OLIVEIRA LOPES (FRACA-ROUPA), biscateiro. Simpatizante da Conjuração Mineira.
ANTÔNIO FRANCISCO LISBOA (ALEIJADINHO), escultor, entalhador e autor de projetos arquitetônicos em Minas Gerais.
ANTÔNIO RIBEIRO DE AVELAR, homem de negócios no Rio de Janeiro. Serviu com Tiradentes — de quem ficou amigo — na mobilização de emergência na capital da colônia entre 1778 e 1779.
BASÍLIO DE BRITO MALHEIRO DO LAGO, fazendeiro português radicado na comarca do Serro do Frio. Segundo delator da Conjuração Mineira.
CAPITANIA, carrasco de Tiradentes.
CARLOS CORREIA DE TOLEDO E MELO, padre. Um dos líderes da Conjuração Mineira na comarca do Rio das Mortes.

CLÁUDIO MANUEL DA COSTA, advogado e poeta. Um dos líderes da Conjuração Mineira na comarca de Vila Rica.

CONDE DE RESENDE (JOSÉ LUÍS DE CASTRO), vice-rei do Brasil entre 1790 e 1801.

D. ANTÔNIO DE NORONHA, governador de Minas Gerais (1775-80).

D. HIPÓLITA JACINTA TEIXEIRA DE MELO, fazendeira. Mulher do coronel Francisco Antônio de Oliveira Lopes. Integrante do núcleo da Conjuração Mineira na comarca do Rio das Mortes.

D. JOSÉ I, rei de Portugal (1750-77).

D. LUÍS DA CUNHA MENESES (FANFARRÃO MINÉSIO), governador de Minas Gerais (1783-8).

D. LUÍS DE VASCONCELOS E SOUSA, vice-rei do Brasil (1778-90).

D. MARIA I, rainha de Portugal (1777-1816).

D. RODRIGO JOSÉ DE MENESES, governador de Minas Gerais (1780-3).

DOMINGOS DA SILVA DOS SANTOS, pai de Tiradentes.

DOMINGOS DA SILVA XAVIER, irmão mais velho de Tiradentes.

DOMINGOS DE ABREU VIEIRA, contratador. Padrinho da filha de Tiradentes, Joaquina. Um dos líderes da Conjuração Mineira na comarca de Vila Rica.

DOMINGOS FERNANDES DA CRUZ, artesão. Integrante do grupo de apoio de Tiradentes no Rio de Janeiro. Cedeu sua casa como esconderijo ao alferes.

DOMINGOS VIDAL DE BARBOSA LAJE, mineiro de Conceição do Mato Dentro, cursou medicina nas universidades de Montpellier e Bordeaux (França). Juntamente com José Joaquim Maia e Barbalho, integrou o núcleo de estudantes que atuavam pela independência do Brasil na Europa. No retorno ao Brasil, fez parte do núcleo da Conjuração Mineira na comarca de Vila Rica.

FRANCISCO ANTÔNIO DE OLIVEIRA LOPES, fazendeiro. O coronel (título honorífico) era marido de d. Hipólita Jacinta Teixeira de Melo. Serviu com Tiradentes na mobilização de emergência no Rio de Janeiro entre 1778 e 1779. Um dos líderes da Conjuração Mineira na comarca do Rio das Mortes.

FRANCISCO ANTÔNIO REBELO, tenente-coronel. Ajudante de ordens e homem de confiança do visconde de Barbacena, governador de Minas Gerais.

FRANCISCO DE PAULA FREIRE DE ANDRADA, tenente-coronel e comandante do Regimento Regular de Cavalaria de Minas Gerais. Serviu com Tiradentes na mobilização de emergência no Rio de Janeiro entre 1778 e 1779. Um dos líderes da Conjuração Mineira na comarca de Vila Rica.

FRANCISCO XAVIER MACHADO, porta-estandarte do Regimento Regular de Cavalaria de Minas Gerais. Integrante do grupo de apoio de Tiradentes no Rio de Janeiro.

INÁCIA GERTRUDES DE ALMEIDA, viúva, residente no Rio de Janeiro. Teve uma filha curada por Tiradentes. Integrante do grupo de apoio de Tiradentes na capital da colônia.

INÁCIO CORREIA PAMPLONA, fazendeiro e mestre de campo (título honorífico). Aderiu ao núcleo da Conjuração Mineira na comarca do Rio das Mortes, mas logo depois mudou de lado, tornando-se o terceiro delator do movimento e espião do visconde de Barbacena.

INÁCIO JOSÉ DE ALVARENGA PEIXOTO, advogado, poeta, fazendeiro, minerador e ex-ouvidor da comarca do Rio das Mortes. O coronel (título honorífico) foi um dos líderes da Conjuração Mineira no Rio das Mortes.

INÁCIO NOGUEIRA LIMA, padre. Sobrinho da viúva Inácia Gertrudes de Almeida. Integrante do grupo de apoio de Tiradentes no Rio de Janeiro.

JOÃO DA COSTA RODRIGUES, dono de uma taberna na Varginha do Lourenço (Minas Gerais), tradicional parada de viajantes do Caminho Novo. Simpatizante da Conjuração Mineira.

JOÃO DIAS DA MOTA, fazendeiro. Integrante do núcleo da Conjuração Mineira na comarca do Rio das Mortes.

JOÃO RODRIGUES DE MACEDO, contratador, homem mais rico de Minas Gerais. Integrante do núcleo da Conjuração Mineira na comarca de Vila Rica.

JOAQUIM DE OLIVEIRA (MONTANHA), líder da Quadrilha da Mantiqueira, bando criminoso que atuava na divisa de Minas Gerais com o Rio de Janeiro.

JOAQUIM JOSÉ DA SILVA XAVIER (TIRADENTES), alferes do Regimento Regular de Cavalaria de Minas Gerais. Um dos líderes da Conjuração Mineira na comarca de Vila Rica.

JOAQUIM SILVÉRIO DOS REIS, contratador, coronel do Regimento de Cavalaria Auxiliar da Borda do Campo. Integrante do núcleo da Conjuração Mineira na comarca do Rio das Mortes. Mudou de lado, tornando-se o primeiro delator do movimento e espião do visconde de Barbacena.

JOAQUINA, filha de Tiradentes e Antônia Maria do Espírito Santo.

JOSÉ AIRES GOMES, dono da fazenda da Borda do Campo, tradicional parada de viajantes do Caminho Novo. Participou com Tiradentes da operação de combate à Quadrilha da Mantiqueira (1783). O coronel (título honorífico) era integrante do núcleo da Conjuração Mineira na comarca do Rio das Mortes.

JOSÉ ÁLVARES MACIEL, mineiro de Vila Rica, cursou filosofia natural na Universidade de Coimbra (Portugal), onde integrou o núcleo de estudantes que atuavam pela independência do Brasil. Fez estudos de metalurgia em Birmingham (Inglaterra). No retorno à colônia, serviu como tutor dos filhos do visconde de Barbacena, de quem também era auxiliar em assuntos de mineralogia. Foi um dos líderes da Conjuração Mineira na comarca de Vila Rica.

JOSÉ CAETANO CÉSAR MANITTI, ouvidor de Sabará. Serviu como escrivão na devassa da Conjuração Mineira realizada em Minas Gerais e na Alçada (tribunal), no Rio de Janeiro.

JOSÉ CARLOS DE JESUS MARIA DO DESTERRO, frade. Guardião do convento de Santo Antônio do Rio de Janeiro, integrou o grupo de sacerdotes encarregados de prestar assistência religiosa aos presos que respondiam ao processo da Conjuração Mineira.

JOSÉ DA SILVA E OLIVEIRA ROLIM, padre. Atuava em diversas atividades clandestinas, como contrabando de diamantes, tráfico de escravos e falsificação de moedas. Um dos líderes da Conjuração Mineira na comarca do Serro do Frio.

JOSÉ DA SILVA XAVIER, irmão de Tiradentes.

JOSÉ DE OLIVEIRA FAGUNDES, advogado no Rio de Janeiro ligado à Casa de Misericórdia. Defendeu Tiradentes e os demais réus da Conjuração Mineira.

JOSÉ DE RESENDE COSTA (FILHO), integrante do núcleo da Conjuração Mineira na comarca do Rio das Mortes.

JOSÉ DE RESENDE COSTA (PAI), capitão do Regimento de Cavalaria Auxiliar de São José. Integrante do núcleo da Conjuração Mineira na comarca do Rio das Mortes.

JOSÉ JOÃO TEIXEIRA COELHO, desembargador. De origem portuguesa, serviu como intendente do ouro de Vila Rica entre 1768 e 1779.

JOSÉ JOAQUIM DA ROCHA, cartógrafo e memorialista. Integrante do núcleo da Conjuração Mineira na comarca de Vila Rica. Autor do "mapa das almas" utilizado por Tiradentes.

JOSÉ JOAQUIM MAIA E BARBALHO (VENDEK), carioca, cursou matemática em Coimbra (Portugal) e medicina em Montpellier (França). Integrou o núcleo de estudantes que atuavam pela independência do Brasil na Europa. Fez contatos com o então embaixador norte-americano em Paris, Thomas Jefferson, buscando o apoio dos Estados Unidos à Conjuração Mineira.

JOSÉ LOPES DE OLIVEIRA, padre. Irmão do coronel Francisco Antônio de Oliveira Lopes. Integrante do núcleo da Conjuração Mineira na comarca do Rio das Mortes.

JOSÉ MARIANO DA CONCEIÇÃO VELOSO (FREI VELOSO), naturalista, autor de *Flora Fluminensis*. Primo de Tiradentes.

LUÍS VAZ DE TOLEDO PIZA, sargento-mor da Cavalaria Auxiliar de São João del-Rei (Minas Gerais). Irmão do padre Toledo. Integrante do núcleo da Conjuração Mineira na comarca do Rio das Mortes.

LUÍS VIEIRA DA SILVA, cônego em Mariana (Minas Gerais). Um dos líderes da Conjuração Mineira na comarca de Vila Rica.

MANUEL HENRIQUES (MÃO DE LUVA), líder de uma quadrilha de criminosos que atuava na serra da Mantiqueira, na divisa de Minas Gerais com o Rio de Janeiro.

MANUEL JOAQUIM DE SÁ PINTO DO REGO FORTES, capitão do Regimento de Voluntários Reais de São Paulo. Integrante do grupo de apoio de Tiradentes no Rio de Janeiro.

MANUEL JOSÉ DE MIRANDA, fazendeiro em Marapicu (capitania do Rio de Janeiro). Integrante do grupo de apoio de Tiradentes na capital da colônia.

MANUEL RODRIGUES DA COSTA, padre. Dono da fazenda do Registro Velho, na serra da Mantiqueira (Minas Gerais), tradicional parada de viajantes do Caminho Novo. Integrante do núcleo da Conjuração Mineira na comarca do Rio das Mortes.

MARIA VITÓRIA DA SILVA XAVIER, irmã de Tiradentes.

MATIAS SANCHES BRANDÃO, alferes do Regimento Regular de Cavalaria de Minas Gerais. Integrante do núcleo da Conjuração Mineira na comarca de Vila Rica. Acompanhou Tiradentes em viagem ao Rio de Janeiro, compondo o grupo de apoio do alferes na capital da colônia.

MAXIMIANO DE OLIVEIRA LEITE, capitão do Regimento Regular de Cavalaria de Minas Gerais. Integrante do núcleo da Conjuração Mineira na comarca de Vila Rica.

PEDRO DE OLIVEIRA E SILVA, cabo do Regimento Regular de Cavalaria de Minas Gerais. Integrante do grupo de apoio de Tiradentes no Rio de Janeiro.

PEDRO JOSÉ ARAÚJO DE SALDANHA, ouvidor de Vila Rica. Presidiu a devassa da Conjuração Mineira realizada em Minas Gerais.

RAIMUNDO DA ANUNCIAÇÃO PENAFORTE, frade no Rio de Janeiro. Integrou o grupo de sacerdotes encarregados de prestar assistência religiosa aos prisioneiros que respondiam ao processo da Conjuração Mineira, tendo exercido a função de confessor de Tiradentes.

SALVADOR CARVALHO DO AMARAL GURGEL, médico prático. Integrante do núcleo da Conjuração Mineira na comarca de Vila Rica.

SEBASTIÃO FERREIRA LEITÃO, minerador português radicado em Minas Gerais. Padrinho de batismo de Joaquim José da Silva Xavier, ensinou-lhe o ofício de tira-dentes.

SEBASTIÃO XAVIER DE VASCONCELOS COUTINHO, desembargador. Presidente da Alçada (tribunal) que julgou a Conjuração Mineira.

MARTINHO DE MELO E CASTRO, secretário da Marinha e Domínios Ultramarinos de Portugal. Braço direito de d. Maria I. Idealizador da decretação da derrama em Minas Gerais em 1788.

SIMÃO PIRES SARDINHA, tenente-coronel (cargo honorífico). Integrante do grupo de apoio de Tiradentes no Rio de Janeiro.

THOMAS JEFFERSON, embaixador dos Estados Unidos em Paris (1784-9). Entabulou conversações com Vendek sobre um possível apoio do governo norte-americano à Conjuração Mineira.

TOMÁS ANTÔNIO GONZAGA, ex-ouvidor de Vila Rica. Poeta, autor das *Cartas chilenas* e de *Marília de Dirceu*. Um dos líderes da Conjuração Mineira na comarca de Vila Rica.

VICENTE VIEIRA DA MOTA, contador e braço direito do contratador João Rodrigues de Macedo. Integrante do núcleo da Conjuração Mineira na comarca de Vila Rica.

VISCONDE DE BARBACENA (LUÍS ANTÔNIO FURTADO DE CASTRO DO RIO DE MENDONÇA E FARO), governador de Minas Gerais (1788-97) no período do combate à Conjuração Mineira.

VITORIANO GONÇALVES VELOSO, alfaiate, alferes do corpo auxiliar de "pardos" do vilarejo de Bichinho (Minas Gerais). Serviu como correio na Conjuração Mineira.

PARTE I

DAS ORIGENS À VIDA NA ESTRADA

I.

No final do século XVIII, o viajante que ia pela primeira vez a Vila Rica era tomado pelo espanto.[1] Antes mesmo de chegar à sede da capitania de Minas Gerais, no interior profundo da América portuguesa, começavam as surpresas. Faltando vinte quilômetros para o fim da expedição, a estrada ganhava um contorno caleidoscópico. O visitante era obrigado a enfrentar um desfiladeiro em zigue-zague, tendo um morro íngreme sobre sua cabeça e uma sucessão de abismos a seus pés. A vertigem era potencializada pelo rio que corria de forma veloz junto à estrada, até quase a entrada da vila. Ao ver o povoado, um viajante da época achou-o "muito sedutor", mas não deixou de notar que ele parecia estar encravado em um dos piores lugares da Terra para se erguer uma cidade.[2] De fato, aquela sequência de morros na colossal serra do Espinhaço, a 1100 metros de altitude, não era o melhor sítio para assentar um núcleo urbano com mais de 2 mil casas grudadas umas às outras,[3] uma dúzia de igrejas corpulentas e alguns prédios públicos de grande porte. O "amor pelo ouro", contudo, venceu a lógica e fez florescer no interior do Brasil um centro urbano vigoroso.[4] A vila abrigava 79 mil "almas" (excluindo-se os indígenas), o equivalente a 2,3% da população da colônia.[5] Apesar de estar a quatrocentos quilômetros do porto marítimo mais próximo, em uma área de difícil acesso e coalhada de bandidos violentos e índios bravios, a comarca de Vila Rica tinha mais habitantes que as cidades do Rio de Janeiro (39 mil) e

Salvador (menos de 46 mil).[6] Era quase duas vezes e meia maior que Nova York (33 mil habitantes), a cidade mais populosa dos Estados Unidos.[7] E, com menos de cem anos de existência, já tinha o equivalente a 15% dos moradores de Paris, cuja história somava, por baixo, vinte séculos.[8]

A improvável grandiosidade da capital de Minas Gerais tinha uma explicação. A vila era o epicentro de um fenômeno delirante que sacudia a América e a Europa desde a virada do século XVII para o XVIII: a exploração da maior reserva de ouro até então conhecida no mundo. Quando, por volta de 1690, nas proximidades de Vila Rica, as primeiras pepitas do metal precioso — algumas com quase três quilos — começaram a ser arrancadas do solo sem grande esforço, teve início a primeira corrida do ouro da era moderna, fenômeno que provocaria transformações em escala planetária.[9] Como desde o século IV a.C. o ouro era usado como moeda,[10] encontrar o metal precioso à flor da terra, como acontecia com fartura em Vila Rica, era o mesmo que achar (muito) dinheiro no chão. Não havia, portanto, melhor lugar no mundo para enriquecer de forma rápida e intensa. Em menos de dez anos, um assassino fugido do Rio de Janeiro, Francisco do Amaral Gurgel, acumulou em Minas, com mineração e comércio, mais de 730 quilos de ouro, o equivalente ao peso de três leões adultos.[11] Se o metal precioso de Vila Rica fazia a alegria de muitos que chegavam à região, ele simplesmente levava ao delírio a corte portuguesa. Em 1731, uma frota formada por catorze navios vindos do Brasil aportou em Lisboa trazendo nos porões 12,7 toneladas de ouro (4,1 toneladas para o rei e 8,6 toneladas para particulares).[12] Boa parte dessa riqueza havia brotado do solo vila-riquense. Para se ter uma ideia do que essa montanha de ouro representava, basta dizer que, antes da descoberta do metal precioso em Minas, a soma das produções anuais na Europa e na África não alcançava dez toneladas.[13]

A estrada para Vila Rica terminava em um riacho de águas límpidas, onde mulheres miseráveis quase nuas costumavam lavar roupa.[14] Transpondo o regato, o que fora do período chuvoso podia ser feito a pé, o viajante começava a passear pelas íngremes e tortuosas ruas da vila desenhadas de acordo com a tradição medieval portuguesa. As vias eram calçadas e relativamente bem cuidadas. Apesar das sucessivas proibições por parte das autoridades locais, inclusive com ameaça de morte dos animais, porcos circulavam soltos disputando espaço com as bestas, os cavalos e os pedestres.[15] Instalado no andar térreo das casas, o comércio era sortido. Nos mercados, vendiam-se milho, feijão, trigo, centeio, arroz, hortaliças ("boas de todas as qualidades"), abacaxis, bananas, melões, melancias, pêssegos, figos, ameixas, maçãs e uvas.[16] Comparando-se com os preços praticados na Europa, as carnes de porco e de vaca eram baratas.[17] O feijão-preto se comia com toucinho ou carne-seca, quando não virava tutu. Galinha era preparada com arroz, abóbora ou quiabo. Para os mais abonados, a costela de boi cozida com mandioca era uma opção. Já os escravos eram obrigados a compor a "sustança" com as partes dos animais rejeitadas por seus senhores (pés, cabeças e "fato", ou seja, miúdos).[18]

As ruas fervilhavam com o vaivém de uma massa "turbulenta".[19] O cenário era plural: mineiros, faiscadores, comerciantes, sapateiros, músicos, escultores, pintores, entalhadores, marceneiros, carpinteiros, alfaiates, fiandeiras, quitandeiras, sacerdotes, prostitutas, ferreiros, militares, mendigos, funcionários da administração colonial, lavradores, lavadeiras, pedreiros, barbeiros, caixeiros, cozinheiros, advogados, boticários, professores, mascates, tropeiros, parteiras, fazendeiros, homens de negócios, escravos, juízes, usurários, vadios, ladrões...[20] Não era difícil notar que Vila Rica era um pedaço da África nas Américas: 80% da população da capitania era formada por negros e pardos. E, entre os negros e pardos, três quintos eram escravos. Os homens brancos eram apenas 10% dos habitantes, minoria que compunha de forma exclusiva a elite local.[21]

Em Vila Rica, era costume ostentar falsa nobreza — na América portuguesa, a fidalguia não vinha do berço e sim da bolsa. Mesmo vivendo em uma junção de mata atlântica com cerrado, geralistas endinheirados copiavam o modo de vida da capital francesa (sem muito sucesso, é verdade). Como se a rua das Mercês ou a rua dos Paulistas fosse uma extensão da Rue Saint-Honoré, homens andavam "vestidos de Paris" com seus lencinhos e pescocinhos de cambraia, camisas de babado de renda, punhos bordados, sapatos de bico fino e fivela metálica e bastão de abade com castão de prata.[22] Na cabeça, tanto podia vir um adereço mais simples (um chapéu de três pontas coberto de cetim preto, por exemplo) como uma vistosa peruca branca empoada, farta em cachos e finalizada com rabicho.[23] As mulheres refinadas, por sua vez, quando iam às ruas, eram levadas de um lado a outro em cadeirinhas de arruar carregadas por escravos ou burros. Para resguardar a dama da curiosidade alheia, as liteiras costumavam ter cortininhas.

Na Vila Rica do final dos Setecentos, não era tarefa banal encontrar alguém que pudesse escrever qualquer coisa além do próprio nome ou, mais difícil ainda, que fosse capaz de ler.[24] O analfabetismo grassava na comarca, o que, diga-se de passagem, não era diferente no restante de Minas Gerais e nas demais capitanias do Brasil. No entanto, muito em razão das oportunidades econômicas criadas pela corrida do ouro, havia exceções, e elas faziam de Vila Rica um lugar especial. Uma pequena — porém brilhante — porção de intelectuais tinha trazido o mundo para a vila. Eram homens que entre si conversavam em profundidade sobre filosofia e poesia e que escreviam sonetos, éclogas, canções e cantatas, às vezes em italiano perfeito.[25] Mesmo vivendo em uma colônia onde era proibido imprimir livros ou editar jornais, e onde um livro importado custava o mesmo que duas ovelhas, esses intelectuais possuíam fartas bibliotecas, algumas com dezenas ou mesmo centenas de livros, que abarcavam as mais diversas áreas do saber (literatura, direito, teologia, ciências, artes, poesia etc.).[26] Quando escreviam sobre a vida no interior da colônia, os sábios de Vila Rica citavam personagens da mitologia greco-romana (Tália, Melpômene, Medeia, Abreu, Caco, Jove), figuras da Roma Antiga (Calígula, Aníbal) e passagens de obras clássicas e modernas tanto em verso quanto em prosa (*Sátiras* de Horácio, *Odisseia* de Homero, *Eneida* de Virgílio, *Tristes* de Ovídio, *Dom Quixote de La Mancha* de Miguel de Cervantes).[27] Apesar de estarem ilhados no interior da remota América do Sul (de Lisboa ao Rio de Janeiro eram aproximadamente setenta dias de navio, e dali até Vila Rica eram mais dez dias a cavalo), esses homens estavam não só a par das radicais mudanças políticas e sociais que aconteciam na Europa e na América do Norte naquele fim de século, como também eram capazes de tecer reflexões relevantes sobre tais eventos.

 Nas ruas, os eruditos e os ricos dividiam a calçada com uma enorme massa de desclassificados. Desocupados, em geral iletrados, vagavam em busca de um serviço braçal temporário, mendigavam ou simplesmente aguardavam uma distração para roubar algo.[28] Os vadios eram um problema, mas não raro podiam também ser uma solução. Quando o governo precisava de mão de obra, bastava mandar prender alguns vagabundos e forçá-los a trabalhar de graça e por pouca comida.[29] Quando os vadios perdiam a serventia e voltavam a ser um transtorno, restava-lhes o mesmo tratamento dado aos escravos: o açoite público no pelourinho do morro de Santa Quitéria, um espetáculo lúgubre com direito a sangue vertendo das costas dos castigados e os gritos e gemidos a ecoar pela vila.[30]

 A categoria dos desgraçados que tinha a via pública como palco era engrossada pela notável legião de enjeitados — bebês abandonados na entrada da Santa Casa de Misericórdia ou nas portas das igrejas e residências particulares.[31]

 E por fim, no último lugar da fila dos desventurados, estavam os escravos.

Eram praticamente metade da população de Minas Gerais, capitania que na época respondia pela maior massa de cativos per capita de todo o mundo.[32] Pelas ruas de Vila Rica, zanzavam escravos (negros e pardos) nascidos nas senzalas brasileiras ou trazidos da África. Eram de etnias variadas (cabo verde, mina, costa do marfim, guiné, angola, benguela, congo, monjolo, rebolo, são tomé, moçambique etc.) e se ocupavam de todo tipo de trabalho. Labutavam no comércio de secos e molhados, preparavam quitutes e os vendiam aos pedestres (parte do dinheiro ficava com o cativo, parte era destinada a seus donos), atuavam como pajens e limpavam as casas, o que incluía esvaziar urinóis e potes de excremento. Mas os escravos se encarregavam sobretudo do massacrante serviço nas fazendas e da dura — e muitas vezes letal — lida nas lavras de ouro.

Escravos e homens livres, pobres e ricos, intelectuais e analfabetos, funcionários da Coroa e vadios, todos eles, sendo do sexo masculino, costumavam frequentar as catinguentas tabernas da vila, onde podiam dividir um meio queijo ou uma garrafa de cachaça, que ardia e alegrava.[33] Quando a noite caía, não eram apenas as corujas e os morcegos que se animavam.[34] Homens de todos os estratos sociais saíam às ruas a varejar lugares impróprios (um beco escuro, o pilar de uma ponte, certas senzalas...) ou a buscar uma das inúmeras "casas de alcouce" da vila.[35] O propósito era um só: compartilhar bebida, jogatina, música e o prazer fugaz oferecido pelas "michelas", mulheres brancas, negras, pardas ou carijós que "viviam de ofender a Deus para sustentar-se", como se maldizia na época a respeito do meretrício.[36]

Menos lascivos, mas igualmente concorridos, eram os encontros de fim de tarde nas principais pontes da vila. Horas antes de o sol se pôr, o público começava a se juntar na ponte do Rosário, na Antônio Dias, na São José... Ali gastava-se o tempo a tratar de negócios, a prosear ou a afiar a "língua venenosa".[37] Vez por outra, o pregoeiro oficial aproveitava o afluxo do público para anunciar, em voz alta, que mais uma propriedade de um mau pagador ia a leilão:

> Dou-lhe uma, dou-lhe duas, dou-lhe três,
> Dou-lhe outra mais pequena: afronta faço;
> Se ninguém mais me oferece, arremato.[38]

As pontes de Vila Rica eram o símbolo de um processo de desenvolvimento urbano particular, que unia velocidade, grandiosidade e esmero arquitetônico.

Nove décadas antes, quando levas e levas de aventureiros tomados pela "maldita fome de ouro" começaram a chegar à região, fazendo-a crescer de forma exponencial, a travessia dos inúmeros córregos que cruzavam o povoado era um transtorno, sobretudo na época das chuvas.[39] Durante décadas, as pinguelas serviram como solução improvisada. Na metade dos Setecentos, porém, as frágeis e inseguras passarelas de madeira começaram a ser substituídas por "sólidos viadutos de alvenaria ciclópica" feitos da melhor pedra, trabalhados em cantaria e dotados de guarda-corpos, longos bancos e imponentes cruzeiros.[40] Entre 1744 e 1757, foram erguidas cinco dessas pontes notáveis, algumas delas com dezenas de metros de extensão e altura.[41]

Comparada ao restante da colônia, Vila Rica era um excepcional canteiro de obras. Nenhum outro núcleo urbano do Brasil, por exemplo, tinha tantos chafarizes. Entre 1752 e 1763, foram construídos sete chafarizes na capital mineira, e nenhum deles era banal.[42] Ao contrário, eram ricamente decorados com esculturas em forma de conchas marinhas, monstros e serpentes, e chegavam a medir mais de cinco metros de altura. Alguns tinham inscrições em latim que atestavam a pureza da água.

Em outubro de 1790, Vila Rica em nada lembrava o lugarejo que menos de cem anos antes surgira no meio do nada. Em vez das choupanas originais com paredes feitas de uma mistura de barro e estrume, onde brancos e escravos dividiam o mesmo teto entre uma jornada e outra nas lavras de ouro, havia agora um casario admirável. O destaque eram os espaçosos sobrados de dois andares, com pé-direito de até quatro metros, vidraças importadas e teto de telha (não mais as coberturas de folha de palmeira). Alguns edifícios eram mesmo majestosos, como o conjunto que servia ao mesmo tempo de residência e loja de negócios ao homem mais rico de Vila Rica, o contratador João Rodrigues de Macedo. O solar tinha sete portas na fachada principal e 42 janelas voltadas para o exterior.[43] No alto do morro de Santa Quitéria ficava o Palácio do Governador, mistura de solar e fortaleza guardada por muralhas e guaritas.[44] Bem em frente, graças à farta mão de obra de desocupados e ladrões, subiam as grossas paredes de pedra da Casa da Câmara e Cadeia.[45] A dois minutos de caminhada, outra joia vila-riquense: a pequena e graciosa Casa da Ópera, onde homens e mulheres (elas nos magníficos camarotes, eles em bancos espalhados pela plateia) assistiam a espetáculos de teatro e música — ainda em vida, Mozart teve algumas de suas composições executadas naquele teatro.[46]

O que em 1690 tinha sido apenas um "dilatadíssimo sertão" com população branca praticamente igual a zero, em outubro de 1790 era o berço de uma expressão artística notável.[47] Ali começavam a ser geradas uma literatura, uma arquitetura, uma escultura, uma pintura e uma música próprias. Em breve, em Vila Rica, o traço, a curva, o verso e o tom não seriam simples cópias do europeu, seriam brasileiros.

O fenômeno singular vivido ao longo do século XVIII em Vila Rica, misto de enriquecimento rápido com explosão civilizatória, tinha sua melhor expressão nas igrejas da comarca. As humildes capelinhas de madeira ou adobe erguidas no início da corrida do ouro haviam sido substituídas por templos imponentes. Como bem notou na época um visitante estrangeiro, algumas igrejas eram tão "faustosamente ornamentadas" que chegavam a produzir um efeito "poderosíssimo" no espírito.[48] Em geral, por fora, ainda que fossem grandiosas, elas tinham desenhos simples. Por dentro, porém, prevalecia a opulência, mil vezes opulência, do teto ao chão — era o barroco e seu horror ao vazio. A matriz de Nossa Senhora do Pilar, por exemplo, tinha 434 quilos de ouro a cobrir as talhas da nave central e da capela-mor. Não havia espaço para a monotonia. As tradicionais imagens de santos e de anjinhos esvoaçantes faziam par com esculturas e pinturas nada óbvias: pelicanos bicando o próprio peito para alimentar as crias com seu sangue; Davi cortando a cabeça de um hirsuto Golias; delicadas *chinoiseries* que retratavam um mundo muito além das Gerais, com pagodes orientais, elefantes, dromedários e homens de chapéu chinês.[49]

Justamente naquele ano de 1790 foi esculpido em Vila Rica um dos maiores tesouros rococós da América portuguesa, senão o maior deles. No dia 18 de outubro, por um conto e 750 mil-réis (quantia extraordinária na época, equivalente ao preço de dez escravos), o artista mais talentoso da vila foi contratado para uma segunda rodada de trabalhos na igreja de São Francisco de Assis.[50] Antônio Francisco Lisboa era seu nome, mas, devido a uma doença que pouco a pouco vinha deformando seu corpo, ele ficaria conhecido pela alcunha de Aleijadinho. Filho de um mestre de obras português e de uma escrava, o artista tinha pouco mais de cinquenta anos na época, trinta dos quais dedicados à escultura, à talha e à arquitetura. Já havia feito obras memoráveis em vários pontos de Minas, sobretudo em Vila Rica, sua terra natal. Só na igreja de São Francisco de Assis, Aleijadinho tinha trabalhado mais de oito anos. Na primeira fase do projeto, ele esculpira em pedra-sabão — um material desprezado até pouco tempo antes — a portada do templo (uma das peças mais elaboradas do rococó em todo o mundo), os púlpitos (com cenas inusitadas em baixo-relevo: Jonas a ponto de ser devorado pela baleia, Cristo com um cachorrinho) e o lavabo da sacristia (um colosso de mais de quatro metros de altura com motivos penitenciais e macabros). Ao retornar às obras da igreja, em 1790, Aleijadinho se ocuparia do retábulo da capela-mor, que posteriormente seria considerada uma das criações mais refinadas da arte colonial da América portuguesa. No ponto mais alto do retábulo, quase no teto da igreja, Aleijadinho incrustaria um conjunto de grandes proporções representando a Santíssima Trindade: o Deus Pai, com um triângulo sobre a cabeça e levando o globo terrestre nas mãos; o Deus Filho, carregando a cruz; e, por fim, o Espírito Santo, representado por uma pomba voando entre raios dourados.

O retábulo de Aleijadinho certamente teria encantado de modo especial um devoto ardoroso da Santíssima Trindade que se radicara em Vila Rica.[51] Era um senhor na casa dos quarenta anos e de cabelos brancos chamado Joaquim José da Silva Xavier.[52] Ele tinha uma casa alugada na rua São José, a apenas seiscentos metros da igreja de São Francisco de Assis.[53] Como alguns de seus caminhos recorrentes passavam em frente ao templo, só seria por distração absoluta ou total falta de curiosidade — o que, registre-se, não eram de seu feitio — que Joaquim teria deixado de acompanhar Aleijadinho trabalhando na portada (a partir de 1775) e no lavabo da sacristia (1777-9).[54] O retábulo com a Santíssima Trindade, entretanto, Joaquim não veria pronto.

Sua morte tinha sido decidida no dia 15 de outubro de 1790, três dias antes de Aleijadinho iniciar a nova fase de trabalhos na igreja.[55] A decisão de executar Tiradentes (como a partir daquele mês as autoridades da Coroa passaram a se referir a ele) ainda era segredo, e continuaria a sê-lo por um bom tempo.[56]

Joaquim viveria por mais 554 dias, e nesse período desceria ao inferno. Preso em uma masmorra no Rio de Janeiro, ele era esmagado pela solidão, pelos maus-tratos e também pela culpa. Os antigos camaradas o qualificavam, entre outras coisas, como demente e bêbado.[57] Os detratores o chamavam de devasso.[58] E as autoridades coloniais o acusavam de ser traidor.[59] Depois de tentar ser muitas coisas na vida, de ensaiar constituir uma família, de sonhar em ficar rico e de almejar conquistar a independência de sua terra natal na primeira tentativa concreta dessa natureza na colônia, ele havia falhado. E agora se agarrava à devoção à Santíssima Trindade como último refúgio.[60]

2.

Desde pelo menos o final do século XVI, a vila de Celorico de Basto, na região do Minho, norte de Portugal, abrigou o ramo paterno de Tiradentes, a família Silva. Os tataravós, trisavós, bisavós e avós paternos de Joaquim nasceram e viveram em Celorico de Basto e arredores.[1] O pai de Tiradentes, Domingos da Silva dos Santos, nasceu a dez quilômetros da vila, em uma aldeia chamada Santo André de Codeçoso, em 1698.[2] Rural, minúscula e absolutamente desimportante do ponto de vista econômico, Santo André de Codeçoso tinha na época menos de oitocentos habitantes e estava condenada a não ultrapassar essa marca pelos próximos três séculos.[3] O pai de Tiradentes talvez tivesse tido o mesmo destino de seus antepassados — viver e morrer no Minho —, não fosse a descoberta do ouro em Minas Gerais.

Quando ainda nos primeiros anos dos Setecentos chegou a Portugal a notícia de que havia um tesouro no interior do Brasil, teve início uma espetacular corrida migratória em direção à colônia. No Minho, foram tantos os homens que largaram tudo e pegaram um navio para o Brasil que a agricultura da região sofreu um colapso. Entre os que partiram, estava Domingos da Silva dos Santos.

Ao chegar à América portuguesa, ele fincou sua base em Minas Gerais, na comarca do Rio das Mortes, distante 150 quilômetros de Vila Rica. Ainda solteiro, gastou os anos de juventude que lhe restavam sem assumir qualquer compromisso — Domingos teve uma filha, a qual assumiu, mas preferiu continuar celibatário.[4] Ao completar quarenta anos, decidiu mudar de vida. Uma moça da região, Antônia da Encarnação Xavier, de dezessete anos (23 anos mais jovem que Domingos), mexeu com a cabeça do minhoto. Casaram-se naquele mesmo ano.[5]

A exemplo de seu marido, a futura mãe de Tiradentes tinha as origens ligadas à cobiça do metal precioso. Antônia nascera no Brasil em 1721. O pai era português, também do Minho, e migrara para o Brasil no começo da corrida do ouro.[6] Pelo lado materno, Antônia descendia de portugueses dos Açores que haviam se mudado para o Brasil no início dos anos 1600 e se instalado em uma vila pequena e pobre chamada São Paulo, ponto de partida das bandeiras que no final daquele século descobririam o Eldorado que se escondia no sertão mineiro.

Os pais de Tiradentes se casaram em 1738 na vila de São José del-Rei, comarca do Rio das Mortes.[7] Naquele ano, Minas Gerais abasteceria o Brasil (um pouco), Portugal (muito) e a Inglaterra (muitíssimo) com quase onze toneladas de ouro. Domingos e Antônia conseguiriam abocanhar um pequeno quinhão desse tesouro para a família. Ainda que não fosse uma fortuna, o patrimônio construído por ambos no Brasil os colocava em posição melhor que a de seus antepassados. O casal era dono de uma propriedade rural respeitável, a fazenda do Pombal, localizada entre as vilas de São João del-Rei e São José del-Rei (ou simplesmente São José), os dois núcleos principais da cada vez mais rica região do Rio das Mortes.[8] Na fazenda, Domingos plantava, criava animais (em 1755, eram dezenove porcos, uma vaca, um bezerro e dois cavalos) e explorava uma lavra de ouro anexa ao terreno.[9] Seu plantel de escravos (36 "peças", quase três vezes e meia a média em Minas) era majoritariamente dedicado à produção.[10] A fazenda contava com uma sede, onde vivia a família, e uma segunda casa, ambas com cobertura de telha. Possuía ainda senzalas, paiol e uma capela consagrada a Nossa Senhora da Ajuda. Domingos e Antônia se proclamavam "verdadeiros cristãos" e se esmeravam em manter laços com a Igreja, sendo formalmente ligados à Ordem Terceira da Capela de São Francisco e às irmandades do Santíssimo Sacramento e das Almas.[11] Diziam publicamente confiar um no outro.[12]

Domingos era tido como uma pessoa inteligente.[13] Contava com prestígio na comunidade e tinha trânsito entre os poderosos, o que certamente o ajudou a progredir. Em 1746, ele foi escolhido para ocupar, durante um bimestre (julho e agosto), o cargo de almotacé, o responsável por fiscalizar o abate do gado destinado aos açougues, aferir pesos e medidas utilizados no comércio e zelar pela limpeza da vila.¹⁴ O posto era destinado exclusivamente aos chamados "homens-bons", indivíduos que possuíam distinção social e econômica na comunidade.

No ano seguinte ao casamento, Domingos e Antônia tiveram o primeiro filho. Três anos depois, nasceu o segundo, e após três anos mais, o terceiro. Em 1746, quando Domingos estava com 48 anos e Antônia com 25, nasceu o quarto filho do casal, ali mesmo na fazenda.[15] Foi batizado em novembro, no dia 12, na capela de São Sebastião do Rio Abaixo, na comarca do Rio das Mortes. Na certidão de batismo, o tabelião anotou em letra miúda: "filho legítimo". Ao receber os santos óleos, o menino foi chamado de Joaquim.[16]

Numa sociedade em que a origem da família era um selo que se carregava para toda a vida, para o bem e para o mal, Joaquim José da Silva Xavier teve a vantagem de ser gerado por pais de "sangue limpo", como constava em registros oficiais.[17] Ou seja, para efeito legal, Domingos e Antônia eram brancos e cristãos, e entre seus antepassados não havia nenhum judeu, muçulmano, negro, pardo ou qualquer indivíduo de "infecta nação".[18] Na condição de membro de uma família "sem mácula", Joaquim se credenciava já desde o berço a ocupar cargos públicos e eclesiásticos e a receber benesses do Estado restritas a indivíduos que preenchiam três quesitos: ser homem, ser branco e ser de uma família de cristãos-velhos.[19]

Quando Tiradentes nasceu, a espetacular produção de ouro em Minas acabara de atingir seu pico. Dali em diante, começaria a decair. A princípio, o declínio seria lento, mas ganharia força e velocidade à medida que os anos fossem passando — e que Joaquim fosse crescendo. No ano do nascimento de Tiradentes, a produção de ouro em Minas foi de quase dez toneladas. Em 1790, quando sua morte foi decidida em segredo, alcançaria apenas 3,4 toneladas, dois terços a menos.[20] Tiradentes não apenas cresceria no refluxo da corrida do ouro. Ele estaria no turbulento epicentro da crise.

Joaquim passou a infância na fazenda do Pombal. A propriedade era servida de capoeiras e matas virgens e tinha horta e pomar com "árvores de espinho" (laranjeiras e limoeiros).[21] Bem próximo, corriam o caudaloso rio das Mortes e o rio Santo Antônio, mais modesto. Ao longe, avistava-se uma serra. Não faltava companhia ao menino Joaquim. Acima dele, havia três irmãos: Domingos, que herdara o nome do pai, sete anos mais velho; Maria Vitória, quatro anos de diferença; e Antônio, um ano só mais velho. Abaixo de Tiradentes, outros três: José, dois anos mais novo; Eufrásia, cinco anos de diferença; e Antônia, a caçula, quase sete anos mais nova. Joaquim convivia ainda com um agregado da família por quem seus pais diziam ter "muito amor": um "mulatinho por nome Pedro, filho de uma preta por nome Isabel", escrava de origem africana (nação mina).[22]

Joaquim e seus irmãos foram criados dentro de um ambiente austero. A família tinha pratos de sobra, coisa rara naquele tempo (28 no total, de prata e de estanho). Nem todos, porém, podiam comer com talheres (entre colheres e garfos, havia somente seis).[23] À mesa, dotada de gavetas, no bom estilo mineiro, eles contavam com saleiro e galheta. A cozinha era equipada com tachos, forno e uma chocolateira usada para aquecer líquidos. Para a higiene pessoal, havia bacias e jarros d'água.[24]

Domingos guardava algum metal precioso em casa, mas nada de grande valor. Em 1756, ele tinha o equivalente a 40 800 réis em ouro em pó, o suficiente para comprar noventa porcos e três burros.[25]

Mais que qualquer outra coisa, o que imperava na casa era a devoção. Não era difícil perceber que os pais de Tiradentes davam mais importância à religião que ao conforto. Domingos e Antônia empenharam 100 800 réis, o equivalente a 3% do valor da fazenda, para fazer do lar e de sua capela privada um espaço de adoração.[26] O ambiente familiar era protegido por sete imagens religiosas: um Jesus crucificado, duas Virgem Maria e quatro santos (são Francisco, santo Antônio, são Sebastião e são Gonçalo). Além das esculturas religiosas, havia um missal, um cálice para hóstia e um conjunto de ornamentos para altar na cor roxa.

Comparado ao valor dos itens de devoção, o casal gastou 22 vezes menos para equipar a casa com cadeiras (seis) e tamboretes de madeira (dois).[27] Na família Silva Xavier, prevalecia o hábito, comum na época, de dormir em esteiras — havia apenas uma única cama, com armação de ferro.[28]

Na casa de Joaquim, comia-se carne comprada (fiado) no açougue.[29] A escuridão da noite era enfrentada com candeeiros velhos (sete) e velas dispostas em castiçais de estanho (dois). Domingos tinha uma arma em casa, uma espingarda velha, que podia servir tanto para caçar como para se defender.[30]

A fazenda era bem sortida de ferramentas (trinta enxadas, nove alavancas, doze foices e cinco machados).[31] O pai de Tiradentes devia ser duro com os escravos, pois possuía um tronco e um grilhão de ferro, este último usado para acorrentar cativos pelos pés ou pelas mãos. Domingos também costumava contratar capitães do mato, os temíveis caçadores de negros fugitivos.[32]

Apesar do modo de vida espartano da família, Tiradentes desfrutava de uma riqueza incomum naquele período, não só em Minas como no restante do Brasil:

um ambiente doméstico letrado. Tanto o pai quanto a mãe sabiam ler e escrever.[33] Dois irmãos mais velhos de Tiradentes (Domingos e Antônio), assim como dois primos em primeiro grau (José Mariano da Conceição Veloso e Antônio Rodrigues Dantas), estudariam em seminários, os centros de saber da colônia.[34] José Mariano, o frei Veloso, tornar-se-ia tradutor, editor de livros e autor de várias obras, entre elas um clássico: *Flora fluminensis*, com onze volumes, o primeiro tratado naturalista do Brasil escrito por um filho da terra. O outro primo letrado, Antônio Rodrigues Dantas, também iria se destacar na cena intelectual de Minas como escritor (*Sintaxe latina* é de sua autoria), professor de latim e de retórica e reitor do Seminário de Mariana.

O meio instruído em que Joaquim cresceu certamente foi determinante em sua vida. Apesar de não ter tido acesso a estudos formais, ele aprendeu a ler e a escrever. Seu texto (gramática, construção e conteúdo) alcançaria um nível mais elevado que o de vários de seus contemporâneos, inclusive alguns formados em universidades europeias. O mesmo aconteceria com sua caligrafia a bico de pena, bem desenhada e elegante.[35]

Em julho de 1751, quando Joaquim tinha de quatro para cinco anos, seus pais adoeceram. Não há registro da enfermidade que debilitou Domingos e Antônia, mas o fato é que a ideia da morte rondou suas mentes. Por precaução — ou, nas palavras do casal, "por não sabermos o que nosso Senhor de nós fará, e quando será o tempo de levar-nos para si" —, eles acharam que era hora de fazer um testamento.[36] Ainda naquele mês, Domingos e Antônia escreveram o rascunho de uma carta com seus últimos desejos. A minuta tinha um texto simples e direto e um tom religioso — Domingos e Antônia evocavam a Santíssima Trindade, da qual também eram devotos.[37]

O casal tinha pressa. Assim que começaram a se recuperar da doença, mas ainda combalidos, os pais de Tiradentes foram à vila de São José e procuraram um amigo da família, Francisco da Silva Nunes, a quem pediram que desse uma redação formal ao documento.[38] Quando a minuta final do testamento ficou pronta, Domingos e Antônia chamaram um tabelião para formalizá-lo. O notário José Lopes Bandeira foi então à residência onde o casal se hospedava em São José. A casa estava cheia.[39] Em um canto, "deitados em uma cama de doentes", encontravam-se Domingos e Antônia.[40] Foi o próprio Domingos quem entregou ao tabelião as duas folhas de papel com o testamento. Cumprindo as regras de praxe, o notário fez uma pequena entrevista com o casal e avaliou que, apesar de doentes, marido e mulher tinham "saúde e entendimento" suficientes para decidir quem seriam seus herdeiros.[41] O passo seguinte consistiu na verificação da minuta. O notário correu "o papel nos olhos" a fim de checar se o testamento tinha indícios de falsificação ou se fora escrito com entrelinha muito grande, o que poderia facilitar uma posterior adulteração.[42] Estava tudo correto. O tabelião então leu o documento em voz alta para que todos os presentes tomassem conhecimento formal dos últimos desejos do casal Silva Xavier. Em seguida, assinou o papel e o passou adiante para que Domingos, Antônia e as sete testemunhas presentes também pudessem subscrevê-lo.[43] No encerramento do ato, o testamento foi dobrado e teve as bordas costuradas com linha. Por fim, foi lacrado com pingos de cera vermelha.[44]

Domingos e Antônia se recuperaram da doença, mas mantiveram o testamento guardado.

Ao declinarem no testamento os nomes dos seis filhos que tinham à época, Domingos e Antônia fizeram questão de registrar: "Poderemos ainda ter o que Deus for serviço de dar-nos".[45] E assim foi. Três anos depois, nasceu mais uma menina, batizada com o nome da mãe, Antônia.

Quando a caçula da família completava um ano e meio de vida, em janeiro de 1756, Domingos voltou a ficar diante de um tabelião. Dessa vez, foi o notário quem se abalou até a fazenda do Pombal, e ele não estava só. Acompanhava-o um juiz de órfãos.[46] Aos 34 anos de idade, morria a mãe de Tiradentes, àquela altura um menino de nove anos.[47]

Ao chegar à fazenda do Pombal, o juiz de órfãos disse a Domingos que tomara ciência de que era "falecida da vida presente a defunta sua mulher" e que ela deixara filhos menores.[48] O viúvo confirmou que Antônia havia desencarnado 46 dias antes, na própria fazenda (a causa mortis não foi registrada). Na ocasião, o fazendeiro tinha resolvido tudo sozinho: chamara um padre para celebrar a missa de corpo presente, comprara uma mortalha para vestir os despojos da mulher e fizera o enterro.[49] Agora, a família vivia o luto.[50]

Aos 57 anos, Domingos se via só e com sete filhos menores de idade para criar (o mais velho com dezesseis anos, e a mais nova com um ano e meio).

A tragédia pessoal requeria providências formais. Após ouvir o relato de Domingos sobre a morte de Antônia, o juiz de órfãos apresentou a ele uma cópia dos Santos Evangelhos. Mandou então que o viúvo apoiasse a mão direita sobre o livro e ordenou que fizesse um juramento. Seguindo as orientações do magistrado, Domingos se comprometeu a dar conhecimento dos bens do casal sem ocultar a verdade. Também elencou um a um os nomes dos filhos que tivera com Antônia, completando com a idade que acreditava que cada um deles tinha (Domingos, assim como a grande maioria dos mineiros da época, não sabia a própria idade ou a dos filhos).[51] Talvez por confusão ou nervosismo, omitiu o nome do terceiro filho, Antônio. Dificilmente terá sido um ato de má-fé, pois a informação constava do testamento do casal, que de forma voluntária foi apresentado ao juiz pelo próprio viúvo.[52]

O testamento foi descosturado e teve o lacre de cera vermelha rompido: era hora de conhecer os últimos desejos de Antônia. Nos dois dias seguintes, Domingos inventariou todos os bens da família, dos talheres aos imóveis, passando por cortinas e escravos. A mando do juiz, dois vizinhos do viúvo acompanharam o cumprimento da tarefa e fizeram uma estimativa de valor de cada item.[53]

Ainda que não tivesse constituído uma fortuna, o casal levantara um patrimônio respeitável. Havia dívidas, entretanto, e elas não eram pequenas. O investimento que os Silva Xavier tinham feito para salvar suas almas não saíra barato. Domingos e Antônia deviam 100 mil-réis de esmola que tinham prometido à Ordem Terceira do Senhor São Francisco, 11 mil-réis dos andores usados na procissão das Cinzas e 62 mil-réis a outras três irmandades (Senhora do Monte do Carmo, do Santíssimo e das Almas). Tudo somado equivalia ao preço de 32 bois.[54] Isso sem contar as despesas em aberto que havia no açougue, no ferreiro e junto a inúmeros amigos, compadres e conhecidos.[55] Nada desesperador, porém. O pai de Tiradentes tinha uma espécie de seguro contra a execução de suas dívidas, pois era enquadrado no "privilégio da trindade".[56] Baixada pelo rei de Portugal em 1752, a chamada Lei da Trintena visava a incentivar a (já decrescente) produção de ouro no Brasil. Basicamente, a regra dificultava a execução das dívidas dos mineradores donos de pelo menos trinta cativos (o pai de Tiradentes tinha 36 escravos).[57] Quando os débitos dos integrantes desse grupo iam à execução compulsória, eram intocáveis seus escravos, suas terras e seus equipamentos de minerar. Além de proteger a parcela mais robusta do patrimônio dos mineiros, a Lei da Trintena impunha um teto para a cobrança de dívidas: somente um terço do lucro obtido na mineração podia ser usado, de forma compulsória, para quitar ou abater débitos; os dois terços restantes ficavam livres da sanha dos credores. Assim, a Lei da Trintena preservou os bens mais valiosos dos Silva Xavier: a fazenda do Pombal, a lavra de ouro e o plantel de escravos.[58]

Se por um lado os Silva Xavier possuíam muitas dívidas, de outro tinham também uma robusta carteira de créditos a receber. Ao longo da vida, Domingos vendera fiado ou emprestara dinheiro a dezenas de pessoas.[59] Feita a compensação entre débitos e créditos, o saldo era fortemente positivo em favor do fazendeiro. Para ser mais exato, Domingos tinha 820 mil-réis a receber, dinheiro suficiente para comprar 27 cavalos.[60]

Seguiu a vida. No mesmo ano em que Antônia morreu, Domingos foi escolhido para um novo cargo público, o de vereador da Câmara de São José.[61] Era outro posto de prestígio e com atribuições importantes (entre elas, participar da fiscalização das contas da vila e da aplicação das leis e determinar preços de alguns produtos, bem como o valor de ordenados). Domingos acumulou o cargo com suas atividades de fazendeiro e minerador.

Os Silva Xavier encontraram assim um novo caminho após a perda de Antônia. Os filhos foram crescendo, e o mais velho deles, com dezoito anos, mirou a vida eclesiástica, na qual eram sólidas as chances de conseguir algum prestígio, poder e dinheiro. Se tudo corresse conforme o previsto, dentro de pouco tempo Domingos pai poderia contar com a ajuda de Domingos filho para sustentar a família.

À sina do clã, contudo, estava reservado um roteiro diferente. Dois anos depois da morte de Antônia, a família sofreu um novo abalo. Aos 59 anos de idade, também de causa não registrada, falecia o pai de Tiradentes.[62]

Com a morte de Domingos pai, a tragédia familiar dos Silva Xavier ganhou dinâmica. O menino Joaquim, então com onze anos, não ficou apenas órfão de pai e mãe. Também viu sua família se dispersar. Seu irmão mais velho logo iria para o Seminário de Mariana, localizado a duzentos quilômetros da fazenda do Pombal, e de lá para o Rio de Janeiro, onde haveria de ser ordenado padre.[63] O primogênito da família ainda voltaria ao Rio das Mortes, já como capelão, mas não ficaria muito tempo por lá. Após um breve período em sua terra natal, Domingos filho partiria para o "sertão extenso" de Cuieté (divisa de Minas Gerais com o Espírito Santo), onde, munido de um altar portátil, passaria a se dedicar à "civilização e cristianização" dos ferozes índios botocudos.[64] É possível que Tiradentes nunca mais tenha visto o irmão. A promessa de um futuro auspicioso na carreira eclesiástica terminou em pesadelo. Domingos filho se enrolou com dívidas, entrou em desavenças com seus credores e foi preso. Não chegou a cumprir a pena. Fugiu da cadeia e se embrenhou ainda mais no interior da colônia, estabelecendo-se na capitania de Mato Grosso, na vila de Cuiabá. Então, com o nome falso de Joaquim José Ferreira, tentou reconstruir a vida, mas não deu certo. Domingos filho acabou sendo descoberto, foi novamente preso e depois banido para Portugal.[65]

Quando Tiradentes tinha treze anos, foi a vez de perder a companhia da irmã mais velha, Maria Vitória. Ao completar dezessete anos, ela deixou a fazenda do Pombal para se casar com um militar.[66] Maria Vitória continuaria morando próximo à fazenda, o que talvez lhe tenha permitido dar alguma assistência a Joaquim e aos demais irmãos (não há registro de quem ficou tomando conta das crianças). Se de fato o apoio da irmã existiu, terá sido limitado, contudo. Maria Vitória iria parir dez filhos e penar com um marido atolado em problemas financeiros.[67]

Mais ou menos na mesma época em que Maria Vitória saiu de casa, Antônio da Silva dos Santos, o irmão imediatamente acima de Joaquim, seguiu os passos do primogênito e se internou no Seminário de Mariana.[68] Mais um irmão que não poderia acompanhar no dia a dia a formação de Tiradentes — depois de ser ordenado padre, Antônio passaria a viver em localidades mineiras distantes da fazenda do Pombal, como Espírito Santo da Varginha (130 quilômetros) e Santana da Ressaca (cinquenta quilômetros).[69]

A história anotou a dispersão da família Silva Xavier. Não há, porém, registros que indiquem o que terá acontecido com o jovem Joaquim (treze anos) e com seus três irmãos mais novos (onze, oito e seis anos) após os três irmãos mais velhos terem deixado a fazenda do Pombal. Não se sabe se os remanescentes permaneceram na fazenda sob os cuidados de um tutor ou se foram morar com parentes. É certo, contudo, que foi nessa época que um personagem começou a ganhar dimensão na vida de Tiradentes: seu padrinho Sebastião Ferreira Leitão.

Os laços de Sebastião com a família Silva Xavier vinham de longe. Ele era minhoto de São Martinho de Leitões, vila situada na região onde tinham nascido o pai, os avós, bisavós, trisavós e tataravós do lado paterno de Tiradentes. Quando chegou ao Brasil, Sebastião foi viver em São João del-Rei, a doze quilômetros da fazenda do Pombal. Tornou-se um minerador abastado e um homem influente, chegando a ocupar os cargos de procurador, vereador e juiz. Quando lhe perguntavam qual era sua atividade, ele respondia que "vivia de minerar".[70] Sebastião era um amigo muito próximo dos pais de Tiradentes. Em 1746, quando Joaquim nasceu, Domingos e Antônia o escolheram para ser padrinho exclusivo do filho (Tiradentes não teve madrinha).[71] Os laços de confiança com Sebastião foram reconfirmados em 1751, quando Domingos e Antônia colocaram seu nome em uma lista de possíveis executores do testamento do casal.[72] Os pais de Tiradentes chamavam o padrinho do menino de "nosso compadre".[73]

Logo após a morte do pai de Tiradentes, Sebastião — então com 59 anos de idade e ainda solteiro — mostrou que não deixaria a família do compadre ao deus-dará.[74] Em dezembro de 1758, quando os dois irmãos mais velhos de Joaquim se candidataram a vagas no Seminário de Mariana a fim de "servir a Deus", foi Sebastião quem em primeiro lugar se apresentou para abonar suas fichas.[75]

Depois de encaminhar os irmãos de Tiradentes, Sebastião também daria um norte na vida do afilhado, ensinando-lhe um ofício. Foi com ele que Joaquim José da Silva Xavier aprendeu a "arte de tirar dentes".[76]

É um mistério o que aconteceu na vida de Tiradentes entre seus treze e vinte anos de idade (1759-66). Não há um único registro conhecido dessa fase. O que se pode dizer com certeza é que Joaquim atravessou a adolescência e iniciou a vida adulta testemunhando os efeitos da acelerada decadência da mineração em Minas.

Em 1764 e 1765, nem ao menos uma das famílias abastadas de Minas cumpriu a tradição de enviar seus filhos para estudar em Portugal. Para uma capitania que até pouco tempo antes liderava o rol de luso-brasileiros inscritos na prestigiosa Universidade de Coimbra, esse era um sinal inequívoco de que até as grandes fortunas de Minas sentiam o peso da queda da produção do metal precioso.[77]

A galinha dos ovos de ouro do Império Português estava minguando, e a notícia começava a correr o mundo. Em 1761, o rei da França, Luís XV, recebeu de seus espiões em Lisboa a informação de que os navios vindos do Brasil chegavam à capital portuguesa trazendo pouco ouro — "coisa que muito preocupa o comércio", comentou o informante.[78] Em 1763, Minas não pagou integralmente à Coroa o "quinto" (tributo sobre a produção do ouro). Era a quarta vez que aquilo acontecia. Naquele ano, os mineradores da capitania ficaram devendo 250 quilos da cota mínima do quinto, que era de 1474 quilos de ouro (cem arrobas).

Apesar de todos os sinais da decadência dos depósitos de ouro de aluvião (metal precioso de fácil extração), Lisboa não aceitava a realidade. Muito pelo contrário. D. José I, rei de Portugal, continuava a gastar desbragadamente, fosse para reconstruir Lisboa, destruída em 1755 por um terremoto seguido de tsunami, fosse para adquirir mimos caros. Mesmo com as finanças reais enfraquecidas, o rei mandou fazer, em Paris, nas oficinas de François-Thomas Germain, fornecedor de Luís XV, um aparelho de almoço em ouro maciço. Era um conjunto raro e dilapidador: somente seis peças pequenas — duas colheres, dois garfos e duas facas — consumiram quase meio quilo de ouro.[79]

Por mais que sua majestade torrasse muito dinheiro na França, nada se comparava às despesas que eram feitas na Inglaterra. Londres sugava o ouro que Lisboa recebia do Brasil, e a Coroa portuguesa não tomava qualquer medida para conter a evasão de sua riqueza. Entre 1740 e 1760, apesar de o rendimento com o quinto recolhido em Minas ter caído 20%, as importações de produtos ingleses por Portugal aumentaram 64%.[80] A transferência de riqueza podia ser medida pelo movimento das casas da moeda das duas nações. Naquele mesmo período, enquanto a cunhagem de moedas de ouro em Lisboa diminuiu 18%, a de Londres aumentou 103%.[81]

Portugal havia caído em um erro monumental (e que se tornaria comum na história): sendo dona da maior mina de ouro até então conhecida no mundo, deixou de desenvolver sua indústria e sua agricultura. Nos primeiros anos da corrida do ouro, o sistema pareceu funcionar. A Coroa trazia o metal precioso do Brasil e comprava o que queria no mercado. Mas, com o passar dos anos e a diminuição da produção do ouro na colônia, a mágica parou de funcionar. E a realidade se mostrou trágica: não podendo produzir os produtos que consumia e, por consequência, cada vez mais dependente dos fornecedores externos, sobretudo ingleses, Lisboa precisava desesperadamente do ouro de Minas, e este começava a escassear.

Para poder financiar o desequilíbrio em sua conta-corrente, restava à Coroa apertar cada vez mais o garrote no pescoço dos mineiros. Em 1763, pela primeira vez sua majestade lançou mão de um instrumento radical para cobrar a parcela do quinto não recolhida. Era a derrama, sinônimo de coleta forçada de impostos.

Foi nesse ambiente de decadência econômica, de abuso e de medo que o jovem Joaquim cresceu.

* * *

Tiradentes tomou consciência cedo de que suas chances de sucesso eram pequenas. E a partir daí tentou ser o dono exclusivo de seu destino.

Ao completar vinte anos, Joaquim José da Silva Xavier escreveu uma carta ao rei de Portugal — um procedimento protocolar, já que na prática era a burocracia real que despachava os requerimentos dos súditos. Nela, informava que ele era órfão de pai e mãe e que, mesmo sendo menor de idade (pela legislação portuguesa, a maioridade era atingida aos 25 anos), caíra sobre seus ombros a difícil tarefa de cuidar dos "negócios" da fazenda do Pombal.[82] Não era um exercício de autocompaixão. Na carta, Tiradentes dizia ter pleno "juízo e entendimento para se governar e a seus bens". E que, diante daquilo, era justo que sua majestade, "dispensando-lhe na lei", se dignasse a emancipá-lo para que ele pudesse receber a herança deixada pelos pais. Para reforçar suas alegações, junto com a carta, Joaquim mandou depoimentos de testemunhas.[83]

A petição enfrentou um longo caminho na burocracia real. Entregue ao juiz de órfãos da comarca do Rio das Mortes, ela subiu ao provedor da Real Fazenda da vila de São José e de lá foi enviada para a capital da colônia, aos cuidados do juiz da Relação. O trâmite da papelada custou a Joaquim 1610 réis (o preço de três enxadas), mas valeu a pena.[84] No mesmo ano, o vice-rei do Brasil, conde da Cunha, escrevendo em nome de sua majestade, deferiu o pedido.[85]

Aos vinte anos de idade, Tiradentes era legalmente dono de si, o que significava, entre outras coisas, que já podia dispor do quinhão que lhe cabia na herdade deixada pelos pais.

Para um imigrante saído do miserável e longínquo Minho, como era o pai de Tiradentes, e para uma descendente dos primeiros (e broncos) colonos portugueses, como era a mãe, Domingos e Antônia não haviam feito um mau papel. A herança a que Joaquim teve direito ficou em algo próximo a dois contos de réis.[86] Com esse patrimônio, ele teria condições de comprar 28 escravos ou adquirir 60% de uma fazenda como a Pombal (sem a lavra de ouro).[87] Não era uma fortuna, mas era o suficiente para ajudá-lo a financiar seus primeiros projetos autônomos.

A vida na comarca do Rio das Mortes ia ficar para trás. Emancipado e com dinheiro no bolso, Tiradentes estava pronto para ganhar a estrada.

3.

No ano 249 d.C., ao ver outros cristãos como ela sendo perseguidos por uma multidão ensandecida pelas ruas de Alexandria, no Egito, Apolônia soube que o pior lhe esperava. Ainda assim, manteve-se calma porque acreditava em Deus. Como era previsível, ela foi capturada. Os algozes de Apolônia torturaram-na violentamente, exigindo dela que negasse Cristo. Como Apolônia resistia, eles arrancaram seus dentes. Ela não cedeu, nem mesmo reclamou. Os agressores então fizeram uma grande fogueira e ameaçaram queimá-la viva caso ela não aquiescesse. Apolônia não teve dúvida: jogou-se no fogo. Mais tarde, seu sacrifício seria reconhecido pelo Vaticano, que lhe concedeu o título de santa.

A tragédia ocorrida no Império Romano, segundo as tradições cristãs, encontrou eco nas Minas Gerais do final do século XVIII. Quando sofriam de dor de dente, os mineiros oravam para santa Apolônia:

> Deus eterno, por cujo amor santa Apolônia sofreu, que lhe tirassem os dentes com tanto rigor e fosse queimada com chamas, concedei-me a graça do celeste refrigério contra o incêndio dos vícios, e dai-me socorro saudável contra a dor dos dentes por sua intercessão. Amém, Jesus.[1]

Talvez a reza não ajudasse muito. Mas, quando se tratava de dor de dente, os mineiros na maioria das vezes não podiam fazer outra coisa senão pedir aos céus pelo fim de seu padecimento. Na colônia e mesmo no Reino, a dor de dente era um flagelo que atingia todos os estratos sociais, de escravos a nobres.[2] Em Minas, o quadro era especialmente ruim. Quando um dente começava a doer, o sofrimento podia se alongar por dias, semanas ou meses. E mesmo quando o infeliz acreditava ter achado uma solução, o tratamento nem sempre tinha o resultado esperado.

Transmitidos de geração a geração, os métodos de cura eram, em sua maioria, um equívoco (na melhor das hipóteses) ou um perigo (na pior). Não raro, o tratamento fazia o paciente piorar ou até mesmo morrer.[3] A precariedade dos métodos de cura, a experimentação terapêutica sem base científica e os erros de procedimento clínico eram uma marca daqueles tempos — e não apenas na colônia. Na França, o rei Luís XIV teve a mandíbula quebrada por seus médicos durante uma extração de molares podres. Na América inglesa, o comandante em chefe do exército revolucionário, George Washington, sofria mais com uma crônica dor de dente do que com as agruras para libertar os Estados Unidos das mãos da Inglaterra. Membro de uma abastada família de fazendeiros, Washington se submeteu a inúmeros tratamentos ao longo da vida, mas quando se tornou o primeiro presidente dos Estados Unidos, em 1789, tinha apenas um dente natural na boca — os demais eram próteses feitas de marfim, de presas de animais (morsa e hipopótamo) e de dentes de outros homens.[4]

Se, no século XVIII, até George Washington e o Rei Sol da França padeciam de dor de dente, nos grotões da América portuguesa os mineiros viviam um drama sem fim. Em Vila Rica, certa vez, um homem com dor de dente que babava sem parar teve o quadro agravado quando arrebentou um fluxo de sangue pela cova de um dente abalado. Dois médicos o atenderam, mas os remédios ministrados só fizeram piorar a hemorragia. Por fim, deram-no como desenganado e chamaram um padre.[5]

Foi nesse contexto que Joaquim José da Silva Xavier, a partir da orientação do padrinho Sebastião, mas sem nenhum estudo formal na área de saúde bucal, desenvolveu ainda na juventude uma habilidade excepcional para curar dor de dente.

Tiradentes exercia o ofício de forma irregular. Na época, não existia no Brasil a figura do profissional dedicado exclusivamente à saúde bucal. Mesmo o termo "dentista" só apareceria na colônia em 1800.⁶ Pelas normas da Coroa, o ofício de tratar dos dentes só podia ser exercido pelos médicos, pelos cirurgiões e pelos barbeiros. Estes últimos eram bastante procurados porque, além de tratar dos dentes, faziam barba, cortavam cabelo, aplicavam ventosas e afiavam facas.⁷ "Quem dói o dente vai à casa do barbeiro", já ensinava o padre Antônio Vieira, no final do século XVII.⁸

Para atuar em qualquer uma das três especialidades que abarcavam a área da saúde bucal, era preciso ter uma permissão especial das autoridades portuguesas. Em Minas, como acontecia no restante da colônia, obter uma licença, além de caro (o equivalente a 29 gramas de ouro), era difícil.⁹ Com isso, eram pouquíssimos os profissionais habilitados, o que fazia com que o mercado da dor de dente acabasse sendo explorado, de forma irregular, por curandeiros, charlatões, benzedeiras ou, como era o caso de Tiradentes, práticos.¹⁰ Na letra fria da norma, quem exercia a profissão sem a devida autorização estava sujeito a uma multa de 2 mil-réis, equivalente ao custo de quatro ovelhas.¹¹ Na vida real, porém, em virtude da carência de profissionais, as autoridades régias faziam vistas grossas para a prática ilegal da odontologia.¹² Exercida de forma regular ou não, a arte de tirar dentes não era um ofício valorizado no Brasil do final do século XVIII. Prova disso é que muitos dos que se lançavam na ocupação eram ex-escravos.¹³

Em sua formação prática, Joaquim José da Silva Xavier não teve acesso a publicações técnicas — elas simplesmente não existiam na colônia. Em Minas, a única obra na área da saúde que circulava com alguma desenvoltura era um manual de seiscentas páginas intitulado *Erário mineral*.¹⁴ Escrito por Luís Gomes Ferreira, cirurgião português que vivera e trabalhara em Minas entre 1708 e 1731, a obra era uma das raras que contavam com a chancela das autoridades régias. Para tratar dor de dente, o *Erário mineral* ensinava coisas do tipo: pegar um osso da coxa de um sapo e esfregar no dente, assar um alho e botar dentro do ouvido do mesmo lado onde a dor lateja, ou, ainda, tocar o dente do paciente com um dente arrancado de uma toupeira viva ou de um defunto cuja morte tivesse ocorrido por velhice e sem ocorrência de febre ou friagem.¹⁵ Para fazer um dente cair naturalmente sem necessidade de extração, o autor aconselhava banhá-lo com gordura de rã ou pó de lagarto.¹⁶ Para fazer desinchar o rosto após a extração de um dente, nada melhor do que aplicar um pano embebido de "leite de peito".¹⁷

Mesmo sem ter tido acesso a uma capacitação formal ou a publicações minimamente adequadas, Joaquim encarava uma realidade bruta. O quadro geral de higiene bucal em Minas — como de resto em toda a colônia — era sofrível. Não existia ainda no mercado um instrumento de uso pessoal projetado para remover resíduos de alimentos e a placa bacteriana (apenas duas décadas depois, na Inglaterra, surgiria a primeira escova de dentes produzida em escala comercial). Das bocas dos mineiros, portanto, exalava um "bafo horroroso"; ali abundava a "podridão" (tártaro).[18]

Regra geral, procurava-se a ajuda de um profissional ou de um prático somente quando a dor de dente começava a incomodar ou, pior, quando ela já era praticamente insuportável.[19] Como a obturação de dentes ainda não havia chegado ao Brasil, Joaquim tinha poucos recursos para tratar do "furado", como era conhecida a cárie.[20] A forma de tratamento mais comum era a simples extração do dente, e é por esse motivo que os homens que exerciam o ofício eram chamados de tira-dentes.[21] Daí o apelido de Joaquim.[22]

Os pacientes de Tiradentes chegavam com dor e, durante o tratamento, sofriam mais ainda. Era inevitável. Fora a ajuda das plantas medicinais e da cachaça, usadas no lugar da anestesia, Joaquim não dispunha de coisa alguma para minorar o calvário daqueles cujos dentes extraía.[23] Ele trabalhava na marra — a primeira anestesia, ainda assim um método rústico, a inalação direta de éter ou clorofórmio, só chegaria ao Brasil meio século mais tarde.[24]

Tiradentes só contava com utensílios rudimentares, pois era o que havia na colônia. Joaquim possuía uma "bolsa com uns ferrinhos de tirar dentes", e é provável que pelo menos um destes fosse uma chave de Garengeot, instrumento muito comum na colônia naquele período, parecido com um saca-rolhas em forma de T, feito com cabo de madeira e haste metálica terminada com um gancho.[25] O tira-dentes metia o boticão dentro da boca do paciente, laçava o dente doente com o gancho e depois, com um golpe rápido, torcia o instrumento, finalizando a extração.

Aonde ia, Tiradentes carregava consigo sua bolsa com instrumentos odontológicos, podendo assim atender em domicílio.[26] Apesar de todos os obstáculos (ausência de formação acadêmica, carência de livros científicos, pacientes em estado agravado ou crítico, terapêutica limitada, falta de anestesia e precariedade dos instrumentos), Joaquim era um sucesso como tira-dentes. Não se conhece uma única censura ao seu trabalho, enquanto os elogios podiam ser ouvidos mesmo entre os críticos de sua conduta privada. Dois desafetos testemunharam publicamente sua "habilidade" em extrair dentes.[27] Um admirador relatou que Joaquim "tirava [...] dentes com a mais sutil ligeireza".[28]

Joaquim não se limitava à extração de dentes. Ele fabricava e implantava dentes postiços, muito provavelmente feitos de ossos de animais.[29] Possuía inclusive uma oficina de próteses, onde trabalhava com tigelas, pilão, cadinho e frascos de vidro.[30] O resultado, mais uma vez, agradava à clientela, inclusive no quesito estético. Joaquim "ornava a boca de novos dentes, feitos por ele mesmo, que pareciam naturais", segundo uma testemunha.[31]

Ao longo de sua carreira, Tiradentes conquistaria uma clientela expressiva em Vila Rica, onde fincaria sua base a partir de 1775.[32] Mas, como viajava muito, possuía pacientes em praças variadas, inclusive no Rio de Janeiro.[33]

Ainda no campo da saúde, Joaquim José da Silva Xavier atuava também nas áreas da farmácia e da medicina. Tiradentes conhecia bem as ervas medicinais e sabia preparar remédios naturais, perícia possivelmente adquirida com seu primo naturalista José Mariano da Conceição Veloso.[34] Joaquim atendia doentes, prescrevia receitas e dizia ter "alguma inteligência de curativo".[35] E devia ter mesmo, pois sua reputação era boa, como comprovam relatos, repletos de enorme gratidão, de pessoas atendidas por ele.[36]

A atuação de Joaquim nas áreas da farmácia e da medicina se dava em condições muito parecidas com as que ele encontrava na odontologia. Na colônia, de forma geral, os hábitos de higiene eram raríssimos, e os cuidados com a saúde pública, precários. Nos centros urbanos, o lixo acumulado nas ruas se misturava às fezes dos animais e ao esgoto, que corria a céu aberto.[37] As pessoas se alimentavam mal e não valorizavam o banho. Nas casas, barris eram usados para acumular excrementos humanos. Já as sedes das fazendas eram rodeadas por senzalas, granjas e estábulos imundos.

Em um ambiente marcado pela inexistência de escolas especializadas, pela ausência de publicações científicas, pela carência absoluta de profissionais habilitados e pela forte propagação de métodos de tratamento inócuos ou até mesmo contraindicados (basta lembrar que sangrias e ventosas eram tidas como panaceia), Tiradentes se virava bem — mesmo não tendo formação acadêmica e, por consequência, licença para produzir remédios ou para clinicar.[38] Quando se lançava ao desafio de curar, Joaquim não evocava Deus ou forças sobrenaturais, como era comum no meio clínico de sua época. Mas, quando era o caso, tinha sensibilidade para adicionar um quê de subjetividade ao tratamento.[39] Foi o que aconteceu na ocasião em que atendeu, em um quartel no Rio de Janeiro, o ajudante de artilharia João José Nunes Carneiro. Depois de ouvir as queixas sobre uma moléstia e de saber que o paciente tinha pouca esperança de melhora, Joaquim lhe receitou Minas Gerais: "Vamos para Minas, que logo sara com ares benéficos e diferentes".[40] Ao citar os "ares benéficos", Tiradentes se referia às proclamadas virtudes do clima de certas regiões da capitania. Quanto aos "ares diferentes", como bem percebeu o militar, o que Joaquim insinuava era outra coisa. Em Minas, respirava-se "o louco desejo de liberdade".[41]

Fazendo as vezes de tira-dentes, farmacêutico e médico, Joaquim José da Silva Xavier entrou na casa de gente humilde e também na de poderosos.[42] Fosse nos casebres ou nos casarões, ele representava exatamente a mesma coisa: a esperança, quando não o caminho, para a cura. E foi assim, curando e trazendo esperança, que Tiradentes começou a tecer uma vigorosa rede de contatos.

Durante um período, Joaquim acumulou as práticas na área de saúde com outra atividade que também contribuiu muito na formação de sua utilíssima teia de relacionamentos. Foi quando Tiradentes trabalhou como mascate.

Em Minas, os mascates costumavam percorrer longas distâncias oferecendo suas mercadorias (tecidos, sal, aguardente, secos e molhados, sabão, produtos de luxo do Reino etc.). As três tarefas-chave do ofício — comprar, transportar e revender — colocavam os mascates em atividade na capitania em contato com uma gama variada de pessoas: tropeiros de vários pontos da colônia, taberneiros estabelecidos nos confins de Minas, vendedores de mula de Sorocaba (capitania de São Paulo), atacadistas do Rio de Janeiro, traficantes de escravos da Bahia, comerciantes portugueses que traziam produtos da Europa e militares destacados em postos fiscais. Os vendedores ambulantes também travavam contato com uma massa diversificada de desclassificados (escravos, forros e vadios) e de homens fora da lei (contrabandistas, quilombolas e receptadores de carga roubada) que gravitavam em torno do pulsante mercado clandestino.

Em uma colônia de proporções continentais, os mascates funcionavam como um importante elo de contato entre pessoas e grupos. Na falta de jornais, cuja impressão era proibida, eles serviam como difusores de informação.

O ofício de Tiradentes era duro. Quase sempre o mascate viajava a pé. Muitas vezes, descalço. Deixava a vila bem cedo, geralmente antes de o sol nascer, levando as mercadorias no lombo de burros. À medida que o mascate avançava pela estrada, as casas começavam a rarear, as plantações ficavam cada vez mais espaçadas e apenas uma ou outra fazenda surgia no caminho. Em certos momentos, só havia bosques, bambuzais, rios, córregos, prados, capões, matas virgens ou o sertão. E o silêncio... Até que o cantar de um pássaro ou o grito de um macaco quebrava a parança.

Na estrada, mesmo sem companhia, nunca se estava de todo sozinho. Dificilmente o viajante escapava de encontrar (e carregar consigo) carrapatos e bichos-de-pé. Melhor a coceira provocada por estes à picada de uma vespa ou, pior, de uma serpente. Veados, antas, cutias e macacos podiam divertir e também matar a fome.

Mas nenhuma felicidade se comparava a topar no caminho com uma taberna, onde era certo encontrar cachaça, fumo e, com alguma sorte, queijo e bananas. Nas tabernas, todos os mundos se juntavam: o mascate, o fazendeiro, o padre, o homem de negócios, o charlatão terapeuta, o escravo, o tocador de porcos, a autoridade, o dragão da cavalaria... Se a venda oferecia rancho, debaixo de um alpendre ou de um telheiro, dormia-se por ali mesmo. Caso contrário, a solução era buscar uma clareira e providenciar lenha para então acender uma fogueira, que servia para aquecer e cozinhar. No fogo, dependurado em um tripé, era posto um caldeirão de ferro com o feijão-preto que seria comido no jantar e no almoço do dia seguinte. Nessas ocasiões, para espantar a solidão ou evitar o perigo (nas estradas de Minas não faltavam salteadores e bandoleiros), mascates e tropeiros se juntavam em volta do fogo e ficavam a contar causos e a catar informações úteis à viagem e aos negócios. Também cantavam e dançavam, sobretudo quando havia entre eles alguém, como Tiradentes, que tocasse algum instrumento. Joaquim não apenas tocava violão; ele soltava a voz cantando modinhas.[43]

Depois da festa, o sono possível ao relento, embolado em um cobertor de algodão e com um fino couro de boi fazendo as vezes de colchão.

No dia seguinte, antes do amanhecer, o mascate dava milho a seus burros e se punha novamente na estrada. Caminhava então cerca de oito horas, percorrendo entre três e quatro léguas (de dezessete a 23 quilômetros) por dia, dependendo das condições climáticas. As estradas, que já não eram boas em tempos de seca, ficavam em estado de calamidade na época de chuva. Carregando cargas de até 120 quilos, as bestas costumavam atolar até os joelhos na lama pegajosa e só conseguiam se soltar após grande esforço. Mesmo viajando molhados até os ossos, os mascates só paravam quando a trilha se mostrava de fato impraticável.[44]

Como vendedor ambulante, Tiradentes adquiriu um profundo conhecimento dos caminhos de Minas. Descobriu quais eram as melhores estradas e os trajetos mais curtos e onde se abastecer de víveres ou dormir em segurança. Aprendeu também artimanhas que no futuro lhe seriam de grande utilidade, como, por exemplo, quais atalhos tomar para evitar postos de fiscalização e quais fazendeiros ou taberneiros tinham tendências a agir fora das normas legais.

Tiradentes foi longe, literalmente. Há registro de que tenha mascateado no norte de Minas, no Alto Jequitinhonha, a setecentos quilômetros da fazenda do Pombal.[45] Na vila de Minas Novas, território que anteriormente pertencia à Bahia, ele presenciou o trabalho paciente dos faiscadores em busca das gemas que brotavam com fartura no solo daquela região (diamantes, águas-marinhas azuladas, turmalinas vermelhas e verdes, topázios brancos, granadas, crisólitas e ametistas). Quando Joaquim passou por lá, contudo, a vocação principal da vila já não era a mineração. O ouro da região — um tipo bonito e valioso, de 24 quilates — rareava. É muito provável que terá sido o comércio florescente de Minas Novas que atraiu o mascate Tiradentes. Por ser a porta de entrada de Minas Gerais para os que vinham do Nordeste, a vila era um ponto privilegiado para compra, venda e escambo de mercadorias. Lá as transações eram feitas com prazos dilatados de pagamento, mas os lucros altos compensavam.[46]

Minas Novas fazia girar muito dinheiro, mas era habitada majoritariamente por "homens de cor, pouco abastados e sem educação".[47] Tiradentes conheceu muitos deles. Alexandre da Silva, que se apresentava como "homem pardo e escravo", guardaria para sempre o dia em que conheceu Joaquim José da Silva, como ele o chamava.[48] O cativo presenciou quando, mascateando em Minas Novas, Tiradentes se envolveu em uma confusão e foi preso. Os registros disponíveis não citam o motivo que levou à detenção de Joaquim. Referem-se apenas de forma genérica ao "comportamento" supostamente inadequado de Tiradentes.[49]

Aquele foi um episódio decisivo na vida de Joaquim. Ele acabou sendo posto em liberdade e logo em seguida ganhou novamente a estrada. Mas partiu de Minas Novas levando pouco ou quase nada.[50] Não há, mais uma vez, registros detalhados do ocorrido, mas o fato é que Tiradentes perdeu praticamente tudo o que tinha. Na lida como mascate, em vez de melhorar de vida, Joaquim encontrou a ruína.

PARTE II
VIDA MILITAR

4.

Em 1775, por toda Minas Gerais — do Rio das Mortes ao Serro do Frio, do Rio das Velhas a Vila Rica — correu a notícia de que el-rei mandava recrutar homens para servir como dragões na capitania.[1] Era uma oportunidade rara, especialmente em um momento como aquele de crise econômica, causada pela diminuição cada vez mais acentuada na produção de ouro. Em Minas, o soldo dos dragões, como eram chamados os integrantes da tropa paga, era 50% maior que o praticado no restante da colônia. A distorção era uma herança do início da corrida do ouro, quando a Coroa precisou pagar bons ordenados aos militares transferidos para aquele fim de mundo de modo que pudessem arcar com o altíssimo custo de vida resultante da então pouca oferta de alimentos.[2] Além do salário atrativo, os dragões de Minas ganhavam farda, armas e montaria, e recebiam cotas anuais de farinha e azeite.[3] A corporação ainda mantinha um cirurgião para atender os militares doentes e feridos.[4]

Àquela altura, Joaquim José da Silva Xavier tinha 29 anos. Tentara ser fazendeiro (ofício que não lhe seduzira), tira-dentes (que não lhe sustentara) e mascate (que lhe arruinara). O alistamento na tropa poderia, portanto, ser uma chance de se reinventar. Não faltavam a Tiradentes qualificações para a carreira militar, inclusive para postos graduados. Ele já provara ser destemido, sabia ler e escrever, dominava ofícios variados e conhecia muito bem Minas Gerais e seus traiçoeiros caminhos.

Tiradentes agarrou a chance, e no dia 1º de dezembro daquele ano sentou praça nos Dragões.[5] Joaquim não foi acomodado nas fileiras dos chamados subalternos (soldados, trombetas, furriéis, cabos etc.). Ele entrou para a tropa já do corpo dos oficiais — porém, no último lugar da fila. A patente que lhe deram foi a de alferes, o posto mais baixo do oficialato.[6]

Ao alistar-se, Joaquim deu início a um período de profundas mudanças em sua vida. A primeira delas foi o abandono do estilo de vida nômade. Dali em diante, ainda que sua veia errante continuasse a pulsar e que ele seguisse viajando muito, Tiradentes passaria a ter um ponto geográfico de referência, um lugar para onde sempre acabaria voltando: Vila Rica. Mesmo que permanecesse pouco tempo na capital mineira, lá estariam sua casa e muitos de seus amigos mais próximos. Lá ele tentaria construir uma família.

A segunda mudança na trajetória de Tiradentes foi de ordem profissional. Apesar de ter seguido prestando serviços como tira-dentes e fabricante de próteses dentárias, práticas que nunca abandonaria por completo, ao ingressar no regimento, ele abriu mão do modo autônomo com que ganhara a vida até então. Trocou uma boa dose de liberdade (e também de incerteza financeira) por uma inédita estabilidade. O custo não era pequeno. Dali em diante, ele serviria aos interesses da Coroa. E em um setor delicado: a segurança. Pela primeira vez, Joaquim teria chefe, receberia ordens e agiria não de acordo com sua vontade ou com sua conveniência. Ele representaria — ou pelo menos assim deveria ser — a mão forte do rei nas Minas Gerais.

O recrutamento que fisgou Tiradentes não se resumia a uma ampliação de pessoal nos quadros militares de Minas. Tratava-se de uma ampla reformulação da tropa paga da capitania.

Nas primeiras duas décadas após a descoberta do ouro no solo de Minas, a região não contara com um organismo militar profissional. Quando naquelas paragens as autoridades coloniais precisavam agir por meio da força, civis eram ajuntados às pressas, formando grupos paramilitares. Esse modelo de segurança pública foi um desastre. Os integrantes das milícias não tinham adestramento e armamento adequados. Além disso, moravam distante uns dos outros, o que dificultava a deflagração de ações rápidas. A maior inconveniência, contudo, era outra: no dia a dia, os milicianos obedeciam diretamente a poderosos locais que muitas vezes tinham interesses conflitantes com os da Coroa. No período em que Lisboa deixou o maior tesouro do império — as jazidas de ouro e de diamantes de Minas — sem um esquema de segurança adequado, aconteceu o diabo na região. O conde de Assumar, governador entre 1717 e 1721, dizia horrores de Minas:

> A terra parece que evapora tumultos; a água exala motins; o ouro toca desaforos; destilam liberdades os ares; vomitam insolências as nuvens; influem desordens os astros; o clima é tumba da paz e berço da rebelião [...], é como no inferno.[7]

As cizânias de fato eram constantes e giravam quase sempre em torno das disputas pelas riquezas minerais ("o ouro encerra e oculta em si muitas fezes e muitos males", dizia também Assumar).[8] Não raro, as discórdias desaguavam em movimentos de contestação das autoridades locais, como aconteceu em 1707-9 (Guerra dos Emboabas), 1713 (Vila do Carmo), 1715 (Vila Real de Nossa Senhora da Conceição do Sabará, Vila Nova da Rainha, Vila Rica e novamente Vila do Carmo), 1717 (Pitangui) e 1718 (Catas Altas).

Após essa onda de conflitos na região, Lisboa concluiu que só havia um meio de lidar com aquele bando de "execrandos, ignominiosos, soberbos, arrogantes, inventores de todos os males, e desobedientes, sem juízo, sem ordem, sem amizade, sem fidelidade, e sem compaixão".[9] Para que os mineiros fossem dóceis, era preciso mantê-los sob o domínio do medo, ao "som de ameaças e rigores".[10]

El-rei queria sossego e obediência nas Minas Gerais enquanto drenava o máximo possível de ouro para os cofres de Lisboa. Para atingir esse objetivo, em 1719, pela primeira vez Portugal fixou tropas na capitania (duas companhias de dragões compostas de 120 homens no total).[11] O corpo militar tinha duas missões prioritárias: a primeira era desestimular ou, se fosse o caso, reprimir motins; a segunda era garantir o recolhimento dos tributos da mineração. Para que todos soubessem que os dragões chegavam com a tarefa de impor a sujeição por meio da força, o corpo militar ganhou um estandarte didático: da imagem de uma nuvem surgia uma mão que ameaçava jogar um raio nos montes que ficavam logo abaixo. Uma frase em latim completava o aviso: *"Cedere aut caedi"* (curve-se ou apanharás).[12]

Pelos 56 anos seguintes, Portugal confiaria a segurança de seu maior patrimônio a esse corpo militar. Não deu muito certo. Previsto para ser intimidante, ele era fraco. Mesmo tendo crescido ao longo do tempo, em 1775 a corporação contava com apenas 242 homens, sendo alguns já idosos, como os tenentes José Vaz Luís (setenta anos) e Francisco Coelho da Silva (oitenta anos).[13] Os soldados nem sequer sabiam apresentar armas.[14] Em Lisboa, na corte, dizia-se que os dragões de Minas "não tinham de militar mais que o nome".[15]

Com a ausência de um aparato de segurança vigoroso, a Coroa assistia de longe ao aumento da tensão na área. Os conflitos ocorriam por motivos variados, mas sobretudo em razão do inconformismo da população com duas coisas: a voracidade fiscal de Lisboa e a intransigência das autoridades coloniais. Os motins continuavam pipocando aqui e ali: Vila Rica (1720), sertão do São Francisco (1736) e Campanha do Rio Verde (1746). No levante ocorrido na capital da capitania em 1720, uma cena apavorante se repetiu: de madrugada, mascarados armados cavalgaram pelas ruas a bradar "viva o povo" e "morte aos enviados do rei". O ouvidor-geral da comarca, Martinho Vieira de Freitas, um homem odiado pela população, foi expulso de Minas depois de ter sua casa arrombada e saqueada por uma turbamulta.

Portugal, uma nação pequenina dotada de braços longos, tinha consciência de suas limitações na esfera militar.[16] Lisboa sabia que não possuía meios nem forças para defender a si própria e simultaneamente acudir as colônias na África, na Ásia e na América do Sul. Uma coisa, porém, era Portugal ter dificuldades para proteger Moçambique ou Macau; outra coisa era não conseguir defender o Brasil. A colônia nas Américas não era apenas a maior e a mais rica do Império Português; em termos geopolíticos, ela era mais importante do que o próprio Reino — e a Coroa também sabia disso.[17]

Portugal corria muitos perigos no continente americano. Não era segredo que, desde os primórdios da colonização, o Brasil era cobiçado por nações estrangeiras. Franceses, holandeses e ingleses já haviam invadido a América portuguesa diversas vezes, chegando inclusive a controlar por algum tempo praças importantes (Rio de Janeiro, São Vicente e Santos), além de porções de Pernambuco, do Maranhão, da Paraíba, de Sergipe e do Rio Grande do Norte. No sul da colônia, por sua vez, as disputas por territórios com a Espanha eram frequentes.

No campo interno, também não eram pequenos os riscos potenciais. Lisboa temia a explosiva mistura de negros escravizados, índios massacrados, população escorchada por altos tributos e o descontentamento de graúdos locais com o naco de poder e de riqueza que lhes cabia. As autoridades coloniais nutriam um pavor especial em relação àqueles que, conforme acreditavam, tinham nascido para o cativeiro. Não era por menos. Com frequência, Lisboa recebia relatos apavorantes sobre ataques praticados por índios, com vítimas fatais, e sobre os bandos de negros aquilombados que infestavam as estradas de Minas.[18] A "mais arriscada" das ameaças, na definição da Coroa, era uma possível união dos inimigos externos de Portugal com os inimigos internos de Lisboa no Brasil.[19]

Não bastassem aqueles perigos, o sistema de segurança em Minas tinha de lidar com um problema adicional: ano após ano, caía a arrecadação dos tributos da mineração, uma das principais fontes de receita da Coroa. Quando Tiradentes entrou para os Dragões, a produção anual do metal precioso na capitania era de 5,5 toneladas. O volume era praticamente a metade do verificado quatro décadas antes, no auge da corrida do ouro.[20] Para Lisboa, a causa da queda irrefreável na arrecadação não era outra senão os desvios praticados pelos mineiros. E a única solução conhecida pela Coroa para deter o contrabando e estancar a sonegação era o binômio *vigiar e reprimir*. Portugal, portanto, ansiava por ter um corpo militar forte em Minas Gerais.

Foi nesse contexto que se deu o alistamento de Tiradentes. Quando Joaquim recebeu sua farda de dragão (casaca azul-turquesa forrada de amarelo, presilhas nos ombros em forma de escama, colete preto, calção azul-turquesa até os joelhos, meias pretas, uma correia amarela atravessada no dorso e uma bolsa preta) e suas armas (espada alemã, clavina curta e duas pistolas com cabo de madeira), a Coroa esperava dele quatro coisas: que mantivesse escravos e índios em submissão, que desestimulasse motins, que protegesse o território brasileiro da ambição estrangeira e, por fim, que combatesse os descaminhos do ouro.[21]

A reforma promovida nos Dragões em 1775 foi ampla. Extinguiram-se as três companhias existentes, sendo criado em seu lugar o Regimento Regular de Cavalaria de Minas, com oito companhias — Tiradentes foi alocado na 6ª Companhia. O efetivo da corporação passou de 242 homens para aproximadamente seiscentos. Além de maior, a nova formação militar era mais qualificada. Aos melhores veteranos, poupados no pente-fino, somaram-se oficiais trazidos do Rio de Janeiro mais os recrutas da turma de Tiradentes.[22] Os avanços foram grandes. Padronizaram-se fardas, armamentos e equipamentos, e foram contratados especialistas de áreas não militares, como seleiro, armeiro e ferreiro. A construção de um quartel, problema crônico dos Dragões, começou a ser planejada. A falta de método e a improvisação deram lugar a regulamentos rígidos. Tiradentes e seus camaradas foram adestrados pela cartilha do conde de Lippe, célebre oficial de origem prussiana que havia revolucionado a doutrina militar europeia. Método, regra, ordem, obediência... "Agora fica sempre a metade da tropa disciplinando-se no quartel, e o resto guarnecendo os postos por onde se receia pode haver algum extravio de ouro/diamantes", escreveu a Lisboa o governador da capitania, d. Antônio de Noronha.[23]

Portugal começava a acreditar que finalmente conseguiria domar a gente de Minas. Era ilusão, a começar por Tiradentes. Por um tempo, Joaquim José da Silva Xavier seria um militar de destaque e cumpriria todas as duras e perigosas missões recebidas. Até que um dia desistiria de servir à Coroa.

Os Dragões na verdade iriam cevar o inimigo.

Os primeiros meses de Tiradentes no regimento não foram muito excitantes. Sua função na tropa era meramente burocrática. Como quartel-mestre, cabia ao alferes cuidar da administração financeira e do abastecimento de sua unidade, em Vila Rica. Trinta e oito dias após seu ingresso nos Dragões, Joaquim se encontrava no armazém do quartel inspecionando a chegada de um soldado que trazia do Serro do Frio sete bestas carregadas com "o armamento de sua majestade".[24] Conferida a mercadoria, Tiradentes redigiu um breve atestado, com elegante caligrafia, e o assinou.[25] Missão cumprida.

Realizando tarefas burocráticas e gozando de estabilidade financeira, Joaquim tinha uma vida tranquila na capital mineira. Conforme a tradição da administração colonial à época, seu soldo era pago de três em três meses.[26] Quando precisava fazer alguma despesa antes do recebimento do salário, podia comprar a crédito.

Tiradentes ficaria em Vila Rica todo o ano de 1776.[27] Mas isso logo iria mudar — o alferes não era homem de ficar parado em quartel preenchendo relatórios.

De certo ponto de vista, a Coroa conseguiu transformar os Dragões em uma corporação eficiente. A competência dos integrantes da instituição seria reconhecida por argutos observadores locais, como o desembargador José João Teixeira Coelho — ele dizia que os soldados do novo regimento eram "mais capazes para o exercício das armas".[28]

Sim, Tiradentes e seus camaradas iriam se tornar bons combatentes. Mas essa era apenas a primeira parte do roteiro. Havia uma falha no modelo de segurança que comprometeria todo o planejamento de Lisboa: a fidelidade dos dragões tinha prazo de validade.

O recrutamento de 1775 privilegiou os homens de Minas com melhor aptidão para a carreira militar, mas a Coroa ignorou o fato de que muitos deles tinham entre si laços de parentesco, de amizade e de compadrio, além de interesses econômicos comuns. Assim, tratava-se de um grupo coeso, mas que não necessariamente compartilhava dos dogmas de Lisboa.[29] E essa não era a única fissura na seleção do novo regimento.

Seis décadas antes, em 1719, ao criar o primeiro corpo militar de Minas, a Coroa transplantara para a capitania duas companhias compostas exclusivamente de portugueses (praças e oficiais) e africanos (músicos).[30] Ou seja, ninguém dessa primeira tropa tinha vínculos com a América portuguesa. Entretanto, no novo desenho da corporação, de 1775, muitos dos que envergavam a farda eram naturais do Brasil. Entre eles havia oficiais, como o próprio comandante do regimento, o carioca Francisco de Paula Freire de Andrada, e o alferes da 6ª Companhia, o mineiro Tiradentes. A tropa, portanto, tinha sido abrasileirada.

Foi um erro da Coroa acreditar que aqueles homens seriam a mão forte do fisco e que ajudariam a pelar parentes, amigos e conterrâneos em proveito de um rei que vivia a 7500 quilômetros de distância. Ademais, os novos dragões conheciam a fundo a realidade local, o que não acontecia com os ministros de sua majestade, que, baseados em Lisboa, despejavam sobre a capitania uma legislação incongruente. Pela experiência adquirida em oito décadas de mineração, os povos de Minas sabiam que o ouro de aluvião, que até pouco tempo antes brotava da terra com espantosa facilidade, estava chegando ao fim. Não seriam seiscentos, 6 mil ou 6 milhões de dragões que conseguiriam reverter a curva descendente da arrecadação de impostos. Arrochar ainda mais a população não produziria um milagre. A produção do metal precioso, que já havia caído bastante quando Tiradentes sentou praça, declinaria 11% em cinco anos e, no quinquênio seguinte, mais 28%.[31]

Joaquim e muitos de seus companheiros podiam ver que a população não aguentava arcar com mais impostos. As queixas contra a fúria fiscal estavam por todos os lados. Em 1777, a Câmara de Sabará enviou uma carta ao Reino em que dizia estar cada vez mais difícil pagar à Coroa a cota anual de cem arrobas de ouro (1474 quilos). As "fábricas minerais", sustentava a Câmara, "já não correspondiam com a grandeza dos tempos passados".³² Na carta, os sabarenses também lastimavam o fato de que sua majestade pretendia prorrogar por mais dez anos a cobrança do "subsídio voluntário", eufemismo do tributo imposto duas décadas antes para arcar com a reconstrução de Lisboa, castigada com o terremoto de 1755.

Em 1778, foi a vez de os moradores de Paracatu escreverem ao Reino para se queixar de outro encargo que pesava na bolsa dos mineiros: as entradas (taxas sobre produtos que ingressavam em Minas). Os paracatuenses pediam a Lisboa que os aliviassem dos "vexames" provocados pelas cobranças extorsivas.³³

Tiradentes e seus camaradas deviam reprimir a população em benefício da Coroa, mas também eles sofriam com a mão pesada de Lisboa. O mesmo ato de 1775 que criou o Regimento Regular de Cavalaria de Minas cortou pela metade o soldo da tropa, que estaria em um patamar "exorbitantíssimo", segundo a Coroa.³⁴ Antes da entrada de Tiradentes nos Dragões, o ordenado mensal de um alferes era de 48 mil-réis. Quando Joaquim sentou praça, baixou para 24 mil-réis.³⁵ Não era muito. O salário era suficiente para comprar vinte camisas de pano.³⁶ Quando a mãe de Tiradentes fora enterrada, vinte anos antes, o pai gastara metade desse valor na mortalha.³⁷ O talhe na folha de pagamentos era justificado por Lisboa com uma desculpa frágil: as despesas com os dragões de Minas estariam drenando os cofres reais. Além disso, segundo a Coroa, o custo de vida na capitania já estaria bem menor que no tempo em que haviam sido estipulados os soldos originais. A premissa era falsa. Primeiro, porque os dragões também padeciam, direta e indiretamente, com a alta carga tributária de Minas. Segundo, porque aqueles eram tempos de carestia.³⁸ Se quisesse comprar uma fazenda, por exemplo, Tiradentes precisaria trabalhar trinta anos sem gastar um centavo de seu soldo.³⁹ A título de comparação: o governador de Minas Gerais recebia 22 vezes mais que Tiradentes só com as comissões que lhe eram pagas sobre os diversos impostos e taxas cobrados na capitania (entradas, dízimos, contratos e passagens).⁴⁰ Até o mais entusiasmado dos dragões tinha motivos para questionar essa gritante diferença de tratamento. O próprio governador certa vez chegou a escrever a Lisboa alertando ser uma temeridade mexer com o humor do regimento. "Vossa excelência sabe melhor do que eu que a tropa, quando não anda satisfeita, todo o serviço que faz é violento e forçado e muito poucas vezes se consegue dela bons efeitos", afirmou d. Antônio de Noronha.⁴¹ Difícil era convencer a "excelência" a quem a carta era endereçada, o secretário da Marinha e Domínios Ultramarinos, Martinho de Melo e Castro, o responsável pelo corte no soldo dos dragões.

Martinho de Melo e Castro era um vencedor, e o fora desde o berço. Nascido em uma família de aristocratas (era neto de conde), formado em direito canônico pela Universidade de Coimbra, aos 23 anos de idade já era cônego da Sé Patriarcal, cargo importante e rentável. Aos 35, tornou-se embaixador, primeiro em Haia e depois em Londres. Não há dúvidas de que era inteligente, esforçado e aplicado, como provam os relevantes serviços prestados a Lisboa, sobretudo na sua passagem pela diplomacia. Seu maior trunfo, porém, era de outra natureza. Não faltaram padrinhos a Melo e Castro. Sebastião José de Carvalho e Melo, o marquês de Pombal, segundo homem mais importante da corte no reinado de d. José I (1750-77), era seu protetor. O próprio d. José foi amigo de Martinho de Melo e Castro desde a juventude — a diferença de idade entre eles era de apenas dois anos e meio. Em 1770, quando morreu o titular da prestigiosa Secretaria da Marinha e Domínios Ultramarinos, Melo e Castro voltou do exterior para assumir a pasta. Tinha 54 anos. A partir de então, passou a comandar a força naval portuguesa e a participar diretamente da administração das colônias, o que incluía o Brasil. Sete anos mais tarde, Melo e Castro subiu outro degrau na hierarquia real ao aproveitar-se de um novo vácuo no poder. Com a morte de d. José, em 1777, e a ascensão de sua filha, d. Maria I, o marquês de Pombal caiu em desgraça na corte. Melo e Castro foi então escolhido pela rainha para substituir Pombal, passando a ser o número dois da Coroa.

Durante 25 anos, para a má sorte dos mineiros e em especial para a de Tiradentes, esse aristocrata de rosto estreito, lábios finos e peruca empoada com cachinhos à altura das orelhas encarnaria a mão que sai das nuvens a jogar raios nas montanhas de Minas, conforme sugerido no estandarte original dos Dragões. Orgulhoso, dono de uma autoestima elevada, o ministro não admitia ter a opinião contestada.[42] E a dificuldade em ver além de si mesmo o impediu de perceber que o mundo estava mudando.

Naquele final dos Setecentos, boa parte da Europa fervilhava com a disseminação de um pensamento novo. Era o Iluminismo, com suas bandeiras de superação das tiranias e de contestação da origem divina dos reis. Nomes como

Rousseau, Voltaire, Montesquieu, Diderot e Kant falavam de saber, ciências e tolerância. Quando em 1777 Melo e Castro recebeu a incumbência de cuidar das colônias portuguesas, as ideias libertárias do Iluminismo apaixonavam milhares de seguidores na Europa e já haviam cruzado o oceano, encontrando acolhida na América do Norte. Até nas longínquas Minas Gerais o pensamento ilustrado tinha adeptos.

Aferrado ao passado e incapaz de perceber que o futuro avançava de forma veloz, Melo e Castro não via que à sua frente abria-se um abismo. As monarquias absolutistas da Europa — e, por tabela, a visão predatória das metrópoles em relação a suas colônias — não se sustentariam por muito tempo. Estavam no ar os germes da reforma (opção mais branda) e da revolução (em pouco tempo, usar uma coroa significaria correr grande risco).

Martinho de Melo e Castro, contudo, parecia viver em outro momento da história, como mostram as diretrizes com que ele embasou a formação do Regimento Regular de Cavalaria de Minas, em 1775. Apesar de ter plena consciência de que Portugal seria "uma insignificante potência" sem o Brasil, o ministro escreveu: "Todas as colônias portuguesas são de sua majestade".[43] O Brasil, portanto, tinha dono, e, se dependesse de Melo e Castro, continuaria a tê-lo para sempre. O ministro não enxergava que a colônia, vista por ele como um mero produtor de gêneros altamente lucrativos para Portugal, estava chegando ao limite de suas forças e de sua paciência. Se já era temerário continuar insistindo no velho modelo, era quase insano apostar que um garrote mais apertado faria aumentar a arrecadação dos tributos ligados à produção de ouro. Algumas poucas autoridades coloniais bem que tentaram alertar a Coroa de que a diminuição progressiva da arrecadação não se devia aos extravios do ouro. Contrabando e sonegação existiam, isso é certo, mas a questão central do problema era de outra ordem: o ouro de fácil extração, que durante milênios se acumulara no fundo dos riachos e nas encostas dos morros, por força da gravidade e das águas das chuvas, estava simplesmente acabando. Um burocrata zeloso e astuto observador da cena mineira, o desembargador português José João Teixeira Coelho, tinha matado a charada: "A falta do quinto do ouro [imposto sobre a produção do metal precioso] não procede dos extravios, como se entende; procede, sim, da decadência das minas, e esta decadência tem suas origens físicas".[44] O magistrado ia adiante: fazer o diagnóstico errado, ou seja, insistir na repressão como forma de aumentar a arrecadação, traria "consequências as mais perigosas e as mais funestas".[45] Profético, Teixeira Coelho avisava: "Os naturais de Minas e de toda a América são homens de espírito, e se a humanidade os pode fazer honestos e dóceis, o abuso do poder somente os fará criminosos".[46]

Martinho de Melo e Castro pensava diferente. Ele não acreditava na exaustão dos depósitos de ouro de aluvião; bastaria a tropa acochar os mineiros para o metal precioso voltar a escorrer com força para os cofres reais. Na carta em que ditou as diretrizes para a reformulação dos Dragões, Melo e Castro deu a receita: o governador de Minas Gerais deveria baixar em 50% o soldo dos militares ("exorbitantíssimo", dizia o ministro) e aí então botar o regimento para caçar sonegadores.[47]

Ele tinha pleno conhecimento de que o encarregado de cumprir as diretrizes era um administrador limitado. O próprio governador de Minas Gerais, d. Antônio de Noronha, reconhecia ser mais militar (ele era coronel) do que político. "Fui criado no serviço das tropas", dizia ele, o que "me obriga muitas vezes a duvidar sobre algumas resoluções que devo tomar em algumas dependências do governo político desta capitania".[48]

Não podia dar certo.

Em 1778, já liberado das funções burocráticas nos Dragões, Tiradentes estava em marcha pelo interior de Minas com seus camaradas. Tendo saído de Vila Rica, passou por Vila do Carmo, Carijós, Santana da Ressaca, Registro Velho, Borda do Campo, Juiz de Fora, Matias Barbosa e Simão Pereira. Joaquim venceu as alturas da serra da Mantiqueira, atravessou florestas de araucária, cruzou riachos e rodeou rios até atingir a fronteira da capitania. Passou então para o outro lado e seguiu adiante. O alferes enfrentava o chamado Caminho Novo, estrada que ligava Minas Gerais ao Rio de Janeiro, principal escoadouro do ouro brasileiro para Portugal. Certamente ele topou com mascates vendendo suas mercadorias, tropeiros tangendo a boiada, homens de negócios, religiosos e errantes de todas as estirpes, tipos que costumavam fazer aquele trajeto. Como todos os que encaravam o percurso, encontrou abrigo em estalagens imundas e fétidas. E, nas passagens e nos registros, assistiu aos funcionários da Coroa cobrarem as cotas de ouro devidas à sua majestade.[49]

O Caminho Novo era a síntese de Minas. Em cinco décadas de existência, a estrada tinha sido o palco de esperanças e tragédias da corrida do ouro. Por toda parte viam-se as marcas do apogeu da produção do metal precioso e também da decadência. "As matas devastadas, a terra revolvida, as encostas escalavradas, ribeiras desviadas — tudo posto fora de lugar pela mineração."[50]

Ao deixar Minas e entrar na capitania do Rio de Janeiro, Tiradentes pôde ver de perto o grosso negócio que o ouro ainda conseguia girar. No Porto da Estrela, às margens do rio Inhomirim, no fundo de uma baía, o alferes dificilmente terá ignorado o vaivém dos barcos e a frenética movimentação de mascates carregando suas bestas e de traficantes de escravos preparando suas "peças" para a viagem rumo a Minas.[51] Tendo a ponta angulosa da serra dos Órgãos a acompanhá-lo ao longe, Joaquim seguiu adiante. Andou muito. Depois de uma jornada de quatrocentos quilômetros, percorrida provavelmente entre dez e doze dias, ele por fim chegou ao seu destino, a cidade do Rio de Janeiro.

O alferes estava em missão de guerra. No início de 1777, um dos maiores temores de Portugal se tornara realidade: depois de dois séculos de disputa com a Espanha por territórios na região do rio da Prata, no sul do continente, o Brasil havia sido invadido pelos castelhanos, e a Ilha de Santa Catarina, ponto estratégico da colônia, tinha sido tomada. Não era apenas um naco do sul do Brasil que Portugal corria o risco de perder. Os espanhóis estavam, por mar, a 750 quilômetros do Rio de Janeiro. Uma invasão da cidade seria uma tragédia para Lisboa. Fazia catorze anos que o Rio era a capital do vice-reino do Brasil. Era um sítio vital no abastecimento de Minas e, no sentido inverso, o principal escoadouro do metal precioso que seguia para a Europa.

Em Lisboa, ainda ardia o trauma das duas invasões francesas no Rio de Janeiro, em 1710 e 1711. Desde aquela época, a situação pouco mudara — a capital continuava vulnerável devido sobretudo à sua longa faixa de praias abertas. Desorganizado do ponto de vista militar, Portugal não tinha condições de defender o Rio de Janeiro contra uma possível invasão espanhola.[52] Restou então ao vice-rei do Brasil, marquês do Lavradio, pedir socorro a Minas. Em agosto de 1776, ele escreveu uma carta dramática ao governador da capitania ordenando-lhe que mandasse ao Rio, para a defesa da capital, todos os homens do Regimento de Cavalaria e dos corpos auxiliares (paramilitares). Seis meses depois, com a piora da situação no sul da colônia, Lavradio tornou a pedir socorro a Minas, expedindo ordem ao governador para que, "sem perda nenhuma de tempo", enviasse ao Rio Grande do Sul pelo menos 4 mil homens para defender os territórios portugueses na bacia do Prata.[53]

Os integrantes da tropa paga, como Tiradentes, não tinham escolha: era seu dever funcional defender a América portuguesa. Para os civis, porém, era um pouco diferente. Nem todos se sentiam na obrigação de deixar seus ofícios e afazeres em Minas para lutar no Rio de Janeiro ou no sul da colônia. Além de a aventura embutir risco de vida, era irrisório o prêmio oferecido aos civis que marchavam sob a bandeira de Portugal (dois vinténs de ouro por dia, o suficiente para comprar, ao final de um mês, quatro machados ou cinco porcos).[54] Não à toa, por mais que as autoridades coloniais tentassem impedir, muitos mineiros simplesmente fugiam para os matos a fim de evitar o recrutamento forçado.[55]

O governador de Minas Gerais também não estava nada satisfeito com as ordens recebidas do vice-rei. Sem os homens do Regimento de Cavalaria, a capitania ficaria à mercê de uma possível sublevação de escravos e da investida de índios bravios, sobretudo de botocudos e puris.[56] O envio de civis como tropa auxiliar, por sua vez, certamente provocaria queda na produção de alimentos e prejudicaria ainda mais a já combalida mineração e, por extensão, a arrecadação de impostos. O governador chegou a apelar ao vice-rei para que desistisse de requisitar a massa de homens que garantia a produção e a segurança da capitania. Minas Gerais vivia na "indigência", na "última ruína", afirmou d. Antônio de Noronha em mensagem destinada ao marquês do Lavradio.[57] As súplicas se multiplicavam. Em carta enviada a Lavradio, a Câmara de São João del-Rei pediu que ele não retirasse a força motriz de Minas, que já andava à beira do "precipício".[58]

Ao vice-rei, contudo, só interessava a defesa do Rio de Janeiro e das terras ao sul da colônia. Lavradio não só manteve a requisição de militares e paramilitares como mandou vir também os "ociosos e vadios".[59]

Obediente, o governador de Minas Gerais atendeu ao chamado. D. Antônio de Noronha enviou ao Rio de Janeiro 241 dragões (Tiradentes incluído) e 928 paramilitares, todos bem armados e fardados. E, para o sul da colônia, mandou 4 mil homens recrutados às pressas entre a população civil. Quem viu essa milícia descreveu-a como um corpo formado por "gente bisonha". Armados com lanças improvisadas e vestidos precariamente, muitos de seus integrantes eram homens "quebrados, aleijados e idosos".[60]

Minas não gostou de ceder, mesmo que por tempo limitado, cerca de 4% de sua população masculina adulta.[61] Era mais um aperto no rol de grandes sacrifícios impostos à capitania. A lista era longa. Naquela época, os mineiros estavam sendo obrigados a construir uma estrada na fronteira com o Espírito

Santo (e a pagar pela obra) com o objetivo de facilitar a conquista do Cuieté, que seria, conforme se acreditava, uma região rica em ouro. Tudo pelo bem da Coroa. A fim de não tirar ainda mais braços da mineração, os mineiros estavam proibidos de estabelecer novas áreas de plantio e também não podiam construir engenhos (ou seja, menos alimentos e cachaça para a população). E novas medidas de arrocho eram esperadas. Afinal, a massa de homens adultos (negros, mestiços e brancos) enviada para lutar no Rio de Janeiro e no sul da colônia desfalcaria a mineração, provocando uma queda ainda mais acentuada na arrecadação de impostos, o que, como era de praxe, seria respondido por Portugal com mais pressão sobre a população.

Depois de atravessar vilas e sertões, Tiradentes chegou à sua nova base: um sítio inóspito, insalubre e de clima abrasador nos arredores da cidade do Rio de Janeiro. Afora uma natureza deslumbrante, praticamente nada havia por lá. De um lado, a Mata Atlântica, com sua explosão de verdes, suas bromélias, orquídeas, onças, seus tamanduás, bichos-preguiça e tiês-sangue. Do outro, um mar agitado, de águas claras azul-turquesa, que terminava em uma longa faixa de praia em formato de lua minguante, de areia clara e fina. Nada lembrava a vibrante — e lúgubre — Vila Rica. Em volta de Tiradentes, tudo sorria.[62] Da massa compacta da floresta irrompiam morros de formas raras. E, no pôr do sol, um sem-fim de azuis, vermelhos e amarelos iluminava a pedra do Leme, o Pão de Açúcar e o morro da Urca. O alferes estava em "Copa Cabana".[63]

Nos últimos meses de 1778 e durante todo o primeiro semestre de 1779, Joaquim esteve baseado no Rio de Janeiro, de prontidão para a guerra — que não houve.[64] Para alívio de Lisboa, os espanhóis não arredaram pé do sul da colônia, e assim o alferes não precisou lutar — não daquela vez.

A temporada na capital da colônia foi um momento crucial na vida de Tiradentes. Ali, ele conviveu com largos contingentes de militares e paramilitares em situação de grande estresse, à espera do momento de entrar em combate, e também experimentou o medo coletivo da morte na companhia de oficiais e desclassificados, homens livres e escravos. No Rio, Tiradentes teceu ligações que se revelariam fundamentais em sua vida. Foi em sua "quase guerra" que ele fez alguns de seus amigos mais próximos.

A estadia do alferes no Rio também serviu para sedimentar sua relação com a cidade. Terminado o aquartelamento em "Copa Cabana", Tiradentes atravessou o morro de Vila Rica e, após caminhar alguns quilômetros, passou a circular pelo setor urbano da cidade. Não era grande coisa. Com cerca de 40 mil habitantes (metade da população de Vila Rica) e menos de 6 mil casas, o Rio era uma cidade acanhada, suja e feia.[65] Com exceção de algumas fortificações, não havia construções de maior vulto. Rara era a casa com mais de um andar. O prédio de maior expressão era o Palácio do Vice-Rei, que, apesar do nome pomposo, não passava de um casarão baixo e sombrio.[66] Planejadas para durar sete anos, as obras da futura catedral da cidade já se arrastavam por três décadas — em 1779, estavam novamente paradas por falta de verba.[67]

A maior parte das ruas era de terra batida; apenas algumas poucas, no centro, eram calçadas. À noite, a cidade dava medo. A iluminação pública, à base de candeeiros alimentados com óleo de baleia, era precária. Lixo, detritos e animais mortos infestavam as vias; moscas proliferavam nos charcos. A população sofria com as constantes epidemias de bexigas (varíola), sarampo, erisipela, tuberculose e sífilis.[68] Para tentar diminuir a disseminação de pestes, o vice-rei tinha acabado de proibir aquilo que era, em suas próprias palavras, "o espetáculo mais horroroso que se podia apresentar aos olhos": a venda de escravos na rua mais movimentada da cidade, a rua Direita (curiosamente, uma via irregular e torta, cortada por vielas estreitas e imundas).[69] A descrição é do vice-rei:

> Todos os negros que chegavam da costa d'África a este porto, logo que desembarcavam, entravam para a cidade [...] não só cheios de infinitas moléstias, mas nus; [...] no meio das ruas onde estavam sentados em umas tábuas, [...] ali se estendiam, ali mesmo faziam tudo que a natureza lhes lembrava, [...] causando o maior fétido [...].[70]

Quando Tiradentes passou a frequentar a cidade, o mercado de escravos começava a se mudar para um ponto mais adiante, a enseada do Valongo.[71] Depois de atravessarem o Atlântico espremidos nos porões dos tumbeiros, em viagens que levavam entre 35 e cinquenta dias, os escravos que sobreviviam a esse pesadelo (80%, em média) eram despejados em frente à baía de Guanabara. Após serem submetidos a uma quarentena e a um regime de engorda, os cativos — nus, com os cabelos raspados e besuntados em óleo de palma para esconder feridas — eram expostos para a venda. Os clientes, a fim de checar a qualidade das "peças", as apalpavam e vistoriavam seus dentes.

Em meio à miséria e à tragédia, ferviam os negócios. Com a proibição da compra e venda de negros na rua Direita, a via acabou se consolidando como principal ponto do comércio por grosso da cidade. Era na rua Direita onde os negociantes que atuavam nas Minas Gerais se abasteciam de tecidos, couro, sal, pólvora, utensílios de ferro, tabaco, madeira e armas. Tiradentes dificilmente terá deixado de vagar por aqueles lados, até porque ficara amigo de um poderoso do local, Antônio Ribeiro de Avelar.

Português de Santana da Carnota, Avelar era um homem rico e influente, com sociedade em negócios variados e polpudos. Era atacadista com loja na rua Direita, dono de armazéns, senhor de engenho em Paty do Alferes (Vale do Paraíba fluminense) e representante na colônia da companhia financeira inglesa Mayne, Burn & Maynes, especializada na cobrança de dívidas.

Sete anos mais velho que Tiradentes, ele servia como capitão da tropa auxiliar na mobilização militar de emergência no Rio. Terminada a quase guerra, Avelar voltou aos negócios, e Joaquim ficou por perto. Por uma década, Tiradentes frequentaria a casa do negociante, na rua dos Pescadores, no centro.[72]

Quando o alferes voltou a Minas Gerais após o fim da mobilização de emergência no Rio, o Regimento de Cavalaria estava instalado em um novo e belo quartel, no arraial de Cachoeira do Campo, a dezoito quilômetros de Vila Rica. O edifício principal era portentoso: um longo prédio de dois andares com imensas janelas. Um terceiro piso se elevava no centro da edificação formando uma espécie de torre. Ao subir a colina que levava ao quartel, já de longe Joaquim podia ver, na entrada principal do prédio, o imponente brasão com as armas da Coroa no alto da portada.[73] Tiradentes não ficaria muito tempo no quartel; seu local de trabalho mais frequente continuaria sendo a estrada.

No dia 22 de abril de 1780, Joaquim assumiu seu primeiro posto de chefia. Aos 34 anos de idade, tornou-se comandante do destacamento de Sete Lagoas, na comarca do Rio das Velhas, a 160 quilômetros de Vila Rica.[74] Tiradentes passou a ser chamado de "alferes comandante do sertão".[75] Apesar do nome empolado, o cargo não tinha grande importância na hierarquia militar. Mas era estratégico.

Entrada natural para o Médio São Francisco, a região de Sete Lagoas contava com um trânsito intenso de atacadistas. O grosso das mercadorias que desciam da Bahia rumo a Vila Rica, sobretudo o gado bovino e cavalar, passava obrigatoriamente por Sete Lagoas. Por ali circulavam muito ouro e grandes quantidades de pedras preciosas. O arraial abrigava um dos pontos nevrálgicos do fisco em Minas: o registro de Sete Lagoas, que arrecadava impostos sobre a entrada de mercadorias.

O destacamento chefiado por Tiradentes era uma espécie de braço forte da alfândega. A principal função de Joaquim era dar apoio aos fiscais do registro, impedindo assim a evasão de impostos. A Coroa esperava que o alferes fizesse o impossível: que zelasse pelo aumento da arrecadação num momento em que as Minas se encontravam "cadavéricas", segundo as palavras do próprio governador recém-empossado, d. Rodrigo José de Meneses.[76]

Lisboeta da freguesia de Santa Maria dos Olivais, d. Rodrigo (trinta anos recém-completados) acreditava que os mineiros não deviam ser tratados com pressão, mas sim com cuidados especiais. Ele defendia um maior equilíbrio entre os interesses de Lisboa e os dos habitantes de Minas. Chegou inclusive a propor a implantação de uma fundição de ferro na capitania numa época em que a indústria era proibida no Brasil. Em uma atitude que beirou a insolência, ele escreveu ao todo-poderoso Martinho de Melo e Castro, secretário da Marinha e Domínios Ultramarinos, dizendo que Lisboa desconhecia a realidade das Minas.[77]

D. Rodrigo nunca foi levado a sério por Lisboa. Mas entendeu-se com Tiradentes. Oito meses depois de assumir o posto de comandante em Sete Lagoas, o alferes mostrou a d. Rodrigo que ele, Joaquim, também era bom administrador. A fim de melhorar a segurança na região, Tiradentes deslocou a patrulha que ficava baseada em Venda Nova para o Barreiro Grande, distante 250 quilômetros ao norte.[78] Mandou também construir um quartel para abrigar a nova base da patrulha.[79] A medida era inteligente. O Barreiro Grande ficava próximo ao rio São Francisco, via bastante utilizada por comerciantes e contrabandistas. Quando soube da modificação feita por Tiradentes, d. Rodrigo aprovou a iniciativa, mas de forma polida chamou a atenção do alferes, que não havia pedido licença prévia para adotar a providência.[80]

Cinco meses após o episódio da mudança da patrulha, d. Rodrigo tornou a escrever a Tiradentes. O governador ficara sabendo que Joaquim repreendera um cabo da capitania de Goiás que havia entrado em Minas sem permissão oficial. Dessa vez, d. Rodrigo cobriu o alferes de elogios:

Fez vossa mercê muito bem em se portar com o mesmo [o cabo de Goiás] com toda a prudência e da mesma forma continuará não consentindo que daquela capitania se passem dos limites desta, assim como não é justo que de cá passem aos daquela, o que assim fará vossa mercê observar exatamente. Deus guarde a vossa mercê.[81]

Tiradentes era zeloso e procurava cobrir pessoalmente a área que controlava. Em um período de seis meses — de 1º de julho a 31 de dezembro de 1780 —, Joaquim deu expediente em Sete Lagoas, resolveu problemas na guarda do rio Marmelada (120 quilômetros de distância), despachou no registro do Ribeirão da Areia (mais oitenta quilômetros), retornando por fim a Sete Lagoas (outros 120 quilômetros).[82] O alferes comandante do sertão era especialmente cuidadoso com os homens que comandava. Mandou construir mais quartéis e se ocupava diretamente do pagamento dos soldos.[83] Só no quartel-general de Sete Lagoas, Tiradentes tinha 24 dragões sob seu comando, todos em postos subalternos.[84] Alguns eram analfabetos e, na hora de preencher o recibo do soldo, assinavam com uma cruz, tendo a firma reconhecida por Tiradentes.[85] Para os serviços mais brutos, sobretudo em terrenos inóspitos (matas fechadas, despenhadeiros etc.), o alferes ocasionalmente se valia de escravos. Em 1780 e 1781, para fazer a guarda em uma área deserta no Campo Grande, em Sete Lagoas, Joaquim recrutou os escravos de origem africana Mateus Fernandes (nação angola), Francisco dos Santos (benguela) e João da Silva (mina) por "estarem mais sujeitos e prontos" para a tarefa.[86]

Em Sete Lagoas, a exemplo do que havia acontecido no período em que servira no Rio de Janeiro, Tiradentes era obrigado a lidar tanto com a malta quanto com os poderosos. Nessa segunda categoria, estava o homem mais rico da capitania, João Rodrigues de Macedo, de quem ficaria próximo.

Português de Coimbra e membro de uma família opulenta, Macedo foi trazido para o Brasil quando tinha dez anos. Ainda nos tempos gordos da mineração, mudara-se do Rio de Janeiro para Minas Gerais atraído pelos negócios gerados pela corrida do ouro. Prosperou. Macedo atuava no comércio atacadista de açúcar, negociava bestas compradas no sul da colônia, revendia sal e possuía lojas nas principais localidades da capitania, como Vila Rica, São João del-Rei e Sabará. A partir de meados da década de 1770, passou a acumular uma nova atividade, a de contratador, que lhe daria ainda mais poder e dinheiro. Como a estrutura burocrática colonial era precária, a Coroa delegava a particulares a cobrança de tributos. Os contratos referentes à prestação desse serviço, válidos por três anos, eram disputados em leilões, nos quais se habilitavam os homens de negócios mais graúdos da capitania. Quem ganhava os contratos pagava um valor fixo à Coroa (uma fortuna) e ficava com os recursos arrecadados (várias fortunas). Macedo administrava contratos em São Paulo, Goiás, Mato Grosso e Minas Gerais. Só nesta última capitania, por dois triênios seguidos, ele foi contratador das entradas (imposto sobre produtos, escravos e gado trazidos de fora) e dos dízimos (taxa sobre a produção agropecuária destinada à venda).

Além de comerciante (no atacado e no varejo) e de contratador, Macedo era usurário, ou seja, emprestava dinheiro a juros. Astuto, o português tratava com atenção especial os credores que ocupavam cargos poderosos e que posteriormente podiam lhe render favores.

Macedo era a síntese de uma classe social da colônia que era ao mesmo tempo solução e problema para Lisboa: a dos luso-brasileiros e imigrantes que tinham angariado cabedal, prestígio, força política e terras, e cujos interesses algumas vezes coincidiam com os da Coroa, outras, não.

Quando Macedo e Tiradentes começaram a construir uma estreita relação, o contratador tinha cerca de cinquenta anos e era o homem mais abonado da capitania, amigo do governador e credor de autoridades. Já o alferes tinha 34 anos, e sua maior conquista se restringia ao posto de comandante do sertão. Só o gasto mensal de Macedo com os contratos das entradas e dos dízimos de Minas Gerais era 672 vezes maior que o salário de Joaquim.[87] Tiradentes, contudo, não se intimidava perante o contratador.

Encarregado de combater a sonegação no registro de Sete Lagoas, Joaquim certa vez sugeriu a Macedo que promovesse modificações no sistema de cobrança de tributos sob sua responsabilidade. O contratador não apenas acatou os conselhos do alferes como lhe escreveu para agradecer.[88]

O relacionamento entre Joaquim e Macedo também cresceu nas cotoveladas recíprocas que trocaram. Em um desses episódios, o contratador escreveu a Tiradentes para protestar contra o que julgava ser uma injustiça praticada por um dos subordinados do alferes. Macedo havia recebido uma queixa do dr. Duarte Lopes de Ulhoa, um senhor na casa dos oitenta anos, membro de uma família nobre de Portugal. De acordo com Ulhoa, um escravo seu que conduzia uma boiada teria sido vítima de uma arbitrariedade praticada por militares lotados no registro de Sete Lagoas. Tendo passado pelo posto fiscal e já estando próximo a Curvelo, cem quilômetros adiante, o escravo foi interceptado por homens comandados por Tiradentes e, em seguida, obrigado a retornar a Sete Lagoas a fim de recolher tributos sobre os cavalos que conduzia. Ulhoa dizia que a medida era ilegal. Para tirar a queixa a limpo, Macedo escreveu ao alferes pedindo explicações. Na carta, de janeiro de 1781, o contratador sugeriu que os homens de Tiradentes haviam praticado duas transgressões: primeiramente, por não serem destinados à venda, os cavalos trazidos pelo escravo estariam isentos do imposto; além disso, Curvelo, onde o escravo boiadeiro foi autuado, ficava fora da jurisdição do alferes. A partir desse entendimento, o contratador chamou a atenção de Tiradentes — de forma respeitosa, porém dura:

> Vossa mercê, com tato, deve cobrar o que for justo, na certeza de que não devo querer senão o que de direitos me pertence.[89]

Para Macedo, a amizade com o dono da boiada era mais importante que o dinheiro que ganharia com os impostos reclamados por Tiradentes.

Repreendido por um dos homens mais poderosos de Minas Gerais, o alferes não baixou a cabeça. Na resposta enviada a Macedo, além de defender a conduta de seus subordinados, Joaquim acusou o dr. Ulhoa de faltar com a verdade, e ainda denunciou um funcionário do contratador, lotado no registro de Sete Lagoas, de ser cúmplice da fraude. As explicações de Tiradentes convenceram João Rodrigues de Macedo, que tornou a escrever ao alferes, dessa vez mais manso. Macedo reconheceu que de fato Ulhoa agira mal. Em um gesto nobre, raramente encontrado na correspondência oficial de Macedo, o contratador deu o braço a torcer:

> Eu conheço a sua honra e o quanto desempenha com retidão o seu lugar. Vossa mercê, nesse destacamento, é o juiz. Faça o que entender.[90]

Em outro trecho da retratação, Macedo elogiou a retidão do alferes e professou sua gratidão:

> Eu não desconheço as atenções que lhe devo e os interesses que me deseja, favor que confessarei sempre dever a vossa mercê, certificando que desejo mostrar-me agradecido.[91]

Havia sido notável a ousadia de Tiradentes. Ao confrontar Macedo, o alferes não estava apenas enfrentando um homem poderoso. Joaquim entestava aquele que intermediava o pagamento de seu soldo. Macedo operava como uma espécie de agente bancário da Coroa em algumas localidades, como Sete Lagoas. Sendo assim, ele era responsável direto pela quitação do salário de Joaquim.[92]

Logo após aquele evento, Joaquim José da Silva Xavier recebeu uma nova missão da Coroa. Depois de um ano no comando do sertão, ele foi elevado à condição de comandante do destacamento do Caminho Novo. Nesse posto, Tiradentes ficaria responsável pela segurança de uma área grande, a qual ele conhecia bem: um trecho da estrada Minas-Rio. Com a promoção, a Coroa atestava o bom desempenho de Joaquim como dragão. O reconhecimento, contudo, parava por aí. Lisboa não ofereceu a Tiradentes nenhuma recompensa material ou progressão na carreira. Como comandante do Caminho Novo, Joaquim continuaria com o mesmo soldo (24 mil-réis) e com a mesma patente (alferes) de quando iniciara sua carreira, cinco anos antes.[93]

A nova função de Tiradentes tinha caráter estratégico para Lisboa, como ficou exposto em uma carta enviada a ele, em dezembro de 1781, em nome da própria rainha de Portugal. A mensagem começava de forma solene:

> Dona Maria, por graça de Deus, Rainha de Portugal e dos Algarves, d'Aquém e d'Além-Mar, em África Senhora de Guiné, da Conquista e Navegação, comércio da Etiópia, Arábia, Pérsia e da Índia etc., faço saber a vós, alferes Joaquim José da Silva Xavier, comandante da Patrulha do Caminho do Rio de Janeiro, que [...][94]

... que na área de jurisdição do Caminho Novo ele tinha autoridade tanto sobre militares quanto sobre civis.

Não é de supor que a rainha tenha redigido a carta de próprio punho — algum conselheiro certamente o fez em seu lugar. Afinal, d. Maria tinha assuntos mais interessantes a tratar.

Enquanto Tiradentes se preparava para assumir o comando do Caminho Novo, a rainha se via às voltas com sua coleção de exoticidades do Brasil. Falando em nome de d. Maria, Martinho de Melo e Castro mandava seguidas cartas a diferentes autoridades da colônia recomendando que enviassem ao Reino "toda a qualidade de animais quadrúpedes", bem como "toda a qualidade de pássaros grandes e pequenos" que pudessem encontrar.[95] Tudo indica que a solicitação tenha sido cumprida com zelo, já que, em abril de 1781, Melo e Castro tornou a escrever a autoridades do Brasil dispensando a remessa de cutias, macacos, araras e papagaios que não tivessem "alguma raridade", mas reforçou o interesse da rainha por "saguis brancos ou cor de pérola", bem como por "toda a quantidade de periquitos dos pequenos que se puderem apanhar".[96]

Administrar o império era bem mais complicado que criar animais exóticos. Fazia quatro anos que sua alteza encabeçava uma Coroa falida. Um dos principais legados de seu pai, d. José I, tinha sido uma impressionante coleção de dívidas, as quais, em testamento, ele havia pedido que a filha pagasse.[97] Todo o ouro e todos os diamantes trazidos de Minas nas nove décadas anteriores não tinham sido suficientes para fazer de Lisboa uma cidade decente. Com cerca de 200 mil habitantes (duas vezes e meia a população de Vila Rica), a capital do Reino era atrasada em relação às suas similares europeias. Passados mais de vinte anos do terremoto, ainda se podiam ver escombros por toda a cidade. Nas ruas imundas e mal iluminadas de Lisboa, matilhas de cães famintos buscavam comida, e boa parte do povo andava em andrajos. As pestes eram tão comuns que, em 1777, a aclamação da rainha foi adiada porque inúmeros membros da família real estavam com sarampo, inclusive a própria d. Maria I.

Na corte, a preocupação com a situação precária das finanças da Coroa não era pequena, mas parecia desaparecer cada vez que um navio aportava em Lisboa com os porões carregados com o ouro do Brasil. Por mais que as remessas do metal precioso caíssem ano após ano, ainda eram grandes o suficiente para sustentar o luxo e a gastança desenfreada da família real. Um ano antes da aclamação de d. Maria, por exemplo, a frota saída do Brasil levara quatro toneladas de ouro para a Coroa, fora o metal precioso pertencente a particulares.[98] Era uma fortuna considerável, mas, como de costume, durou pouco. Tão logo foi descarregado dos navios, o ouro começou a ser dilapidado de forma feroz. A cerimônia de aclamação da rainha, em maio de 1777, consumiu um bom naco do tesouro real. No Paço da Ribeira, palco da festa, foi construída uma varanda com 28 arcos enfeitados com adereços feitos de ouro e seda. O metal precioso também foi empregado na composição das sanefas das cortinas e das franjas que caíam sobre o trono. Quando d. Maria desceu a escada do paço ao som de trombetas, charamelas, timbales e clarins, pôde-se ver que também a rainha se vestia de ouro:

o manto real que deslizava pelos degraus da escada, de quase cinco metros de comprimento, era tecido com fios feitos do metal precioso.[99]

No banquete servido aos convidados, mais uma extravagância: pela primeira vez na corte, para "a maior admiração e aplauso de todos os nacionais, e estrangeiros que tiveram a honra de gozar deste [...] agradável e brilhante espetáculo", foi usada a magnífica baixela de prata, outra joia feita sob encomenda nas oficinas do Louvre, em Paris, pelo ourives François-Thomas Germain. Formado por 1270 peças, o aparelho de mesa era um dos maiores da Europa. Mais de 120 artesãos tinham sido empregados na sua fabricação.[100]

No final da cerimônia, ao receber o cetro — de ouro, obviamente —, d. Maria jurou "governar bem" e "administrar justiça". Não faria nem uma coisa, nem outra.[101]

Tudo esteve perfeito na cerimônia de aclamação, ou quase tudo. Um convidado atento, o jovem barão de Cormatin, da França, notou que naquele dia a rainha carecia de *"allégresse"*.[102] Sim, d. Maria estava triste — um estado de espírito, aliás, que lhe era frequente.

Aquela senhora pálida e abatida que subiu ao trono português aos 42 anos de idade sofria de melancolia. D. Maria I era de uma fragilidade comovente. Tinha medo de trovoadas e era perseguida por pesadelos relacionados a uma tragédia vivenciada na juventude. Em 1759, seu pai, então rei, condenara à morte cruel, por crime de lesa-majestade (traição contra o soberano), integrantes de uma família influente na corte, os Távora. Em uma cerimônia pública, os Távora tiveram as cabeças, as mãos e os pés cortados e os restos mortais, queimados. A matança promovida pelo pai grudou na consciência da então princesa do Brasil. Depois desse tenebroso evento, a cada perda pessoal, d. Maria murchava um pouco. Foi assim quando, aos 28 anos, ela perdeu um filho, semanas depois do nascimento do bebê. No mesmo ano em que escreveu a carta a Tiradentes, a rainha perdeu a mãe, d. Mariana, uma de suas conselheiras mais próximas. Em correspondência privada com parentes, ela relataria a "dor" pelo "golpe tão sensível".[103]

Além de conviver com um spleen permanente, a titular do trono português tinha outro obstáculo pessoal: ela simplesmente não fora preparada para administrar um império — pior, um império em decadência. D. Maria tinha sido educada para cantar (o que fazia bem), pintar, montar a cavalo e adorar as coisas de Deus. Não lhe ensinaram nada sobre governar. Após a morte de sua mãe e conselheira, restara-lhe, para dividir as angústias do poder, apenas o marido (que também era seu tio), o apagado e pouco ambicioso d. Pedro III.

Para azar de d. Maria, quando ela ascendeu ao trono, o mundo vivia o começo de uma era de violenta transição. As monarquias, sobretudo as absolutistas, já não eram questionadas apenas entre sussurros. No mesmo instante em que no Paço da Ribeira acontecia a dourada cerimônia de entronização da rainha, do outro lado do Atlântico, nos Estados Unidos, norte-americanos lutavam contra soldados ingleses nos campos da Filadélfia para firmar a independência das treze colônias britânicas da América do Norte. O mundo se movia, mas d. Maria não alcançava ver. Nem ela, nem seu braço direito, o obtuso secretário da Marinha e Domínios Ultramarinos, nosso conhecido Martinho de Melo e Castro. Juntos, a rainha (por despreparo e inércia) e Melo e Castro (por estultice) tentariam parar o tempo. Negando qualquer possibilidade de reforma no Brasil — e sobretudo em Minas Gerais —, a dupla continuaria impondo um modelo de administração colonial baseado no arrocho e na cobrança de uma submissão cega. Seguindo por esse caminho, encontrariam Tiradentes.

Assim que foi informado sobre sua "promoção", Joaquim José da Silva Xavier se despediu de Sete Lagoas e tomou o rumo de Vila Rica, onde era aguardado para tratar dos detalhes de seu novo cargo.

Depois de uma viagem de 160 quilômetros a cavalo, ele chegou à capital mineira, onde pouco ficaria. A primeira missão de Joaquim como comandante do Caminho Novo iria jogá-lo na estrada mais uma vez, literalmente. A missão do alferes era construir uma estrada na divisa de Minas Gerais com o Rio de Janeiro.[104]

Os sertões da serra da Mantiqueira, região onde Tiradentes iria trabalhar, eram o que as autoridades da capitania chamavam de "área proibida".[105] A ocupação daquele território tinha sido vedada no passado com o propósito de conter o contrabando de ouro e de pedras preciosas. Com o tempo, contudo, a medida acabou virando letra morta. Aquele sítio inóspito, montanhoso e habitado pelos temidos botocudos acabou se revelando um abrigo perfeito para criminosos e escravos fugitivos. O ouro, que coalhava o fundo dos riachos, e a largueza de terras férteis da região também atraíram endinheirados, em busca de novas oportunidades de negócio, e miseráveis, atrás de sustento. Em 1781, em uma viagem à região, o governador de Minas Gerais, d. Rodrigo José de Meneses, contou pessoalmente 280 moradores ilegais, descobrindo assim que os sertões da Mantiqueira já não tinham mais nada de "área proibida".[106] Favorável ao incentivo do desenvolvimento local, d. Rodrigo chegou à conclusão de que, a bem dos cofres reais, o melhor seria inverter a estratégia até então adotada pela Coroa. Ou seja, regularizar a colonização e a mineração na área e, ato contínuo, começar a cobrar impostos. Para tanto, porém, era preciso que o Estado português também ocupasse a região. E era aí que entrava a figura de Tiradentes como agente precursor da lei em uma terra sem lei.

Para facilitar a ocupação oficial da área, o governador teve uma ideia brilhante: fazer com que os viajantes do trecho entre Vila Rica e Rio de Janeiro mudassem seu itinerário usual e adotassem uma variante que passaria pela serra da Mantiqueira. Isso só seria possível, contudo, com a abertura de uma estrada mais curta que a antiga. A variante do Caminho Novo foi planejada a partir dessa premissa. Ela eliminaria uma grande volta que os viajantes eram obrigados a fazer na altura de São João del-Rei.[107] Batizada de Caminho do Meneses, em homenagem ao visionário governador, a via exigiria uma obra trabalhosa: abrir um talho na serra da Mantiqueira pelos vales do rio Peixe e do rio Preto até o registro do Paraibuna, na fronteira com o Rio de Janeiro, uma região inóspita de mata bruta salpicada de grandes rochas.

A escolha do nome de Tiradentes para a missão era procedente. Os anos de andança como mascate e como dentista itinerante e o vaivém do período em que servira na mobilização de emergência na capital da colônia haviam feito dele um profundo conhecedor do trecho entre Vila Rica e Rio de Janeiro. Outro fator deve ter pesado na seleção: o alferes já dera mostras de que, além de um agente público exemplar, era também obstinado.

Joaquim era talhado para a função, mas, na ausência de um padrinho, ficou mais uma vez numa posição intermediária. O governador indicou como encarregado da obra Manuel do Vale Amado, morador da região por onde passaria a nova estrada. Amado, sim, tinha cacife político. Era dono de uma grande fazenda em Matias Barbosa, que contava com sede suntuosa, criação de gado, escravaria e larga produção agrícola (a propriedade valia cinco vezes mais que a antiga fazenda do Pombal, da família Silva Xavier).[108] Além de fazendeiro de vulto, Amado era tenente-coronel dos corpos auxiliares (patente paramilitar destinada a poderosos) e administrador dos contratos do registro de Matias Barbosa (leia-se, funcionário graduado do contratador João Rodrigues de Macedo). Por fim, o velho ainda ostentava laços com os pioneiros de Minas Gerais (em 1779, ele encerrara a viuvez casando-se com Maria Córdula de Abreu e Melo, de 22 anos, tataraneta do lendário Fernão Dias Pais, o "Caçador de Esmeraldas").

Tiradentes tinha ordens expressas de se apresentar ao encarregado da obra, em Matias Barbosa. Em função disso, ficou apenas uma semana na capital mineira, ou até menos.[109] Antes de partir, o alferes passou no almoxarifado da Junta da Real Fazenda para pegar armas, munição e uma barraca.[110] E logo estava novamente com o pé na estrada, rumo à divisa com o Rio de Janeiro.

No dia 26 de julho de 1781, depois de cavalgar 240 quilômetros, Joaquim estava diante de Manuel do Vale Amado.[111] O encarregado da obra não pareceu ter gostado de ver o alferes. Amado, que deveria acompanhar os trabalhos in loco, não arredou pé de sua fazenda, limitando-se a ceder oito escravos para ajudar na abertura do caminho. Três dias depois, porém, mal os trabalhos tinham sido iniciados, ele voltou atrás e recolheu seu plantel de volta à senzala, queixando-se de que seus negócios particulares estavam sendo prejudicados.

Restou a Tiradentes seguir com a obra apenas com alguns poucos militares de seu destacamento.[112] Mas o contingente logo se mostrou pequeno para a empreitada, obrigando Joaquim a improvisar. Ele teve a ideia de buscar reforço com dois mineradores que zanzavam pela região à procura de um bom veio de ouro. O alferes negociou com eles a cessão de seus doze escravos em troca de um pagamento diário total de 1800 réis. Aceita a proposta, Tiradentes, seus comandados e os escravos trabalharam juntos derrubando árvores e limpando o terreno. O serviço era duro, e alguns dos cativos simplesmente fugiram. Depois de três semanas, os mineradores recolheram seus escravos e embolsaram o equivalente a uma vez e meia o soldo de Tiradentes.[113] A obra então voltou a parar.

O alferes estava longe de completar sua missão e precisava agora encontrar uma nova solução. Fiando-se na experiência com os cativos cedidos pelos mineradores, ele bolou um plano: recrutar de forma compulsória dois ou três escravos de cada morador da região e indenizar os proprietários. Antes de tomar qualquer iniciativa, porém, o alferes foi consultar o responsável formal pela obra. Manuel do Vale Amado não gostou da ideia e convenceu Tiradentes a desistir dela, argumentando que o governador o instruíra a não incomodar os moradores da região.[114] Restou a Joaquim obedecer ao superior e seguir trabalhando apenas com os dragões que estavam sob seu comando direto.

Enquanto Amado lucrava com o projeto de construção da estrada (o fazendeiro fornecia farinha para os homens e milho para os cavalos da tropa de Tiradentes), o alferes dava duro.[115] Em 1781, Joaquim não deixou de dar expediente no dia 1º de janeiro nem em 31 de dezembro.[116] No começo do ano seguinte, quando ainda tocava a obra, ele enfrentou um período de chuvas excepcionalmente ruim, com registro de enchentes e desabamento de casas.[117] Vivendo em uma barraca sem direito a conforto, Tiradentes certamente deve ter penado.[118] Na época das chuvas, quando a água podia cair todos os dias durante semanas, o Caminho Novo virava um lamaçal medonho.

Os homens de Joaquim também não tinham refresco. Não devia ser fácil ser comandado por Tiradentes. Ele era dedicado à tropa e, por isso, querido entre a soldadesca. Mas era também um chefe estoico. Para Tiradentes, em primeiro lugar, vinha o cumprimento do dever. Conforme previsto nos manuais, ele fornecia a seus homens farinha e azeite e nada mais.[119] Em elaboradas tabelas em formato tridimensional, o comandante registrava a cota de alimentos recebida por cada homem e os respectivos custos. No pé dos documentos, o alferes anotava a bico de pena: "Atesto que fiz as despesas acima e, se preciso for, juro aos Santos Evangelhos".[120]

Mesmo com os contratempos, o alferes não se saiu mal. Em dois anos, a variante do Caminho Novo estava pronta. Disposto a melhorar o projeto original, Tiradentes se ofereceu para uma tarefa extra: calçar a estrada com pedras — ele chegou inclusive a indicar ao governador a pedreira de onde sairia o material. "Eu desejo cumprir meus deveres e [...] agradar a vossa excelência, e assim, senhor, para mim não há dificuldade", escreveu o alferes a d. Rodrigo José de Meneses.[121]

Ao dar a missão como cumprida, ele preveniu o governador que se preparasse para receber reclamações contra ele, Tiradentes. Isso porque moradores da região haviam pressionado o alferes a alterar o traçado planejado para a estrada, fazendo com que a variante passasse dentro de suas fazendas. Assim, poderiam lucrar oferecendo pousada e alimentos aos viajantes. O alferes, contudo, para desgosto dos fazendeiros, privilegiou o traçado mais curto. Do ponto de vista dos interesses da Coroa e dos usuários da estrada, a lógica de Joaquim era irreprochável. O que mais interessava aos viajantes era fazer a jornada no menor tempo possível, e quanto mais trânsito houvesse, mais impostos seriam recolhidos, como justificou Tiradentes em carta ao governador: "É certo que, quanto mais breves giram as tropas, mais direitos pagam nos reais quintos, o que se providencia com os ditos atalhos".[122]

Durante todo o tempo em que atuou na obra, o alferes zelou pela diretriz real de combate à sonegação. Antes de escolher o local onde seria edificado o Porto de Meneses (o nome era mais uma homenagem ao governador), nas margens do rio Preto, Tiradentes fez uma varredura na região. Encontrou então uma picada clandestina usada por contrabandistas e sonegadores para fugir dos coletores de impostos do registro do Paraibuna. O alferes não teve dúvida: instalou o porto junto à picada, acabando com a farra.[123]

Após Tiradentes ter concluído a variante do Caminho Novo, a Coroa deu-lhe uma recompensa — enfim, um agrado.

Quando varejava a serra da Mantiqueira em busca do melhor traçado para a construção da estrada, Joaquim aproveitou para sondar o potencial mineral da área. Eis mais um predicado técnico do alferes: como era de conhecimento público, ele tinha "inteligência menéria lógica [sic]".[124] Na pesquisa, Joaquim descobriu terras com "boa pinta" (ou seja, com potencial para a extração de ouro) e então fez uma petição às autoridades da capitania solicitando para si oitenta datas (terrenos de mineração). Era um número elevado de concessões que o comandante pedia. Normalmente, para ganhar uma única data, era preciso ter mais de doze escravos. Oitenta datas, portanto, demandariam a Tiradentes a posse de quase mil escravos, o que ele e nenhum outro habitante de Minas Gerais tinham (para se ter uma ideia da grandeza do número, isso equivalia a quase 1% do plantel de cativos da capitania).[125] Joaquim, no entanto, jogou alto, alegando no pedido que dispunha de uma "fábrica avultada de escravos". Não era verdade, contudo. No final de sua vida, ele contaria com seis escravos, dos quais apenas três eram homens adultos, aptos portanto a minerar.[126] Sendo assim, é provável que o plantel de Tiradentes fosse pequeno (na época, em Minas, um senhor de escravo possuía treze "peças" em média).[127]

No pedido, Joaquim levantou outro argumento, dessa vez verdadeiro: as terras eram devolutas.[128] Os terrenos de fato ficavam no meio do nada.

Mesmo sem cumprir os requisitos que dariam sustento ao pedido, o alferes se saiu bem. Ele não foi atendido integralmente, mas acabou sendo contemplado com pouco mais da metade das terras solicitadas. A administração da capitania lhe concedeu 43 datas na barra do córrego da Vargem, próximo ao local escolhido por Tiradentes para erguer o quartel e o Porto de Meneses.[129] Mesmo tendo sido contemplado apenas parcialmente, o alferes ganhou um bom terreno. Somadas, as datas chegavam a um terço de hectare.

Em setembro de 1781, Joaquim se tornou então um proprietário de terras — no dia 24, ele recebeu "a posse corporal e [...] individual" dos terrenos.[130]

O privilégio concedido ao alferes consistia em um vício danoso, comumente praticado pelas autoridades coloniais da capitania. A concessão de grandes porções de terras minerais a pessoas sem condições para explorá-las, como era o caso de Tiradentes, tinha um efeito nocivo: os terrenos continuavam praticamente intactos. Em vez de produzirem ouro, as terras adquiriam uma função diferente: tornavam-se bens de reserva, que no futuro podiam ser vendidos ou legados a herdeiros. Em contraponto, mineiros que queriam minerar e possuíam larga escravaria ficavam ao deus-dará.[131]

Tiradentes podia não ter capacidade de explorar todo o potencial aurífero de seu terreno, mas fez o que pôde. Não há registros de quanto ouro Joaquim retirou do fundo dos córregos e dos rios da Mantiqueira. Certamente ele não bamburrou, isto é, não encontrou grandes quantidades do metal precioso, como havia sido comum ocorrer em Minas até a década de 1750. Tiradentes chegou tarde ao ramo da mineração; o melhor da festa já tinha acontecido. Se as lavras de fato tinham ouro e seus três escravos homens adultos se ocuparam exclusivamente da mineração, o alferes terá produzido algo em torno de 215 gramas de ouro por ano.[132] Não era nenhuma fortuna, mas também não era nada desprezível. Aquele punhado de ouro — equivalente ao peso médio de duas maçãs — valia na praça cerca de 260 mil-réis, quase um ano de salário de Tiradentes.[133] Ou seja, com a atividade de minerador, o alferes poderá no máximo ter dobrado seus rendimentos, se é que de fato isso acorreu.

Se o ouro da Mantiqueira não fez de Joaquim um homem rico, deve ao menos ter ajudado a melhorar suas economias. Isso porque nos oito anos seguintes ele conseguiria juntar dinheiro suficiente para emprestar quantias bem superiores a seu soldo de dragão.[134]

Com os terrenos ganhos da Coroa, o alferes alcançou bem mais do que a simples ascensão financeira. Ele voltou a ter um pouso, um canto para dormir que não fosse um catre de quartel, uma barraca militar ou a varanda de um rancho à beira de uma estrada. Aos 35 anos de idade, Tiradentes enfim tinha um lar.

Em dezembro de 1782, instalado em seu sítio no ermo confim da Mantiqueira, ele despachava a papelada dos Dragões.[135]

Pouco depois de ganhar as lavras, Tiradentes conseguiu aumentar ainda mais seu patrimônio ao receber da administração colonial uma nova doação de terras. Dessa vez, ganhou oito sesmarias, destinadas à agricultura e à criação de animais. Os lotes ficavam na mesma área das lavras. Juntas, sesmarias e datas, formavam um terreno de bom tamanho.[136]

O fato de Tiradentes ser dono de muitas lavras minerais e de uma respeitável porção de terra agricultável não mudava a realidade: Joaquim era pequeno. Ele não dispunha de meios para explorar sequer uma beirada de suas propriedades. Talvez no futuro fosse diferente se ele conseguisse ganhar um bom dinheiro para comprar escravos, equipamentos, ferramentas, insumos...

De toda forma, o alferes (e agora também mineiro e fazendeiro) trabalhou duro em suas propriedades. Ele próprio mediu e demarcou os terrenos, que ficavam incrustados em uma área de mata virgem.[137] Aos poucos, parte do mato foi posta abaixo dando lugar a uma capoeira.[138] Depois, vieram as benfeitorias. Tiradentes fez "serviços de regos", ou seja, desviou água dos córregos para lavar o cascalho retirado do fundo dos rios.[139] Ergueu casas e senzalas, "tudo coberto de capim", e construiu um engenho movido a água para fabricar farinha.[140] Começou também a criar gado, nada muito expressivo, algo em torno de dez cabeças.[141]

De sua fazenda, o alferes tinha uma bela vista da serra das Abóboras. Se caminhasse um pouco, desviando-se dos ásperos desfiladeiros, podia banhar-se nas águas cor de cobre da cachoeira do Funil ou pescar piabanhas (com sorte, até um grande dourado) nos rios Preto e Paraibuna. O lar de Joaquim na Mantiqueira tinha até nome: Rocinha da Negra.[142]

5.

Pouco antes do término das obras da variante do Caminho Novo, Tiradentes subiu a Mantiqueira para uma missão de resgate.[1] José Antônio de Andrade, o Açucreira, um morador de Sabará que seguia para o Rio de Janeiro, havia desaparecido no alto da serra. Açucreira não viajava só — ele tinha um escravo e um cachorro por companhia. Levava algum dinheiro e um maço de documentos referentes aos negócios que faria no Rio. O negociante deveria ter chegado à capital da colônia no final de 1782, mas já era abril de 1783 e não havia nenhum sinal dele. Mesmo tendo chovido muito na virada do ano, o atraso não se explicava.[2]

Responsável pela segurança na área, Tiradentes juntou alguns homens e subiu a serra à procura de Açucreira. A partir de informações fornecidas por parentes do comerciante desaparecido, o alferes sabia que ele tinha uma cabeleira farta e que vestia um calção de ganga e uma casaca azul forrada de encarnado. As primeiras buscas, na área junto da estrada, não deram em nada. O alferes então redirecionou a procura para a mata fechada, onde poucos homens conseguiam penetrar e pouquíssimos conseguiam sobreviver por muito tempo. Entrar na mata fechada era tarefa que se delegava aos negros. Tiradentes, mesmo sendo branco e ocupando cargo de comando, ignorava tais códigos.

Depois de muito andar pela "área proibida", a expedição chegou a um córrego, e foi então que Joaquim desvendou o sumiço de Açucreira. Os corpos do negociante, do escravo e do cachorro jaziam em uma cova rasa aberta à beira do riacho. O cadáver do comerciante tinha seis balas de chumbo na testa e uma fenda profunda no peito, aberta provavelmente com uma facada. O dinheiro havia sumido; os papéis, já podres, continuavam no bolso da casaca. Tiradentes ficou impressionado com o estado de conservação do corpo de Açucreira, que, quatro meses após a morte, continuava intacto. "Por permissão divina", comentaria o alferes, o cadáver parecia estar ali havia apenas dois dias.[3]

Tiradentes ordenou a seus homens que preparassem os corpos do comerciante e do escravo para a viagem de volta, pois pretendia dar-lhes sepultura digna. O comandante do Caminho Novo decidiu ainda promover uma varredura mais ampla na área. No rastreio, nada foi encontrado que pudesse indicar quem teria matado Açucreira, o escravo e o cachorro. Mas a varejadura acabou por revelar um segundo fato macabro: aquele latrocínio não era um caso isolado. Próximo à cova rasa de Açucreira, foi encontrado um selim velho, que aparentava estar ali havia anos. Mais adiante, novos achados: duas selas, mais um selim, dois alforjes e os restos mortais de duas bestas.

O comandante do Caminho Novo não deve ter ficado de todo surpreso com a descoberta, afinal ele não chegara até ali por acaso. Joaquim sabia onde pisava. Poucos meses antes, praticamente no mesmo local onde Tiradentes desenterra os corpos, três outros cadáveres tinham sido encontrados por boiadeiros que haviam entrado na mata à procura de palmitos. As vítimas eram o fazendeiro Antônio Sanhudo de Araújo e seus dois acompanhantes de viagem. O caso guardava semelhanças com o de Açucreira. Araújo e sua escolta tinham saído do arraial do Rio das Pedras, importante área de mineração de Vila Rica, em março de 1783. O destino era o mesmo de Açucreira: o Rio de Janeiro. Araújo também levava consigo uma soma considerável de dinheiro em barras de ouro, o que muito o preocupava, pois sabia da atuação violenta de bandoleiros no alto da serra. Ele tinha tanto pavor de encarar a Mantiqueira que, antes de sair de casa, encomendou a alma a Deus. Na primeira etapa da viagem, Araújo e seus acompanhantes cavalgaram 130 quilômetros, quando então decidiram pernoitar em uma fazenda no Registro Velho, já na região da Mantiqueira. Na manhã seguinte, bem cedo, voltaram à estrada para uma segunda arrancada até o alto da serra, de onde então passariam à capitania do Rio de Janeiro. Essa foi a última vez que foram vistos com vida. No alto da Mantiqueira, os três foram assassinados a facadas, degolados e enterrados em uma cova rasa, uns sobre os outros.[4]

As semelhanças entre os dois casos não eram coincidência. Assolado por bandos impiedosos que matavam para roubar, o alto da serra da Mantiqueira havia se tornado o inferno dos viajantes que faziam a rota Minas-Rio. A região onde os cadáveres dos integrantes das expedições de Açucreira e de Araújo tinham sido encontrados era uma movimentada área de desova de corpos. Tiradentes caminhava sobre um cemitério clandestino.

O alferes tinha agora uma nova missão: descobrir quem havia dado cabo dos viajantes.

Mesmo em tempos de crise na mineração, o dinheiro (em forma de moedas e barras de ouro, pepitas e ouro em pó) circulava de maneira frenética em Minas Gerais, fenômeno que não se repetia com a mesma intensidade em nenhum outro canto da colônia. Em volta desse aquecido mercado, girava um universo violento, fruto de uma sociedade formada à base da coerção. A divisão desproporcional entre os que haviam nascido para mandar (os brancos livres, 20% da população) e os que eram mandados (os escravos, 48% dos habitantes) gerava uma grande tensão.[5] O medo de uma desforra violenta por parte dos cativos sempre pairou sobre a elite branca mineira. Real ou imaginário, o risco de um "branquicídio" era uma neurose local. Nesse angustiante viver, para se sentirem seguros, os opressores brancos plantavam a desconfiança e apostavam na repressão. E não raro, como consequência, colhiam a violência.

Isso não acontecia apenas na relação entre brancos e cativos negros e mestiços. Enquanto Tiradentes resgatava corpos na serra da Mantiqueira, os ferozes índios botocudos ainda eram escravizados e massacrados no leste da capitania. Incentivada e em boa medida patrocinada pela Coroa, essa operação "limpeza" visava a abrir espaço para os novos projetos de colonização e mineração em Minas Gerais. Em outras áreas da capitania, os caiapós, insubmissos como os botocudos, também eram exterminados de forma cuidadosamente planejada — uma ordem escrita de 1742 mandava "passar a espada" em todos os caiapós que não se rendessem, poupando apenas os menores de dez anos.[6]

Sempre houvera resistência, mas a partir de meados dos anos 1780 os índios começaram a reagir ao massacre de forma mais organizada. Para espanto de muitos mineiros, os "selvagens" já não apenas lutavam para defender seu território. Eles tinham saído da defensiva e passado a atacar arraiais e fazendas.[7] Na área comandada por Tiradentes, habitada por osorós, xopotós e puris, a reação dos nativos vinha acompanhada de uma novidade atordoante: a fim de potencializar os ataques aos brancos, os índios eventualmente se associavam ao grupo mais temido pelas autoridades coloniais: os quilombolas.

Havia lógica no fenômeno. Afinal, os cativos negros e mestiços sofriam tanto quanto os indígenas. Já naquela época, cantavam-se tanto em prosa quanto em verso os maus-tratos que "senhores desumanos" impingiam a seus escravos.[8] Não eram poucos os fazendeiros que deixavam seus negros passarem fome. Do cativo, esperava-se que aceitasse de forma plácida sua condição de servo, que trabalhasse com afinco mesmo em escalas extenuantes e que não se queixasse da pobre e pouca alimentação eventualmente recebida ou das péssimas condições de vida nas imundas senzalas. Se quisesse ser livre, que comprasse a alforria. Se quisesse parar de apanhar, que encarasse os maus-tratos físicos como uma lição. E se quisesse evitar ser morto por seu dono, que nunca tentasse fugir.

A ousadia da fuga embutia um risco muito alto. Os fujões, quando capturados, recebiam o mesmo tratamento conferido aos traidores da Coroa. Em troca de recompensa financeira (de catorze a 72 gramas de ouro por cabeça), os sinistros capitães do mato caçavam escravos fugitivos e tinham autorização de sua majestade para espancar, mutilar e assassinar suas presas.[9] A fuga de cativos causava tanta revolta (e medo) na população branca que certa vez os camaristas de Mariana solicitaram à Coroa a permissão para cortar o tendão de aquiles dos escravos recapturados.[10] A medida extremada acabou não passando, mas nem por isso os cativos que arriscaram a fuga sem sucesso deixaram de sofrer. A punição era prevista, por escrito, em um roteiro de crueldades. Quando não era morto pelo capitão do mato, o escravo recapturado era largado na prisão por um bom tempo. Depois, no pelourinho, era submetido a sessões de chibatadas por dez dias. Terminada essa fase da punição, o escravo era marcado a ferro quente com a letra F (fugitivo) e podia ter a orelha cortada. No caso de reincidência, a pena de morte era aplicada — após a execução, a cabeça do escravo era cortada e exposta em local público.[11]

Eis o preço pago por muitos daqueles que insistiam no "louco desejo de liberdade": a cabeça dependurada em um poste.[12]

Apesar de todo o terror imposto para inibir a rebeldia, muitos cativos insistiam em fugir. Uma vez livres, os escravos se escondiam em locais de difícil acesso, como a mata fechada, e ali estabeleciam áreas liberadas, os quilombos.

Essas comunidades às vezes abrigavam centenas de negros e mestiços. Em Minas Gerais, no período colonial, existiram ao menos 160 quilombos.[13] O potencial de combate desses grupos era eventualmente reforçado pela união com outros fugitivos (criminosos brancos, indígenas e forros negros e mestiços).

Os quilombos foram fortemente combatidos pelas autoridades coloniais, mas não sem resistência. Guerreiros tenazes e conhecedores do terreno onde lutavam, os quilombolas chegaram a vencer muitas batalhas. A contagem final da guerra, contudo, foi novamente o extermínio: uma a uma, todas as comunidades de ex-escravos foram dizimadas.

Antes de tombarem, porém, os quilombolas devolveram aos brancos uma parte da barbárie. Aos gritos de "morra, morra tudo", negros e mestiços invadiam vilarejos e fazendas e queimavam as casas.[14] Caravanas que faziam o trecho Minas-Rio eram depenadas, e seus integrantes eram assassinados pela "gente preta bárbara da África e Guiné", como a rainha de Portugal se referia aos quilombolas.[15] Ao se verem frente a frente com o homem branco, mas em situação inversa de sujeição, ex-escravos descarregavam de volta o ódio acumulado por gerações. Pais e maridos eram obrigados a assistirem a suas filhas e mulheres serem estupradas.[16] Senhores eram chicoteados como negros, forçados a usar freios na boca como bestas, castrados como cães e mortos a golpes de foice... como escravos fujões.[17]

Os corpos encontrados por Tiradentes no alto da Mantiqueira engrossaram as estatísticas do terror na região. Só nos primeiros meses daquele ano de 1783, doze cadáveres foram descobertos no topo da serra.[18] As vítimas tinham perfil idêntico: homens de negócios de Minas Gerais (comerciantes, mineradores e fazendeiros) que se dirigiam ao Rio de Janeiro levando algum (ou muito) ouro na bagagem. O alferes sabia quem morria e por quê. Faltava descobrir quem matava.

O modus operandi dos ataques também seguia um padrão. Eram emboscadas feitas geralmente à noite por homens que conheciam bem o terreno e que possuíam informações sobre o movimento dos viajantes. Por vezes, quando abordavam suas vítimas, os bandoleiros vestiam uniformes militares e simulavam uma vistoria rotineira da patrulha. Os criminosos dispunham de armas variadas, como facas, facões, punhais, baionetas, pistolas, porretes, espingardas e clavinas. Após pilhar dinheiro e bens dos viajantes, os salteadores os executavam e enterravam os corpos em valas comuns ou simplesmente os jogavam dentro de um rio ou no fundo de uma ribanceira (raros foram os que, por sorte, conseguiram sobreviver). O caso dos corpos encontrados por Tiradentes se encaixava neste perfil: latrocínio com uso de faca e pistola, sem sobreviventes e desova de cadáveres em local de difícil acesso. O comandante do Caminho Novo tinha motivos de sobra para suspeitar que os autores do crime não eram lobos solitários ou criminosos que agiam em pequenos grupos, como costumavam fazer o Orelha Pé de Pato, o Quiabos, o Jardim, o Sabará e outros tantos bandidos que atuavam dessa forma nas Minas Gerais. O alferes desconfiava que os casos que investigava eram obra de alguma das quadrilhas de bandoleiros que agiam na região.

Os bandos que barbarizavam Minas eram um fenômeno típico do final do século XVIII, fruto de uma série de fatores entrelaçados, todos eles, como sempre, ligados à mineração: grandes movimentos migratórios com forte presença de pobres e miseráveis, estilo de vida nômade, tensão social aguda e, a partir de 1760, com a decadência das lavras de ouro, crescimento do número de vadios que vagavam sem rumo e sem perspectiva. Em geral, as quadrilhas eram formadas por homens livres fora da lei (brancos, mestiços e negros forros), eventualmente associados a quilombolas, indígenas e desertores da tropa paga e das milícias. Não raro, tinham conexões com taberneiros, fazendeiros, comerciantes, militares e autoridades coloniais, que acobertavam seus crimes em troca de dinheiro ou que usavam de suas estruturas e suas informações para a prática do contrabando.

As igrejas de Minas estavam cheias de ex-votos que retratavam histórias de horror dos grupos bandoleiros. Eram tábuas de madeira pintadas à mão que mostravam cenas de viajantes desesperados sendo atacados por bandidos armados.[19] Nos sertões do rio das Mortes e no arraial de São Bento do Tamanduá, próximo à região onde Tiradentes nascera e crescera, atuava o bando do Sete Orelhas. Januário Garcia Leal, o Sete Orelhas — também conhecido como Tutu-Marambá (bicho-papão) —, matava para roubar. Sua folha corrida registrava ao menos quinze assassinatos, sete deles responsáveis por seu apelido. Sete Orelhas perseguiu e matou sete homens que haviam assassinado um de seus irmãos; cortou uma orelha de cada uma de suas vítimas, secou-as, salgou-as e fez com elas um colar que lhe adornava o pescoço.[20]

Outro chefe de bando, Antônio Francisco Alves, o Vira-Saia, fora vizinho de Tiradentes em Vila Rica. Antônio usava uma imagem de Nossa Senhora das

Almas, exposta no oratório em frente à sua casa, para indicar a seus comparsas os alvos dos ataques; ao mover a estátua, ele indicava com a ponta da saia da santa a estrada por onde passariam viajantes com carga valiosa.[21]

Na serra da Mantiqueira, agiam duas grandes quadrilhas: a do Montanha e a do Mão de Luva. Era bem provável que uma delas fosse a que Tiradentes buscava em suas investigações. A mais estruturada era a de Manuel Henriques, vulgo Mão de Luva. O celerado tinha uma mão mutilada que ficava coberta por uma luva.[22] Mineiro de Igreja Nova, ele se estabelecera na "área proibida" do Sertão do Leste, em Cachoeiras de Macacu, no exuberante mar de morros da divisa do Rio de Janeiro com Minas Gerais. Formado por mais de duzentos homens, seu bando se dedicava ao garimpo ilegal, ao contrabando de pedras preciosas e ao roubo. Quem topou com Mão de Luva na noite alta da serra da Mantiqueira jamais o esqueceu.[23] Ele era um homem alto; na mão que lhe sobrara, levava uma catana (facão longo com a ponta da lâmina curvada) e, debaixo do braço, uma pistola. Tinha boa relação com os índios feros que viviam no topo da serra.

O outro expoente do crime na Mantiqueira era Joaquim de Oliveira, o Montanha.[24] Homem branco, dono de uma longa barba negra, matador inclemente, Montanha chefiava a Quadrilha da Mantiqueira — na definição amarga de uma autoridade colonial, um bando infame com forte presença de ciganos que infestava os caminhos ermos da serra.[25] Os bandidos da quadrilha se acoitavam no alto da Mantiqueira, onde viviam esparramados em redes à espera da passagem de viajantes endinheirados. Ao notarem a aproximação de um alvo em potencial, vestiam fardas da patrulha do mato, roubadas dos soldados, e abordavam os viajantes simulando uma batida. De início, a Quadrilha da Mantiqueira costumava mirar apenas os contrabandistas de ouro e pedras preciosas. Enquanto foi assim, Lisboa e as autoridades coloniais não se importaram — afinal, ao desestimular o tráfico, o bando acabava prestando um serviço indireto à Coroa. Com o passar do tempo, porém, os cupinchas de Montanha começaram a atacar caravanas integradas por autoridades coloniais e homens de negócios, e aí se tornaram inconvenientes.

O banditismo na Mantiqueira havia crescido muito, tornando-se um estorvo para os negócios. O próprio Tiradentes constatara o problema e avisara ao governador de Minas Gerais. Em uma carta enviada a d. Rodrigo José de Meneses em abril de 1783, o comandante do Caminho Novo informou que os tropeiros e os homens de negócios estavam "atemorizados" com os acontecimentos recentes. O fluxo no corredor Minas-Rio, comentou o alferes, estava paralisado por causa do pavor que os viajantes tinham de topar com algum facínora no alto da serra. Tiradentes constatara, tanto na Borda do Campo quanto no Registro Velho, que quem estava no alto da Mantiqueira não descia, e quem estava no pé da serra não subia.[26]

Ao tomar conhecimento da gravidade do quadro, o governador de Minas Gerais tratou de avisar ao vice-rei, no Rio de Janeiro, que, devido à insegurança na rota, o ouro de sua majestade seguiria com atraso.[27] Péssima notícia para Lisboa. Embora o ouro de Minas estivesse em decadência, ainda era ele, em boa medida, que sustentava os cofres reais portugueses. Em 1783, quando Tiradentes caçava bandidos na Mantiqueira, a capitania enviou à Coroa, referente apenas ao pagamento dos quintos, quase uma tonelada de ouro (para ser exato, 921 quilos, peso equivalente ao de três leões-marinhos adultos).[28] Qualquer atraso nas remessas do metal precioso prejudicava duramente Portugal, que dependia do ouro de Minas para ir às compras. De tecidos finos a cereais, de farinha a laticínios, passando por vidro, papel, ferragens, joias e outros artigos de luxo, tudo era comprado dos comerciantes ingleses, até o bacalhau. Navios como *King George*, *Duke of York*, *Hampden* e *Expedition* faziam fila no porto de Lisboa para descarregar suas mercadorias e, ato contínuo, carregar os porões com o ouro de Minas.[29] Naquele ano, os ingleses faturaram 610 mil libras esterlinas com as exportações para Portugal (convertida em ouro, a fortuna alcançava 4,4 toneladas do metal precioso).[30]

De Vila Rica ao Rio de Janeiro, de Lisboa a Londres, o crime no alto da Mantiqueira embaraçava os mercados. Era preciso dar um basta na situação. Mas não era tarefa simples. A corporação dos Dragões ainda era esquálida. Pouco tempo antes de Tiradentes encontrar os corpos na mata, o governador escrevera duas cartas dramáticas a Lisboa informando que a tropa tinha "grande precisão" de reforços. Em Vila Rica, dizia d. Rodrigo na mensagem, só havia quinze soldados para guardar os cofres reais, vigiar a cadeia e combater os malfeitores e o contrabando. Na carta, o governador dizia que a tropa paga era "a única que inspira[va] temor e respeito".[31] Às vezes, nem isso. A verdade era que muitos dos integrantes dos Dragões se pelavam de medo de combater os fora da lei. "Os soldados [...] tornaram-se tão timoratos com semelhantes acontecimentos [de violência] que, quando são mandados em causas de sua obrigação, antes querem que lhes deem baixa", dizia na época um caixa-administrador.[32] Até mesmo comandantes se acovardavam quando eram chamados a coordenar ações contra os bandidos mais perigosos. E não sem motivo. Era de conhecimento público que boa parte das cadeias de Minas era muito precária — algumas delas eram feitas de madeira. As fugas eram constantes, o que acabava ensejando na tropa o medo de possíveis vinganças dos criminosos.[33] Quando coordenava a caça aos matadores da Mantiqueira, Joaquim José da Silva Xavier testemunhou a paúra de seus homens. Por falta de "diligência de empenho", Tiradentes afastou um furriel e dois soldados que haviam sido designados para ir atrás dos matadores.[34] O corpo mole de parte da tropa podia ser inaceitável para o comandante, mas era compreensível. Logo após Joaquim ter encontrado no alto da Mantiqueira a área de desova de defuntos, uma varredura no local revelou o cadáver de um soldado da tropa e os restos rotos e podres de seu fardamento.[35]

Apesar de todos os obstáculos, o alferes se manteve firme. Em carta enviada ao governador, Tiradentes chamou para si a linha de frente da caçada aos bandidos, anunciando que tomaria medidas concretas para "desterrar o povo do horror".[36] Ao assumir a empreitada, Joaquim anulou uma das principais vantagens que os criminosos detinham, o profundo conhecimento do terreno. Assim como os bandidos, o alferes dominava o campo de batalha. Aos 36 anos, Joaquim tinha pelo menos dezesseis de experiência naquela área. As inúmeras viagens no trecho entre Vila Rica e o Rio de Janeiro tinham feito da Mantiqueira o seu quintal, o que facilitou a coordenação das operações de busca aos bandidos. Tiradentes dispunha de poucos homens, mas sabia indicar que picadas eles deveriam seguir dentro da mata. Dessa forma, mesmo com um esquema enxuto, o comandante conseguiu cobrir a serra com patrulhas diárias de alto a baixo.[37]

Com o cerco montado pelo alferes, alguns salteadores foram obrigados a sair de suas tocas, o que permitiu a prisão de alguns peixes pequenos e, na sequência, a identificação de alguns criminosos de médio calibre. Ponto para Tiradentes. Era preciso ainda achar os esconderijos dos cabeças do bando, e para isso valia tudo. A fim de desestabilizar os criminosos já identificados mas ainda soltos, as autoridades coloniais mandaram prender seus familiares. Foi o que aconteceu, por exemplo, com o bandoleiro João Galvão. Após alguns de seus parentes terem sido detidos, Galvão foi localizado e preso. Com outro bandido, o caboclo Miguel Pinheiro, aconteceu o mesmo. Sua irmã foi enjaulada e, na sequência, ele acabou sendo descoberto em seu esconderijo, no arraial da Igreja Nova. Tiradentes o prendeu pessoalmente e sem grande esforço. Quando foi capturado, Pinheiro estava com o pé na cova — na versão oficial, encontrava-se "doente, para morrer", tendo inclusive já recebido a extrema-unção.[38] A detenção de Pinheiro significou um passo decisivo na operação. O bandido foi persuadido a colaborar — mais uma vez, versão oficial — e contou tudo o que sabia sobre os assassinatos. Na confissão, ele cedeu dois dados valiosos às investigações: por trás de todos aqueles crimes, estava a Quadrilha da Mantiqueira, e o chefe do bando, o Montanha, escondia-se dentro de um matagal em uma ilha fluvial.

Tiradentes deu um novo arranque nas investigações ao prender mais um "mantiqueira", como eram conhecidos os membros da gangue. Nas mãos do alferes, Januário Vaz entregou seus comparsas e confessou que havia matado no alto da serra um comboieiro gordo de Goiás e dois negros que o acompanhavam. E, como relataria Tiradentes, o "cabra" confirmou que o chefe do grupo era mesmo o Montanha.

Os depoimentos dos delatores Vaz e Pinheiro foram suficientes para o comandante do Caminho Novo solucionar o caso. Tiradentes descobriu quem eram os mandantes, os executores e os cúmplices de mais de doze assassinatos. Identificou o perímetro de atuação da quadrilha (do alto da serra até uma paragem conhecida como Pinheiros), as áreas exatas onde aconteceram os assaltos e os locais das desovas dos cadáveres. Apurou ainda que o montante pilhado em quatro anos de atividade da quadrilha tinha alcançado cerca de 50 mil cruzados, dinheiro suficiente para comprar mais de trezentos escravos ou três fazendas.[39] E soube, por fim, que o fruto da rapinagem era levado à mãe e ao cunhado do bandoleiro José Galvão, que se encarregavam de esconder o butim na fazenda do Morcego, no pé da serra da vila de São José. Só faltava a Tiradentes duas coisas: prender os marginais e, ponto de honra para o alferes, recuperar ao menos parte do dinheiro roubado.

O comandante mandou seus homens varejarem a Picada de Goiás, por onde teriam fugido Montanha e José Galvão, número um e número dois do bando, respectivamente. Também fez chegar aos postos fiscais da capitania, onde todo viajante era obrigado a se identificar, uma lista com os nomes dos criminosos da quadrilha. E, por último, cuidou de enviar dragões e milicianos à fazenda do Morcego com o objetivo de tentar reaver o dinheiro que ainda estava nas mãos dos bandidos.

Se algum ouro foi recuperado, não há registro. Mas é certo que Montanha e muitos dos integrantes de seu bando acabaram presos. Só não foram enforcados imediatamente após a prisão porque a maioria dos membros da quadrilha era formada por homens brancos, como Montanha. Como rezavam as leis portuguesas, os homens brancos, diferentemente dos negros e mestiços, mereciam um julgamento — na maioria das vezes, um teatro com decisão estabelecida antes do início do processo.

A operação comandada por Tiradentes acabou no patíbulo. Montanha e os mantiqueiras foram mandados para o Rio (a pé e acorrentados) e lá enfrentaram o tribunal. Como era esperado, foram condenados à forca em praça pública.

Tendo cumprido com louvor sua missão, Tiradentes tentou faturar com o resultado. Após a prisão dos malfeitores, o alferes tornou a escrever ao governador de Minas Gerais fazendo um balanço das operações. Os "grandes prejuízos" causados pelo bando do Montanha, anunciou Joaquim, estavam estancados. O anúncio das prisões, escreveu ele, já tinha sido suficiente para trazer de volta "o sossego [...] aos negociantes interessados no comércio das minas". Joaquim sabia exatamente o que interessava à Coroa.[40]

Tiradentes não foi o único a tentar marcar pontos com a operação que acabou com o Montanha e desmantelou a Quadrilha da Mantiqueira. Mesmo antes da prisão dos facínoras-mores do bando, o governador de Minas Gerais escreveu ao secretário da Marinha e Domínios Ultramarinos, Martinho de Melo e Castro, informando que o problema com os salteadores da Mantiqueira tinha sido resolvido.[41] Na carta, o governador não mencionou o nome de Tiradentes.

Ao desbaratar a Quadrilha da Mantiqueira, Tiradentes foi além da missão que recebera, a exemplo do que fizera anteriormente na construção da variante do Caminho Novo. Pouco antes de encerrar os trabalhos, o alferes enviou uma mensagem ao governador propondo medidas para melhorar a segurança na região. "Para se reparar estes roubos e mortes, acho que só pondo um destacamento no alto da serra da Mantiqueira, com três soldados e um cabo e quatro pedestres, para girarem do alto do campo", sugeriu ele.[42]

O alferes não recebeu resposta. Não seria essa a primeira nem a última vez que caíam no vácuo suas sugestões para desenvolver Minas. E o problema não era exatamente o governador. Comparado a seus antecessores, o dedicado e lúcido

d. Rodrigo chegava a ser um ponto fora da curva. Acontece, porém, que a Coroa não estava interessada em fazer de Minas — ou do Brasil — um lugar decente para se viver. Portugal não tinha um projeto para a colônia; queria apenas lucrar o máximo possível da forma mais rápida e com o menor custo.

A própria longevidade da quadrilha do Montanha era uma prova do pouco-caso da Coroa com a segurança e o bem-estar dos povos de Minas. Como uma gangue tão grande e tão conhecida por tantos conseguiu resistir durante quatro anos sem nunca ter sido incomodada? Havia quem dissesse, entre sussurros, que a resposta não devia ser buscada no lado dos criminosos, mas sim no das autoridades.[43] O sucesso e a longevidade do bando do Montanha talvez fossem explicados pela cumplicidade dos bandidos com potentados locais e altos funcionários da Coroa.

Joaquim José da Silva Xavier não havia compreendido (ainda) que o sistema penal e a segurança pública na colônia eram um cipoal de aberrações. Em Minas, segundo se dizia abertamente na capitania, os homens encarregados de aplicar a justiça eram muitos deles "pusilânimes".[44] A corrupção grassava entre os juízes, ouvidores e procuradores.[45] Os bandidos entendiam as regras do jogo bem melhor que Tiradentes. Não era segredo que muitos dos criminosos presos acabavam soltos em pouco tempo, o que sugeria o pagamento de suborno. Houve um caso em Vila Rica de um dragão afastado de suas funções e posteriormente processado por ter prendido um assassino que era protegido por uma autoridade local.[46]

A seletividade da Justiça não era apenas escancarada; era prevista na lei. Em 1731, foi criada em Vila Rica uma Junta da Justiça dedicada exclusivamente aos "delinquentes bastardos, carijós, mulatos e negros" — ou seja, a escória.[47] Trinta e oito anos depois, o governador de Minas Gerais baixou novas instruções determinando a prisão imediata dos "vadios e facinorosos" sem que fosse preciso cumprir nenhuma formalidade. Já os "homens bons", os "bem reputados" e as "pessoas bem morigeradas", esses não deveriam ser incomodados com processos judiciais e muito menos com prisão, mesmo que por algum "caso acidental" tivessem cometido crimes.[48]

A verdade era que a queda de Montanha e de sua quadrilha se devia menos ao bom trabalho feito por Tiradentes e mais ao incômodo da Coroa com os prejuízos causados pelo bando. O alferes imaginava estar combatendo o crime; Lisboa se livrava de um problema pontual.

Um ano após a prisão de Montanha, a serra continuava sendo um antro de bandidos. Com a queda da Quadrilha da Mantiqueira, o território ficou livre para Mão de Luva, que se tornou então líder absoluto da bandidagem na região. A longevidade da carreira do Mão de Luva era outro mistério que Tiradentes não alcançava entender. Acompanhado de seus homens, o bandido se estabelecera na área em meados da década de 1760. Escolhera uma região inóspita e de difícil acesso conhecida como Sertões da Cachoeira do Macacu, às margens do rio Paraíba, já em território fluminense. A terra era habitada pelos temidos índios osorós, xopotós e puris, mas isso não foi um problema.[49] Em vez de distribuir grilhões ou balaços na testa, como costumavam fazer os oficiais da Coroa e os predadores de índios, o facínora cultivou uma convivência harmoniosa com os nativos. Construiu também laços profícuos com comerciantes e soldados da área, de quem comprava víveres, informação e silêncio. Em 1779, relatos oficiais davam conta de que o território dominado por Mão de Luva, o Descoberto do Macacu, era habitado por um "grande concurso de homens armados". Além de contar com inúmeras casas, o povoado produzia farinha e tinha plantações de milho, feijão e abóbora.[50] Para escárnio absoluto de sua majestade, a roça do Mão de Luva chamava-se "El-Rei".

De Lisboa, o secretário da Marinha e Domínios Ultramarinos, Martinho de Melo e Castro, lamentava que "tão valiosa porção da América portuguesa" estivesse fora do controle da Coroa.[51] Para tentar reverter a situação, o braço direito da rainha elaborou um plano: retirar o status de "área proibida" dos sertões da Mantiqueira e, em seguida, repartir as terras entre colonos leais à Coroa. Mas para isso era preciso antes acabar com a supremacia do Mão de Luva na região. E aí, de novo, entrava a figura de Tiradentes.

Para evitar um novo fracasso no combate ao bando do Mão de Luva, Melo e Castro determinou que os governos de Minas Gerais e do Rio de Janeiro unissem esforços. Pelo lado da capital da colônia, não havia dúvida: o vice-rei, d. Luís de Vasconcelos e Sousa, era obcecado pela ideia de exterminar o Descoberto do Macacu. Se dependesse daquele nobre roliço e voraz consumidor de camarão com pimenta, Mão de Luva já estaria morto. Vasconcelos e Sousa defendia o envio de um enorme contingente, formado por seiscentos homens de infantaria, para varrer do mapa o Descoberto do Macacu. O plano, contudo, era de difícil operacionalização (além de desfalcar as já esquálidas forças militares do Rio de Janeiro e de Minas Gerais, a ação colocaria uma tropa sem treinamento adequado para combater em região de mata fechada). Ademais, o vice-rei esbarrava na oposição do governador de Minas Gerais, que defendia uma estratégia completamente diferente.

A essa altura, Minas já não era administrada por d. Rodrigo José de Meneses, que em 1783 fora deslocado para o governo da Bahia. O novo governador de Minas Gerais era Luís da Cunha Meneses, o arrogante conde de Lumiares. Natural de Lisboa, ele não escondia seu desprezo pelos luso-brasileiros brancos; e a recíproca por sua vez era verdadeira, como provaria a alcunha pouco edificante — Fanfarrão Minésio — com que ele seria batizado em escritos apócrifos que circularam na capital mineira.[52] Fanfarrão Minésio chegara a Vila Rica em agosto de 1783 numa noite sem lua e sem estrelas na qual se observou a aparição de um cometa de rabo disforme.[53] Dado a orgias, o conde foi logo motivo de falatório.[54] Desde que pusera os pés em Minas, Luís da Cunha era insistentemente pressionado pelo vice-rei a se engajar no projeto de extinção do Descoberto do Macacu.[55] Fanfarrão Minésio, contudo, não tinha pressa.

Quando o governador por fim apresentou um plano para dar uma "justa providência" ao problema da criminalidade na serra da Mantiqueira, ficou claro que sua estratégia em nada coincidia com a do vice-rei.[56] O Fanfarrão Minésio não estava disposto a empregar grandes efetivos contra o Mão de Luva, muito menos patrocinar um ataque frontal ao Descoberto do Macacu. Preferia apenas sondar o inimigo enviando uma vanguarda enxuta e discreta à serra da Mantiqueira. Essa "exatíssima averiguação", como dizia Luís da Cunha, seria chefiada pelo sargento-mor Pedro Afonso Galvão de São Martinho e secundada por Joaquim José da Silva Xavier — Tiradentes, de novo, em papel de coadjuvante.

No dia 16 de abril de 1784, o governador baixou uma portaria com nove diretrizes específicas para Tiradentes:

1) Verificar se "os ditos sertões" da Mantiqueira rendiam ouro e, em caso positivo, precisar quantos homens a mineração poderia acomodar na região;
2) Checar se as áreas de mata eram adequadas para a instalação de povoados;
3) Fazer o levantamento dos rios que cortavam a região indicando quais deles eram navegáveis;
4) Descrever a geografia da área;
5) Providenciar a confecção de mapas;

6) Apontar o número de pessoas que viviam de forma irregular no Descoberto do Macacu, descrevendo de que se ocupavam e quais eram suas forças;
7) Informar a distância entre os povoados e o Rio de Janeiro;
8) Arrolar os melhores locais para a fixação de registros e patrulhas, e estabelecer um roteiro a ser seguido pelas rondas;
9) Destacar as estradas e os caminhos pelos quais os ocupantes da "área proibida" se deslocavam.[57]

A série de comissões dada pelo governador exigia de Tiradentes conhecimentos em muitas e distintas áreas (doutrina militar, mineralogia, engenharia, geologia, geografia, hidrologia, demografia e cartografia). Os encargos embutiam também um alto risco. A delicada operação de inteligência determinada pelo Fanfarrão Minésio poderia facilmente descambar para um confronto direto com a quadrilha do Mão de Luva, e nesse caso Tiradentes e seus homens estariam em minoria.

Na mensagem em que ditou as incumbências ao alferes, o governador lhe ordenou que enviasse informes à medida que o trabalho avançasse, a fim de que ele, Luís da Cunha, pudesse avaliar se seria necessária alguma nova providência. Por fim, o conde estabeleceu que Joaquim só poderia retornar ao quartel-general de Vila Rica depois de ter cumprido "tudo" o que lhe fora recomendado.[58]

Não há registro de como Tiradentes se virou para cumprir as ordens do governador. Mas o fato é que, um mês após o início dos trabalhos, a missão estava em estágio avançado, tanto que o sargento-mor Pedro Afonso, chefe formal da operação, julgou que já era hora de atacar Mão de Luva.

Para levar adiante o plano de assalto ao Descoberto do Macacu, o sargento-mor escreveu ao governador pedindo doze soldados e mais um punhado de integrantes das tropas auxiliares. Indicou também providências paralelas que precisariam ser tomadas, como o fechamento do acesso ao Descoberto do Macacu a partir do Rio de Janeiro e o envio de canoas grandes para permitir o deslocamento dos dragões pelo rio Paraíba.[59]

Os meses foram passando, e nada de o governador acionar o ataque. Por que motivo, ninguém entendia. Cada hora ele dava uma desculpa diferente. Certa vez, o conde argumentou que a tropa não tinha condições de entrar em ação por lhe faltarem quinhentos jogos completos de armas de infantaria. Farto com as evasivas em série de Luís da Cunha, em fevereiro de 1786 o vice-rei enviou a

Minas Gerais 75 caixas com o armamento requisitado. Dois meses depois, tudo estava exatamente no mesmo ponto, com o governador continuando a inventar escusas para justificar a inércia. Primeiro, disse que era aconselhável esperar o tempo de seca para iniciar a batalha. Depois, que não adiantava atacar naquele momento, pois Mão de Luva não se encontrava no Descoberto do Macacu (errado, ele estava lá).

O vice-rei se enfureceu com o imobilismo do governador e escreveu-lhe uma carta em que afirmava com todas as letras que os "discursos vagos" de Luís da Cunha provocariam danos irreparáveis aos interesses da Coroa.[60] Finalmente, em maio de 1786 (dois anos e um mês após Tiradentes deflagrar a operação de inteligência na área), o governador de Minas Gerais deu permissão para o ataque. Luís da Cunha mandou então que o sargento-mor Pedro Afonso voltasse à Mantiqueira para chefiar o cerco ao Descoberto do Macacu, mas dessa vez sem Tiradentes. Era no mínimo estranho que o governador mantivesse Joaquim afastado do teatro de operações, uma vez que fora o alferes quem comandara o levantamento de informações que subsidiaram o plano de ataque. Além disso, não havia dragão que conhecesse o terreno da batalha melhor que Tiradentes.

No dia 13 de maio, por volta da meia-noite, teve início o assalto. Houve correria, gritaria e tiros, e por fim, também de forma enigmática, o temido bando que assombrava a Mantiqueira caiu sem grandes esforços (basta dizer que não houve baixas entre os dragões e a tropa auxiliar). Mão de Luva e 36 de seus comparsas foram presos, e quase 2,5 quilos de ouro em pó foram apreendidos. Antes de deixarem a área, os soldados arrasaram 21 casas e senzalas do povoado do Mão de Luva, acabando por completo com o Descoberto do Macacu.[61]

Terminada a operação, o sargento-mor Pedro Afonso se apressou em enviar uma carta ao governador pedindo uma promoção a título de recompensa pelos bons serviços prestados. "Eu espero que vossa excelência me queira fazer feliz", escreveu ele.[62] O chefe da operação solicitou ainda prêmios para três de seus homens (um cabo, um soldado e um paisano). O sargento-mor nada pediu para Tiradentes.

O bem-aventurado final da história não convenceu o vice-rei. A d. Luís de Vasconcelos e Sousa pareceu ter sido fácil demais acabar com uma das maiores lendas do crime da Mantiqueira. Desconfiado de que por trás de tamanha sorte havia algo errado, ele requisitou, na condição de autoridade mais graduada da Coroa na colônia, todo o material apreendido em poder do bando do Mão de Luva. Sua suspeita tinha lastro. Cartas dos integrantes do bando confiscadas na operação revelaram que durante anos Mão de Luva transitara entre o Rio de Janeiro e Minas Gerais valendo-se da proteção de membros dos Dragões. Soldados do regimento chegaram ao cúmulo de abrir caminhos na mata para facilitar os deslocamentos do bando — tudo recompensado com ouro. Claro que poderiam ser traições isoladas na tropa. Mas não eram. Um exame acurado na documentação apontou que nada menos que dez homens do sargento-mor Pedro Afonso tinham ligações estreitas com a quadrilha do Mão de Luva, incluindo o cabo para quem o comandante da operação pedira um prêmio.[63] Os dragões vendiam mercadorias ao bandido e lhe repassavam todo tipo de informação, como, por exemplo, quais eram os ribeiros com bom potencial de mineração recém-descobertos na Mantiqueira (dados trabalhados por Tiradentes na primeira fase da operação). Descobriu-se ainda que subordinados do sargento-mor que haviam participado diretamente do desmantelamento do Descoberto do Macacu tinham estabelecido roças e garimpos ilegais na "área proibida".

Revelada a perfídia, o vice-rei não ficou calado. Mandou prender e processar os dez subordinados do sargento-mor que agiam em conluio com Mão de Luva. E acusou diretamente o governador de Minas Gerais de "levar por fora" parte dos ganhos espúrios obtidos pela quadrilha — em outras palavras, o Fanfarrão Minésio e Mão de Luva eram sócios.[64]

O governador de Minas Gerais não se rendeu. Reconheceu que alguns dos homens que haviam participado da ação contra o Descoberto do Macacu tinham de fato estabelecido uma relação de parceria com Mão de Luva. Na verdade, tudo não teria passado de uma jogada — elaborada por ele, Luís da Cunha, e operacionalizada pelo sargento-mor Pedro Afonso — para atrair Mão de Luva para uma armadilha (estratégia conhecida na época como "sistema de engano"). O governador só não explicou por que deixara de fora, na segunda e decisiva fase da ação, o dragão mais qualificado da Mantiqueira, Tiradentes. Terá sido por temor de que Joaquim descobrisse a extensão do poder do Mão de Luva e denunciasse a cúpula do governo mineiro? O alferes era bem capaz de uma atitude como aquela, como ficaria patente dois anos depois.

6.

Enquanto Joaquim arriscava a pele combatendo o crime nos sertões da Mantiqueira, a rainha cuidava de um assunto delicado em Lisboa: a sucessão da Coroa. Aos 22 anos de idade, o filho mais velho de d. Maria e herdeiro natural do cetro, d. José, príncipe do Brasil, ainda não tinha gerado filhos, apesar de já estar casado havia seis anos. Como parecia que a coisa não ia mudar de figura, só restava à rainha buscar uma alternativa para garantir a sucessão na dinastia dos Bragança: arranjar uma noiva o mais rápido possível para o segundo na linha de sucessão, o príncipe João, de dezesseis anos.

D. Maria mirava a família real espanhola, com quem os Bragança tinham um longo histórico de parceria em enlaces matrimoniais — a soberana era sobrinha do rei da Espanha, Carlos III. A rainha de Portugal fez então um apelo ao soberano espanhol, a quem tratava por "tio do meu coração", pedindo-lhe que concedesse a mão de uma princesa para o infante d. João. Ela disse a Carlos III que as núpcias resultariam "em grandes vantagens a ambas as monarquias".[1] Além de pedir urgência no "negócio do casamento", d. Maria citou nomes de possíveis noivas. E ainda colocou na mesa de negociação a mão de sua filha Mariana Vitória, de catorze anos.[2]

A solução para as aflições de d. Maria — a "gostosa notícia", como foi chamada pela rainha — chegou a Lisboa no início de 1785, quando d. Carlos finalmente cedeu uma princesa espanhola a Portugal.[3] A noiva escolhida para d. João era uma menina de dez anos. Além de mimada, birrenta e mal-humorada (ela tinha o hábito de morder as amas que lhe trocavam a roupa), a princesa era conhecida por sua feiura incomum (tinha orelhas imensas, olhos esbugalhados, nariz adunco, lábios finos e prognatismo em grau elevado). Seu nome: Carlota Joaquina, a futura "megera de Queluz".

Problema resolvido — aliás, não um, mas dois: na negociação, d. Maria conseguiu incluir um noivo para sua filha Mariana Vitória. A família real e a corte portuguesa podiam enfim se entregar ao que mais amavam e o que faziam de melhor: malgastar em festas e luxos o ouro catado no fundo dos riachos de Minas Gerais.

Depois de um pequeno adiamento devido a um sarampo contraído pelo noivo, a cerimônia de casamento do príncipe João e da princesa Carlota foi realizada com a pompa que o evento pedia, em Madri. Após a cerimônia no Palácio Real, com a assinatura dos papéis e a bênção conferida pelo patriarca das Índias, teve lugar uma grande festa nos salões da embaixada de Portugal, com direito a ceia e baile para 2 mil convidados.[4]

A celebração não aconteceu apenas em Madri. Em carta ao Senado da Câmara do Porto, d. Maria recomendou: "Festejeis com aquelas plausíveis demonstrações, que são próprias do vosso zelo".[5] E assim foi. Durante vários dias, em Lisboa e no Porto, a corte só fez comemorar. Foram realizados te-déuns, missas, procissões, luminárias, repiques de sinos, salvas, banquetes, touradas, cavalhadas, cortejos e apresentações de canto, dança e teatro. No paço, a rainha recebeu convidados para um beija-mão. Não houve economia. Representantes da Igreja, funcionários e prestadores de serviços envolvidos nas comemorações receberam presentes e gratificações em dinheiro. Quem acompanhou a procissão de Ação de Graças ganhou caixas de doces. No Porto, os gastos com alguns ofícios (músicos, compositores, dançarinos, pintores, puxadores de procissão, meninos do coro, porta-bandeiras, tocadores de sino, costureiras etc.) somaram uma pequena fortuna: mais de um conto e 600 mil-réis, dinheiro suficiente para custear o soldo de Tiradentes durante cinco anos e meio.[6]

As bodas fizeram bem para a rainha, e seu costumeiro spleen parecia ter se arrefecido. D. Maria se mostrava mais disposta para as cavalgadas, as caçadas e as festas. Em uma de suas primeiras aparições públicas após o casamento do príncipe João, a rainha, uma figura geralmente sensabor, surpreendeu pela animação. Era um sarau no paço, com direito a apresentação de uma "anã preta […] trajando uma flamante amazona escarlate". Ao ser surpreendida com uma exibição de fogos de artifício, sua majestade correu às janelas e, ao ver a imensa quantidade de foguetes subindo e explodindo no céu, deslizou pelo salão a girar seu vestido de musselina. Parecia uma fada descida das nuvens que haviam sido pintadas no teto da sala, observou um dos convidados. O autor do comentário, um nobre inglês de passagem por Lisboa, tinha matado a charada: "Tudo é cerimônia nesta pomposa corte".[7]

Tiradentes possuía terras e lavras de sobra, mas continuava engessado pela falta dos recursos necessários para explorar, de maneira efetiva, o potencial de suas propriedades. Para tanto, Joaquim precisava melhorar seu salário, e isso dependia de uma progressão na carreira de dragão. A chave para o sucesso, acreditava ele, residia em três princípios: trabalhar muito, trabalhar bem e cumprir toda e qualquer missão dada pelos representantes da Coroa.

No início de 1785, após ser excluído da operação do Descoberto do Macacu, o alferes retornou a Vila Rica. Apresentou-se então no quartel-general dos Dragões trazendo consigo um presente para d. Maria: um calhau, que, supunha ele, era "pedra fina" (uma esmeralda, talvez, ou um jade). A suposta gema, em formato de canudo, pesava 88 gramas. Mesmo incrustada de terra, era possível ver que a pedra tinha uma bela coloração (cor verde-mar "muito desmaiada"). Seria certamente ilegal, mas não teria sido incomum para os padrões éticos dos funcionários coloniais da época se o alferes tivesse ficado com a pedra. Joaquim, contudo, seguiu o regulamento à risca, encaminhando a amostra à Junta da Real Fazenda.[8]

O alferes solicitou formalmente uma análise técnica para averiguar a qualidade da pedra. Quando, no dia 12 de fevereiro de 1785, um sábado, os ministros deputados da Junta e o governador se reuniram para examinar o burgalhão, Tiradentes fez questão de estar presente. Afinal, aquela poderia ser a chance tão esperada por ele de ganhar uma recompensa graúda da Coroa. No primeiro golpe que recebeu, contudo, a pedra se partiu em dois pedaços. A fragilidade do calhau somada à sua falta de lustro fez com que os examinadores concluíssem tratar-se de uma "pedra de valor algum" (possivelmente uma aventurina ou uma crisocola). Os representantes da Junta devolveram então os pedaços da pedra ao alferes, que ainda teve de passar pelo constrangimento de assinar a ata juntamente com o governador e com os demais representantes da comissão.⁹

Talvez a alardeada "inteligência menéria lógica [sic]" de Tiradentes não fosse tão grande assim; ou talvez o alferes tivesse mesmo um azar dos diabos.¹⁰

Em dez anos como integrante do Regimento Regular de Cavalaria de Minas, Tiradentes tinha feito de tudo pela Coroa. Descobriu minas, construiu estradas e combateu o contrabando e a sonegação. Assumiu missões de grande risco, sendo o principal responsável pelo desmonte da quadrilha do Montanha e pela operação de inteligência que culminara na prisão do Mão de Luva e no extermínio do Descoberto do Macacu. Mesmo tendo consciência dos perigos dos caminhos de Minas, Tiradentes se atreveu a transportar dinheiro para o governo.¹¹ E mais: em um sistema colonial baseado na predação das riquezas e na opressão dos povos, sobretudo de pretos e pobres, Joaquim aceitou ser o porrete. Ele não discutia ordens, fazia tudo que mandavam.

Em setembro de 1784, pouco antes de recolher-se ao quartel-general de Vila Rica, o alferes cumpriu uma missão desditosa. Logo após ser propositalmente desviado da rota que levaria à prisão do Mão de Luva, Joaquim foi mandado à caça de um soldado do registro do Paraibuna que fugira acompanhado de sua companheira. O desertor, Joaquim Rodrigues, era um mestiço, e sua acompanhante, uma "moça branca".¹²

Não foi difícil para o comandante do destacamento do Caminho Novo, rebaixado a uma espécie de capitão do mato dos Dragões, cumprir a incumbência. O alferes tinha a descrição do desertor (um caboclo de cabelo preto curto e grosso e com um sinal no olho). Sabia também que ele possuía parentes em Barroso, um povoado da serra da Mantiqueira. Feitas as diligências, o alferes descobriu que o desertor de fato rumara para aquela área.

Quando chegou ao local, Tiradentes descobriu que o desertor havia se estrepado — ele tinha sido agarrado, espancado e roubado por escravos de uma fazenda de propriedade dos irmãos Vidal. O alferes foi até a fazenda e encontrou o desertor moído. Não teve dúvidas: deu-lhe voz de prisão e mandou um subordinado levar o prisioneiro, junto com a companheira, para a cadeia de Vila Rica. O desertor ficou desesperado. Ele dizia não ter condições de andar e argumentou que precisava de pelo menos três dias para se restabelecer antes de seguir viagem.

Tiradentes, contudo, não amoleceu: não importava o estado do soldado traidor; as ordens diziam apenas para levá-lo preso.

O estado deplorável do fujão era de tal ordem que o soldado escalado para conduzir o preso a Vila Rica achou por bem interceder. Em um ato que beirava a insubordinação, ele disse então a Tiradentes que era visível que o desertor não tinha condições de andar os 160 quilômetros que separavam a fazenda dos Vidal da capital mineira.

Com muito custo, Joaquim acabou consentindo. Aquele foi um episódio incomum em seu currículo. O alferes, que sempre tinha sido justo e centrado, parecia irreconhecível, e não apenas pela frieza com que tratou do caso. Ele também encobrira uma transgressão. Tiradentes ignorou o fato de que o desertor tinha sido surrado e roubado pelos escravos que o prenderam. Fora de si, o alferes ainda arrumou uma grande confusão com os donos da fazenda e terminou por prendê-los. Os irmãos Vidal (Francisco e José) posteriormente apresentaram queixas formais contra o alferes, acusando-o de agir de maneira injusta e com "desordenado excesso". E pior: movido por uma vingança particular.[13]

Não há registro de que alguma autoridade tenha levado adiante os protestos feitos pelos irmãos Vidal. E mesmo que isso tenha acontecido, é pouco provável que Joaquim tenha sido punido. O comportamento agressivo e injusto adotado pelo alferes naquela ação era o padrão da Coroa e do governo de Minas Gerais no trato com os inimigos. Conforme Tiradentes externara no ato da prisão do desertor, não importava para a Coroa o modus operandi dos dragões; o importante era o cumprimento da missão, e a missão tinha sido cumprida.

Por mais que se empenhasse em seguir a cartilha da Coroa, o alferes não saía do lugar. Fora as 43 datas minerais e as oito sesmarias na Rocinha da Negra, das quais ele pouco tirava, Tiradentes não recebeu nenhum prêmio naqueles dez anos de trabalho duro. Ele não teve um único reajuste sequer em seu soldo — começou ganhando 24 mil-réis em 1775 e continuava ganhando os mesmos 24 mil-réis em 1785.[14]

Não bastasse o congelamento de seu soldo por uma década, o alferes tinha de lidar com constantes atrasos no pagamento. Como dito, pelas regras vigentes na época, os salários dos dragões deveriam ser quitados, de forma acumulativa, de três em três meses. Tiradentes, entretanto, chegou a receber seus vencimentos com seis meses de atraso.[15] E não era só isso: muitas vezes ele teve de tirar dinheiro do próprio bolso para cobrir despesas com seus soldados e com o cavalo do regimento, sendo posteriormente ressarcido.[16]

Além de ficar sem reajustes salariais, Joaquim não teve sequer uma progressão na carreira naqueles dez anos. Apesar de ter ocupado dois postos de comando (destacamento de Sete Lagoas e destacamento do Caminho Novo), ele permanecia com a patente de alferes, a colocação mais baixa do oficialato. Ninguém podia dizer que o engessamento na carreira de Tiradentes era um fato comum nos Dragões. Não era. Entre 1775 e 1785, Joaquim foi preterido em quatro processos internos de promoção ocorridos em seu regimento. O alferes não deixou de anotar, com bastante mágoa, que quatro de seus colegas (Valeriano Manso, Fernando de Vasconcelos, Antônio José de Araújo e Tomás Joaquim) tinham conseguido ascender de posto enquanto ele continuava estacionado. O caso dos três primeiros era escandaloso. Hierarquicamente inferiores a Tiradentes, eles foram obtendo seguidas promoções até conseguirem ultrapassá-lo. Antônio José de Araújo, por exemplo, era furriel (uma colocação abaixo da de alferes) e virou capitão (duas acima).[17]

Tiradentes tinha consciência de que cumpria as "diligências mais arriscadas" do regimento e que era "muito exato no serviço".[18] Por isso era difícil para ele entender por que diabos não era promovido. Aliás, no fundo, ele entendia. Sabia que o que faltava nele e sobrava em outros eram padrinhos poderosos, o que geralmente se arranjava à custa de sabujice.[19] Um caso ocorrido em 1784 ilustra bem como funcionava o esquema. Aconteceu com o tenente José de Sousa Lobo e Melo, um sujeito semianalfabeto, mas persistente na batalha por favores. Em setembro daquele ano, Lobo e Melo mandou uma carta para Portugal direcionada ao secretário da Marinha e Domínios Ultramarinos, a quem tratou por "meu senhor e pai", pedindo a "esmola" de ganhar um cargo melhor. Dois anos depois, o pidão ganhou o posto de capitão, e dali a dez meses, o de sargento-mor (major).[20] De tão acintoso, o episódio virou piada em forma de poesia. Os versos constavam dos folhetos apócrifos que circulavam em Vila Rica com críticas ácidas ao governo, as chamadas *Cartas chilenas*. O privilégio descarado concedido a Lobo e Melo — apelidado de Lobésio nas *Cartas chilenas* — foi retratado assim:

> Em que guerras andou, em que Campanhas?
> Quais as feridas, que no corpo mostra?

Aonde, aonde estão as diligências,
As grandes diligências arriscadas,
[...]
Tu foste a Capitão, e tu passaste
Ao posto de Major em breves meses.
Quais são os teus serviços? Quais? Responde.[21]

O que azeitava o bom trânsito de Lobo e Melo no governo era a corrupção. Misto de militar e garimpeiro ilegal, Lobésio costumava mimar o desonesto governador de Minas Gerais com "luzentes seixinhos", ou seja, diamantes contrabandeados.[22]

A situação funcional de Tiradentes beirava o absurdo. Depois de passar dez anos sem subir na carreira, ele corria o risco de cair. Naquele início de 1785, terminava o período de três anos (prazo estabelecido pela rainha) da gestão de Joaquim como comandante do destacamento do Caminho Novo. Em função de seu bom desempenho, reconhecido de forma praticamente unânime, o natural seria que Tiradentes fosse reconduzido ao posto ou transferido para outro cargo de comando. Caso isso não acontecesse, na prática ele seria rebaixado, pois voltaria a ser um simples alferes sem função de chefia. Deu-se o inexplicável. Confirmando sua fama de injusto, o governador não moveu um dedo para manter Joaquim no comando do destacamento, muito menos o indicou para outra posição de chefia. E em Lisboa, por sua vez, ninguém se lembrou do alferes.

O regresso de Tiradentes a Vila Rica, portanto, tinha um significado profundo: ele não apenas voltava para onde tudo havia começado na sua carreira militar, mas recuava também no tempo.

No retorno à capital mineira, Tiradentes continuou cavando oportunidades, e em dezembro de 1785 ele descobriu uma: no centro de Vila Rica, no coração da prestigiada freguesia conhecida como Ouro Preto, havia um lote vago que poderia ser seu — e de graça. O terreno tinha uma história curiosa. Originalmente, ele pertencera à comarca. Em 1778, sabendo que o terreno era considerado devoluto, um morador da vila chamado Carlos Francisco de Lemos pediu-o para si. E foi atendido. Lemos construiu um casebre na gleba, mas não devia ser grande coisa, pois ele mesmo tratou de demoli-lo mais tarde. Com o passar dos anos, o dono do lote contraiu dívidas com a comarca e, sem ter como pagá-las, entregou o terreno para abater os débitos. Assim, em 1785, para a sorte de Joaquim, a terra estava novamente livre e desembaraçada. Repetindo a solicitação feita sete anos antes por Carlos Francisco de Lemos, o alferes encaminhou à comarca um pedido para ficar com o terreno. E também foi atendido. Naquele mesmo ano, no dia 30 de dezembro, Tiradentes se tornava dono do lote vago da rua da Ponte Seca, aos pés da ladeira do Batatinha.[23] Como costumavam ser os pequenos afagos feitos a Joaquim, havia um porém: a posse da área era limitada. Tiradentes poderia construir ali sua casa, mas não poderia vendê-la sem consentimento da administração da capitania.[24] De toda forma, era enfim um prêmio.

Enquanto não construía sua casa, Joaquim precisava de um lugar para morar. Ele decidiu então alugar uma casa na rua São José, próximo ao largo do Pestana. Não se sabe quanto o alferes pagava ao locatário, o padre Joaquim Pereira Magalhães, mas é certo que o imóvel valia o equivalente a um ano e meio do soldo de Tiradentes.[25]

Em pelo menos uma década, era a primeira vez que Joaquim experimentava as delícias de viver em um centro urbano. O cotidiano em Vila Rica era o oposto ao da Rocinha da Negra, na serra da Mantiqueira, onde ele tinha seu rancho. O comércio, as tabernas, o teatro, as repartições, as pontes, as igrejas, os bordéis, tudo era um convite à rua, um chamado à vida em sociedade. Com uma caminhada de quinze minutos, Tiradentes podia ir de sua casa ao Palácio do Governador ou à Casa da Ópera. Com metade do tempo, talvez menos, chegava à ponte de São José e aos chafarizes do Bonfim e do Pilar, três dos pontos de encontro mais concorridos da vila.

A parada na capital mineira era também uma chance para o alferes se atualizar. Durante a fase nômade de Tiradentes, Vila Rica havia se desenvolvido muito. Após uma série de melhorias, estavam irreconhecíveis as capelas de São Miguel e Almas, Nossa Senhora das Mercês e Perdões e Nossa Senhora do Carmo do Morro de Santa Quitéria. Em 1785, finalmente ficara pronta aquela que seria uma das marcas registradas de Vila Rica: a capela de Santa Efigênia dos Pretos. Construído em um dos pontos mais altos da vertiginosa capital mineira, o templo parecia flutuar em meio às nuvens nos dias de nevoeiro. Enquanto o canteiro de obras da igreja era desmontado, um outro surgia no morro de Santa Quitéria: em frente ao Palácio do Governador, começava a subir o sinistro prédio da Casa da Câmara e Cadeia, uma imensa construção que imitava o Capitólio de Roma. Na igreja de

São Francisco de Assis, chamava a atenção uma das esculturas mais exuberantes e perturbadoras de Aleijadinho, talvez sua obra-prima: o lavabo da sacristia. Como objeto funcional, não passava de uma pia. Mas, com seus colossais 4,25 metros de altura por 1,90 de largura e seus misteriosos signos — os braços de Cristo saindo de uma coroa de espinhos; anjos segurando numa mão uma ampulheta (o tempo) e na outra uma caveira (a morte); enigmáticas frases em latim (*Hoc est ad coelum quae via ducit* — "Este é o caminho que conduz ao céu") —, seu papel verdadeiro era maravilhar os servos de Deus.[26]

Nem todos os caminhos de Vila Rica levavam ao céu. Às vésperas de completar quarenta anos e ainda solteiro, Joaquim costumava buscar diversão e conforto nos bordéis da capital mineira.[27] Ele frequentava a casa de três mulheres conhecidas maldosamente como "pilatas", uma referência à pia de água benta, onde, dizia-se, todos botavam as mãos.[28] As pilatas eram uma família de prostitutas. A chefe do clã era a "parda disfarçada" Ana Maria Rosa da Silva, de 36 anos, que gastara uma parte de sua vida rodando por regiões de mineração barras-pesadas antes de voltar para sua terra natal, Vila Rica.[29] O alferes a tratava por "minha camarada".[30] A "pilata-mãe" era secundada por Simplícia e Caetana, suas filhas de dezessete e dezesseis anos, respectivamente.[31]

Ao entrar na casa dos quarenta anos, Tiradentes deu sinais de estar cansado da esbórnia. E assim acabou repetindo (ou melhor, quase repetindo) a trajetória de seu pai, o velho Domingos, que se casara pela primeira vez aos quarenta anos com uma garota de dezessete, Antônia, que se tornaria mãe de Joaquim e de outros seis filhos. Cinco décadas depois, o alferes também encontrou sua Antônia. O nome completo era Antônia Maria do Espírito Santo. Ela tinha quinze ou dezesseis anos.[32] Era vila-riquense, filha de um falecido oficial menor da capitania, o alcaide Antônio da Silva Pais. Não era do tipo de mulher com quem Tiradentes costumava se relacionar. Antônia vivia com a mãe, Maria Josefa da Silva, "com toda a honestidade e recato", como era sabido na vila.[33] Segundo constava, Antônia era donzela.[34]

Àquela altura, como dizia um conhecido de Joaquim, o alferes já "não era moço", e seus cabelos brancos estavam lá para provar.[35] Mas alguma coisa naquele senhor chamou a atenção da menina.

Joaquim era caprichoso com sua apresentação, e possuía um arsenal — incomum para a época — de utensílios de cuidado com a beleza.[36] O alferes era dono de duas navalhas, que naquele tempo eram usadas tanto para fazer a barba quanto para cortar o cabelo. Tudo indica que ele mantinha a cabeleira bem tratada, até porque era dono de um pequeno espelho e de um penteador (avental sem mangas que vai do pescoço ao joelho usado para cortar cabelo). Pelo menos em algum momento da vida, é provável que Tiradentes tenha usado bigode ou barba e que tenha se preocupado em mantê-los domados. Só isso explica o fato de que possuía um "pano de barba" (toalha que era amarrada em volta do pescoço e esticada à frente do usuário de forma a recolher os pelos cortados).[37]

O homem por quem Antônia se deixou cativar era igualmente vaidoso quanto ao vestuário. Comparado ao guarda-roupa de seus contemporâneos em Minas, inclusive os mais ricos, Tiradentes tinha um armário bem fornido e diversificado: sete casacas, doze jalecos, quinze calções (calça que ia da cintura ao joelho), seis camisas, dois coletes e dez pares de meias, entre outras peças.[38] O guarda-roupa do alferes era alinhado. Joaquim desfilava pelas ruas de Vila Rica usando coletes, casacas e casaquinhas. Muitas de suas roupas eram de cores vivas (rosa "flor de pessegueiro", laranja "cor de fogo", azul-ferrete e escarlate). O gosto pelos tons berrantes é prova de que Tiradentes não economizava no vestuário — na época, eram caros os processos de tingimento de tecidos.

Joaquim gostava de panos sofisticados. Em seu guarda-roupa havia peças de tecidos ordinários, como o algodão e a ganga, mas a maioria era coisa fina (seda, linho, camurça, belbute, cambraia, bretanha, rendas, bordados e cetim). Ao caminhar por Vila Rica nos dias ensolarados, o alferes devia brilhar, tal era a quantidade de fivelas metálicas e aplicações em prata (lantejoulas, alamares, rendas e bordados) de suas roupas, seus sapatos e seus acessórios. Mas nada no guarda-roupa de Tiradentes devia provocar tanta sensação quanto suas fardas de dragão (ele tinha quatro). E não era só o uniforme (casaca azul-turquesa forrada de amarelo, colete preto, calção azul-turquesa até os joelhos e meias pretas até os joelhos). Havia os acessórios: na cabeça, um capacete de couro; nos ombros, presilhas em forma de escama; atravessadas no peito, em formato de X, uma correia amarela e uma bolsa preta; na cintura, de um lado, a pistola de cabo de madeira enfiada no coldre de couro, e do outro, a espada alemã.[39]

Além da indumentária vistosa e de acessórios admiráveis, Tiradentes possuía notáveis objetos e instrumentos pessoais, alguns até mesmo raros. Um deles era uma pequena agulha de marear, como eram chamadas naquela época as bússolas.[40] O aparelho deve ter sido de grande valia para o alferes em suas andanças por Minas, sobretudo nos sertões da Mantiqueira. Outra preciosidade de Tiradentes era seu relógio de bolso.[41] Poucos objetos remetiam de forma tão direta à distinção social. No ano de 1777, o acessório fora destaque da insuspeita *The Universal Magazine of Knowledge and Pleasure*, publicação inglesa chic, como já se dizia naquele final de século, dedicada a um universo de temas que tinham tudo a ver com Tiradentes, como história, viagens, geografia, mecânica, arquitetura, medicina e química.

O relógio de Joaquim era um modelo austero: metal cor de âmbar com mostrador de esmalte branco e delicados ponteiros dourados. Tinha o formato e as dimensões semelhantes às de um limão partido ao meio.[42] A máquina do relógio ficava guardada dentro de um estojo protetor ("caixa") fabricado em prata e articulado com tampa de vidro. Para abri-lo, bastava apertar um pino e a portinhola destravava.[43] Uma pequena chave, que vinha à parte, era usada para dar corda no mecanismo.

A sobriedade e a elegância da peça eram amostras do vanguardismo acidental do alferes. Naquele momento, relógios de bolso mais despojados começavam a fazer grande sucesso em Londres, desbancando os modelos decorados, de inspiração francesa, que traziam reproduções em miniatura de pinturas bucólicas típicas do Renascentismo (mulheres lânguidas seminuas, pastores, arranjos florais etc.). A moda de Joaquim, portanto, não era a versão barroca, que encantava certa elite de Vila Rica, ou à francesa, com seus excessos rococós. O alferes seguia a tendência londrina.

O relógio de bolso de Tiradentes tinha sido fabricado em meados da década de 1770.[44] A peça trazia gravadas três inscrições no reverso da máquina: o nome do fabricante (S. Elliot), o local de fabricação ("London") e o número de série (5503).[45] Em função da inscrição, o alferes devia pensar que seu relógio era inglês. Estava enganado — ele e todos aqueles que, nos 230 anos seguintes, citariam a origem da peça.[46] O relógio era falsificado.

Em meados do século XVIII, o mercado de relógios de bolso, tanto os modelos austeros quanto os mais decorados, era dominado pelos fabricantes ingleses. Mas havia um grupo concorrente que operava nas sombras: os relojoeiros suíços. Naquela época, em suas pequenas oficinas em Genebra, no vale de Joux e nas montanhas de Neuchâtel, os artesãos helvéticos do ramo da horologia (ciência que trata da medição do tempo) produziam peças finas com máquinas sofisticadas. Porém, na praça europeia, eles não gozavam do mesmo renome dos concorrentes ingleses. Em função disso, muitos relojoeiros suíços e distribuidores de seus produtos costumavam batizar as peças fabricadas na Confederação Helvética com nomes ingleses a fim de catapultar as vendas.[47] Foi o que aconteceu com o relógio de Tiradentes.

Três fatos comprovam que a peça do alferes era adulterada. Primeiro: o mecanismo do relógio era de boa qualidade, mas as gravações que indicavam a marca, a origem e o número de série eram grosseiras. Segundo: o mostrador era fixado ao corpo do relógio por meio de um parafuso. Os fabricantes britânicos do século XVIII não usavam essa técnica; os helvéticos, sim. Terceiro: a suposta marca "S. Elliot" nunca existiu. Tampouco existiram relojoeiros com esse sobrenome dentro ou fora da Inglaterra. Há registro de fabricantes europeus ativos no século XVIII de sobrenomes como Elliott, Ellicott e Ellis (todos ingleses, aliás, de Londres e Oxford). Mas nunca existiu um Elliot. Mesmo entre os relojoeiros com sobrenomes semelhantes a Elliot, nenhum tinha prenome começado com a letra S.[48] Ou seja, o relógio "inglês" de Tiradentes era na verdade suíço.[49]

O relógio podia ser falso, mas era bom — mais uma vez, sem saber, Joaquim estava adiantado no tempo. Depois de vender na Europa, nos séculos XVIII e XIX, centenas de milhares de relógios com a falsa indicação da origem britânica, os suíços, pela excelência de seu trabalho, tomariam dos ingleses a supremacia do mercado da alta relojoaria. Assim, em pouco tempo, falsos relógios ingleses, com o S. Elliot, sairiam da clandestinidade e passariam a ostentar os nomes dos verdadeiros fabricantes e a inscrição *"fabriqué en Suisse"*.[50]

Fosse em Vila Rica, no Rio de Janeiro ou no sertão, o alferes devia fazer bonito quando, em público, tirava o relógio do bolso da jaqueta, apertava o pino que fazia abrir a caixa e consultava as horas. Antônia, o novo amor de Joaquim, provavelmente terá visto o alferes repetir muitas vezes o gesto de pegar a chave, dar corda na máquina, fechar o estojo e devolver o relógio à algibeira, deixando a corrente atravessada no colete. O relógio certamente era um símbolo de status para Tiradentes, por sua originalidade, por sua graça e também por seu valor. Em 1789, a peça foi avaliada em 13400 réis, pouco mais da metade do soldo do alferes.[51]

O relógio era uma das provas de que Joaquim estava com as finanças em ordem. Além da peça, ele possuía objetos e utensílios pessoais que valiam 790 mil-réis, dinheiro suficiente para comprar onze escravos, um plantel significativo.[52] Isso sem contar os bens mais valiosos do alferes: os imóveis (as lavras, as sesmarias com suas benfeitorias e o terreno em Vila Rica). Somados todos os bens e pertences de Tiradentes, do mais valioso ao mais insignificante (imóveis rurais e urbanos, lavras, utensílios de casa, apetrechos de tira-dentes, vestuário, relógio, bússola, esporas, livros etc.), o resultado superava com folga o valor da herança que ele recebera dos pais duas décadas antes (dois contos de réis).[53] Ao completar quarenta anos, Tiradentes possuía patrimônio suficiente para comprar uma fazenda como a Pombal, onde passara a infância.[54]

Joaquim ainda estava longe de ser um homem rico. Mas, somando seu soldo, os extras ganhos como tira-dentes e as rendas com a mineração e a criação de gado na Rocinha da Negra, ele tinha conquistado o equilíbrio financeiro. A surrada "boceta de chifre" que o alferes usava para guardar ouro — e que valia quarenta réis — nunca estava vazia.[55]

Senhor de meia-idade grisalho. Militar valente. Homem elegante. Dono de saberes e ofícios multifacetados. Financeiramente estável. Que outros atributos podem ter chamado a atenção da jovem Antônia? Vários. Tiradentes tinha a fala solta, tocava violão, sabia fazer amigos.[56] Era popular nos quatro cantos de Minas Gerais e na cidade do Rio de Janeiro. O alferes possuía uma instrução bem acima da média e, coisa rara na colônia, lia livros (ele possuía quatro exemplares, um número significativo para a época, e procurava comprar outros).[57] Em Vila Rica, vivendo entre broncos fedorentos e a nata rala e afetada que se enfeitava com perucas brancas encaracoladas, Joaquim era mesmo uma figura singular.

De acordo com a versão de Antônia, quem tomou a dianteira no relacionamento foi o alferes. Segundo ela, tomado pelo "ardor das suas paixões", Joaquim a teria aliciado.[58] A garota cedeu, e teve início então o que Tiradentes definiria mais tarde como uma "amizade ilícita".[59]

Joaquim foi o primeiro homem de Antônia. E ambos, cada qual à sua maneira, não fariam segredo disso. Ela diria que o alferes "roubou a sua pudicícia"; já ele confessaria a colegas do quartel que a tinha "deflorado".[60] O casal não era discreto, e a vizinhança de Antônia via e sabia de tudo.[61] Mas nem o falatório impediu o ardente alferes de seguir ganhando terreno. Ele simplesmente ignorou as regras sociais vigentes.[62] Sem se preocupar em formalizar um pedido de casamento, Tiradentes tirou Antônia — uma menor de idade — da casa da mãe e a levou para viver consigo.[63]

Depois de mais de duas décadas levando uma vida errante e sem amarras, Joaquim tinha agora uma união estável.

Até o surgimento de Antônia, o alferes levara um estilo de vida espartano, herdado certamente dos pais.⁶⁴ E nada mudou com a chegada da companheira. Tiradentes gastava bastante com roupas, acessórios e livros, mas não dava muita importância para o conforto no lar. Ao se mudar para a casa de Joaquim, na rua São José, Antônia encontrou um ambiente austero. Para dormir, ou consumar o "ardor das paixões", eles tinham duas opções: uma rede branca de algodão ou uma "cama de vento", isto é, uma cama portátil. Quando a opção era a cama, o casal provavelmente se deitava sobre uma esteira feita de palha, já que Joaquim não tinha colchão (item raro nas Minas Gerais setecentistas).⁶⁵ O alferes possuía uma fronha de bretanha, mas curiosamente não tinha travesseiros.⁶⁶ O restante da roupa de cama compreendia três lençóis (dois de linho e um de chita roxa, bem fino). Não havia cobertores ou mantas. Para espantar o frio das geladas noites de inverno de Vila Rica, quando a temperatura facilmente atingia um dígito, Joaquim e Antônia deviam recorrer aos panos e retalhos, que havia em abundância na casa.⁶⁷

De noite, a luz era pouca. Para iluminar a casa, havia um castiçal de latão e um candeeiro velho, também de latão.⁶⁸ Até mesmo para os austeros padrões mineiros do século XVIII, a cozinha de Tiradentes e Antônia era mal equipada: um caldeirão pequeno de cobre com tampa, uma pinça e uma escumadeira. O casal podia comer com talheres, costume ainda pouco difundido na capitania — à mesa, dispunham de quatro facas com cabos de madeira, três garfos, seis colheres de sopa e cinco colheres de chá, tudo de prata. As refeições eram servidas em pratos de estanho (três grandes e sete pequenos).⁶⁹

A frugalidade de Joaquim também se revelava no mobiliário. Na casa não havia mesa, cadeiras, tamboretes ou armários. Para guardar os pertences pessoais do casal, havia apenas duas imensas canastras pretas de couro, que eram mantidas fechadas à chave.⁷⁰

Mesmo tendo crescido na fazenda do Pombal cercado de imagens de santos, de missais e de cálices, e de ser ainda um ardoroso devoto da Santíssima Trindade, Tiradentes não possuía em sua casa nenhum objeto de cunho religioso. O estilo ali era outro: o lar de Joaquim parecia um laboratório. Havia uma diversidade de recipientes destinados ao preparo de próteses dentárias e de drogas caseiras, tais como frascos de vidro (dois grandes e dois pequenos), um pilão de cobre, uma peneira de seda, cinco pratos de pedra, duas tigelas com tampa e um canivete. Claro, tinha ainda a bolsa com os temíveis "ferrinhos de tirar dentes".⁷¹

Como dispunha de montaria cedida pelos Dragões (um dos chamados "cavalos de sua majestade"), Tiradentes não precisava ter outros animais, e portanto não os tinha. Era dono, porém, de uma tralha de cavalgadura que compreendia um teliz de couro forrado de baeta amarela, um xairel e duas cangalhas.[72]

Como era comum na época, o alferes não abria mão de ter uma criada para fazer os serviços domésticos — a escrava Maria, de nação angola.[73]

Eram muitas as novidades na vida de Tiradentes, mas a maior delas estaria por vir. Ainda em 1785, no final do ano, o amor do casal deu um fruto — Antônia descobriu que daria "à luz um feto do [...] alferes".[74] Tiradentes ia ser pai.

Ainda que tivesse tudo para ser comemorada, a novidade embutia um dilema de ordem moral: já era polêmico Joaquim ter se amancebado com uma menor de idade; engravidá-la sem serem casados era uma indecência. A "amizade ilícita" de Tiradentes e Antônia já beirava o escândalo.

Pressionado talvez pela família da moça, pela sociedade vila-riquense ou pela própria consciência, o alferes tratou de encaminhar sua relação com Antônia para um formato mais apropriado, assumindo publicamente a paternidade da criança e fazendo "promessas esponsalícias" à companheira.[75] O futuro pai agora era também noivo.

A notícia da gravidez e do noivado logo se espalhou pela sempre atenta vizinhança de Antônia. Por intermédio do próprio alferes, chegou também ao quartel dos Dragões.[76]

No dia 31 de agosto de 1786, Tiradentes começou a honrar sua palavra. Naquela quinta-feira fria, ele e Antônia saíram de casa, caminharam até o final da rua São José, dobraram à esquerda e desceram um quarteirão pela calçada em estilo pé de moleque da rua da Escadinha. Andaram mais 130 metros e viraram à direita, dando de cara com o colosso da matriz de Nossa Senhora do Pilar. Entraram. Naquele cenário de paredes grossas e curvas caprichosas, adornado com 434 quilos de ouro, Joaquim e Antônia apresentaram ao padre Pantaleão da Silva Ramos um bebê. Tiradentes disse então em voz alta que ele era o pai.[77] Sob a imagem da Santíssima Trindade rodeada por anjos e querubins, o padre Pantaleão pôs os santos óleos na criança. Era uma menina, a quem os pais deram o nome de Joaquina.[78]

Quando a menina nasceu, Joaquim mudou ainda mais. Tiradentes parecia ter abandonado a vida de lobo solitário da Mantiqueira e abraçado de bom grado o papel de pai de família. O ambiente ajudava. Logo após a chegada de sua filha, o alferes assistiu ao nascimento de mais bebês no seu entorno. Sua cunhada Eugênia, irmã mais velha de Antônia, tornou-se mãe no primeiro semestre de 1787.[79] Na mesma época, Maria, a escrava de Tiradentes, deu à luz um menino "pardo fusco".[80] Assim, Joaquina passou seus primeiros anos de vida na companhia constante do primo João e do "pretinho" Jerônimo.[81] E o alferes, no meio da criançada.

Nessa mudança de estilo de vida, Tiradentes viu a família se fundir aos Dragões. Eugênia, a cunhada, era casada com o cadete José Pereira de Almeida Beltrão, colega de regimento de Joaquim.[82] As duas famílias viviam próximo uma da outra, na freguesia de Ouro Preto.[83] Joaquim era amigo do concunhado e chegou a lhe emprestar a expressiva quantia de 200 mil-réis, equivalente a mais de oito meses de seu soldo.[84]

O futuro de Tiradentes parecia traçado: criar Joaquina, casar-se com Antônia, desfrutar da boa convivência com a família da cunhada, construir a casa no terreno que ganhara na rua da Ponte Seca, tocar a carreira de militar (com ou sem promoção) e ir aumentando seu patrimônio pouco a pouco com a produção de ouro e a criação de gado na Rocinha da Negra. Uma vida ordinária, pacata, confortável, talvez até feliz.

PARTE III
O LOUCO DESEJO DE LIBERDADE

[01]

01
Ruínas da fazenda do Pombal (Ritápolis, Minas Gerais), onde Joaquim José da Silva Xavier nasceu (c. 1746). Na companhia de seis irmãos (ele era o quarto), passou ali a infância cercado de laranjeiras e limoeiros, matas virgens, montanhas e rios.

02
Escravos garimpam; ao fundo, Vila Rica (Minas Gerais). Na primeira metade do século XVIII, a corrida do ouro no Brasil mudou a oferta do metal precioso em escala mundial. Das lavras de Minas Gerais, as mais ricas da colônia, chegaram a sair 10,6 toneladas por ano, pouco mais do que era produzido até então em todo o mundo.

03
No final do século XVIII, a comarca de Vila Rica era um dos centros urbanos mais populosos das Américas. Com 79 mil "almas" (excluindo-se os indígenas), superava o Rio de Janeiro (39 mil), Salvador (46 mil) e Nova York (33 mil).

[02]

[03]

04/05/06

O "amor pelo ouro" fez florescer no interior do Brasil um centro urbano vigoroso. Mesmo estando a quatrocentos quilômetros do porto marítimo mais próximo, Vila Rica reunia algumas das construções mais grandiosas e sofisticadas da colônia, como o Palácio do Governador (04), a Casa da Câmara e Cadeia (05) e a Casa da Ópera (06), onde, ainda em vida, Mozart teve algumas de suas composições executadas.

[04]

[05]

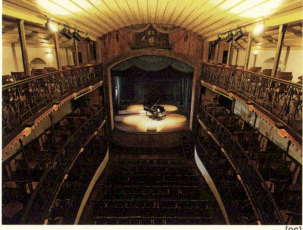

[06]

[07]

07
Entre 1785-9, Tiradentes morou na rua São José, em Vila Rica. A casa ficava na calçada da direita, ao lado da última construção que aparece nessa imagem do início do século xx.

08/09
Devoto ardoroso da Santíssima Trindade, Tiradentes morava a seiscentos metros da igreja de São Francisco de Assis de Vila Rica (08), projetada por Aleijadinho. Em 1789, o escultor começaria a construir o retábulo da capela-mor do templo, em que a Santíssima Trindade aparece com destaque: o Deus Pai, com um triângulo sobre a cabeça; o Deus Filho carregando a cruz; e o Espírito Santo, representado por uma pomba (09).

[08]

[09]

[10]

[11]

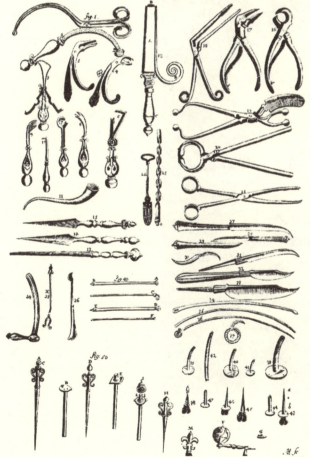
[12]

10
No século XVIII, as técnicas de tratamento dentário ainda eram bastante precárias no mundo ocidental, como é possível ver nessa gravura de 1728.

11/12
Conhecido por sua "habilidade" como tira-dentes (dizia-se que ele realizava o procedimento "com a mais sutil ligeireza"), Joaquim possuía uma "bolsa com uns ferrinhos", a qual deveria conter instrumentos como os que se veem nessa gravura de 1731 (12). Entre as ferramentas, havia muito provavelmente uma chave de Garengeot (11), ou boticão, usado na extração de dentes e bastante comum na colônia naquele período.

13/14
Relógio de bolso de Tiradentes. Símbolo de distinção social, a peça era um modelo austero, diferente dos mais decorados, de inspiração francesa, comuns à época. No reverso da máquina, há uma gravação que indicaria a origem ("London") e o fabricante (S. Elliot). O registro, contudo, é falso: o relógio era suíço.

[13]

[14]

15/16

Ao entrar na casa dos quarenta anos, Tiradentes iniciou um relacionamento com uma jovem de quinze ou dezesseis anos.
Num documento oficial (15), Antônia Maria do Espírito Santo deixaria registrado que Joaquim "roubou a sua pudicícia", referindo-se à perda da virgindade. Moraram juntos e tiveram uma filha, Joaquina, batizada na matriz de Nossa Senhora do Pilar de Vila Rica (16).

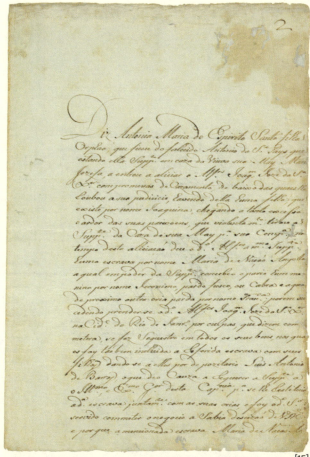

[15]

[16]

[17]

[18]

17/18
Em 1781, Tiradentes foi designado comandante do destacamento do Caminho Novo, que ligava Vila Rica ao Rio de Janeiro, principal escoadouro do metal precioso de Minas Gerais. O trajeto, de quatrocentos quilômetros, era realizado entre dez e doze dias de viagem. Atravessava rios caudalosos, como o Paraíba (17), como mostra o mapa do século XVIII (18).

19
Oficial do Regimento Regular de Cavalaria de Minas Gerais em ilustração de 1776. Ao ingressar na corporação em 1775, no posto de alferes, o mais baixo do oficialato, Tiradentes passou a usar a farda de dragão (casaca e calção até os joelhos, ambos azul-turquesa, e capacete de couro).

20
Em 1778, o alferes foi enviado ao Rio de Janeiro numa operação militar de emergência para defender a capital da colônia de uma possível invasão espanhola. Joaquim ficou arranchado nos arredores da cidade, numa área deserta e inóspita conhecida como "Copa Cabana", retratada nessa gravura de 1835.

[19]

[20]

Mapa Diario do municiamento dos Cavallos de S. M. F. em q. estão montados os Soldados de Queriel destacados no Campo Novo e Porto de Menezes, no Exercicio das Patrulhas do Matto, Sendo Com.te o Alf.s Joaquim José das S.as X.es anno de 1783

Dias	Cavallos	Manhãs	Tardes	Alqueires	Quartos	Pratos		Dias	Cavallos	Manhãs	Tardes	Alqueires	Quartos	Pratos		Dias	Cavallos	Manhãs	Tardes	Alqueires	Quartos	Pratos
		Julho								Agosto								Setembro				
1	8	8	8			1		1	7	7	7		3	A		1	7	7	7		3	A
2	8	8	8			1		2	7	7	7		3	A		2	7	7	7		3	A
3	8	8	8			1		3	7	7	7		3	A		3	7	7	7		3	A
4	8	8	8			1		4	7	7	7		3	A		4	7	7	7		3	A
5	8	8	8			1		5	7	7	7		3	A		5	7	7	7		3	A
6	8	8	8			1		6	7	7	7		3	A		6	7	7	7		3	A
7	8	8	8			1		7	7	7	7		3	A		7	7	7	7		3	A
8	8	8	8			1		8	7	7	7		3	A		8	7	7	7		3	A
9	8	8	8			1		9	7	7	7		3	A		9	7	7	7		3	A
10	8	8	8			1		10	7	7	7		3	A		10	7	7	7		3	A
11	8	8	8			1		11	7	7	7		3	A		11	7	7	7		3	A
12	8	8	8			1		12	7	7	7		3	A		12	7	7	7		3	A
13	8	8	8			1		13	7	7	7		3	A		13	7	7	7		3	A
14	8	8	8			1		14	7	7	7		3	A		14	7	7	7		3	A
15	8	8	8			1		15	7	7	7		3	A		15	7	7	7		3	A
16	8	8	8			1		16	7	7	7		3	A		16	7	7	7		3	A
17	8	8	8			1		17	7	7	7		3	A		17	7	7	7		3	A
18	8	8	8			1		18	7	7	7		3	A		18	6	6	6		3	
19	8	8	8			1		19	7	7	7		3	A		19	6	6	6		3	
20	8	8	8			1		20	7	7	7		3	A		20	6	6	6		3	
21	8	8	8			1		21	7	7	7		3	A		21	6	6	6		3	
22	8	8	8			1		22	7	7	7		3	A		22	6	6	6		3	
23	7	7	7		3	A		23	7	7	7		3	A		23	6	6	6		3	
24	7	7	7		3	A		24	7	7	7		3	A		24	6	6	6		3	
25	7	7	7		3	A		25	7	7	7		3	A		25	6	6	6		3	
26	7	7	7		3	A		26	7	7	7		3	A		26	6	6	6		3	
27	7	7	7		3	A		27	7	7	7		3	A		27	7	7	7		3	A
28	7	7	7		3	A		28	7	7	7		3	A		28	7	7	7		3	A
29	7	7	7		3	A		29	7	7	7		3	A		29	7	7	7		3	A
30	7	7	7		3	A		30	7	7	7		3	A		30	7	7	7		3	A
31	7	7	7		3	A		31	7	7	7		3	A								
	29 3/4 A								27 A								25 1/1 A				

Soma tudo 82 —— A

Reg.to José dos S.s X.es
O Alfs. Com.te José Fernandes

21

Quando ocupava o posto de comandante do destacamento do Caminho Novo, Joaquim dirigiu a construção de uma variante da estrada. Para controlar os gastos, o metódico Tiradentes usou tabelas em formato tridimensional. Na tábua 21, de 1784, registrou as quantidades de ração fornecidas aos "cavalos de sua majestade".

22

Em uma prestação de contas de 6 de outubro de 1782, relativa ao provimento de alimentos (farinha, sal e azeite) para os soldados sob seu comando e de milho para montarias, o alferes escreveu: "Atesto que fiz as despesas acima e, se preciso for, juro aos Santos Evangelhos".

23

Apesar de não ter tido acesso a estudos formais, Tiradentes sabia ler e escrever, coisa rara na colônia naquela época. Como mostra esse documento de 1788, seu texto e sua caligrafia a bico de pena eram melhores que os de vários de seus contemporâneos letrados.

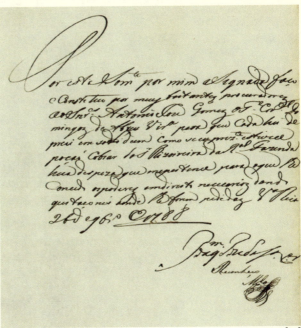

[24]

24/25
Em 1783, Tiradentes foi convocado a combater os temidos bandos criminosos — compostos ocasionalmente por quilombolas e indígenas — que assolavam a serra da Mantiqueira, na divisa de Minas Gerais com o Rio de Janeiro. Na imagem 24, ex-voto de 1744 retrata um viajante sendo atacado e roubado por negros armados com facões, espingardas e pistolas em São Gonçalo do Amarante (Minas Gerais). Na 25, um grupo dos temidos índios puris da região é examinado por homens brancos.

[25]

26
Extração de ouro no rio das Velhas (Minas Gerais) retratada em pintura de 1780.

27
Barras de ouro produzidas em Minas Gerais no século XVIII.

28/29
Moedas de ouro portuguesas cunhadas em 1726 (28) e 1731 (29).

[26]

[27]

[28]

[29]

[30]

30
D. Maria I, rainha
de Portugal (1777-1816).
Educada desde cedo para
cantar, pintar e adorar
as coisas de Deus, mas
não para administrar,
ela herdou um reino falido
e num momento de
profunda agitação política,
causada sobretudo
pelas ideias iluministas.

[31]

[32]

31
Vista de Lisboa
em pintura de 1760.

32
Na segunda metade
do século XVIII, declinava a
produção de ouro em Minas
em virtude do esgotamento
das reservas a céu aberto.
A forte queda da arrecadação,
contudo, não impediu
a Coroa portuguesa de
continuar gastando fortunas
em luxos, como esse serviço
de chá e café em ouro.

33/34
Martinho de Melo e Castro, secretário da Marinha e Domínios Ultramarinos de Portugal. Em 1788, o braço direito de d. Maria idealizou a decretação da derrama em Minas Gerais, por intermédio da qual pretendia cobrar dos moradores 8,6 toneladas de ouro referentes a impostos atrasados. No detalhe, a assinatura do ministro.

7.

A estabilidade era uma circunstância nova na história de Tiradentes, e era difícil imaginá-lo apenas como pai de família e acomodado funcionário da administração colonial. Era uma mudança grande e sobretudo muito rápida para quem sempre fora solto no mundo e nunca se conformara em exercer apenas uma única função. A transformação não durou mais que seis meses.

No início de 1787, Tiradentes tirou uma licença remunerada de dois meses no regimento. Ele tinha planos: voltar a pôr os pés na estrada, mas daquela vez por conta própria. Seu destino era um velho conhecido, o Rio de Janeiro.[1]

No dia 2 de março, deixando para trás Antônia e a pequena Joaquina na companhia da escrava Maria, o alferes pegou o Caminho Novo.[2] Tornou a subir e descer morros e a buscar picadas estreitas à beira de córregos, contornando montanhas. De novo, encontrou a mata e o sertão. Como ainda era a temporada de chuvas, a viagem até o Rio de Janeiro levaria aproximadamente quinze dias, um tempo generoso para que o alferes pudesse pensar. Era hora de mudar — mais uma vez.

Logo na chegada à capital da colônia, Tiradentes sinalizou que desejava ficar afastado dos Dragões por um período bem mais largo que os dois meses de sua licença. Ele não pretendia retornar do Rio diretamente para Vila Rica; queria seguir adiante. Ainda em março, o alferes enviou um requerimento ao Conselho

Ultramarino (órgão da Coroa baseado em Lisboa e responsável por questões político-administrativas da colônia) em que solicitava autorização para viajar ao Reino. No pedido, formalmente endereçado à rainha, Joaquim dizia que precisava muito ir a Lisboa para resolver pendências familiares. Segundo ele, tratava-se de problemas que, "por causa da falta de sua assistência", estariam prejudicando os bens que possuía em Portugal. Como a licença que havia recebido do regimento era insuficiente para realizar a dupla travessia do Atlântico, o alferes solicitava uma nova dispensa, dessa vez de um ano. Assim que resolvesse suas pendências em Lisboa, ele garantiu, voltaria ao Brasil para "continuar a exercer o real serviço".[3]

Joaquim não tinha coisa alguma a tratar em Portugal, onde aliás nunca tinha posto os pés. Outra mentira: ele não possuía bens no Reino. Por que então pretendia largar tudo para passar sete meses em Lisboa (descontados os 140 dias de viagem de ida e volta)? Não há registros que dissolvam o mistério.

A despeito das inverdades que escreveu no requerimento, Tiradentes usou um argumento lógico para calçar o novo pedido de licença. Ele alegava que, "em iguais circunstâncias", d. Maria já havia concedido favor semelhante a outros funcionários da Coroa.[4] Portanto, o alferes pedia apenas para ser tratado como os servidores adulados por sua majestade — o eterno embate por isonomia em relação aos benquistos.

Até o requerimento ser despachado para Lisboa, ser apreciado pela burocracia do Reino e depois ser enviado de volta ao Rio de Janeiro, levaria um bom tempo. Restava a Tiradentes esperar, mas isso não era problema. Ele estava no Rio de Janeiro — e de folga.

Era grande a lista de conhecidos de Joaquim na cidade. Alguns haviam servido com ele nove anos antes na mobilização de emergência para defender o Rio de um possível ataque espanhol. Era o caso de Antônio Ribeiro de Avelar, comerciante atacadista, dono de armazéns, senhor de engenho e representante financeiro de graúdos homens de negócios do Brasil e da Europa. Sempre que estava no Rio, Tiradentes frequentava a residência do antigo colega.[5] Outras amizades do alferes na cidade haviam se formado em momentos de agonia e dor (no caso, dor de dente). Com sua bolsa de ferrinhos, Joaquim socorrera muita gente na capital da colônia, onde era louvado "em razão da prenda de pôr e tirar dentes".[6]

Em 2 de maio, venceu a licença de dois meses concedida a Tiradentes pelo Regimento de Cavalaria. O alferes não se mexeu — ele tinha uma desculpa para permanecer no Rio, afinal ainda não chegara de Lisboa a resposta ao pedido que fizera para viajar ao Reino. O alferes solicitou então (e o governador de Minas Gerais lhe conferiu) um novo afastamento por igual período de dois meses.[7]

Sem encargos oficiais ou compromissos, podendo zanzar pela cidade com liberdade e amparo, Joaquim foi levando a vida no Rio. Recursos não lhe faltavam. Antes de sair de Vila Rica, ele deixara uma procuração para que o tesoureiro da Real Fazenda, capitão Teotônio Maurício de Miranda Ribeiro, pudesse receber o soldo em seu lugar e enviar o dinheiro ao Rio.[8]

Graças em boa medida à sua enorme disponibilidade em ajudar as pessoas, o alferes expandiu seus laços com a gente da cidade. Não lhe faltavam pedidos de socorro, como o feito certo dia pela viúva do porteiro da Casa da Moeda, uma senhora de 53 anos chamada Inácia Gertrudes de Almeida. Ela morava na rua da Alfândega, perto da igreja de Nossa Senhora Mãe dos Homens, no centro do Rio. Inácia vivia com sua única filha, de 27 anos. A jovem sofria de uma "moléstia de uma ferida em um pé", e parecia grave. Ela já havia tomado remédios prescritos por médicos diplomados, mas a pústula, em vez de regredir, só aumentava. Inácia desconfiava que a filha tinha uma "chaga cancerosa".[9]

Um dia, uma mulher que conhecia a viúva sugeriu-lhe que procurasse um mineiro que estava de passagem pela cidade "chamado Joaquim José".[10] A mulher garantiu que o homem era dotado de préstimos curativos poderosos. Desesperada, Inácia mandou um recado ao alferes pedindo que ele fosse a sua casa. Joaquim foi até lá, examinou a doente e prescreveu o tratamento. Em pouco tempo, a filha da viúva estava curada. Inácia guardaria para sempre uma enorme gratidão por Joaquim e, dois anos mais tarde, em um momento delicado da vida do alferes, ela teria oportunidade de retribuir o favor.[11]

Mais dois meses se passaram, vencendo a segunda licença de Tiradentes no regimento dos Dragões. Dessa vez, o alferes simplesmente ignorou o fim do prazo. Ele continuou no Rio como se nada tivesse acontecido; nem ao menos se preocupou em pedir uma renovação da dispensa.[12]

A atitude do alferes não era trivial. Para um militar, era falta grave deixar de se apresentar no quartel. Estranhamente, porém, nada aconteceu. O alferes não foi punido. Só havia uma explicação: alguém no governo de Minas Gerais ou nos Dragões protegia Tiradentes.

No fim do ano, quando o prazo para Joaquim se reapresentar no regimento já havia extrapolado em cinco meses, ele recebeu um retorno do Conselho Ultramarino em relação ao pedido que fizera para viajar a Portugal. O despacho real dizia que a solicitação do alferes possuía "justa precisão" e que, sendo assim, ele estava autorizado a ir a Lisboa, ficando liberado de suas funções nos Dragões pelo prazo de um ano. Mas havia um detalhe: a licença era sem vencimentos. Dessa vez, Tiradentes não contaria com o refresco dos cofres reais. Fosse qual fosse o projeto do alferes, ele teria de bancá-lo com recursos próprios.[13]

Apesar de esse ser um dos episódios mais nebulosos da vida de Joaquim, os movimentos subsequentes do alferes serviram para começar a desnudar seu verdadeiro intento. Tiradentes não viajaria para Portugal. Não há dados suficientes para dizer se ele tinha mesmo o fito de ir ao Reino ou se tudo não passou de um despiste para ficar mais tempo no Rio. O fato é que Joaquim nunca atravessaria o Atlântico.

8.

A dura jornada das monjas do convento de Santa Clara, em Portugal, tinha início antes de o sol nascer. Às 4h40 elas eram despertadas, e a primeira tarefa do dia eram as orações. Atendendo ao chamado do Senhor, as clarissas viviam enclausuradas em um mosteiro erguido na margem esquerda do rio Mondego, próximo a Coimbra, no centro de Portugal. Entregavam-se a uma existência monástica contemplativa, em oração contínua, totalmente dedicadas a Deus, pelo bem da humanidade. Como símbolo de sua morte para o mundo exterior, elas escondiam o corpo debaixo de um hábito marrom que descia dos ombros aos pés; o pescoço e os cabelos, por sua vez, eram ocultos por uma touca branca e por um véu preto. Quando não estavam rezando, as freiras realizavam serviços domésticos, produziam velas e hóstias e cuidavam do jardim e da horta. Elas eram responsáveis ainda pela guarda do túmulo de prata e cristal onde jazia o corpo incorrupto da rainha santa Isabel, morta pela peste quatro séculos e meio antes.

Em julho de 1787, uma das monjas do mosteiro, Joana de Meneses e Valadares, andava angustiada. Mesmo vivendo retirada, ela sabia que a 8 mil quilômetros de distância, no interior do Brasil, havia algo no ar. No dia 18, ela escreveu uma carta a seu primo Joaquim Pedro de Sousa Câmara, moço fidalgo da Casa de sua majestade, morador de Minas Gerais, onde era sargento-mor de Auxiliares no arraial de Matosinhos (comarca do Rio das Mortes). A freira começou a carta de maneira formal e ao mesmo tempo afetuosa ("Meu primo e senhor do coração"), e na sequência queixou-se muito de que ele nunca respondia suas linhas. Caso não obtivesse uma resposta daquela vez, ameaçou ela, nunca mais tornaria a lhe escrever. Parecia, disse a monja, que aquele alentejano de Vila Viçosa tinha se esquecido de sua pátria desde que, uma década antes, trocara Portugal pelo Brasil. Aflita, ela conclamava o primo a voltar ao Reino ("Vossa senhoria ainda que aí está bem, aqui está melhor"). De forma enigmática e um tanto quanto profética, a freira levantava uma hipótese grave para recomendar a ele que se afastasse da convivência com os mineiros: "Suponhamos que se introduz o espírito de vertigem nos ânimos desses naturais [de Minas Gerais]". Por fim, a monja aconselhou: se algum dia o primo percebesse que os mineiros "tumultuam" (isto é, tramavam um motim), ele deveria "tomar o partido da honra", qual seja, "evitar estes apertos e vir sem eles à presença da adorada soberana".[1]

Trocando em miúdos: o que a freira recomendava era que Sousa Câmara não se metesse a tramar contra a Coroa. E mais: que denunciasse às autoridades qualquer plano de conspiração. De alguma maneira, talvez por intermédio de suas correspondências, a monja estava bem informada do que se passava do outro lado do oceano.

Antes de se despedir com um lacônico "adeus, meu primo", ela informou de modo igualmente breve que as coisas não iam bem em Portugal ("o Reino está estéril").[2]

Era grave a conjectura levantada pela freira de que o primo poderia aderir a um levante contra a Coroa portuguesa. Além de ser português de nascença, já na casa dos sessenta anos, Sousa Câmara não era um joão-ninguém no Brasil. Ele fora mandado à colônia, em 1775, em missão oficial do Regimento de Infantaria do Moura. Sua primeira função tinha sido reforçar a guarda do Rio de Janeiro. Depois disso, ele serviu em Goiás e na sequência foi enviado a Minas Gerais, onde ficou responsável pela instrução dos corpos paramilitares da capitania.[3] Se um funcionário da Coroa com tal currículo — e ainda por cima responsável por instruir militarmente os colonos — estivesse mesmo tramando contra a rainha, Portugal estava perdido, e d. Maria, em apuros.

Ainda que vivesse dentro de uma bolha dourada onde o luxo e a festa imperavam, a rainha se equilibrava em uma realidade pessoal e política delicada. Era enorme a carga de pressão sobre a frágil d. Maria. Além de não ter sido educada para administrar um reino (ainda mais um reino semifalido), ela contava com um círculo pequeno de pessoas confiáveis. Uma delas era o marido, o apagado d. Pedro III. Mesmo não sendo de grande valia para os assuntos complexos da Coroa, o rei consorte era uma baliza emocional para d. Maria. Por isso, foi um choque quando, em julho de 1780, d. Pedro III teve uma síncope quando assistia à estreia do drama musical *Testoride argonauta*, no Palácio de Queluz. Suas pernas adormeceram, a língua embaraçou. O rei se recuperaria dias depois, mas não ficaria curado. A doença voltaria a se manifestar outras vezes, e em 1786 retornou com carga total. A cada ataque, sempre com os mesmos sintomas (língua embolada e pernas frouxas), d. Maria se punha a escrever cartas aos parentes mais próximos contando sobre o drama do marido, a quem tratava por "meu querido tio e esposo". A rainha dizia ter medo de perdê-lo. No dia 21 de maio, quando d. Pedro III teve uma recaída grave, a soberana relatou a parentes próximos ter perdido as esperanças. Quatro dias depois, o rei consorte de Portugal morreu. Ele tinha 69 anos. D. Maria, então com 51, não teve forças para escrever a ninguém.[4]

Em um intervalo de apenas cinco anos, a rainha perdeu as duas pessoas que lhe eram mais próximas: a mãe e o marido. Era o início de uma longa e dura fase de provação.

Um ano após a morte de d. Pedro III, d. Maria amargou um profundo revés financeiro. Em seus dez anos de reinado, aquele seria o pior em termos de arrecadação de quintos em Minas Gerais.[5]

No campo político, as coisas também não iam bem. Um ano antes da ascensão de d. Maria ao trono, a Europa havia sido sacudida pela Revolução Americana. Ao se declararem independentes, formando os Estados Unidos, as treze colônias britânicas da América do Norte tinham colocado em xeque não apenas a monarquia mais poderosa da Europa, com oito séculos de existência, mas todo o sistema colonial europeu. O mundo ocidental assistia ao surgimento de um novo agente político: o cidadão. Era uma inovação grandiosa: indivíduos se julgavam donos de suas próprias vidas. Todas essas mudanças vinham embaladas numa forma de governo inovadora, a República, que a partir da Revolução Americana entraria pouco a pouco na mesa do jogo político ocidental.

A Revolução Americana emparedou Portugal. De um lado, Lisboa tinha uma relação de dependência (financeira e militar) com a Inglaterra; de outro, havia interesses mercantis vultosos com os Estados Unidos. Num primeiro momento, a balança de Lisboa pesou em direção à Inglaterra. Por instinto de sobrevivência, a monarquia portuguesa rejeitou o "exemplo pernicioso" que a América inglesa poderia representar para as colônias lusitanas, sobretudo para o Brasil.[6] Assim, em 5 de julho de 1776, um dia após a Declaração de Independência dos Estados Unidos, Portugal fechou seus portos às embarcações norte-americanas. A partir de então, todo navio que tinha no alto do mastro a nova bandeira dos Estados Unidos passou a ser considerado pelos portugueses como nau pirata.

Sete anos depois, entretanto, quando a própria Inglaterra já havia aceitado a independência de suas antigas colônias na América, Lisboa voltou atrás e reabriu os portos aos navios estadunidenses. A mudança de posição foi vantajosa para a Coroa portuguesa, que voltou a lucrar alto com a venda de seus produtos no mercado norte-americano. Em nome do lucro, Lisboa engolia a seco o "exemplo pernicioso".

O germe da mudança estava no ar. E como até no convento de Santa Clara se antevia, o sopro de "tumulto" já havia alcançado o Brasil.

9.

O piso de mármores raros da Biblioteca Joanina e suas estantes de livros com acabamento em ouro estavam lá para não deixar dúvidas: a Universidade de Coimbra, uma das mais antigas do mundo, fundada em 1290, era o maior repositório de jovens da elite socioeconômica de Portugal e de suas colônias, sobretudo o Brasil.[1]

Havia três tipos de estudante em Coimbra: os "ursos", os "cábulas" e os demais. Os ursos eram os bons alunos. Mais importante que isso, eram também os que aceitavam passivamente a doutrina inquisitorial da instituição. Num sistema em que só os bem-mandados tinham vez, ser um urso era o primeiro passo para se dar bem em Coimbra. No final do século XVIII, a universidade oferecia seis cursos (teologia, cânones, leis, medicina, matemática e filosofia natural), todos acompanhados de um farto cardápio opressivo: polícia e cadeias próprias no campus, reitores ligados ao tribunal do Santo Ofício, rigorosa censura de livros com queima de obras iluministas e deportação de alunos transgressores para as Índias. Para os ursos, nada disso era problema.

Os cábulas eram diferentes. Eram os rebeldes. Sabotavam o sistema coimbrão, promoviam "paredes" (boicote a professores com ausência nas aulas), contrabandeavam livros proibidos e, principalmente, praticavam o maior de todos os pecados: discutiam ideias.

Na década de 1770, estudantes luso-brasileiros, principalmente de Minas Gerais, filhos de fazendeiros, homens de negócios, comerciantes, mineradores, desembargadores, advogados, contratadores e militares de alta patente, entre outros, começaram a formar um núcleo próprio dentro do universo dos cábulas de Coimbra. Um dos destaques dessa turma era o mineiro José Vieira Couto, aluno de filosofia natural que seria mais tarde um dos principais naturalistas da colônia no século XVIII. O descontentamento dos integrantes do grupo era alimentado por uma fonte poderosa: o choque entre os interesses das elites coloniais e os da Coroa e de seu entorno. Enquanto as primeiras, com suas múltiplas visões regionais, almejavam mais espaços de poder no sistema burocrático e na política locais e também maior acesso às riquezas da colônia, os segundos agiam no sentido de limitar essa escalada em favor do projeto do império. Um bom exemplo de como se dava esse conflito pôde ser visto na ação de emergência para proteger o Rio de Janeiro e o sul da colônia no final da década de 1770, da qual Tiradentes participou. Naquela ocasião, a prioridade de Portugal era salvaguardar as duas importantes porções de seu vasto domínio na América de uma possível invasão espanhola. Mas para os mineiros, que tiveram de bancar os altíssimos custos de armar, transportar e alimentar a tropa, e ainda por cima, por um longo período, se viram privados de uma parcela imensa de sua força de trabalho, a operação militar representou um peso incongruente com seus interesses.

Além de carregarem consigo insatisfações acumuladas durante anos por seus círculos familiar e social, os cábulas luso-brasileiros de Coimbra tinham outras motivações robustas para cevar a rebeldia. Uma delas era a exposição às ideias iluministas então em voga na Europa, que desafiavam conceitos do Antigo Regime, como o apregoado direito divino dos reis, responsáveis em boa medida pelo atravancamento do progresso da colônia. Havia ainda o exemplo da Revolução Americana, que em 1776 ensinara ser possível romper os laços com a metrópole para buscar construir um sistema político calcado em princípios de liberdade.

Durante o reinado de d. José I (1750-77), os descontentamentos das elites mineiras, que se refletiam nos cábulas de Coimbra, foram mantidos sob controle graças à engenhosidade do marquês de Pombal, braço direito do soberano e responsável pela política ultramarina. Adepto de uma visão mais flexível, Pombal permitiu às oligarquias da capitania ocupar algum espaço no sistema burocrático colonial e também se beneficiar de nacos — periféricos, mas ainda assim relevantes — dos projetos econômicos tocados pelo império. Contudo, essa válvula de escape que regulava tensões foi eliminada com a ascensão de d. Maria I, em 1777. Substituto de Pombal no centro do poder, o inábil ministro Martinho de Melo e Castro foi pouco a pouco cortando privilégios das camadas mais altas da colônia (acesso a cargos na administração, concessão de títulos honoríficos e participação, ainda que marginal, na cadeia de negócios), o que provocou forte descontentamento, especialmente em Minas Gerais e no Rio de Janeiro, sentimento que reverberava nos estudantes de Coimbra. Esses fatores reunidos fizeram com que o desagrado da geração de cábulas dos anos 1770, até então represado, evoluísse na década seguinte para um desejo de ruptura concreto. Mais destemida e organizada, essa segunda geração de estudantes, do decênio de 1780, deu um passo adiante e, em segredo, começou a conspirar contra a Coroa, visando a independência de sua terra natal. Estava sendo gestado o primeiro movimento da colônia a mirar a emancipação.[2]

Com 53 estudantes inscritos em Coimbra entre 1780 e 1789, Minas Gerais liderou essa marcha, tendo à frente nomes como José Álvares Maciel (filosofia natural), José Pereira Ribeiro (leis) e José de Sá Bittencourt Acioli (filosofia natural).[3] Um quarto estudante, Antônio Pires da Silva Ponte, dizia que um dia a capitania seria "cabeça de um grande império".[4] Ao lado dos mineiros, apareciam os cábulas fluminenses, como José Joaquim Maia e Barbalho, carioca criado na Lapa, filho de um empreiteiro que ficara rico com obras públicas na capital da colônia. Apesar do vultoso patrimônio da família, ele vivia de forma parcimoniosa na Europa, com uma pensão anual de 120 mil-réis (menos da metade do ganho de Tiradentes como alferes).[5]

Ao concluir o curso de matemática em Coimbra, em 1785, Maia e Barbalho não voltou ao Brasil, optando por continuar na Europa. Entre os estudantes insurgentes, comentava-se que sua permanência no Velho Continente tinha um propósito específico: ele seria na verdade um enviado secreto de graúdos homens de negócios do Rio com a missão de buscar apoio externo para uma revolução republicana no Brasil.[6] Naquele mesmo ano, ele se matriculou na escola de medicina da Universidade de Montpellier, na França, nação onde ideias insurgentes corriam soltas. Assim como Coimbra, Montpellier era um ninho de aspirantes a revolucionários, e o estudante não demorou a encontrar sua turma.[7] Havia muitos estudantes luso-brasileiros, como dois de seus amigos, o mineiro Domingos

Vidal de Barbosa Laje e o carioca José Mariano Leal, que defendiam com ardor a independência do Brasil — se não de todo o território, ao menos de uma parcela dele (o projeto tinha caráter regional, de novo, centrado no eixo Minas-Rio). Maia e Barbalho acabou se distinguindo dos demais por um gesto: foi ele quem deu o primeiro passo concreto na direção da conquista da soberania de sua terra natal

No dia 2 de outubro de 1786, uma segunda-feira, o estudante pegou papel e bico de pena e se atreveu a escrever uma carta para ninguém menos que Thomas Jefferson, um dos chamados Pais Fundadores dos Estados Unidos. Maia e Barbalho, então com 29 anos, não tinha qualquer relação com Jefferson, nem mesmo o conhecia. Apesar de soar estranho, o gesto do estudante tinha lógica. Já naquela época, em diversas partes do mundo ocidental, Jefferson era uma lenda entre os candidatos a revolucionário. Foi ele o autor do texto original que, após pequenas alterações dos demais Founding Fathers, ficaria conhecido como Declaração de Independência dos Estados Unidos da América. Um dos trechos dizia:

> Todos os homens são criados iguais, sendo-lhes conferidos pelo seu Criador certos direitos inalienáveis, entre os quais se contam a vida, a liberdade e a busca da felicidade.

Para um jovem cábula brasileiro que repelia a obediência devida a uma Coroa europeia despótica e predatória, aquilo era música.

Dois anos antes de Maia e Barbalho escrever a carta, Jefferson havia sucedido Benjamin Franklin (outro Pai Fundador) no cargo de embaixador dos Estados Unidos na corte de Luís XVI, em Paris. Era um posto de alta importância, já que a França tinha sido o principal aliado (e financiador) dos revolucionários norte-americanos na guerra pela independência contra a Inglaterra. A distância de status que separava Jefferson do estudante carioca era colossal, mas Maia e Barbalho não se incomodou com isso. Com uma caligrafia impecável, o cábula endereçou ao embaixador uma mensagem de dois parágrafos, redigida em francês. Na abertura, ele dizia:

> Senhor:
> Tenho um assunto da maior importância para comunicar-vos; mas como o estado da minha saúde não me permite a honra de ir encontrar-vos em Paris, peço-vos

digneis ter a bondade de dizer-me se posso com segurança comunicar-vos por carta, pois que sou estrangeiro e por isso pouco inteirado dos costumes do país.[8]

Por segurança, o estudante assinou com um pseudônimo: Vendek.

O portador da carta foi o pai de um colega de Maia e Barbalho, o francês Joseph Vigarous, professor da Universidade de Montpellier e membro de uma tradicional família de médicos da cidade. Foi uma boa escolha. Vigarous não teve dificuldade em fazer a mensagem chegar a Jefferson — ambos, Vigarous e Jefferson, eram "irmãos" (ou seja, colegas de maçonaria) e atuavam na Loja de Paris, a seção francesa daquela sociedade secreta.

Thomas Jefferson recebeu a carta, leu-a e, de forma surpreendente, respondeu mais que depressa. No dia 16 de outubro, o embaixador escreveu uma mensagem ao estudante brasileiro sinalizando que o campo estava aberto para a comunicação.[9]

Maia e Barbalho demorou cinco semanas para dar sequência à troca de cartas. Quando finalmente o fez, começou por pedir desculpas pela demora — segundo ele, sua frágil saúde, mencionada na primeira mensagem, o havia obrigado a se retirar para o campo. Escusas feitas, o estudante abriu o verbo. "Sou brasileiro" (*Je suis brésilien*), revelou ele, e "minha desgraçada pátria geme em atroz escravidão". Desfiando o receituário iluminista, afirmou que os "usurpadores" portugueses, agindo "contra a lei da natureza e da humanidade", oprimiam os naturais do Brasil. Maia e Barbalho confidenciou que era correspondente na Europa de um movimento insurgente que pretendia "seguir o admirável exemplo" dos Estados Unidos e libertar o Brasil do jugo português. O grupo rebelde, afirmou o estudante, precisava de apoio externo. "Cumpre que haja uma potência que dê a mão aos brasileiros", disse ele, explicando em seguida que os Estados Unidos eram a nação mais indicada. "A natureza fez-nos habitantes do mesmo continente e, por conseguinte, de alguma forma compatriotas", declarou. Ao final da carta, Maia e Barbalho — ou melhor, Vendek — acenou com prêmios caso o governo norte-americano ajudasse a consolidar a soberania do Brasil: "Estamos prontos a dar todo o dinheiro que for necessário e a manifestar a todo tempo a nossa gratidão para com os nossos benfeitores".[10] Mais claro, impossível.

A vez de jogar era de Jefferson, e ele não teve pressa. A demora valeu a pena. Escrevendo em francês, provavelmente com a ajuda de alguém, já que era sofrível na língua de Molière, o embaixador se mostrou ainda mais aberto que na primeira correspondência. Anunciou que em breve faria uma viagem ao sul da França, quando então poderia se encontrar com o brasileiro em Montpellier ou nos arredores da cidade.[11]

Maia e Barbalho ficou exultante e escreveu então a Jefferson sugerindo um encontro em Nîmes, distante sessenta quilômetros de Montpellier, entre o mar Mediterrâneo e as montanhas de Cévennes.[12] O embaixador acatou a proposta.

Enquanto na Europa os cábulas luso-brasileiros gestavam o movimento insurgente, formatando-o dentro de preceitos iluministas e buscando apoio externo, no Brasil o caldo rebelde também engrossava. Naquela época, as ideias começavam a viajar com mais velocidade — de um lado, a evolução da imprensa na Europa havia barateado a produção de panfletos, jornais e livros, e, de outro, o aperfeiçoamento das técnicas de navegação, o avanço da cartografia e o progresso da indústria naval levaram a um aumento considerável no volume de viagens transoceânicas. Essas transformações possibilitaram que o pensamento libertário do Iluminismo e as notícias do sucesso da Revolução Americana chegassem ao Brasil ainda frescos. Assim, aos poucos, as insatisfações pontuais das elites que transitavam no eixo Minas-Rio foram sendo igualmente embaladas nos novos arcabouços teóricos que encantavam o Ocidente.

Em Minas Gerais, a tomada de consciência ocorreu em um momento particularmente delicado para as oligarquias locais. Nas décadas anteriores, elas haviam se beneficiado de oportunidades financeiras e de algum espaço no sistema político-burocrático da colônia. Essa escalada criou, na elite mineira, a perspectiva da conquista de novos níveis de poder, o que acabou não acontecendo. Ao atingir certo ponto, ela foi barrada, e agora, no reinado de d. Maria, começava a perder.

O endurecimento do monopólio comercial português patrocinado pelo ministro Martinho de Melo e Castro deprimia os ganhos dos colonos e inibia a produção. Além disso, em razão de outra dura política idealizada pelo braço direito da rainha, ocupantes de cargos importantes na administração da capitania vinham sendo dispensados de suas funções, o que resultava em queda na renda pessoal, alijamento do poder e suspensão de ganhos paralelos advindos do tráfico de influência, da corrupção e do contrabando, entre outros. A todas essas perdas, somavam-se as persistentes altas da carga tributária, que exigiam cada vez mais e mais dos mineiros. Tudo isso em um período de diminuição contínua na produção de ouro e de consequente contração de setores da economia local, sobretudo na comarca de Vila Rica, a mais dependente da mineração.

A situação era paradoxal. Se de um lado Minas Gerais sofria com o fardo pesado imposto pela metrópole, que a impedia de progredir com maior rapidez, de outro já havia conquistado as condições necessárias para esboçar um projeto de autossuficiência econômica. A capitania possuía um ambiente urbano maduro e um mercado consumidor respeitável, ambos desenvolvidos no rastro da corrida do ouro. Parte de suas produções de algodão e açúcar eram exportadas para outras regiões da colônia, e os teares clandestinos forneciam uma parcela significativa dos tecidos mais grosseiros consumidos internamente. Se fossem livres para estabelecer fábricas, os mineiros certamente fariam deslanchar as manufaturas e poderiam também produzir ferro (já naquela época, sabia-se que minério não faltava). Apesar de conseguir mirar um futuro auspicioso pelo buraco da fechadura da história, a elite mineira sabia que o que a esperava, caso nada fosse feito para mudar o rumo das coisas, era a perda de uma fração considerável do que havia conquistado até ali.

Em algum momento dos anos 1780 difícil de localizar com precisão, mas certamente ocorrido em paralelo ao movimento dos cábulas luso-brasileiros das universidades de Portugal e da França, membros das oligarquias de Minas se juntaram para discutir um possível rompimento com a Coroa e o estabelecimento de um território livre. O grupo era composto por grandes proprietários de terras que atuavam na mineração e na agropecuária, senhores de engenhos, donos de teares clandestinos, contrabandistas de diamantes, advogados, padres, médicos, burocratas da administração colonial, homens de negócios e oficiais militares, entre outros — todos muito bem posicionados para ocupar os espaços de poder e desfrutar das oportunidades econômicas que poderiam ser geradas a partir da conquista da independência. O partido se dividia em três núcleos. Na comarca de Vila Rica, encontravam-se duas das principais lideranças do agrupamento, o ex-ouvidor Tomás Antônio Gonzaga e o advogado Cláudio Manuel da Costa, ambos formados em leis pela Universidade de Coimbra, poetas e integrantes da nata intelectual da colônia — Gonzaga e Cláudio estavam entre os que haviam perdido espaço no sistema político-burocrático da capitania. Na comarca do Rio das Mortes, a mais rica e a que mais crescia em termos populacionais, graças à pujança de sua economia diversificada, viviam alguns dos cabeças da facção de maior lastro financeiro, como os coronéis Inácio José de Alvarenga Peixoto e Francisco Antônio de Oliveira Lopes e o padre Carlos Correia de Toledo e Melo, todos eles grandes proprietários de terras e escravos. Por fim, no terceiro núcleo, sediado na comarca do Serro do Frio, despontava a liderança do padre José da Silva e Oliveira Rolim, envolvido no lucrativo mercado clandestino de diamantes e que muito tinha a ganhar com o fim do monopólio no setor.

Na segunda metade da década de 1780, os conjurados mineiros tinham avançado bastante, conseguido inclusive estabelecer pontes com membros da elite do Rio de Janeiro insatisfeitos com a metrópole. Na capital da colônia, magnatas locais, com interesses econômicos que se estendiam de Minas Gerais à Europa, também almejavam a independência, visto que, uma vez livres do monopólio comercial português, eles naturalmente ocupariam o topo da cadeia das transações intercontinentais. O ramo sedicioso do Rio de Janeiro operava de forma discreta. De um lado, patrocinava as articulações de cábulas cariocas no Velho Continente, como Vendek. De outro, acenava com apoio financeiro e logístico a seus comparsas mineiros. Operando nas duas pontas, os rebeldes fluminenses ainda acabavam facilitando a conexão entre os insurgentes de Minas e os cábulas da Europa, prestando assim mais um serviço ao movimento. Um dos responsáveis por essa ligação era Francisco de Araújo Pereira, um negociante abastado do Rio. No período mais ativo das conspirações, ele viajaria a Lisboa levando na bagagem correspondências da cúpula rebelde de Vila Rica.[13] O advogado José Bernardo da Silveira Frade e o capitão Antônio de Oliveira Pinto eram dois outros moradores da capital da colônia que mantinham contato com os insurretos mineiros.[14]

Em Minas Gerais, um dos encarregados de fazer a ligação inversa, isto é, conectar os rebeldes da capitania com os fluminenses, era Joaquim José da Silva Xavier. Poucos sabiam, mas o "urso" Tiradentes passara a "cábula".

Ao longo da década de 1780, enquanto transitava entre Minas Gerais e o Rio de Janeiro cumprindo missões militares, extraindo dentes, divertindo-se em bordéis e tentando fazer decolar seus negócios privados, Joaquim teve seu pensamento crítico forjado. Nessa trajetória, foi fundamental a convivência que teve com muitos dos futuros rebeldes, oriundos de ambas as capitanias. Ao adquirir consciência política, o descontentamento pessoal do alferes transbordou. Aqui e acolá, dentro de seu círculo íntimo, ele deixava escapar suas frustrações, reclamando ter feito inúmeros serviços para sua majestade sem nunca ter sido premiado à altura. Por isso, dizia ele, andava "desgostoso".[15] A exemplo de seus pares, Tiradentes juntou seus desencantos e suas aspirações pessoais ao anseio de viver em uma nação independente.

No princípio de 1788, no Rio, o alferes continuava tratando de doentes, extraindo dentes, lutando por seus projetos autônomos e buscando distração na boemia. Mas também tramava contra a Coroa em companhia de rebeldes de Minas Gerais que igualmente se encontravam na capital da colônia, como o padre Rolim, do núcleo do Serro do Frio, e o coronel Joaquim Silvério dos Reis, do Rio das Mortes.[16] Àquela altura, as queixas e os desejos do grupo começavam a evoluir para uma meta ousada, que jamais fora proposta pelos movimentos rebeldes anteriores na colônia: romper unilateralmente com o Reino, estabelecendo o primeiro território independente na América do Sul. Tiradentes e seus comparsas discutiam justamente como sair da fase de incubação e passar para o nível seguinte, o da ação. Para isso, eles sabiam, era preciso antes desatar dois nós: a falta de um engajamento popular mais amplo e a ausência de nações estrangeiras que pudessem fornecer apoio para o levante e, posteriormente, para o estabelecimento do território liberado. Ainda não haviam conseguido encontrar as respostas.

Era bem cedo na capital francesa quando o cocheiro parou a carruagem em frente ao Hôtel de Langeac, uma notável residência privada de dois andares na esquina da Avenue des Champs-Élysées com a Rue de Berri. Não demorou muito e o morador do edifício, o embaixador Thomas Jefferson, apareceu à porta acompanhado de dois escravos. Como chovia e fazia frio, a pequena comitiva subiu imediatamente a bordo, e logo em seguida a carruagem puxada por três cavalos partiu margeando o rio Sena até ultrapassar os muros da cidade.[17]

Para não chamar a atenção de espiões de Luís XVI e da Grã-Bretanha, Jefferson havia anunciado a amigos e conhecidos que partiria em viagem a passeio. A alguns, dissera estar interessado em conhecer a arte, os sítios arqueológicos e a agricultura do sul da França. A outros, que buscaria, nos banhos termais de Aix-en-Provence, alívio para as dores em seu pulso direito, fraturado cinco meses antes numa queda de cavalo. Os planos de recreação e o tratamento de saúde não eram invenção. Mas havia também a intenção oculta de encontrar-se em Nîmes com o estudante brasileiro candidato a rebelde.

O trajeto natural de Paris a Nîmes não era pequeno (720 quilômetros), e as ondulantes estradas francesas prometiam castigar o embaixador. Ainda assim, Jefferson escolheu um caminho mais longo, que aumentava a viagem em trezentos quilômetros. Não se tratava de uma tática diversionista para confundir possíveis olheiros. Antes de trabalhar, o embaixador pretendia se divertir.

Jefferson tinha uma extensa lista de interesses. Era viciado em política (havia sido membro do governo após a revolução e, anos mais tarde, cumpriria dois mandatos como presidente dos Estados Unidos), amava arquitetura (ele ajudou a projetar seu palacete neoclássico em Charlottesville, na Virgínia) e se entusiasmava com mecânica (inventou um arado e um elevador que transportava alimentos da cozinha). Fora isso, estudava a fundo matemática, religião e filosofia. Mas o que mais lhe dava prazer — depois, claro, de Maria (uma artista anglo-italiana de 26 anos, loira e de olhos azul-violeta) e posteriormente de Sally (uma escrava americana de catorze anos) — era comer e beber bem, muito bem. Jefferson levava tão a sério a paixão pela gastronomia que, quando assumiu o posto de embaixador em Paris, em 1784, trouxe consigo dos Estados Unidos um escravo pessoal, James Hemings, de dezenove anos, com o propósito específico de fazer dele um *chef de cuisine*. (Funcionou. Depois de ter aulas com grandes nomes da culinária francesa, James se tornou um magnífico chef. Quando voltou aos Estados Unidos, introduziu no cardápio dos americanos, entre outras coisas, o *foie gras*, o *crème brûlée* e a batata frita, que por causa de James seria batizada de *french fries*.)[18]

A viagem rumo a Nîmes, que cortava a França de norte a sul, era uma excelente oportunidade para Thomas Jefferson exercer seu lado gourmet, não apenas com as iguarias, mas sobretudo com os vinhos. Se na gastronomia o embaixador tinha um gosto difuso, no domínio de Baco seus interesses eram bastante precisos. O embaixador apreciava beber vinho (de três a quatro taças por dia, todos os dias, sempre no jantar) e entendia do assunto. Ao traçar o roteiro da viagem, ele incluiu os principais destinos dos enófilos na França. Depois de deixar Paris, sua primeira parada foi a região de Champagne, onde matou a sede com uma novidade que o encantava: o vinho branco espumante. De Champagne, o embaixador desceu a Borgonha, onde apreciou (e comprou) com vontade alguns dos melhores pinot noir da França, especialmente seu preferido, o Gevrey-Chambertin.

Saciadas a fome e a sede, era hora de trabalhar. No dia 19 de março, já em Nîmes, Jefferson mandou um bilhete a Maia e Barbalho pedindo-lhe que fosse vê-lo em seu hotel. "Tenha a bondade de perguntar apenas pelo viajante estrangeiro que chegou hoje", recomendou Jefferson. "É como simples particular que me anuncio e que me conheçam."[19] O embaixador não relaxava as medidas de segurança, e não era para menos. Havia uma boa chance de Jefferson estar sendo monitorado pelos espiões britânicos, que eram muitos e trabalhavam bem.[20] Com uma revolução bem-sucedida no currículo, o embaixador sabia se proteger. De resto, os cábulas de Coimbra também não podiam se descuidar: eram constantemente vigiados pelos agentes (conhecidos como "moscas") do temido intendente de polícia de Portugal, Pina Manique.[21] Como ação preventiva adicional, Jefferson sugeriu a Maia e Barbalho que se hospedasse no mesmo hotel que ele, para que pudessem confabular com maior privacidade.[22] Propôs ainda um segundo local de encontro para os conchavos, os sítios arqueológicos localizados nos arredores da cidade — dessa forma, o embaixador resolvia duas questões de uma só vez: informava-se sobre os planos de insurreição no Brasil e cumpria o desejo de conhecer os templos romanos do sul da França.[23]

O planejamento se revelou perfeito para ambos os propósitos. Jefferson visitou o anfiteatro, o aqueduto Pont du Gard e o templo de Diana, e se encantou com o templo da Maison Carrée, todos construídos a partir do ano 16 a.C. "Aqui estou eu", escreveu ele a uma amiga, "apreciando cavalos na Maison Carrée como um amante aprecia a mulher que corteja."[24] A missão secreta do embaixador também teve êxito. Nesse cenário inspirador, o já lendário Thomas Jefferson, de 43 anos, recebeu de um estudante de 29 uma aula sobre o Brasil.

Nos encontros, Maia e Barbalho se mostrou muito bem informado sobre sua terra natal. Contou que Brasil e Portugal tinham populações semelhantes e que na colônia os escravos eram tão numerosos quanto a gente livre. Jefferson, um bibliófilo dedicado, ouviu de Maia e Barbalho que o Brasil era mantido nas trevas com a proibição da impressão de livros. O estudante teceu ainda um bom cenário sobre o Rio de Janeiro e sobre a Bahia, falou das minas de ouro e diamante e explicou como funcionava o voraz sistema de tributação.[25]

Feito o introito explicativo, Maia e Barbalho passou a descrever o estágio em que se encontravam os planos de insurreição — dessa vez, com certo exagero. A ideia era libertar a colônia e, na sequência, instaurar um "governo republicano unitário".[26] Quem estava à frente da conspiração, explicou ele, eram "homens de letras".[27] De fato, na cúpula do movimento havia vários intelectuais, mas não só. Maia e Barbalho garantiu que as capitanias do Rio de Janeiro, de Minas Gerais e da Bahia queriam a separação de Portugal. Sendo essa trinca o "corpo da nação", explicou ele exagerando no otimismo, o restante da colônia iria segui-las.[28] Segundo o estudante, os insurgentes tinham musculatura. A tropa paga, formada em sua larga maioria por brasileiros e abrasileirados (portugueses que viviam na colônia havia décadas), abraçaria a luta para libertar o Brasil, disse ele — uma hipótese de fato razoável, já que o movimento tinha uma base forte na caserna. Deflagrado o levante, prosseguiu Maia e Barbalho distorcendo mais um pouco a realidade, os povos tomariam o partido da sedição, pois era "unânime" o entendimento de que era hora da independência.[29] Ainda sobre a possível participação popular no conflito, o estudante carioca deu a Jefferson uma série de informações verdadeiras: as gentes possuíam armas e estavam acostumadas a caçar; os arsenais que Portugal mantinha na colônia poderiam ser confiscados; não iria faltar montaria à cavalaria rebelde. Mas forneceu também um dado escandalosamente falso: a maior parte da população saberia ler e escrever.

Na visão edulcorada de Maia e Barbalho, o imaginado exército popular seria reforçado com o engajamento dos escravos. De acordo com o estudante, os cativos seguiriam o rumo tomado por seus senhores, o que pela lógica os levaria a engrossar as fileiras do movimento pró-república independente. Já os indígenas ficariam neutros, na opinião do estudante.

O quadro pintado por Maia e Barbalho mostrava condições favoráveis para uma segunda revolta republicana na América. Mas havia um porém, explicou ele: "Não há quem seja capaz de conduzir uma revolução, ou quem queira arriscar-se à frente dela, sem o auxílio de alguma nação poderosa, visto que a gente do país pode falhar".[30] Como os insurgentes tinham a Revolução Americana como modelo, seria natural que os Estados Unidos apoiassem o movimento, argumentou. O estudante apresentou então a Jefferson uma lista de reivindicações que incluía material de combate (armas e munição), infraestrutura (navios) e homens (marinheiros e oficiais). E fez questão de esclarecer que, caso a crença nos ideais iluministas não fosse suficiente para atrair os Estados Unidos para a aventura no sul do continente, um segundo incentivo estaria garantido: todo apoio "seria bem pago".[31]

Com os Estados Unidos a seu lado, os rebeldes estavam seguros de que chegariam à vitória. Maia e Barbalho previu que, uma vez deflagrada a sedição, Portugal teria grande dificuldade em reagir. Fazia sentido. De fato, a Marinha Real estava em frangalhos. O estudante calculava que a Coroa levaria ao menos um ano para conseguir enviar ao Brasil uma força militar considerável. E se a expedição fracassasse, Lisboa não teria condições financeiras e militares de patrocinar uma segunda campanha. Na visão do estudante, era até mesmo possível que não houvesse reação alguma, já que, sem o ouro do Brasil, que passaria às mãos dos rebeldes, Portugal encontraria enormes dificuldades para arcar com os custos elevados de uma guerra. "As minas de ouro acham-se no meio de montanhas inacessíveis a qualquer exército", explicou.[32]

Depois de muito ouvir, Jefferson falou. Começou por dizer que não tinha mandato do governo dos Estados Unidos para negociar um tema tão sensível. Mas afirmou que não se furtaria a dar sua opinião pessoal. Na visão do embaixador, os Estados Unidos, com apenas dez anos de independência, não tinham condições de entrar numa guerra naquele momento. Além do mais, disse ele com grande transparência, entre bancar os ideais republicanos de um grupo de oligarcas luso-brasileiros e ganhar dinheiro vendendo produtos para a monarquia de Portugal, os Estados Unidos ficariam com a segunda opção. Nas palavras de Jefferson, os Estados Unidos desejavam "cultivar a amizade de Portugal" em função do "comércio vantajoso" que mantinham com aquele reino.[33] O embaixador, contudo, não fechou todas as portas: "Uma revolução bem-sucedida no Brasil não podia deixar de interessar-nos".[34] Tudo dependeria de quanto iriam lucrar, e ele já tinha feito algumas contas. Uma vez rompido o monopólio comercial imposto por Portugal, o Brasil estaria livre para buscar fornecedores de produtos como trigo, peixe salgado, embarcações e óleo de baleia (destinado à iluminação de casas e ruas), todos eles disponíveis no mercado norte-americano. Diante da possibilidade de ganho financeiro, Jefferson lançou no ar uma ideia alternativa: o governo dos Estados Unidos dificilmente entraria de forma oficial no conflito, mas cidadãos norte-americanos poderiam se juntar à luta no Brasil atraídos pela "perspectiva de lucro" ou até mesmo por "motivos mais puros".[35] Sem deixar de dar uma pincelada iluminista na proposta (segundo ele, os cidadãos norte-americanos tinham "a liberdade de ir para qualquer outra terra"), o embaixador acenou com o envio de mercenários ("militares excelentes").[36]

Maia e Barbalho não ouviu exatamente o que esperava, mas não saiu de mãos vazias. Apesar de ter sido cauteloso, o embaixador dera bastante atenção a ele. Pouco antes do início da troca de cartas com o misterioso Vendek, Jefferson havia mantido tratativas semelhantes com outro candidato a revolucionário das Américas, um mexicano com "ares de candura". Contudo, por considerar que a conspiração no México não se assentava em bases sólidas e que uma revolução naquela colônia espanhola "ainda estava muito distante", ele avançou bem menos do que faria com Maia e Barbalho.[37]

Sabendo que o fermento de toda revolução era a esperança, Jefferson soprara ao menos um pouco a brasa dos conspiradores do Brasil.

O embaixador deixou Nîmes e seguiu para a região da Provença, no sul da França, onde retomou sua maratona gastroetílica ("Estou agora na terra do milho, do vinho, do azeite e do sol brilhante; o que mais um homem pode pedir aos céus?", escreveu entusiasmado a um amigo).[38] Jefferson continuou refletindo sobre o possível papel dos Estados Unidos nos anseios libertários da América do Sul. O embaixador carregava uma culpa pessoal em relação à região por causa da decisão tomada pelo governo dos Estados Unidos, poucos anos antes, de não aderir à revolta indígena liderada por Túpac Amaru II no Peru. Ainda na Provença, numa carta enviada ao secretário de Assuntos Externos dos Estados Unidos, John Jay, ele se mostrou compungido:

> Se o comodoro Johnson, esperado então naquela costa, tivesse ali tocado e desembarcado 2 mil homens, estava acabado o domínio da Espanha naquele país. Os peruanos precisavam somente de um ponto de união, para formar corpo.[39]

Na carta, Jefferson indicou saber que a revolta no Peru (1780-3) acabara em massacre da população local (80 mil indígenas mortos, entre eles Túpac Amaru II, brutalmente executado e depois decapitado). Ainda refletindo sobre o episódio no Peru, e consciente de que seu comentário chegaria ao Congresso norte-americano, Jefferson foi claro: para ele, os Estados Unidos tinham a obrigação de acompanhar os movimentos de seus "convizinhos do sul".

> Por mais afastados que estejamos (tanto em condição, como em disposições) de tomar parte ativa nas comoções daquele país [Peru], a natureza colocou-o tão perto de nós que os seus movimentos não podem ser indiferentes aos nossos interesses ou à nossa curiosidade.[40]

Os "interesses" dos Estados Unidos: disso dependia o projeto de sedição no Brasil.

Em fevereiro de 1788, dois meses após ter sido liberado para viajar a Portugal, Joaquim José da Silva Xavier continuava no Rio de Janeiro. Ele não se mexia, não ia para a frente (Lisboa) nem para trás (Vila Rica). Naquele mês, talvez para justificar sua enigmática permanência na capital da colônia, ele simulou um novo movimento, enviando ao Conselho Ultramarino um pedido de renovação da licença para passar ao Reino (detalhe: a primeira autorização ainda não tinha vencido). No despacho, alegou que não viajara ainda por causa de uma "moléstia maior".[41]

Desde que deixara Vila Rica, onze meses antes, o Tiradentes cartesiano e previsível havia desaparecido. Largara para trás, em Minas, a companheira menor de idade (a quem prometera casamento), uma filha de colo, o emprego, os projetos de mineração e pecuária na Rocinha da Negra e um lote vazio em Vila Rica à espera da construção de sua casa. Uma vez no Rio, passara a andar em zigue-zague. Ao mesmo tempo que articulava uma conspiração contra a Coroa, pedia licença à rainha para passar uma temporada em Portugal.

No começo de 1788, o alferes adicionou uma nova dose de sonho ao pacote: tornar-se um homem de negócios no Rio de Janeiro. Na mesma época em que solicitou a prorrogação da licença para ir a Lisboa, Tiradentes deu entrada, nos escaninhos reais, a um pedido para tocar uma série de projetos de infraestrutura na capital da colônia.[42] O alferes acrescentou assim um novo objetivo em sua vida: ficar rico. Joaquim pretendia somar o conhecimento que tinha da geografia do Rio à experiência que possuía em engenharia. Ele sabia abrir estradas, fazer mapas e construir pequenas edificações, como os postos fiscais que erguera na Mantiqueira. Além disso, dominava como poucos a geografia da capital da colônia e de sua periferia. Confiante de que isso seria o suficiente para prosperar, o alferes planejou abrir quatro frentes de negócio simultâneas. Duas delas eram ligadas ao manejo de recursos hídricos. O primeiro projeto consistia em construir moinhos para moer grãos, que seriam movidos pelas águas dos córregos Laranjeiras e Catete e do rio Andaraí (também conhecido como Maracanã), localizados nos então denominados "subúrbios" do Rio.[43] O segundo projeto era ainda mais ousado: canalizar água potável dessas mesmas regiões e trazê-la até o chafariz da Carioca, no centro da cidade, a fim de vendê-la para o consumo doméstico.[44]

Na petição encaminhada às autoridades coloniais, o alferes argumentou que os locais onde pretendia desviar córregos e rios eram "abundantíssimos de água", um recurso natural que, segundo ele, vinha sendo perdido por falta de uso.[45] Nesse sentido, arrematou Tiradentes, os projetos seriam "bem úteis e necessários".[46]

O terceiro plano do alferes se resumia a construir armazéns no porto do

Valongo para guardar mercadorias de atacadistas.[47] Por fim, o quarto empreendimento: transporte de mercadorias e de passageiros na baía de Guanabara por meio de barcas.[48]

Joaquim estava entusiasmado — entusiasmado até demais, achavam alguns.[49] Em qualquer lugar onde estivesse, costumava falar sem parar sobre os projetos e insistia em mostrar as plantas das obras, não importando se seu interlocutor era uma autoridade, um padre, um colega de quartel ou uma prostituta.[50] O alferes dizia que levaria quatro anos para concluir os trabalhos e que depois disso ganharia "grandes rendas e fortunas".[51] Pelas suas contas, o faturamento anual dos negócios poderia alcançar a enorme soma de 20 mil cruzados, o equivalente a 33 anos de seu soldo.[52] Finalmente rico e poderoso, Tiradentes seria então, de acordo com suas palavras, o "homem mais feliz do mundo".[53]

Joaquim achava que enfim chegara sua hora. O que ele encontrou, entretanto, foi um velho conhecido: o boicote ao seu sucesso.

O primeiro projeto protocolado por Tiradentes, o de canalização de águas, trombava com interesses graúdos. Se levasse água potável para o centro do Rio, usando apenas a força da gravidade, como era sua ideia, ele acabaria com o negócio rentável de um punhado de comerciantes que vendia o produto, trazido da periferia, por seus escravos, em pipas.[54] Como a cidade tinha um problema crônico de escassez de água potável (boa parte das lagoas e pântanos era poluída e insalubre), esse era um mercado formidável. As dezesseis bicas do chafariz da Carioca, principal fonte de água na região urbana do Rio, eram insuficientes para atender a demanda.[55] Nos horários de pico, longas filas se formavam no local, e sempre havia aqueles que tentavam passar na frente, causando confusão — os guardas destacados para manter a ordem no chafariz costumavam atacar os fura-filas com chibatas.[56] Quem não tinha escravos para buscar água no chafariz da Carioca ou nos rios da periferia, ainda mais longe, acabava ficando à mercê dos aguadeiros, que ofereciam o produto de porta em porta aos gritos de *"hy!"* (ou seja, água na língua geral, evolução do tupi antigo).[57]

Embora a modernização do sistema de abastecimento interessasse à maioria da população, o projeto de Joaquim foi sabotado por uma minoria influente. Em certa elite carioca, só se ouviam críticas ao alferes e a seu projeto, tachado de "aéreo".[58] Em algumas rodas, dizia-se entre cochichos que os planos não saíam do papel por causa do vice-rei, que não teria se ajustado com Tiradentes.[59]

Ainda que àquela altura Joaquim demonstrasse falta de foco em relação a seus alvos, uma coisa não havia mudado: ele continuava cheio de brios. Depois de esperar quatro meses por uma resposta oficial a seus pedidos, e recebendo de volta apenas um silêncio revelador, Tiradentes perdeu a paciência e partiu para a briga aberta. No dia 19 de junho de 1788, escreveu ao desembargador Marcelino Pereira Cleto acusando a demora em obter uma posição oficial, escancarando assim o boicote que sofria. Reclamou ainda não ter tido a oportunidade de debater publicamente os projetos, ocasião em que poderia responder às críticas vazias que corriam de boca em boca na cidade. E disse com todas as letras que seus planos estavam sendo rechaçados pelo simples motivo de que feriam interesses particulares. Tiradentes não parou por aí. Queixou-se de que também não era justo negar-lhe o direito de construir moinhos enquanto outros tinham sido autorizados a fazê-lo. Afinal, afirmou, ele não era um "ser de pior condição" — mais uma vez, o sentimento ferido por aquilo que o alferes considerava ser uma discriminação. Ele encerrou a carta com um pedido atrevido: que o desembargador obrigasse a Câmara do Rio a se pronunciar sobre seus requerimentos, fosse para dizer sim ou não.[60]

Esta era de fato a grande mudança em Tiradentes: ser menosprezado e ainda assim manter silêncio, nunca mais.

Cerca de dois meses após o encontro com Thomas Jefferson, José Joaquim Maia e Barbalho recebeu o diploma de médico em Montpellier (sua tese de conclusão de curso foi sobre febre erisipelatosa). Para aquele novo doutor era hora de dar seguimento à carreira que escolhera: revolucionário.

Maia e Barbalho deixou Montpellier e seguiu de barco pelo bucólico Canal Real de Languedoc, em direção ao sudoeste da França. Seu destino final era Lisboa, mas ele acabou fazendo uma longa parada em Bordeaux, por dois fatores. Primeiro: piorava seu estado de saúde — ele não fazia fita com Jefferson quando se queixava de mal-estar. O outro motivo: mesmo seriamente doente, ele pretendia se encontrar com grandes comerciantes franceses interessados em conhecer o plano secreto dos cábulas luso-brasileiros — como se vê, os Estados Unidos não eram os únicos a fazer contas sobre o lucro a ser aferido com a possível independência do Brasil (ou pelo menos de parte do Brasil).

Se de fato Maia e Barbalho tabulou negociações com comerciantes franceses em Bordeaux, conforme seria relatado posteriormente por outros estudantes envolvidos no complô, é possível que Thomas Jefferson tenha tido participação no episódio.[61] Há dois indícios que sustentam a hipótese. O embaixador também estava em Bordeaux naquele mês de maio, deliciando-se com os regalos da primavera (ele amou as cerejas, os morangos e as ervilhas bordalesas).[62] Ademais, eram notórias as conexões de Jefferson com comerciantes franceses ligados à maçonaria, que haviam inclusive financiado a Revolução Americana.

O embaixador deixou Bordeaux antes de Maia e Barbalho, seguindo para Paris. Alguns meses depois, o rebelde carioca partiu em direção a Coimbra, atravessando a Espanha pelo caminho de Santiago de Compostela.

A saúde do carioca se deteriorava rapidamente, o que era um problema para o projeto revolucionário no Brasil. Como havia conseguido abrir um canal direto de negociação com uma das autoridades mais importantes do governo dos Estados Unidos, ele se tornara uma referência para os conspiradores. Naqueles dias, entre Montpellier, Nîmes e Bordeaux, Maia e Barbalho cabalou com pelo menos três estudantes luso-brasileiros (Domingos Vidal de Barbosa Laje, José Mariano Leal e José Pereira Ribeiro), com quem costumava dividir o avanço dos conchavos. Em dezembro de 1787, ao chegar a Coimbra, quartel-general europeu dos conspiradores, Maia e Barbalho trocou informações com outro conjurado de quem fora contemporâneo na universidade portuguesa, o mineiro José Álvares Maciel, recém-chegado de Birmingham (Inglaterra), onde estudara metalurgia. Os conciliábulos com Maciel foram a última ação revolucionária do rebelde carioca. Dois ou três meses depois ele morreu, possivelmente de pneumonia ou tuberculose.

A morte de Vendek representou um baque para os planos sediciosos. De uma só tacada, os conjurados perdiam um de seus membros mais preparados e o único que tinha contato de alto nível com o governo dos Estados Unidos e com possíveis financiadores franceses. Ele saía de cena num momento crucial, em que ainda engatinhavam as negociações dos conjurados para obter apoio externo.

Se havia alguma chance de refazer a ponte com norte-americanos e franceses, se a notícia das urdiduras de Maia e Barbalho chegariam ao Brasil, isso agora estava nas mãos do cábula José Álvares Maciel, possivelmente um dos últimos a estar com ele, em Coimbra.

Enquanto a conspiração passava por um momento dramático na Europa, com a morte de Maia e Barbalho, e caminhava em ritmo lento no Rio de Janeiro, Tiradentes seguia sonhando em ficar rico e lutando por seu direito de empreender.

Como não obtivera resposta das autoridades coloniais a seus requerimentos relativos aos projetos hídricos, Joaquim recorreu a Lisboa, solicitando a intervenção da rainha. O vice-rei não deve ter gostado nem um pouco de ver um simples alferes de cavalaria recorrer diretamente à sua majestade, passando por cima dele. Se antes Tiradentes era apenas um estorvo para a autoridade da Coroa mais graduada no Brasil, agora ele entrava para a galeria dos inimigos.

Nas altas-rodas do Rio, não era só o vice-rei quem tinha má vontade em relação a Joaquim. Ainda naquele ano de 1788, Tiradentes pôde ver de perto a hostilidade que nutria em certas camadas da elite da capital da colônia. O fato se deu numa ocasião que tinha tudo para ser divertida — naquela noite, o alferes iria a uma apresentação na Ópera Nova. Numa terra com raríssimas possibilidades de distração cultural, como era então o Rio, os eventos da única casa de espetáculos da cidade eram sempre muito concorridos. O próprio vice-rei era visto com frequência na Ópera Nova, onde tinha tribuna cativa. O frenesi com as apresentações começava dias antes, quando timbaleiros percorriam as ruas da cidade anunciando, ao som de atabales, a estreia de uma nova atração. Podia ser uma peça de Goldoni, de Metastasio ou de Molière (deste último, na Ópera Nova, era sempre muito concorrida *Les Fourberies de Scapin* [Artimanhas de Scapino], uma história de amor, traição e morte). O público tinha até suas atrizes e seus atores preferidos, como Lapinha (Joaquina da Lapa), Marucas (Maria Jacinta) e Capacho (José Inácio da Costa).[63] A Ópera Nova ficava na rua da Cadeia, em frente ao Palácio do Vice-Rei, bem próximo ao maior ponto de comércio escravagista da cidade. Era um prédio de dois andares com janelas guarnecidas de parapeito.

Na noite fatídica, quando adentrou o saguão do teatro, decorado com cortinas de damasco douradas e candeeiros de prata, é provável que o alferes vestisse farda completa, como mandava a cartilha militar para as ocasiões de pompa.[64] Ao passar à sala de espetáculos, diante da nata da sociedade carioca, Joaquim experimentou uma das maiores humilhações de sua vida. Uma parte expressiva dos presentes começou a bater os pés no chão, em sinal de desagravo pela presença de Tiradentes. O som das solas machucando o piso de madeira podia ser ouvido por todos que ali estavam.[65]

O que tinha feito Tiradentes para merecer a pateada?, perguntaram-se alguns dos presentes. Houve quem dissesse que o motivo eram os polêmicos projetos de infraestrutura de Joaquim. Já um homem que vestia capote garantiu que a assuada era um protesto relacionado ao envolvimento do alferes em conspirações no Rio. Segundo essa testemunha, Tiradentes "andava espalhando por aquela cidade que ele ainda havia de fazer feliz a América".[66]

Fosse por um motivo ou por outro, uma coisa era certa: para quem planejava entrar numa guerra, Joaquim colecionava mais inimigos do que devia — e na hora errada.

No primeiro semestre de 1788, o cábula José Álvares Maciel mandou publicar um anúncio na *Gazeta de Lisboa*. Era uma oferta de emprego — ele buscava um guarda-livros (contador) disposto a se mudar com ele para Vila Rica a fim de auxiliá-lo com seus livros contábeis.[67] Aos 28 anos de idade, Maciel preparava sua volta à terra natal. E na bagagem levaria o produto das conspirações havidas entre seu falecido amigo José Joaquim Maia e Barbalho, com quem estivera pouco antes de este morrer, e o embaixador Thomas Jefferson.

Quem regressava ao Brasil não era mais o garoto inexperiente que saíra de Vila Rica seis anos antes. Com dois diplomas debaixo do braço — um de mineralogia e metalurgia em Birmingham e outro de filosofia natural (que englobava química e física) na Universidade de Coimbra —, Maciel era um dos quadros mais bem preparados da elite colonial. Em suas pesquisas mineralógicas em Portugal, descobrira uma mina de arsênio na serra da Estrela. Em Coimbra, ajudara a construir e a fazer voar, a dez metros de altura, enormes balões de ar quente que levavam animais a bordo — os voos foram um sucesso, mas um macaco morreu na queda de um dos aeróstatos.[68] A passagem de Maciel pela Inglaterra foi-lhe especialmente transformadora. Ele morou um ano e meio em Birmingham, berço da Revolução Industrial, numa época em que a cidade já abrigava fábricas que empregavam até mil operários.[69] Lá, visitou grandes manufaturas têxteis e modernos altos-fornos industriais.

Na Inglaterra, José Álvares Maciel não se ocupara apenas do estudo de técnicas industriais modernas. Assim como seu amigo Maia e Barbalho havia feito na França, ele conspirou com estrangeiros. Em Oxford, Maciel entabulou sondagens com comerciantes britânicos interessados na abertura dos portos do Brasil, medida que só seria possível com a quebra do monopólio do comércio externo imposto por Lisboa.[70] Maciel também negociou produtos que aterrorizavam a Coroa portuguesa: livros. Pior: livros que incitavam a subversão. Em um leilão em Birmingham, ele fez uma grande compra de obras, entre elas um exemplar de *História da América inglesa*, adquirido por dois xelins.[71] Maciel comprou também uma edição em francês da obra de maior referência dos revolucionários do final do século XVIII: um compêndio das (ainda frescas) leis constitucionais dos Estados Unidos (*Recueil des loix constitutives des colonies angloises, confédérées sous la dénomination d'États-Unis de l'Amérique-Septentrionale*). Mandou encaixotar tudo e despachou para o Brasil.

Próxima parada: Rio de Janeiro.

José Álvares Maciel chegou à capital da colônia no final do primeiro semestre de 1788. Depois de setenta dias no mar, devia estar cansado. Ele precisava de um tempo no Rio para recuperar o fôlego e também para conspirar, e então decidiu ficar na cidade alguns dias antes de seguir viagem para Vila Rica.

Graças a seu pai, homem rico e poderoso, dono de fazendas, lavras de ouro, rebanho com cinquenta cabeças de gado e um notável plantel de escravos (92 "peças"), José Álvares Maciel era muito bem relacionado no Rio.[72] Ele se hospedou na casa do comerciante carioca Francisco José Freire e começou a fazer contatos. E foi assim que conheceu Tiradentes.

Joaquim foi um dos primeiros a falar com Maciel após sua chegada. O intermediário do encontro foi o cunhado do doutor, o tenente-coronel Francisco de Paula Freire de Andrada, comandante-geral dos Dragões. Tiradentes tinha vários assuntos a tratar com Maciel. Na esperança de conquistar um apoiador — ou, quem sabe, até mesmo um investidor —, Joaquim queria lhe mostrar os projetos hídricos na periferia do Rio. Curioso nato, desejava também saber da experiência de Maciel na Inglaterra. E, por fim, pretendia sondar se o doutor tinha alguma disposição para aderir à sublevação contra a Coroa.[73]

Passando por um momento confuso em sua vida pessoal (família escanteada, carreira estagnada, projetos boicotados…), Tiradentes começava a se agarrar cada vez com mais força ao sonho da independência de sua terra natal. Por isso o encontro foi tão importante para ele. Maciel e Joaquim se complementavam. Um era cérebro, saberes formais e técnica; o outro, conhecimento empírico, impulso e coragem. O doutor tinha uma rede de ligações internacional poderosa; o alferes, uma diversificada malha interna de contatos. Maciel dominava a técnica de produção de pólvora; Joaquim sabia onde obter a principal matéria-prima do explosivo.[74] O doutor formatava os princípios filosóficos da revolução; Tiradentes podia planejar a luta.

No encontro, Joaquim contou de seus projetos de infraestrutura, mas Maciel não demonstrou interesse por eles.⁷⁵ Já a pauta seguinte esquentou a reunião. Não se sabe quem puxou o assunto, se Maciel ou Tiradentes. O fato é que eles falaram — e falaram muito — sobre a possibilidade de rompimento dos laços que ligavam Brasil e Portugal. O alferes desancou o governo de Minas por perseguir os povos de maneira geral e a ele, Joaquim, em particular, e disse que seu desejo era ver a capitania livre. Mais adiantado nas conspirações devido à bagagem acumulada por duas gerações de cábulas luso-brasileiros na Europa, José Álvares Maciel não se restringiu a pensar de forma genérica a independência. Ao entrar no tema, foi ao mesmo tempo amplo e objetivo. Para ele, os habitantes do Brasil ignoravam o fato de que a colônia reunia as condições necessárias para ser livre. "Os nacionais desta América", disse ele ao alferes, desconhecem os tesouros que têm.⁷⁶ Maciel falava da abundância de matérias-primas para fabricar, entre outras coisas, ferro e tecidos, produtos cuja fabricação ele dominava, como fez questão de destacar a Tiradentes. Se os habitantes da colônia não conheciam as potencialidades da terra onde viviam, o mesmo não acontecia lá fora, atestou Maciel. Ele contou que, nos países por onde andara, havia encontrado "admiração" pelo fato de o Brasil ainda não ter "seguido o exemplo da América inglesa".⁷⁷

Foi tamanho o entusiasmo de ambos com a descoberta da afinidade recíproca que eles voltaram a se encontrar nos dias seguintes.⁷⁸ É provável que, para selar o compromisso mútuo de marcharem juntos pelo "intento da sublevação", o doutor tenha presenteado o alferes com um dos livros que comprara na Europa: a edição em francês da coletânea de leis constitucionais dos Estados Unidos.⁷⁹

Com a inclusão de Maciel no grupo de conspiradores de Minas Gerais, a ponta europeia do movimento reencontrava suas origens, dando forma à Conjuração Mineira. Ainda que faltassem respostas aos rebeldes, o doutor havia fornecido a faísca que lhes permitiria sair do campo da simples discussão de ideias para o planejamento dos primeiros atos do levante. E, de acordo com o novo traçado, os passos seguintes não seriam dados no Rio de Janeiro, mas em Minas Gerais. E era para lá que Tiradentes e Maciel iriam.

Enquanto na capital da colônia a sedição ganhava corpo, em Minas o processo também avançava. Em fase de consolidação do partido, os conspiradores mineiros ainda não tinha um líder natural, mas alguns deles principiavam a destacar-se como potenciais mentores políticos, como o ex-ouvidor Tomás Antônio

Gonzaga, o advogado Cláudio Manuel da Costa e o cônego Luís Vieira da Silva, pertencentes ao núcleo da comarca de Vila Rica. Já outros, pela grande disposição para a ação e a maior disponibilidade de recursos, despontavam como ativistas da linha de frente, entre eles, dois rebeldes do polo do Rio das Mortes, o padre Carlos Correia de Toledo e Melo e o coronel Inácio José de Alvarenga Peixoto, e um terceiro, do Serro do Frio, o padre José da Silva e Oliveira Rolim. Àquela altura, cada qual buscava um espaço próprio de atuação no grupo, apresentando ideias, procurando consensos e mapeando caminhos possíveis para a conquista do objetivo final: a independência, a princípio, de Minas Gerais e, se possível, também do Rio de Janeiro. Em breve, Tiradentes e o dr. Maciel se uniriam a eles, engrossando o caldo.

Após despedir-se de Maciel, Tiradentes começou a preparar a volta para Vila Rica. Devia estar com a cabeça fervilhando, já que o novo camarada lhe causara um grande impacto. O doutor havia mostrado ao alferes ângulos novos do projeto revolucionário, sobretudo em relação às possibilidades de autossuficiência e de apoio externo. Dali em diante, Joaquim iria modular seu discurso conspiratório pela fala do colega. Maciel tinha dado ao alferes as ferramentas necessárias para que ele cumprisse sua primeira missão no levante: intensificar o recrutamento de rebeldes a fim de encorpar o movimento.

PARTE IV

ARMANDO A MEADA

10.

No sítio do Coqueiro do Córrego do Beta, em Prados, comarca do Rio das Mortes (Minas Gerais), fazia três dias que os escravos trabalhavam com suas alavancas e enxadas dentro de uma cratera, a quase dez metros de profundidade. Os cativos tentavam retirar raízes de árvores a fim de ampliar uma lavra. Quanto mais cavavam, porém, mais raízes apareciam. Os escravos estavam intrigados, pois nunca tinham visto aquele tipo de raiz (algumas brancas, outras azuladas). E ficaram ainda mais confusos quando, após uma enxadada, apareceram grandes dentes e um punhado de pelos. O dono do sítio, padre Joaquim Lopes, foi então chamado ao local. Vendo a estranha descoberta, achou por bem comunicar o fato ao governador de Minas Gerais, Luís da Cunha Meneses.

Depois de alguns dias, apareceu no sítio um enviado do governador para averiguar o caso, o sargento-mor e naturalista amador Simão Pires Sardinha. Após avaliar o material encontrado, à luz dos manuais científicos disponíveis, ele concluiu, sem deixar margem para dúvidas: era a ossada de um monstro de dez metros de altura por doze metros de comprimento, um animal provavelmente extinto, que vivera em período anterior ao dilúvio bíblico. "Uma coisa extraordinária", definiu o governador após receber aquele que seria o primeiro relatório sobre um fóssil encontrado em solo brasileiro. Como tinha ordens expressas do secretário da Marinha e Domínios Ultramarinos, Martinho de Melo e Castro, para enviar a Lisboa exemplares de animais exóticos do Brasil, o Fanfarrão Minésio achou que era conveniente mandar encaixotar os ossos e despachá-los no primeiro navio que saísse para Portugal.[1]

O fóssil pré-histórico despertaria algum interesse em Melo e Castro.[2] Mas o que o braço direito da rainha realmente queria de Minas não eram ossos.

Desde a morte de Pedro III, marido de d. Maria, em 1786, Melo e Castro abocanhava ainda mais poder na corte. Ele não era apenas o principal ministro do gabinete real, mas o esteio de uma soberana cada vez mais tristonha. Quando recebeu o fóssil de Minas, Melo e Castro acumulava três cargos no gabinete ministerial: secretário da Marinha e Domínios Ultramarinos, secretário dos Negócios Estrangeiros e da Guerra e primeiro-ministro. Cabia a ele a gerência de um reino que caminhava de forma veloz em direção à bancarrota.

Os quintos arrecadados anualmente em Minas Gerais haviam caído para 685 quilos de ouro, um terço do que eram quatro décadas antes.[3] A queda na coleta tinha efeitos desastrosos. Em Queluz, bandos de mendigos se revezavam à porta do palácio na esperança de que, ao sair ou chegar em sua carruagem, a rainha jogasse um punhado de moedas para os "filhos da ociosidade" — e ela sempre jogava.[4] Já Martinho de Melo e Castro não tinha tempo a perder com pedintes. Sua função era fazer com que não faltassem moedas.

O ministro não se conformava com a queda na arrecadação dos quintos em Minas. Nada o fazia acreditar que as lavras de ouro de aluvião apenas seguiam seu inexorável caminho rumo à exaustão. Para ele, os mineiros não estavam retirando menos ouro do solo, mas sonegando o metal precioso que por direito pertencia à Coroa. Dentro de sua teimosia e insciência, Melo e Castro imaginava que a produção anual de ouro em Minas andava pela casa das 7,4 toneladas.[5] Na verdade, não chegava à metade disso; girava em torno de 3,5 toneladas.[6]

No início de 1788, sem imaginar que os ventos da rebeldia sopravam em direção ao Brasil (naquele momento, José Joaquim Maia e Barbalho e José Álvares Maciel conspiravam na Europa, e Tiradentes, no Rio), o ministro apostou na radicalização da já rígida política administrativa de Minas Gerais. Melo e Castro decidiu que era hora de dar mais um tranco nos insolentes mineiros, cobrando deles (até o último grão de ouro, literalmente) os tributos supostamente sonegados durante mais de duas décadas.

Desde 1750, a cobrança do quinto em Minas equivalia a uma cota anual fixa de cem arrobas (ou seja, 1474 quilos de ouro) a ser paga em conjunto por todos os moradores. Nem sempre, porém, o imposto era quitado integralmente, gerando um déficit que ia se acumulando ano após ano. Em 1763, quando o rombo nas contas somava 206 quilos do metal precioso, a Coroa decidiu intervir. Naquele ano, pela primeira vez, Portugal cobrou na marra os atrasados, um método que ficaria conhecido como derrama. Como a decadência das minas não se resolvia com porrete, nos anos seguintes a dívida voltou a crescer. Entre 1763 e 1773, o déficit acumulado somou impressionantes 2270 quilos do metal precioso. E entre 1774 e 1785, mais 5660 quilos.[7] E continuava aumentando...

Martinho de Melo e Castro ia anotando tudo.

Em 1788, decidido a zerar os atrasos, o ministro se fechou em seu gabinete, em Salvaterra de Magos (Alentejo), para fazer um levantamento da dívida acumulada. Concluídas as contas, chegou-se à quantia de 582 arrobas, quarenta marcos, 54 grãos e um quinto, um valor classificado à época como "exorbitante".[8] De fato o era. Os mineiros deviam a d. Maria 8,6 toneladas de ouro, o equivalente ao peso de um elefante africano adulto — e dos grandes.

Apurado o passivo, o ministro começou a preparar o castigo dos colonos. O momento era perfeito. Como fazia de tempos em tempos, a Coroa planejava trocar o governador da capitania, o que abriria espaço para imprimir mudanças na administração de Minas de maneira mais natural. Martinho de Melo e Castro escreveu então um roteiro para o futuro sucessor do Fanfarrão Minésio. A instrução era longa e detalhada — tinha 123 tópicos numerados, dos quais 53 versavam sobre finanças. Como material de apoio, Melo e Castro adicionou 23 anexos (atas, relatórios, registros contábeis, alvarás, contratos e folhas de pagamento), alguns deles produzidos sete décadas antes. O ministro fez ainda um histórico do que chamou de "insubmissão popular em Minas", em que tachava os moradores da capitania de abusados, desordeiros, desobedientes, contrabandistas, fraudadores, criminosos e rebeldes.[9]

A instrução para o futuro governador era um manifesto da truculência e da falta de conexão da Coroa com o momento pelo qual passava não só o Brasil, mas o mundo. Naquele mesmo ano de 1788, no dia 13 de dezembro, Portugal recorria à força para sufocar um levante em Goa, capital da Índia portuguesa, que — vejam só! —, distante 13 mil quilômetros de Vila Rica, intentava libertar a colônia e instaurar uma república. Já na colônia francesa mais rica das Américas, São Domingos, gestava-se aquela que seria, três anos depois, a primeira grande revolta escrava da região, que desaguaria na abolição da escravatura (a primeira ocorrida no continente) e na fundação de uma nação, o Haiti. Na Europa, o absolutismo, antes visto como uma rocha, começava a trincar na Confederação Helvética e nas Províncias Unidas. Na França, o início da revolução, que poria abaixo a monarquia e em seu lugar ergueria a república, estava a poucos meses de distância.

Determinado a enquadrar Minas Gerais, Martinho de Melo e Castro nada percebia. Imaginava que Portugal (pequeno, empobrecido e sem matérias-primas) poderia manter indefinidamente sob seu tacão o Brasil (grande e repleto de potencialidades econômicas).[10] Nas instruções que escreveu ao futuro governador de Minas (o escolhido foi o visconde de Barbacena), o ministro investiu-o de poderes especiais para que pudesse implantar sete medidas de grande impacto. A mais urgente delas: decretar a derrama e sequestrar 8,6 toneladas de ouro dos moradores da capitania.

Sem saber, Martinho de Melo e Castro fornecia a Tiradentes e aos demais conspiradores a fagulha de que precisavam para deflagrar a Conjuração Mineira.

II.

Antes de deixar o Rio de Janeiro para voltar a Vila Rica, Tiradentes se encontrou com outro conspirador de Minas que também lá estava, um sujeito que era, em tudo, o oposto do dr. José Álvares Maciel. O rebelde, ligado ao núcleo do Serro do Frio, atendia pelo nome de José da Silva e Oliveira Rolim. Era um homem alto, magro, tinha os dentes grandes e acavalados, uma barba cheia e uma cicatriz no rosto — ao ser descrito em um documento oficial da época, foi qualificado como "feio".[1] Rolim ganhava a vida contrabandeando diamantes, traficando escravos, falsificando moedas, praticando usuras e corrompendo autoridades. Também era padre. Seus inimigos diziam que era assassino (ele negava); as autoridades tachavam-no de um "sujeito de má conduta" (o que ele não tinha como negar, pois o clérigo manteve uma relação pública e escandalosa com Quitéria Rita, filha da ex-escrava Chica da Silva, com quem teve cinco filhos).[2] Aos quarenta anos de idade, Rolim era o típico oligarca do final dos Setecentos que perdera espaço (político e financeiro) por causa do endurecimento da administração colonial. Ele herdara uma fortuna da família, mas diferentemente do pai, um antigo caixa dos diamantes no Tejuco (comarca do Serro do Frio), nunca tivera licença para negociar com a pedra preciosa. Operando na ilegalidade, o padre multiplicou seu patrimônio, mas seus negócios clandestinos acabaram por esbarrar em interesses poderosos, e assim, em 1786, foi expulso de Minas Gerais. Rolim deixou a capitania e se refugiou na Bahia, mas não por muito tempo. No ano seguinte, retornou clandestinamente a Minas e passou a se dedicar ao tráfico de escravos. Foi por volta dessa época que se juntou aos rebeldes da Conjuração Mineira. Em 1788, quando a conspiração ganhava força no Rio de Janeiro, Rolim viajou de modo furtivo para a cidade, onde Tiradentes o esperava.

Padre Rolim não se encaixava no ideal clássico de herói, mas reunia atributos essenciais ao movimento insurrecional. Como até seus adversários reconheciam, ele tinha "alguma influência no povo", exatamente aquilo de que os conspiradores precisavam, sobretudo Tiradentes, responsável pelo recrutamento.[3] Rolim falava às camadas populares e transitava entre o rebotalho (garimpeiros, contrabandistas e todo tipo de "gente criminosa").[4] Enquanto no dr. José Álvares Maciel o movimento havia encontrado uma conexão com poderosos homens de negócios do Rio e da Europa, com o padre Rolim a conjuração podia vislumbrar um potencial exército de combatentes.

Após os conciliábulos no Rio, Tiradentes, Maciel e Rolim partiram para Vila Rica a fim de dar seguimento aos planos do motim. Como de costume, o padre viajou de forma clandestina. Já Maciel e Joaquim foram não só ostensivamente, mas em missão oficial.

O doutor fora incluído na comitiva do visconde de Barbacena, que, tendo chegado de Lisboa pouco antes, preparava-se para viajar a Minas Gerais a fim de tomar posse como governador da capitania, no lugar do Fanfarrão Minésio. Uma série de coincidências havia colocado Maciel no caminho do visconde. Ainda em Lisboa, Barbacena recebera ordens para, assim que assumisse o cargo, promover um grande esforço para descobrir novas minas de ouro. Antes de atravessar o Atlântico, o visconde tentara recrutar um mineralogista experiente e com formação acadêmica para acompanhá-lo na viagem, mas não encontrou nenhum disposto a mudar-se para a colônia. Quis então o destino que José Álvares Maciel, que retornava ao Rio de Janeiro, estivesse na mesma frota que trouxe o futuro governador de Minas Gerais ao Brasil. O visconde e o doutor se aproximaram, e Barbacena acabou convidando Maciel para auxiliá-lo nas pesquisas mineralógicas e também para ser "mestre de seus meninos" (o futuro governador tinha quatro filhos).[5]

Em um lance de pura sorte, os conspiradores colocariam um olheiro dentro do Palácio do Governador, e com acesso à ala residencial.

O visconde de Barbacena (seu nome completo era Luís Antônio Furtado de

Castro do Rio de Mendonça e Faro) trazia na bagagem as tenebrosas — e ainda secretas — ordens para aplicar a derrama em Minas Gerais. Poucos sabiam, mas, aos 33 anos de idade, Barbacena se mudava para o Brasil a fim de escapar de um infortúnio. De prodígio da Universidade de Coimbra, onde se formara em dois cursos (filosofia natural e leis), ele passara a perseguido político. O imbróglio começara uma década antes, quando Barbacena ajudou a fundar a Academia Real das Ciências de Lisboa, um ninho de brilhantes intelectuais iluministas (José Álvares Maciel era sócio correspondente da organização). Já na primeira gestão da academia, Barbacena, então com 24 anos, foi escolhido para ocupar o posto de primeiro-secretário. Em Portugal, porém, aqueles eram tempos obscuros, com forte repressão às atividades intelectuais ligadas às ciências — era o início do governo de d. Maria, bem menos aberto que o de seu pai, d. José I. Não demorou muito e a ala mais conservadora da corte começou a perseguir o grupo. Em 1786, para evitar o agravamento do problema, o visconde optou por se desligar da academia. Porém, mesmo com o fim de seu vínculo formal com a entidade, continuou na mira do intendente de polícia de Portugal, Pina Manique, um ultraconservador prestigiado na corte. A saída encontrada pelo visconde foi cavar uma nomeação para um cargo administrativo em uma das colônias portuguesas. Membro de uma família nobre com bons contatos na corte, não foi difícil. Ainda em 1786, em agosto, a rainha o indicou para o cargo de governador de Minas Gerais. No decreto de nomeação, d. Maria afirmou que Barbacena ganhava o posto em função de três coisas: "qualidade, merecimento e préstimo".[6] Faltou mencionar o empurrão dado pelo ministro Martinho de Melo e Castro, primo da mulher do visconde.

Além de um providencial autoexílio, a mudança para o Brasil tinha outra conveniência. Como era comum entre os nobres de Portugal, a família do visconde desfrutava de status e possuía terras, mas carecia de dinheiro vivo. O próprio Barbacena estava pendurado em dívidas e precisou pegar mais um empréstimo antes de embarcar para a colônia. A situação do governador nomeado era tão ruim que ele chegou a escrever uma carta lacrimosa à rainha pedindo que lhe desse uma botica de presente. Assim, dizia ele, com a venda de medicamentos, poderia fazer algum dinheiro extra para se bancar em Minas, onde, segundo previa, seriam "mais dificultosas e de maior despesa as coisas necessárias".[7]

Com ou sem botica, Minas certamente faria bem para o bolso do visconde.

Depois de passar um ano e meio no Rio, Tiradentes deixou a cidade no dia 13 de agosto de 1788, uma quarta-feira.[8] Assim como o dr. José Álvares Maciel, Joaquim seguiu para Minas em uma comitiva oficial — ele fora escalado para conduzir a Vila Rica o desembargador Pedro José Araújo de Saldanha, que tomaria posse como ouvidor. Era o tempo da seca, ideal para a viagem, mas a caravana avançava de forma lenta devido à saúde precária do novo ouvidor (Saldanha começava a mostrar sintomas de uma doença que, quase um século mais tarde, seria conhecida como mal de Parkinson). O passo arrastado do comboio não foi um problema para o alferes. Pelo contrário. As paradas mais dilatadas que de costume ao longo do caminho acabaram permitindo que ele fosse plantando o motim.

Por volta do dia 19 de agosto, seguindo pelo mesmo trajeto feito dois meses antes pelo governador nomeado e pelo dr. Maciel, a comitiva de Tiradentes chegou à fazenda do coronel José Aires Gomes, na serra da Mantiqueira, já dentro do território mineiro. Aires Gomes era um velho conhecido do alferes. Cinco anos antes, eles tinham juntado forças para combater o bando do Montanha, e da parceria nascera uma amizade duradoura. Em seus deslocamentos no trecho Minas-Rio, Joaquim era um hóspede frequente da fazenda do coronel. Lá não faltavam bacalhau, azeite, vinho e cachaça; o tabuleiro de gamão estava sempre montado na sala, e o coronel constantemente disposto a jogar conversa fora — um refresco para a vida dura do alferes.[9]

Mineiro de Engenho do Mato (comarca do Rio das Mortes), Aires Gomes foi criado para ser padre, mas desistiu do seminário para se casar com uma mulher rica, Maria Inácia de Oliveira. Agora, aos 54 anos, era um dos maiores proprietários de terra da capitania, dono de seis fazendas, 162 bois, 103 cavalos, setenta escravos e vinte títulos de terras minerais.[10] Gostava da vida rude da fazenda e não era dado a tertúlias — um amigo o descrevia como um sujeito "falto de luzes e instrução".[11] Aires Gomes podia não saber quem era Thomas Jefferson nem estar inteirado do Iluminismo, mas Tiradentes pressentia que ele possuía os predicados para se tornar um rebelde, e por um motivo simples: o coronel nutria uma profunda antipatia pelos portugueses. Certa vez, ao desafogar sua aversão, Aires Gomes chegou a ofender a língua de Camões e os bons costumes, cometendo, em segredo, versos mal escritos, com sonetos perdidos e décimas alteradas, em que desancava os lusitanos:

Marotos, cães, labregos, malcriados, porcos,
baixos, patifes presumidos, piratas no furtar
enfurecidos, piolhentos, sebosos, cusbriados.

Atende que do reino vens perdido
a chorar no Brasil os teus pecados.
E tanto que da sabugem o cu cá limpam,
começam a largar com mãos largas,
sem se lembrar dos seus antigos estados vis.[12]

A exemplo do que tinha feito quando da recente passagem do governador nomeado, Aires Gomes convidou a comitiva do ouvidor Saldanha a pernoitar em sua fazenda. Era tudo do que Joaquim precisava. Aproveitando um momento em que estava só com o fazendeiro, Tiradentes puxou o assunto. Começou perguntando sobre a impressão que o visconde de Barbacena deixara em seu transcurso pela serra da Mantiqueira. Aires Gomes respondeu que havia sido "uma maravilha". "No princípio", redarguiu o alferes, todos os governadores eram bons. Mas depois, continuou ele, terminavam por revelar seu verdadeiro intento. "Só vêm cá ensopar-se em riquezas", com seus criados "ladrões".[13]

Era a primeira vez que Tiradentes conspirava de forma tão aberta. A cautela com que até então ele tratara do tema, a mesma que havia lhe permitido manter seus movimentos incógnitos, dava lugar a um discurso inflado, proferido de maneira ousada e em ambiente delicado. Afinal, o ouvidor Saldanha — autoridade colonial responsável pelo cumprimento da lei, um homem a quem Tiradentes mal conhecia — também era hóspede de Aires Gomes. Ainda que o ouvidor não estivesse presente durante a conversa, ele devia estar por perto.

Com aquele gesto desabusado, Joaquim revelava quais seriam dois de seus principais papéis na conspiração: propagar a causa de forma radical e recrutar apoiadores com discursos feitos à queima-roupa.

A conversa não parou ali. Ao ouvir de seu amigo Aires Gomes que o novo governador deixara uma boa impressão em sua entrada na capitania, o alferes praguejou. "Antes ele [visconde de Barbacena] fosse um diabo, e ainda pior que o antecessor. [...] Porque poderia assim suceder, que esta terra [Minas Gerais] se fizesse uma república, e ficasse livre dos governos", disse Tiradentes.[14] As palavras do alferes, remetendo à riqueza dos recursos naturais de Minas e à possibilidade de copiar o exemplo norte-americano, ecoavam as do dr. José Álvares Maciel e as do cábula José Joaquim Maia e Barbalho; as conspirações havidas na Europa começavam a reverberar na serra da Mantiqueira. Tiradentes prosseguiu, dizendo que "as potências estrangeiras" se admiravam do fato de que o Brasil ainda continuava sob o tacão de Portugal. Até então, na pregação com Aires Gomes, o alferes tinha se restringido a chorumelas — chorumelas atrevidas, mas chorumelas. No entanto, logo ele cruzaria a linha, passando para o campo da conspiração aberta. Segundo Joaquim contou ao coronel, aquelas mesmas nações estavam dispostas a apoiar a libertação do Brasil — ou nas palavras exatas de Tiradentes, "elas haviam de favorecer este intento".[15] O alferes exagerou. As discussões entre José Joaquim Maia e Barbalho e Thomas Jefferson não tinham passado da fase inicial. Já os contatos com comerciantes franceses, em Bordeaux, acabaram interrompidos devido à morte do estudante carioca. Em relação ao dr. José Álvares Maciel, os arranjos externos não se encontravam em estágio muito diferente.

À luz da documentação disponível, é impossível saber se Maciel pintou a Tiradentes um quadro irreal das possibilidades de apoio externo ou se foi o alferes quem, por conta própria, decidiu aumentar a história ao passá-la adiante. Pode ser ainda que ambos tenham resolvido em comum acordo inventar a inexistente retaguarda estrangeira visando a incentivar o engajamento de novos rebeldes. Mas não há dúvida quanto a uma coisa: de forma consciente ou não, Tiradentes acenava com uma estrutura que a conspiração ainda não tinha.

Fosse como fosse, a verve inflamada de Joaquim funcionou: o coronel Aires Gomes entraria para o grupo.

No dia seguinte à conversa, o fazendeiro ficou matutando os temas levantados pelo alferes. Quanto a Joaquim, este se entregou à outra tarefa de que gostava: "ficou por ali, tirando dentes a alguns agregados" do coronel.[16] No embalo em que vinha, não é difícil imaginar o que terá conversado com seus pacientes.

Na etapa seguinte da viagem, depois de um dia de cavalgada, ainda na serra da Mantiqueira, Tiradentes parou em outro pouso tradicional do Caminho Novo, a fazenda do Registro Velho. O alferes conhecia bem a estalagem. Era um lugar cômodo, que oferecia cama e comida para os viajantes e estábulo para os animais. Seu proprietário era Manuel Rodrigues da Costa, um padre de 34 anos que abandonara o serviço regular eclesiástico para tomar conta da mãe viúva. Aquele mineiro de Nossa Senhora do Campo Alegre de Carijós era um agricultor notável e também um homem culto — possuía na fazenda uma biblioteca com 212 volumes.[17] Apesar de estar afastado do dia a dia da Igreja, não deixava de cumprir, com bastante zelo, sua obrigação perante Deus. Rodrigues da Costa conservava em muito bom estado sua batina (uma bela peça com gola e capa) e, sempre que podia, andava vestido com ela pela região promovendo preces coletivas, ministrando crismas e recitando ladainhas. Era difícil não se impressionar com sua litania sobre o calvário de Jesus, em que descrevia, de forma viva, as bofetadas, as chicotadas e as gotas de sangue jorrando das chagas do filho de Deus.[18]

A exemplo do que fizera dias antes na fazenda do coronel Aires Gomes, Tiradentes esperou o ouvidor Saldanha se ausentar da sala para entabular uma conversa sediciosa com o padre. O alferes começou por fazer uma larga dissertação sobre Minas Gerais para, em seguida, concluir que a capitania reunia "riquezas e comodidades" suficientes para formar uma "florente república" — de novo, a menção à república soprada pelo dr. José Álvares Maciel.[19] Joaquim se queixou dos governadores nomeados por Portugal chamando-os de intoleráveis, despóticos e corruptos. E depois jogou a isca: "se ele, alferes, pudesse", "se achasse quem o ajudasse", iria libertar a capitania "da sujeição da Europa".[20]

O padre não era um doidivanas como seu colega eclesiástico José da Silva e Oliveira Rolim, tampouco um antagonista radical dos portugueses como seu vizinho José Aires Gomes. Rodrigues da Costa era pacato, circunspecto. Mas, diante de Tiradentes, ele balançou e acabou aderindo.

Depois de trazer o poderoso coronel Aires Gomes para a causa, Tiradentes recrutava um padre que desfrutava de forte apelo popular. Mais um ponto para o alferes.

Além de falar às camadas populares, Rodrigues da Costa ouvia as almas, inclusive a de Joaquim. Antes de encerrar a conversa com o alferes, o padre lhe fez uma recomendação preciosa: que, da próxima vez, ele, Tiradentes, fosse com mais calma e cuidado ao tratar da rebelião com outras pessoas, e que fosse também seletivo na escolha dos interlocutores. O padre disse uma frase da qual o alferes nunca se esqueceria: "Panela de muitos era bem comida, e mal mexida".[21]

Enquanto a comitiva de Tiradentes se arrastava pelo Caminho Novo, a do governador recém-nomeado andava acelerada — o visconde de Barbacena tinha pressa.

Logo após chegar à capital mineira, Barbacena apresentou o ofício de sua nomeação ao Fanfarrão Minésio, que deixava o posto, e recebeu deste alguns informes sobre questões administrativas da capitania. Estava feita a transição.[22] No mesmo dia, o Fanfarrão Minésio seguiu para o Rio de Janeiro, de onde tomaria uma nau para Lisboa. Nunca mais voltaria a Minas.

O visconde de Barbacena não quis morar no Palácio do Governador, uma das construções mais suntuosas da colônia (só em obras de cantaria, o prédio havia consumido a fortuna de doze contos e 543 mil-réis, equivalente a 43 anos do soldo de Tiradentes).[23] Ele preferiu se instalar em outra residência do governo, uma chácara cercada de campos, no alto de um morro, no arraial de Cachoeira do Campo, a 22 quilômetros de Vila Rica. Barbacena trocou a imponência e o glamour do palácio por aquilo que definia como "cômoda residência".[24] A sede da propriedade era um belo casarão assobradado com pátios generosos.[25] Da varanda, o visconde podia ver o jardim, o pomar e o lago artificial, cujas águas eram puxadas de longe. Quem o viu cuidando das vacas e das galinhas disse que ele se divertia com isso.[26] Afora o ambiente sossegado, o governador via outra conveniência na chácara: a localização estratégica.[27] Além de ficar muito próxima ao quartel-general dos Dragões, a propriedade se situava à beira das estradas que levavam às demais comarcas de Minas Gerais (Rio das Velhas, Rio das Mortes e Serro do Frio). Isso sem contar o clima de Cachoeira do Campo, muito mais agradável que o da nevoeirenta e úmida Vila Rica. Para o visconde, o local era perfeito não só para morar, mas também para trabalhar. Desdenhando mais uma vez do Palácio do Governador, ele optaria por dar expediente em Cachoeira do Campo, abrindo o salão da chácara para audiências públicas às quartas-feiras e aos sábados.

Três dias após sua posse, Barbacena escreveu ao ministro Martinho de Melo e Castro relatando estar se empenhando com todas as "forças e os poucos talentos" de que dispunha para se inteirar dos assuntos financeiros da capitania. Disse também que o "mais breve" possível começaria a executar as ordens que trouxera de Lisboa.[28] Mas havia uma questão a resolver: a quais ordens o novo governador se referia?

Antes de embarcar para o Brasil, o visconde recebera instruções contraditórias. Martinho de Melo e Castro havia lhe ordenado que instaurasse a derrama assim que chegasse a Minas. O ministro fora categórico: Barbacena deveria proceder a cobrança das 8,6 toneladas de ouro sem levar em conta a previsível chiadeira dos colonos. Os mineiros haveriam de se queixar dos "inconvenientes, [das] desigualdades e [das] durezas" da derrama, avisou Melo e Castro. Mas ainda que as reclamações fossem "fundadas", recomendou o ministro, o governador não podia ceder.

Antes de Barbacena partir para o Brasil, contudo, a rainha tomou conhecimento do teor das instruções e não gostou do que leu. D. Maria achava que seu ministro tinha sido duro demais e disse isso a ele. E se a decretação da derrama causasse uma convulsão em Minas? E se os mineiros quebrassem? Pior: e se reagissem?

O temor da soberana ecoava um alerta feito seis anos antes por um dos mais brilhantes e lúcidos funcionários da Coroa que haviam passado por Minas Gerais, o desembargador José João Teixeira Coelho. Em 1782, Coelho produzira o melhor tratado até então escrito sobre a capitania, combinando dados e análises de forma magistral. Ele tinha tamanha convicção de que o instrumento da derrama era um veneno — tanto para o Brasil quanto para Portugal — que dedicou um capítulo inteiro de sua obra ao tema. O título não poderia ser mais explícito: "Da derrama e dos prejuízos que hão de resultar dos lançamentos dela". Partindo do cruzamento de dados censitários com estimativas sobre produção de ouro, arrecadação de impostos, produtividade do trabalho escravo e expectativa de vida dos cativos, Coelho chegou à conclusão de que, se aplicada em Minas, a derrama iria "abalar os alicerces" e "arruinar" a porção mais rica do Império Português, provocando um efeito dominó que atingiria primeiro o Rio de Janeiro e depois Lisboa. "Toda a América se há de reduzir a uma inevitável pobreza", advertiu ele.[29] Deixando de lado o pensamento monolítico do Antigo Regime (o reino suga, a colônia doa), o desembargador explicou que, em assuntos de macroeconomia, para o bem da própria Coroa, era recomendado estabelecer algum equilíbrio entre Portugal e Brasil. Coelho reconhecia que havia muito os mineiros não honravam de forma integral o pagamento do quinto. Nesse caso, recomendava o desembargador, o melhor era fingir que a lei não existia. "Deve tolerar-se [a falta] como mal menor", afirmava.[30]

Quando d. Maria expressou seus temores ao ministro Martinho de Melo e Castro, já era amplamente conhecida na corte a opinião do desembargador Coelho em relação ao instrumento da derrama. A própria rainha já ouvira falar do desembargador e, se quisesse, poderia consultá-lo pessoalmente (naquele início de 1788, Coelho estava de volta a Portugal morando na rua do Bonjardim, na freguesia de Santo Ildefonso, no Porto).[31]

Influenciada ou não pelas reflexões do desembargador Coelho, o fato é que d. Maria rebarbou, ordenando a Martinho de Melo e Castro que voltasse atrás nas instruções entregues ao visconde de Barbacena, suavizando-as.[32]

O todo-poderoso Melo e Castro foi então obrigado a recuar. No dia 7 de fevereiro de 1788, quatro dias antes de o visconde de Barbacena embarcar para o Brasil, o ministro entregou-lhe uma segunda versão das instruções para o governo de Minas Gerais em que refazia o roteiro da decretação da derrama.[33] De acordo com as novas recomendações, Barbacena não deveria aplicar a derrama "sem se informar primeiro se os povos de Minas" se achavam "em estado de suportar sem grande ruína o peso" da medida. Nessa segunda versão, ao mesmo tempo que cogitava a não aplicação da derrama, Melo e Castro estabelecia parâmetros contraditórios para a cobrança dos impostos vencidos. Barbacena devia dizer à população que o "exato pagamento" dos quintos atrasados "seria o meio mais eficaz" de obter "ao menos em grande parte o perdão".[34] Ou seja, a dívida (ou parte dela) poderia ser perdoada, mas antes precisava ser integralmente paga. O ministro não explicou ao visconde como ele deveria proceder no caso dessa confusa anistia a posteriori. Portanto, quando embarcou na nau *Nossa Senhora de Belém*, que o levaria ao Brasil, Barbacena tinha orientações atrapalhadas e ambíguas. Sendo assim, a decisão final sobre a decretação ou não da derrama caberia ao seu bom senso. Foi aí que os tais "alicerces" de Minas, citados pelo desembargador Coelho, começaram a tremer.

Como governador de Minas, Barbacena se mostraria muito diferente do jovem arguto que fora um dia, amante da ciência e cabeça aberta para novas ideias. Do antigo entusiasta da Academia Real das Ciências de Lisboa nada restava — basta dizer que ele vetaria na capitania o ensino de anatomia, cirurgia e parto, e perseguiria um antigo colega da academia, o naturalista Joaquim Veloso de Miranda.[35] Barbacena não iria se corromper apenas nas esferas intelectual e política. Logo no início de sua gestão, ele teria sumido com 40 mil cruzados (66 anos do salário de Tiradentes) dos cofres da capitania.[36]

Em matéria de despotismo, o novo governador atingiria um feito: em poucos dias, superaria os cinco anos da abominável gestão de seu antecessor, o Fanfarrão Minésio.

A respeito da derrama, tendo de tomar um caminho entre a cegueira do ministro Martinho de Melo e Castro e a hesitação da rainha, o visconde optou pela primeira via. No sexto dia de seu governo, Barbacena chamou à sua presença os três membros da Junta da Real Fazenda de Minas Gerais (órgão responsável pela arrecadação de impostos) e os repreendeu. Disse-lhes que eles vinham atuando com "grande relaxão [sic]" e que eram omissos em relação aos "estranhos modos" dos mineiros. Era intolerável, afirmou ele, que os moradores da capitania se negassem a pagar o quinto, afinal eram "somente cem arrobas" de ouro por ano (1474 quilos).[37]

Dali em diante, anunciou Barbacena, a Junta deveria redobrar a fiscalização, punir os sonegadores e conceder "prêmio e benefício" àqueles que denunciassem a sonegação do quinto e o contrabando de ouro. Aos alcaguetes seriam concedidos o anonimato e uma gorda recompensa (metade do ouro apreendido como consequência da delação).

Todas essas providências diziam respeito ao futuro. Mas era preciso também acertar contas com o passado. Derrama, derrama, derrama... A palavra maldita em Minas permeou a fala de Barbacena do início ao fim da reunião. Os mineiros estavam em grande débito com sua majestade, cobrou o governador, e o "único remédio" para reparar o erro era a imposição da derrama.[38]

A medida era uma desgraça para os mineiros, mas cairia perfeitamente no roteiro seguido por Tiradentes. Com a cobrança intempestiva, Barbacena se tornava o diabo que o alferes pedira aos céus.[39]

Em agosto de 1788, cinco semanas após o governador anunciar a decretação da derrama, Joaquim José da Silva Xavier entrou em Vila Rica vindo do Rio de Janeiro.[40] Ele trazia na algibeira uma conspiração, mas por ora os planos sediciosos podiam esperar. Tiradentes tinha assuntos mais urgentes a tratar.

Logo depois de sua chegada, o alferes se apresentou ao Regimento de Cavalaria, onde sua situação funcional era delicada. Nos registros oficiais dos Dragões, constava que a licença obtida por ele vencera em julho de 1787. Como era fim de agosto de 1788, o alferes estava ausente do quartel, sem amparo legal, havia mais de um ano.⁴¹ Tratava-se de uma infração grave, que em condições normais demandaria esclarecimentos satisfatórios sob risco de perda do posto ou até mesmo de prisão por deserção. Tiradentes parecia estar em apuros, pois não tinha como justificar as faltas ocorridas entre julho e dezembro de 1787. A partir desta última data, sim, Joaquim dispunha de um pretexto, mas um tanto quanto manco: ele havia sido liberado de suas funções para viajar a Portugal.⁴² O problema era que ele não tinha ido ao Reino; permanecera todo o primeiro semestre de 1788 no Rio de Janeiro.

Se Joaquim tinha algum desafeto na cúpula do regimento, aquele era um momento propício para criar-lhe dificuldades. Surpreendentemente, nada aconteceu. Cobrado a apresentar explicações formais, Tiradentes alegou que se estendera além do prazo combinado devido a uma "moléstia e [a] outras causas". E ficou por isso mesmo.⁴³

O alferes podia não ter padrinhos fortes o suficiente para desencalacrar sua tão desejada (e merecida) promoção, mas não há como negar que, no varejo, ele gozava de certa proteção nos Dragões.

Acertada sua situação funcional, agora era a vez de Joaquim ajustar contas consigo mesmo.

O regresso de Tiradentes a Vila Rica era também o retorno à vida que ele abandonara abruptamente um ano e meio antes. Joaquim tinha várias questões pendentes a tratar: sua companheira, Antônia, a quem prometera casamento; a casa alugada na rua São José; o plano de construir uma casa no terreno que ele ganhara na rua da Ponte Seca; os projetos de mineração e criação de gado na Rocinha da Negra... E tinha ainda Joaquina, sua filha. O bebê de seis meses que o alferes deixara para trás agora era uma menina de dois anos, que muito provavelmente já andava e começava a falar.

Os compromissos assumidos por Tiradentes no passado não eram de todo incompatíveis com os planos radicais que ele projetava para o futuro. Mas a conciliação — se é que o alferes a queria — seria complexa. No horizonte de Joaquim, na melhor das hipóteses, havia uma guerra; na pior, o calabouço ou até mesmo o patíbulo.

Quais dos antigos planos Tiradentes pretendia retomar e juntar aos novos? Antes que tivesse uma resposta para a questão, ele recebeu um choque de realidade: o mundo à sua volta não tinha parado enquanto ele sonhava. Ao abandonar sua vida em Minas por mais de um ano, o alferes mandou queimar navios, e isso agora começava a ficar claro. E o primeiro sinal veio com um gosto amargo: Antônia não ficou em casa fazendo o papel da mulher resignada com a longa ausência do companheiro e não passou as noites tecendo o vestido para as prometidas bodas. No extenso período em que estiveram longe um do outro, Joaquim não foi o único a mudar. A adolescente de dezesseis anos que Tiradentes largara em Vila Rica havia amadurecido e agora estava próxima de fazer dezoito. Enquanto o alferes flanava pelo Rio, sonhava em libertar Minas Gerais e tentava enriquecer, Antônia Maria do Espírito Santo permaneceu sendo o que era: uma mãe solteira às voltas com a criação da filha. Mas ela não havia desistido de buscar a felicidade — ou uma felicidade possível. Antônia, a exemplo de Joaquim, também tinha feito suas escolhas.

Logo após botar os pés na capital mineira, o alferes recebeu um recado: sua prometida "não procedia bem"...[44] Tiradentes desmoronou. E junto com ele ruiu um pedaço de seu confuso traçado para o futuro. Joaquim não perdoou a infidelidade da companheira e, como ele próprio contaria mais tarde, o casal teve "certa briga".[45] O alferes chegou a desabafar com um colega do regimento dizendo que "estava mal" com a companheira.[46] Não houve remendo. No passo seguinte, ele desfez a promessa de casamento, rompendo definitivamente a relação.

Antes de devolver Antônia à mãe, Maria Josefa, Tiradentes procedeu a uma espécie de partilha informal de seus bens. Deu à ex-companheira "vários trastes" e o terreno da rua da Ponte Seca.[47]

De uma só tacada, Joaquim perdeu a companheira e o futuro casamento. Ficou também sem o único bem que possuía em Vila Rica, o lote vago. E começou a perder de vista a filha, a quem, no futuro, voltaria a ver apenas algumas poucas vezes.[48]

Como era previsível, o anúncio da derrama se espalhou imediatamente por Minas. Nas lojas, nas pontes, nas tabernas, em toda parte, o assunto era um só: a cobrança dos impostos atrasados. As dúvidas eram muitas, as explicações eram poucas e os boatos se multiplicavam de maneira frenética. Quanto cada morador teria de pagar? Quando seria feita a execução do débito? De que forma? E a mais dramática das questões: de onde os mineiros tirariam tanto ouro?[49]

Não demorou para a perplexidade e a aflição evoluírem para um sentimento coletivo de revolta. O clima em Minas começava a ficar muito propenso para a semeadura de um motim, e os conspiradores não demoraram a perceber isso.[50] O que antes era apenas uma mobilização secreta de um punhado de oligarcas, agora ganhava a chance de escalada para um movimento popular, uma reação da massa contra a tirania da Coroa.

Para a sorte dos conspiradores, o governador seguia à risca o papel do opressor cruel. Ainda no início de sua gestão, Barbacena propôs a extinção das patentes da tropa auxiliar (paramilitar), o que atingiu em cheio a elite mineira que se autoengrandecia comprando títulos de coronel, mestre de campo, tenente-coronel, sargento-mor etc.[51]

Por motivos tortos, com seu estoque infindável de maldades, o visconde acabou se tornando a principal mola da conspiração.

Dois meses e meio depois de sua posse, o governador foi até o registro do Paraibuna, na divisa com a capitania do Rio de Janeiro, buscar a mulher e os filhos, que finalmente chegavam a Minas Gerais.[52] A família de Barbacena viajava com o inimigo, já que vinha acompanhada do dr. José Álvares Maciel, absorvido pelo clã como tutor das crianças. Maciel, principal referência de Tiradentes na conjuração, seguiria com a família do visconde para a chácara de Cachoeira do Campo. Assim, passaria a acompanhar em posição privilegiada todos os movimentos do governador.[53]

De volta a Minas, José Álvares Maciel e Joaquim José da Silva Xavier passaram a trabalhar de forma coordenada no levante, sobretudo no recrutamento de seguidores. Tiradentes se dedicava em tempo integral à tarefa, já que arranjara uma desculpa para não trabalhar — ele inventou que estava "doente de um pé", o que lhe garantiu mais três meses de licença.[54]

Sem sorte no amor e sem padrinho nos negócios, Joaquim canalizou sua energia para a conspiração, e pelo menos nesse campo parecia que as coisas iam bem. Trabalhando juntos, o alferes e o dr. Maciel conseguiram aliciar aquele que, por sua posição estratégica, tinha tudo para ser um dos membros mais importantes das fileiras rebeldes: o comandante do Regimento Regular de Cavalaria de Minas, o tenente-coronel Francisco de Paula Freire de Andrada.[55] Além de colegas de farda, Tiradentes e Freire de Andrada eram amigos. Eles tinham servido juntos nas trincheiras de "Copa Cabana", uma década antes. A simpatia de Freire de Andrada por Joaquim explicava muito das pequenas regalias concedidas ao alferes nos Dragões, como as longas licenças e a ausência de rigor com seu sumiço nos meses anteriores.

Seis anos mais novo que Tiradentes, o tenente-coronel possuía uma carreira de sucesso na caserna. Aos vinte anos já era capitão, e aos 24 tornou-se tenente-coronel e comandante dos Dragões, segundo posto mais elevado na hierarquia militar da capitania, ficando abaixo apenas do próprio governador, que acumulava o cargo de capitão-general. O êxito profissional de Freire de Andrada tinha como âncora a origem familiar. Ele era carioca, filho ilegítimo do 2º conde de Bobadela e sobrinho do mítico 1º conde de Bobadela, ambos ex-governadores de Minas Gerais. Sua mãe, Maria do Bonsucesso Correia, vinha de uma família ilustre, os Correia Vasques. Ademais, Freire de Andrada havia se casado bem. Sua mulher, Isabel Querubina de Oliveira Maciel (irmã do dr. José Álvares Maciel), pertencia a um clã poderoso e rico de Minas, conforme demonstrado pelo dote que recebera no casamento (doze contos de réis, o equivalente a 42 anos do soldo de Tiradentes).[56]

Em tese, a incorporação de Freire de Andrada ao movimento rebelde deixava os conspiradores em posição militar privilegiada. Em caso de guerra, os insurgentes seriam comandados no campo de batalha por um oficial experiente.

Joaquim José da Silva Xavier tinha consciência de qual era sua posição na escala social entre os conspiradores. Diferentemente da grande maioria de seus camaradas, ele não era rico, não vinha de um clã influente, nem ingressara numa família poderosa pela porta do matrimônio. Tampouco fazia parte da brilhante turma de poetas, escritores e doutores da conjuração. O alferes definia a si próprio como alguém que não tinha "figura, nem valimento, nem riqueza".[57] Mas Joaquim possuía algo que o colocava, se não em posição de comando, em um lugar de suma relevância no grupo. Entre todos os rebeldes, ele era de longe o "mais empenhado".[58]

Na conspiração, o alferes assumiu três missões delicadas: recrutar o maior número possível de apoiadores e simpatizantes; propagar os ideais da sedição; espalhar em Minas Gerais e no Rio de Janeiro a notícia de que a revolta era iminente, a fim de torná-la um fato consumado. Tendo escolhido as tarefas mais arriscadas da fase de preparação do motim, Joaquim traçou uma tática audaciosa para si. Ele sairia "alucinadamente" — palavras do próprio Tiradentes — convidando "a todos quanto podia" a ingressar nas fileiras da sublevação.[59] Quando dizia "todos", Joaquim se referia a qualquer um — ou melhor, quase qualquer um. Ele não recrutaria escravos, mas, no campo dos homens livres, não faria distinção alguma entre classes, saberes, posses ou mesmo inclinações políticas. O alferes sabia que encontraria discórdia em sua jornada, mas havia decidido ignorar as consequências.[60] Nas abordagens que faria, não escolheria local ou ocasião.[61] E num misto de bravura e falta de juízo, tampouco pediria segredo a seus interlocutores.[62]

Sem rota de fuga ou chance de recuo, Joaquim passou a difundir o movimento e a buscar adeptos em lugares de grande circulação de pessoas (tabernas, estalagens, repartições, residências, praças, pontes etc.). Varejou os quartéis — ambientes sensíveis quanto às questões de disciplina — arregimentando camaradas e, mais uma vez, como havia prometido a si mesmo, não fez distinção na seleção de recrutas.[63] Um dos que ele tentou aliciar foi o sargento-mor Pedro Afonso Galvão de São Martinho, oficial português suspeito de envolvimento com o Mão de Luva, cuja quadrilha tinha sido desmontada justamente com a ajuda de Tiradentes.[64] Em outro lance de extrema ousadia, chegou a buscar a filiação de homens da guarda pessoal do governador.[65]

A fim de fazer reverberar a falsa informação de que o motim era iminente, o alferes propalou a notícia em locais tradicionalmente propensos à disseminação de boatos. Assim, a Conjuração Mineira foi parar nos prostíbulos de Vila Rica, dos quais Joaquim era frequentador assíduo. Ao pregar nos bordéis, ele às vezes misturava o sonho republicano com seus mal atendidos anseios pessoais. Numa ocasião, estando em casa de certas michelas da capital mineira, uma delas, Caetana Francisca de Moura, pediu a Tiradentes que usasse de sua influência para facilitar o ingresso de seu filho no Regimento de Cavalaria. Sugerindo de forma misteriosa que em breve aconteceriam mudanças na capitania, Joaquim fanfarreou: "Deixe estar, minha camarada, que ninguém há de sentar praça a seu filho, senão eu".[66]

O alferes contou à meretriz que esperava boas-novas tanto para Minas quanto para si. Disse que ganharia muito dinheiro com os projetos hídricos no Rio (ele não havia desistido da ideia) e que faria a capitania "feliz", tornando-a independente.[67] Batata! A fala correu de boca em boca na capital mineira.[68] E em pouco tempo muitos saberiam que Tiradentes andava em bordéis "a prometer prêmios para o futuro, quando se formasse nessa terra uma república".[69]

Joaquim não perdia uma oportunidade sequer para propagar a sedição.

Pregava a rebelião até mesmo quando tinha diante de si um paciente com a boca aberta a receber uma prótese de osso no lugar do dente perdido.[70]

Correndo de um lado para outro a conspirar, o alferes chamava atenção. Em Vila Rica, dizia-se que ele "andava feito corta-vento".[71] Era visível que Tiradentes se empolgara no papel de agitador, tornando-se "um homem animoso".[72] Segundo testemunhas, ele ficava tão "inflamado" ao discursar que às vezes "chegava a chorar".[73] Um homem que o viu defender a insurreição numa estalagem, em meio a estranhos, afirmou que Joaquim parecia um "semiclérigo", tal era o tom exaltado de sua fala.[74]

Acabara a docilidade. A submissão com que durante décadas Tiradentes aguentara ser mandado explodia agora em praça pública.

E o que exatamente dizia Joaquim quando fazia proselitismo? A predicação variava pouco no conteúdo: em geral, ele começava por pintar as riquezas de Minas (o ouro em especial) e em seguida fazia um contraponto com a pobreza vivida pelos mineiros. De forma didática, explicava que a terra era rica, mas a gente era pobre, porque Portugal, tal qual uma "esponja", seguia "chupando toda a substância".[75] No passo subsequente, ele dava nomes aos exploradores. Com injúrias pesadas, detratava o governador de Minas e seus antecessores, aviltava ouvidores e excomungava ministros da Coroa, sobretudo Martinho de Melo e Castro, o idealizador da derrama. Curiosamente, o alferes não atacava a rainha.[76]

Nas pregações, depois de esmiuçar o drama dos mineiros, Joaquim apresentava o caminho da redenção: seguir o exemplo dos Estados Unidos. Desde que tivera a lição sobre a Revolução Americana com o dr. José Álvares Maciel, no encontro havido no Rio de Janeiro poucos meses antes, o alferes não escondia seu encantamento com a proeza dos norte-americanos. Não apenas pelo fato de as treze colônias terem conseguido se libertar da Inglaterra, na época a nação mais potente do Ocidente, mas por terem-no feito com base em premissas filosóficas e morais irretocáveis.

Para Tiradentes, Minas Gerais tinha todas as condições necessárias (políticas, militares e econômicas) para repetir a façanha dos norte-americanos. Só faltava à população da capitania ter a consciência de seu poder, e era aí que ele entrava. Tendo aprendido com Maciel a *pensar* como os revolucionários norte-americanos, Joaquim agora ensinava os mineiros a fazer o mesmo. E ele tinha seu próprio manual: a coletânea das leis constitucionais dos Estados Unidos, o *Recueil des loix constitutives des colonies angloises, confédérées sous la dénomination d'États--Unis de l'Amérique-Septentrionale* — ou simplesmente *Recueil*. Por onde andava,

Tiradentes levava consigo a obra, um provável presente do dr. Maciel. O livro servia ao alferes como uma espécie de guia da revolução e uma ferramenta de recrutamento. Mas era mais que isso. Para Joaquim, era um objeto de estimação.

A tradução para o francês das leis constitucionais dos Estados Unidos foi editada em 1778 para servir de fonte de difusão da Revolução Americana na Europa. A ideia era estimular nações do Velho Mundo, sobretudo a França, a seguir a mesma trilha dos Estados Unidos.[77] O livro reunia a já icônica Declaração de Independência, escrita dois anos antes, e as constituições de seis dos treze estados originais dos Estados Unidos, além de documentos de menor relevância, entre eles uma lei de navegação, um censo e um título de doutor honoris causa conferido pela Universidade Harvard a George Washington, que viria a ser, em 1789, o primeiro presidente dos Estados Unidos. A edição do *Recueil* em francês era absolutamente clandestina. O material foi traduzido do inglês por um duque culto e indócil.[78] O livro foi editado na França, mas, para despistar os censores, seu frontispício registrava tratar-se de uma obra produzida *"en Suisse"*. Quanto à suposta editora ("Les Libraires Associés"), ela não existia.[79]

Dez anos depois de sair do prelo, na França, um exemplar do *Recueil* foi comprado pelo dr. José Álvares Maciel num leilão de livros em Birmingham, na Inglaterra. De lá, o livro foi contrabandeado para Lisboa e posteriormente para o Rio de Janeiro, onde então teria sido apresentado a Tiradentes. Após viajar 13 mil quilômetros, atravessar duas vezes o canal da Mancha e uma vez o Atlântico, o exemplar agora passeava pelas ruas de Vila Rica dentro da algibeira do alferes.[80]

Aquele livro de formato pequeno (cabia na palma da mão) de 370 páginas arrebatou Joaquim.[81] Compreensível. O *Recueil* juntava documentos que, pela primeira vez nas Américas, estabeleciam direitos universais, tais como o direito à vida, à liberdade e ao bem-estar. E mais. Aqueles escritos delimitavam regras para uma prática política então revolucionária: a eleição de governantes.[82] Para quem nunca tinha experimentado outra coisa senão a subordinação a governos despóticos e corruptos comandados à distância por uma Coroa predadora e perdulária, e para quem passara a vida rogando ser tratado de forma equânime aos homens de seu círculo profissional e social, deve ter sido realmente um choque entrar em contato com uma obra de caráter tão libertário quanto aquela. A simples leitura de um trecho do *Recueil* (um recorte da Constituição da Pensilvânia) já representava um terremoto:

Todos os homens nasceram igualmente livres e independentes; e têm direitos certos, naturais, essenciais e inalienáveis, entre os quais se deve contar o direito de gozar da vida e da liberdade e de as defender.[83]

Ou ainda:

O governo é ou deve ser instituído para a vantagem comum, para a proteção e a segurança do povo, da Nação ou da Comunidade e não para o proveito do interesse particular de um único homem, de uma família ou de um conjunto de homens. [...] A Comunidade tem o direito incontestável, inalienável e inamissível de reformar, mudar ou abolir o governo, da maneira que julgar mais conveniente e mais adequada a proporcionar a felicidade pública.[84]

Tiradentes grudou no *Recueil*. Não devorou o livro; digeriu-o de forma lenta. Diferentemente de alguns de seus camaradas de conjuração que falavam e escreviam em diversas línguas, como francês, latim, inglês e italiano, Joaquim José da Silva Xavier era monoglota.[85] Mas a condição de monolíngue não representava para ele um obstáculo intransponível, tanto que continuava buscando outras obras estrangeiras sobre a Revolução Americana.[86] Tiradentes lutava contra a barreira da língua de duas maneiras. A primeira delas: dentre os quatro livros que possuía, havia um dicionário de francês.[87] Joaquim traduzia o *Recueil* palavra por palavra, parágrafo por parágrafo, página por página, e, quando não conseguia mais avançar por conta própria, recorria ao segundo estratagema: pedir ajuda. Tiradentes não se encabulava de apelar àqueles que dominavam o francês, solicitando que traduzissem trechos específicos do *Recueil*.[88] Em certa ocasião, ele bateu à porta da casa de um colega de regimento, o coimbrão Francisco Xavier Machado, a quem pediu que vertesse um capítulo inteiro do livro para o português.[89] Era a seção oitava da Constituição de Delaware, que estabelecia os critérios para a eleição dos membros do Conselho Privado, um órgão consultivo do governo daquele estado.[90] Machado atendeu ao pedido e traduziu o trecho, o que deixou Tiradentes eufórico. Depois de escutar a tradução, o alferes folheou o *Recueil* por um bom tempo como se quisesse encontrar outra passagem de seu interesse. Ao se despedir do colega, Joaquim deixou com ele o livro para que traduzisse novos fragmentos.[91] Esse, aliás, era outro artifício para atrair adeptos para a causa. Ele pedia a alguém que traduzisse um trecho da obra, engatava uma conversa sobre maus governos e sobre independência e república, e depois terminava por emprestar o livro ao interlocutor ou simplesmente fingia esquecer o volume na casa do amigo.[92] Dessa forma, o livro seguia sendo passado de mão em mão, cumprindo assim, de maneira torta, o objetivo proposto uma década antes, quando da sua impressão.

O *Recueil* permitiu a Joaquim formatar um discurso pró-independência não só com bases sólidas, mas sintonizado com o que havia de mais avançado na filosofia política ocidental. A obra foi a alavanca que moveu o mundo do alferes, que embalou seu sonho revolucionário e que deu a ele aquilo que a Coroa lhe negara: liberdade. Tiradentes estabeleceu uma relação tão profunda — quase obsessiva — com o livro que acabaria por ganhar dos amigos um novo apelido: Gramaticão.[93]

Em suas sessões de proselitismo, a fim de atrair simpatizantes para a causa, o alferes exagerava na descrição da força do movimento. Minas Gerais não estaria sozinha naquela jornada, dizia ele. A capitania do Rio de Janeiro viria junto. Em pelo menos uma dessas conversas, ele incluiu Bahia, Pernambuco, Pará e Mato Grosso entre as regiões prontas a desafiar o domínio português.[94]

Joaquim alardeava que a conjuração também tinha sustento fora da colônia, dando como certo o apoio da França e da Inglaterra, que estariam dispostas a mandar naus ao Brasil assim que o movimento fosse deflagrado.[95] Outra patarata.

O objetivo era atrair a atenção, e ele conseguia atingir seu intento. De tanto louvar a independência de Minas Gerais e pregar a adoção do sistema político norte-americano, Joaquim ganhou dois novos apelidos: uns o chamavam o Liberdade, outros, o República.[96]

O trabalho de formiguinha funcionava. Nos Dragões, o alferes conseguiu recrutar vários de seus camaradas. Chegou a anunciar a seus comparsas no movimento — com algum exagero, é verdade — que "a tropa paga estava já falada e pronta".[97]

Quando pregava, o alferes pouco variava o conteúdo de sua fala, mas equalizava o tom dependendo da origem e da formação de seu interlocutor. Como ele mesmo definia, "seduzia" as pessoas "usando da arte que lhe parecia necessária" em cada circunstância.[98] Semear o medo, por exemplo, mostrou-se uma tática especialmente eficiente. No meio de uma conversa frugal, com voz grave, Joaquim lançava a isca: "Pois vossa mercê não sabe ainda o que vai de novidade...?".[99] Ao que o sujeito, entre curioso e apreensivo, respondia não saber de novidade alguma, ele despejava: na derrama, caberia a cada um dos moradores de Minas — homens, mulheres, idosos e crianças — pagar à Coroa oito oitavas (29 gramas) de ouro.[100] O cálculo não era oficial, até porque nem mesmo o governo sabia como fazer essa conta. Não havia uma regra escrita. O alvará que criara o instrumento da derrama, de 1750, era vago em relação à divisão do débito. Citava apenas que a partilha da cobrança levaria em conta "a proporção de bens" de cada morador. Ou seja, quem tinha mais pagaria mais, quem tinha menos pagaria menos. Já ali começam os problemas para seguir adiante com o cálculo. Como avaliar a fortuna ou a pobreza de cada um? Tarefa difícil, já que na capitania, como era sabido, havia homens que ostentavam riqueza e na verdade eram pobres, e outros que pareciam pobres mas eram de fato muito ricos.[101] Dizia-se em Minas que, diante da impossibilidade de aferir o patrimônio de cada um, só os anjos "poderiam acertar no equilíbrio e igualdade da derrama".[102]

Tiradentes aproveitou a falta de clareza nas regras para confundir ainda mais a população, disseminando como sendo oficial a cota de oito oitavas de ouro por pessoa. Não era pouca coisa. Em geral, um escravo dedicado exclusivamente à mineração levava mais de cinco meses para tirar da terra tal quantidade de ouro, equivalente ao peso de três ovos de codorna.[103] Com um punhado de metal precioso como aquele nas mãos, podia-se comprar 27 porcos.[104]

Após serem pegos de surpresa pelo alferes com a falsa notícia da cota individual da derrama, era inevitável que os moradores começassem a fazer contas. Uma família formada por um casal e quatro filhos, por exemplo, teria de abrir mão de um escravo para saldar a dívida.[105] Era um preço alto a pagar, considerando que 60% dos proprietários de escravos em Minas tinham entre uma e dez "peças".[106] Se a esta mesma família de seis membros fosse concedido pagar a suposta cota à prestação, ela teria de manter um escravo minerando por um ano e meio para saldar a dívida. Uma coisa era certa: em plena decadência da mineração, os mineiros teriam um naco expressivo de seu patrimônio tomado pela Coroa.

Tiradentes manipulava seus interlocutores acenando com o pavor. Em pelo menos uma tentativa de recrutamento, ele anunciou que a cobrança das oito oitavas de ouro já tinha começado.[107]

Além de se dedicar com afinco à doutrinação, Joaquim se preparava para a guerra. Militar experiente, ele sabia que nas campanhas marciais a chave do sucesso era o planejamento, e que um bom planejamento requeria boa informação. O alferes sabia onde obtê-la.

O alvo de Tiradentes era um antigo colega de regimento: José Joaquim da Rocha, um "curioso de mapas".[108] Na verdade, ele era bem mais que isso. Rocha era um engenheiro militar calejado e um cartógrafo excepcional. Ele tinha servido por um curto período de tempo no Regimento de Cavalaria de Minas e acabou pedindo baixa para ganhar a vida por conta própria. Em sua passagem pelos Dragões, palmilhou a capitania trabalhando em projetos de fortificação, o que o fez adquirir um profundo conhecimento do território. A partir dessa experiência, já fora dos Dragões, produziu alguns dos melhores mapas de Minas Gerais no século XVIII.

Diferentemente da maioria daqueles que faziam mapas na capitania, em geral amadores, Rocha utilizava técnicas modernas de cartografia. Ele valorizava a simetria, o rigor nas escalas e nas proporções e a precisão na marcação de meridianos e latitudes.[109] Dentre seus inúmeros trabalhos, estava o primeiro mapa que retratava a capitania por inteiro, apartada de outras regiões da colônia. Na carta geográfica, sob um fundo em tom de sépia, estavam representados cidades, vilas, montanhas, estradas, fazendas, registros, igrejas, aldeias indígenas, rios e o sertão.

Os mapas de José Joaquim da Rocha eram apenas uma parte de sua produção. Ele era também um memorialista notável. Quando entrou na mira do recrutamento de Tiradentes, Rocha já tinha escrito duas memórias históricas sobre Minas Gerais e estava trabalhando numa terceira. Nas obras, além de relatar a trajetória da capitania desde seus primórdios, ele compilava uma série de informações e reproduzia documentos relacionados a geografia, topografia, população, tributação, administração, comércio e forças militares.

Para os revoltosos, seriam de grande valia tanto os mapas quanto os memoriais históricos e as cópias de documentos oficiais. Tiradentes estava especialmente interessado num determinado material produzido pelo antigo colega de farda: um "mapa das almas", isto é, um censo. Após compilar dados censitários dos moradores da capitania durante anos, Rocha produzira, em 1776, o primeiro levantamento populacional mais acurado de Minas Gerais. Era um documento surpreendentemente detalhado para a época, que continha dados estatísticos da população divididos por comarca, sexo e "raça" (brancos, pardos e negros).[110] Como, na medida do possível, o cartógrafo seguia atualizando os dados do censo, naquele ano de 1788 ele tinha o melhor registro da ocupação humana do território mineiro. Aquelas informações valeriam ouro nas mãos dos conspiradores. No caso de uma guerra num território grande como o de Minas Gerais (a capitania era do tamanho da Espanha), dominar a forma como se dava a distribuição populacional facilitaria muito o planejamento tanto das ações de defesa quanto das de ataque.[111]

O censo de José Joaquim da Rocha era um tesouro e, como todo tesouro, ficava bem guardado. Por conter dados extremamente sensíveis dos pontos de vista geopolítico e militar, todo o material do cartógrafo, por deliberação real, só podia ter uso oficial. O desafio de Tiradentes, portanto, era grande. Ele teria de convencer Rocha a arriscar a pele numa aventura perigosa, sendo que o cartógrafo nem brasileiro era (ele nascera em Portugal, na região do Baixo Vouga). E tinha mais: Rocha sabia que o alferes era sinônimo de problema. Naquele mesmo ano, de passagem pelo Rio de Janeiro, o cartógrafo testemunhara a pateada levada por Tiradentes durante uma apresentação na Ópera Nova.[112]

Decidido a botar as mãos no mapa das almas, o alferes começou a frequentar a casa de Rocha, em Vila Rica, e a cercá-lo nas rodas de bate-papo na ponte de São José.[113] Certa vez, ao encontrá-lo, Joaquim lhe perguntou de supetão: "Quantas almas teria a capitania de Minas?".[114] Àquela altura, já habituado ao discurso sedicioso do alferes, Rocha provavelmente sabia onde seu ex-camarada de quartel queria chegar.

A ousadia de Tiradentes se revelou um tiro certeiro — o cartógrafo também tinha motivos pessoais para querer se livrar do jugo português. Proibido de vender seus trabalhos a terceiros, Rocha era obrigado a contar com a boa vontade da Coroa para se manter. As coisas, porém, não iam bem. Nos últimos tempos, o único agrado que ele havia recebido da rainha fora a patente de "sargento-mor das Ordenanças dos distritos das Capelas de São Luís da Conquista e Santo Antônio da Barra, do termo da Vila de Nossa Senhora do Bom Sucesso das Minas Novas de Araçuaí". Uma designação tão longa quanto oca — o título tinha apenas caráter honorífico, não era remunerado. Dois anos antes de ser acossado por Tiradentes pelas ruas de Vila Rica, José Joaquim da Rocha tinha enviado uma carta lacrimosa ao ministro Martinho de Melo e Castro queixando-se de abandono:

> Ilustríssimo e Excelentíssimo Senhor.
> Os grandes heróis devem, como tais, proteger os desvalidos que procuram o seu amparo e proteção. Eu, Excelentíssimo Senhor, sou o mais infeliz de todos os viventes [...].[115]

Rocha dizia que, apesar de ter se dedicado por uma década a produzir mapas, memoriais históricos e censos — "petrechos de prevenção para a defesa" de Minas, como ele bem os qualificava —, nunca tinha sido contemplado "senão para atropelar riscos, expondo muitas vezes a vida a ser devorada pelas feras na penetração dos densíssimos sertões".[116] Não obstante o exagero, Rocha cobrava uma fatura que lhe era devida. "Favoreça uma alma sincera", rogava ele, "que nunca vendeu as suas obras, e por isso digna da proteção de um esclarecido herói, como vossa excelência."[117] José Joaquim da Rocha não ganhou nada.

O cartógrafo estava na casa dos cinquenta anos de idade quando Tiradentes começou a cercá-lo. Apesar da origem portuguesa, tinha mais tempo de vida adulta no Brasil do que em sua terra natal. Entre a fidelidade ao passado e a aposta no futuro, ele preferiu a segunda opção — o alferes arrebanhara mais um. Num encontro na ponte de São José, Rocha deu a Tiradentes o tão desejado mapa das almas, selando assim sua adesão ao movimento rebelde.[118]

O mapa das almas seria vital para balizar as estratégias militares da rebelião. Mas mesmo antes disso, ainda na fase da conspiração, o material forneceu ao alferes um dado precioso para que ele pudesse afinar seu discurso. O levantamento de José Joaquim da Rocha mostrava que Minas Gerais reunia "perto de 400 mil pessoas divididas pelas suas respectivas classes, brancos, pardos e negros, machos e fêmeas".[119] Dali em diante, Tiradentes martelaria que o mapa das almas era a prova definitiva de que a capitania era populosa o suficiente para viver apartada de Portugal. Uma dessas predicações acaloradas aconteceu no cartório do contrato de entradas de Vila Rica, uma repartição de grande movimento, sobretudo de "homens bons" que lá iam para acertar contas com o fisco.[120] Na ocasião, o alferes irrompeu aflito no estabelecimento, tirou do fundo da algibeira o mapa das almas e, "sem temor", segundo uma testemunha, exibiu o documento aos presentes enquanto bradava: "Ora, aqui tem todo este povo açoitado por um só homem, e nós a chorarmos como os negros ai, ai, ai!".[121]

Não havia como ficar indiferente às cenas públicas de Tiradentes, cada vez mais frequentes e espalhafatosas. Impossível também era ouvi-lo sem tomar partido.

O apelido de "corta-vento" resumia perfeitamente a energia com que o alferes se entregara à causa da libertação de Minas Gerais. Ele divulgava as bases do movimento, fazia a função de homem de ligação entre conspiradores, recrutava sediciosos, traçava estratégias e táticas de luta, reunia material de apoio para o combate... Nenhum papel na trama lhe parecia demasiado. Joaquim se apresentava para todas as missões, até mesmo para as aparentemente intransponíveis, como, por exemplo, a busca por pólvora.

Os conspiradores não podiam prever qual seria a dimensão do revide de Portugal após a deflagração do motim. No pior dos cenários, precisariam preparar-se para a guerra, e o primeiro passo era arranjar (muita) pólvora. Mesmo que os revoltosos conseguissem toda a pólvora existente em Minas, hipótese muito otimista, ainda assim não seria o bastante. Na capitania, o estoque total do explosivo em poder dos Dragões e de terceiros deveria andar pela casa dos quinhentos barris.[122] Em caso de um conflito mais longo, essa quantidade de pólvora seria insuficiente para alimentar canhões, espingardas, pistolas e clavinas no front rebelde.[123] Se nada fosse feito, faltaria bala na agulha dos insurgentes.[124]

Para a sorte dos insurretos, a escassez de pólvora não prometia assolar apenas as suas trincheiras. O paiol de sua majestade em Minas também estava em estado crítico. Havia pólvora suficiente para armar somente um punhado de bocas de fogo; depois disso, era partir para cima do inimigo com baioneta calada ou punhal.[125]

Estando ambos os lados em estado de penúria em termos de munição, quem conseguisse compor minimamente o arsenal tinha grandes chances de sair na frente no campo de batalha. Os conspiradores procuravam se mexer, mas nada era fácil. Restavam-lhes apenas duas opções, ambas complicadas: trazer pólvora de outras capitanias ou fabricarem-na eles mesmos em Minas. Um dos conjurados — o padre contrabandista José da Silva e Oliveira Rolim — havia dito que forneceria alguma pólvora ao movimento, mas tudo ainda estava no campo das palavras.[126] Tiradentes, por sua vez, tentava arrancar o mesmo compromisso com um compadre seu, o contratador dos dízimos Domingos de Abreu Vieira, padrinho de sua filha Joaquina.[127] Mas, de novo, não havia certeza de que o coronel conseguiria arranjar a munição.

Enquanto os conjurados discutiam o problema ou faziam promessas vagas, Joaquim ia à luta. Como tinha contato privilegiado com inúmeros tropeiros, antigos colegas de profissão, o alferes passou a recomendar a vários deles que trouxessem para Minas o máximo possível de pólvora, pois achariam mercado certo para o produto.[128]

Nas hostes rebeldes, havia quem cogitasse ser possível fabricar em Minas a tão cobiçada pólvora. O mais empenhado deles era o dr. José Álvares Maciel. Com os conhecimentos em química adquiridos nas universidades de Portugal e da Inglaterra, ele tinha competência para fabricar o explosivo.[129] Faltava-lhe apenas encontrar uma das principais matérias-primas do produto, o salitre. Ainda hospedado na chácara do governador, Maciel aproveitava o tempo livre — quando não estava assessorando o visconde ou ministrando aulas a seus filhos — para procurar jazidas de salitre. O empenho do doutor era tão descarado que nem mesmo Barbacena pôde deixar de notar seu "dobrado ardor e diligência" na busca do nitro.[130] Contudo, por mais que varejasse as redondezas de Vila Rica, ele não encontrava as jazidas de salitre. E por um motivo simples: os depósitos naturais se achavam a centenas de quilômetros de distância, no Sertão da Farinha Podre e na divisa de Minas Gerais com a Bahia.

Percebendo a dificuldade de Maciel, o alferes lhe ofereceu ajuda, dizendo saber onde buscar salitre, no norte da capitania.[131] Joaquim conhecia bem aquela região, pois a palmilhara uma década e meia antes em seus tempos de mascate, quando provavelmente teria identificado as jazidas do composto químico. O conhecimento na área vinha da família: um de seus primos de primeiro grau, o naturalista José Mariano da Conceição Veloso, era um estudioso do tema, tendo traduzido para o português textos técnicos sobre a produção de salitre.[132] O fato é que ele teimou com Maciel que era possível buscar no norte de Minas Gerais o salitre de que os conjurados precisavam. O doutor duvidou, e o alferes não se acanhou. Certo dia, depois de um período sumido, bateu à porta do doutor e mostrou-lhe um tijolo coberto de bolor.[133] Era salitre, o alferes jurava — e era possível que o fosse.[134] Até porque, a partir dali, Maciel passou a considerar possível a construção de uma fábrica de explosivos em Minas.

Após três meses zanzando por Vila Rica a pregar a revolução, à custa de uma licença médica fajuta, Joaquim foi convocado novamente a botar o pé na estrada. Em novembro de 1788, ele foi intimado a comparecer a uma audiência judicial na comarca do Rio das Mortes, o que acabou lhe sendo muito útil.[135] Além de poder rever sua terra natal, o alferes teria a chance de espalhar seu discurso sedicioso por aquela que era considerada, depois de Vila Rica, a região mais importante da capitania.

Enquanto Vila Rica passava por um doloroso e irreversível processo de decadência econômica devido ao declínio da mineração, no Rio das Mortes a situação era bem diferente. Já fazia algum tempo que a capital da comarca, São João del-Rei, se transformara no principal centro de negócios de Minas Gerais. O comércio, a agropecuária e o setor de serviços pulsavam com bastante vigor. Ao privilegiar a produção de alimentos e os negócios em detrimento da mineração, São João del-Rei encontrara um caminho seguro para atravessar a tormenta da crise do ouro.

O sucesso da Conjuração Mineira dependia do apoio (e sobretudo do dinheiro) de São João del-Rei. Sendo assim, a convocação para Tiradentes viajar à região não podia ter chegado em melhor hora. Golpe de sorte? Talvez sim, talvez não. A intimação havia sido assinada pelo ouvidor do Rio das Mortes, um homem ligado à cúpula dos conjurados.[136] Coincidência ou armação, o fato é que o alferes foi liberado para a viagem pelo próprio governador.[137] Tiradentes tinha assim trezentos quilômetros de estrada pela frente (ida e volta) e um mundo de gente a catequizar pelo caminho.

Joaquim estava mesmo no rumo certo. Naqueles dias, as duas principais vilas da comarca do Rio das Mortes (São João del-Rei e São José del-Rei) acolhiam secretamente alguns dos conjurados de maior destaque no movimento. O encontro clandestino tinha como fachada o batizado simultâneo de dois filhos do coronel Inácio José de Alvarenga Peixoto, um dos rebeldes mais importantes da região.

Alvarenga Peixoto tinha 46 anos, quatro a mais que Tiradentes. Filho de um rico negociante, era um poeta talentoso forjado com tintas iluministas no curso de direito da Universidade de Coimbra. Durante anos, graças a seus contatos na corte, vivera dependurado em importantes e lucrativos cargos da burocracia portuguesa, tanto no Reino quanto na colônia. Ele tinha o posto honorífico — que não lhe rendia dinheiro mas lhe assegurava status — de coronel do 1º Regimento de Cavalaria da Campanha do Rio Verde. Fraco de caráter, nunca viu problema em misturar suas obrigações funcionais com seus interesses privados, o que havia acontecido à vera no período em que ocupara um dos postos mais elevados de Minas Gerais, o de ouvidor da comarca do Rio das Mortes (1776-80). Além de usar o cargo para advogar em causa própria, obtendo lucros gordos, Alvarenga Peixoto meteu a mão nos cofres públicos. Um exemplo: em 1776, quando o governo de Minas Gerais mandou soldados e milicianos ao sul da colônia para defender o Brasil de uma possível invasão espanhola, coube a ele, como ouvidor, providenciar os mantimentos para as tropas que desciam do Rio das Mortes. As despesas feitas por ele com farinha de milho, mandioca, estopa, algodão, linhagem, couro e aluguel de bestas ficaram em seis contos e 704 mil-réis. Equivalente a 23 anos do soldo de Tiradentes, o recurso saiu das arcas da Real Fazenda mas nunca chegou aos comerciantes. Alvarenga Peixoto desviou o dinheiro para pagar dívidas pessoais.[138]

O coronel tinha uma relação doentia com dinheiro. Seu patrimônio era extraordinário — ele possuía latifúndios, lavras de ouro, engenho de açúcar, canaviais, moinhos e rebanhos de gado.[139] Contudo, por mais que seus negócios rendessem muito e por mais que ele agafanhasse os cofres reais com grande energia, não havia dinheiro que chegasse para financiar seu desvario e suas excentricidades. Ele era tão ambicioso quanto descontrolado. Um episódio relatado pelo próprio coronel revela a dimensão de seu desregramento. Certa feita, um traficante de escravos bateu à porta de sua casa oferecendo-lhe a chance de ser o primeiro a examinar um lote excepcional de negros. Alvarenga Peixoto não precisava de escravos por já tê-los em bastante quantidade. Além disso, o preço estava alto. Mas, por educação, disse ao traficante que ficaria com seis. O vendedor insistiu que o lote era bom, e o coronel acabou amolecendo. Ao final, comprou 24.[140] O evento demonstrava a imoderação de Alvarenga Peixoto, e não apenas porque na época ele não carecia dos negros (no final da vida, seu plantel reuniria 132 "peças", o maior entre os conjurados).[141] O curioso do caso residia no fato de que o coronel não tinha dinheiro em caixa para quitar o negócio. Alvarenga Peixoto comprou fiado.[142]

Esse era o comportamento típico do coronel. Dois anos antes do encontro secreto dos conjurados no Rio das Mortes, ele fizera uma grande encomenda no comércio do Rio de Janeiro (alambiques, ferramentas agrícolas, quase uma tonelada de ferro, 240 quilos de aço italiano e cem cobertores "dos melhores" da Espanha). Na carta enviada ao fornecedor, ao tratar do pagamento, escreveu: "Ouro por ora não há, mas temos onde assinar".[143] O coronel firmava duplicatas, solicitava prazo em cima de prazo para quitar as dívidas, tomava dinheiro emprestado para cobrir os débitos e ao final dificilmente pagava.[144]

Naquele outubro de 1788, poucos dos que o viam batizar os filhos em grande estilo desconfiavam que ele tramava a independência de Minas Gerais. Mas muitos sabiam que era um caloteiro.

O hábito de não honrar compromissos financeiros se agravara nos últimos tempos. Havia oito anos que Alvarenga Peixoto deixara o posto de ouvidor, e desde então dedicava-se exclusivamente a seus negócios — sempre de forma caótica. O que poderia ser um projeto lucrativo, na mão do coronel transformava-se num sorvedouro de dinheiro sem fim. No ramo da mineração, por exemplo, ele caiu num erro comum entre aqueles que se dedicavam à atividade na época. Para tentar compensar a queda na produção, causada pelo esgotamento das jazidas de ouro de aluvião, o coronel investiu pesado em maquinário e na aquisição de escravos. Em tese, o investimento em tecnologia e o reforço na mão de obra seriam o bastante para corrigir a balança. Porém, sem conhecimento técnico para a mineração industrial e, principalmente, sem método na administração do negócio, o que ele viu foram suas dívidas explodirem.[145] Em dez anos, a aventura de Alvarenga Peixoto tinha produzido um rombo descomunal: 31 contos e 717 mil-réis (para juntar tal quantia, Tiradentes precisaria trabalhar 110 anos como alferes).[146]

Para praticamente todos os cabeças da conjuração, a libertação de Minas Gerais significaria, no campo pessoal, a abertura de oportunidades econômicas relevantes. No caso de Alvarenga Peixoto, tratava-se de uma necessidade urgente. Se a derrama fosse instaurada, ele certamente seria um dos mais atingidos. O coronel cuidava de salvar a própria pele.

O batizado simultâneo de dois filhos do coronel Alvarenga Peixoto, usado como justificativa para o encontro de rebeldes no Rio das Mortes, foi realizado na matriz de Santo Antônio da vila de São José, uma das construções mais imponentes das Minas setecentistas. De mãos postas aos céus, os conspiradores estavam por todos os lados, inclusive no altar.

O padre que celebrou a cerimônia, Carlos Correia de Toledo e Melo, era um revolucionário fervoroso. Dentre todos os rebeldes da Conjuração Mineira, presentes e ausentes ao batizado, aquele paulista de Taubaté era talvez o mais radical. Enquanto Tiradentes se guiava pelo *Recueil*, o sacerdote — homem culto e rico — se deixava influenciar por um livro bem mais extremado. A obra que fazia a cabeça do padre Toledo era uma espécie de manual para revoluções violentas, escrito por um francês de olhar regelante, o abade Guillaume Thomas François Raynal. Na obra *Histoire philosophique et politique des établissements et du commerce des européens dans les deux Indes* [Uma história filosófica e política dos assentamentos e do comércio dos europeus nas Índias Orientais e Ocidentais], o abade condenava o colonialismo, esconjurava o escravagismo e excomungava a fúria fiscal e a falta de liberdade dos povos (todos eles, males que assolavam o Brasil). O padre Toledo dizia ter aprendido com Raynal que "o modo de se fazerem os levantes [...] era cortando a cabeça do governador".[147] O sacerdote era tão fascinado pelo livro de Raynal que chegara a decorar algumas passagens.[148]

Quando, sob o fundo dourado do altar-mor da matriz de Santo Antônio, o padre Toledo despejou água benta na cabeça do pequeno João Damasceno, a seu lado, segurando uma vela acesa, estava o padrinho da criança, ninguém menos que o rebelde cotado para ser o chefe do governo revolucionário republicano de Minas Gerais. Seu nome: Tomás Antônio Gonzaga. Dada a importância do evento, é bem provável que aquele português de coração brasileiro (ele nascera no Porto mas viera para o Brasil ainda criança) estivesse "vestido de Paris", como era de seu agrado. Poucos, pouquíssimos guarda-roupas em Minas eram tão grandes, variados e extraordinários quanto o do ex-ouvidor de Vila Rica. Gonzaga possuía uma coleção assombrosa de fraques, casacas, coletes, sapatos, calções, camisas, lenços, gravatas, pescocinhos... Havia muita seda, muito cetim, ouro, prata, babados, bordados, punhos de renda e fivelas metálicas. Como vestia-se para ser notado, o ex-ouvidor preferia os tons fortes (flor de pessegueiro, verde periquito, carmesim, vinho, amarelo, roxo e cor-de-rosa).[149] Entre quatro paredes, Tomás Antônio Gonzaga levava uma vida menos empolada. Aquele homem na casa dos quarenta anos gostava de se divertir com escravas, criadas, prostitutas e eventualmente moças brancas de boa família, como era testemunha Maria Doroteia Joaquina de Seixas Brandão, filha de um capitão do Regimento de Cavalaria seduzida pelo dissoluto ex-ouvidor quando tinha quinze anos de idade. Dono de uma das penas mais talentosas da América portuguesa, Gonzaga transformaria o escândalo em fina poesia em seu bucólico e elegantemente erótico *Marília de Dirceu* (ele, o imaginário pastor Dirceu; ela, a pastora Marília). Nem só sobre o amor e a dor escrevia o poeta — Gonzaga rimava e conspirava. Ele era o autor anônimo das *Cartas chilenas*, a sátira venenosa, em forma de panfleto, que expôs magistralmente os absurdos da administração portuguesa em Minas Gerais.

Recém-saído do poderoso cargo de ouvidor de Vila Rica e já designado para assumir como desembargador da Relação da Bahia, aquele magistrado brilhante (cábula veterano da Universidade de Coimbra) era, para muitos, a referência maior no movimento insurreto. Daí a importância velada da sua presença no altar da matriz de Santo Antônio na cerimônia de batismo dos filhos de seu amigo e comparsa Alvarenga Peixoto.

Era realmente uma pena que Tiradentes não estivesse lá. Por azar, ele só chegaria ao Rio das Mortes um mês depois, perdendo alguns dos encontros secretos dos conspiradores, o batizado e a festa — e que festa!

Finda a missa do batizado e feitas as devidas despedidas à porta da igreja, um grupo seleto entrou na estreita rua do Sol e caminhou pouco mais de cem metros até chegar à residência do padre Toledo. Era hora de comer, beber e conspirar. Naquele majestoso casarão, debaixo do teto pintado à mão com motivos de frutas regionais, Tomás Antônio Gonzaga, Alvarenga Peixoto, padre Toledo e mais alguns rebeldes puseram-se a traçar planos para a revolta. A conversa fluiu. Provavelmente embalados pelo vinho e pela cachaça, eles começaram a imaginar como seria a Minas do futuro. Prestes a darem o passo mais ousado e perigoso de suas vidas, os conspiradores se permitiram cair na galhofa. A troça começou quando um dos presentes se referiu à capitania como um "formidável império" de futuro promissor. O padre Toledo emendou com uma blague: "Eu sou o pontífice" (ou, segundo outra versão, "eu sou o bispo"). O coronel Alvarenga Peixoto entrou no clima e fez um brinde à sua mulher: "Lá vai à saúde da senhora dona Bárbara [Heliodora], que há de ser rainha". Outro conjurado presente, Luís Vaz de Toledo Piza, irmão do padre Toledo, descambou para a fanfarronice dizendo que, com o fagote que levava à cintura, cortaria a cabeça do governador.[150]

Terminado o folguedo, segundo a versão que correu, alguns dos convivas saíram bêbados, rua afora, cada um com uma mulher a tiracolo.[151] A catarse rebelde foi de tal ordem excitada que até os músicos que animavam a festa escutaram as zombarias.[152] Inevitável: os boatos iriam correr.

Apesar de ter perdido a festa, Tiradentes chegou ao Rio das Mortes a tempo de participar de algumas confabulações. Entre uma reunião e outra, zanzou por São João del-Rei, São José e outras localidades da comarca tentando atrair novos adeptos para a causa. Segundo suas próprias contas, ele teria jogado a isca para doze ou catorze pessoas, tendo conseguido aliciar onze.[153]

Depois de um mês plantando o levante na região, o alferes iniciou a viagem de volta a Vila Rica. E, é claro, não perdeu a chance de catar novos adeptos pelo caminho. Certo dia, acabou fisgando um velho que viajava sem dinheiro, "um pobre homem", nas palavras do alferes. Era o português Antônio de Oliveira Lopes, que saíra de sua terra natal, a paupérrima Abranches, para viver na semipenúria no Brasil, onde fazia biscates.[154] Atraído pela causa republicana ou pelo fato de que Tiradentes passara a custear-lhe as despesas (ou por ambos os motivos), o Fraca-Roupa, como era chamado, passou a acompanhar o alferes na viagem.[155] Não se sabe se Tiradentes lera Miguel de Cervantes, como era do gosto de Tomás Antônio Gonzaga, mas o certo é que agora, tal qual um Dom Quixote de la Mancha, Joaquim tinha seu próprio Sancho Pança.[156]

Vencidos pouco mais de cem quilômetros de estrada, Tiradentes e o Fraca-Roupa fizeram uma parada numa estalagem localizada no arraial da Varginha do Lourenço. Faltavam três dias para o Natal. No jantar, o alferes não parou de falar. Maldisse as autoridades portuguesas afirmando que, sem elas, "as Minas podiam ser uma Europa, porque tinham em si tudo quanto era preciso, ferro, aço, ouro e diamantes".[157] Quanto mais o Fraca-Roupa e o taberneiro João da Costa Rodrigues prestavam atenção, mais Joaquim se inflamava. Ele chegou a dizer que, não fosse a roubalheira dos funcionários da Coroa, as ruas da capitania poderiam ser calçadas de ouro. Próximo da mesa, um homem ainda mais maltratado que o Fraca-Roupa, descalço e com um saco às costas, observava a cena. Tendo captado a atenção da plateia, o alferes revelou em tom solene que angariava adeptos para um levante. Nos últimos dias, contou ele, "tinha [reunido] onze sujeitos para a República", ao que o Fraca-Roupa, com um copo de vinho à mão, emendou: "Pois em tendo os onze, eu farei a dúzia".[158] O taberneiro também se empolgou e anunciou que "com ele eram treze".[159]

Naquela noite, na taberna de Varginha do Lourenço, a revolução parecia estar em marcha. Fraca-Roupa não conteve o entusiasmo e, dando a fatura como liquidada, levantou o copo de vinho e fez um brinde: "Lá vai à saúde dos novos governantes para o ano de 1789".[160]

Na manhã seguinte ao pequeno comício na estalagem, Tiradentes retomou seu caminho e, apertando o passo, chegou a Vila Rica. O alferes acertara de novo: naquele momento, o epicentro da cabala se deslocava da comarca do Rio das Mortes para a de Vila Rica.

Refeitos dos intensos eventos paralelos do batizado em São José, o coronel Alvarenga Peixoto e o padre Toledo tinham acabado de chegar à capital mineira, hospedando-se na casa de outro conspirador, o ex-ouvidor Tomás Antônio Gonzaga. Com desculpas esfarrapadas (visitar um amigo, pegar ou devolver um livro emprestado...), os três circulavam de forma frenética por Vila Rica e pela vizinha Mariana tramando a independência da capitania.[161] José da Silva e Oliveira Rolim, o padre contrabandista que confabulara com Tiradentes no Rio de Janeiro poucos meses antes, também andava por ali, mas de forma bem mais discreta, pois continuava proibido de botar os pés em Minas Gerais. O dr. Maciel, por sua vez, seguia palmilhando as redondezas em busca de matéria-prima para fabricar pólvora.[162] Já o chefe de Tiradentes no Regimento de Cavalaria, o tenente-coronel Francisco de Paula Freire de Andrada, se movia entre todos os atores buscando amarrar as questões estratégico-militares da campanha.

Mal entrou em Vila Rica, Tiradentes se juntou à roda. No mesmo dia de sua chegada, tendo acabado de cavalgar cinquenta quilômetros, ele se dirigiu à casa do comandante do regimento.[163] A relação deles tinha algo de curioso. Ambos eram da tropa paga, o que em tese os aproximava, mas só até certo ponto. No que tangia à hierarquia militar, havia entre eles um precipício: Joaquim era um simples alferes, enquanto Francisco de Paula Freire de Andrada era tenente-coronel (quatro postos acima) e, além disso, comandante dos Dragões. Aos 42 anos de idade, Tiradentes estava engessado na rabeira da carreira; seis anos mais moço, Freire de Andrada já havia chegado ao topo. No submundo da conspiração, entretanto, as regras eram outras. Quem parecia mandar mais era Joaquim, e não o contrário. Desde que regressara do Rio de Janeiro, o alferes pressionava o tenente-coronel a se empenhar mais pela sedição. Freire de Andrada até que maquinava bastante com os cabeças do movimento, mas, fora do núcleo dirigente, resistia a se expor — coisa que Tiradentes fazia sem a menor cerimônia. Joaquim queria que Freire de Andrada se apresentasse como um dos líderes dos sediciosos mineiros perante os grandes comerciantes do Rio de Janeiro que prometiam aderir à revolta. Antes de colocarem dinheiro e de apostarem seus pescoços naquela aventura, os graúdos da capital da colônia queriam saber se os conspiradores poderiam de fato contar com a tropa paga de Minas Gerais. Para os comerciantes fluminenses, não seria um reles alferes a pessoa apropriada para dar esse aval, e sim o comandante do regimento.[164]

Entre os conspiradores, havia quem desconfiasse que, apesar de se vender internamente como personalidade muito importante no movimento, o número um dos Dragões não estava ainda de todo envolvido com a causa.[165] Tiradentes devia ter a mesma opinião, pois pressionava o chefe até o limite da insubordinação. No dia 23 de dezembro, logo após chegar da longa e cansativa viagem ao Rio das Mortes, Joaquim foi à casa de Freire de Andrada e o apertou novamente. Diante de outros três líderes do grupo (o coronel Alvarenga Peixoto, o padre Toledo e o dr. Maciel), o alferes cobrou do comandante que se posicionasse perante os comerciantes do Rio. Antes que Freire de Andrada pudesse responder, Alvarenga Peixoto atravessou a conversa e disse que o apoio do Rio de Janeiro de nada adiantaria se os rebeldes não conseguissem também o suporte de São Paulo. Afinal, tanto a partir de uma capitania quanto de outra, as tropas portuguesas poderiam chegar rapidamente a Minas Gerais para tentar sufocar a rebelião. Freire de Andrada aproveitou a variante aberta por Alvarenga Peixoto e mais uma vez escapou de empenhar sua palavra a Tiradentes.[166]

Tinha um motivo justo a insistência com que o alferes pressionava Freire de Andrada: a adesão do Rio de Janeiro era um ponto crucial nos planos rebeldes, e não somente pelo dinheiro e pelos braços que a capitania poderia injetar na luta. Os comerciantes fluminenses tinham potencial de atrair para a revolução seus parceiros de negócios na Europa. Segundo dizia Tiradentes, alguns sediciosos do Rio já teriam garantido o envio de "socorros de França".[167]

Nem todos os membros do movimento em Minas — entre eles o coronel Alvarenga Peixoto — pareciam comprar integralmente a versão sobre as supostas tratativas com os comerciantes do Rio, e isso incomodava muito Tiradentes. No dia seguinte à reunião na casa do comandante dos Dragões, Joaquim saiu atrás de Alvarenga Peixoto para tentar convencê-lo de que falava a verdade. Descobriu então que o coronel se encontrava na casa do contratador João Rodrigues de Macedo e foi até lá.

A residência de Macedo estava cheia naquele dia, 24 de dezembro. O deslumbrante solar da rua São José era um dos principais pontos de encontro da elite mineira, onde o anfitrião, homem mais rico da capitania, gostava de juntar amigos, parceiros, credores, ex-credores e futuros credores para tratar de negócios e confabular em volta de sua mesa de gamão.[168] Nos últimos tempos, o solar de Macedo se tornara um antro de revoltosos, e a conspiração dominava algumas rodas de conversa da casa.[169] Naquele dia, o coronel Alvarenga Peixoto chegou ao solar e misturou-se aos presentes. Quando começava a relaxar, Tiradentes se materializou na sua frente, cheio de aflição. O alferes puxou o coronel de lado e disse que precisava lhe falar em particular. Parecia "espantado", pensou Alvarenga.[170] Joaquim queria se certificar de que o coronel acreditara nas suas palavras referentes ao propalado apoio dos comerciantes fluminenses. "A notícia do Rio era verdadeira", exclamou o alferes.[171] E emendou: "O Rio de Janeiro já estava com os olhos abertos e [...] as Minas Gerais [...] os havia de ir abrindo".[172] Dado o recado, Joaquim se retirou, deixando Alvarenga Peixoto na mesa de gamão com João Rodrigues de Macedo, de onde a dupla só sairia às três horas da manhã.[173]

A facilidade com que Tiradentes entrava na casa do homem mais opulento de Minas com a única finalidade de tramar a independência da capitania revelava muito da extensão da rede de contatos do alferes. E expunha também os interesses do ambíguo João Rodrigues de Macedo em relação à Conjuração Mineira.

Tendo a guiá-lo a veia de usurário, comerciante e contratador, Macedo se dava bem tanto com um lado (a Coroa e seus representantes) quanto com o outro (os conspiradores). Sua ideologia era o dinheiro. Como homem de negócios, era impossível a Macedo ignorar o imenso lucro que iria auferir caso fosse realizado o sonho sedicioso de Tiradentes. A libertação de Minas Gerais do jugo português significaria, de imediato, o fim das remessas obrigatórias de ouro para Lisboa e, consequentemente, mais dinheiro circulando na capitania. O previsível aquecimento da economia local geraria aumento das vendas no comércio. Ou seja, mais ouro entrando nas canastras de Macedo, que possuía lojas em Vila Rica e Sabará, onde vendia produtos tanto no atacado (seu carro-chefe era o açúcar) quanto no varejo.

Macedo tinha perspectivas de ganhar muito dinheiro com o sucesso da Conjuração Mineira. Mais importante que isso, porém, era o quanto ele deixaria de perder. Em sua atividade principal, como contratador, João Rodrigues de Macedo recolhia impostos sobre a circulação de produtos, escravos e gado (as entradas) e sobre a produção agropecuária e o patrimônio (os dízimos). O contratador embolsava todo o dinheiro arrecadado e, em troca, pagava à Real Fazenda uma quantia fixa previamente definida. Na teoria, era assim que funcionava o sistema de contratos. Na prática, a coisa era diferente. Macedo recolhia os impostos e apoderava-se do dinheiro, mas, na hora de honrar sua parte no contrato, acabava rebarbando e empurrando o pagamento para depois. Naquele ano de 1788, Macedo ainda não havia quitado integralmente um contrato firmado doze anos antes.[174] Pelas contas da Coroa, o contratador acumulava débitos que somavam mais de 750 contos de réis.[175] A fortuna equivalia a 2604 anos do trabalho de Tiradentes.

Para Macedo, pagar o dinheiro cobrado na derrama seria fácil, mas quitar os débitos dos contratos seria impossível. Como tinha em mãos muito crédito podre, acumulado em sua atividade como usurário, o patrimônio que lhe sobrava, ainda que fosse gigantesco, era insuficiente para saldar o passivo.[176]

Enquanto a grande maioria dos mineiros estava preocupada com a anunciada (mas ainda não implementada) decretação da derrama, Macedo mirava mais longe. Ele sabia que a Coroa também pretendia exigir a quitação dos contratos em atraso. Era uma questão de tempo. O novo governador de Minas Gerais de fato tinha ordens expressas de reclamar os pagamentos vencidos, não importando a "qualidade" do devedor.[177] Pior que isso: o visconde de Barbacena tinha orientações específicas para ser duro com João Rodrigues de Macedo.[178]

Não havia escapatória para o contratador. Ou melhor, havia, mas dependia do sucesso da conjuração.

12.

Os primeiros dias de verão em 1788 não trouxeram surpresa em Vila Rica, e os aguaceiros marcaram presença, sobretudo nos fins de tarde. A água jorrava das biqueiras dos telhados inundando as portas das casas; o movimento nas ruas desaparecia.[1] No dia 26 de dezembro foi assim. A chuva começou a cair forte no fim da tarde e não parou.[2] Era uma sexta-feira, e a lua era um fiapo no céu. "Quando mingua a lua, não comece coisa alguma", dizia um velho ditado português. Cheios de pressa, os conjurados não deram atenção à antiga crença.

Naquela noite, na casa do comandante do Regimento de Cavalaria, foi realizada a reunião preparatória mais importante da sedição. Para não despertar suspeitas, os rebeldes chegaram separadamente ao belo sobrado do tenente-coronel, na rua Direita. Os primeiros a aparecer foram Tiradentes e o padre Toledo. Depois vieram o padre Rolim e, logo em seguida, o dr. Maciel e o capitão da cavalaria Maximiano de Oliveira Leite.[3] O ex-ouvidor Tomás Antônio Gonzaga foi um dos últimos a se somar ao grupo. No amplo salão do sobrado, foram então acesos os candeeiros, e uma luz amarela bruxuleante iluminou as paredes cobertas de quadros.[4] Perto das oito horas da noite, estavam lá os principais líderes do movimento, mas ainda faltava um.[5] Para a irritação de seus companheiros, Alvarenga Peixoto estava atrasado.[6] O coronel parecia ter se esquecido do compromisso — naquele momento, o folgazão se encontrava numa roda animada na casa do contratador João Rodrigues de Macedo.[7] Descoberto o paradeiro de Alvarenga Peixoto, coube então ao padre Toledo escrever um bilhete endereçado a ele:

> Estamos juntos, e venha vossa mercê já [...]
> Amigo Toledo.[8]

Um emissário foi debaixo de chuva à casa do contratador levando a mensagem. Alvarenga Peixoto recebeu o recado, leu-o, mas não demonstrou muita preocupação com sua falta. Pelo mesmo portador que trouxera o bilhete, ele mandou avisar aos companheiros que o esperavam que iria tão logo terminasse o aguaceiro.[9] E assim o fez.

Quando o coronel chegou ao sobrado de Freire de Andrada, as discussões já tinham começado. Foi-lhe feita então uma recapitulação de tudo o que havia sido tratado, e a reunião enfim pôde avançar.[10]

Assentados em cadeiras forradas de seda, os oito conjurados presentes compunham a cúpula do movimento.[11] Quase todos tinham nascido no Brasil (havia dois cariocas, um paulista e quatro mineiros).[12] O único português nato ali era Tomás Antônio Gonzaga, que tinha, porém, mais tempo de colônia que de reino.[13] De coração, portanto, eram todos "brasileiros". E todos viviam em Minas Gerais, distribuídos pelas comarcas de Vila Rica, Rio das Mortes e Serro do Frio, as três mais empenhadas na separação da capitania.[14] Os presentes exerciam atividades variadas (poeta, fazendeiro, militar, homem de negócios, magistrado, advogado, engenheiro e sacerdote), em alguns casos acumulando mais de um ofício.[15] Naquela sala estavam espelhados os setores socioeconômicos mais importantes da elite mineira (mineração, agropecuária, finanças, oficialato e administração colonial).[16] Dentre todos os presentes, Tiradentes era o menos graduado, o menos abastado e o que detinha menos poder. Sua origem familiar também era a menos relevante. Foi ele, contudo, quem ditou o ritmo da reunião.

Quando dominou o encontro decisivo dos conspiradores, o alferes já era reconhecido por muitos de seus pares como "o mais empenhado" integrante da cúpula do movimento.[17] Alguns o veneravam. O cônego Luís Vieira, um dos mais brilhantes intelectuais do grupo (e de um grupo coalhado de homens de excepcional inteligência), dizia que "se houvesse muitos como ele [Joaquim], seria o Brasil uma república florente".[18] Ao se referir a Tiradentes, o padre Rolim não era menos efusivo. Para ele, "aquele rapaz era um herói".[19]

Na reunião do dia 26 dezembro, mesmo diante de dois oficiais mais graduados, o alferes tomou a palavra e, de forma desinibida, traçou algumas das principais estratégias e táticas militares do movimento. Como era de seu costume, também injetou uma dose extra de entusiasmo, em que havia muito de desejo e pouco de concreto. Joaquim assegurou que "tinha muita gente pronta" no Rio de Janeiro, sendo possível, portanto, dar início ao levante.[20] Era só marcar a data. A confiança do alferes não agradou a seu comandante. Antes que Tiradentes pudesse prosseguir, o tenente-coronel Freire de Andrada atravessou a exposição e passou a ditar instruções ao subordinado. Já que o alferes garantia ter "um grande partido" na capital da colônia, afirmou Freire de Andrada, o motim então deveria começar por lá.[21] Em tom desafiador, o comandante sugeriu a Joaquim que fosse ao Rio de Janeiro buscar os seguidores que dizia ter, e aí sim, quando retornasse a Vila Rica, escoltado pelos rebeldes fluminenses, seria deflagrada a segunda fase da sublevação, com o levantamento de Minas.[22] O tenente-coronel parou por aí — foi a vez de Joaquim interromper o chefe. Seco, Tiradentes disse a ele que "não podia ser" daquele jeito.[23] A melhor estratégia, afirmou, era fazer o movimento de dentro para fora e não de fora para dentro. Ou seja, o levante deveria começar por Minas para então expandir-se para o Rio de Janeiro e São Paulo. Postas na mesa as duas estratégias, seguiu-se uma discussão entre os presentes. Ao final, o plano do alferes foi aprovado.[24]

Àquela altura, entre os conspiradores, já era dado como certo o apoio maciço do Rio de Janeiro. Mas havia um porém: Tiradentes e o dr. Maciel, responsáveis pela articulação, nunca declinavam os nomes dos misteriosos chefes rebeldes fluminenses. Na reunião de 26 de dezembro não foi diferente: Joaquim alardeou como fatura liquidada o reforço do Rio de Janeiro, mas o fez de forma vaga, sem nomear ninguém.[25] Maciel, por sua vez, calado estava, calado ficou.[26]

Com ou sem apoio do Rio de Janeiro, a tomada de Vila Rica não seria, em tese, uma operação militar das mais difíceis. Manter a conquista, sim, era outra história. Na capital mineira e arredores, excluídos os militares convertidos em rebeldes, restavam apenas cerca de setenta soldados leais à Coroa.[27] Pelos cálculos do próprio governador, bastariam setenta miseráveis armados para dominar a capital, e os conjurados diziam ter bem mais que isso.[28] Na reunião do Natal, Tiradentes anunciou que a maior parte da tropa havia sido recrutada para o "partido do povo".[29] O padre Rolim tomou a palavra e prometeu trazer do Serro do Frio outros duzentos homens, "prontos e armados de armas e pólvora e bala".[30] Alvarenga Peixoto assegurou que traria mais duzentos "pés-rapados" da Campanha do Rio Verde.[31] Sem se comprometer com números, o padre Toledo disse que mandaria vir homens de São Paulo, provavelmente de sua terra natal, Taubaté.[32]

Acertada a composição do contingente rebelde, os conjurados passaram a tratar de outro elemento essencial à luta: armamento e munição. Tiradentes tinha um plano para assaltar os paióis da Coroa em Minas, roubando seus "trens" (ou seja, armas, munição e explosivos).[33] Seria um adianto, sem dúvida, mas não resolveria integralmente o problema. O próprio alferes tinha a informação de que os estoques de pólvora em Minas eram pequenos.[34] Todos concordaram então sobre a necessidade de comprar lotes do explosivo em outras capitanias, mas isso não sairia barato.[35] O padre Rolim se apresentou mais uma vez e contou que tinha algum dinheiro em Vila Rica, provavelmente fruto de suas atividades clandestinas, o qual punha à disposição do movimento.[36] E disse mais: ele mesmo providenciaria o envio de um carregamento de pólvora da Bahia.[37] Rolim não era o primeiro a oferecer dinheiro para reforçar o arsenal rebelde. Antes, o contratador Domingos de Abreu Vieira, padrinho da filha de Tiradentes, afirmara que, aos 64 anos de idade, estava velho demais para ir para o campo de batalha, mas que se comprometia a abastecer as trincheiras rebeldes com duzentos barris de pólvora.[38] Para o começo da guerra, bastava. Mesmo porque, assim que Vila Rica fosse tomada, o dr. Maciel se encarregaria de montar uma fábrica de pólvora.[39]

A reunião seguiu adiante. Como era consenso que o movimento já dispunha de combatentes, munição e armamento suficientes para dar início à luta, passou-se então a discutir a data ideal para a deflagração do levante. Rapidamente chegou-se ao entendimento de que o motim deveria ser desencadeado quando do lançamento da derrama, a fim de se aproveitar do descontentamento popular. A derrama, lembrou o padre Rolim, iria "alterar o povo", o que convinha à conjuração — um pensamento preciso, já que a capitania tinha um histórico de quase cem anos de violentos episódios de insurgência deflagrados justamente em momentos de elevada tensão com a voracidade fiscal da Coroa.[40]

Minas Gerais, portanto, daria seu grito de liberdade dentro de dois ou três meses, quando se esperava que a Junta da Real Fazenda daria início à cobrança dos quintos atrasados. Quando a revolução fosse para as ruas, seria necessário agir com rapidez e coordenação, a fim de evitar uma possível reação do governador. Combinou-se então que, assim que a derrama fosse oficialmente decretada, emissários designados pelo tenente-coronel Freire de Andrada e por Tiradentes dariam o sinal para o início do levante. O momento exato do ataque seria comunicado por meio de uma mensagem cifrada: "A tal dia e tal hora é o batizado".[41]

O local do "batizado" eram as ruas centrais de Vila Rica. No dia e na hora combinados, os combatentes sairiam de seus esconderijos, nas proximidades da capital, e marchariam em direção ao centro da vila em pequenos grupos, a fim de não chamar muita atenção.[42] Estariam todos vestidos com casaca, capa ou sobretudo; debaixo das vestes, levariam espingardas e facões.[43] Quando estivessem prontos e posicionados, começariam então um tumulto. Até esse ponto do roteiro, estavam todos de acordo. Calhou, porém, de Tiradentes fazer uma sugestão que perturbaria alguns dos presentes. "O primeiro passo da conjuração", defendeu, "devia ser tirar a vida" do governador.[44] O alferes propôs que, enquanto os rebeldes armados estivessem se dirigindo para o centro de Vila Rica, ele e um pequeno esquadrão de sua confiança (de quatro a seis soldados) seguiriam para a chácara do governador, no arraial de Cachoeira do Campo, a 22 quilômetros a oeste da capital mineira.[45] Joaquim e seu grupo esperariam o momento em que o visconde de Barbacena estivesse à mesa, ceando, para invadir a residência, quando então Tiradentes mataria o governador e cortaria sua cabeça. Terminada a ação, voltaria a cavalo para Vila Rica levando a cabeça de Barbacena dentro de um saco. Chegando ao centro da capital, onde os rebeldes estariam à sua espera, Joaquim "tocaria a parada" (ou seja, iniciaria o tumulto).[46] Sem apear do cavalo, abriria o saco, pegaria a cabeça do governador pelos cabelos e a lançaria no meio da rua.[47] E gritaria: "Este era quem nos governava. De hoje em diante, viva a liberdade!".[48]

A proposta de Tiradentes conseguiu assustar tanto o ameno comandante do regimento quanto o radical padre Toledo.[49] Tentando tirar da sala aquela incômoda ideia, ambos argumentaram que "não era bom principiar [o motim] logo por mortes".[50] O tenente-coronel e o sacerdote consentiram que o alferes estava certo quanto à necessidade de impedir uma possível reação do governador. Mas em vez de matar o visconde, sugeriu a dupla, Joaquim poderia se limitar a expulsá-lo de Minas Gerais junto com a mulher e os filhos, conduzindo todos — "em paz", frisaram Toledo e Freire de Andrada — até o registro do Paraibuna, na divisa com a capitania do Rio de Janeiro.[51] A alternativa mais branda encontraria guarida no compadre de Tiradentes — Domingos de Abreu Vieira também não achava conveniente decapitar o representante da rainha em

Minas Gerais.⁵² Mas não houve consenso, já que alguns dos presentes apoiaram a proposta do alferes. Se Barbacena fosse poupado, diziam estes, uma parte da população poderia ficar do seu lado.⁵³ Alguém chegou a dizer que "não havia levante sem cabeça fora".⁵⁴ O coronel Alvarenga Peixoto foi um dos que se renderam à tese de que era preciso uma cena atroz como aquela para semear o medo e colher a submissão entre os indecisos. "Cabecinha fora, cabecinha fora", repetia ele.⁵⁵ O padre Rolim também concordou que era conveniente eliminar o governador — "melhor matá-lo", disse.⁵⁶

Como a proposta do alferes gerou polêmica, os conjurados concordaram em adiar a decisão.⁵⁷ Mas uma coisa ficou acertada: fosse qual fosse a ação escolhida (matar o governador ou expulsá-lo de Minas Gerais), ela seria realizada por Joaquim José da Silva Xavier.⁵⁸ Na reunião, o alferes disse que, independentemente de qual fosse a deliberação final, ele "estava pronto para a ação mais arriscada".⁵⁹ Tiradentes não apenas se comprometeu a matar o governador, se assim fosse decidido, como também reivindicou para si a ação.⁶⁰

Enquanto Joaquim demandava um papel de destaque e de superexposição no levante, o comandante dos Dragões imaginava para si uma função diferente. Não que o tenente-coronel Freire de Andrada abrisse mão de estar entre os protagonistas, mas preferia fazê-lo de uma maneira dissimulada. Na reunião do Natal, ficou combinado que, quando Tiradentes voltasse de Cachoeira do Campo (com ou sem a cabeça do governador dentro de um saco) e provocasse o tumulto no centro de Vila Rica, o comandante do regimento iria ao local, acompanhado de soldados, fingindo atender uma ocorrência trivial. Ao deparar-se com a arruaça, simulando desconhecer do que se tratava, o tenente-coronel perguntaria o que queriam os baderneiros. Tiradentes então responderia que o povo queria liberdade. Nesse momento, Freire de Andrada fingiria converter-se à vontade da massa dizendo que era justo o que pediam. O alferes então se posicionaria ao lado do comandante, como que o avalizando (outro gesto milimetricamente calculado, já que era Joaquim e não Freire de Andrada quem gozava de mais prestígio na tropa). Em seguida, o tenente-coronel faria uma fala em que anunciaria o fim do domínio português nas Minas Gerais.⁶¹

O texto do discurso do comandante foi motivo de mais uma divergência entre Freire de Andrada e Joaquim. Sempre buscando para si um lugar ameno na encenação, o tenente-coronel propôs fazer uma "fala de missionário" (ou seja, benévola, aveludada), ao que o alferes retrucou dizendo que não devia ser daquele jeito.⁶² Joaquim então ditou o que o comandante deveria declamar: "Meus amigos, ou seguir-me, ou morrer!".⁶³

Freire de Andrada seria brando, como ele mesmo queria, ou grave, como Tiradentes desejava? A decisão ficaria para depois. Agora era preciso seguir com a longa pauta da reunião.

Consumada a tomada de Vila Rica, o passo seguinte seria resistir à previsível reação da Coroa. Nessa fase do motim, os misteriosos rebeldes do Rio de Janeiro teriam um papel essencial. Capital do vice-reino do Brasil havia 25 anos, a cidade era uma das principais portas de entrada da colônia, o que lhe garantia uma infraestrutura militar considerável. O Rio contava com fortes, paióis e batalhões formados exclusivamente por portugueses, forças que precisariam ser neutralizadas. Os conjurados de Minas entendiam que esse papel caberia aos sediciosos fluminenses, que "haviam de fazer ali [no Rio] o mesmo que se tinha cá feito [em Vila Rica]".⁶⁴ Como Tiradentes e o dr. Maciel haviam garantido que os revoltosos do Rio de Janeiro estavam prontos para a luta, passou-se adiante mais esse ponto da pauta.

Ninguém esperava, contudo, que Lisboa assistisse impassível à queda simultânea do Rio de Janeiro e de Vila Rica. Era evidente que a rainha faria suas naus de guerra transporem o Atlântico para tentar reaver as duas porções de seu território além-mar mais precioso. Quando a armada de sua majestade entrasse em águas cariocas, os rebeldes enviariam a seu encontro um emissário da recém-proclamada República de Minas Gerais (ou Minas-Rio, ou Minas-Rio-São Paulo — ninguém sabia direito qual seria a extensão da conquista), a fim de propor que os dois lados se sentassem à mesa de negociações. O emissário rebelde tentaria demover da luta os oficiais de sua majestade e os incitaria a levantar âncora e tomar o rumo de volta para casa. Havia duas opções, diria o mensageiro: aceitar a proposta ou levar "balas ardentes".⁶⁵

Era difícil prever qual seria a reação do estado-maior da armada portuguesa; tudo ia depender da correlação de forças verificadas naquele momento. Mas os rebeldes precisavam se preparar para o pior. Pelos cálculos dos conjurados mineiros, caso a armada lusitana tentasse desembarcar nas praias do Rio, seria possível rechaçá-la com uma força naval composta de dezesseis naus.⁶⁶ Providenciar essa salvaguarda também seria problema dos amotinados fluminenses.

O exercício de hipóteses prosseguiu. Caso os portugueses furassem o cerco montado na orla do Rio (se é que ele existiria) e conseguissem retomar o controle da capital da colônia, era esperado que marchassem rumo a Minas. Quando vencessem então (uns a cavalo, outros a pé) os 160 quilômetros até a fronteira da capitania rebelde, uma segunda linha de contenção estaria esperando por eles. Tiradentes era um dos encarregados de montar esse grupo de resistência, que ficaria sob ordens diretas do capitão Maximiano de Oliveira Leite.[67] Ao tentar penetrar na zona liberada, a vanguarda portuguesa seria recebida a bala pelos homens de Maximiano.[68]

Defendida a fronteira com o Rio de Janeiro, restaria fechar as outras três portas de entrada para Minas Gerais: as divisas com a Bahia, São Paulo e Goiás. Tiradentes e alguns de seus comparsas também cuidavam disso. Se escolhessem Salvador como ponta de lança para a ofensiva contrainsurgente, as forças de sua majestade seriam obrigadas a um grande esforço. Depois de vencer um trajeto de cerca de mil quilômetros, cavalgando ou caminhando pelos sertões baianos e navegando pelo rio São Francisco, a campanha militar de d. Maria encontraria resistência ao chegar ao norte de Minas Gerais. Ao ingressar no território liberado, os soldados portugueses topariam com combatentes rebeldes sob o comando de Manuel da Silva Brandão, capitão do Regimento de Cavalaria recrutado por Tiradentes.[69]

Uma terceira e última barreira, montada na região do Rio das Mortes, fecharia a fronteira oeste de Minas Gerais. O posto avançado teria duas frentes móveis (São João del-Rei e São José). Se os portugueses viessem pelos lados de São Paulo, o pequeno exército de "pés-rapados" chefiado pelo coronel Alvarenga Peixoto e pelo padre Toledo seria deslocado para as trincheiras da Campanha do Rio Verde. Se a ofensiva chegasse pela Picada de Goiás, os insurgentes fincariam suas barricadas em Pitangui.[70]

Nesse intrincado teatro de operações, os conjurados contavam com uma vantagem: a natureza.[71] Viessem de onde viessem, as tropas legalistas encontrariam imensas dificuldades para chegar ao quartel-general revolucionário. Todos os acessos a Vila Rica eram repletos de obstáculos naturais (montanhas, rios, florestas e sertões). Tendo a geografia do campo de batalha a seu favor, os conspiradores planejavam armar emboscadas para pegar os soldados de sua majestade desprevenidos.[72] De um lado, estariam homens sem nenhum conhecimento do terreno, marchando de peito aberto pelas estradas; de outro, entocados no mato e caminhando por picadas que só eles conheciam, estariam militares e trabalhadores das fazendas, gente da terra.[73] O experiente sargento-mor da Cavalaria Auxiliar de São João del-Rei, Luís Vaz de Toledo Piza, irmão do padre Toledo, era um dos que pretendiam esperar os enviados da Coroa entrincheirados no mato. Ele já tinha separado uma espingarda e recrutado um "certo número de caboclos" para a ação.[74] Operações semelhantes seriam feitas na serra da Mantiqueira, onde "homens pardos, acostumados a andar no mato", fariam emboscadas para atacar a tropa portuguesa que ousasse vir pelo Caminho Novo.[75]

Claro, haveria sempre a possibilidade de os combatentes lusitanos conseguirem furar todas as barreiras, mas os insurgentes também tinham um plano para essa hipótese. Caso alguma das linhas de contenção caísse, os amotinados recuariam, mas antes explodiriam os depósitos de pólvora, envenenariam as águas, destruiriam as plantações e retirariam o gado. Assim, os portugueses teriam de seguir avançando por uma terra arrasada e sem mantimentos para seu sustento. E mais adiante encontrariam novas emboscadas.[76] A ordem era resistir o máximo de tempo possível e a qualquer custo. A aposta era que, a exemplo do que tinha acontecido com a Grã-Bretanha na malsucedida campanha para reaver as colônias da América do Norte (1775-83), Portugal não teria como sustentar indefinidamente uma guerra a 8 mil quilômetros de distância. Desse modo, no caso de um confronto mais longo, os conjurados mineiros contavam com a vitória graças a dois fatores: o esgotamento das forças militares de Lisboa e a exaustão dos cofres de d. Maria.

A guerra com Portugal podia durar até três anos, segundo os cálculos da cúpula rebelde.[77] Não era um tempo curto, sobretudo porque nesse período os mineiros seriam obrigados a viver entrincheirados. O plano de resistência previa o armazenamento de provisões (principalmente víveres e sal) suficientes para manter 1500 pessoas durante seis meses.[78] Os conjurados acreditavam que, se conseguissem aguentar um semestre com recursos próprios, dali em diante seria mais fácil recompor os estoques, com fornecedores de outras capitanias e até mesmo de nações estrangeiras.

Para formar esse imenso depósito (e, posteriormente, recompô-lo), seria necessário levantar uma fortuna. Uma não, duas. Havia ainda o soldo dos combatentes que ficariam enfurnados nas trincheiras por um período que podia variar entre seis meses e três anos.[79] Os conspiradores também tinham pensado nisso, e Tiradentes, em especial, cuidava do assunto.

Joaquim José da Silva Xavier tinha a informação de que em breve o governador de Minas Gerais mandaria para o Rio de Janeiro um grande carregamento de ouro, recolhido como pagamento do quinto.[80] A data da partida do comboio ainda não estava fechada, mas tudo indicava que não demoraria. Tiradentes apurou que, do Rio, o metal precioso seria transportado para Lisboa na nau *Nossa Senhora de Belém*.[81] Assim, quando a embarcação atracasse no porto, o ouro de Minas já deveria estar na cidade, guardado nos cofres da Real Fazenda. Segundo tinha descoberto o alferes, a nau não demoraria muito a aportar na costa carioca, o que indicava, por consequência, que o comboio estava na iminência de partir de Vila Rica. No que dependesse de Joaquim e de seus comparsas, aquele ouro nunca chegaria ao Rio, muito menos atravessaria o Atlântico. Seria usado para bancar a revolução.[82] A ideia era tomar o comboio de assalto em algum ponto entre Vila Rica e o Rio de Janeiro, numa operação dirigida por Tiradentes.[83] O alferes inclusive já monitorava tanto a chegada da nau *Nossa Senhora de Belém* ao Rio quanto a partida do comboio de Vila Rica.[84]

Se tudo desse certo e a vitória militar fosse consolidada, os revolucionários passariam então a moldar a primeira nação independente da América do Sul. O primeiro passo seria construir um arcabouço legal, sintonizado com os preceitos republicanos, como muitos defendiam. Os conjurados não partiriam do zero, já que havia um bom tempo debatiam as leis constitucionais dos Estados Unidos, reunidas no *Recueil*.[85] Dentre os conspiradores, Tiradentes era de longe o mais empolgado com o *Recueil*, mas isso não lhe garantiu espaço no círculo que moldava o novo corpo constitucional — o alferes era um homem de ação e propagação de ideias, não de formulação. As leis estavam sendo feitas sob a liderança do desembargador Tomás Antônio Gonzaga com contribuições do advogado Cláudio Manuel da Costa, do cônego Luís Vieira da Silva e do coronel e bacharel em direito Inácio José de Alvarenga Peixoto, quatro dos homens mais sábios de Minas Gerais e até mesmo da colônia. Alguns diziam que a futura constituição revolucionária já se encontrava em estágio avançado de redação.[86]

Os debates realizados na reunião do Natal deixavam antever que a carta constitucional teria linhas inovadoras. Se dependesse da vontade de muitos dos presentes, no lugar da colônia pertencente a uma monarquia desenhada com ranços da Idade Média, nasceria uma espécie de república confederada, constituída de unidades autônomas (Minas e quem mais aderisse).[87] Em vez do poder oriundo do direito divino e centralizado na figura do soberano, as decisões seriam tomadas coletivamente, por intermédio de assembleias compostas de representantes eleitos. Em Minas, haveria sete parlamentos.[88]

O primeiro governante de Minas Gerais seria o desembargador Tomás Antônio Gonzaga, liderança intelectual e moral da conjuração. Se tudo corresse como previsto, ele exerceria de forma transitória o poder executivo revolucionário e, ao final de três anos, seriam realizadas eleições para escolher seu substituto.[89] Eleições!

O debate avançava de forma inflamada quando Tiradentes lembrou que toda nação possuía uma bandeira. E ele tinha uma ideia para o estandarte do que chamou de "nova república": um triângulo — fórmula geométrica que fazia referência tanto às chagas de Cristo (também representadas no pavilhão português) quanto à Santíssima Trindade, da qual o alferes era devoto.[90] Submetida ao grupo, a ideia não agradou a todos, especialmente a Alvarenga Peixoto e a Cláudio Manuel da Costa (este último não estava na reunião, mas entrou no debate nos dias subsequentes). Depois a dupla chegaria a propor uma alternativa menos mística e cifrada: um índio quebrando os grilhões que o mantinham preso, uma cópia mal disfarçada da bandeira de Massachusetts, um dos treze estados criados pela Revolução Americana.[91] A imagem do índio, sugeriu Cláudio, poderia vir acompanhada de um dístico em latim: *Libertas æquo spiritus* (liberdade para o espírito).[92] A frase não encantou ninguém, mesmo porque pareceu ininteligível (Tiradentes foi um dos que não conseguiram gravar o lema).[93] Alvarenga Peixoto classificou a ideia do colega como pobre.[94] Cláudio não desistiu e tentou emplacar um segundo emblema: *Aut libertas, aut nihil* (liberdade ou nada).[95] Novamente não convenceu. Antes que o proeminente advogado viesse com mais um bordão, o coronel Alvarenga Peixoto recitou o trecho de um verso de Virgílio, autor de sua predileção: *Libertas quæ sera tamen*.[96] Todos gostaram, inclusive Cláudio, que adorava Virgílio.[97] A divisa pegou. Francisco Antônio de Oliveira Lopes, o tosco e iletrado conjurado que carregava o maldoso apelido de "Come-lhe os Milhos", não seria capaz de guardar a frase em latim, muito menos o nome do poeta romano que compusera o verso, quase 2 mil anos antes.[98] Mas o significado do lema ficaria grudado em sua cabeça.[99] Não houve consenso em relação à imagem que ilustraria a bandeira, se o triângulo místico de Tiradentes ou o índio de Alvarenga Peixoto e de Cláudio.[100] Quanto ao emblema, o escolhido foi mesmo *Libertas quæ sera tamen*.[101] Ou como dizia o parvo Oliveira Lopes em sua tradução livre: "Inda que tarde chegou a liberdade".[102]

★ ★ ★

A cogitada imagem da bandeira com o índio arrebentando as correntes sugeria uma mudança radical, mas a realidade que os conjurados pretendiam era bem menos arrebatadora. Eles não tinham a menor intenção de libertar os nativos submetidos ao cativeiro — e os havia em Minas Gerais.[103] O tema não chegou sequer a ser discutido.[104]

Já a situação dos escravos africanos e afro-brasileiros, o grosso da massa cativa, entrou na pauta. Carregando uma possibilidade de transformação de impacto mundial, o tema foi discutido naquela noite em Vila Rica.

A corrida do ouro e a exploração frenética das reservas de diamante tinham feito de Minas Gerais um consumidor voraz de mão de obra escrava. Para produzir a riqueza que movia a colônia, sustentava Portugal e fortalecia um capitalismo que ainda engatinhava, a capitania importava uma quantidade enorme de negros da África. Os escravos lançados na mineração trabalhavam doze horas por dia, em média. Após dez ou doze anos de labuta, metade deles morria, e a outra metade estava tão debilitada que já não prestava para o trabalho nas minas.[105] Em qualquer um dos casos, restava ao senhor de terras minerais voltar ao mercado e comprar mais "peças".

Movida pela insaciável demanda europeia por ouro e diamantes, Minas Gerais acabou concentrando no século XVIII a maior população cativa do planeta.[106] Dos 2 milhões de escravos trazidos da África para o Brasil no período, metade foi parar nas senzalas da capitania — isso sem contar os nascidos em cativeiro.[107] A mineração consumia a maior parte dessa massa humana, tratada como uma mistura de propriedade e bicho. De todo modo, os escravos estavam por toda parte: agricultura, pecuária, comércio, serviços, atividades artesanais e trabalhos domésticos.

Na reunião do Natal, coube ao dr. José Álvares Maciel tocar no delicado assunto: como a revolução trataria a questão da escravatura? Não havia pessoa mais apropriada para introduzir o tema. Síntese da contradição dos conjurados, Maciel encarnava simultaneamente a velha e a nova Minas Gerais. Era filho de um homem que fizera riqueza durante o crescimento vertiginoso da mineração e que, naquele momento, espremia suas cansadas lavras de ouro às custas do suor de algumas dezenas de escravos. Com a fortuna levantada pelo pai, Maciel pôde estudar na Europa, onde foi introduzido nas ideias libertárias do Iluminismo e, ao som do ronco de motores a vapor, assistiu ao nascimento de uma futura sociedade. Maciel, portanto, era um homem de dois mundos e de duas épocas diferentes.

Naquela noite, ao tocar no assunto da escravidão, o doutor preferiu olhar para trás. Ecoando um medo ancestral da elite mineira, ele levantou uma hipótese assustadora: no momento inicial do levante, quando Tiradentes estaria armando o tumulto no centro de Vila Rica, o motim poderia sair do controle dos conjurados e se espalhar pelas senzalas. Os escravos, alertou o doutor, poderiam aproveitar a balbúrdia para fazer seu próprio motim, matando os brancos de ambos os lados. Afinal, lembrou, os negros eram em maior número que os brancos.[108]

O apocalipse imaginado por Maciel podia ser evitado, opinou o coronel Alvarenga Peixoto. Para este, se bem manejado, o problema viraria solução: bastaria alforriar todos os cativos.[109] Dono de 132 "peças" ("meus negros", como ele se referia), Alvarenga Peixoto era de longe o maior senhor de escravos dentre os conjurados mineiros.[110] Aparentemente, ele não via maiores problemas em se desfazer desse significativo patrimônio (na praça, seu plantel valia o equivalente a 42 anos do soldo de Tiradentes).[111] O coronel estava disposto a fazê-lo não por questões éticas ou filosóficas, mas sim, como deixou claro na reunião, para tirar um "obstáculo" da frente da revolução.[112]

A solução apresentada por Alvarenga Peixoto desagradou a Maciel, que temia que o fim da escravidão levasse Minas Gerais à bancarrota. Afinal, quem iria catar o ouro no fundo dos córregos e quem faria o trabalho duro no campo?, questionou.[113] O coronel não desistiu e tentou negociar: se a alforria ampla podia desorganizar a economia mineira, então que a liberdade fosse concedida apenas aos "crioulos e mulatos" (ou seja, escravos nascidos no Brasil).[114]

A conversa travou nesse ponto; não foi para a frente nem para trás. A discussão do tema incomodou tanto que nenhum outro conjurado se atreveu a entrar no debate.

Calou-se o padre Toledo, que no fundo concordava com Alvarenga Peixoto. Dono do quarto maior plantel de escravos entre os rebeldes (32 "peças"), aquele sacerdote radical via na libertação dos escravos uma escada para alcançar a tão sonhada independência de Minas Gerais.[115] "Um negro com carta de alforria na testa se deitava a morrer", diria ele num futuro não muito distante.[116] Naquela noite, porém, ele se calou.

Calou-se também o padre Rolim, traficante de escravos e dono de sete "peças" (entre elas, Alexandre Pardo, que redigia as cartas do sacerdote).[117]

Calou-se o dr. Tomás Antônio Gonzaga, que sob conveniente anonimato havia denunciado nas *Cartas chilenas* o horror dos açoites públicos no pelourinho.[118]

Ausente na reunião, calar-se-ia Cláudio Manuel da Costa, o advogado de prestígio, oficialmente solteiro, que durante trinta anos dividiu os lençóis e consolou sua incurável tristeza com a negra Francisca Arcângela de Sousa (Cláudio a alforriou depois do nascimento de um dos cinco filhos do clandestino casal).[119]

Calou-se Joaquim José da Silva Xavier, que crescera na fazenda do Pombal junto com o "mulatinho" Pedro, filho de uma escrava, a quem a família tratava com "muito amor";[120] que quando era um jovem mascate atraía a admiração de cativos nos grotões de Minas;[121] que no posto de alferes, ao combater o crime na serra da Mantiqueira, havia se valido de negros miseráveis, cedidos por senhores brancos, para caçar outros negros miseráveis, fora da lei.[122] Calou-se Joaquim, proprietário de Francisco Caetano, de Bangelas, de João Camundongo, de Maria Angola e de suas duas crias, Jerônimo e Francisca.[123] Calou-se o leitor ardente do *Recueil*, no qual ele aprendera que:

> Todos os homens nasceram igualmente livres e independentes; e têm direitos certos, naturais, essenciais e inalienáveis, entre os quais se deve contar o direito de gozar da vida e da liberdade e de as defender.[124]

No que dizia respeito à escravidão, Tiradentes e seus companheiros emularam os revolucionários norte-americanos, que tinham cantado a liberdade e a igualdade, mas que também, por questões financeiras, evitaram esvaziar as senzalas — Thomas Jefferson, o contato do cábula Vendek, possuía duas centenas de escravos, o segundo maior plantel do condado de Albemarle (Virgínia). Seguindo o exemplo da Revolução Americana, a Conjuração Mineira se calou.

Os rebeldes reunidos na casa do tenente-coronel Freire de Andrada imaginavam que os escravos não seriam o único "obstáculo" no horizonte do levante. Havia outro grupo que também botava medo: o dos europeus residentes na colônia. Nada indicava que os portugueses com vínculos maiores com o Reino iriam aderir ao levante. A maioria não trocaria seus projetos pessoais e econômicos, todos ligados a Portugal, por uma revolução numa terra onde não tinham raiz nem perspectiva de ascensão. A Conjuração Mineira tinha coloração nativista, era feita por "mazombos" e para "mazombos", como eram chamados os descendentes de portugueses nascidos no Brasil e cujo centro de interesses se encontrava na colônia e não no Reino. Em suas pregações, Tiradentes ressaltava que os mazombos "tinham valimento e sabiam governar".[125]

Na reunião do Natal, dr. Maciel (filho de pai português) alertou que os europeus representavam uma fatia significativa da população da colônia e que, feita a revolução, poucos deles teriam interesse em continuar no Brasil. Maciel tinha uma proposta para lidar com o problema: "Seria necessário cortar a cabeça a todos".[126] O extremado padre Toledo, que pouco antes deitara louvores a seu guru radical, o abade Raynal, achou que esse era um bom caminho a seguir, e, acreditando que o tema já estivesse em escrutínio, afirmou que seu voto era pela matança.[127] O coronel Alvarenga Peixoto se assustou. Aquilo seria uma "desumanidade", uma "impiedade", disse ele.[128] Se fosse o caso, sugeriu, que se expulsassem do Brasil todos os portugueses.[129] Talvez arrependido de ter jogado na mesa a proposta sanguinolenta, Maciel voltou atrás e conveio que a eliminação dos portugueses seria uma medida de difícil implantação. Afinal, lembrou ele, isso obrigaria a muitos revoltosos matar os próprios pais a sangue-frio.[130] Tiradentes entrou na conversa. Fosse como fosse, pontuou o alferes, ao menos um português — o sacaveno visconde de Barbacena — teria de se ver com ele pessoalmente. Disso Joaquim não abria mão.[131]

Voltou a chover; a noite avançava.[132] Alvarenga Peixoto começou a declamar uns versos em oitava-rima.[133] Ninguém tinha pressa.

Seguiu a pauta, finalmente com alguns consensos. Na "nova república", Vila Rica perderia o status de capital de Minas Gerais, que passaria a São João del-Rei — a decisão confirmava a ascensão econômica da principal vila do Rio das Mortes.[134] São João del-Rei também seria sede da primeira universidade do Brasil, onde se estudariam as leis. Na universidade, os alunos teriam a honra de assistir a aulas de matemática ministradas por um dos pais da revolução, José Álvares Maciel.[135] O doutor teria outro papel importante na "nova república". A partir de sua experiência em Birmingham, seria encarregado de montar as primeiras fábricas legais no território liberado.[136] Essa parte do plano encantava Tiradentes, que se punha a imaginar "grandes e utilíssimas" indústrias que dispensariam a importação de uma série de produtos.[137]

Ainda naquela noite, sobrou tempo para uma última decisão. Se não tinha sido possível avançar na discussão sobre o futuro dos 174 mil escravos de Minas, o destino de nove dos moradores mais ilustres das Gerais foi traçado com régua. Na reunião do Natal, ficou decidido que todas as dívidas dos moradores de Minas com a Coroa portuguesa seriam anuladas.[138] Do ponto de vista histórico, a medida não chegava a ser um absurdo — doze meses antes, por exemplo, os norte-americanos tinham feito o mesmo com os ingleses. Praticamente todos os mineiros deviam à sua majestade, mas a decisão de anular os débitos com a Real Fazenda beneficiava de forma muito especial a nove pessoas: os antigos e atuais contratadores. Eram todos homens muito ricos, riquíssimos — e caloteiros, como já havia cantado em versos Tomás Antônio Gonzaga:

O pobre, porque é pobre, pague tudo;
E o rico, porque é rico, vai pagando
Sem soldados à porta, com sossego![139]

Em 1788, os nove contratadores e ex-contratadores em débito com a Real Fazenda de Minas Gerais deviam uma montanha de dinheiro: 2 420 055 689 réis (o equivalente a 8403 anos do soldo de Tiradentes).[140] Ou seja, enquanto a derrama ameaçava arrancar 8,6 toneladas de ouro dos cerca de 190 mil homens e mulheres livres de Minas Gerais, a cobrança do passivo dos contratos mirava nove pessoas que, juntas, carregavam um débito de 7,3 toneladas do metal precioso.[141] Dos nove grandes devedores da Real Fazenda, pelo menos três tinham aderido à conjuração, atraídos pela possibilidade de cancelamento de suas dívidas de proporções titânicas. Um deles era o padrinho da filha de Tiradentes, Domingos de Abreu Vieira (sexto maior devedor). Outro era o dono da mesa de gamão na qual os rebeldes se divertiam enquanto conspiravam, João Rodrigues de Macedo (campeão de dívidas). E por fim havia um ex-contratador de entradas que andava tão preocupado com o tema naqueles dias que chegara a discutir com seus companheiros rebeldes a possibilidade de queimar os livros contábeis da Real Fazenda para ter certeza de que sua dívida (a quinta maior do erário, correspondente a 9% do bolo) iria mesmo desaparecer.[142] Seu nome: Joaquim Silvério dos Reis.

Já era noite alta quando os conjurados decidiram encerrar a reunião, aproveitando que a chuva dera uma nova trégua.[143] Antes de saírem, fizeram um último combinado: um pacto de silêncio. Todos deviam ter extremo cuidado para evitar o vazamento dos planos secretos. Nada de tomar notas sobre propostas, tarefas e decisões; nada de expor detalhes do levante em bilhetes e cartas; nada de escrever nomes, lugares e datas que pudessem porventura ser posteriormente decifrados. A ordem era não botar nada no papel.[144] Outro detalhe: se, por um azar, alguém fosse preso e interrogado, deveria negar até o fim e a todo custo ter conhecimento do levante.[145]

A regra valia para todos. Para Tiradentes, porém, ela era inócua. Encarregado do recrutamento mais amplo e da difusão do movimento, tarefas às quais havia se entregado com um entusiasmo um tanto quanto exagerado, o alferes tinha se exposto demais. Enquanto seus companheiros conspiravam entre cochichos ou em conversas mantidas entre quatro paredes, Joaquim semeava a revolução, em alto e bom som, em praças públicas, repartições, prostíbulos... Caso alguma coisa desse errado, não haveria como livrar Tiradentes. Não existia porta de saída. O recuo ainda era uma possibilidade para todos naquela sala, menos para Joaquim. A ele só restava ir adiante.

13.

Para os conjurados de Minas Gerais, o Ano-Novo de 1789 inaugurava uma era. Pelo roteiro rebelde, em questão de semanas — meados de fevereiro, no máximo — o governador decretaria a derrama, o povo ficaria furioso e então a revolução mudaria tudo.[1] Agora era esperar.

O moral do grupo estava elevado. Três dias antes da virada do ano, o padre Toledo tomara o caminho de volta para a vila de São José, onde começaria a pôr em marcha a máquina da revolução na comarca do Rio das Mortes. Antes de pegar a estrada, o vigário desceu a pirambeira da rua do Ouvidor, parou em frente ao chafariz do passo de Antônio Dias e bateu à porta da casa de Cláudio Manuel da Costa. Queria despedir-se do amigo. Era apenas um "até breve", disse Toledo, já que "logo voltava feito um grande homem".[2]

Naqueles dias, os três poetas do movimento — Tomás Antônio Gonzaga, Cláudio Manuel da Costa e Alvarenga Peixoto — se encontraram algumas vezes. Falavam de poesia na sala, e se escondiam no quintal para tratar da revolução.[3] Alvarenga Peixoto seguiu os passos do padre Toledo, retornando ao Rio das Mortes — o coronel foi direto para sua fazenda, a Paraopeba, a fim de começar a preparar as ações que lhe cabiam no motim.[4]

A rebelião estava a um passo de acontecer — pelo menos era isso o que se dizia por toda Minas Gerais. Num grotão conhecido como Mata do Macaia, um cobrador contou a um pequeno fazendeiro que "esta América estava para não dar [mais] obediência à sua majestade". O cobrador chegou a contar detalhes do plano, como a intenção dos rebeldes de fabricar pólvora.[5] A cem quilômetros dali, à beira da fogueira, no fundo de uma serra, no sítio do Werneck, já em terras da capitania do Rio de Janeiro, um boiadeiro (um homem imenso, vesgo e de barba cerrada) conversava sobre a sedição com um porta-estandarte do Regimento de Cavalaria. Moderando a voz e achegando-se mais próximo de seu interlocutor, comentou que "as Minas estavam em grande desordem". E emendou: havia gente que "tratava de fazer um levante".[6] Em jornada rumo à capital da colônia, o boiadeiro espalhava a notícia pelo caminho. Dizia que o governador ia decretar a derrama (era verdade) e cobrar oito oitavas de ouro por cabeça (boato), e também que "o povo estava para levantar-se" (exagero) e que um oficial da cavalaria andava pelo Rio de Janeiro a "convocar séquito para o detestável fim" (exato, o dragão não era outro senão o alferes Joaquim).[7]

Em Vila Rica, o bochicho também corria livre. A pregação sediciosa de Tiradentes penetrara em todas as esferas sociais da capital mineira, de alto a baixo. Um alforriado tinha ouvido falar, na ponte do Ouro Preto, que estava para explodir um motim "por motivo da derrama".[8] Como bem notou um arguto observador dos acontecimentos, "já se ouvia às pessoas da última classe da gente desta terra, como são os negros e mulatos, que estava para haver um levante".[9] Com seu particularíssimo português minhoto, outro espectador privilegiado dos fatos acrescentaria: "Se não falava em outra coisa".[10]

O alferes tinha alcançado seu intento.

O mês de janeiro foi arrastado para os conjurados, mas passou. Entrou fevereiro, venceu a primeira quinzena do mês e nada. Pelas projeções da cúpula rebelde, a derrama já deveria estar nas ruas, e junto com ela, a revolução. O calendário continuou avançando. Tiradentes comentou com um comparsa sobre seu incômodo ante a demora na decretação da derrama, mas se mostrou otimista. Ele disse que, por mais que a revolta "tardasse, sempre se faria".[11]

Para os rebeldes, não se tratava apenas de ter um pouco de paciência. A delonga do governador em deflagrar a derrama criava um problema sério no roteiro imaginado pelos conspiradores. O projeto sedicioso estava demasiadamente exposto, graças em boa medida aos esforços do alferes, e era inoportuno para a conjuração ficar naquele meio do caminho. O erro de cálculo quanto à entrada em vigor da derrama podia inviabilizar a revolução.

As perigosas palavras propagadas por Tiradentes ("liberdade", "independência", "república", "degola do representante da rainha"...) pairavam no ar. Sua verve afiada garantira o recrutamento de inúmeros sediciosos, isso era certo. Mas era verdade também que muitos dos que o tinham escutado haviam-no feito em silêncio ou com espanto (ou ambos).[12] Como bem definiam dois de seus amigos, num tempo em que "as lisonjas mentirosas e vaidosas e as delações é que agrada[va]m aos maiores", o alferes se atrevia a dizer verdades em praça pública "com alguma paixão e razão".[13] Não à toa, havia quem se referisse ao projeto rebelde como "a sedição do Tiradentes".[14]

Não há dúvida de que o alferes tinha plena consciência dos riscos que corria ao expor-se de maneira tão escancarada. Para ele, a propagação de sua mensagem (liberdade, independência) havia se tornado, ao longo daquele caminho, mais importante que sua própria vida. Como contou de maneira algo cifrada a um companheiro de levante, ele mirava longe: "Havia de armar uma meada tal, que em dez, vinte, ou cem anos se não havia de desembaraçar".[15]

Em suas pregações, Joaquim fanfarreava uma imunidade que sabia inexistente. Numa ocasião, um colega de quartel demonstrou receio quando conversavam sobre a sedição. Tiradentes deu de ombros: "Pois que tem? Que tem? Prenderem-me? Pois se me prenderem, alguém me soltará".[16]

A coisa não era tão simples assim, e Joaquim não era alheio a isso. No fundo, ele havia decidido que sua doação ao movimento de libertação de Minas Gerais não teria limites. Ele não confidenciava a ninguém, mas, em prol da causa, estava disposto não só a matar, mas também a morrer se preciso fosse. O padre Rolim, um dos rebeldes mais próximos do alferes, já tinha notado isso. Certa vez, depois de uma reunião dos sediciosos em Vila Rica, quando Tiradentes deixou o recinto, o sacerdote comentou com o coronel Alvarenga Peixoto: "Aquele rapaz era um herói, [e] que se lhe não dava morrer na ação, contanto que ela se fizesse".[17]

Tiradentes dispensava rede de proteção. Já seus camaradas eram mais cautelosos. Na cúpula do movimento, todos assumiam um risco imenso, é inegável. Mas eles faziam o máximo possível para se preservar ou para deixar uma porta de saída num caso extremo. O comandante do Regimento de Cavalaria instigava Joaquim a recrutar os companheiros de quartel, mas ele mesmo evitava fazê-lo. Um dia, Tiradentes se irritou com a situação e devolveu a missão ao chefe, dizendo que o comandante da tropa era ele, Freire de Andrada, e portanto cabia ao tenente-coronel empenhar-se mais no recrutamento dos dragões. Freire de Andrada não se abalou. Respondeu a Joaquim que preferia manter-se distante daquela função. E foi além: solicitou que, ao tentar recrutar dragões, o alferes nunca dissesse que ele, o comandante, fazia parte da conjuração.[18]

À exceção de Joaquim, todos levavam ao pé da letra as diretrizes internas referentes à segurança pessoal. Alvarenga Peixoto, por exemplo, era extremamente precavido. Uma noite, já de volta ao Rio das Mortes depois da reunião do Natal em Vila Rica, o coronel jantava no majestoso casarão do padre Toledo, em São José, quando este lhe fez um pedido aparentemente singelo. O vigário tinha ficado encantado com o lema que Alvarenga Peixoto imaginara para a bandeira (*Libertas quæ sera tamen*), mas, como não conseguira decorá-lo, solicitou ao amigo que escrevesse "aquela letrinha". Alvarenga respondeu a Toledo que "em tais matérias não punha pena em papel". O máximo que podia fazer, disse o coronel, era soletrar o dístico para o sacerdote.[19]

Outro que se cuidava era o padre José Lopes de Oliveira, um insurgente de menor relevância no movimento. Quando questionado sobre o levante por alguém de fora do círculo sedicioso, ele desconversava. "Estas cousas são muito delicadas", dizia. Sua cautela explicava a implicância que ele tinha com Tiradentes. O padre achava que o alferes era mais desenvolto do que devia, e temia que sua conversa solta chegasse aos ouvidos das autoridades, minando o sucesso da revolução.[20]

Tiradentes de fato assustava alguns de seus colegas. O entanguido Cláudio Manuel da Costa tinha pavor de ser visto a seu lado.[21] Ele dizia que Joaquim andava feito corta-vento, mas que ainda haviam de lhe cortar era a cabeça.[22]

Para os conjurados, não poderia haver pior pessoa para desembarcar em Vila Rica naqueles dias de tensão pré-derrama e pré-levante que o fazendeiro português Basílio de Brito Malheiro do Lago.

Basílio tinha 46 anos. Veio para o Brasil já homem-feito, na casa dos trinta, e se estabeleceu na comarca do Serro do Frio, onde adquiriu uma propriedade, a fazenda Palmital, na qual plantava e minerava. Fez-se importante ganhando (ou comprando) o título de tenente-coronel do 1º Regimento Auxiliar de Paracatu. Depois de uma década e meia de Brasil, aquele minhoto não havia se desligado de suas raízes medievais (sua terra natal, Ponte de Lima, era a vila mais antiga de Portugal). O fazendeiro não tinha vínculos afetivos com a colônia. Pior: desde que pusera os pés em Minas Gerais, cultivava uma mal disfarçada ojeriza pelos habitantes da terra. Dizia publicamente que desconfiava de todas as pessoas nascidas no Brasil. Dentro delas, afirmava, havia um irrefreável "desejo de se sacudirem fora da obediência que devem prestar aos seus legítimos soberanos".[23] O fazendeiro se jactava de nunca, nem mesmo em pensamento, ter sido infiel aos monarcas portugueses. Aos vassalos como ele, pregava Basílio, cabiam "a submissão, obediência e lealdade".[24] Mas, na realidade, não era bem assim. Ele devia uma soma considerável à Real Fazenda, e o pagamento vinha sendo adiado havia quinze anos.[25] Não era apenas no campo fiscal que o português atentava contra as leis de sua majestade. Sua ficha corrida incluía envolvimento em contrabando, estelionato e chantagem. Cinco anos antes, ele chegara a ser preso e denunciado por assassinato pelo então ouvidor (e agora rebelde) Tomás Antônio Gonzaga.

Basílio e Gonzaga estavam prestes a se encontrar novamente, mas dessa vez em papéis invertidos. Em dezembro de 1788, o fazendeiro precisou ir a Vila Rica para tratar de assuntos burocráticos e aproveitou para procurar antigos amigos. Passou então a visitar com alguma frequência o português Manuel Antônio de Morais, que na ocasião era hóspede do cartógrafo que dera a Tiradentes o cobiçado mapa das almas. Nas visitas ao amigo, vez por outra, Basílio deparava com aquele oficial de quarenta e poucos anos, cabelos já esbranquiçados, de nome Joaquim José da Silva Xavier.[26] Ainda que o alferes não tocasse em assuntos do motim na frente do fazendeiro, este começou a notar que aquele vivia a falar mal do governador. Um dia, o amigo de Basílio revelou a ele o que havia por trás daquela malquerença: "O Tiradentes anda morto por fazer um levante".[27] O fazendeiro registrou a informação, mas não lhe deu muita confiança. O assunto, contudo, iria persegui-lo.

Dias depois, Basílio estava no cartório do contrato de entradas de Vila Rica quando viu o mesmo oficial grisalho a praguejar contra o governo em tom de voz alterado.[28] Foi a cena em que Tiradentes tirou da algibeira o mapa das almas e exibiu-o aos presentes para provar que Minas Gerais já contava com população suficiente para se autogovernar. Joaquim não falou abertamente em levante naquela ocasião, mas Basílio entendeu o recado.

Pouco tempo depois, ainda em Vila Rica, o fazendeiro ouviu pela segunda vez que se armava um motim na capitania. Ele estava no salão da Estalagem das

Cabeças, onde se hospedava. Eram por volta das dez horas da noite, e a sala estava cheia. Basílio conversava com um conhecido quando este lhe contou o boato que circulava: "Aqui disseram hoje que está para haver um levante nas Minas".[29]

Em outra ocasião, na mesma estalagem, dessa vez na varanda, Basílio escutou mais uma conversa suspeita: dois alforriados comentavam sobre os rumores de que haviam alguns mineiros que insuflavam paulistas a se levantar contra Portugal.[30] Para Basílio, os "axiomas tão claros" não deixavam dúvidas: aquilo era crime de inconfidência, isto é, falta de lealdade para com a Coroa.[31]

Só uma coisa ele não entendia. Se até a "última classe da gente" já falava abertamente no levante, como explicar que o governador não soubesse de nada.[32] "Parecia-me impossível", repetia o fazendeiro.[33]

Na vila de São José, ajoelhado no genuflexório de madeira da matriz de Santo Antônio, rezava o capitão do regimento auxiliar José de Resende Costa. Era noite. Rodeado por imagens de anjos armados com lanças e em posição de guarda, o velho conspirador fazia suas orações da Semana Santa. Como o colossal órgão da igreja (de 680 tubos, recém-chegado do Porto) estava mudo, Resende Costa pôde ouvir perfeitamente o que lhe sussurrou, ao passar por ele, o sargento-mor Luís Vaz de Toledo Piza, outro sedicioso. Achegando-se a Resende Costa, o irmão do padre Toledo contou-lhe ao pé do ouvido as últimas novidades do movimento.[34] Da quentura da reunião do Natal em Vila Rica, o negócio passara a morno. E não parava de esfriar.

Também em São José, na mesma época, a frustração foi o prato principal de um jantar na casa do padre Toledo. Recém-chegado da capital mineira, o coronel Alvarenga Peixoto relatou que o levante se encontrava em "grande frieza" por lá. Como a derrama ainda não entrara em vigor, explicou o coronel, o povo não tinha caído em estado de "desgosto", o que diminuía a força do movimento.[35] Alvarenga Peixoto alertou para a gravidade do momento: apesar de toda a cautela com que vinham agindo (à exceção de Tiradentes, é claro), os conjurados tinham deixado pegadas por todos os lados, e aquilo era perigoso. Quanto mais tempo levasse para o motim ganhar as ruas, maiores eram as chances de eles serem descobertos. E havia um agravante: a nau *Nossa Senhora de Belém* estava prestes a chegar ao Rio de Janeiro para recolher o ouro dos quintos de Minas Gerais. Se o comboio com o metal precioso saísse de Vila Rica antes do desencadeamento do levante, não haveria revolução, pois sem ouro seria impossível financiar a resistência. No jantar, Alvarenga Peixoto disse que o impasse precisava ser quebrado. Com ou sem derrama, o levante deveria ser deflagrado, sugeriu ele. Os outros dois conjurados que estavam à mesa, o padre Toledo e o coronel Francisco Antônio de Oliveira Lopes, concordaram.[36] Era preciso fazer alguma coisa. E rápido.

No entanto, eles não chegaram a discutir o que fazer, nem como fazer.[37] Terminada a refeição, foi cada um para um canto. Nos dias seguintes, continuaram roendo suas angústias, mas não tomaram nenhuma providência concreta.

Em São José, discutia-se como empurrar o levante para a frente; em Vila Rica, o motim ia para trás. Três meses depois de ceder sua casa para a reunião do Natal, o comandante do Regimento de Cavalaria tomou uma atitude inesperada. Pediu (e obteve) uma licença do cargo, vital para os planos do levante, e refugiou-se em sua fazenda, a Caldeirões, localizada a vinte quilômetros de Vila Rica.[38] Como se o recuo não fosse suficientemente evidente, Freire de Andrada passou a dizer que pretendia retomar antigos planos de ir a Lisboa para cuidar de assuntos particulares.

O gesto do comandante dos Dragões desconcertou seus comparsas. Para tentar evitar a debandada do tenente-coronel, o padre Toledo enviou-lhe uma carta cifrada em que questionava o motivo pelo qual o camarada ainda não mandara buscar no Rio das Mortes os "150 cavalos gordos" (possivelmente combatentes) que o sacerdote disponibilizara. (O padre Toledo tinha feito a oferta na reunião do Natal e, já naquela oportunidade, Freire de Andrada evitou se comprometer com a missão.)[39] O comandante não se sensibilizou com a carta do sacerdote e mandou dizer a ele que, pelo "bem comum", não fosse tão apressado. Em vez de mandar os "cavalos", sugeriu Freire de Andrada, também de forma cifrada, Toledo poderia enviar-lhe uma cuia para beber congonha (variedade de chá-mate).[40]

Aquela conversa aparentemente sem pé nem cabeça não deixou dúvidas a Toledo: Freire de Andrada estava fora do movimento.

Os conjurados sentiram o golpe. Em um novo encontro clandestino dentro de uma igreja, o sargento-mor Luís Vaz de Toledo Piza, "sumamente aflito", cochichou nos ouvidos do capitão José de Resende Costa que o comandante dos Dragões agia com "frouxidão".[41] Os conspiradores de Vila Rica chegaram a uma conclusão parecida. Tomás Antônio Gonzaga se disse "desgostoso" com Freire de Andrada. Outros também acusaram o comandante de agir com "frouxidão".[42] Coube a Tiradentes o veredicto: "banana".[43]

14.

A demora na imposição da derrama e o recuo do comandante do regimento acabaram por provocar novos abalos na conjuração. O capitão Maximiano de Oliveira Leite, outro membro importante no esquema militar do levante, seguiu os passos de seu chefe e também debandou. No final do ano anterior, graças a uma manobra do tenente-coronel Freire de Andrada, Maximiano havia sido nomeado para o comando do destacamento do Caminho do Rio de Janeiro com o objetivo secreto de, uma vez deflagrado o motim, liderar a principal barreira da resistência rebelde. Caberia ao capitão a função central de conter o possível contra-ataque da Coroa a partir do Rio de Janeiro.[1] A primeira parte do plano deu certo: Maximiano tomou posse do cargo, que aliás era bastante interessante do ponto de vista financeiro. Entretanto, poucos meses depois, passou a evitar seus antigos companheiros de conspiração. A segunda baixa importante no esquema militar dos rebeldes deixou Tiradentes possesso. "Como agora estava feito grão-turco da serra [da Mantiqueira]", queixava-se o alferes, Maximiano voltara atrás em seu compromisso.[2]

O momento era delicado. Alguns dos mandachuvas do movimento começavam a balançar, e a Conjuração Mineira corria o risco de ruir como um dominó. Tiradentes foi um dos poucos que não vacilaram, mas a decepção com os antigos companheiros o amargurou. No início de 1789, Joaquim andava por Vila Rica praguejando não só contra os rebeldes de Minas, mas contra os mineiros de forma geral, a quem passou a chamar de "indolentes", "fracos", "pusilânimes" e "bacamartes falsos de espírito".³ Reclamava do fato de que, apesar de muitos se dizerem favoráveis ao levante, ninguém se punha em campo.⁴ Havia exceções, Joaquim reconhecia — ele aprovava a firmeza do padre Rolim, do padre Toledo e de seu compadre Domingos de Abreu Vieira.⁵ O restante, dizia ele, era puro torpor e medo.

Mesmo com o abalo no ânimo de boa parte dos conspiradores, Tiradentes estava decidido a prosseguir com o plano. Se Minas hesitava, pensou ele, o levante poderia muito bem começar pelo Rio de Janeiro. Pelo raciocínio do alferes, uma vez que a rebelião irrompesse com força na capital da colônia, os mineiros haveriam de seguir o rastro.⁶

Para levar sua ideia adiante, Joaquim precisava voltar ao Rio de Janeiro. Mas, para isso, deveria antes conseguir uma autorização para viajar. Calhou de surgir naqueles dias um álibi perfeito para justificar a viagem. Nos meses anteriores, enquanto Tiradentes conspirava, seus projetos de canalização de águas no subúrbio do Rio continuaram tramitando normalmente nos escaninhos da burocracia real. E naquele princípio de 1789 finalmente havia novidades. O conselho da rainha entrou na discussão e, depois de consultar o provedor da Real Fazenda, passou a mostrar-se sensível aos apelos do alferes. Sem saber que Joaquim tramava para subtrair do Império Português seu quinhão mais valioso, Lisboa decidiu que não era correto as autoridades coloniais negarem a ele uma resposta formal em relação aos projetos. Em nome da rainha, o conselho enviou então um despacho ao vice-rei do Brasil, d. Luís de Vasconcelos e Sousa, em que exigia, de modo um tanto quanto áspero, que ele desse uma posição sobre o caso: "Sou servida ordenar-vos informeis [Tiradentes] com o vosso parecer".⁷

Era tudo de que Joaquim precisava. Tendo a chancela de sua majestade, ele começou a programar uma viagem ao Rio de Janeiro com a intenção declarada de retomar as articulações em torno de seus projetos.⁸

Com seus sonhos realinhados, tanto em relação ao motim quanto aos projetos de infraestrutura, Tiradentes começou a se mover novamente. Ainda em março de 1789, o alferes se encontrou por acaso com o coronel Alvarenga Peixoto, que estava de volta a Vila Rica. Joaquim desancou a passividade dos mineiros e comunicou ao colega que iria à capital da colônia com dois objetivos: tratar de assuntos da sedição, mais especificamente dos "socorros de França", e cuidar dos projetos de canalização de águas. Ele contou ao coronel seu plano de "fazer a República do Rio de Janeiro primeiro", tratando em seguida de trazer a revolução para Minas. Surpreso com o desembaraço de Tiradentes, Alvarenga Peixoto lhe sugeriu cautela. O Rio, disse o coronel, não era um sertão. Se o alferes pregasse a revolução de forma aberta na capital da colônia, como estava acostumado a fazer em Minas, o vice-rei, "que não era para graças", logo ficaria sabendo, avisou o coronel. Joaquim desconsiderou o alerta e ainda fez mofa. Se o vice-rei possuía olhos por toda parte no Rio, ele, alferes, também os tinha — Tiradentes asseverou a Alvarenga Peixoto ter um esquema próprio, formado por colegas de farda, que monitorava os passos de d. Luís de Vasconcelos e Sousa. A capital da colônia, garantiu o alferes, estava a favor do movimento, e o vice-rei seria o primeiro a ser neutralizado. E encerrou a conversa afirmando que ninguém o pegava.[9]

Otimista quanto ao novo roteiro da rebelião, o alferes solicitou mais uma licença no regimento, e a desculpa relacionada aos projetos hídricos funcionou. Dispensado pelo período de um mês, ele começou então a preparar a jornada.[10] No dia 4 de março, foi à Tesouraria da Real Fazenda e recebeu o pagamento referente aos meses trabalhados no último trimestre de 1788: 72 mil-réis. No recibo, escreveu: "Sou da tropa paga".[11] Catorze anos após ter entrado na 6ª Companhia dos Dragões, Tiradentes continuava no mesmo posto (alferes) e rigorosamente com o mesmo soldo.[12] Aquele foi o último pagamento recebido por ele.

Prevendo gastos vultosos para pôr a revolução em marcha no Rio, Joaquim tratou de reforçar o caixa. A seu pedido, o compadre Domingos de Abreu Vieira doou 100 mil-réis para ajudar na empreitada.[13] Com o bolso cheio, faltava agora ao alferes conseguir uma montaria para a viagem (como estava de licença, ele não poderia usar o cavalo do regimento). O único animal que conseguiu emprestado foi um jumento (um "machinho rosilho").[14]

A fim de reforçar sua rede de contatos no Rio, antes de partir, Tiradentes procurou um jovem fluminense que conhecera havia pouco tempo: um médico prático de 27 anos chamado Salvador Carvalho do Amaral Gurgel. Natural da Vila de Nossa Senhora dos Remédios de Paraty, Amaral Gurgel tinha migrado para Minas Gerais atrás de oportunidades. Não as encontrou. Tentou ingressar no Regimento de Cavalaria como cirurgião, mas foi barrado. Por intermédio de um primo de Tiradentes, conheceu o alferes, de quem logo ficou amigo.[15] Certa vez,

Amaral Gurgel procurou Joaquim querendo comprar seu dicionário de francês. Tiradentes não quis vendê-lo, até porque dependia dele para traduzir o *Recueil*, mas acabou emprestando o dicionário ao novo amigo.[16] Nesse vaivém, ele percebeu que Amaral Gurgel "era dos escandalizados" (o cirurgião se dizia perseguido pelo ouvidor do Rio) e tratou de recrutá-lo.[17]

Afora o entusiasmo, Amaral Gurgel não tinha muito o que oferecer à revolução. A situação financeira do paratiense era precária. O jovem não tinha trabalho nem residência fixa, e seu patrimônio total não alcançava a comprar seis machados (o bem mais valioso que ele tinha era um estojo de cirurgião, em veludo cor-de-rosa, no qual guardava lancetas e tesouras).[18] Tiradentes, contudo, imaginava que o cirurgião poderia lhe ser útil. No encontro com Amaral Gurgel, perguntou-lhe se havia "coronéis abastados e alguns moços desembaraçados" dentre seus contatos no Rio, explicando que buscava pessoas "mais azadas" para aderir ao levante.[19] Amaral Gurgel respondeu que tinha conhecidos com aquele perfil, sim, e Joaquim então lhe pediu que escrevesse cartas de recomendação.[20]

Depois de ter alardeado por toda Minas possuir conexões poderosas no Rio, Tiradentes agora recorria a um jovem desfavorecido para apresentá-lo na capital da colônia, um sinal claro de que seu esquema não possuía a força que dizia ter.

Na conversa com o cirurgião, o alferes pintou um quadro da conjuração absolutamente fora da realidade. Gabou-se de ter as capitanias de Minas Gerais e São Paulo "fechadas em uma mão", e disse que as "pessoas principais" de Vila Rica faziam parte da conjuração (ele não contou da debandada que começava a ocorrer). Para o sucesso da empreitada, explicou Joaquim, só faltava o Rio de Janeiro, por isso ele precisava das cartas de recomendação.[21]

É muito provável que Amaral Gurgel tenha atendido ao pedido de Joaquim, e também que tenha feito a ponte entre ele e um tenente do Regimento de Artilharia do Rio de Janeiro — mais um, aliás, que pouco podia fazer pela revolução.[22]

O fato é que, no dia 10 de março de 1789, montado num burrinho rosilho emprestado, Tiradentes partiu em direção ao Rio de Janeiro. Na algibeira, levava o dinheiro dado pelo compadre, uma carta de recomendação para um estranho e seu inseparável exemplar do *Recueil*.[23]

PARTE V

O TRAIDOR (POR QUÊ?)

15.

"Por que, meu Silverino?"[1]

A pergunta aparece quatro vezes nas *Cartas chilenas*. Tomás Antônio Gonzaga, o autor anônimo dos panfletos, conhecia bem o Silverino, criptônimo de Joaquim Silvério dos Reis, um dos homens mais poderosos e ricos de Minas Gerais. Por mais que se esforçasse, Gonzaga não conseguia decifrá-lo.

Joaquim Silvério dos Reis nasceu em 1756 (era dez anos mais jovem que Tiradentes) na cidade de Leiria, num lugarejo chamado Monte Real, na região central de Portugal. Em sua cidade natal, brotava uma água termal indicada ao tratamento de doenças dos ossos e de articulações (a água era rica em elementos raros, como arsênico e lítio). Contudo, a terra não era das mais férteis, o comércio era fraco e não havia fábricas. Conclusão: o dinheiro não circulava, o que obrigava muitos monte-realenses a buscar sustento nas colônias portuguesas. Silvério dos Reis foi um dos que partiram. Ainda jovem, migrou para o Brasil.

Ele era rechonchudo, tinha traços finos, boca pequena, costeletas grossas e uma cabeleira farta e lisa, segundo um retrato que lhe é atribuído. Seu olhar era sereno.[2] Tivera alguma instrução, mas, a julgar por seu sofrível domínio da língua escrita, não parece ter se estendido muito nos estudos.[3] No Brasil, isso não foi problema. Ele tinha qualidades valorizadas na colônia: era bom com números, tinha faro para os negócios e uma conversa aveludada. Mal entrara na casa dos vinte anos, Silvério dos Reis já zanzava entre o Rio de Janeiro e Minas Gerais fazendo negócios com gente graúda — começou por comprar e vender sal no atacado.[4] Ainda moço, acumulou fortuna. Em 1777, então com 21 anos e já baseado em Minas, ele recolheu 193 quilos de ouro à Casa de Fundição de Sabará.[5] Na ocasião, após pagar os quintos, recebeu de volta cerca de quinhentas pequenas barras do metal precioso marcadas com o símbolo da Coroa portuguesa.[6]

No século XVIII, Minas era doce para quem sabia fazer negócio e um melado para aqueles que, além de saberem fazer negócio, tinham bons padrinhos. Era o caso de Silvério dos Reis. Na década de 1780, ele foi ostensivamente protegido pelo então governador da capitania, d. Rodrigo José de Meneses, e soube retribuir os préstimos que recebeu.[7] Colecionava benfeitores e a todos fazia retribuir. Em certa ocasião, um alto funcionário da Coroa em Minas — homem que vivia de pedir e de fazer favores — escreveu ao intendente da Real Extração dos Diamantes recomendando o "amigo" Silvério dos Reis, um jovem que, segundo disse, merecia "muita proteção" e que, no futuro, saberia fazer-se bastante útil.[8]

Um dos "Por que, meu Silverino?" das *Cartas chilenas* questionava justamente as amizades estratégicas daquele jovem ambicioso. De acordo com a pena afiada de Tomás Antônio Gonzaga, Silvério dos Reis costumava afagar altos funcionários reais com "presentes", "dinheiro" e "mesadas". O nome daquilo, explicava o poeta, era "ladroeira".[9]

Em 1781, aos 25 anos de idade, Silvério dos Reis fez sua jogada mais audaciosa, lucrativa e obscena: inscreveu-se na maior concorrência da capitania, o contrato das entradas (serviço de cobrança do imposto sobre a circulação de produtos, escravos e gado).[10] Fazia seis anos que a concessão pertencia ao homem mais rico da capitania, João Rodrigues de Macedo, mas no dia 31 de dezembro o contrato chegaria ao fim. E Silvério dos Reis queria o lugar de Macedo. Quem vencesse a disputa ficaria com o contrato pelo triênio seguinte (1782-4). Era um maná. Todo produto "importado" que entrava em Minas era sujeito ao pagamento do imposto. Para cada boi, pagavam-se 3,6 gramas de ouro; para um escravo, um cavalo ou um burro, 7,2 gramas; para um carregamento de trinta quilos de secos (tecidos, por exemplo), 5,4 gramas; para um lote de molhados (alimentos, ferro, pólvora etc.), 1,8 grama.[11] Ser o cobrador das entradas já era por si só um ótimo negócio, mas melhor ainda era não pagar à Coroa o valor fixado no contrato. Era o que faziam praticamente todos os contratadores: enrolavam durante anos ou mesmo décadas o pagamento à Coroa ou simplesmente davam o calote.[12] A prática criminosa só era possível graças a dois fatores: de um lado, a incompetência de Lisboa na administração colonial; de outro, o suborno de altos funcionários da Coroa em Minas. Era nesse jogo que Silvério dos Reis queria entrar.

A disputa foi pesadíssima, com os diversos grupos que participaram da concorrência recorrendo a manobras desleais. O novato Silvério dos Reis encontrou um forte adversário na figura do então ouvidor de Vila Rica, Manuel Joaquim Pedroso, que defendia interesses de outro concorrente.[13] Pedroso tentou barrar a ascensão de Silvério dos Reis escrevendo uma dura carta a Lisboa. Na mensagem, o ouvidor dizia que, num processo marcado pela fraude, o contrato das entradas estava prestes a "passar da mão de um mau contratador [João Rodrigues de Macedo] a de outro pior [Silvério dos Reis]", o que iria redundar em "prejuízo irremediável" para a Coroa.[14] Nessa rinha, Silvério dos Reis foi defendido por seu padrinho maior, o governador de Minas Gerais. Com o peso de ser a autoridade máxima da Coroa na capitania, d. Rodrigo sustentou perante Lisboa que seu apaniguado, além de ter oferecido o maior lance da concorrência (cinquenta contos de réis a mais que o segundo colocado), era o mais indicado para ser o cobrador das entradas por ser "melhor calculador".[15]

Após neutralizar seus adversários um a um, Joaquim Silvério dos Reis venceu a disputa, comprometendo-se a pagar à Coroa uma soma altíssima: 355 contos e 612 mil-réis (valor correspondente a 1235 anos do soldo de Tiradentes).[16]

Nessa nova fase no mundo dos grandes negócios, o dinheiro, que até então escorria fácil para seu bolso, passou a jorrar. Ele comprou imensas e valiosas fazendas na comarca do Rio das Mortes, como a Ressaquinha, a Trapironga e a Caveira. Nesta última, o contratador montou sua base e de lá passou a gerir seus múltiplos interesses.[17] A compra das propriedades mostrou que, apesar da fortuna acumulada, Silvério dos Reis não tinha mudado. O contratador não pagou integralmente os valores acordados, obrigando os proprietários originais a lutarem anos nas burocracias da colônia e do Reino para tentar reverter o calote.[18] A fama de mau pagador correu, rendendo a ele um novo apelido: Joaquim Saltério.[19]

Enquanto suas vítimas o detratavam, ele ganhava mais e mais poder à custa de favores, sempre regiamente recompensados. Quando arrematou o contrato das entradas, Silvério dos Reis já ostentava um dos títulos ocos da falsa nobreza de Minas: sargento-mor de Ordenanças de Araçuaí. Três anos depois, ele foi "promovido" a tenente-coronel do 3º Regimento de Cavalaria Auxiliar de Vila Rica e, logo em seguida, a coronel comandante do Regimento de Cavalaria Auxiliar da

Borda do Campo.[20] Ao conquistar este último título, para além do status, Silvério dos Reis ganhou o direito de ter um pequeno exército particular, formado por paramilitares. Com sua tropa privada, o contratador barbarizou. Em certa ocasião, ao ordenar a seus procuradores que cobrassem uma dívida, autorizou-os a usar de "violência" caso fosse identificado o risco de calote.[21] Até no Palácio do Governador, em Vila Rica, e no Palácio do Vice-Rei, no Rio de Janeiro, sabia-se que ele era "capaz de usar, para a sua conveniência, de meios violentos".[22] "Por que, meu Silverino?", perguntava Gonzaga a esse respeito:

Tu metes homens livres no teu tronco;
Tu mandas castigá-los, como negros;
Tu zombas da justiça; tu aprendes;
[...]
Por que, por que razão o nosso Chefe
Consente, que tu faças tanto insulto [...]?[23]

O "chefe" citado por Gonzaga no panfleto era Luís da Cunha Meneses, o Fanfarrão Minésio, sucessor de d. Rodrigo no governo de Minas Gerais. Se durante sua gestão d. Rodrigo protegera com ardor o celerado Silvério dos Reis, o Fanfarrão Minésio praticamente lhe concedeu imunidade, privilégio do qual o contratador muito se valeu.

Como fora previsto e anunciado, Silvério dos Reis deu um gigantesco calote na Coroa. Vencido o contrato das entradas, no dia 31 de dezembro de 1784, Joaquim Saltério se tornou oficialmente um dos maiores devedores da Coroa em Minas — do valor acertado na arrematação do negócio, ele pagou apenas um terço.[24]

É evidente que o caráter maleável de Silvério dos Reis influiu na decisão do calote, mas havia outra questão. O "melhor calculador" tinha falhado.[25] Durante a vigência de seu contrato, num erro desastroso, ele repetira uma prática imprudente de seu antecessor, deixando de cobrar à vista parte dos impostos, sobretudo daqueles de quem lhe convinha ter crédito ou dívida de favor. Ele apenas anotava os débitos. Assim, uma fortuna que deveria ter entrado nos caixas do contrato existia apenas de forma virtual — em vez de ouro no cofre, o que havia eram anotações de créditos feitas a bico de pena nos livros de contabilidade.[26]

O que parecia ser apenas a perpetuação de uma tradição da economia mineira setecentista — a substituição dos pagamentos em espécie pela emissão de notas promissórias — acabou se tornando uma bomba nas mãos de Silvério dos Reis. Com a queda persistente da produção de ouro e o consequente esfriamento da economia, a circulação do dinheiro diminuiu. E o que antes eram notas promissórias virou apenas papel.

Sem ter como executar boa parte das letras que emitira, restaria a ele tirar dinheiro do próprio bolso para honrar as vultosas somas que devia à Coroa. Seu patrimônio era suficiente para fazê-lo, mas, ao queimá-lo, o contratador sairia bem menor do ponto de vista financeiro.[27]

As regras da Coroa previam que, no vencimento do contrato de entradas, fosse feito um casamento entre créditos e débitos dos livros contábeis.[28] Era tudo o que Silvério dos Reis mais temia, já que o cômputo revelaria o rombo e o obrigaria a queimar uma parte relevante de seu patrimônio para repor o que faltava. Caberia ao governador empurrar Silvério dos Reis para esse doloroso acerto de contas, mas o Fanfarrão Minésio não moveu um dedo para fazer seu apaniguado cumprir o compromisso com a Coroa. "Por que, meu Silverino?", questionou Tomás Antônio Gonzaga mais uma vez:

> *Ordena a sábia Junta* [da Real Fazenda]*, que dês logo*
> *Da tua comissão estreita conta:*
> *O Chefe não assina a Portaria,*
> *Não quer, que se descubra a ladroeira.*[29]

O governador escondeu a "ladroeira" feita por seu apadrinhado, e a Coroa, perdida na administração de seu grande império, nada viu.

A coisa ia ficando por isso mesmo quando, em agosto de 1785, passados oito meses do fim do contrato, o intendente do Ouro da Real Fazenda de Minas Gerais, Francisco Gregório Pires Bandeira, decidiu dar um último e solitário grito de protesto. Numa carta dirigida à rainha, o funcionário da Coroa acusou Silvério dos Reis de ter desviado o dinheiro dos contratos para pagar dívidas pessoais. Chamou o feito pelo nome devido — "fraude" — e exortou que fossem tomadas "providências imediatas".[30] A advertência foi ignorada.

O calote de Silvério dos Reis e o misto de tolerância e incompetência da Coroa haviam sido previstos, três anos antes, pelo correto desembargador José João Teixeira Coelho:

Quando há de cobrar a mesma Senhora [d. Maria] a grande quantia [...] que se lhe está devendo de contratos na capitania de Minas? Nunca.[31]

O "nunca" durou três anos, seis meses e dez dias.[32]

Em julho de 1788, Joaquim Silvério dos Reis viu a direção do vento mudar. Naquele mês, como já visto, seu benfeitor Fanfarrão Minésio foi substituído no governo de Minas Gerais pelo visconde de Barbacena. A perda do padrinho deixou o ex-contratador apreensivo; ele sabia que o visconde chegava com ordens duras de Lisboa.[33]

Logo após a chocha cerimônia de posse do novo governador, em Vila Rica, o Fanfarrão Minésio seguiu para o Rio de Janeiro, de onde partiria de volta para Portugal.[34] Na comitiva estava Silvério dos Reis.[35] A jornada de Vila Rica ao Rio de Janeiro durava em média dez dias, e assim eles tiveram bastante tempo para conversar. Como chegou a ser aventado no Palácio do Governador, é bem possível que naquela viagem Silvério dos Reis tenha tomado ciência de uma novidade que o abalaria: o novo governador ia extinguir os regimentos auxiliares.[36] A medida atingiria em cheio o ex-contratador, pois tiraria seu status de coronel e forçaria a dissolução de seu pequeno exército particular. Silvério dos Reis, portanto, não estava nada feliz quando chegou ao Rio. Tratou de se despedir do Fanfarrão Minésio e nos dias seguintes ficou zanzando pela cidade.

Eram tempos confusos aqueles na capital da colônia; ardiam tramas secretas. Lá estavam o alferes Tiradentes, o dr. José Álvares Maciel e o padre Rolim a traçar planos centrais para a Conjuração Mineira. Silvério dos Reis não demoraria a tomar conhecimento de que Tiradentes estava na cidade. Na época, o Rio tinha 39 mil moradores, e, na pequena elite da cidade, todos se conheciam.[37]

Silvério dos Reis e Tiradentes mantinham relações cordiais havia algum tempo. Em 1782, quando pelejava na construção da variante do Caminho Novo, o alferes servira de correio ao então contratador das entradas.[38] Naquela época, de início, Silvério dos Reis demonstrou desconfiança em relação ao alferes, evitando confiar-lhe remessas mais sensíveis.[39] Porém, com o passar do tempo, Tiradentes foi ganhando crédito até que se tornaram amigos.[40]

Não se sabe quem teve a iniciativa, mas o fato é que Tiradentes e o ex-contratador se encontraram no Rio de Janeiro em 1788 — e certamente não faltou assunto.[41] Ambos tinham queixas relacionadas à Coroa e também boas razões para pensar que as coisas iriam piorar. Naqueles dias, Joaquim José da Silva Xavier recrutava rebeldes — se possível poderosos e endinheirados — a fim de libertar Minas Gerais; Joaquim Silvério dos Reis, por sua vez, buscava alguém que tivesse força suficiente para livrá-lo de sua dívida com a Coroa. No encontro, o ex-contratador acertou com o alferes sua entrada no movimento rebelde, e logo depois já estaria trabalhando ativamente pela revolução.[42]

O Saltério tinha virado sócio do sonho de Tiradentes.

Nas *Cartas chilenas*, lá pelas tantas, Tomás Antônio Gonzaga parece desistir de entender a figura de Joaquim Silvério dos Reis:

Apenas apareces... Mas não posso
Só contigo gastar papel, e tempo.
Eu já te deixo em paz, roubando o mundo.[43]

Em fevereiro de 1789, seis meses após encontrar-se com Tiradentes no Rio, Joaquim Silvério dos Reis tornou público seu descontentamento com a Coroa, e o fez de forma a provocar rebuliço. O desagravo aconteceu na presença de um dos ajudantes de ordens do governador, João Carlos Xavier da Silva Ferrão, que acompanhava uma vistoria no regimento auxiliar comandado pelo ex-contratador, na Borda do Campo, no Rio das Mortes. A ordem da inspeção, emitida pelo visconde de Barbacena, era um forte sinal de que em breve todas as milícias de Minas Gerais seriam extintas. Ao ver os homens de seu regimento perfilados e sabendo que logo perderia aquele pequeno exército particular e o título de coronel, Silvério dos Reis se enfureceu.[44] Então, na presença do ajudante de ordens do governador, que estava lá justamente para fazer a revista do regimento, ele pôs-se a enaltecer o potencial mineral da capitania, destacando a abundância de ouro e de pedras preciosas no solo mineiro — um discurso muito similar ao de Tiradentes. Toda aquela riqueza, afirmou o ex-contratador, um dia faria de Minas um "florente império".[45]

Terminada a solenidade, Silvério dos Reis e o ajudante de ordens do governador foram juntos para o arraial da Laje, onde eram aguardados para um jantar na casa de outro mineiro que também estava prestes a perder o título e a milícia, o capitão José de Resende Costa. A casa de Resende Costa estava repleta de insurretos, a começar pelo anfitrião — ele era o rebelde que vivia conspirando aos sussurros nas igrejas do Rio das Mortes. Àquela altura, Resende Costa estava tão seguro da revolução que cancelara a matrícula de seu filho homônimo na Universidade de Coimbra — afinal, se tudo corresse como planejado, a "nova república" faria erguer uma universidade a menos de sessenta quilômetros da sede da fazenda da família.[46] Naquela noite, além de Resende Costa (pai) e de Silvério dos Reis, outros dois amotinados estavam à mesa do jantar: Luís Vaz de Toledo Piza e Antônio de Fonseca Pestana. Assim que a bebida foi servida, Luís Vaz, irmão do padre Toledo, levantou um brinde a Silvério dos Reis: "À saúde de quem daqui a um ano não há de dever nada à Fazenda Real". O ex-contratador se animou: "Deus assim o permita".[47]

Mais tarde, ainda na casa de Resende Costa, quando o ajudante de ordens do governador já tinha ido embora, Luís Vaz puxou Silvério dos Reis pela casaca e se trancou com ele num quarto escuro.[48] Combinaram então as bases em que se daria a entrada do ex-contratador na sedição. Silvério dos Reis forneceria pólvora e uma força de combate, composta pelos homens de seu regimento auxiliar e mais duzentos e tantos escravos. Em contrapartida, teria canceladas todas as suas dívidas com a Coroa.[49] A conversa adentrou a noite, e Silvério dos Reis acabou dormindo na casa de Resende Costa.[50]

Naquele quarto escuro, o ex-contratador não se mostrou um militante apaixonado, como eram Tiradentes e outros tantos conjurados. Quem confabulou na penumbra foi o Silvério dos Reis pragmático, o "melhor calculador", como um dia fora chamado.[51] Na discussão, não se falou da conquista da liberdade ou da instauração da república. Houve, sim, muitos cálculos financeiros para se chegar ao lucro que o ex-contratador teria com a independência de Minas Gerais — a conta final ficou em 192 contos de réis, equivalente a 666 anos do salário de Tiradentes.[52] O pacote de benefícios que fez Silvério dos Reis se tornar um rebelde ia muito além do cancelamento de suas dívidas. Na "nova república", segundo foi dito, ele seria "um dos grandes".[53] Ou seja, passaria da categoria de vassalo extremamente endividado para a de pai da revolução, com negócios privilegiados.

Na condição de futuro homem "grande" da "nova república", o ex-contratador não se limitou a conchavar com o segundo escalão da conjuração, como eram Luís Vaz, o autor do brinde, e o capitão Resende Costa, o anfitrião do jantar. Dias depois do convescote no arraial da Laje, ele foi a São José para um encontro com o padre Toledo, este sim um dos líderes do movimento. No casarão da rua do Sol, cabalaram a portas fechadas, quando então o sacerdote reafirmou a Silvério dos Reis o que este queria ouvir: feito o levante, suas dívidas seriam de fato perdoadas.[54] Na reunião, Toledo também lhe ofereceu um discurso edificante para justificar a traição contra a Coroa, lembrando que, apesar de ter nascido em Portugal, as raízes do ex-contratador estavam no Brasil, pois tinha sido na colônia que ele construíra seu patrimônio. Assim, nas palavras do astuto Toledo, a adesão de Silvério dos Reis à conjuração não passaria de um ato de patriotismo.[55]

A conversa foi longe, passando das onze horas da noite. Antes de encerrar as tratativas, padre Toledo recomendou ao ex-contratador que fizesse segredo absoluto sobre o que haviam conversado.[56]

Silvério dos Reis continuou acompanhando o cenário e fazendo contas. De um lado, seus sócios conjurados lhe acenavam com um futuro auspicioso, embora arriscado. De outro, a Coroa oferecia o inferno. Ele apostava suas fichas no levante, mas, pelo sim, pelo não, cuidou de contratar um advogado, o dr. Cláudio Manuel da Costa, outro insurgente.[57]

A situação do ex-contratador junto à Coroa era de fato grave. O governador de Minas Gerais tinha ordens específicas de Lisboa para lhe apertar. Na instrução que o visconde de Barbacena recebera do ministro Martinho de Melo e Castro, Silvério dos Reis era citado nominalmente três vezes, e em todas elas de forma negativa.[58] No documento, após apontar a quantia devida por Silvério dos Reis, Melo e Castro o acusou de usar da proteção de autoridades locais para postergar o pagamento indefinidamente. Além de mandar Barbacena cobrar de maneira enérgica o débito, o ministro determinou que fosse investigado o contrato das entradas, visando a identificar abusos.[59] Se os ditames de Melo e Castro fossem cumpridos ao pé da letra, Silvério dos Reis entraria em apuros. Afora ter ceifada uma parcela considerável de seu patrimônio, ele corria o risco de ver revelada sua rede de proteção em Minas Gerais.

Ele sentiu a pressão. O governador adiava a decretação da derrama, mas dava sinais de que não iria amaciar com os contratadores e ex-contratadores em débito com a Coroa. Silvério dos Reis já tinha recebido pistas de que em breve seria chamado a prestar contas.[60] No início de março de 1789, a fim de evitar a convocação, o ex-contratador tentou apressar as tratativas com seus colegas conjurados, sobretudo em relação aos planos de queimar os livros contábeis da Real

Fazenda.⁶¹ Entretanto, não havia nada a ser feito; ele e os demais rebeldes teriam de esperar, já que o levante dependia da derrama, e o governador não esboçava qualquer sinal de que pretendia decretá-la tão cedo.

Ainda naquele mês, Silvério dos Reis ficou sabendo que seu prazo chegara ao fim. No dia 10, uma terça-feira, ele recebeu uma notificação para comparecer perante a Junta da Real Fazenda a fim de prestar contas de seu contrato.⁶² Na intimação, foi acusado de ser "doloso, fraudulento e falsificador".⁶³

No dia seguinte, o ex-contratador saiu de sua fazenda com destino a Vila Rica, onde pretendia se apresentar às autoridades coloniais. Para Silvério dos Reis, a revolução tinha demorado demais.

No mesmo dia em que Silvério dos Reis saiu em viagem em direção à capital mineira, Tiradentes partiu de Vila Rica rumo ao Rio de Janeiro, onde pretendia iniciar a revolução na marra. Depois de trotar oitenta quilômetros com a besta que arranjara emprestada, Joaquim encontrou, num lugarejo chamado Ribeirão, um antigo companheiro de quartel, o alferes Matias Sanches Brandão, outro que empacara na carreira militar.⁶⁴ Integrante da arraia-miúda do movimento, ele se dispôs a acompanhar Tiradentes na viagem.⁶⁵ Ainda que Brandão possuísse uma debilidade física (não escutava muito bem), Joaquim avaliou que ele seria útil.⁶⁶

Depois de cavalgarem cerca de cinquenta quilômetros, chegando a Engenho do Campo, Tiradentes e Brandão encontraram na estrada, vindo no sentido contrário, outro rebelde: Joaquim Silvério dos Reis, que viajava escoltado por dois oficiais de milícia.⁶⁷ Uma coincidência e tanto. O encontro das duas caravanas foi breve, mas houve tempo para uma conversa curta. Tiradentes estava de bom humor e, de forma cifrada, anunciou a Silvério dos Reis que viajava ao Rio em missão insurgente: "Lá vou trabalhar para si", disse ele, elevando o tom de voz, referindo-se à prometida extinção das dívidas dos contratos pelo governo da "nova república".⁶⁸ Tiradentes perguntou ao ex-contratador se ele levava consigo algum dinheiro para amortizar a dívida com a Real Fazenda. Silvério dos Reis respondeu que sim. O alferes então aconselhou o companheiro de motim que não fosse tolo e que não pusesse um real sequer nos cofres da Coroa, dando a entender, mais uma vez, que a revolução estava próxima. A conversa ficou por ali. Os dois Joaquim se despediram e cada qual tomou seu rumo.⁶⁹

Joaquim Silvério dos Reis mentiu a Joaquim José da Silva Xavier. O ex-contratador não pretendia pagar uma parcela de sua dívida; aliás, não pretendia pagar nada.

Como a revolução não chegou a tempo de resolver seu problema pessoal, o ex-contratador decidiu seguir um caminho diferente. Entre os acenos de uma sedição de futuro incerto e a pressão do governador, Silvério dos Reis vislumbrou uma saída alternativa. Ele tinha em mãos algo que talvez valesse os 220 423 149 réis de sua dívida com a Coroa: informação. O ex-contratador conhecia detalhes dos planos rebeldes, inclusive as discussões sobre o possível assassinato do visconde de Barbacena.[70] E, para livrar sua pele, ele estava disposto a contar tudo o que sabia. Silvério dos Reis já não era um rebelde; tornara-se um traidor.

PARTE VI
SEM MEDO DO BACALHAU

16.

No início do século XVII, a lepra era considerada uma doença maldita em Portugal. Ela avançava pelo corpo do enfermo até tomá-lo por inteiro, sem esperança de cura. Como a moléstia era transmissível, o achacado devia ser apartado da convivência social. E os pobres descendentes do leproso, acreditava-se, nasciam condenados a carregar o mal.

A partir de 1603, ficou estabelecido nas Ordenações Filipinas (corpo das leis portuguesas) que trair o soberano ou a monarquia era um crime tão "grave e abominável" que podia ser comparado à lepra. O criminoso, assim como o leproso, estava fadado a pagar pelo mal com a ruína de seu corpo, e a infâmia seria derramada sobre sua descendência.[1]

De acordo com as Ordenações Filipinas, havia uma única chance de salvação para quem cometesse o crime de lesa-majestade. O caminho da redenção era dado no livro 5, título 6, parágrafo 12: delatar os cúmplices. Quem traísse o rei, mas em seguida traísse os comparsas, entregando-os à Justiça, mereceria perdão. O dispositivo determinava que, além de ficar livre de qualquer penalidade, o denunciante era, dependendo do caso, merecedor de "mercês".

O roteiro servia perfeitamente aos planos de Joaquim Silvério dos Reis.

Depois de topar com Tiradentes por acaso na estrada, o ex-contratador continuou sua jornada rumo a Vila Rica. Faltando alguns poucos quilômetros para chegar à capital de Minas Gerais, ele fez um desvio à esquerda. O ex-contratador não pretendia prestar contas à Junta da Real Fazenda, em Vila Rica, conforme lhe fora ordenado. Silvério dos Reis ia à chácara do governador, em Cachoeira do Campo, para delatar seus companheiros e candidatar-se ao prêmio destinado aos traidores que agiam a serviço da Coroa.

O coronel alcançou seu destino no dia 15 de março, ou seja, três ou quatro dias após o encontro com Tiradentes. Em Cachoeira do Campo, o visconde de Barbacena dividia seu tempo entre os despachos do governo e os cuidados com suas vacas e galinhas.[2] Abriu um espaço na agenda para receber o ex-contratador.

Entre assustado e cauteloso, Silvério dos Reis desfiou seu rosário — e começou mentindo.[3] Disse que o que o trazia até ali era seu senso de lealdade para com a "augusta soberana", d. Maria, dever que ele cumpria com risco de perder a vida.[4] Feita a lacrimosa introdução, ele continuou adulterando os fatos. Contou ao governador que, no mês anterior, havia tomado conhecimento — acidentalmente — de que um grupo de "poderosos e magnatas" de Minas planejava tomar a capitania de sua majestade, tornando-a independente.[5] Segundo Silvério dos Reis, a descoberta da trama se dera graças a um acaso guiado pelos desígnios de Deus.[6] Como andava desgostoso pela iminente perda do título de coronel e de seu regimento de milícia, ele caíra na besteira de fazer queixas contra a Coroa publicamente, o que teria aberto uma brecha para que os conspiradores tentassem recrutá-lo. Ele teria sido então convidado a participar da "falsidade que se fulmina[va]" sob a promessa de ter extintas suas dívidas com a Real Fazenda. O coronel contou ter rejeitado a proposta, tendo sido por isso jurado de morte caso viesse a falar a alguém sobre o plano do levante.[7] Ele entregou quase tudo o que sabia, inclusive as divisões internas no movimento. Disse que era sua obrigação contar ao visconde que este corria risco de vida, relatando, com tintas, a cena em que a cabeça decepada do governador seria erguida pelos cabelos, em praça pública, diante da multidão. Silvério dos Reis citou nominalmente oito envolvidos, entre eles o coronel Alvarenga Peixoto, o comandante do Regimento de Cavalaria, Francisco de Paula Freire de Andrada, o padre Rolim, o capitão José de Resende Costa, o padre Toledo e o irmão deste, Luís Vaz de Toledo Piza. Com Tomás Antônio Gonzaga, o desafeto que o pusera a nu nas *Cartas chilenas*, o delator foi especialmente cruel. Não só disse que o ex-ouvidor era o "primeiro cabeça da conjuração", como ainda atribuiu a ele a decisão de decapitar o governador.[8] Silvério dos Reis também deixou em péssima situação seu "amigo"

Joaquim José da Silva Xavier.[9] Não chegou a incluir o alferes entre os líderes, mas disse que este "trabalhava fortemente" e que, dentro dos quartéis, era a figura mais ativa do movimento, tendo aliciado inúmeros dragões.[10] Duas informações fornecidas pelo delator complicavam as coisas para Tiradentes. Primeira: ele era o elo entre os rebeldes de Minas Gerais e os do Rio de Janeiro. Segunda: naquele exato momento, Joaquim se dirigia à capital da colônia, onde pretendia dar início ao levante, degolando o vice-rei com suas próprias mãos (o pérfido se enganara, já que quem o alferes pretendia decapitar era o governador de Minas Gerais).

Na sessão de alcaguetagem, Silvério dos Reis poupou dois conspiradores: ele próprio e seu advogado, Cláudio Manuel da Costa.

Para o final do teatro, o coronel reservou uma cena carregada de (falso) sentimento. Afirmou que não era de sua vontade que nenhum daqueles que acabara de delatar fosse punido com a pena de morte. E que, sendo assim, pedia ao governador que, caso julgasse ser ele merecedor de alguma recompensa, que poupasse a vida dos conspiradores: "O prêmio que peço tão somente a vossa excelência é o rogar-lhe que, pelo amor de Deus, se não perca a ninguém".[11]

Naqueles dias, o visconde de Barbacena não estava bem de saúde. Sentia-se fraco e tinha dores devido a uma queda na residência de Cachoeira do Campo.[12] Certamente não terá sido agradável saber que tramavam contra sua pessoa. Entretanto, ouviu impassível o relato do coronel.[13] O visconde sabia exatamente quem era Silvério dos Reis e não o tinha em grande conta, julgando-o "um homem de mau coração, e capaz de usar, para a sua conveniência, de meios violentos".[14] Precavido, o governador mais ouviu do que falou. Fez algumas poucas reflexões em voz alta, questionou uma coisa ali e outra acolá, a fim de ver se Silvério dos Reis caía em contradição, e isso foi tudo.[15] A dissimulação de Barbacena fez o delator imaginar que ele não tivesse compreendido a gravidade do caso. Não era verdade. O governador considerou coerente e crível o relato, mas não deixou de notar que o ex-contratador tentava esconder sua culpa no episódio.[16] Silvério dos Reis, concluiu o visconde, não agia movido pelo dever de lealdade, e sim porque se sentia apertado a quitar sua monstruosa dívida com a Coroa. Barbacena acertou na mosca: o coronel queria "fazer-se importante e benemérito".[17] Para o governador, contudo, a índole fluida do delator não era um problema — ele não procurava heróis, também era um homem de cálculos. Silvério dos Reis tinha sido útil e, se bem manejado, poderia continuar a sê-lo.

Na audiência, diferentemente do visconde, o delator estava ansioso. Imaginando que Barbacena se lançaria de imediato ao propósito de abafar a conjuração, ofereceu-lhe pólvora e homens para armar uma reação — o mesmo que pretendera dar à revolução antes de traí-la.[18] O visconde, no entanto, recusou a oferta.[19] Ele não pretendia montar nenhuma operação militar para golpear o levante, muito menos prender os conjurados. A resposta do governador não seria estrondosa. Pelo menos por ora, ele jogaria nas sombras, e Silvério dos Reis seria seu instrumento.

O visconde ordenou então ao coronel que fosse a Vila Rica e fizesse contato com os conjurados, visando a extrair deles mais informações sobre a sedição. Depois de colher os dados, Silvério dos Reis deveria retornar à sua fazenda, na comarca do Rio das Mortes, e ficar à espera de um chamado do governador.[20] Quando quisesse vê-lo novamente, Barbacena mandaria uma carta cifrada.[21]

17.

Em março de 1789, a caminho do Rio de Janeiro, o alferes não fazia a menor ideia de que Silvério dos Reis tinha voluntariamente se tornado um "cachorro", como ele costumava nomear os traidores.[1] Joaquim seguia pelo Caminho Novo, seu velho conhecido, pregando a república e falando sobre a iminência do levante a quantos encontrava.[2] Dizia que a derrama estava próxima de cair sobre os cansados ombros dos mineiros. E anunciava que o povo não pagaria um grão de ouro sequer, pois antes disso, com a ajuda de norte-americanos e franceses, faria a revolução, em parceria com Rio de Janeiro, Bahia, Pernambuco, Pará e também Mato Groso.[3] Tiradentes recitou sua cantilena esperançosa (e pouco tangível) na Varginha do Lourenço, nas Bananeiras, na Igreja Nova, na Borda do Campo, no Registro Velho, em Juiz de Fora, em Cebolas...[4] Uns já tinham escutado suas pregações;[5] outros o ouviam pela primeira vez.[6] Na avaliação de Joaquim, seu discurso vinha obtendo boa aceitação.[7] Mas, na realidade, nem sempre era assim. Próximo a Cebolas, já na capitania do Rio de Janeiro, o alferes encontrou alguns tropeiros e puxou conversa. A certa altura, tentou convencê-los de que Minas Gerais podia viver independente de Portugal. Mal Tiradentes virou as costas, eles caíram na gargalhada e, entre risos e chacotas, seguiram caminho afora imaginando tratar-se de um doido.[8]

Joaquim se esforçava em passar uma imagem otimista em relação ao levante, mas o recuo de alguns de seus companheiros o abatera. Nas Bananeiras, ao receber suporte de um rebelde que encontrara no caminho, Tiradentes desabafou, dizendo que eram "muito pusilânimes os filhos de Minas".[9] Em outros momentos, chegou a se mostrar irritado, como aconteceu na tentativa de recrutamento de Manuel Luís Pereira, furriel do Regimento de Artilharia do Rio de Janeiro. Joaquim topou com o colega de farda no caminho e tentou seduzi-lo à ideia do levante. O furriel, contudo, não se mostrou convencido da possibilidade de independência, o que enervou o alferes. "Ah, vossa mercê também é daqueles que têm medo do bacalhau", troçou Joaquim, fazendo referência ao chicote feito de correias de couro cru que era usado para açoitar escravos.[10] O evento revelou duas coisas. A primeira era que a paciência de Tiradentes estava chegando ao fim. A segunda era que ele perdera completamente o temor; nem o pelourinho o amedrontava mais.

A viagem era dura. Cavalgava-se em média quarenta quilômetros por dia e, nas paradas, nem sempre havia acomodação e comida decente. Na maioria das vezes, como ocorreu nas Bananeiras, depois de um longo dia em cima de sua besta, o que restava a Joaquim era tirar as botas e dormir numa esteira esticada no chão duro.[11] Fazia muito calor naquele início de março, o que também não ajudava.[12] Já no terceiro dia da jornada, o alferes e seu companheiro, o ensurdecido Matias Sanches Brandão, davam sinais de fadiga.

Mas Tiradentes e seu ajudante também encontravam solidariedade. Na Borda do Campo, em boa hora, um comerciante lhes ofereceu almoço. Enquanto engolia a comida, o companheiro de Joaquim reclamou de sua montaria, amaldiçoando o fato de que ainda teria pelo menos sete dias de estrada. Na mesma hora, o anfitrião ofereceu um cavalo a Matias. O alferes, por sua vez, também não devia estar nada satisfeito com sua besta, pois, vendo que o amigo conseguira montaria melhor, insinuou-se merecedor do mesmo agrado: "Só a mim se não fazem esses oferecimentos", disse ele em tom bem-humorado.[13] O português prontamente repetiu o gesto, disponibilizando um cavalo preto a Joaquim.[14] Talvez o alferes tenha ficado acanhado em aceitar a oferta, ou talvez tenha achado que seu burro era mais macio que o picaço oferecido pelo português. Fato é que Tiradentes recusou a dádiva.[15]

E, trotando com seu burro macho rosilho, lá se foi Joaquim.

O alferes não era homem de guardar segredos sobre a sedição. Podia até aumentar o conto, mas omitir não era sua prática. Havia, contudo, um único tema do qual tratava com reserva: a identidade de um dos participantes do conluio. Um dia, na estalagem das Bananeiras, deitado numa esteira, o alferes conversava com um comparsa sobre a dinâmica da rebelião. Questionado sobre os imensos obstáculos que poderiam minar o sucesso do movimento, Joaquim continuou sustentando a certeza de que tudo acabaria bem. Foi quando largou no ar uma frase misteriosa: um dos membros do complô, disse ele, era uma "pessoa muito grande". O interlocutor de Tiradentes ficou intrigado e pediu-lhe, mais de uma vez, que revelasse o nome do rebelde secreto. O alferes se limitou a repisar: "Pessoa muito grande".[16] Depois acresceu que, "a seu tempo", a identidade do conjurado seria por todos conhecida.[17]

Tudo indica que Joaquim tenha acabado contando ao curioso amigo — o fazendeiro vila-riquense João Dias da Mota, que lhe emprestara o burro — quem era o rebelde secreto. Isso explica o diálogo que Mota travaria semanas depois com o dono da estalagem da Varginha do Lourenço, João da Costa Rodrigues. Sempre que passava pela hospedaria, Mota perguntava ao estalajadeiro se o alferes estivera recentemente por ali — o fazendeiro sabia que Tiradentes, quando em viagem pela região, tinha o costume de fazer uma parada na Varginha do Lourenço. De tanto ouvir as pregações de Joaquim na hospedaria, o estalajadeiro já sabia qual era o assunto que Mota tinha a tratar com ele: "Quer-se cá fazer uma Europa", disse o dono da estalagem.[18] Numa das ocasiões em que Mota procurou o alferes na Varginha do Lourenço, o estalajadeiro puxou assunto sobre a revolução. E então ouviu de Mota uma declaração perturbadora: a revolução atraíra a simpatia de um nome de grande peso; o governador de Minas Gerais, segundo ele, estava aderindo ao movimento.[19]

18.

Quando delatou seus companheiros, Joaquim Silvério dos Reis tinha uma dúvida: se a conjuração era assunto em todos os cantos de Minas Gerais, como era possível que o governador não soubesse do movimento? Era mesmo intrigante — ou melhor, não era crível — que Barbacena desconhecesse por completo a conjuração. No dia em que estivera com o governador em Cachoeira do Campo, Silvério dos Reis fora de uma capachice sem fim. Mas por um instante, de forma nada sutil e até mesmo ousada, botou-o contra a parede, indagando — não uma, mas duas vezes — se de fato ele ignorava as conspirações. Em ambas as vezes, o governador desconversou.[1] Naquela mesma semana, o dono do jegue montado por Tiradentes contou na estalagem na Varginha do Lourenço que Barbacena conspirava contra a rainha.[2]

A cegueira do visconde era deliberada, como comprovam dois fatos. Primeiro: seu principal ajudante de ordens, o tenente-coronel Francisco Antônio Rebelo, tinha presenciado uma discussão pública sobre o levante no salão da Estalagem das Cabeças, em Vila Rica. Na ocasião, Rebelo chegara inclusive a ser alertado por um dos presentes sobre a gravidade das conversas.[3] É improvável que o tenente-coronel não tivesse relatado o caso ao governador, já que era seu braço direito. Segundo: outro ajudante de ordens de Barbacena, João Carlos Xavier da Silva Ferrão, tinha ouvido Silvério dos Reis dizer publicamente, antes de trair a conjuração, que Minas Gerais um dia haveria de ser independente.[4] Naquele mesmo dia, Silva Ferrão esteve no jantar na casa do rebelde José de Resende Costa em que foi dito, com todas as letras, durante um brinde, que em breve Silvério dos Reis ficaria livre de suas dívidas com a Coroa.[5]

O delator não foi o único a questionar o alheamento do governador em matéria de tamanha gravidade. O fazendeiro Basílio de Brito Malheiro do Lago também o fez. "Parecia-me impossível", disse ele a Barbacena certa vez, "que vossa excelência o não soubesse."[6]

Decifrar o governador não era tarefa fácil. Se antes da delação de Silvério dos Reis já era difícil compreender o que havia por trás da suposta sonsice do visconde, depois ficou ainda mais complicado.

Em meados de março, Barbacena aplicou um golpe que asfixiaria a já combalida Conjuração Mineira, e, como era próprio dele, o episódio foi cercado de mistérios intransponíveis. O governador escutara a denúncia de Silvério dos Reis no dia 15, um domingo. Logo depois, no início da semana, enviou um ofício curto à Câmara de Vila Rica em que, de maneira surpreendente, anunciava ter desistido de impor a derrama. Com o gesto, Barbacena tirou dos conjurados o mote com o qual eles pretendiam justificar o levante.[7] Pela cronologia dos fatos, seria lógico supor que a suspensão da derrama era decorrente da delação. Contudo, um detalhe — a data do ofício à Câmara, 14 de março, véspera da denúncia de Silvério dos Reis — remetia a uma dinâmica diferente: em um gesto solitário, o governador decidira suspender a derrama no sábado, quando então assinou o comunicado, e só no domingo tomou conhecimento do movimento insurgente. Mas também não há como saber se essa segunda hipótese é verdadeira, já que, como o ofício só foi despachado à Câmara no decorrer da semana, a sequência dos fatos ficou embaralhada. A data do ofício era verdadeira ou o visconde fraudara o documento? Impossível responder. Barbacena novamente conseguira se colocar num lugar inatingível.[8]

De qualquer forma, a maldita cobrança retroativa dos quintos foi bloqueada até uma nova apreciação do assunto por parte da rainha. Com cinco parágrafos, Barbacena desmontou o que prometia ser o segundo levante republicano nas Américas.

Tão logo a notícia da suspensão da derrama correu em Vila Rica, a população da capital mineira começou a festejar.[9] A angústia dava lugar a uma felicidade enorme, mas não para todos. Aos conjurados, a novidade representava o fim de um sonho — ou, talvez pior, o início de um pesadelo. Uma dúvida terrível se instalou entre os rebeldes, que até então não faziam a menor ideia de que Silvério dos Reis os traíra: a decisão do governador mirava o desmonte do movimento ou fora tomada por motivos outros?

Despontando àquela altura como líder-mor da conjuração, o ex-ouvidor Tomás Antônio Gonzaga resolveu pagar para ver. Naquele mesmo dia, ele foi à chácara de Cachoeira do Campo com a desculpa de cumprimentar Barbacena pela suspensão da derrama. Informado de que o ex-ouvidor queria vê-lo, o governador resolveu jogar o jogo e o mandou entrar. O visconde o recebeu de forma simpática, e Gonzaga então imaginou que tinha campo para avançar na sondagem. Fingindo uma satisfação exagerada, o líder insurgente disse que, se pudesse, levantaria uma estátua para o governador. Não era uma má ideia, respondeu Barbacena, também de maneira dissimulada. O ex-ouvidor ficou repetindo insistentemente o gracejo da estátua, o que fez o governador perceber que ele queria dizer algo, mas não na presença do ajudante de ordens Francisco Antônio Rebelo, que tomava chá num canto da sala. Gonzaga ficou ciscando em torno do tema da satisfação dos mineiros com a suspensão da derrama até que, por fim, o oficial saiu do gabinete, deixando-o a sós com o visconde. A conversa então mudou de rumo. Subindo a aposta do blefe, Gonzaga comentou com Barbacena que Minas devia ser "a menina dos olhos" da Coroa, pois, devido às riquezas que possuía, tinha condições inclusive de ser independente de Portugal. Mesmo um levante não seria difícil, insinuou o ex-ouvidor, até porque a localização da capitania no interior da colônia funcionaria como uma proteção natural contra uma possível reação do Reino. Para Minas ser livre, prosseguiu ele, só faltavam "duas cabeças" — uma delas, ficava subentendido, era a do visconde.[10]

Convidado não muito discretamente a aderir ao movimento, a reação do governador foi espantosa: ele não fez nada. Em vez de dar voz de prisão a Gonzaga, como seria correto, o visconde preferiu desviar do assunto "com a maior arte e dissimulação" possíveis, segundo suas próprias palavras.[11]

Após propor ao governador que se juntasse ao movimento rebelde, e não tendo encontrado resistência por parte dele, Gonzaga se despediu, prometendo voltar em breve — ou seja, deu a Barbacena um tempo para pensar na oferta.[12]

O governador se movia de forma indecifrável. Se, por um lado, abalara os planos dos conjurados com a suspensão da derrama, de outro, ao deixar de reprimir o movimento, dera uma sobrevida ao levante.

A rigor, o motim estava seriamente atingido, mas não morto. Até porque, sem saber de nada que acontecia em Vila Rica, Tiradentes continuava em sua jornada rumo ao Rio de Janeiro decidido a iniciar o levante. Havia espaço, portanto, para uma reviravolta — pequeno, é verdade, mas havia.

Além do governador de Minas Gerais, nenhuma autoridade da Coroa, dentro ou fora do Brasil, sabia dos planos sediciosos. Em mais uma de suas atitudes suspeitas, Barbacena simplesmente não avisou ao vice-rei, no Rio, ou a seus superiores, em Lisboa, que havia uma trama para desgarrar Minas do Império Português. Com o gesto, o visconde deixava solto dois importantes rebeldes que, por motivos distintos, podiam deflagrar o motim: Tiradentes, um Quixote irrefreável, e Tomás Antônio Gonzaga, que, com a passividade do governador, ganhara uma espécie de carta branca para continuar conspirando. A decisão agora estava nas mãos dos cambaleantes insurretos.

Os rebeldes (e o pouco de rebeldia que restava naquele apavorado grupo) precisavam urgentemente se reunir para fazer um balanço dos acontecimentos recentes e decidir que caminho tomar. A ocasião surgiu com a chegada da notícia de uma tragédia ocorrida em Lisboa.

Seis meses antes, o filho mais velho da rainha, d. José, herdeiro natural da coroa, havia morrido aos 27 anos recém-completados. O jovem pálido, de constituição física frágil e de olhar triste, como o da mãe, não resistiu a um ataque de varíola — a obscurantista d. Maria refutava os avanços da medicina, preferindo tratá-lo com banhos de mar. Consumada a desgraça, restou chorar o morto e prestar-lhe as devidas homenagens. As exéquias se estenderam pelo Reino e chegaram às colônias. Na América portuguesa, o luto deveria ser vivido de modo especialmente solene, já que o falecido tinha o título de príncipe do Brasil. Em março de 1789, as cerimônias ocorreram em Vila Rica, dando pretexto a uma nova rodada de reuniões dos conjurados.

O cônego Luís Vieira veio da vizinha Mariana para pregar nas exéquias e aproveitou para contatar seus camaradas.[13] O coronel Alvarenga Peixoto, por sua vez, despencou-se de sua fazenda em Paraopeba com a desculpa de render homenagens ao príncipe.[14] Na primeira oportunidade, ambos se dirigiram à residência de Tomás Antônio Gonzaga, na pirambeira da rua do Ouvidor, onde os esperavam o dono da casa e o advogado Cláudio Manuel da Costa. Gonzaga procurava arejar a cabeça bordando o *vestido* (traje a rigor masculino composto de casaca, véstia e calções) que usaria em seu casamento.[15] O líder-mor dos conjurados, então com 44 anos, tentava agarrar-se ao fato de que em breve estaria finalmente unido à sua bela noiva, de 21 anos, a musa Marília de seus versos árcades. Mas não era fácil encontrar poesia naquele início de outono em Vila Rica. Depois da reunião em que propusera ao governador que este assumisse um lugar de destaque no levante, Gonzaga desanimou. A indiferença com que Barbacena recebera o convite certamente não ajudou, mas a razão principal do abatimento do ex-ouvidor era a suspensão da derrama. Após refletir com calma sobre a medida, ele chegou à conclusão de que os planos insurgentes estavam definitivamente comprometidos. Como emplacar uma revolução se a população de Minas Gerais estava feliz e aliviada? Como partir para o campo de batalha se o rebelde mais graduado do grupo militar, o comandante do regimento, continuava recolhido na fazenda dos Caldeirões fingindo nunca ter feito parte daquela embrulhada? Em sua casa, rodeado pelos colegas, Gonzaga foi provocado pelo cônego Luís Vieira a fazer uma análise sobre o futuro do movimento. O líder dos conjurados foi lacônico: "A ocasião para isso se perdeu".[16]

Para Tomás Antônio Gonzaga, era o fim da linha.

A dura avaliação encontrou eco no cônego Luís Vieira, um dos pilares intelectuais do movimento. O sacerdote concordou com o ex-ouvidor: naquelas circunstâncias, era impossível levar adiante o motim. Além da suspensão da derrama, ponderou, havia dois outros obstáculos que enterravam de vez o levante: a falta de apoio concreto no Rio de Janeiro e a dificuldade em assaltar o comboio que levaria o ouro dos quintos à capital da colônia.[17]

Para o cônego Luís Vieira, também era o fim da aventura.

Mas para Alvarenga Peixoto, não. Ele queria lutar. O coronel fez um apelo desesperado ao grupo dizendo que ainda era possível conquistar a liberdade. Mesmo com todos os reveses, argumentou ele, bastaria fazer uma provisão, suficiente para dois anos, de ferro, pólvora e sal para dar início ao combate.[18] Nenhum dos colegas presentes o acompanhou.

No dia seguinte, o mesmo grupo fez uma nova reunião, dessa vez na casa de Cláudio Manuel da Costa. Jantaram sem tocar no assunto, já que à mesa encontrava-se um convidado supostamente alheio ao movimento insurgente, o intendente do Ouro da Real Fazenda de Minas Gerais, Francisco Gregório Pires Bandeira, justamente o funcionário colonial responsável pela aplicação da derrama. Terminada a refeição e aproveitando que Bandeira se postara à janela para conferir o movimento da rua do Ouvidor, os conjurados foram até a varanda para confabular.[19]

Quem visse aqueles homens poderia pensar que as exéquias do príncipe os tinham enchido de tristeza. Cláudio, já abatido por natureza, se prostrara sentado em um dos degraus da escada de pedras. De pé, o cônego Luís Vieira divagava de forma apaixonada sobre as maravilhas da Revolução Americana, que conhecia a fundo. Inconformado com o fim abrupto do movimento que se desenhava à sua frente, Alvarenga Peixoto andava aflito de um lado para outro, passando da varanda à sala e da sala à varanda. Tomás Antônio Gonzaga estava em estado lastimável. Atacado por cólicas de fígado, padecia numa esteira estendida no quintal, embrulhado num capote de baeta cor de vinho. Alguém lamentou: como Minas seria feliz se conseguisse conquistar a liberdade, quão rica seria se fosse independente. Por fim, surgiu na conversa o nome de Tiradentes. Como estaria o alferes, que, às vésperas de chegar à capital da colônia, ainda não sabia de nada?[20]

No final de março, depois de uns dez dias de viagem, Joaquim José da Silva Xavier e seu escudeiro Matias Sanches Brandão entraram na cidade do Rio de Janeiro. Como vinha com os bolsos cheios (72 mil-réis dos soldos mais 100 mil-réis dados pelo compadre Domingos de Abreu Vieira), Tiradentes bancou a hospedagem da dupla num alojamento localizado na área mais movimentada da cidade, na rua São Pedro, no centro.[21]

Nos dias seguintes, o alferes daria início a uma nova rodada de recrutamento. Como vinha fazendo havia oito meses — desde que iniciara, ali mesmo no Rio, a pregação mais ostensiva do levante —, ele repetiria sua cantilena rebelde a quem encontrasse pelo caminho. Faria isso à exaustão, de maneira quase mecânica.[22] Um dos primeiros alvos de Joaquim foi João José Nunes Carneiro, um mineiro de Caeté que servia como ajudante no Regimento de Artilharia do Rio de Janeiro. O alferes o encontrou bastante doente no quartel e, à beirada de seu leito, pôs-se então a conversar sobre trivialidades de Minas Gerais e a contar novidades sobre os colegas. João, por sua vez, fez um relato pessimista de sua saúde, dizendo que, apesar de estar sendo medicado, tinha pouca esperança de melhora. Tiradentes achou que aquele era o momento ideal para jogar sua isca: "Vamos para Minas, que logo sara com ares benéficos e diferentes", convidou ele.[23] Os "ares diferentes", explicou, eram a revolução em marcha. Sem saber que a derrama fora suspensa havia uma semana, Joaquim contou ao colega que os mineiros estavam desgostosos com a cobrança retroativa dos quintos, mas que a situação ia mudar em breve, pois o povo estava prestes a seguir o exemplo dos norte-americanos e lutar pela independência com o apoio do Rio de Janeiro e de São Paulo. Num momento de empolgação, o alferes segredou que, no dia do levante, iria até Cachoeira do Campo para dar conta do governador pessoalmente. Após ouvir o colega com atenção, João explicou que simplesmente não tinha condições físicas para fazer a viagem. Terminou ali a tentativa de recrutamento.[24]

Em Vila Rica, os conjurados continuavam a se arrepelar de angústia e desgosto. No Rio, Tiradentes seguia sua marcha cega rumo ao precipício.

Recluso em sua chácara em Cachoeira do Campo, o governador de Minas Gerais não demonstrava ter a menor pressa em agir. O gesto só encontra lógica em uma hipótese: a de que ele tenha ficado esperando a prometida visita de Tomás Antônio Gonzaga para retomar a conversa sobre sua possível adesão ao levante. Contudo, passados seis dias, o ex-ouvidor ainda não tinha voltado, obrigando Barbacena a mudar sua estratégia.

No dia 24 de março, o governador se reuniu a portas fechadas com aquele que, pelas normas coloniais, deveria substituí-lo em caso de impedimento. Tratava-se do bispo de Mariana, d. frei Domingos da Encarnação Pontével. Na conversa, em tom grave, Barbacena fez um relato pormenorizado da delação de Joaquim Silvério dos Reis.[25] O velho sacerdote português, de 67 anos, deve ter levado um susto com a possibilidade de ter de substituir o governador em meio a um motim. O bispo era um incentivador das artes (como podia atestar Aleijadinho) e um intelectual refinado (com 1066 volumes, sua biblioteca era uma das maiores da colônia).[26] Obviamente ele não era a pessoa mais recomendada para acudir a Coroa em caso de um levante. Se o governador quisesse mesmo evitar o motim, precisaria pedir socorro a autoridades de fora da capitania com verdadeiro poder de fogo.

Os dias foram passando e nada acontecia, nem no lado dos rebeldes, nem no de Barbacena. No que tangia ao governador, a demora em tomar uma providência começava a complicar sua situação, já que posteriormente ele poderia ser acusado de omissão ou até mesmo de conivência com os insurgentes. Barbacena então decidiu finalmente agir. Em 25 de março (dez dias após a delação de Silvério dos Reis e sete dias depois do encontro com Tomás Antônio Gonzaga), o visconde tomou a iniciativa de escrever à autoridade mais graduada da colônia — o vice-rei do Brasil — informando sobre a conjuração. Mais uma vez, um gesto incompleto, já que Barbacena continuou mantendo Lisboa alheia em relação ao movimento. Na longa mensagem ao vice-rei, o governador entrelaçou verdades e mentiras, compondo uma peça exemplar de manipulação de fatos. O objetivo era um só: ocultar sua verdadeira posição naquele tortuoso quiproquó.

A fim de esconder a inexplicável demora em comunicar sobre a existência de um movimento insurrecional na porção mais valiosa do Império Português, Barbacena começou a carta dizendo que "um destes dias" ouvira uma denúncia sobre o projeto de motim. Em seguida, relatou o conteúdo da delação de Silvério dos Reis, classificando os acontecimentos como "graves" e dando inclusive um toque pessoal no drama: "Minha vida corre grande risco". Por ora, explicou ele, a tensão baixara graças à suspensão da derrama. Ainda assim, prosseguiu, a situação era delicada, já que Minas Gerais não dispunha de um dispositivo militar sólido. "Não tenho força em que me fie", esclareceu o visconde, revelando que contava, em Vila Rica, apenas com setenta soldados, estando o restante da tropa disperso pela capitania. O visconde contou que o comandante do Regimento de Cavalaria era um dos cabeças do movimento rebelde. E justificou sua inércia afirmando que a falta de um aparato militar robusto o impossibilitava de realizar prisões naquele momento. Afinal, sofismou Barbacena, seu efetivo era tão pequeno e a cadeia de Vila Rica era tão frágil que "quaisquer sessenta ou setenta homens de pé-rapado" poderiam soltar os prisioneiros. Pediu então ao vice-rei que enviasse a Minas Gerais um reforço militar comandado por "oficiais de confiança" e bem municiado — "sua majestade não tem aqui de seu um só barril de pólvora", avisou. Caso, na subida da serra, a tropa fosse obrigada a prender alguém, que o fizesse "fingindo", ou seja, que justificasse as detenções como episódios envolvendo contrabando de diamantes ou, "ainda melhor", crimes inquisitoriais, sugeriu Barbacena. Essa era a tônica da mensagem do governador: era preciso ocultar a qualquer custo o fato de que em Minas Gerais pulsava o "espírito de vertigem".[27] Em sua carta, o visconde confessou por quatro vezes que tratava do caso "com a maior arte e dissimulação". E sua intenção, disse ele, era continuar agindo assim, por motivos variados: para não alarmar os povos, para não chamar a atenção de nações estrangeiras e para não alertar os conjurados, o que facilitaria possíveis fugas. Barbacena achava que, por ora, o melhor era deixar os envolvidos soltos, mas com uma exceção: Tiradentes precisava ser preso — de forma dissimulada, é claro, com a desculpa de "alguma fingida desordem".[28]

A carta demoraria cerca de dez dias para chegar às mãos do vice-rei. Esse era o tempo de que Joaquim dispunha para fazer desencantar a revolução.

Entre o final de março e o princípio de abril, ainda havia nas trincheiras rebeldes quem estivesse disposto a lutar. Mas mesmo estes reconheciam: àquela altura, tudo dependia de Tiradentes, que, imaginava-se, deveria estar no Rio havia pelo menos uma semana. Se existia alguma salvação para o movimento, ela seria trazida do Rio pelo alferes. O problema era que em Minas ninguém tinha notícias dele. O padre Rolim, amigo pessoal e grande entusiasta da atuação de Joaquim, estava especialmente agoniado. De seu esconderijo no Tejuco (ele permanecia na clandestinidade, já que continuava proibido de viver em Minas), Rolim enviava seguidas cartas a Vila Rica pedindo informação sobre Tiradentes.[29] "Mande-me notícias de seu compadre José [Joaquim José da Silva Xavier], a quem não escrevo por pensar estará ainda no Rio", afirmou o sacerdote a Domingos de Abreu Vieira no dia 30 de março.[30] Rolim queria luta. Na carta, ele avisava a Domingos que, na Semana Santa, mandaria escravos e bestas para Vila Rica, cumprindo assim com a palavra empenhada na reunião do Natal de nutrir as forças de ataque. O padre encerrou a carta dizendo que o alferes sempre estivera certo: "Haverá um grande contentamento".[31]

Na comarca do Rio das Mortes, a 480 quilômetros de distância do esconderijo do padre Rolim, outro clérigo rebelde continuava a apostar suas fichas no alferes. No início da Semana Santa, o padre Toledo fazia uma dupla jornada em São José. De dia, recrutava rebeldes, dando destaque ao fato de que Tiradentes estava no Rio de Janeiro "fazendo séquito".[32] De noite, celebrava os sermões da procissão do Senhor dos Passos, relembrando o trajeto percorrido por Jesus Cristo em suas últimas horas.[33]

Já em Vila Rica, entre os que não tinham desistido do levante, também era grande a expectativa por notícias de Joaquim. O coronel Alvarenga Peixoto buscava informação sobre o alferes na mesa de gamão do solar do ex-

-contratador João Rodrigues de Macedo.³⁴ As prospecções do coronel, porém, davam em nada.

A ansiedade de Alvarenga Peixoto chegou a tal nível que ele resolveu sondar pessoalmente o humor do governador. O coronel foi então até a chácara de Cachoeira do Campo e pediu uma audiência a Barbacena, que o recebeu. Qual não foi o espanto de Alvarenga Peixoto quando o visconde começou a falar de república e que tais — Barbacena também aproveitava para sondá-lo.³⁵ Incapaz de decifrar a atitude do governador, o coronel resolveu ir embora. Da chácara, ele seguiu direto para a fazenda dos Caldeirões, próximo dali, a fim de pressionar o recluso comandante do Regimento de Cavalaria a sair da toca e retomar a liderança militar da sedição. Àquela altura, Alvarenga Peixoto não era o único a tentar tirar Francisco de Paula Freire de Andrada da inércia. O comandante estava sendo fortemente pressionado a tomar uma posição em relação ao motim.³⁶ Nada, porém, o fazia sair do imobilismo. No encontro com Alvarenga Peixoto, Freire de Andrada mostrou-se relutante em abandonar a defensiva e contou ao coronel ter tomado ciência de que o governador já estava informado sobre os planos insurgentes.³⁷

Mesmo sabendo que o visconde de Barbacena estava a par de tudo, Alvarenga Peixoto não recuou. No dia seguinte, vendo que o clima em Vila Rica era desfavorável ao levante, o coronel retornou ao Rio das Mortes a fim de contatar os companheiros daquela região que ainda continuavam firmes. Ele chegou a São José justamente na Semana Santa, quando as cerimônias religiosas se confundiam com os conciliábulos rebeldes — entre uma missa e outra, por exemplo, o capitão José de Resende Costa aproveitava o ambiente sisudo das igrejas para, de joelhos, conspirar entre sussurros.³⁸ Alvarenga Peixoto procurou então o padre Toledo e, para sua surpresa, encontrou-o animado. Em meio a todos os reveses, o sacerdote conseguira recrutar um nome importante para o movimento, o rico fazendeiro português Inácio Correia Pamplona, um temido caçador de escravos foragidos. Depois de se articular com Toledo, Alvarenga Peixoto fez novos contatos, fechou acordos e deu início à mobilização de combatentes.³⁹ A Semana Santa no Rio das Mortes parecia ter dado um fôlego à insurreição.

A conjuração dava um passo para a frente e dois para trás. Na Quarta-Feira de Trevas, o movimento registrou uma nova baixa. O recém-cooptado Inácio Correia Pamplona mandou um escravo entregar um bilhete ao padre Toledo no qual dizia que, por estar doente, não poderia ir a São José para assistir às cerimônias religiosas da Sexta-Feira da Paixão e do Domingo de Páscoa — os cultos, na verdade, eram uma desculpa para reunir os rebeldes. Toledo leu a carta e entendeu o recado — ele ficou com tanta raiva que estapeou o papel. Pelo mesmo escravo que lhe trouxera a mensagem, o padre mandou então uma resposta desaforada a Pamplona: "A doença de teu senhor é de mentira".[40]

Depois de Joaquim Silvério dos Reis, do tenente-coronel Freire de Andrada, de Tomás Antônio Gonzaga, de Cláudio Manuel da Costa e do cônego Luís Vieira da Silva, Pamplona era a sexta deserção de peso na Conjuração Mineira. E a sétima estava a caminho: isolado na chácara de Cachoeira do Campo, onde seguia com suas pesquisas científicas e com a tutoria dos filhos do governador, o dr. José Álvares Maciel estava prestes a desembarcar do complô.

Naqueles dias dramáticos, no Distrito Diamantino, o padre Rolim era o retrato do malogro da conjuração. Escondido em sua cafua, perdido na falta de informação, ele continuava ditando a seu escravo Alexandre cartas repletas de aflição.[41] No dia 20 de abril, escreveu novamente a Domingos de Abreu Vieira pedindo a ele que entregasse uma caixa de doce de mangaba a Tomás Antônio Gonzaga. No final da mensagem, no postscriptum, Rolim revelou o que de fato o levava a escrever: "Mande-me notícia de seu compadre, o alferes Joaquim José".[42]

Enquanto alguns sonhavam com um retorno triunfal de Tiradentes a Minas Gerais, o governador da capitania vivia o sentimento oposto. Em meados de abril, a liberdade com que o alferes perambulava pelo Rio de Janeiro havia três semanas, fazendo sabia-se lá o quê, começou a incomodar o visconde de Barbacena. Até aquele momento, o governador não tinha recebido uma resposta do vice-rei ao pedido de reforços feito vinte dias antes. No dia 15, transbordando de ansiedade, Barbacena escreveu novamente a d. Luís de Vasconcelos e Sousa, de quem era inferior hierárquico e sobrinho. Em tom íntimo ("meu tio, amigo e senhor do coração"), o visconde reforçou o pedido para que o vice-rei prendesse Tiradentes o quanto antes, se ainda não o tivesse feito. De Joaquim não devia "esperar-se grandes coisas", disse o governador. Ainda assim, ponderou ele, havia algum risco — pequeno, mas havia — de o alferes obter no Rio o apoio necessário para deflagrar o motim.[43]

Barbacena agora tinha pressa. Depois de enviar a carta ao vice-rei, o governador voltou a se reunir com Joaquim Silvério dos Reis.[44] Fazia exatamente um mês que o visconde ouvira a delação do coronel e ordenara a ele que espionasse os desavisados insurretos. Desde então, Barbacena não voltara a contatá-lo — mais tarde, o visconde jogaria a responsabilidade pela "tardança" em cima de Silvério dos Reis.[45] Ao se reapresentar na chácara de Cachoeira do Campo, o delator veio com o embornal cheio — ele havia entrado com gosto no papel de espia. Fingindo ainda fazer parte da conjuração, o coronel conseguira arrancar uma confissão de Domingos de Abreu Vieira, compadre de Tiradentes.[46] Também tinha obtido de outros três conjurados (o capitão Francisco Antônio de Oliveira Lopes e os padres José Lopes de Oliveira e Francisco Vidal de Barbosa Laje) informações sobre as ações do alferes e o plano de destruição dos livros contábeis da Junta da Real Fazenda.[47] Com a nova leva de acusações, subia para doze o número de pessoas delatadas por Silvério dos Reis — com um detalhe: dois dos que ele havia fisgado (os irmãos Oliveira Lopes e José Lopes) eram tios de sua noiva.[48]

Após ouvir o novo relato de Silvério dos Reis, Barbacena mandou que ele colocasse no papel todas as acusações feitas naquela reunião e na anterior.[49] O coronel acatou, mas pediu um tempo para redigir o documento e em seguida foi embora. Três dias depois, o delator retornou à chácara de Cachoeira do Campo com uma minuta nas mãos. Então ele e Barbacena finalizaram juntos a delação em forma de carta, endereçada ao próprio governador.[50] Silvério dos Reis encheu três páginas de papel da holanda (folha espessa de luxo, fabricada à mão), relatando em detalhes as denúncias que fizera oralmente.[51] Encerrou o documento com uma bajulação melosa dirigida ao governador e com uma assinatura pomposa para si mesmo: "Beijo os pés de vossa excelência, o mais humilde súdito. Joaquim Silvério dos Reis, coronel de Cavalaria dos Campos Gerais".[52]

(Mal sabia Silvério dos Reis que o visconde de Barbacena se referia a ele em correspondências oficiais como "Coronel Derrubado" ou simplesmente "C.D."[53].)

Ao datar o documento ("Borda do Campo, 11 de abril de 1789"), Silvério dos Reis arrematou a delação com duas mentiras. Primeira: a carta não havia sido escrita no arraial da Borda do Campo, onde o coronel morava, e sim a duzentos quilômetros de lá, entre idas e vindas a Vila Rica e à vizinha Cachoeira do Campo.[54] Segunda: a denúncia não fora redigida no dia 11 de abril, mas entre os dias 16 e 19 daquele mês.[55] Por que Silvério dos Reis manipulou dados aparentemente tão singelos? A resposta estava em seu espírito de "melhor calculador".[56] Antes de o coronel finalizar o documento, é provável que o governador tenha lhe contado que outro delator, o fazendeiro português Basílio de Brito Malheiro do Lago, formalizara uma denúncia por escrito no dia 15 de abril, acrescentando detalhes do movimento até então desconhecidos, em especial sobre a ação de Tiradentes.[57] Assim, ao registrar a redação da carta com a data do dia 11, Silvério dos Reis garantia oficialmente a condição de primeiro delator da Conjuração Mineira — o que de fato ele era.

Ainda que pudesse parecer repugnante, a condição de primeiro denunciante seria útil a Silvério dos Reis. Afinal, o governador havia suspendido a derrama, mas mantivera a cobrança das dívidas dos contratos. O coronel, portanto, continuava dependendo dos favores de Barbacena. Futuramente, se fosse concedido algum prêmio à pessoa responsável por impedir que se concretizasse a segunda revolução republicana nas Américas, Silvério dos Reis estaria apto a requerer para si o benefício.

A manipulação da data da carta, claro, não passou despercebida pelo visconde de Barbacena.[58] De duas, uma: ou o governador concordou com a adulteração, ou foi ele mesmo o idealizador da manobra.

A escolha calculada de Silvério dos Reis para se tornar não apenas *um* delator, mas *o* delator da Conjuração Mineira, teria para ele um custo. Ao endossar a primazia pleiteada pelo ex-contratador, o governador de Minas Gerais concluiu o processo que transformava Silvério dos Reis em um "cachorro", para usar de novo a expressão que Tiradentes reservava aos delatores.[59] Após a entrega do documento, sem dar-lhe chance de escolha, o visconde anunciou a Silvério dos Reis que ele deveria se preparar para viajar ao Rio de Janeiro.[60] Não foi preciso pressioná-lo; ele aceitou a diligência "com a melhor vontade", segundo palavras do visconde.[61] Uma das tarefas do delator seria entregar nas mãos do vice-rei uma carta do governador. Até aí, fácil. A outra tarefa, porém, requeria destemor e estômago: se Tiradentes ainda não tivesse sido preso, como tudo indicava, Silvério dos Reis deveria localizá-lo e aproximar-se dele, usando da antiga amizade que os unia, a fim de espioná-lo. De novo, o coronel não rebarbou.[62]

Tudo acertado, Barbacena redigiu a carta que Silvério dos Reis deveria entregar a d. Luís de Vasconcelos e Sousa. Menos de um mês antes, em outra mensagem ao vice-rei, o visconde havia descrito o delator como "um homem de mau coração".[63] Agora o governador mudava o tom e reapresentava Silvério dos Reis com bastante simpatia. "Peço-te que lhe faças tudo o que ele merece", recomendou Barbacena. Por fim, informou ao tio que o delator faria pessoalmente um relato mais detalhado da situação em Minas Gerais, tarefa que ele, governador, deixava de cumprir naquela carta por causa de "uma dor de dentes" que o estava "molestando bem".[64] Era obviamente uma mensagem cifrada: a liberdade de Tiradentes incomodava.

PARTE VII

CASTELOS NO AR

19.

Depois de um mês dando duro no Rio, Tiradentes havia obtido um resultado medíocre. A maioria de seus antigos parceiros na capital da colônia tinha se recolhido, inclusive Antônio Ribeiro de Avelar, o poderoso e abonado homem de negócios que se fizera amigo do alferes nas trincheiras de "Copa Cabana".[1] O "séquito" que Joaquim um dia prometera aos conjurados de Minas se resumia agora a uma dúzia e meia de pessoas.[2] E não se tratava de um grupo coeso com atuação coordenada, como era o de Minas, mas de três núcleos apartados entre si. A maior parte dos integrantes da frente fluminense organizada pelo alferes era formada de civis de modesta expressão econômica e social. Havia ainda três militares de baixa patente e quatro escravos comprados ou alugados pelo próprio Joaquim. Tiradentes conseguira apenas duas adesões importantes: um paulista de boa cepa endinheirado e um tenente-coronel de milícia que transitava em altas esferas da administração colonial.[3] Mas era pouco para fazer uma revolução, sobretudo porque, como bem sabia Joaquim, o ramo mineiro da conjuração cambaleava.

O tempo de Tiradentes estava acabando. A licença que ele obtivera no regimento estava vencida havia duas semanas, o que o colocava na condição de infrator do código funcional da tropa.[4]

Apesar de todos os reveses, em nenhum momento Tiradentes deu sinais de que poderia recuar. Pelo contrário, ele seguia em frente.

No final de abril, Joaquim se encontrou com um comerciante português que se preparava para viajar a Minas. A fim de incrementar suas vendas, o homem quis saber de Tiradentes quais eram os artigos mais procurados pelos mineiros naquele momento. Pólvora, bastante pólvora, respondeu-lhe o alferes.[5]

Quanto mais seus planos se esgarçavam, mais o alferes se radicalizava. Certa vez, nervoso, chegou a ter uma reação desregrada com um dos integrantes de seu grupo de apoio. O alvo do ataque foi o cabo Pedro de Oliveira e Silva, que servia no regimento de Vila Rica e estava em missão oficial no Rio, onde aproveitava para dar suporte a Tiradentes. Dias antes, Oliveira e Silva passara por um constrangimento quando viajava de Minas para a capital da colônia. Mesmo fardado, o cabo foi parado na estrada e revistado por agentes do vice-rei — a batida visava a interceptar pombos-correios do movimento rebelde, mas Tiradentes nem desconfiava disso. Ao comentar sobre a revista a que Oliveira e Silva fora obrigado a se sujeitar, o alferes afirmou que um cabo como ele, que vinha servindo com honra por tantos anos, não deveria ser tratado daquela maneira. Menos orgulhoso que Tiradentes, Oliveira e Silva deu uma resposta pragmática: "Como nada me acharam, estou satisfeito". A reação de Joaquim foi colérica. Ele estava na casa que alugara no Rio, deitado no chão da sala. Ao ouvir a resposta do cabo, o alferes se levantou e agarrou o colega, torcendo-o pelo braço. Em seguida, prendeu-o contra a janela e perguntou-lhe à queima-roupa: "Diga-me, se convidassem a você para uma função de pô-los [o vice-rei e seus homens] no inferno [...], você que faria?".[6] Presente na cena, o escudeiro que acompanhava o alferes desde Vila Rica interveio com habilidade e bom humor, conseguindo assim contornar a situação:

> Ah! Senhor cabo, não ouça esse tolo; não lhe dê ouvidos, que [Joaquim] é o maior tolo e bruto que já vi. Tenho-lhe sofrido coisas que me têm custado. Ora, o meu negro tem mais juízo do que ele. Fuja e venha para cá tomar café.[7]

O equilíbrio do alferes falhava. E, por consequência, acentuava-se cada vez mais sua tendência natural de ignorar a realidade e focar no sonho.

Mesmo com tudo o que acontecia à sua volta, Joaquim continuava falando a seus parceiros de conspiração sobre os projetos de se tornar um empreendedor no Rio. Ele chegava a enfastiar com suas descrições intermináveis dos armazéns do porto do Valongo e dos moinhos movidos pelas águas dos córregos Laranjeiras e Catete. Tiradentes adorava contar com detalhes como suas barcas trafegariam pela baía de Guanabara transportando mercadorias e passageiros. E como, do chafariz da Carioca, jorraria água potável trazida por ele do rio Andaraí.[8]

Outra coisa que permitia ao alferes continuar sonhando era o *Recueil*. No Rio, quando usava sua edição da coletânea das leis constitucionais dos Estados Unidos como suporte para recrutar rebeldes ou para discutir a revolução com seus camaradas, Joaquim se deixava perder no tempo folheando as páginas do livro.[9]

Entregando-se ao devaneio cada vez com mais facilidade, Tiradentes tinha dificuldade em lidar com os fatos que não o agradavam. Ainda em abril, aconteceu de novo. Era de noite, por volta de sete ou oito horas. Joaquim fazia proselitismo na residência de um casal de irmãos, na rua do Ouvidor. Além do alferes e dos donos da casa (o lapidário Valentim Lopes da Cunha e Mônica Antônia do Sacramento), estavam presentes o fazendeiro Jerônimo de Castro e Sousa e o soldado Manuel Correia Vasques. Lá pelas tantas, Mônica perguntou ao soldado, de quem era comadre, se ele tinha novidades. O militar, que estava em processo de desligamento da caserna, respondeu que não via a hora de dar baixa para poder cuidar de sua fazenda. Ao ouvir isso, Tiradentes se levantou da cadeira e, andando de um lado para outro, começou a ofender não só o soldado, mas os moradores do Rio de forma geral. Joaquim disse ao colega de farda que era merecido o padecimento pelo qual este passava. Os filhos do Rio, exorbitou Tiradentes, eram fracos, vis, patifes e pusilânimes, já que, podendo conquistar a liberdade, preferiam seguir como vassalos de sua alteza. O alferes prosseguiu com os desaforos: o soldado, bem como todos os cariocas, deveria ser açoitado como um negro. Tiradentes lamentou que não houvesse na colônia outros homens como ele, Joaquim — aí sim as coisas seriam diferentes, afirmou. Minas é que andava no caminho certo, disse o alferes. Os mineiros, anunciou ele, estavam em vias de promover um motim contra a Coroa por não aceitarem a derrama que se pretendia impor à capitania. E por ter uma população grande, Minas se levantaria facilmente. O mal-estar tomou conta da sala. O soldado ofendido deu uma desculpa e foi embora na mesma hora. Em seguida, os donos da casa trataram de encerrar o encontro.[10]

Por mais que pudesse ser desagradável, o destempero de Joaquim tinha explicação: a frustração, a indignação, a tensão de viver em perigo... O que era difícil de entender era a mudança em seu discurso. Ele saíra de Minas amaldiçoando a passividade dos mineiros e exaltando a coragem dos cariocas. E agora, no Rio, dizia exatamente o oposto.

O quadro não era bom. E ainda naquele mês de abril iria piorar. Tiradentes cismou que estava sendo seguido, e nesse caso não era desvario.[11] Joaquim entrara no alvo do vice-rei.

20.

No começo de abril, o vice-rei recebera a primeira carta do visconde de Barbacena informando da existência de um movimento insurrecional em Minas e sugerindo-lhe que mandasse prender Tiradentes, então recém-chegado ao Rio.[1] Na segunda quinzena, chegou uma nova carta reforçando o pedido de captura do alferes.[2] Em nenhuma das duas vezes d. Luís de Vasconcelos atendeu o pleito do sobrinho. O vice-rei optou por um roteiro diferente: preferiu apenas colocar Joaquim sob discreta vigilância, a fim de conhecer seus passos e saber assim quem eram seus sócios cariocas.[3] A missão foi entregue a um grupo de elite da tropa, os granadeiros, formado por homens altos e fortes treinados para operar em ações especiais, como assaltos e espionagem. Dia e noite, onde quer que fosse, Joaquim passou a ser seguido por dois granadeiros disfarçados — para não chamar a atenção, seus bigodes, marca registrada do grupo, foram raspados.[4]

O vice-rei só não contava com o fato de que Tiradentes também tinha seu próprio esquema de informação. E este não tardou a detectar que o alferes era alvo de uma campana. O responsável pelo sistema de espionagem de Joaquim era um mineiro do Serro do Frio, o tenente-coronel da milícia Simão Pires Sardinha. Aos 37 anos de idade, Sardinha era um personagem de trajetória singular na colônia. Filho da escrava Chica da Silva, ele nascera na condição de cativo, mas, ainda na pia batismal, foi alforriado por seu senhor e pai, o médico português

Manuel Pires Sardinha. Apadrinhado posteriormente pelo poderoso contratador João Fernandes de Oliveira, o segundo proprietário de sua mãe, Sardinha estudou na Europa e se tornou um naturalista brilhante — é de sua autoria o primeiro relatório científico de um fóssil animal do Brasil.[5] Mestiço, filho de escrava, correspondente da Real Academia das Ciências de Lisboa, fluente em francês (ele fora um dos tradutores do *Recueil* de Tiradentes), Sardinha abraçara em segredo a causa republicana.[6] Com entrada franqueada no Palácio do Vice-Rei e amigos no entourage de d. Luís de Vasconcelos, o oficial era os olhos de Tiradentes no gabinete mais importante do Brasil.

Certa manhã de abril, após garimpar informações no palácio, Sardinha caminhava pelo centro da cidade quando entrou numa botica da rua Direita, em frente à igreja de Nossa Senhora do Carmo.[7] Vindo logo atrás, pela rua dos Ourives, estavam o porta-estandarte Francisco Xavier Machado (outro tradutor do *Recueil* de Tiradentes) e o cabo Pedro de Oliveira e Silva, o insurgente a quem, dias antes, de forma bruta, Joaquim convidara a mandar o vice-rei para o inferno.[8] Assim como tinha feito Sardinha, o porta-estandarte e o cabo entraram na botica. Um quarto elemento do grupo ficou a dar voltas a uma quadra dali, na rua da Quitanda. Era o próprio Tiradentes.[9]

Num canto da botica, Sardinha se aproximou do porta-estandarte e do cabo e cochichou algo. O cabo se espantou e em seguida perguntou: "Por que seria isso?". Sardinha apenas repetiu o que havia dito: o porta-estandarte e o cabo deveriam ir imediatamente ao encontro de Tiradentes para avisá-lo de que estava sob vigilância cerrada de duas sentinelas.[10]

Logo depois, o porta-estandarte Francisco Xavier Machado repassou o recado ao alferes. "Eu já há dias ando nesta desconfiança", exclamou Joaquim, antes de sumir de novo pelas ruas do centro do Rio.[11]

A confirmação de que estava sendo vigiado mexeu ainda mais com os nervos de Tiradentes. No dia seguinte à descoberta, ele tornou a se encontrar com o porta-estandarte que lhe trouxera a notícia, e dessa vez estava bastante perturbado. Joaquim disse ao comparsa que havia conseguido identificar os homens que o seguiam. Eram dois granadeiros disfarçados, que vestiam capote e tinham os bigodes raspados, afirmou o alferes — de alguma forma, Tiradentes descobriu até a arma a que pertenciam. O porta-estandarte considerou grave o dado referente aos bigodes, que normalmente eram de uso obrigatório aos granadeiros. Se haviam sido raspados, isso se dera com o aval do comando, o que indicava que os militares agiam em missão oficial. Após ouvir a avaliação, Tiradentes foi embora transtornado.[12]

A partir dali, a angústia começou a tomar conta de Joaquim. Onde ele ia, lá estavam os dois granadeiros a segui-lo. Para o alferes, era evidente que as autoridades coloniais sabiam de suas atividades subversivas e haviam decidido detê-lo. Mas por que se limitavam a vigiá-lo? Por que não o prendiam de uma vez? A pressão foi tanta que Tiradentes começou a cogitar a possibilidade de atrair os granadeiros a um canto remoto da cidade para matá-los com sua espada.[13] Quando se encontrou de novo com seu camarada porta-estandarte, Joaquim falou mais de uma vez da intenção de assassinar os "dois inferiores" (a patente de alferes era superior à de granadeiro).[14] Conhecendo o "ardentíssimo gênio" do alferes, Francisco Xavier Machado temeu que ele de fato tentasse concretizar a ameaça, e tratou de apaziguar o colega. O porta-estandarte argumentou com Joaquim que seria um grande erro matar os granadeiros, pois iria "amontoar delitos sobre delitos", o que levaria à "última e total ruína" de Tiradentes. O parceiro do alferes propôs-lhe então um gesto alternativo, de extrema ousadia: em vez de eliminar quem o vigiava, Tiradentes deveria se apresentar espontaneamente ao vice-rei.[15] O raciocínio do porta-estandarte tinha lá sua lógica. Havia boas chances de a ordem para monitorar o alferes ter partido diretamente do vice-rei — no mínimo d. Luís de Vasconcelos tinha conhecimento da ação. Ambas as hipóteses conduziam à mesma conclusão: Joaquim ainda estava livre por um desejo do vice-rei. Sendo assim, sugeriu o porta-estandarte, Tiradentes nada tinha a perder se procurasse a autoridade máxima da Coroa no Brasil para questionar, "com todo o respeito", o motivo de estar sendo monitorado.[16] Se calhasse, o vice-rei poderia até mesmo se condoer com o gesto de transparência do alferes.

Como não se tratava de um recuo e sim de um avanço, a ideia, é claro, agradou a Tiradentes.[17]

21.

Joaquim José da Silva Xavier não deve ter levado mais que dez minutos para ir da casa onde se hospedava até o Palácio do Vice-Rei.[1] E no trajeto, de setecentos metros, ele passou em revista um pouco de sua intensa história no Rio de Janeiro. Ao percorrer as ruas imundas do centro da cidade, a maioria de terra batida, Tiradentes circulou próximo ao chafariz da Carioca, local em que por muito tempo sonhara em vender água potável trazida do subúrbio.[2] Antes de chegar ao sombrio palácio, o alferes teve de encarar a Ópera Nova, onde no ano anterior fora humilhado com uma assuada de bater de sapatos. Agora Joaquim estava ali, na antessala do gabinete do vice-rei, solicitando uma audiência com d. Luís de Vasconcelos.

Informado de que o alferes queria falar-lhe, o vice-rei o recebeu. O que se viu então foi um jogo dissimulado e tenso, em que um testou o outro. O primeiro lance coube a Tiradentes. Evitando o confronto direto, Joaquim não questionou o vice-rei sobre o fato de estar sendo vigiado. Preferiu ir pelas bordas, perguntando a d. Luís de Vasconcelos sobre a situação de seus projetos de infraestrutura, motivo pelo qual, formalmente, ele estava no Rio. O vice-rei entendeu o ardil e devolveu a dissimulação, dizendo que em breve daria uma resposta definitiva aos pleitos. Como d. Luís de Vasconcelos não saíra da toca, Tiradentes jogou uma nova carta. Contou que sua licença no Regimento de Cavalaria havia expirado, portanto ele tinha que voltar a Minas Gerais. Mas para isso, como era de praxe, precisava de um "passaporte" do vice-rei, ou seja, de uma autorização para fazer o deslocamento. D. Luís de Vasconcelos não pretendia deixar Tiradentes sair do Rio de Janeiro antes de descobrir em que estágio se encontravam as articulações do levante na capital da colônia. Mas, por outro lado, não queria que o alferes soubesse do verdadeiro motivo. Assim, o vice-rei camuflou mais uma vez suas intenções: gentilmente, sugeriu a Joaquim que ficasse um pouco mais na cidade, pois em breve teria a resposta pela qual tanto esperara sobre seus projetos. D. Luís de Vasconcelos fez mais: ofereceu-se para renovar a licença de Tiradentes. Se Joaquim gostava tanto do Rio de Janeiro, argumentou o vice-rei, então deveria ficar mais um tempo por lá.[3]

Despediram-se. D. Luís de Vasconcelos havia vencido o duelo.

A cortesia fingida do vice-rei não enganou Tiradentes. No momento em que d. Luís de Vasconcelos negou-lhe o "passaporte" para voltar a Minas, o alferes concluiu que ele sabia dos planos sediciosos e pretendia agarrá-lo. Era apenas uma questão de tempo.[4] A tensão vivida por Joaquim, que já não era pequena, aumentou, deixando-o ainda mais nervoso e agitado. Ele andava aos sobressaltos, olhando incessantemente para trás e para os lados a fim de verificar se era seguido pelos granadeiros. Tiradentes continuou a frequentar a companhia de amigos e comparsas no levante, mas, sempre que chegava ou saía de casas e de estabelecimentos comerciais, punha-se especialmente aflito, buscando localizar os ataláias do vice-rei.[5]

Não deve ter sido fácil, mas Joaquim finalmente aceitou o fato de que o Rio de Janeiro não lhe daria a revolução. Mas o alferes não tinha desistido — ele ainda enxergava uma fresta para caminhar. Se conseguisse voltar a Minas, ele imaginou, poderia juntar-se a seus camaradas, assaltar o comboio dos quintos e deflagrar o levante.[6] E então mataria o governador com suas próprias mãos, tudo conforme o previsto.[7]

Joaquim acreditava ter reencontrado sua rota. "Ah! Se eu me apanhasse em Minas", suspirava pelos cantos.[8]

Agora era tratar de buscar os meios para voltar a Vila Rica de forma clandestina. Tiradentes começou a pensar: ele precisaria percorrer os quatrocentos quilômetros do trajeto sem passar pelos registros e pelas guardas, onde certamente haveriam de lhe cobrar o "passaporte". Sendo assim, Joaquim não poderia fazer a opção natural pelo Caminho Novo, que um dia ajudara a construir. Teria de buscar uma rota alternativa, deslocando-se pelos matos, pelas serras e pelos rios.[9] Teria de ser invisível. E, antes de tudo, ainda no Rio, precisaria despistar os granadeiros que o seguiam. Era possível, ele acreditava.

Tão logo recebeu ordens do governador de Minas Gerais para seguir ao Rio de Janeiro a fim de vigiar Tiradentes, Joaquim Silvério dos Reis mandou preparar a viagem. Aos amigos e conhecidos, tratou de espalhar a notícia de que ia à capital da colônia para despedir-se do vice-rei, que se encontrava em vias de passar o cargo a seu substituto (depois de onze anos na função, d. Luís de Vasconcelos e Sousa não suportava mais o Brasil).[10]

À vontade no papel de espia, Silvério dos Reis aproveitou a jornada de dez dias pelo Caminho Novo para colher informações sobre Tiradentes, que fizera o mesmo trajeto seis semanas antes.[11] Nos primeiros dias de maio de 1789, justamente na época em que o alferes decidiu retornar a Vila Rica, o delator entrou no Rio de Janeiro.[12]

Contando com a colaboração do vice-rei, não foi difícil para Silvério dos Reis encontrar o alferes. Sem precisar esconder-se como os granadeiros, o ex-contratador se instalou numa casa de frente à hospedaria de Tiradentes.[13] Agora era só esperar o peixe morder a isca.

No dia seguinte, tendo sido informado de que o "amigo" e parceiro de conspiração estava na cidade e que — coincidência das coincidências — hospedava-se justo na casa da frente, o alferes foi procurar Silvério dos Reis. Encontrou-o na residência de um vizinho. Tiradentes chegou aflito, assustado; tinha muito o que contar e, sobretudo, precisava desabafar. Ali mesmo, na casa do vizinho, ele puxou o coronel para uma escada e desandou a falar — ou melhor, a entregar todos os segredos que tentava desesperadamente esconder. Tiradentes contou ao delator que o vice-rei, tendo descoberto o movimento rebelde, o havia posto sob a vigilância de dois soldados à paisana. Disse também que d. Luís de Vasconcelos negara a ele, Joaquim, autorização para voltar a Minas. Fingindo-se de cúmplice, Silvério dos Reis foi registrando tudo. E Tiradentes seguiu fazendo confidências. O alferes contou estar arrependido de ter ido ao Rio, onde agora assistia à debandada de antigos apoiadores — uns "bananas" que tinham "muito medo" do vice-rei, queixou-se. Ele relatou ainda que pretendia enganar os granadeiros e fugir para Vila Rica. Mas precisava fazê-lo logo, ponderou, pois a nau que carregaria para Lisboa o ouro de Minas estava prestes a chegar ao Rio. Por fim, Tiradentes entregou de bandeja o crime maior que pretendia cometer: matar o governador de Minas Gerais.[14]

Joaquim José da Silva Xavier fez também um desabafo: achava que tinha sido traído, pois só isso explicava os movimentos do vice-rei. Tiradentes disse a Silvério dos Reis que suspeitava de um nome. Sem saber que falava com o trânsfuga em pessoa, ele contou que desconfiava do ajudante de artilharia João José Nunes Carneiro, a quem, encontrando doente num quartel do Rio, havia tentado cooptar. "Cachorro", bradou o alferes.[15]

Tiradentes acreditava que Silvério dos Reis tinha aparecido em excelente hora. E contava com ele para ajudá-lo a fugir.

No dia 5 de maio, Joaquim Silvério dos Reis escreveu um relatório para o governador de Minas Gerais dando conta do que descobrira no Rio. Em tom de blague, informou: "Moro defronte ao sujeito". O espião fez um bom relato do quadro: Joaquim José da Silva Xavier tinha sido abandonado pela grande maioria dos rebeldes cariocas; encontrava-se acuado e em estado emocional frágil; naquele momento, os planos revolucionários não passavam de "castelos armados no ar"; Tiradentes pretendia fugir para Minas, mas tomando o cuidado de evitar o Caminho Novo. Ele tinha enviado escravos à divisa do Rio de Janeiro com Minas Gerais para construir canoas com as quais pretendia navegar no rio Piabanha.[16]

Na carta, Silvério dos Reis disse ao visconde de Barbacena que não acreditava que o alferes conseguiria fugir, já que o vice-rei o tinha bem vigiado. Finalizou o relatório prometendo continuar na espreita de Tiradentes. E babujou: "Espero em Deus que guarde a vossa excelência para meu amparo e dos povos de toda a capitania que têm a honra de estarem debaixo da bandeira de vossa excelência, a quem o céu guarde".[17]

O delator queria agradar não somente o governador de Minas Gerais, mas também o vice-rei e a rainha. No mesmo dia em que escreveu ao visconde de Barbacena, o coronel redigiu um segundo relatório de missão, dessa vez para d. Luís de Vasconcelos. Silvério dos Reis havia apurado informações que seriam muito valiosas nas mãos do vice-rei. Além de repassar a d. Luís de Vasconcelos tudo o que tinha contado antes a Barbacena, o delator acrescentou que o alferes estava tão alucinado que pretendia matar o governador de Minas Gerais, ainda que o ato "lhe custasse a [...] própria vida".[18] Entre uma alcaguetagem e outra, Silvério dos Reis aproveitou para se pôr no papel de herói. Disse duas vezes que corria risco de vida por ter rejeitado participar da conjuração, a qual chamou de "malvado intento". E, vangloriando-se de sua fidelidade, afirmou: "Não havia interesses nem partidos que me obrigassem a ser falso à minha augusta soberana".[19]

O delator podia enganar Tiradentes, mas não o vice-rei — d. Luís de Vasconcelos sabia com quem tratava. Por serem úteis as informações que o infido coronel lhe trazia, o vice-rei não se vexava em usá-lo como espião. Mas nem por isso deixava de reconhecer que aquele homem tinha o "caráter disposto para qualquer maldade".[20]

Tiradentes tinha pouco tempo para agir e muita coisa a fazer. A primeira tarefa já estava cumprida: ele despachara escravos para a fronteira de Minas Gerais para que construíssem canoas com as quais pretendia navegar pelo rio Piabanha. Mas ainda faltava armar toda a rede de apoio a seu plano de fuga.

A assistência que faltara a Joaquim entre os grandes do Rio de Janeiro para botar de pé a revolução, ele a encontraria agora, na hora da fuga, mas em outro canto. Em três dias, o alferes conseguiu montar uma espantosa (e corajosa) rede de solidariedade. No grupo, não havia atacadistas abonados da rua Direita ou senhores de engenho do Paty do Alferes ou usurários cariocas ligados a bancas inglesas. Quem apareceu para socorrer Tiradentes foi, na sua maioria, gente muito simples do Rio, além de alguns paulistas e mineiros.

Na madrugada de 5 para 6 de maio, Joaquim despistou as sentinelas do vice-rei e, sem ser notado, deixou a casa onde se hospedava. É bem provável que a lua em quarto crescente que pairava no céu o tenha obrigado a se esgueirar pelos cantos, procurando a escuridão. Tiradentes atravessou o centro do Rio — área mais movimentada da cidade e, por isso mesmo, mais perigosa para ele — e continuou seu caminho. Depois de passar pela enseada do Valongo, próximo ao mercado de escravos, ele andou mais seis quilômetros. À sua direita, ao fundo, Joaquim podia avistar a baía de Guanabara. O destino final de Tiradentes era uma região mais afastada da cidade, São Cristóvão, onde predominavam as quintas e os sítios. Lá chegando, ele parou em frente a uma casa na rua dos Quartéis e bateu à porta. Alguém atendeu ao chamado e o mandou entrar.[21]

Tiradentes foi recebido pelos dois Manuéis de sua rede de apoio local. Um deles era Manuel José de Miranda, mineiro de Caeté radicado na capitania do Rio de Janeiro, onde possuía fazenda em Marapicu (Recôncavo da Guanabara). O outro era um amigo de longa data do alferes: Manuel Joaquim de Sá Pinto do Rego Fortes, capitão do Regimento de Voluntários Reais de São Paulo, trineto do lendário bandeirante Fernão Dias Pais.[22] Joaquim contou a eles que se preparava para fugir e que precisava de dois favores. Primeiro: que lhe arrumassem um guia experiente para conduzi-lo por quarenta quilômetros pelos matos até Marapicu. Segundo: que lhe dessem cartas de recomendação destinadas a um dos moradores mais ilustres do Recôncavo da Guanabara, o mestre de campo Inácio de Andrade Souto Maior Rendón, descendente dos primeiros povoadores do Rio de Janeiro. A pretensão do alferes era que Rendón lhe desse suporte para vencer a segunda etapa da viagem (um trecho de oitenta quilômetros que ia do Recôncavo da Guanabara, na área dos rios Meriti e Iguaçu, até o alto da serra de Petrópolis). Daquele ponto em diante, seria mais fácil. Os escravos que Tiradentes despachara do Rio estariam à sua espera em um local combinado, nos arredores de Petrópolis, com as canoas já prontas. Aí era subir o rio Piabanha até a divisa com Minas Gerais (mais oitenta quilômetros). Joaquim estaria então na serra da Mantiqueira, sua velha conhecida. Dali para a frente, ele poderia seguir avançando pelos matos até concluir os 270 quilômetros restantes.

Tiradentes foi atendido em parte: ele não conseguiu o mateiro para guiá-lo até o Recôncavo da Guanabara, mas obteve as cartas de recomendação. Naquela mesma madrugada, Rego Fortes escreveu ao mestre de campo de Marapicu. Na carta, o "paulista velho" foi objetivo e sincero: "O portador desta, por não gostar de algumas coisas que tem visto nesta cidade e por falar com alguma paixão e razão, vê-se vendido [...]. Ele é um homem de bem e por isso eu me condoo de seu incômodo".[23] Por prudência, Rego Fortes não assinou a mensagem.

A segunda carta de apresentação, fornecida pelo fazendeiro de Caeté, era também bastante generosa sem deixar igualmente de ser honesta. Miranda começou a mensagem dando voltas, saudou longamente o compadre Rendón, reclamou dos baixos preços que o mercado pagava pela sua produção agrícola e só então entrou no assunto. Ele recomendou o alferes nos seguintes termos: um patrício que naquele momento se via "bem vexado" pelo motivo de "falar a verdade" num tempo em que "só as lisonjas mentirosas" agradavam. De forma hábil, o fazendeiro não deixou de prevenir o compadre Rendón em relação ao gênio inquieto de Joaquim. "Ele é bem desembaraçado", avisou Miranda. Por cautela, assinou apenas o prenome: Manuel José.[24]

Joaquim pegou as cartas, guardou-as e foi embora, esgueirando-se pelo caminho de volta até sua hospedaria, no centro do Rio.[25]

O esquema da fuga ainda não estava completo: o alferes precisava correr atrás de recursos para bancar a viagem, já que o dinheiro que trouxera de Vila Rica estava no fim. Tiradentes começou por tentar vender um de seus escravos, mas a operação acabou ficando no meio do caminho. O interessado em comprar a peça se comprometeu a pagar dentro de quatro dias, quando então o alferes lhe entregaria o negro.[26] Joaquim, contudo, não podia esperar até lá. Ele decidiu bater à porta de outro aliado, o fazendeiro carioca Jerônimo de Castro e Sousa. Tiradentes estava mais aflito que nunca. No tempo em que permaneceu na residência de Jerônimo, não parou de praguejar contra seus inimigos e foi várias vezes à janela a fim de conferir se os granadeiros o esperavam do lado de fora. O alferes não explicou grande coisa; disse apenas que precisava muito daquele dinheiro. Em resposta, Jerônimo acenou com alguma esperança de mais tarde poder ajudá-lo, mas por ora nada feito.[27]

Tiradentes continuou a procurar quem se dispusesse a financiar sua fuga. O candidato seguinte de sua lista era Joaquim Silvério dos Reis. O coronel acolheu o alferes e ouviu seu pedido. E é bem possível que lhe tenha dado algum dinheiro, até porque precisava fingir que ainda era um conspirador para manter a proximidade com seu alvo.[28]

Depois do encontro com Silvério dos Reis, o alferes passou para o ponto seguinte de sua pauta. Na fuga, por mais que Joaquim optasse por andar longe das estradas, sempre haveria o risco de confronto com as forças do Rio de Janeiro e de Minas Gerais. Era previsível que tanto o vice-rei quanto o governador colocariam soldados no seu encalço. Tiradentes precisava se armar, portanto. Ele enviou então um escravo à casa do porta-estandarte Francisco Xavier Machado. O aliado não falhou: mandou de volta duas pistolas e um bacamarte.[29]

Faltava ainda uma coisa importante a Tiradentes: um cavalo. Mas isso ele veria depois. Naquele momento, sua prioridade era outra: cair fora o mais rápido possível da casa onde estava hospedado. O alferes não suportava mais a pressão de ser vigiado pelos soldados do vice-rei. Ele pretendia primeiro se ver livre daquele tormento para depois ajustar os últimos detalhes da fuga. Mas a questão era: para onde ir, onde esconder-se? Como, antes de perceber que estava sendo seguido, ele ficara zanzando pelo Rio, muito provavelmente o vice-rei conhecia a maioria de seus contatos na cidade. Eram grandes as chances de estarem queimados seus aliados mais próximos — Matias (o escudeiro meio surdo), Sardinha (o olheiro dentro do palácio), Rego Fortes (o "paulista velho"), o porta-estandarte Francisco, o cabo Pedro e, é claro, o "amigo" Silvério dos Reis. Joaquim precisava encontrar alguém de fora do esquema insurgente, alguém que fosse acima de qualquer suspeita. Ele tinha um nome em mente.

A quatrocentos metros da hospedaria de Tiradentes, na rua da Alfândega, morava a viúva Inácia Gertrudes de Almeida, cuja filha tinha sido paciente do alferes. Na ocasião, a jovem padecia de uma "moléstia de uma ferida em um pé" que os médicos não conseguiam curar. Acionado por uma vizinha da viúva, Joaquim examinou a jovem e receitou um remédio caseiro, que deu resultado.[30] No início de maio de 1789, tendo passado quase dois anos daquele episódio, Tiradentes voltou à casa de Inácia a fim de lhe pedir que retribuísse o favor. Joaquim foi bem recebido, sendo tratado como uma "boa amizade". Tendo encontrado o terreno aberto, foi direto ao ponto: ele havia se metido numa encrenca e precisava de um lugar para se esconder por dois ou três dias. Inácia se achava devedora em relação a Joaquim e decidiu ajudá-lo. Porém, ponderou que sua casa, onde viviam também a filha e um sobrinho padre, não era um bom abrigo. Mas ela encontraria outra solução. A viúva anunciou a Tiradentes que sairia naquele mesmo instante em busca de alguém que pudesse acolhê-lo em segurança. Pediu licença ao alferes, deixando-o na companhia do sobrinho, e foi à luta. Não demorou, e ao retornar trazia boas-novas: ela tinha arranjado um refúgio para Joaquim.[31]

Antes de submergir, Tiradentes precisava tomar uma última providência: desarmar o esquema insurreto do Rio de Janeiro. E assim ele o fez.

Nos dias subsequentes, seus três colegas de farda e conspiração (o cabo Pedro, o porta-estandarte Francisco e o alferes Matias) tomariam o caminho de volta para Vila Rica.[32] Um deles levava consigo um pedaço do sonho de Joaquim: o exemplar do *Recueil*.[33]

Na noite de 6 de maio, em sua hospedaria, Joaquim juntou seus pertences e botou tudo dentro de uma mala. Com discrição, despachou-a para São Cristóvão aos cuidados do amigo Rego Fortes.[34]

No dia seguinte pela manhã, homens do Regimento de Cavalaria do Rio de Janeiro bateram à porta do alferes. Era o momento de dar o bote. Silvério dos Reis, que estava ali por perto, acompanhou tudo. A ação deu em nada. Dentro da casa, só estava um escravo.[35] Tiradentes tinha fugido.

22.

Nas ruas, nas lojas, por toda parte do Rio de Janeiro, a fuga de Tiradentes era "o universal objeto do falatório".[1] "Todos falavam na fugida daquele alferes", comentou uma testemunha do burburinho.[2] Joaquim tinha conseguido enganar os granadeiros, o vice-rei, o governador de Minas Gerais e, de quebra, sem querer, o delator Silvério dos Reis.

D. Luís de Vasconcelos não gostou nada de ter sido passado para trás. No mesmo dia da fuga de Tiradentes, ele mandou abrir uma devassa (isto é, um processo judicial) contra os envolvidos na Conjuração Mineira. Na portaria em que instituiu o procedimento, o vice-rei queimou etapas e quase deu ali mesmo a sentença. "Devo procurar destruir tão grande mal", disse ele.[3] Na ausência de Tiradentes, sobrou para o escravo que estava na hospedaria no momento da batida dos soldados — ainda que não tivesse nada a ver com a conspiração, ele foi preso.[4] O vice-rei tinha pressa.[5] Antes mesmo de o juiz designado para o processo tomar posse e iniciar os trabalhos, d. Luís de Vasconcelos começou ele mesmo a interrogar pessoas que haviam estado com o alferes naqueles dias.[6] Nessas inquirições, quando desconfiava que as testemunhas escondiam alguma informação, ele as encaminhava a um "quarto particular", onde as fazia falar.[7]

A prioridade era prender o alferes. Sabendo por intermédio de Silvério dos Reis que a intenção de Tiradentes era retornar sorrateiramente a Vila Rica, o vice-

-rei enviou no encalço de Joaquim uma patrulha composta de um sargento-mor, um cabo e seis soldados. A guarda deveria cercá-lo na divisa das duas capitanias e prendê-lo quando ele tentasse atravessar o rio Paraíba ou o Paraibuna.[8] A patrulha precisava se apressar, pois Tiradentes já deveria estar com uma boa dianteira.

Na noite anterior, por volta das dez horas, Tiradentes chegou a seu esconderijo.[9] Além da roupa do corpo, das duas pistolas e do bacamarte, ele nada levava.[10] A cafua do alferes era uma casa bem pequena.[11] Nela, funcionava uma mistura caótica de oficina e residência. O imóvel era inteiramente ocupado por uma estranha tralha, e parecia não haver um único espaço vazio. Joaquim adentrou o esconderijo abrindo caminho entre castiçais inacabados, crucifixos quebrados, pedaços de espadas, um chapéu velho, ferramentas diversas (serras, serrotes, torno, martelo, machado, compassos, alicates e bigornas), balanças pequenas, médias e grandes, uma imagem de santo Antônio com a cabeça quebrada, partes de um relógio, onze couros de veado curtidos, adereços femininos sortidos (especialmente brincos e lacinhos), um embrulho com ouro em pó, um manual de missa e vários papelotes contendo produtos químicos (enxofre, antimônio, calomelano, alume de potássio, alvaiade e — surpresa! — salitre, uma das matérias-primas da pólvora que Tiradentes tanto buscara em Minas Gerais).[12] No meio daquela mixórdia, ainda era possível a Joaquim conseguir algum conforto, já que havia um pequeno travesseiro de capim, três cadeiras, um punhado de bancos e uma espreguiçadeira.[13]

Tiradentes se instalou no cômodo mais isolado da casa: o sótão.[14] Tratava-se provavelmente de um depósito de pé-direito baixo, localizado entre o teto e o telhado. É razoável pensar que, por medida de segurança, o alferes tenha evitado achegar-se às janelas da casa. Mas se pelo menos por um instante ele conseguiu olhar para o lado de fora, terá visto algo que lhe era familiar: no final da rua, a no máximo quatrocentos metros dali, ficava o chafariz da Carioca, onde ele um dia sonhara vender água encanada.

Quando deixou de modo furtivo a hospedaria da rua de São Pedro, na noite de 6 de maio de 1789, Joaquim não tomou o rumo de Minas Gerais, como pensava o vice-rei. Se tanto, ele terá gastado dez minutos a pé até seu esconderijo. A casa onde Tiradentes se refugiou situava-se na rua dos Latoeiros, no centro da cidade.[15] O palácio onde o vice-rei dava despacho ficava a seiscentos metros dali; a residência onde se hospedava o fedífrago Silvério dos Reis, a 450 metros.

35/36
Em 1786, o então embaixador dos Estados Unidos em Paris, Thomas Jefferson, trocou cartas com José Joaquim Maia e Barbalho, carioca que estudava medicina em Montpellier (França) e tentava angariar apoio externo para deflagrar uma revolução no Brasil. Na primeira missiva, de 2 de outubro, Maia e Barbalho assinou com o pseudônimo Vendek (35). Na de 26 de dezembro, Jefferson combinou um encontro secreto com o estudante (36). A reunião aconteceria no ano seguinte, em Nîmes, sul da França.

[35]

[36]

[37]

37
Tiradentes desenvolveu projetos de infraestrutura para o Rio de Janeiro, como a canalização de rios nos "subúrbios" visando à venda de água potável no chafariz da Carioca, no centro da cidade.

38
No final do século XVIII, o Rio de Janeiro, capital da colônia, abrigava 39 mil habitantes. Na imagem, a lagoa do Boqueirão e o aqueduto da Carioca, na Lapa.

[38]

39

Em 1787, Joaquim José da Silva Xavier solicitou autorização para viajar a Lisboa a fim de tratar de "pendências" familiares. No ano seguinte, quando já conspirava de forma frenética em Minas Gerais e no Rio de Janeiro, tornou a fazer o pedido. O interesse do alferes na viagem permanece sendo um mistério.

40
No século XVIII, possuir livros na colônia era para poucos (a imprensa era proibida, e um exemplar importado custava o mesmo que duas ovelhas). Tiradentes tinha quatro livros, dentre eles o compêndio, em francês, das (ainda frescas) leis constitucionais dos Estados Unidos (*Recueil des loix constitutives des colonies angloises, confédérées sous la dénomination d'États-Unis de l'Amérique-Septentrionale*), obra de referência para revolucionários do mundo ocidental.

41
Os escritos do abade radical Guillaume-Thomas François Raynal exerceram influência em alguns conjurados. Um deles, o padre Toledo, dizia ter aprendido com o francês que "o modo de se fazerem os levantes [...] era cortando a cabeça do governador".

[40]

[41]

42
Assinaturas do ex-ouvidor de Vila Rica Tomás Antônio Gonzaga, do coronel Inácio José de Alvarenga Peixoto, do tenente-coronel Francisco de Paula Freire de Andrada, do advogado Cláudio Manuel da Costa, do padre Carlos Correia de Toledo e Melo e do contratador Domingos de Abreu Vieira.

[42]

43
Diploma de graduação em filosofia natural de José Álvares Maciel emitido pela Universidade de Coimbra em 1785. Na faculdade portuguesa, além de estudar matérias como química e física, Maciel integrou um grupo de estudantes luso-brasileiros que tramava a independência de sua terra natal.

44
Mapa da comarca do Rio das Velhas (aqui chamada de comarca de Sabará) produzido por José Joaquim da Rocha em 1778. Notável cartógrafo e memorialista, Rocha aderiu à conjuração e forneceu a Tiradentes um estudo fundamental para os planos rebeldes: um mapa das almas (isto é, um censo) de Minas Gerais.

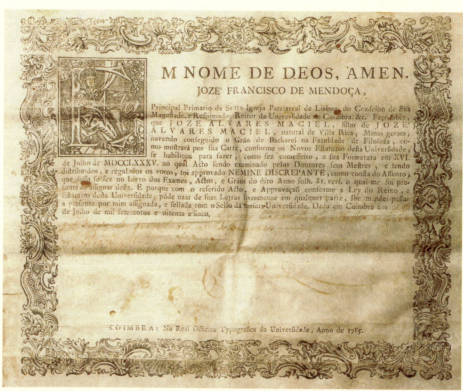

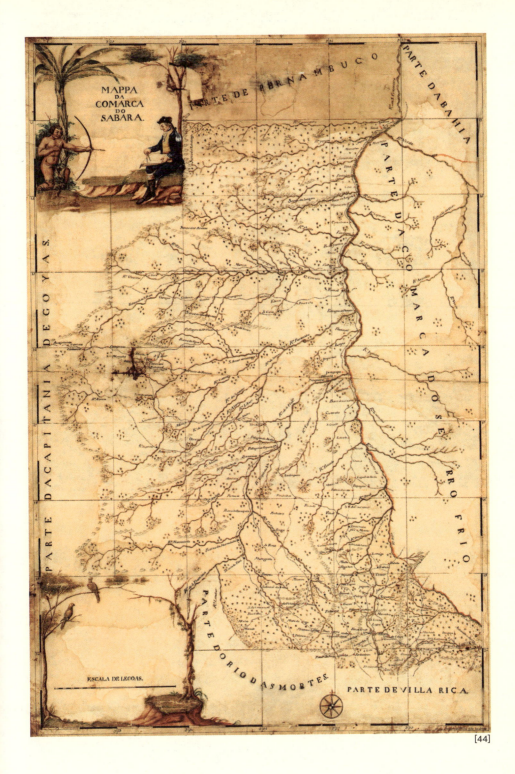

[45]

45
Casa do tenente-coronel Francisco de Paula Freire de Andrada, na rua Direita, em Vila Rica, onde foi realizada a reunião mais importante da Conjuração Mineira, na noite chuvosa de 26 de dezembro de 1788.

46
Solar da rua São José, em Vila Rica, pertencente ao contratador João Rodrigues de Macedo, homem mais rico de Minas Gerais e discreto conjurado. Depois de ter abrigado encontros dos rebeldes, o imponente edifício foi usado como quartel-general da repressão. Em uma das celas improvisadas, no térreo, ocorreu a suspeita morte de Cláudio Manuel da Costa.

47
Sobrado onde viveu o conjurado Tomás Antônio Gonzaga, na ladeira da rua do Ouvidor, na capital mineira.

48
Também na rua do Ouvidor, morava o advogado Cláudio Manuel da Costa.

49/50
Retrato atribuído ao contratador e primeiro delator da Conjuração Mineira, Joaquim Silvério dos Reis, pertencente ao acervo do Arquivo Público Mineiro. No detalhe, a assinatura do coronel (50).

51
Ofício do governador de Minas Gerais, visconde de Barbacena, datado de 14 de março de 1789, comunicando às câmaras a suspensão da derrama.

[49]

[50]

A consideravel diminuição que tem tido a Quota das cem arrobas de ouro que esta Cappitania paga annualmente de quinto a Sua Mag.de pede as mais efficazes averiguações e providencias. A primeira de todas deveria ser a Derrama, tanto em observancia da Lei, como pela severidade com que a mesma Senhora foi servida estranhar o esquecimento della, porem conhecendo eu as diversas circumstancias em que hoje se acha a Cappitania e que o ramo da Real Fazenda he susceptivel de melhoramento não so em beneficio do Regio Erario, mas dos Povos, cuja conservação e prosperidade he o objecto principal do illuminado governo da Rainha n.ra Senhora, e não tanto pela affeição particular com que me occupo em procurar aos d.ta Cappitania toda a sorte de felicidade que sempre preferiria á minha propria, como pela confiança que devemos ter na pied.e e grandeza de S. Mag.de que he bem notoria, tomo sobre mim a suspenção da dita Derrama q.e a Junta da Administração e arrecadação da Real Fazenda he obrigada a promover, até chegar a decisão da conta que terei a honra de pôr na Augusta presença de Sua Mag.de sobre os meios que me parecerem mais proporcionados ao bem da mesma administração nesta parte, e ao dos seus Leaes Vassallos: e p.a me haver com o conhecim.to e acerto que desejo, e me he necessario neste importante neg.o recomendo a VM.ces que hajão de fazer sobre elle com toda a brevidade as mais serias reflexões e exames, e me enviem pela Secretaria deste governo a sua informação e parecer; e com isto espero tambem que VM.ces concorrão comigo entretanto, a fim p.r reconheci-

mento aque ficão obrigados, como por conveniencia propria p.a o descobrimento e extirpação dos Contrabandistas e extraviadores, que são e tem sido a principal causa da referida diminuição.

Deos G.de a VM.ces V.a Rica 14 de Março de 1789

Visconde de Barbacena

[52]

[53]

[54]

52
Retrato do vice-rei do Brasil, d. Luís de Vasconcelos e Sousa, que comandou a operação que prendeu Tiradentes.

53
Como mostra essa ilustração de um granadeiro português da tropa de 1740, os integrantes desse grupo militar de elite, empregados em missões especiais, tinham uma marca registrada: o bigode. Em 1789, dois granadeiros disfarçados, com bigodes raspados, vigiaram os passos de Tiradentes no Rio de Janeiro, a mando do vice-rei.

54
Ilha das Cobras, localizada na garganta da baía de Guanabara, no Rio de Janeiro. Na imagem, é possível ver, no ponto mais alto da ilha, a fortaleza em cujas masmorras Tiradentes ficou preso em regime de solitária durante dois anos (1789-91).

55
Autos da primeira inquirição de Tiradentes no processo da Conjuração Mineira, realizada na Ilha das Cobras (Rio de Janeiro), em 22 de maio de 1789. Em pouco mais de dois anos, o alferes seria interrogado onze vezes.

[56]

[57]

56
Autos da Alçada (tribunal) que julgou os réus da Conjuração Mineira. Na página da direita, sentença de condenação de Tiradentes, de 21 de abril de 1792: "Justiça que a Rainha [...] manda fazer a este infame réu Joaquim José da Silva Xavier, pelo horroroso crime de rebelião e alta traição de que se constitui chefe e cabeça [...]. Manda que, com baraço e pregão, seja levado pelas ruas públicas desta cidade [do Rio de Janeiro] ao lugar da forca, e nela morra morte natural para sempre, e que separada a cabeça do corpo seja levada a Vila Rica, onde será conservada em poste alto [...] até que o tempo a consuma; que seu corpo seja dividido em quartos, e pregados em iguais postes pela entrada de Minas [...]".

57
Relatório escrito em código e posteriormente decodificado em que o embaixador francês em Lisboa, Jacques Hardouin de Châlon, avisa Paris sobre a descoberta de "uma conspiração para levantar o povo" no Rio de Janeiro. Quando a carta foi redigida, em 3 de junho de 1790, desenrolava-se a Revolução Francesa.

58/59
Ao longo da história, a figura de Tiradentes foi moldada e apropriada por movimentos ideológicos dos mais variados matizes, sempre no papel de herói. Em 1890, um ano após a proclamação da República, pela primeira vez ele foi retratado, em imagem, com barba e cabelos longos, como Jesus Cristo (58). Apesar de não encontrar respaldo documental, a figura seguiu sendo replicada, como na dramática tela de Pedro Américo de 1893, que mostra o corpo de Joaquim esquartejado no patíbulo (59).

[58]

[59]

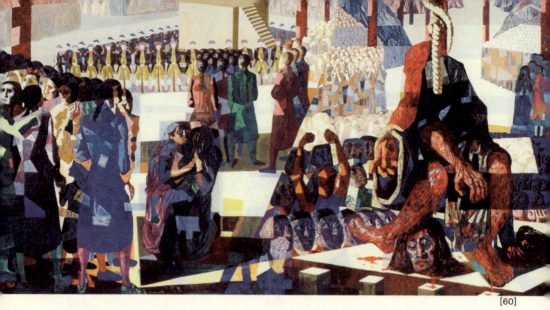

[60]

60
Em 1949, o pintor Cândido Portinari concluiu o modernista *Painel Tiradentes*, que estampa episódios da Conjuração Mineira. No detalhe da tela, o alferes, após a execução na forca, aparece de cabelos longos e sem barba.

A casa onde o alferes se acoitava pertencia a um artesão que trabalhava com madeira, prata, ouro, pedras preciosas e outros materiais — a rua dos Latoeiros era um ponto tradicional de funilarias no Rio. Domingos Fernandes da Cruz era paulista da vila de Mogi das Cruzes. Aos 64 anos, era solteiro e vivia só.[16] Ele aceitou esconder em sua casa/oficina um oficial fugitivo que nunca tinha visto antes atendendo a um pedido de sua comadre Inácia — a viúva explicou ao artesão que aquele homem havia curado sua filha.[17]

Logo que chegou à casa de Domingos, o alferes pediu a seu guardião que fosse a São Cristóvão atrás de Manuel José de Miranda, o fazendeiro que tinha dado uma carta de recomendação a Tiradentes. O artesão devia levar um recado ao fazendeiro: que mandasse cavalos.[18] Joaquim tinha pressa; ele pretendia seguir para Minas Gerais o quanto antes.

Atendendo ao pedido de Tiradentes, Domingos foi à casa onde Miranda se hospedava, mas não o encontrou. Então voltou mais tarde e novamente perdeu a viagem. Como o alferes insistiu na importância da missão, Domingos fez novas tentativas, em horas variadas do dia e da noite. Nada. O fazendeiro desaparecera, deixando Joaquim isolado.

A 5 de maio de 1789, um dia antes da fuga de Tiradentes, o salão principal do Hôtel des Menus-Plaisirs, em Versalhes, abriu suas portas para receber a Assembleia dos Estados Gerais da França. Em 175 anos, era a primeira vez que os representantes do clero, da nobreza e do povo eram convocados pelo rei. Luís XVI estava desesperado por aplainar a aguda crise política e econômica vivida pela França. Entretanto, o que era para ser a solução do problema tornar-se-ia o início de um período de intensa turbulência e profundas mudanças. Começava a longa marcha da Revolução Francesa. Em questão de tempo e ao longo de um tortuoso processo que se radicalizaria, a monarquia absolutista viria a cair, e Luís XVI seria decapitado em praça pública. Sob os princípios de liberdade, igualdade e fraternidade, a França começava a encontrar o caminho para a república.

Escondido em seu cafofo, Joaquim José da Silva Xavier dependia de um cavalo para dar início a seu plano de revolução. Mas como o dono da montaria desaparecera, Tiradentes se encontrava num impasse. Ele não podia sair de seu refúgio sob risco de ser preso pelos soldados do vice-rei. E contatar integrantes de seu grupo de apoio também era arriscado, pois eles poderiam estar sendo vigiados. Qualquer passo errado era o fim da trilha para Joaquim.

Na falta de opção, o alferes recorreu ao padre Inácio Nogueira Lima, sobrinho da viúva que o ajudara a encontrar o esconderijo. A pedido de Tiradentes, o dono da casa onde ele se escondia chamou o padre. Chegando à casa de Domingos, o sacerdote foi encaminhado ao sótão, onde Tiradentes o esperava.[19] Conversaram durante um tempo. O alferes pediu ao padre que perambulasse pelo centro da cidade colhendo informações sobre a movimentação dos soldados do vice-rei. Tiradentes também solicitou a Inácio que procurasse Silvério dos Reis para saber das novidades.[20]

O padre concordou em ajudar Joaquim, possivelmente por simpatia ao movimento rebelde, e então dirigiu-se de imediato à casa onde se hospedava o delator da Conjuração Mineira. Quando chegou, já era noite. O sacerdote bateu à porta e perguntou pelo ex-contratador, mas, como Silvério dos Reis não estava em casa, ele foi embora. Naquela mesma noite, Inácio voltou à hospedaria de Silvério dos Reis, mas o delator ainda não havia chegado.[21]

Na manhã seguinte, dia 9 de maio, o padre retornou à casa de Silvério dos Reis, e daquela vez o delator estava lá. Evitando se apresentar de maneira formal, Inácio anunciou ter sido mandado por Tiradentes, que desejava saber das novidades.[22] O delator levou um susto ao ver que diante dele estava um homem que podia levá-lo ao fugitivo mais procurado na colônia.[23] Afobado para terminar o serviço que começara, Silvério dos Reis perguntou ao sacerdote, à queima-roupa, onde estava Tiradentes. O padre Inácio não tinha recebido do alferes qualquer recomendação nesse sentido; ele simplesmente não sabia se podia ou não contar a Silvério dos Reis onde Joaquim se escondia. Contudo, o sacerdote intuiu que não devia fazê-lo.[24] "Não é da sua conta", respondeu o padre em tom ríspido. O coronel percebeu que precisaria ir com mais jeito se quisesse localizar o esconderijo de Tiradentes. Então, em tom brando, disse ao sacerdote: "Senhor padre, vossa mercê não é mais amigo do alferes do que eu, diga-me onde [Tiradentes] está, que preciso comunicar-me com ele para seu benefício".[25]

O padre não cedeu. Silvério dos Reis tentou avançar por outro flanco, perguntando onde ele, Inácio, morava. O sacerdote mais uma vez se negou a responder, limitando-se apenas a dizer que Tiradentes faria um novo contato posteriormente. O delator pediu então ao padre que levasse uma mensagem ao alferes: "As coisas estavam em maus termos".[26] Justamente no momento em que o coronel ditava o aviso, chegou à hospedaria o filho de um ourives a quem Silvério dos Reis devia algum dinheiro — o rapaz vinha cobrar o pagamento de um adereço de diamante comprado pelo ex-contratador. Para azar de Tiradentes, o cobrador era clérigo e conhecia o padre Inácio. Ao perceber esse fato, Silvério dos Reis tratou de encerrar a conversa com Inácio, despedindo-se: "Passe bem, senhor padre, fico-lhe muito obrigado pela sua atenção".[27]

Assim que Inácio deixou a casa, o delator voltou-se para o outro clérigo e perguntou quem era e onde morava seu colega de batina que acabara de sair. "Este é o padre Inácio Nogueira, mora na rua da Senhora Mãe dos Homens", respondeu o sacerdote.[28]

Após livrar-se do segundo padre, Silvério dos Reis foi imediatamente ao palácio avisar o vice-rei sobre sua descoberta. O delator contou então que falara com um homem que sabia onde Tiradentes estava escondido. Em vez de felicitar Silvério dos Reis, d. Luís de Vasconcelos passou-lhe um pito — ele achava que o delator deveria ter prendido o padre Inácio em sua casa.[29] De qualquer forma, concordaram o vice-rei e o coronel, como eles sabiam o endereço do sacerdote, seria fácil agarrá-lo.

Não demorou e Inácio foi trazido pelos soldados da guarda às presenças de d. Luís de Vasconcelos e Silvério dos Reis. O sacerdote tentou fazer-se de desentendido. Negou saber quem era Tiradentes e afirmou nunca ter estado na casa do delator. Diante da evidente mentira, o vice-rei se alterou. "Transtornado", d. Luís de Vasconcelos ameaçou "consumir" o padre caso este não entregasse a localização do alferes. Em pânico, o sacerdote abriu o segredo, escrevendo o endereço em um pedaço de papel. O vice-rei repassou o endereço imediatamente para os homens da sua guarda, que saíram então em missão de captura de Tiradentes.[30]

Na noite de 10 de maio, soldados da guarda pessoal do vice-rei, comandados pelo alferes Francisco Pereira Vidigal, do Regimento de Estremoz (Portugal), se espalharam pela rua dos Latoeiros, no centro do Rio. O esconderijo de Tiradentes estava cercado. Um dos homens conferiu a tranca da porta; estava aberta. Entraram.

Os soldados reviraram a caótica oficina, mas não encontraram Tiradentes. Resolveram então verificar o sótão. Lá em cima, Joaquim se escondia atrás de uma cama. Em suas mãos, o bacamarte. A arma, uma espécie de garrucha longa com a boca em funil, estava preparada para abrir fogo. Dois terços do cano estavam carregados com pólvora e metralha (107 grãos de chumbo grosso). A pederneira (pedra que produz a faísca que detona a explosão) estava posicionada no cão; o gatilho, armado.

Os soldados subiram a escada e deram de cara com Joaquim. Tiradentes não atirou. Ao ouvir a ordem de prisão, rendeu-se.[31]

PARTE VIII

NO CENTRO DO ALVO

23.

Por volta das nove horas da noite de 17 ou 18 de maio, um vulto misterioso cruzou as ruas centrais de Vila Rica. Não era possível distinguir se se tratava de um homem ou de uma mulher. Um capote longo cobria o corpo, e um chapéu desabado sobre o rosto escondia os olhos. Fazia uma semana que Tiradentes tinha sido preso no Rio de Janeiro, mas a notícia ainda não chegara à capital mineira. Naquela noite, porém, o embuçado que se esgueirava pelas vielas de Vila Rica sabia o que vinha pela frente e tentava prevenir os rebeldes sobre a tempestade que se aproximava.[1]

O primeiro destino do encapotado foi um sobrado imponente que se equilibrava numa esquina formada por duas ladeiras (a rua do Ouvidor e a rua São Francisco de Assis), em frente ao chafariz do passo de Antônio Dias. Era a casa de Cláudio Manuel da Costa. A recôndita figura bateu em uma janela, fazendo com que o advogado saísse à porta. Na rua mesmo, o embuçado contou, de forma curta e seca, o que estava por vir: a qualquer momento, homens da tropa começariam a prender os rebeldes. Sem dar a Cláudio tempo para digerir a informação, o encapotado emendou com um conselho: queime todos os papéis que o incriminem e em seguida fuja.[2]

Deixando o advogado petrificado na rua, o portador da mensagem apocalíptica deu meia-volta e subiu a rampa da rua do Ouvidor. Caminhou mais oitenta metros, parou diante do sobrado de Tomás Antônio Gonzaga e bateu à porta. Como o desembargador não estava em casa, a misteriosa figura deixou o recado com a escrava Antônia e, em seguida, continuou o périplo.[3]

Àquela altura, Minas Gerais fervilhava com os boatos de que o verdadeiro objetivo da viagem de Joaquim Silvério dos Reis ao Rio de Janeiro não tinha sido o alegado desejo de se despedir do vice-rei. Alguns insurgentes desconfiavam que o ex-contratador fora à capital da colônia para delatar a conjuração a d. Luís de Vasconcelos.[4] O que todos sabiam ao certo era que o governador de Minas Gerais já estava a par do movimento, e que mesmo assim não tomava qualquer providência aparente para detê-lo.

Em Vila Rica, a tensão extrema vivida pelos insurgentes aumentou ainda mais com o episódio do embuçado. No dia seguinte, correu de boca em boca que as tropas leais ao visconde de Barbacena se preparavam para sair às ruas caçando os rebeldes.[5] As notícias eram confusas e incompletas, e ninguém sabia com exatidão o que havia acontecido no Rio de Janeiro com Silvério dos Reis e com Tiradentes.

A informação que todos buscavam estava a caminho. Um dia depois da prisão do alferes, o vice-rei mandara um mensageiro a Vila Rica, e por conta própria o estafeta foi espalhando a notícia por onde passava (sítio do Werneck, fazenda da Vargem, Chapéu d'Uvas, Bandeirinhas...).[6] Na noite de 20 de maio (dois ou três dias após o episódio do encapotado), o correio do vice-rei chegou à chácara do visconde de Barbacena, em Cachoeira do Campo, e informou-lhe então que Tiradentes tinha sido preso. O mensageiro trazia uma segunda notícia que fugia ao roteiro pensado pelo governador: o delator Silvério dos Reis também fora detido.[7]

Não demorou para que toda Vila Rica soubesse que Tiradentes estava em um calabouço no Rio. A revelação de que o principal homem de ação do levante havia sido preso causou um terremoto no que restava das trincheiras rebeldes. Sendo óbvio que a repressão ao movimento estava apenas no começo, cabia aos conjurados se mexer. Mas o que fazer? Continuar fingindo que nada tinham a ver com o caso, como faziam Tomás Antônio Gonzaga, Cláudio Manuel da Costa, o cônego Luís Vieira e o dr. José Álvares Maciel? Ou mudar de lado e apostar na delação, como tinham feito Silvério dos Reis e outros (a lista de traidores aumentara nas semanas anteriores com a adesão do fazendeiro Inácio Correia Pamplona e do comandante do Regimento de Cavalaria Francisco de Paula Freire de Andrada)? Fora isso, restavam duas opções. Uma delas era fugir. A outra era continuar em frente e insistir no levante.

Por improvável que fosse o sucesso da sublevação àquela altura, ainda havia pessoas dispostas a resistir, e entre elas havia uma mulher.

No final do século XVIII, as mulheres mineiras que reuniam simultaneamente três predicados raros (estirpe ilustre, educação sólida e patrimônio respeitável) eram em geral inatingíveis. Mesmo tendo nascido e crescido no oco da América do Sul e sem nunca terem saído de lá, muitas delas se vestiam e se comportavam como se vivessem em finas cortes europeias, chegando a impressionar estrangeiros de passagem pela colônia.[8] A damas de tal gabarito, nem mesmo homens brancos de origem elevada podiam dirigir a palavra livremente.[9]

D. Hipólita Jacinta Teixeira de Melo era uma delas — até certo ponto. Aos quarenta anos, ela se distinguia pela fortuna herdada do pai, o capitão-mor Pedro Teixeira de Carvalho, e pela grandeza de sua formação.[10] Aos olhos públicos, parecia ser como tantas outras mulheres de sua categoria: vivia cercada de conforto (tinha dez escravas à sua disposição) e de luxo (possuía quadros, tapetes de tamanhos excepcionais, espelhos grandes e farta louça importada).[11] O que poucos podiam imaginar, mesmo na cúpula do movimento rebelde, era que d. Hipólita era uma ativa conspiradora. Ela começara suas atividades insurgentes redigindo as cartas do marido, Francisco Antônio de Oliveira Lopes — o coronel era um conspirador destacado, mas semianalfabeto ("um homem atroado", na definição de um contraparente).[12] Sendo um importante articulador do movimento no Rio das Mortes, Oliveira Lopes dependia da mulher, que lhe servia de pena. Porém, quando a Conjuração Mineira entrou em seu momento mais crítico, d. Hipólita abandonou o papel de mera redatora das cartas do marido e, por uma decisão pessoal e solitária, assumiu duas missões de extremo risco: passou a instigar seus camaradas a levar o levante adiante e, ao mesmo tempo, trabalhava para protegê-los.

No dia 20 de maio de 1789, d. Hipólita recebeu uma carta endereçada ao marido na fazenda onde vivia, a pujante Ponta do Morro, na comarca do Rio das Mortes. Como o coronel estava em Cachoeira do Campo, a 180 quilômetros da fazenda, d. Hipólita abriu a carta e leu. Era um aviso de que Tiradentes e Silvério dos Reis haviam sido presos no Rio de Janeiro.[13] Tendo compreendido que seus atos nas horas seguintes teriam um forte impacto no destino do marido, bem como no dos demais conspiradores e até mesmo no da conjuração, ela não hesitou. Pegou papel e bico de pena e copiou a carta que acabara de receber. Depois, enviou a mensagem original ao marido e a cópia ao padre Toledo.[14] A nota retransmitida por d. Hipólita ia direto ao assunto: "Dou-vos parte com certeza [de] que se acham presos, no Rio de Janeiro, Joaquim Silvério [dos Reis] e o alferes Tiradentes para que vos sirva, ou se ponham em cautela; e quem não é capaz para as coisas, não se meta nelas; e mais vale morrer com honra que viver com desonra".[15]

Em resumo: quem quisesse fugir, que se apressasse; e quem quisesse resistir, que se apressasse em dobro.

Ainda no dia 20, por volta da meia-noite, a mensagem de d. Hipólita chegou ao padre Toledo, que dormia na fazenda Mendanha, onde fazia uma parada antes de seguir para um batizado em Carijós. O sacerdote foi acordado, leu o bilhete e, de tanta aflição, não conseguiu mais dormir. Logo que o dia amanheceu, mandou avisar que não poderia mais celebrar o batizado e tomou o rumo de volta para sua casa, em São José.[16]

Nesse mesmo dia, quando trotava em seu cavalo pela estrada, a caminho de casa, o coronel Francisco Antônio de Oliveira Lopes foi alcançado por um portador da carta enviada por sua mulher. Lida a mensagem, ele apertou o passo.[17]

Avisados em boa hora por d. Hipólita, tanto o marido quanto o padre Toledo avaliaram que ainda dava para salvar a conjuração.

No mesmo instante em que Oliveira Lopes e o sacerdote rasgavam as estradas de Minas, o governador armava o bote. Ele sabia que os insurgentes estavam enfraquecidos e que agiam sem coordenação — cada um tomava o curso que lhe parecia mais conveniente.[18] Ele também tinha ciência de que o vice-rei enviara reforços militares a Vila Rica, e que estes chegariam em poucos dias.[19] Assim, 67 dias após ouvir a delação de Joaquim Silvério dos Reis, o governador finalmente tomou uma medida concreta para reprimir os conjurados que se encontravam em Minas. Ele mandou então prender alguns dos principais líderes do movimento em Vila Rica, e nos dias seguintes faria o mesmo em relação aos rebeldes das comarcas do Rio das Mortes e do Serro do Frio.[20]

No dia 22, já de volta à fazenda Ponta do Morro, o coronel Francisco Antônio de Oliveira Lopes tentava articular a resistência. Bem cedo pela manhã, enquanto d. Hipólita ainda dormia, o coronel mandou seus criados acordarem um primo da mulher que estava hospedado na fazenda. Ainda de pijama, Francisco José de

Melo, o primo, apareceu na varanda e encontrou o coronel "chorando como uma criança".[21] Após se recompor, Oliveira Lopes deu a ele um pedaço de papel bem pequeno e solicitou que escrevesse uma nota de duas ou três linhas. O primo pegou o papel, apoiou-o em cima de um banco e escreveu a mensagem, pressionando com bastante força o bico de pena.[22] O trecho mais importante cabia em cinco palavras: "O negócio estava em perigo".[23]

O coronel repassou o bilhete a seu compadre Vitoriano Gonçalves Veloso, que fora convocado às pressas para servir de correio. Eram duas as missões de Vitoriano. Primeiro, entregar a mensagem ao comandante do Regimento de Cavalaria, Francisco de Paula Freire de Andrada. Segundo, complementar o aviso escrito com o seguinte recado oral: desloque-se até o Serro do Frio, reúna a tropa da comarca e, em coordenação com o padre Rolim, dê início ao levante, fazendo um "viva o povo" no meio da praça do Tejuco.[24] O gesto mostrava o desespero de Oliveira Lopes, já que Freire de Andrada, acometido de "frouxidão", fora o primeiro a abandonar a conspiração, dois meses antes.[25]

Enquanto isso, em Vila Rica, fiando-se na esperança de que o governador iria se manter inerte até que a conjuração se dissolvesse por si só, Tomás Antônio Gonzaga seguia com sua estratégia de simulação de alheamento aos fatos. Aos amigos de fora do círculo rebelde, ele dizia que sua maior preocupação àquela altura era terminar de bordar seu *vestido* de casamento, previsto para dali a uma semana.[26] No mesmo dia 22, Gonzaga recebeu convidados em sua casa, gente de dentro e de fora do movimento. No encontro, como não poderia deixar de acontecer, veio à tona o assunto mais quente da vila naquele momento: os boatos de que o governador estaria recebendo denúncias de crimes. Alguém falou que, entre os delatados, haveria pessoas importantes de Vila Rica, inclusive o próprio Gonzaga. Fingindo desdém, o ex-ouvidor disse estar tão tranquilo que, ainda naquela noite, iria compor uma ode.[27]

No dia seguinte, sábado, o ex-ouvidor foi tirado da cama bem cedo para atender a porta. Era uma escolta formada por militares e autoridades judiciais — uma delas estivera presente na reunião na casa de Gonzaga na noite anterior. A comitiva trazia uma ordem de prisão.[28]

Praticamente na mesma hora em que, em Vila Rica, Gonzaga era arrastado por soldados para fora de sua casa, a 150 quilômetros dali, na fazenda Ponta do Morro, o mensageiro do coronel Oliveira Lopes partia em seu cavalo levando os avisos para o "banana" do comandante do Regimento de Cavalaria, que, tudo indicava, estaria na capital mineira.[29] A missão era cercada de riscos, e por isso Oliveira Lopes orientou o correio a esconder muito bem o bilhete, pois era possível que fosse parado em alguma batida e tivesse os pertences revistados.[30] Outra recomendação: se no caminho alguém lhe perguntasse o motivo da viagem, o compadre do coronel deveria dizer que levava à cidade de Mariana, vizinha de Vila Rica, papéis referentes ao casamento de uma sobrinha.[31]

É difícil saber quem foi mais forte: se o mensageiro, Vitoriano Gonçalves Veloso (um alfaiate de 51 anos que, nas horas vagas, servia como alferes de um corpo auxiliar de "pardos" do vilarejo de Bichinho), ou o cavalo que ele montava.[32] No primeiro dia da expedição, Vitoriano cavalgou cerca de dez horas, percorrendo oitenta quilômetros (a distância, equivalente ao trajeto de São Paulo a Santos, era o dobro da habitualmente feita até mesmo por viajantes calejados, como os mascates).[33] No dia seguinte, ainda de madrugada, o mensageiro iniciou a segunda etapa da jornada. Parou no final da manhã, no arraial de Ouro Branco, para engolir uma comida e, mal terminou a refeição, partiu com pressa em seu cavalo. No fim do dia, tendo percorrido cinquenta quilômetros, Vitoriano chegou ao Capão do Lana, onde a estrada fazia uma bifurcação. Naquele ponto, de acordo com a orientação recebida do coronel Oliveira Lopes, o mensageiro deveria se informar sobre o paradeiro exato do destinatário do bilhete. Se o comandante do regimento estivesse em sua fazenda, a Caldeirões, Vitoriano pegaria o entroncamento da esquerda. Mas se Freire de Andrada se achasse na sede da comarca, o correio tomaria a estrada da direita. Não fez uma coisa nem outra. Antes de descobrir que rota deveria seguir, o mensageiro viu passar Tomás Antônio Gonzaga preso, sendo escoltado, provavelmente acorrentado, para o Rio de Janeiro.[34] Ao presenciar a cena, Vitoriano deu sua missão por encerrada e rasgou o bilhete que trazia consigo. Passado o susto, resolveu então dormir um pouco. Ainda de madrugada, porém, imaginando que àquela altura seu compadre também estaria detido, tomou o caminho de volta para casa, galopando de forma acelerada.[35]

Vitoriano estava errado: Francisco Antônio de Oliveira Lopes não havia sido preso. Naquele domingo, enquanto seu compadre rasgava as estradas de Minas voltando para o Rio das Mortes, o coronel seguia em direção à serra que ficava próxima de sua fazenda, trotando em seu cavalo. Chegando a uma capoeira ao pé da serraria, num lugar conhecido como Atrás da Serra, Oliveira Lopes deparou-se com a figura do padre Toledo em cima de um cavalo. O sol ainda não tinha nascido. Ambos apearam e começaram a confabular.[36] Mesmo antes de o sacerdote abrir a boca, o coronel já sabia o que ele ia dizer. No dia anterior, ao marcar o encontro por intermédio de um mensageiro, Toledo mandara um aviso adiantando o teor da conversa: "Mais valia morrer com a espada na mão, que como carrapato na lama".[37] (A fala ecoava o recado enviado três dias antes por d. Hipólita, o que mostra que a ação da única mulher da Conjuração Mineira havia sido decisiva na escolha feita pelo padre. Naquela ocasião, após ler a mensagem de d. Hipólita, Toledo voltou à sua residência, em São José, deu sumiço nas provas que poderiam incriminá-lo, juntou suas roupas, pegou tudo o que tinha de valor e então fugiu.[38] E agora estava ali, diante de Oliveira Lopes, de crucifixo no peito, instigando-o a seguir em frente.)[39] O padre iniciou a conversa justamente contando ao coronel a decisão que tomara: "Eu já me despedi da vila, lá não torno, não sei o que sucederá".[40] O sacerdote apelou ao coronel para que, juntos, tentassem resistir, "fosse como fosse". Sugeriu ao camarada que alforriasse vinte de seus negros em troca da adesão ao movimento. Ele, Toledo, por seu turno, juntamente com seu irmão, Luís Vaz de Toledo Piza, iria tratar de reunir oitenta homens no arraial da Laje.[41] (No dia anterior, Luís Vaz tinha anunciado sua decisão de ir até o fim: "A mim me não hão de pegar, porque esta mesma noite me abalo".)[42] O padre advertiu Oliveira Lopes de que precisavam armar a resistência com grande rapidez, pois as tropas do vice-rei subiam do Rio de Janeiro.[43]

Terminada a conversa, o coronel se despediu do sacerdote, montou em seu cavalo e saiu desembestado serra acima.[44] Minutos depois, ao chegar ao topo da montanha, parou por um instante e olhou para trás, quando viu então o padre Toledo cercado por soldados — não eram ainda os homens da tropa do Rio, mas os de Minas, enviados pelo visconde de Barbacena.[45] Lá embaixo, na chapada, o sacerdote só teve tempo de dizer: "Estou preso".[46] Lá no alto, Oliveira Lopes tratava de sumir por uma grota.[47]

Horas depois, d. Hipólita recebeu uma mensagem: seu marido havia sido preso. A rebelde pressentiu que logo sua casa estaria cercada e, mais uma vez, agiu de forma rápida, queimando todos os papéis que poderiam incriminar a ela, ao coronel Oliveira Lopes e aos demais conjurados.[48]

O mesmo tenente que deu voz de prisão ao padre Toledo, no pé da serra, seguiu dali diretamente para São João del-Rei, onde deveria deter outro insurgente, Inácio José de Alvarenga Peixoto. Encontrado em sua casa, o coronel simulou surpresa com a ordem de captura, já que, segundo ele, nada tinha feito de errado. E para provar que não tinha o que esconder, disse Alvarenga Peixoto, entregaria de forma espontânea a chave da caixinha de madeira na qual guardava seus documentos pessoais — e assim o fez.[49] O gesto foi calculado — entre os papéis, havia uma ode de sua lavra, ainda inacabada, em homenagem ao visconde de Barbacena. O coronel sabia que os documentos chegariam à mesa do governador e muito provavelmente contava com a possibilidade de amolecê-lo com o poema — Barbacena era retratado, em versos, como um homem de "mão prudente e justa" que conduzia com segurança "as rédeas do governo" em meio à "grossa tempestade".[50] O que Alvarenga Peixoto não previu foi que outro papel deixado na caixa — o bilhete cifrado com que o padre Toledo o convocara para o conciliábulo realizado no Natal — serviria de prova contra ele.[51]

Naquela semana de 24 a 31 de maio de 1789, as estradas de Minas se encheram com os comboios de presos, cenas que levaram ao desespero os rebeldes ainda livres. Na Igreja Nova, depois de assistir à passagem da tropa conduzindo Toledo e Alvarenga Peixoto, o padre José Lopes de Oliveira fugiu.[52] Quem também debandou foi o irmão e braço direito do padre Toledo, Luís Vaz de Toledo Piza. Antes da fuga, Luís Vaz chegara a reunir homens armados na Laje para formar a resistência, mas, diante do derretimento da sedição, dispersou a infantaria rebelde e se escondeu.[53]

Outro que fugiu — e de forma espetaculosa — foi o padre José da Silva e Oliveira Rolim. Como vivia na clandestinidade já havia um bom tempo, o sacerdote tinha experiência em trafegar nas sombras, e assim, pouco antes de os soldados cercarem sua casa, no Tejuco, ele buscou abrigo na residência de um amigo. Por um período, Rolim pulou de esconderijo em esconderijo na comarca do Serro do Frio até que, por fim, escolheu um abrigo onde imaginava que nunca iriam procurá-lo: a própria casa. Depois de voltar à sua residência e ficar lá por três dias, o padre se evadiu por rotas de contrabando que lhe eram familiares até chegar a uma roça que pertencera a seu falecido pai, no sítio do Itambé, a cerca de oitenta quilômetros do Tejuco. Ele se enfurnou então num casebre construído no mato por um de seus escravos e começou a planejar a próxima fase da fuga. A ideia de Rolim era ficar ali por alguns meses, até que o cabelo crescesse e tampasse sua tonsura (o corte típico dos eclesiásticos). Depois, disfarçado de leigo, tentaria sair de Minas, provavelmente para a Bahia. Antes que seu disfarce natural ficasse pronto, contudo, ele foi localizado por soldados do governador, mas ainda assim conseguiu fugir do cerco. Furioso com a capacidade de Rolim de escapar a todas as tentativas de prisão, o visconde de Barbacena mandou em seu encalço um temido caçador de escravos. E ainda baixou uma ordem ameaçando punir aqueles que ajudassem o padre. De nada adiantou: benquisto em Minas, o sacerdote contou com uma forte rede de proteção, formada em sua maioria por gente muito simples. Rolim conseguiria ficar foragido por mais de quatro meses, até finalmente ser capturado.[54]

Com menor ou maior esforço, o visconde de Barbacena prendeu quem quis. Além do ex-ouvidor Tomás Antônio Gonzaga, do coronel Alvarenga Peixoto e dos padres Toledo e Rolim, o governador mandou para a cadeia o comandante do Regimento de Cavalaria, Francisco de Paula Freire de Andrada, o dr. José Álvares Maciel, o contratador Domingos de Abreu Vieira, o cônego Luís Vieira, o "pardo" Vitoriano Gonçalves Veloso, que fizera a cavalgada histórica sob ordens do coronel Oliveira Lopes, o próprio Oliveira Lopes, o escravo Alexandre Pardo, redator das cartas sediciosas do padre Rolim, e outros tantos. Cláudio Manuel da Costa, que se recuperava de uma crise reumática, teve a casa cercada, foi tirado à força de seu leito e trancado numa cela improvisada na Casa dos Reais Contratos.[55] Da mesma forma como prendeu quem quis, o governador deixou em liberdade dezenas de pessoas envolvidas no movimento, seguindo assim com seu intrincado jogo.

No dia 24 de junho, um mês após o início das prisões em Minas, começou a chegar a Vila Rica o reforço da tropa, enviado do Rio de Janeiro.[56] Ao todo, seriam quinhentos soldados da guarda pessoal do vice-rei e dos regimentos portugueses do Moura e de Bragança, que estavam estacionados na capital da colônia havia mais de dez anos — "gente escolhida", como definiu d. Luís de Vasconcelos.[57] Por ordens do visconde de Barbacena, a tropa extra foi arranchada no espaçoso solar do ex-contratador (e discreto conjurado) João Rodrigues de Macedo.

Em mais uma manobra obscura do governador, Macedo continuava livre, apesar de todos os indícios de sua ligação com a Conjuração Mineira. E agora ainda recebia aluguel pela cessão do casarão da rua São José, que passava assim de local de cabala dos rebeldes a quartel-general das operações de repressão.[58]

O solar de Macedo serviu também de prisão para diversos rebeldes. Senzalas e cômodos do piso inferior do edifício, onde funcionava a Casa dos Reais Contratos, foram adaptados como celas, e dentro de uma delas foi jogado Cláudio Manuel da Costa. O modo como o advogado foi tratado naquelas masmorras seria um alerta para seus camaradas e um prenúncio de como o governador conduziria o caso dali em diante. Aos sessenta anos recém-completados, Cláudio foi posto em regime de solitária, sem direito a visitas durante uma semana. Nesse período, não foi sequer ouvido pelos investigadores que cuidavam do caso. Abatido por natureza, o advogado foi tomado por um "grande terror", segundo suas próprias palavras, gastando as horas dos dias a rezar aos santos por uma salvação. Bacharel experiente, ele sabia que não seria fácil sair daquela enrascada.[59]

Depois de sete dias, Cláudio finalmente foi levado à presença de dois magistrados designados pelo governador para colher seu depoimento. No interrogatório, na tentativa de isentar-se de culpa, ele expôs planos do levante, como a tomada do poder em Vila Rica, o assalto aos cofres reais e a implantação de uma república aos moldes norte-americanos, e acabou incriminando vários companheiros, entre eles Alvarenga Peixoto, os padres Toledo e Rolim, o tenente-coronel Francisco de Paula Freire de Andrada, o dr. Maciel e seu grande amigo Tomás Antônio Gonzaga. Em relação a Tiradentes, de quem sempre criticara o modo desinibido como conspirava, Cláudio não poderia ter sido mais danoso.[60] Contou que Joaquim andara "por casa de várias pessoas" pregando a insurreição, e também que ele era o fiador do movimento junto à tropa paga, tendo, portanto, papel de maior destaque que o do próprio comandante do regimento. Confirmando sua repulsa pelo alferes, Cláudio afirmou que ele tinha uma natureza assassina — pior: regicida. O advogado comparou-o a François Ravaillac e a Robert-François Damiens (o primeiro havia matado Henrique IV, e o segundo tentara aniquilar Luís XV, ambos reis da França).⁶¹ Para além da gravidade da acusação, aquele não era um paralelo alvissareiro — Ravaillac e Damiens tiveram um fim horrendo: foram torturados e esquartejados.

Cláudio falou muito, mais até do que o governador planejara. Em um dado momento do interrogatório, os inquisidores quiseram saber que destino os conjurados dariam ao visconde de Barbacena após depô-lo. A resposta foi espantosa. Cláudio começou dando voltas, dizendo que as conversas sediciosas lhe pareciam ridículas, já que não resultavam em nenhuma ação concreta. De acordo com ele, era tal a desproporção entre o que se falava e o que de fato se fazia que era impossível dar crédito às discussões. Assim, sua participação nos debates se dera por "mofa". Voltando à questão específica sobre o destino a ser dado ao governador, o advogado afirmou que, "segundo sua lembrança", Tomás Antônio Gonzaga lhe contara que Barbacena "sempre dizia ter o primeiro lugar no caso de sublevação", ou seja, estaria disposto a ser um dos líderes do levante. Cláudio então teria dito a Gonzaga, em tom de "graça", que, sendo assim, o visconde fizera bem em trazer a mulher e os filhos para o Brasil.⁶²

Depois de largar a bomba e insinuar que sua memória guardava mais informações sobre o caso, o advogado acenou com um acordo. Pediu perdão e disse nunca ter procurado ofender a "respeitável pessoa" do visconde. Por fim, ao encerrar sua fala, confessou ter sido "mau", mas afirmou também que seus denunciantes talvez fossem "mais temíveis" que ele.⁶³ O recado estava dado: se ele fosse condenado, carregaria junto o governador.

Devido a erros processuais cometidos pelos inquisidores (a falta de um tabelião presente ao interrogatório, por exemplo), o depoimento de Cláudio perderia a validade jurídica.⁶⁴ Mas em breve o advogado teria a chance de contar tudo o que sabia e talvez até negociar sua delação, como já haviam feito outros. E melhor: os novos testemunhos não seriam colhidos pelos magistrados designados pelo governador, e sim pelos desembargadores indicados pelo vice-rei, que deveriam chegar a Vila Rica dentro de poucos dias.⁶⁵

A previsão não se cumpriu. Na manhã de sábado de 4 de julho de 1789 — dois dias após Cláudio ter dado o depoimento que seria anulado —, o carcereiro, ao abrir a cela, encontrou seu corpo dependurado por um cadarço amarrado em torno do pescoço.⁶⁶

Dois médicos foram chamados para realizar o auto de corpo de delito, que foi feito na presença dos mesmos magistrados que haviam inquirido o preso.

A cena descrita no laudo não apontava para um caso clássico de suicídio por enforcamento, em que o cadáver fica suspenso em vão livre. Ao contrário, a posição do corpo indicava que, em seus últimos momentos, Cláudio não ficara se debatendo no vazio; ele tentara evitar a morte de maneira mais efetiva, tendo conseguido inclusive encontrar apoio. O corpo foi encontrado "encostado a uma prateleira", e o braço direito de Cláudio fazia "força" contra uma das tábuas do móvel. Nessa mesma tábua estava amarrado o cordão vermelho que o estrangulara (o cadarço de suas meias). Um dos joelhos do advogado estava "firme" em outra tábua, logo abaixo.[67]

Apesar de todos os indícios de que Cláudio tentava se agarrar ao móvel quando morreu, os médicos que examinaram o cadáver registraram que ele se enforcara "voluntariamente". O único sinal presente no corpo, segundo o laudo, era "uma pequena contusão" na laringe, feita pelo cadarço.[68]

Dois dias depois de o corpo ter sido encontrado, os magistrados enviados do Rio de Janeiro chegaram a Vila Rica. Sem condições de reconstituir a morte do depoente-bomba, restou-lhes assimilar a versão oficial de suicídio, mas não sem um toque mordaz. Em um despacho, o juiz nomeado pelo vice-rei afirmou: Cláudio "enforcou-se ali na prisão poucos dias antes da minha chegada àquela capitania", justamente quando "principiava a dizer alguma coisa".[69]

Terá sido Cláudio assassinado em uma queima de arquivo e forjada a cena do crime? Ou ele de fato atentou contra a própria vida e, nos últimos momentos de desespero, pretendeu voltar atrás, apoiando-se na prateleira? À luz da documentação hoje disponível, é impossível desvendar o mistério.[70] Há fatos, contudo, que são inquestionáveis. Primeiro: a morte do advogado foi mais que conveniente para o ambíguo governador — e não só para ele, mas também para os conspiradores graúdos que vinham sendo poupados da sanha repressora, como os ex-contratadores João Rodrigues de Macedo e Joaquim Silvério dos Reis. Segundo: a fim de atender a seus interesses pessoais, o visconde de Barbacena manipularia as informações referentes à morte de Cláudio, assim como faria, de forma geral, em toda a investigação da Conjuração Mineira.

Em meados de julho, o governador escreveu a Lisboa contando, pela primeira vez, sobre a tentativa de levante. Fazia quatro meses que ele ouvira a primeira delação, mas ainda assim deu a notícia com ares de coisa fresca: "A mão do Onipotente, que regula o justo e feliz governo de sua majestade, acaba de defender este país, se não da sua ruína ou perdição total, ao menos de um gravíssimo estrago irreparável por muitos anos".[71]

Endereçada ao braço direito da rainha, o ministro Martinho de Melo e Castro, a carta era uma das típicas peças do visconde, cheia de mentiras e manipulação de fatos. Ao relatar as primeiras providências que tomara ao descobrir o "grande perigo", ele afirmou ter dado ciência dos fatos ao vice-rei "particularmente sem demora". Não era verdade: Barbacena tardaria dez dias para fazê-lo.[72] No campo das adulterações, o visconde apontou como "segundo denunciante" o fazendeiro Inácio Correia Pamplona. Esse conspirador arrependido — informação omitida ao vice-rei — foi na verdade o terceiro delator, ou seja, ele abandonou a conjuração somente quando ela naufragava.[73] E, por fim, uma contrafação despudorada: na carta a d. Luís de Vasconcelos, o visconde citou Cláudio Manuel da Costa três vezes, contou detalhes do depoimento que o advogado prestara e relacionou seu nome na lista de presos. Porém, no momento em que o governador escreveu a missiva, já fazia uma semana que o corpo do advogado tinha sido encontrado em sua cela — informação devidamente omitida.

A longa mensagem do governador tinha um propósito explícito: apresentar a Lisboa o herói da trama — ele mesmo. Já o rol de vilões era grande, e ele os citou um a um, livrando, é claro, aqueles de quem se fizera aliado, como Silvério dos Reis, Pamplona e Macedo. Ao relatar a participação de cada um dos "perversos homens" da conjuração, o visconde destacou em primeiro lugar Joaquim José da Silva Xavier. O alferes não apenas teve a primazia na denúncia, como também figurou com o maior número de menções (catorze). Barbacena já havia escolhido seu principal alvo na trama. Tiradentes tinha sido "o principal motor da projetada sublevação", disse ele, inflando artificialmente o papel de Joaquim, que assim eclipsava rebeldes mais graúdos.[74]

PARTE IX
NA PRISÃO

24.

Após ser agarrado em seu esconderijo, no centro do Rio, Tiradentes foi obrigado a seguir a pé até o porto (uma caminhada curta, de menos de um quilômetro). Ao chegar à baía de Guanabara, foi colocado dentro de um barco e levado, através de um canal, a uma ilha localizada a 130 metros do continente. A ínsula era minúscula (730 metros de comprimento por 250 de largura).[1] Ao ser posto novamente em terra firme, Joaquim foi forçado a caminhar alguns metros até chegar a um dos edifícios mais protegidos da colônia, a fortaleza da Ilha das Cobras.

Fincado no topo de um rochedo de 25 metros de altura e cercado por muros altos, que impediam o acesso pelas escarpas da ilha, o forte tinha a aparência de um pequeno castelo elevado. Com sua posição estratégica (na garganta da baía de Guanabara, entre o morro de São Bento e um lugarejo chamado pelos índios de Nictheroy), a cidadela defendia o Rio de Janeiro havia 150 anos.

Após atravessar o grande portão da fortaleza, onde se lia gravado "El-Rey" na pedra lioz, Tiradentes foi jogado dentro de uma das dez celas da prisão. O responsável pela guarda do alferes, o tenente-coronel dos granadeiros José Monteiro de Macedo Ramos, recebeu ordens "apertadíssimas" para mantê-lo trancado em regime de solitária, sendo vedado o contato do prisioneiro com quem quer que fosse.[2]

No pátio do forte, a bandeira de Portugal tremulava no alto do mastro; lá embaixo, barcos e canoas deslizavam nas águas calmas da baía.[3] Ao longe, dominando o cenário, o Pão de Açúcar. Pelos dois anos seguintes, Joaquim viveria ali, trancado em um cubículo.[4]

No 13º dia de prisão, Tiradentes foi levado à presença de dois magistrados para prestar seu primeiro depoimento. Muito provavelmente, estava acorrentado.[5] Os inquisidores abriram os trabalhos mandando o prisioneiro se identificar. Joaquim falou seu nome e os nomes de seus pais; disse que tinha 41 anos (enganou-se, pois tinha ou estava próximo de completar 43) e afirmou ser alferes do Regimento de Cavalaria de Minas.[6] Como era praxe nos processos judiciais do Império Português, os interrogadores verificaram o alto da cabeça do prisioneiro a fim de se certificarem de que não tinha tonsura, não sendo, portanto, integrante de nenhuma ordem religiosa. Em seguida, Tiradentes começou a ser questionado sobre o caso propriamente dito. Primeira pergunta: "Sabia a causa da sua prisão?". De forma descarada, ele respondeu que não, sendo imediatamente advertido para que "dissesse a verdade". Por que então havia fugido, quiseram saber os magistrados. Tiradentes disse que "não tinha crime algum" e que não fugira. Apenas havia se escondido, pois vinha sendo seguido por "dois inferiores". Sem que lhe tivessem exigido, o alferes apresentou seu álibi para justificar a presença no Rio, afirmando ter ido à capital para tratar de seus projetos de infraestrutura. Já de posse da delação de Joaquim Silvério dos Reis e dos relatórios de vigilância feitos pelos granadeiros, os inquisidores não se deixaram enganar pelas evasivas do alferes. Continuaram a apertá-lo com perguntas cada vez mais específicas, ao mesmo tempo que insistiam para que parasse de mentir (o aviso seria dado ao todo seis vezes). Tiradentes se manteve firme em sua estratégia: negou os fatos que podiam comprometê-lo ou disse simplesmente não se lembrar ou não ter conhecimento deles. Os interrogadores então jogaram na mesa a informação de que Joaquim fora visto, por diversas pessoas e em diversos lugares, conclamando os mineiros a se rebelarem contra a derrama e a seguirem o exemplo dos norte-americanos, rompendo os laços com o Reino. Os magistrados revelaram ter conhecimento — graças a Silvério dos Reis — de que, além de defender a execução do governador de Minas Gerais, o alferes aventara matar pessoalmente o vice-rei. Tiradentes debochou afirmando que só se "estivesse bêbado ou doido poderia" pensar numa coisa como aquela. Tudo não passava de "quimera", desconversou. Além do mais, sofismou Joaquim, quem era ele — uma pessoa que não tinha "figura, nem valimento, nem riqueza" — para "poder persuadir um povo tão grande a semelhante asneira". Ao constatar que o alferes não se moveria, os interrogadores lançaram mão de uma nova cartada, mandando entrar na sala o ajudante de artilharia João José Nunes Carneiro, um dos militares a quem ele tentara cooptar no Rio. Pouco antes, os magistrados tinham lido em voz alta o depoimento de Carneiro, obtendo do prisioneiro apenas uma "simples e fria negação". Agora, Carneiro reafirmava as acusações diante de Joaquim. O alferes, contudo, se manteve impassível.[7]

Os inquisidores chamaram então uma segunda testemunha: Silvério dos Reis. O traidor da Conjuração Mineira também estava preso na fortaleza da Ilha das Cobras — ele foi levado para lá no mesmo dia que Tiradentes. Apesar de o coronel ter sido peça fundamental para o malogro da conspiração e, em especial, para a prisão do alferes, o vice-rei decidira encarcerá-lo. Ciente de que Silvério dos Reis tinha "um caráter disposto para qualquer maldade" e que, nos últimos tempos, andara descontente com a cobrança da dívida dos contratos, d. Luís de Vasconcelos suspeitava que o ex-contratador participara dos "horrorosos projetos" que ele próprio delatara — e era exatamente isso.[8] Assim, ao ser colocado cara a cara com o alferes novamente, Silvério dos Reis tinha mais motivos ainda para agradar a Coroa, mas por outro lado corria o risco de ser ele também denunciado por Tiradentes.

Na acareação, o delator tornou a repetir "animosamente" as denúncias que fizera ao governador de Minas Gerais, inclusive a passagem em que, encontrando-se por acaso com Tiradentes na estrada, dois meses e meio antes, este lhe dissera estar a caminho do Rio, onde iria trabalhar em favor dele, Silvério dos Reis. Joaquim foi então instado pelos magistrados a apresentar sua réplica. Ele podia complicar seriamente a vida de seu algoz, mas daquela vez deixou passar a chance, respondendo que as acusações "eram coisas que lhe andavam armando". Sobre a passagem citada por Silvério dos Reis referente ao encontro na estrada, o alferes foi mais evasivo ainda. Afirmou não se lembrar do episódio, mas fez questão de registrar que, se de fato havia dito ao ex-contratador que vinha ao Rio para atuar em favor deste, o fizera "sem consequência nem fim algum". Os interrogadores não engoliram o arrazoado, deixando consignado na ata que as respostas vagas de Tiradentes eram a prova de que ele faltava com a verdade. Até porque, afirmaram, "as coisas se não dizem sem consequência nem fim algum". Tendo desmascarado o alferes, os inquisidores deram por terminado o interrogatório. A ata foi então lida em voz alta, e todos os presentes foram chamados a assiná-la — Tiradentes foi o terceiro a firmar o documento, com a rubrica encurtada que costumava usar ("Joaq.ᵐ José da S.ª X.ᵉʳ"); o traidor, o quinto ("Joaq.ᵐ Silvério dos Reis"). A audiência foi encerrada.⁹

O alferes enfim descobrira quem era o "cachorro".

A primeira inquirição de Joaquim foi realizada numa sexta-feira. Na quarta-feira seguinte, ele foi chamado novamente à sala de audiências improvisada na fortaleza da Ilha das Cobras. Questionado se mantinha as respostas dadas no depoimento anterior, o alferes disse que sim, mas que gostaria de fazer um adendo. Falou então que, tendo refletido melhor, lembrara-se da conversa com o ajudante de artilharia João José Nunes Carneiro, um diálogo sem "veneno", segundo ele, em que apenas havia exposto ao colega o natural descontentamento dos mineiros em relação à derrama. Tiradentes mudava de tática. Tendo percebido que os magistrados estavam bem informados e que seria inútil prosseguir negando todos os fatos, ele começava a confirmar alguns episódios, mas tratando de manipulá-los. No segundo depoimento, ele reconheceu que dissera a Carneiro que "o povo de Minas estava em desesperação" e que "se houvesse pessoas animosas poderiam até atacar o ilustríssimo, e excelentíssimo vice-rei". No entanto, completou Joaquim, falara aquilo "por bazófia" e nunca chegara a convidar quem quer que fosse para uma revolta. Os magistrados nem se dignaram a rebater a mentira, e simplesmente apresentaram a pergunta seguinte: quem eram os demais envolvidos na conspiração? De novo, Tiradentes negou a existência da cabala, mas, para ser coerente com sua nova estratégia, deu um passo à frente, afirmando que eram muitos os descontentes com a derrama. Dando o troco em Silvério dos Reis, contou que este lhe confidenciara que os mais desgostosos eram o ex-ouvidor Tomás Antônio Gonzaga, o coronel Inácio José de Alvarenga Peixoto e o padre Carlos Correia de Toledo. Era um gesto calculado: sabendo que os nomes dos três conspiradores certamente apareceriam nas investigações, Tiradentes se adiantou e os mencionou, porém sem incriminá-los de forma direta — mas com certeza complicando bastante a situação de seus três camaradas.¹⁰

A tentativa de adulterar os fatos foi em vão. Os interrogadores tinham munição de sobra para desmascarar os embustes do alferes, e trataram de exibir um pouco do arsenal chamando à sala de audiências duas novas testemunhas: o lapidário Valentim Lopes da Cunha e o fazendeiro Jerônimo de Castro e Sousa. Ambos confirmaram o episódio havido na casa de Valentim em que Tiradentes, descontrolado, praguejara contra os cariocas por não quererem acompanhá-lo na insurreição. Chamado a dar sua versão do caso, a reação do alferes não foi boa. Ele voltou à estratégia anterior de repelir os fatos sem apresentar uma contraprova, como ficou registrado na ata do interrogatório: "O respondente [...] não se atreveu a negar, mas disse que lhe não se lembrava de tal ter dito". Estava encerrada a sessão.[11]

Mais três dias de solitária, e um novo depoimento. Os magistrados abriram a terceira inquirição acusando o alferes de não ter "falado com sinceridade" nas duas primeiras, e ordenaram então que entregasse os nomes de seus sócios. De certo modo, eles pareciam conformados com a postura evasiva de Tiradentes em relação a si próprio, mas não toleravam que ele protegesse os demais conjurados. Era assim que os inquisidores jogavam com todos os presos: apertavam-nos ao extremo até que, na esperança de se verem livres do massacre, delatassem alguém. O estratagema vinha funcionando com os outros prisioneiros, mas com o alferes era diferente: ele simplesmente se negava a incriminar seus companheiros. Na terceira inquirição, tornou a fazê-lo: negou que estivesse envolvido com planos insurgentes e disse que "nem sabia de sócios". Os magistrados tentaram constrangê-lo a falar mandando trazer Silvério dos Reis novamente à sua presença. Instado a relatar o encontro que tivera com o alferes poucas semanas antes, no Rio, o coronel contou que, na ocasião, Tiradentes fizera um desabafo, chamando os cariocas de "bananas" por não quererem segui-lo. Disse ainda que o alferes lhe confidenciara a intenção de retornar a Minas, onde iria assaltar o comboio dos quintos e dar início ao levante. Silvério dos Reis foi adiante e revelou que, no mesmo encontro, Tiradentes dissera a ele que desconfiava que "um cachorro [...] certamente o tinha vendido".[12]

Depois de ouvir o delator, os magistrados deram a palavra ao alferes, e, pela primeira vez, ele balançou. Reconheceu ter feito o comentário sobre a suspeita de traição, mas, em relação ao resto, negou tudo. Os magistrados registraram na ata que Tiradentes respondera com "tibieza", enquanto o delator falara "claramente [...] a verdade". E encerraram a sessão.[13]

Era o inferno na terra a vida dos encarcerados nos calabouços da América portuguesa no final do século XVIII, e as condições de vida na fortaleza da Ilha das Cobras não eram muito melhores. Medindo menos de quatro metros quadrados, as masmorras eram insuportavelmente quentes no verão e geladas no inverno.[14] O coronel Alvarenga Peixoto, que passou um tempo trancado lá, a descreveu como uma "estreita prisão, escura e forte".[15] Os prisioneiros dormiam direto na pedra, e um pequeno buraco no chão lhes servia de latrina. Os presos da devassa da Conjuração Mineira deviam viver como mendigos, em andrajos, já que a Coroa gastara muito pouco com o fornecimento de roupa de cama e vestes para eles. Foram comprados cobertores de lã, colchas de algodão, capotes, camisas, calções, ceroulas, meias de linho e lenços, mas em quantidades tão mínimas que a verba anual destinada a cada preso não dava, em média, para comprar um par de meias.[16] Os prisioneiros "eram tratados com a humanidade possível", segundo o juiz encarregado do processo.[17]

As poucas e minúsculas celas da fortaleza eram suficientes para abrigar não mais que dez presos, e, com a chegada dos réus transferidos de Minas, a cadeia lotou, o que muito provavelmente fez piorar as condições no cárcere.[18]

Caso as ordens do vice-rei tenham sido cumpridas à risca, em pelo menos um quesito o alferes e seus camaradas foram tratados com alguma dignidade: não terão passado fome. D. Luís de Vasconcelos determinou que os prisioneiros da Conjuração Mineira recebessem uma ração diária no valor de quatrocentos réis.[19] Não era pouco, tendo em vista que, em Vila Rica, um porco custava 450 réis, e uma ovelha, quinhentos réis.[20] A verba de alimentação mensal a que Tiradentes tinha direito equivalia à metade de seu soldo.[21] Menos sorte teve Alexandre, o escravo do padre Rolim que também fora preso e respondia ao processo — os cativos recebiam uma ração diária de apenas sessenta réis, seis vezes e meia menor que a dos demais.[22]

A vida de prisioneiro na Ilha das Cobras era um morrer diário. Nos versos que escreveu à sua amada Marília, Tomás Antônio Gonzaga, preso na fortaleza, descreveu a si próprio com olhos baços, pele macilenta e barba longa e hirsuta.[23]

Depois de ser interrogado em três ocasiões, Joaquim José da Silva Xavier foi abandonado no calabouço — os magistrados tinham tarefas mais urgentes do que ficar ouvindo suas mentiras. Assim, viajaram a Minas Gerais a fim de colher os depoimentos dos réus que ainda se encontravam lá e que falavam bem mais que o alferes.

Vinte e dois dias antes de Tiradentes dar seu primeiro depoimento, George Washington, ex-comandante em chefe do exército revolucionário norte-americano, tomou posse como primeiro presidente dos Estados Unidos.

Na Europa, as mudanças também avançavam. Quarenta e cinco dias após o terceiro interrogatório de Joaquim, Paris viveu um dia que ficaria gravado na história. Em 14 de julho de 1789, uma turba invadiu a Bastilha (fortaleza utilizada como prisão) e libertou os sete presos que lá estavam. O diretor do presídio e outras autoridades foram assassinados e decapitados. Naquele dia, nas ruas da Île-de-France, o povo festejou com as cabeças de seus antigos algozes espetadas nas pontas de estacas de madeira. A revolução galopava. Um mês e meio depois, a Assembleia Nacional Constituinte aprovou a Declaração dos Direitos do Homem e do Cidadão. O primeiro de seus dezessete artigos dizia: "Art. 1º: Os homens nascem e são livres e iguais em direitos".

25.

No Rio de Janeiro, o comentário era geral: os presos que enchiam as cadeias da cidade estavam envolvidos em um "caso de inconfidência", isto é, de traição contra sua majestade.[1]

O vice-rei conduzia de modo acelerado os trabalhos da devassa, pois pretendia levar os inconfidentes ao tribunal o quanto antes. Em Minas Gerais, no entanto, o ritmo era outro. Fiel a seu estilo lúbrico, o governador da capitania protelou o máximo que pôde para dar um caráter formal às investigações, e só o fez quando soube que os magistrados do vice-rei se preparavam para viajar a Vila Rica. A fim de garantir para si a condução do processo, no dia 12 de junho de 1789 (três meses após a primeira delação de Silvério dos Reis), o visconde de Barbacena abriu sua própria devassa, orientando os responsáveis pelas investigações a conduzi-las com todo o "segredo possível".[2]

O funcionamento simultâneo de duas devassas — a do Rio de Janeiro e a de Minas Gerais — tumultuou as apurações, e era justamente isso o que Barbacena tinha em mente. De início, quando os magistrados da devassa do Rio chegaram a Vila Rica, o visconde simulou boa vontade, concordando em unir os trabalhos das duas investigações.[3] Mas depois fez o contrário: sonegou documentos, demorou a prender inconfidentes notórios (como o comandante do Regimento de Cavalaria e o dr. José Álvares Maciel), postergou o envio de prisioneiros ao Rio e, sobretudo, mostrou-se absolutamente seletivo quanto aos alvos. A atitude desagradou profundamente o vice-rei, que passou a enviar cartas duras a Barbacena e a Lisboa.[4] De nada adiantou.

Mesmo depois de aberta formalmente a devassa de Minas, o governador continuou operando com sua rede própria de espiões, agora com três novos membros.[5] Um deles, o rebelde "arrependido" Inácio Correia Pamplona, chegou a roubar documentos incriminadores de seus ex-camaradas para entregá-los ao visconde.[6] Com Barbacena estimulando as delações, e com as duas devassas disputando entre si o comando das investigações, Minas foi tomada por um clima inquisitorial, favorecendo assim vendetas pessoais. Manuel da Costa Capanema, um escravo alforriado que ganhava a vida como sapateiro e que nada tinha a ver com a conjuração, foi preso sob a falsa acusação de tramar contra a Coroa numa taberna na rua da Cachaça, em São João del-Rei.[7] O sapateiro, de 33 anos, ficaria mais de um ano preso no Rio, no mesmo presídio de Tiradentes.[8]

Barbacena manipulou como pôde as duas sindicâncias, contando com a zelosa colaboração do escrivão da devassa de Minas, José Caetano César Manitti. Ouvidor titular de Sabará, Manitti era um homem de má fama — dizia-se que cuidava menos de administrar justiça e mais de achacar os habitantes da comarca.[9] Já na abertura da devassa de Minas, Manitti mostrou a que viera: no primeiro documento de sua lavra, chamou os investigados de "infames réus" e disse que eles, com "premeditada maldade", haviam praticado um "execrando delito".[10] Como se vê, as conclusões da devassa já estavam prontas; só faltava recheá-la ao gosto do visconde de Barbacena.[11]

Segundo voz corrente entre autoridades enfronhadas no caso, ao colher depoimentos de testemunhas e réus, o escrivão acenava com proteção em troca de respostas combinadas.[12] As promessas, contudo, nem sempre eram cumpridas, como teria acontecido com o inconfidente Francisco Antônio de Oliveira Lopes. Sob orientação de Manitti, o fazendeiro, já preso, teria aceitado mudar seu depoimento em troca de um tratamento mais brando na devassa. No entanto, ao entrar posteriormente na lista dos prisioneiros que seriam enviados ao Rio de Janeiro, Oliveira Lopes viu suas pretensões desabarem. Ao ser retirado de sua cela para ser transferido à capital da colônia, o fazendeiro se enfureceu e, aos berros, diante da guarda, contou sobre o trato que fizera com Manitti, afirmando que o escrivão o enganara.[13]

Em Vila Rica, era sabido que Manitti não usava apenas da malícia para falsear os depoimentos. Alguns dos que resistiam a assumir as palavras por ele inventadas, o escrivão procurava amolecê-los com "tratos" (ou seja, tortura) e com temporadas em celas "escuras, úmidas, apertadas e fétidas".[14]

As prisões que abrigavam os investigados nas devassas de Minas e do Rio se mostraram letais. Dos 34 acusados, três morreram no cárcere, em questão de dias ou meses. Além do alegado suicídio de Cláudio Manuel da Costa, faleceram na prisão o capitão Manuel Joaquim de Sá Pinto do Rego Fortes (o "paulista velho", que dera a carta de recomendação a Tiradentes) e o desafortunado Francisco José de Melo, cuja participação na sublevação se restringira a escrever um bilhete a pedido do marido de sua prima, d. Hipólita.[15] O caso do óbito deste último revela o caráter atroz das prisões da colônia. Levado à cadeia de Vila Rica em pleno inverno, quando a temperatura atingia facilmente um dígito, Francisco morreu de "hidropisia do peito" (possivelmente tuberculose).[16] Com as mortes de Cláudio, do "paulista velho" e de Francisco, a taxa de mortalidade entre os prisioneiros da conjuração atingiu impressionantes 9%.

Com Barbacena guiando por cima e Manitti operando por baixo, a devassa de Minas foi adulterada de modo a acobertar alguns fatos e livrar determinados personagens envolvidos no movimento, tais como:

- Os conjurados traidores Joaquim Silvério dos Reis e Inácio Correia Pamplona.[17]
- O grosso dos rebeldes pertencentes aos quadros do Regimento de Cavalaria. Motivo: ao visconde não convinha que Lisboa soubesse que ele perdera o controle da tropa. Apesar de Tiradentes ter recrutado um número expressivo de dragões, apenas seis foram arrolados como suspeitos.[18]
- O contratador João Rodrigues de Macedo, que, na condição de homem mais rico de Minas Gerais, mantinha transações financeiras nebulosas com o governador. Ele não foi sequer investigado, apesar do livre trânsito de conjurados em sua casa (Tiradentes incluído), de seu nome ter sido mencionado de forma suspeita nos depoimentos e do explícito envolvimento no levante de seu contador e braço direito, Vicente Vieira da Mota.[19]
- E o próprio governador de Minas Gerais. Mesmo com a manipulação exercida na coleta dos depoimentos, o nome de Barbacena apareceu três vezes de forma suspeita: como o suposto responsável pelo sumiço

de 40 mil cruzados dos cofres da capitania (66 anos do salário de Tiradentes); como tendo atuado com cegueira deliberada antes da delação de Silvério dos Reis; e, por fim, em dois testemunhos distintos, como possível interessado em ingressar na cúpula do movimento.[20] Tudo devidamente abafado.

A gravidade do caso e o método de investigação empregado pelo visconde (que oferecia ora terror, ora afago) produziram uma legião de apavorados. A fim de tentar escapar da forca, vários conjurados se puseram a escrever cartas ao governador em que se isentavam de culpa e incriminavam os colegas. Mesmo antes de ser preso, o comandante do Regimento de Cavalaria fez denúncias (orais e escritas) a Barbacena, segundo ele, com "fidelidade e pureza".[21] Já na prisão, Domingos de Abreu Vieira, o padrinho da filha de Tiradentes, escreveu uma carta, de forma espontânea, em que delatava vários de seus companheiros, os quais chamou de "demônios".[22] O capitão José de Resende Costa e seu filho homônimo apresentaram, também voluntariamente, uma acusação escrita em que afirmavam vir "cheios de gosto" contar o que seus antigos sócios de conjuração haviam praticado. Pai e filho justificaram não terem feito as revelações antes por estarem sob ameaça de morte dos demais rebeldes. Ao final da carta, rogaram pelo "benigno amparo" do governador, a quem disseram beijar "humildemente as mãos".[23]

As delações encaminhadas a Barbacena foram seguidas de acusações generalizadas nos depoimentos colhidos pelas devassas. Na troca de chumbo, com maior ou menor grau de exposição, acabaram sendo delatados muitos dos cabeças do movimento em Minas. Um único nome esteve presente em todas as delações e confissões: Joaquim José da Silva Xavier. A atuação pública e frenética de Tiradentes na conspiração foi descrita em detalhes. E com um agravante: boa parte dos conjurados o tratou como uma pessoa a quem ninguém levava a sério, justificando assim a suposta complacência com que, por tanto tempo, havia testemunhado seus movimentos. A mensagem era simples: se Tiradentes era um ninguém, era compreensível que seu espetáculo — a pregação do levante e da república — fosse assistido de forma passiva e inerte. Na manobra diversionista dos conjurados, Joaquim foi reiteradamente descrito como "louco", "doido", "tolo", "de pouca capacidade", "bêbado", sem conceito, sem juízo, fanático e risível. Sua atuação foi chamada, entre outras coisas, de "refinada loucura" e "depravada cena", e seus planos de "pouco racionais", "loucura", "parvoíces", "despropósitos" e "asneiras".[24]

O rótulo pegou. Joaquim Silvério dos Reis, que durante a conspiração havia depositado suas esperanças no alferes e depois o traíra, sentenciou: "Eu considero este homem louco".[25]

26.

Com o desenrolar das investigações, vieram à tona detalhes da conspiração, e os próprios magistrados trataram de vazá-los.[1] As notícias sobre a primeira tentativa de emancipação de um pedaço da América portuguesa viraram assunto nas rodas de conversa em Minas Gerais e no Rio de Janeiro, e as opiniões sobre o movimento e seus membros começaram a se formar.[2] Havia quem sentisse simpatia por aquele "ajuntamento de poetas" e por sua audaciosa iniciativa; outros, porém, condenavam a "alta traição".[3] Dentre os personagens envolvidos na trama, Tiradentes era o que despertava maior curiosidade, fosse pela atuação desinibida na sedição, pelo modo como vinha catalisando as acusações mais graves ou, ainda, pela origem social diversa em relação à maioria de seus camaradas. No Rio, causou um choque a descrição da cena em que Joaquim cortaria a cabeça do governador e sairia pelas ruas de Vila Rica, segurando-a pelas mãos, a gritar "viva a liberdade".[4] Por tudo isso, não raro o alferes era confundido como o líder-mor do movimento, papel que começava a ser ocupado pelo reservado Tomás Antônio Gonzaga quando a conjuração ruiu.[5]

Para além da imagem fantástica que se formava em relação ao que teria sido a atuação de Joaquim, comparada à ação discreta de seus camaradas, sua figura pessoal fascinava. Na fortaleza da Ilha das Cobras, o prisioneiro "por alcunha Tiradentes" era descrito como um homem capaz de tirar "dentes com a mais sutil ligeireza". Um frade que lhe deu assistência espiritual na prisão, Raimundo da Anunciação Penaforte, dizia que dentro dele ardia o "fogo de um d. Quixote", mas que ainda assim tinha o coração "bem formado".[6]

Sozinho dentro de sua cela, sem poder receber visitas ou ter contato com outros prisioneiros, Tiradentes viu passar os dias, as semanas e os meses. Nem os magistrados apareciam mais para tentar arrancar dele uma confissão. Pouco a pouco, a fama de destemido e afoito com que chegara à fortaleza foi cedendo lugar à realidade crua da prisão. Ele se tornara agora um encarcerado em processo de ruína, um homem a quem o calabouço tratava de anular.[7] Continuava sendo descrito como um rebelde "sem prudência", mas agora com um adendo: às vezes, mostrava-se "temeroso ao ruído da decaída de uma folha".[8]

Era a isto que aqueles "infelizes" estavam destinados: uma existência bovina. Esse era o sentimento reinante entre os poucos autorizados a ter algum tipo de contato com Tiradentes e com os demais presos.[9] Havia repulsa em relação aos rebeldes até mesmo entre os religiosos encarregados de lhes prover conforto para a alma. Um destes, o frei José Carlos de Jesus Maria do Desterro, certa vez praguejou consigo mesmo: "Vivam sem honra".[10]

Diferentemente do que ocorreria com os prisioneiros da Ilha das Cobras em outras ocasiões, nenhum dos réus da Conjuração Mineira lá trancados se rebelou. Pelo contrário: os registros oficiais dão conta de que não aconteceu nenhuma "desordem".[11]

Vencidos e domados, os prisioneiros viviam num mundo particular. E nele, como descreveu Gonzaga, restava-lhes ouvir mil vezes "o som do arrastado, e duro grilhão", e da chave entrando numa fechadura para abrir uma "escura [e] infame masmorra".[12]

A prisão enfim quebrou o rebelde. Joaquim esqueceu-se de si mesmo.[13]

Antes mesmo de determinar a abertura da devassa de Minas, o governador começou a apagar os rastros da existência de Tiradentes. Cinco dias após tomar ciência de que o alferes fora preso no Rio, o visconde de Barbacena ordenou o sequestro "de todos e quaisquer bens [de Joaquim], de qualquer qualidade", que estivessem na capitania.[14] No mesmo dia, os homens do governador varejaram a casa do alferes e a de um vizinho, onde ele havia deixado alguns "trastes". Recolheram tudo o que encontraram: Maria Angola (a escrava que fazia o serviço doméstico) e sua "cria de dois anos por nome Jerônimo", fardas, roupas (em sua maioria velhas, já rotas), utensílios de cozinha, apetrechos de tira-dentes, navalhas e livros.[15] Três semanas depois, num domingo, um meirinho e um escrivão foram às terras pertencentes a Tiradentes, na serra da Mantiqueira, e sequestraram o sítio da Rocinha da Negra e suas lavras e benfeitorias, assim como os três escravos que se encontravam no local (Francisco Caetano, Bangelas e João Camundongo).[16] Bem antes do julgamento de Joaquim, tudo foi levado a leilão.[17]

A operação do confisco dos bens do alferes não tardaria a chegar à capital da colônia. No dia 30 de outubro, um aviso pregado nos muros da cidade informou que iriam a hasta pública os bens dos prisioneiros da fortaleza da Ilha das Cobras, incluindo o relógio de bolso "inglês" de Tiradentes e o jumento emprestado com o qual ele viera para o Rio. O pregoeiro teve certa dificuldade em encontrar interessados no relógio. Somente na 11ª tentativa, ao perguntar em praça pública — "em voz alta, clara e inteligível" — se havia alguém interessado em dar o lance mínimo pela peça (12 800 réis), apareceu quem se habilitasse. Houve disputa, e o relógio acabou sendo levado por 13 400 réis. No mesmo dia, foi arrematado o "machinho castanho rosilho" que servira ao alferes.[18]

Enquanto Tiradentes estava no calabouço da Ilha das Cobras, Antônia Maria do Espírito Santo lutou por um pedaço mínimo do patrimônio de seu ex-companheiro e pai de sua filha, Joaquina. Seis meses após a prisão do alferes, Antônia — então com dezenove para vinte anos — reivindicou a posse da escrava Maria Angola e de seus dois filhos (a cativa acabara de ter "outra cria parda por nome Francisca"). Numa petição encaminhada ao governador, contou seu drama (o "ardor de suas paixões", a gravidez inesperada, as "promessas esponsalícias" não cumpridas e, por fim, a separação), e afirmou que, na partilha voluntária feita por Joaquim, coubera a ela, entre outros bens, a escrava Maria Angola. Sendo assim, disse a ex-companheira do alferes, era justo que lhe fossem entregues a cativa e suas crias. Afinal, argumentou, "nem a razão, nem o direito" determinavam que "o delito alheio" fosse pago por terceiros. Tiradentes era acusado de cometer crimes, mas ela, Antônia, ao contrário, estava em pleno gozo de seus direitos, e com uma filha para criar, explicou.[19] Àquela altura, Joaquina estava prestes a completar quatro anos. Já devia comer sozinha e travar diálogos simples, e talvez estivesse aprendendo a se vestir. Certamente não se lembrava do pai. Restara-lhe a mãe, que definia a si mesma como "uma miserável órfã" menor de idade (a maioridade era atingida aos 25 anos).[20]

Para embasar seu pedido, Antônia apresentou testemunhas, inclusive colegas de regimento de Tiradentes, que atestaram que a escrava tinha sido dada a ela pelo ex-companheiro. Porém, o magistrado designado pelo governador para tratar do caso não acatou o pedido, sob a justificativa de que Antônia não possuía uma escritura de proprietária das "peças". "Julgo pertencerem os ditos escravos ao Real Fisco, e como tais devem ser avaliados e postos em praça" para leilão, sentenciou o desembargador Pedro José Araújo de Saldanha, sucessor de Tomás Antônio Gonzaga na Ouvidoria de Vila Rica.[21]

27.

Na improvisada sala de audiências, o escrivão tomou assento, abriu o livro de atas e, com uma letra miúda, escreveu:[1]

> Ano do nascimento de Nosso Senhor Jesus Cristo de 1790, aos 18 do mês de janeiro, nesta fortaleza da Ilha das Cobras, cidade do Rio de Janeiro, aonde foi vindo [...] o juiz desta devassa [...] e mandou vir à sua presença o dito alferes Joaquim José da Silva Xavier [...].[2]

A guarda fez entrar o prisioneiro e o posicionou de frente para os magistrados. Havia 233 dias (quase oito meses) que, trancado numa solitária, Tiradentes aguardava ser chamado para um novo depoimento.[3] Pela primeira vez, por decisão dos interrogadores, o réu compareceu à sala de audiências "livre de ferros, e em liberdade".[4] Joaquim já não despertava medo.

Os magistrados começaram perguntando se Tiradentes reafirmava seu depoimento anterior, o que ele respondeu de forma positiva. Como de praxe, mandaram que "dissesse a verdade", pois sabiam que ele era "o cabeça do motim" e que recrutara "todos quanto podia tão alucinadamente, que nem escolhia pessoas nem ocasião". O melhor para ele, avisaram, era entregar os demais participantes da conjuração, os patrocinadores do levante no Rio de Janeiro e os responsáveis pelos contatos com apoiadores estrangeiros.[5]

Àquela altura, já estava claro para o alferes que seus inquisidores tinham informações fartas sobre o movimento sedicioso, e que o "cachorro" Silvério dos Reis continuava a iluminar-lhes o caminho. Mesmo abalado pelo longo período na solitária, Tiradentes notou que, na abertura dos trabalhos, os magistrados haviam dito algo que não correspondia à verdade: que ele, Joaquim, era "o cabeça do motim". Abriu-se então uma nova via diante do alferes, e, com o que lhe restava de forças, ele decidiu segui-la.

Não tendo mais condições físicas e psicológicas para resistir, Tiradentes confessou — mas a seu modo. Se era impossível evitar a tragédia e se lhe faltava energia para continuar lutando, ele chamaria para si o mal que ameaçava desabar sobre todos os conjurados. Então, numa brusca mudança de posição, confirmou que vinha mentindo aos interrogadores. Fizera isso, segundo ele, por dois motivos: "por querer encobrir sua culpa" e por não desejar "perder ninguém" (ou seja, para evitar a morte de seus comparsas). Em tom grave, Joaquim se rendeu. Disse que, "à vista das fortíssimas instâncias" com que se via atacado, só lhe restava falar a verdade: sim, havia um plano de levante contra a Coroa. E tinha sido ele quem ideara tudo, "sem que nenhuma outra pessoa o movesse, nem lhe inspirasse coisa alguma".[6] Tiradentes tentou justificar seu crime com um desabafo (verdadeiro, por sinal): ele sentia um profundo rancor por ter sido reiteradamente preterido nas promoções do Regimento de Cavalaria, apesar de haver cumprido algumas das diligências mais arriscadas da tropa. Citou um a um os nomes de seus colegas que, por terem padrinhos, haviam escalado na hierarquia dos Dragões, enquanto ele ficara estagnado no posto de alferes por catorze anos.[7] Tudo não passava, portanto, segundo a versão dada por Joaquim, de um caso de interesses pessoais frustrados e de orgulho ferido.

Embora tenha reivindicado para si, de forma magnânima e com pitadas de vaidade, o papel central na trama, o alferes arrastou para o centro do alvo vários conjurados. Ao fazer uma retrospectiva da evolução das conspirações, que incluía um relato da célebre reunião do Natal de 1788 em Vila Rica, ele confirmou o envolvimento de outras nove pessoas no plano. Entre elas estavam seu compadre Domingos de Abreu Vieira, o dr. José Álvares Maciel, o coronel Alvarenga Peixoto, o padre Rolim, o padre Toledo, o comandante do regimento e o delator Silvério dos Reis. Tiradentes também entregou dois personagens absolutamente insignificantes na história. Um deles foi o Fraca-Roupa, o pobre biscateiro com quem, em certa ocasião, numa estalagem, brindou "à saúde dos novos governos". Outro que o alferes denunciou foi o fazendeiro João Dias da Mota, que lhe emprestara o burro para a viagem ao Rio de Janeiro. Ele contou ter tentado recrutar Mota, e que este lhe dissera que o estabelecimento de uma república "não seria mau", mas que não pretendia se meter naquilo.[8]

Em relação a outros réus, ainda que não tenha indicado a participação direta deles no movimento, Tiradentes os deixou em situação extremamente delicada. Foi o caso do fazendeiro José Aires Gomes, do médico prático Salvador Carvalho do Amaral Gurgel e do taberneiro João da Costa Rodrigues — o alferes revelou ter falado com os três sobre seus planos. Por último, pôs sob suspeita o maior magnata de Minas Gerais, revelando ter feito articulações para recrutar o ex-contratador João Rodrigues de Macedo. Mesmo que o alferes não tivesse se estendido no relato — e seus interrogadores não pediram que o fizesse —, bastaria seguir a trilha para descobrir que a residência de Macedo era um antro de rebeldes.[9]

É difícil saber qual terá sido o critério adotado por Joaquim — se é que, no estágio em que se encontrava, ainda agia com algum método. Mas o fato é que ele prejudicou alguns e protegeu outros. Negou de forma categórica, por exemplo, apesar de todas as provas em contrário, que Tomás Antônio Gonzaga fizesse parte do grupo — logo Gonzaga, que evitava ser visto a seu lado por considerá-lo fanático.[10] Tiradentes não podia imaginar, mas, ali mesmo na Ilha das Cobras, sozinho em sua cela, Gonzaga gastava os dias preparando sua defesa, que incluía versos. Neles, o decaído bacharel tentava usar de sua verve poética e de sua malícia processual para tentar isentar-se da cena do crime apontando o dedo para Joaquim, "um pobre, sem respeito e louco":

A prudência é tratá-lo por demente;
ou prendê-lo, ou entregá-lo
para dele zombar a moça gente.[11]

Tiradentes também mentiu para eximir de culpa, entre outros, José Joaquim da Rocha, que lhe fornecera o "mapa das almas", Cláudio Manuel da Costa, outro que o evitava, e os dois colaboradores que lhe haviam dado cartas de recomendação para facilitar sua fuga no Rio de Janeiro. Tirando o foco dos conjurados fluminenses, o alferes disse também que inventara o alardeado esquema de apoio na capital da colônia, bem como o socorro de nações estrangeiras.[12]

Por ora era o suficiente, entenderam os inquisidores. Talvez mais alguns dias na solitária fossem o bastante para acabar de quebrá-lo, pois, como os magistrados bem registraram na ata, "ainda que tinha dito algumas coisas, não tinha dito tudo".[13]

Em fevereiro de 1790, o visconde de Barbacena promoveu uma grande festa em Vila Rica, com recepção para convidados ilustres e concertos gratuitos na Casa da Ópera. Os mais de oitenta presos da cadeia da capital mineira ganharam um jantar especial. A celebração tinha como pretexto a notícia de que, em Lisboa, o príncipe d. João havia se recuperado de uma doença.[14] Por casualidade ou não, a catarse do visconde coincidiu com a conclusão da devassa de Minas Gerais, e também com a partida dos magistrados responsáveis pela devassa do Rio de Janeiro. Tendo garantido uma narrativa que lhe convinha nos dois processos, que poupavam a ele e a alguns de seus protegidos, Barbacena de fato tinha motivos para comemorar. Apesar de ter vindo à tona que, em Minas, a conjuração contaminara a tropa, e que, na Europa, um "enviado" de comerciantes graúdos do Rio chegara a fazer contato com o embaixador norte-americano Thomas Jefferson, o governador conseguiu diminuir nos registros oficiais a dimensão do movimento insurgente.[15] Na versão de Barbacena, a sedição era fruto sobretudo do "louco entusiasmo ou frenesi do alferes".[16]

A devassa do Rio, por sua vez, fez as acomodações que interessavam ao vice-rei. Uma delas era minimizar, perante Lisboa, o envolvimento da capital da colônia na trama, sobretudo a ponte estabelecida entre comerciantes cariocas e estrangeiros.

Apesar das rusgas e das acusações trocadas durante o funcionamento das duas devassas, o vice-rei e o governador de Minas se preservaram mutuamente no que era fundamental. Era "um fidalgo a favor de outro fidalgo", como bem definiu um atento espectador ao relatar o relacionamento entre os magistrados das duas investigações.[17]

Lisboa também entraria no espírito de buscar um arranjo discreto para o final da história. Após processar os documentos das duas devassas que lhe foram enviados, o ministro Martinho de Melo e Castro fez uma leitura bastante singela de tudo o que havia acontecido. Numa carta ao governador de Minas, em que lhe dirigiu duras reprimendas pela demora na repressão à conjuração, o braço direito da rainha resumiu assim o episódio: não passavam de doze os principais autores da trama; os insurgentes enganavam-se uns aos outros com "vãs e sediciosas disposições", mas, ao serem desmascarados, ficou claro que o esquema rebelde se reduzia "a nada"; os "estrondosos discursos" dos conjurados não chegavam a ser uma novidade em Minas Gerais, a história era cheia de exemplos que mostravam que os "magnatas" da capitania sempre recorriam às sedições para "iludir as leis", sobretudo em relação ao pagamento do quinto.[18]

O importante era pensar o que fazer dali em diante, dizia o ministro. Segundo ele, distúrbios daquela natureza não voltariam a acontecer em Minas, pois, com o reforço militar já enviado à capitania (e em breve mais tropas seguiriam de Lisboa para o Brasil), ficava "suficientemente acautelado qualquer acontecimento futuro". O problema, de acordo com Melo e Castro, continuava sendo o dinheiro. Como a derrama havia sido suspensa — medida que ele considerava prudente —, era "muito necessário" encontrar outro expediente para indenizar a Real Fazenda pela "falência do quinto".[19] Trocando em miúdos: com a tropa tonificada, era hora de apertar novamente os mineiros para fazer girar a máquina de produzir ouro.

Era compreensível que o ministro também quisesse desidratar a conjuração. Afinal, partira dele a ideia de cobrar dos mineiros o pagamento de 8,6 toneladas de ouro por meio do violento instrumento da derrama, medida cuja paternidade ele agora repelia — "essa soma era verdadeiramente excessiva para se lançar de uma vez sobre esses habitantes", afirmou na carta a Barbacena.[20] O mais surpreendente era a avaliação simplista que Melo e Castro fazia dos fatos. Na realidade, ele não havia entendido nada.

Por mais que o ministro se negasse a admitir, o mundo mudava de forma rápida, e, no novo desenho que se esboçava, Portugal estava ficando para trás. Martinho de Melo e Castro preferia fingir que não via, literalmente. Na mesma época em que tomou ciência da Conjuração Mineira, a Coroa proibiu que os jornais portugueses divulgassem notícias sobre os distúrbios que aconteciam em Paris (era o início da Revolução Francesa).[21]

Ao reduzir sua análise a uma contabilidade obtusa — e, além de tudo, composta de números errados —, a figura central do poder em Portugal se recusou a reconhecer que lidava com o movimento emancipacionista mais consistente visto até então na América portuguesa, uma ação que concebera um projeto, senão de todo acabado, fortemente direcionado para a superação da monarquia e a posterior construção da república.[22] Mais importante que o número de rebeldes dispostos a ir às ruas para derrubar o governo (cinquenta, cem, duzentos ou mais homens, como cogitou o ministro a partir dos depoimentos a que teve acesso) era o que havia por trás de tal agitação: ideias.[23] Aquele pequeno grupo mal aparelhado, mal articulado e mal coordenado produziu e fez circular um pensamento novo: a noção de que a liberdade era algo não apenas desejável, mas possível. Essa era a alavanca que começava a mover o mundo ocidental naquele momento e que acabara de ser fincada no solo da América portuguesa. O levante não vingou e, mesmo que tivesse acontecido, as chances de sucesso eram limitadas. Mas vencer ou fracassar foi um detalhe na história, pois, tendo mirado o presente, a conjuração acertou o futuro. Quando afirmava que "havia de armar uma meada tal, que em dez, vinte ou cem anos se não havia de desembaraçar", Tiradentes parecia saber o que estava dizendo.[24]

Após amargar mais um período na solitária (dezessete dias), Joaquim foi retirado da cela para prestar um novo depoimento. No interrogatório anterior, ele havia incriminado nove pessoas, além de si mesmo. Os magistrados acreditavam que, se falasse mais, a lista de implicados cresceria bastante. Tiradentes, contudo, frustrou as expectativas. Depois de ter fraquejado na audiência anterior, ele se fechou em relação à atuação de seus companheiros, mas radicalizou quanto à confissão da própria culpa. Tornou a repetir que fora "o primeiro que falara na matéria" do levante e que os demais apenas o seguiram. E mais: caso o grupo decidisse pelo assassinato do visconde de Barbacena, hipótese ainda em discussão quando a conjuração foi desbaratada, ele "estava pronto para a ação mais arriscada".[25] Era uma confissão gravíssima, não havia dúvida, mas os magistrados não engoliram aquela versão em que Tiradentes surgia marchando à frente de rebeldes enfeitiçados, tal qual o conto do flautista de Hamelin e seu instrumento mágico. Joaquim foi levado de volta à cela.

Em outro cubículo da fortaleza da Ilha das Cobras, o coronel Silvério dos Reis escrevia compulsivamente aos investigadores relatando pontos que, acreditava ele, seriam importantes na elucidação da trama. Eram fatos que, por esquecimento, ele deixara de contar, mas que agora oferecia de forma espontânea, dizia o delator.[26]

O esforço foi recompensado. Pouco antes de completar nove meses de prisão, Silvério dos Reis foi liberado.[27] Ainda que considerasse suspeita a demora do coronel em fazer a primeira denúncia, o vice-rei, autor da ordem de soltura, achava que deveria premiá-lo de alguma maneira. Não tanto por ele, Silvério dos Reis, mas para que, no futuro, potenciais delatores tivessem a certeza de que seriam bem tratados.[28] Como, porém, não confiava no coronel, d. Luís de Vasconcelos proibiu-o de sair do Rio de Janeiro.[29]

Assim que se viu livre da cadeia, Silvério dos Reis pôs-se a escrever cartas para as autoridades de Minas Gerais, do Rio de Janeiro e de Lisboa para lembrar-lhes de que havia sido ele o primeiro denunciante da Conjuração Mineira.[30] E que, com sua boa-fé, candura e lealdade, tinha salvado Portugal, prestando assim um grande serviço à sua majestade, por quem estava disposto a derramar "até a última pinga" de seu sangue. Silvério dos Reis dizia não se arrepender de nada que fizera, mas ressaltava que, depois da delação, tivera prejuízos consideráveis.[31] Seu comportamento perante a Coroa, afirmava ele de forma afetada, não era digno de prêmio, mas ainda assim havia duas ou três coisas que gostaria de solicitar. Número um: que, pelo menos por ora, as autoridades coloniais barrassem a execução das imensas dívidas com terceiros que tinha na praça, e sobretudo que não deixassem sequestrar suas fazendas Ressaquinha, Trapironga e, seu xodó, a Caveira. Número dois: que, no sentido inverso, ou seja, na cobrança de dívidas nas quais figurava como credor, seus créditos tivessem preferência em relação a outros. E, por fim, que fosse ressarcido de todos os prejuízos que tivera no período em que se encontrava atrás das grades.[32] Em todos os casos, foi atendido.

Quando o alferes voltou a sair de seu cubículo, havia se passado um ano, dois meses e dez dias desde a última vez que fora convocado pelos magistrados.[33] Levado à sala de audiência para prestar mais um depoimento (o sexto), Tiradentes pôde ver que dois dos três inquisidores eram caras novas. As mudanças, ele logo saberia, não paravam por aí.

No longo período em que Joaquim estivera trancado, entre uma audiência e outra, o processo da Conjuração Mineira sofrera uma alteração profunda.[34] Nove meses antes, a rainha havia criado um tribunal cuja única e exclusiva missão era assumir a investigação e o julgamento do caso.[35] A Alçada, como era chamada a corte especial, engoliu as devassas de Minas Gerais e do Rio de Janeiro, e ainda tomou do governador e do vice-rei a jurisdição sobre o processo. (O vice-rei também já era outro: d. Luís de Vasconcelos finalmente havia conseguido licença para voltar a Lisboa, e em seu lugar assumira José Luís de Castro, o conde de Resende.)

O homem que começava a conduzir a audiência de Tiradentes na fortaleza da Ilha das Cobras era o chanceler Sebastião Xavier de Vasconcelos Coutinho, o presidente da Alçada. A rainha o tinha em boa conta, e o ministro Martinho de Melo e Castro o via como "um homem de bem".[36] Coutinho, por sua vez, tinha uma péssima impressão em relação aos nativos da colônia. "O caráter dos brasileiros", dizia ele, os levava ao choque constante contra os vassalos de sua majestade de origem europeia. E o motivo, segundo o chanceler, era simples: os "filhos deste continente" queriam para si as riquezas locais a fim de "sustentar o luxo e a vaidade, que entre eles é sem limite".[37]

O português chegara ao Rio de Janeiro na véspera do Natal, numa época particularmente complicada na colônia. Chovia de maneira tão intensa que muitos cariocas diziam nunca terem visto nada igual na cidade.[38] Em Minas Gerais, os transtornos com as inundações só não eram maiores que os da epidemia de influenza. A doença se alastrava de modo tão agressivo que as autoridades pediam aos moradores que fizessem fogueiras de ervas aromáticas para "purificar o ar".[39] Mas o que mais impressionou o chanceler foi a tensão no Rio. Os povos, definiu ele, estavam tomados por "temores e desconfianças", e o comércio com Minas andava em baixa, já que ninguém sabia até onde as investigações chegariam.[40]

Coutinho havia estudado bem o processo e sabia o que faltava a Tiradentes confessar. Iniciado o interrogatório, o chanceler perguntou ao prisioneiro que estava sentado à sua frente se ele "era o próprio Joaquim José da Silva Xavier", ao que o alferes respondeu que sim e, na sequência, foi logo pedindo a palavra, pois tinha algumas declarações a fazer. Com o consentimento de Coutinho, Tiradentes seguiu adiante. Em vez de aprofundar suas confissões, como o chanceler esperava que fizesse, Joaquim tentou recuar em algumas delas, suavizando as falas anteriores com as quais incriminara seus companheiros.[41] Um mau começo para o chanceler.

Tiradentes voltou para a solitária.

* * *

Daquela vez, a espera durou 67 dias.

Numa segunda-feira de junho de 1791, aconteceu de novo: Joaquim foi tirado da cela e levado para a sala de audiências. Lá chegando, encontrou mais uma cara nova, alguém que não poderia ser pior para a sua (já crítica) situação: o antigo escrivão da devassa de Minas, José Caetano César Manitti, que, a mando do visconde de Barbacena, havia manipulado as investigações até não poder mais. Tiradentes não estava mesmo com sorte. Como encontrara o processo já bastante volumoso ao chegar ao Brasil — as duas devassas somavam 311 folhas (frente e verso), fora os 58 anexos —, o chanceler Coutinho procurou se cercar de funcionários da administração colonial enfronhados nos meandros do caso.[42] Seu principal auxiliar era o desembargador Pedro José Araújo de Saldanha, que presidira a devassa de Minas. Saldanha, contudo, era um homem doente e viria a falecer pouco depois (um de seus últimos atos foi o de negar a posse da escrava Maria Angola a Antônia, ex-companheira do alferes).[43] Com a perda do auxiliar, o chanceler da Alçada precisou procurar um substituto, e Manitti foi o único a quem considerou capaz de jogar luz sobre pontos obscuros na investigação. E assim o escrivão da devassa de Minas foi promovido a escrivão da Alçada.[44]

Em seu sétimo depoimento, diante de Coutinho e Manitti, Joaquim seguiu sua toada, tentando isentar de responsabilidade o maior número possível de rebeldes. Dessa vez, estando debaixo de juramento, o alferes disse nunca ter falado sobre o levante com nenhum soldado ou oficial do Regimento de Cavalaria. Como uma espécie de contrapartida pela mentira descarada, ele voltou a chamar para si toda a culpa pelos crimes.[45]

Nova inquirição, a oitava. O alferes foi advertido quatro vezes para que falasse a verdade, mas, segundo seus interrogadores, "persistiu firme". A resistência apresentada por Joaquim perante a Alçada coincidiu com sua transferência de presídio.[46] Depois de ocupar por mais de dois anos uma cela na fortaleza da Ilha das Cobras, ele foi levado para a Cadeia da Relação, no centro do Rio.[47] Não há qualquer registro que indique que a transferência tivesse a ver com o vigor com que Tiradentes negava aos interrogadores aquilo que eles queriam. Mas uma coisa era certa: outros inconfidentes foram mantidos na ilha, ao passo que a vida de Joaquim piorou muito.[48]

Localizada em frente ao Palácio do Vice-Rei, a Cadeia da Relação era um casarão fúnebre, caindo aos pedaços. Enquanto a fortaleza da Ilha das Cobras era destinada aos presos de casos mais sensíveis, a Cadeia da Relação recebia o rebotalho humano metido em encrenca, desde assassinos comuns até vadios miseráveis. Quem viu o lugar descreveu-o como repugnante. Os presos, em trapos imundos, gritavam nas celas superlotadas reclamando de fome ou calor.[49] Dentro daquele "antro infernal", mais uma vez Joaquim foi mantido "preso em segredo" (isto é, em solitária), com ordens expressas para que não tivesse contato com quem quer que fosse.[50]

Alguns dias após sua chegada à cadeia, ele foi convocado a dar mais um depoimento, o nono. Acareado com seu compadre Domingos de Abreu Vieira, que aos 67 anos de idade se encontrava na mesma cadeia e nas mesmas condições, Tiradentes não cedeu. Enquanto o velho entregou, nome por nome, os oficiais e praças do regimento recrutados pelo alferes, este se limitou a dizer que não tinha certeza de nada, poupando assim a tropa.[51]

Três dias depois, lá estava Joaquim de volta à sala de audiências. Acossado pelo chanceler Coutinho, ele tentou escapar com respostas do tipo "não sei" e "não me lembro". Foi advertido duas vezes por se utilizar de "subterfúgios", e uma terceira por relatar cenas impossíveis. Dois outros rebeldes foram tirados de suas celas e postos diante do alferes: o comandante do regimento e o padre Toledo. Os três se reconheceram mutuamente, e então começou a batalha. O tenente-coronel Freire de Andrada e o sacerdote deram versões bem diferentes das de Tiradentes. O alferes reagiu dizendo que eles estavam equivocados. Nesse momento, porém, o escrivão anotou na ata que Joaquim "principiou a vacilar". Mas o titubeio durou pouco, como Manitti também registrou:

> E por fim [Tiradentes disse] [...] que podia ser verdade tudo quanto os acareantes diziam nesta matéria; mas que a ele, acareado, lhe não lembra de modo algum nada do que os acareantes diziam.[52]

Dessa vez, o providencial esquecimento do alferes serviu para amenizar a barra do capitão Maximiano de Oliveira Leite. Ele era o conjurado que ganhara um posto de comando no Caminho Novo com o propósito secreto de liderar a principal barreira da resistência rebelde, mas depois, com a demora na instauração da derrama, acabou abandonando o grupo. Maximiano conseguiria se livrar das garras da Alçada; Tiradentes voltaria para a solitária.

Ainda em junho de 1791, o chanceler Coutinho fez sua última tentativa com Joaquim. Ele mandou o prisioneiro vir à sua presença e deixou claro que, naquele depoimento, o 11º, o alferes era "obrigado" a entregar de uma vez por todas quem eram seus outros sócios, além dos que ele já havia incriminado na quarta inquirição. Com o bico de pena à mão, o escrivão tentava não perder nada, tendo de recorrer a rasuras e emendas para registrar tudo no livro de atas. O chanceler mandou trazer novamente o padre Toledo para confrontá-lo com Tiradentes, e depois leu um depoimento em que Silvério dos Reis relatava as conquistas do alferes em sua obstinada busca por recrutas para a sedição. Manitti anotou no papel que o prisioneiro persistira firme. Coutinho tentou avançar por outro lado. "Consta que, além das pessoas que tem declarado, havia outras", questionou ele. Conseguindo suportar a pressão, Joaquim tornou a mentir. Disse que não havia induzido pessoa alguma a entrar no levante e que, se tinha amigos nas capitanias de Minas Gerais e do Rio de Janeiro, era fruto apenas da sua "habilidade de pôr e tirar dentes".[53]

PARTE X
O JULGAMENTO

28.

Era domingo quando um oficial de justiça apareceu diante de Joaquim com uma intimação nas mãos. Àquela altura, outubro de 1791, ele havia deixado a Cadeia da Relação e estava em seu terceiro cárcere: a prisão do Hospital da Ordem Terceira da Penitência, no largo da Carioca, esquina com a rua do Piolho.[1] O oficial leu em voz alta o conteúdo do documento e, ao final, perguntou se o prisioneiro tinha compreendido o que ele acabara de dizer. Tiradentes respondeu que sim.[2]

A intimação informava que a fase da investigação havia terminado, e chegava a hora do julgamento.

O alferes e outros 34 réus (três deles já falecidos) seriam julgados pelo crime de "lesa-majestade da primeira cabeça", isto é, traição contra o soberano.[3] As penas às quais estavam sujeitos eram definidas pelas Ordenações Filipinas, código de leis do Império Português vigente desde 1603 e carregado de ecos da Idade Média. Em seu livro 5, título 6, logo após definir os castigos para os feiticeiros, o código estabelecia que os "leprosos" traidores de sua majestade deveriam sofrer "morte natural cruelmente". Planejada de modo a servir de exemplo aos súditos, a chamada morte natural cruel previa uma execução violenta, precedida de tortura. O supliciado, ainda vivo, podia ser queimado, esquartejado, enterrado ou despedaçado. O castigo ultrapassava o réu e recaía sobre seus descendentes, já que os bens do condenado eram sequestrados, e seus filhos e netos passavam a ser considerados "infames", ficando os varões proibidos de receber títulos honoríficos.

Os réus seriam sentenciados por quatro juízes, e, em caso de empate, outros magistrados seriam convocados durante o julgamento.[4] Em tese, portanto, Tiradentes e seus camaradas tinham espaço para lutar pela absolvição ou, numa hipótese menos otimista, por uma condenação a penas mais brandas. Tanto era assim que a eles foi dado o benefício de constituir advogado de defesa. Havia um problema, contudo: nenhum bacharel se dispôs a assumir a causa, mesmo havendo, entre os réus, homens que poderiam pagar muito bem pelo serviço. Não há registros que esclareçam os motivos da ausência de interessados em promover a defesa, mas o mais provável é que os causídicos disponíveis tenham evitado se indispor com a Coroa.[5] Como o julgamento não poderia acontecer sem que os réus tivessem advogado constituído, coube à Alçada providenciar um. A missão foi repassada à Casa de Misericórdia, irmandade ligada à Igreja, atuante no Brasil desde o século XVI, que fornecia auxílio espiritual e material aos necessitados, o que incluía os presos. Em Minas Gerais, a organização tinha três hospitais e um amplo quadro de leigos voluntários (os "irmãos"), do qual fazia parte o próprio Tiradentes.[6] Entre os "irmãos" da Casa de Misericórdia do Rio de Janeiro, havia um advogado, o dr. José de Oliveira Fagundes, e foi ele o escolhido para defender os infelizes conjurados.[7]

Fagundes era carioca, estava na faixa dos quarenta anos e possuía dois diplomas da Universidade de Coimbra (leis e matemática). Era casado e morava no centro da cidade, na rua do Sucusarará.[8] O doutor não fazia parte da elite causídica da capital, tendo licença para atuar somente nas instâncias inferiores do Tribunal da Relação. Mas como só ele aceitara o encargo, restava aos réus torcer para que fizesse um bom trabalho.

No dia 31 de outubro, Fagundes compareceu ao tribunal e jurou, sob os Santos Evangelhos, cumprir com seu dever.[9] Dois dias depois, pegou o processo e começou a estudá-lo.[10] Não era tarefa fácil. Os autos somavam milhares de páginas, citavam centenas de nomes e relatavam episódios ocorridos em dezenas de localidades. Após destrinchar aquela montanha de papéis, o advogado precisava formular uma defesa específica para cada um de seus 29 clientes (os cinco réus eclesiásticos seriam julgados à parte, por decisão de Lisboa).[11] E tudo isso em apenas 22 dias.

Fagundes fez o que pôde e, antes do término do prazo, entregou seu arrazoado: uma longa peça, escrita com caligrafia impecável, composta de 121 parágrafos, sendo dez em latim. Até um soneto escrito por Alvarenga Peixoto o doutor transcreveu.[12] A defesa começava com uma mensagem de esperança a seus clientes: os réus não deveriam desanimar por motivo algum, nem mesmo devido aos tormentos passados na prisão, à crueldade das penas a que estavam sujeitos ou às limitações dele próprio, advogado. Afinal, dizia Fagundes, alguns deles eram inocentes, e outros haviam cometido crimes de menor gravidade, sendo todos dignos da real piedade de sua majestade.[13]

Mesmo tendo disposto de um período curto para estudar o caso, Fagundes compôs uma peça sólida, bem estruturada e muito perspicaz. Ele não tentou negar os fatos vindos à tona com a troca de acusações ocorrida entre seus clientes, nem desmentiu as graves declarações feitas nos conciliábulos rebeldes. Pelo contrário: Fagundes admitiu, de forma geral, que os réus haviam de fato se reunido diversas vezes para tramar um levante. Mas tudo não passara de bravata, alegou ele. Quando estavam juntos, seus clientes eram capazes de dizer coisas horríveis. Porém, quando cada um ia para seu canto, argumentou o doutor, a fanfarrice desaparecia, e ninguém tomava qualquer atitude concreta para passar da palavra ao ato. Tanto era assim que, em essência, nada tinha acontecido, e, como os próprios magistrados puderam constatar, não existia um esquema para promover a revolta e não havia uma estrutura para assumir o poder. O erro de seus clientes, resumiu Fagundes, foi falar demais — ou, como definiu ele, "um criminoso excesso de loquacidade", "maledicência, falta de modéstia, leviandade e insânia" —, um crime menor e, portanto, passível de perdão.[14]

Ao descrever a conduta de cada réu na conjuração, o advogado fez tudo para torná-los inofensivos perante os olhos dos juízes. Ele lembrou que o comandante do regimento era conhecido pelos próprios parceiros como frouxo; disse que Alvarenga Peixoto ouvia as "malvadas conversações" só para dar risada; afirmou que Domingos de Abreu Vieira era surdo, trêmulo, fraco e totalmente inábil; e por aí vai... A descrição mais arrasadora coube a Tiradentes, o primeiro a ser mencionado por Fagundes. De acordo com o advogado, Joaquim era "conhecido por loquaz, sem bens, sem reputação, sem crédito", sendo impossível que pudesse arrastar alguns dos homens mais importantes de Minas Gerais para seu "imaginário levante". O "infeliz" Tiradentes pintado pelo defensor era um homem tão absurdamente doido — ele se apropriou da fala de muitos de seus clientes — que só cabia mesmo perdoar o réu.

Após colocar Joaquim na categoria dos insanos — e, portanto, inimputáveis —, o advogado partiu desse ponto para livrar os outros acusados. Tendo o alferes confessado haver idealizado a sedição e depois intentado arrastar os demais réus para suas "quiméricas ideias", e sendo ele um doido, tudo o que acontecera na sequência da conjuração perdia efeito. Para inocentar dezesseis dos réus, o advogado jogou para cima de Tiradentes a culpa que caberia a cada um deles. Todos não passariam de pobres inocentes que teriam sido insuflados pelo louco "réu Xavier".[15] A Conjuração Mineira, resumiu o advogado, não passara de uma patacoada inofensiva.

Ao encerrar sua defesa, o doutor falou em nome dos réus que, porventura, tivessem cometido algum delito: eles pediam humildemente perdão à rainha por "suas loucuras e insânias".[16] Era boa a aposta de Fagundes, uma vez que d. Maria já tinha feito algo semelhante ao que ele pedia. Catorze anos antes, ao cumprir os últimos desejos de seu pai, expressos em testamento, a soberana mandara abrir as portas das masmorras, libertando presos que, em alguns casos, estavam encarcerados havia mais de duas décadas. Uma testemunha descreveu a cena como "uma espécie de ressurreição dos mortos", tal era a quantidade de pessoas sujas, esfomeadas, andrajosas e estropiadas que saíam dos calabouços, entre elas condenados por inconfidência. Na época, a decisão da rainha foi descrita como um ato de espírito cristão. Sem dúvida que o fora, mas pesou também a negociação que d. José propusera a Deus: d. Maria perdoava uma leva de criminosos de Portugal e, em retribuição, o Altíssimo perdoava os pecados do falecido rei.[17]

29.

Naquele final de 1791, as notícias sobre o andamento do processo da Conjuração Mineira ainda não tinham chegado a Lisboa. As novas que estavam no ar eram de outra natureza. Sabia-se que fora entregue, na capital portuguesa, mais uma joia feita sob medida em Paris para a família real — dessa vez, uma insígnia da Ordem do Tosão de Ouro, um deslumbrante pingente cravejado com uma imensa safira azul, 184 rubis e quatrocentos diamantes.[1] Também naquele ano, saiu uma nova série de moedas de ouro em Portugal — a peça, em um de seus lados, trazia a imagem da rainha.[2]

A grande novidade, porém, dizia respeito ao estado de espírito da soberana, cada vez mais murcho. Ao longo de três anos, d. Maria vinha amargando perdas pessoais incomensuráveis, e 1788 foi um ano especialmente trágico para ela. Primeiro, em setembro, foi o filho mais velho e herdeiro do trono, d. José, de 27 anos, que morreu de varíola — refutando os avanços da medicina, a obscurantista rainha preferiu tratá-lo com banhos de mar. Dois meses depois de enterrar o primogênito, d. Maria perdeu a filha Mariana Vitória, de dezenove anos, e o neto recém-nascido, ambos igualmente levados pela varíola. Até o final daquele ano, morreriam ainda o genro, Gabriel, e o tio mais querido, Carlos III, rei da Espanha.

A cada tragédia, a rainha minguava mais um pouco, o que tornava difícil sua tarefa de lidar com um mundo em perigosa transformação. Já em junho de

1791, a família real francesa, incluindo Luís XVI e a rainha Maria Antonieta, foi detida quando tentava fugir para os Países Baixos Austríacos. Três meses depois, d. Maria recebeu uma carta circular de Luís XVI em que ele declarava estar de acordo com as novas leis constitucionais que a Revolução Francesa lhe fazia descer goela abaixo. De acordo com o protocolo, cabia à rainha de Portugal responder a missiva, mas, por alguma razão que intrigava a corte francesa, ela não o fez. O motivo era simples: d. Maria não tinha mais condições de acompanhar o que acontecia à sua volta. Em novembro, quando no Brasil o dr. Fagundes trabalhava na defesa dos réus da Conjuração Mineira, a rainha começou a manifestar os primeiros sinais de loucura.

Depois de apresentada a defesa pelo dr. Fagundes, no exíguo prazo de três semanas, o processo da Conjuração Mineira hibernou nos escaninhos da Alçada por cinco meses. Nesse período, nenhuma notícia foi divulgada, aumentando a angústia dos réus e de suas famílias.[3]

A aflitiva calmaria foi quebrada numa terça-feira de abril de 1792. Já de noite, soldados fortemente armados passaram em cinco prisões do Rio e, sem aviso prévio, retiraram alguns presos de suas celas. Os prisioneiros foram escoltados até a Cadeia da Relação e trancados juntos num cômodo grande conhecido como Sala do Oratório.[4] Ao entrar no salão, os detentos deram de cara com guardas de armas em punho, municiadas com bala e pólvora, prontas para disparar. Quando o último preso foi trazido, revelou-se um detalhe intrigante da misteriosa operação: dos 31 réus da conjuração ainda vivos, somente onze tinham sido levados para a Sala do Oratório — Tiradentes era um deles.[5]

Aquela era uma situação nova para os prisioneiros. Todos estavam em regime de solitária, incomunicáveis, e alguns deles por mais de dois anos. E agora, de uma hora para outra, eram colocados na mesma cela onze dos principais cabeças da sedição. As masmorras os haviam destruído a quase todos. Aos 68 anos, Domingos de Abreu Vieira, o padrinho da pequena Joaquina, apresentava, segundo uma testemunha, "os mais vivos estragos". Prostrado num canto do salão, imóvel e em silêncio, o dr. Álvares Maciel parecia em estado catatônico. O coronel Francisco Antônio de Oliveira Lopes tinha a cabeça baixa na maior parte do tempo e, quando se endireitava, revelava um olhar espantado. Em pior condição ainda estava o coronel Alvarenga Peixoto, que devaneava, "inteiramente transportado", dizendo coisas ininteligíveis. Quanto ao alferes, o longo período na prisão — o maior entre os rebeldes: dois anos, onze meses e sete dias — o havia devastado, mas de uma maneira particular. Ele não demonstrava angústia ou infelicidade, não indicava estar sofrendo. Contemplava a cena com uma serenidade perturbadora, como se não estivesse ali. Sua obcecada paixão pela revolução não existia mais; a independência e a república não eram mais assuntos. O porvir parecia também não lhe interessar. Tiradentes estava vivo, mas não era mais o mesmo. O calabouço fizera de Joaquim um farrapo dócil, um autômato.[6]

Já era noite alta quando todos terminaram de se acomodar, e então, acorrentados às grades das janelas, dormiram pelos cantos do salão.[7]

No dia seguinte, às oito horas da manhã, os juízes da Alçada e o vice-rei se reuniram a portas fechadas para redigir a sentença do processo. Os trabalhos duraram impressionantes dezoito horas, terminando somente na madrugada de quinta-feira. Não havia tempo a perder. Às duas horas da manhã, com a sentença debaixo do braço, o escrivão se dirigiu à Sala do Oratório da Cadeia da Relação para notificar os onze réus que lá estavam. Ao chegar ao prédio, ainda de madrugada, passou pela sentinela, reforçada com uma centena de soldados, e foi direto para o salão, onde adentrou, de forma um tanto quanto teatral, seguido de onze sacerdotes do convento de Santo Antônio. Os guardas abriram os cadeados e retiraram as correntes dos presos, que puderam assim ficar um pouco mais à vontade. Os religiosos, que até então se limitavam a acompanhar a cena, dividiram-se, e cada um se dirigiu a um detento, a quem passou a confortar. Foi dada aos prisioneiros a chance de confessarem seus pecados, e vários deles o fizeram.[8]

Ao término dos serviços religiosos, o escrivão começou a ler a sentença de forma acelerada e em tom monocórdio. Antes mesmo de o escrivão chegar à parte fundamental — o veredicto e as penas —, já era possível mirar a tragédia. Em seu despacho, os magistrados se disseram chocados com a hipótese levantada pelos rebeldes, durante as conspirações, de que os moradores de Minas Gerais pudessem se opor à derrama ideada pelo "suavíssimo" governo de d. Maria. Afinal, diziam os juízes, de forma geral, os povos não resistiam à cota anual dos quintos, de 1474 quilos de ouro; pelo contrário, achavam-na dentro de um limite suportável. Na sentença, os magistrados afirmaram que, se não fosse a denúncia feita por Joaquim Silvério dos Reis, os réus teriam levado a cabo seus "intentos pérfidos".[9] A cada palavra que escorria da boca do escrivão, os acusados se sentiam mais e mais lançados para fora do mundo, segundo a descrição de quem acompanhou a cena. Um deles ouviu a proclamação de joelhos. Com os conjurados podendo antever que lhes restavam poucas horas de vida, a Sala do Oratório transformou-se num "teatro da desgraça". "O espetáculo era bem tocante", definiu um dos frades.[10]

Os juízes não acataram a tese da defesa. De forma sólida, a sentença desconstruiu o argumento de que a Conjuração Mineira não passara do desatino inofensivo de um louco (Tiradentes) seguido por fanfarrões incapazes. Mostrou-se, com provas irrefutáveis, que fora elaborado, sim, um plano de insurreição — frágil mas concreto —, e que esse plano só não foi posto em prática devido à suspensão da derrama e à delação de Silvério dos Reis.

No despacho, ficou claro que a Alçada seguira o mesmo caminho das devassas de Minas e do Rio, recorrendo à manipulação de provas a fim de compor um resultado predefinido. Alguns exemplos:

- Mesmo reconhecendo que o depoimento prestado por Cláudio Manuel da Costa possuía um "defeito" técnico que o invalidava, os juízes o utilizaram como prova.
- A frase dita por Tiradentes a Silvério dos Reis quando se encontraram na estrada — "Lá [no Rio de Janeiro] vou trabalhar para si" — foi adulterada de modo a tirar o protagonismo do delator, ficando então: "Cá vou trabalhar para todos".
- Os magistrados fecharam os olhos tanto por baixo, isentando os soldados recrutados na tropa de Minas Gerais, quanto por cima, desconsiderando os sinais do envolvimento do magnata João Rodrigues de Macedo na trama.
- Não se tocou no nome do misterioso Vendek, muito menos no de Thomas Jefferson.
- E foi dado como certo que no Rio de Janeiro não havia um único rebelde.

De todas as contrafações, a mais escancarada visou a proteger o governador de Minas Gerais. Mesmo tendo colhido dezenas de depoimentos que comprovavam a pública e barulhenta ação de Tiradentes em favor do levante, os juízes escreveram que os conjurados guardaram "o mais inviolável silêncio" sobre seus planos, a fim de evitar que a notícia chegasse aos ouvidos de Barbacena.[11]

A própria composição do grupo de réus selecionados para ouvir a sentença era outro sinal ostensivo de manipulação do processo: na Sala do Oratório, não estavam presentes o padre Toledo e o padre Rolim, figuras centrais na conspiração. Na verdade, nenhum dos cinco réus eclesiásticos tinha sido convocado.

E, por último, outra adulteração grosseira dos fatos dizia respeito ao suposto papel de Tiradentes na trama. Ele foi retratado como um "louco furioso" que tivera a ideia de fazer o levante e arrastara os demais sócios, como que os enfeitiçando — ou seja, a versão do caso oferecida pela defesa foi abarcada pelos juízes, mas com uma leitura bem diferente da imaginada pelo dr. Fagundes. Na versão dos magistrados, o alferes era o "chefe e cabeça" daquele horrível, malévolo, abominável, detestável e pérfido projeto. O próprio réu confessara ter praticado "alta traição", salientaram os juízes em cinco passagens da sentença.

Todos os acusados que estavam naquela sala eram culpados, mas Joaquim o era em grau muito mais elevado que os demais. Dentre tantos coronéis, doutores, advogados, mineradores, grandes fazendeiros, comerciantes, médicos e homens de negócios, um reles alferes carregava o maior dos pecados. Na sentença, de tão insignificante, Joaquim José da Silva Xavier perdeu o nome, sendo tratado pelos juízes como "o Tiradentes", ou "o réu Tiradentes", ou ainda "o dito Tiradentes" — ele foi identificado apenas quatro vezes pelo nome de batismo e outras 58 pelo apelido.[12] Joaquim não passava disto: um tira-dentes.

O sol estava prestes a nascer quando, depois de duas horas de leitura, o escrivão chegou ao cerne da sentença: os onze réus que ali estavam — Tiradentes incluído — pagariam por seus crimes com a vida, sendo enforcados. Em relação aos acusados ausentes ou já mortos, oito seriam degredados para colônias portuguesas na África; um seria obrigado a remar por dez anos em galés; um seria considerado infame, assim como seus filhos e netos; e outros oito, por serem inocentes, seriam postos em liberdade. Os condenados teriam ainda seus bens confiscados, total ou parcialmente. Quanto aos cinco réus eclesiásticos, sabia-se que tinham sido condenados, mas suas penas não foram divulgadas — mais uma estranha manipulação no processo.[13]

Terminada a leitura, o escrivão saiu da sala e os soldados voltaram a acorrentar os presos — agora, condenados.[14] O barulho de grilhões sendo arrastados no chão misturou-se ao estrondo irritante de um bater de portas.[15] Parecia a "sala da morte", definiu um dos presentes: "Os ecos da sentença pareciam que ainda retumbavam naquelas paredes, e tudo finalmente concorria a aumentar o horror daquela casa".[16]

O salão que abrigava os onze condenados à forca foi inundado por um gemido tristíssimo. Aos prantos, José Resende Costa (filho), de 27 anos, abraçava o pai, de 62, que, por desespero, perdera a fala. O dr. Maciel permanecia em seu torpor. O estado alterado de Alvarenga Peixoto agravou-se, e ele começou a fazer vozes e a dizer que queria ir deitar-se, assustando o frade que o consolava. Outro cujo comportamento causou perplexidade foi o colega de conspiração de Vendek na França, o jovem médico Domingos Vidal de Barbosa Laje, que, mesmo estando na lista dos que deviam morrer, gargalhava e dizia a todos que não seria enforcado. Houve bate-boca e troca de acusações entre alguns condenados; outros esconjuravam o dia em que haviam se deixado seduzir pela ideia de liberdade. E ficaram assim, em grande agitação e falatório durante quatro longas horas. Os frades, exaustos (alguns depois de onze horas de serviço religioso ininterrupto), continuavam recitando a Bíblia, administrando o santo viático e cuidando do "bem morrer".[17]

Tiradentes não precisou ser confortado — ele contemplou o precipício de forma serena e abstraída. A única dor que sentia era a dos colegas, a quem repetidamente pedia perdão.[18]

Por ser ordinária, a forca do Rio de Janeiro não era digna do espetáculo de constrição planejado por Lisboa para ilustrar o fim da Conjuração Mineira. Assim, um novo patíbulo, bem mais alto, feito com grossas madeiras, começou a ser erguido no largo da Lampadosa. A presença ostensiva dos soldados do vice-rei por toda a cidade reforçava a gravidade do evento. O Rio de Janeiro estava em polvorosa, e não era para menos. A colônia nunca tinha presenciado uma execução pública coletiva daquela envergadura, seja em relação à quantidade ou à qualidade dos condenados, quase todos homens brancos e de origem respeitável. O falatório era geral, e um sentimento de agonia — um "terror universal", nas palavras de uma testemunha — tomou conta da população. A cidade não digeriu bem a sentença da Alçada, imaginando que, dentro da cadeia, aqueles onze "infelizes estavam já mortos". Poucos se atreviam a sair às ruas, e os que o faziam evitavam conversas em público. Algumas famílias, mais abaladas, chegaram a se retirar para o campo.[19]

Um único carioca continuou lutando pelos condenados. Logo após a leitura da sentença, ainda na Sala do Oratório, o dr. José de Oliveira Fagundes pediu aos magistrados que lhe fosse concedido o direito de recorrer da sentença, no que foi atendido.[20] Num prazo de 24 horas, ele compôs a segunda defesa dos réus, mirando um objetivo geral: suavizar a pena dos condenados à forca, substituindo-a pelo degredo perpétuo. O sagaz advogado voltou a usar um raciocínio irreprochável: a comutação da pena de morte em banimento teria um efeito mais didático perante o público. A execução na forca fazia o castigo durar apenas aquele instante, sendo, portanto, passível de esquecimento. Já o desterro prolongava a desgraça, fazendo com que todos participassem da expiação do crime: o despojo da honra, a apartação do convívio com a família, a lembrança dos amigos, a falta de informação sobre a vida (ou a morte) no degredo... "Horrorizado de si próprio, fica [o degredado] servindo ao mundo de maior exemplo, que é o primeiro objeto das leis criminais", argumentou o advogado.[21]

Ao replicar os principais pontos da sentença, o dr. Fagundes radicalizou em sua estratégia de transferir para Tiradentes os crimes dos demais acusados e, ato contínuo, avocar a condição de inimputável de Joaquim, por doido. Afinal, afirmou o advogado, era "conhecida a loucura deste réu, [e] o pouco siso de que é dotado".[22]

Fagundes diminuiu Tiradentes a um nada, mas devolveu-lhe a dignidade. Nos embargos apresentados pelo doutor, o alferes voltou a ter um nome: por cinco vezes, foi chamado de Joaquim José da Silva Xavier e, em dez ocasiões, de "réu Xavier" — jamais pelo apodo Tiradentes.[23]

O apelo foi inútil. A Alçada precisou apenas de algumas horas e de um único parágrafo para vetar integralmente o pedido do advogado de defesa.[24]

O dr. Fagundes não desistiu e, tão logo saiu o resultado, entrou com um novo pedido de contestação da sentença, dessa vez destinado a d. Maria I. A fim de manter as aparências legais do processo jurídico, mas com a paciência já no limite, o chanceler Coutinho deu meia hora ao advogado para que apresentasse suas últimas alegações.

Antes de o relógio acusar os trinta minutos, Fagundes se materializou na frente dos magistrados com uma nova (e fabulosa) peça escrita. Em sua cartada final, o doutor mirou a emoção, clamando pela piedade da augusta soberana em relação aos réus, que, segundo ele, viviam sufocados pelos soluços e pelo temor da morte. Tendo sido negado, no embargo anterior, o argumento de que o degredo tinha caráter mais pedagógico que a forca, o advogado refez seu raciocínio. Propôs então uma pena alternativa que seria, de acordo com ele, mais dolorosa que a morte instantânea: a morte lenta. Já que os magistrados entendiam que os réus deveriam purgar seus crimes de maneira extremamente dolorosa, que então os lançassem "nas mais duras prisões, e nos degredos mais pestilentos, onde a impureza do ar [e] a corrupção dos alimentos lhes façam viva guerra contra a conservação da pesada vida". Enviados a alguns dos piores infernos existentes na terra, os rebeldes de Minas seriam consumidos, de forma lenta, pelo "bicho roedor da consciência".

Conhecedor da flama usurária que ardia no peito do ministro Martinho de Melo e Castro, que, de Lisboa, pairava sobre os juízes do Rio de Janeiro, o dr. Fagundes tirou da manga seu último trunfo: nas cruentas colônias africanas, além de amargar um imenso sofrimento, os degredados, homens altamente qualificados, poderiam desempenhar grandes serviços para sua majestade, exercendo seus múltiplos ofícios — na burocracia, nas finanças, na mineração, na agropecuária, no setor militar, nos negócios etc. — em proveito da administração daqueles domínios. Ou seja, o martírio dos conjurados poderia reverter em ouro para a Coroa.[25]

Passava do meio-dia quando, na Sala do Oratório, ouviram-se passos apressados no corredor, e as atenções se voltaram para a porta.[26] O escrivão entrou e, com o semblante grave, fez um anúncio breve: os juízes haviam negado inteiramente a última apelação do advogado; que fosse cumprida a sentença.[27] "Matou desta vez a todos", registrou um dos frades presentes.[28]

Antes que o caos se instalasse na sala, o escrivão avisou que tinha um segundo comunicado a fazer. E imediatamente começou a ler um documento que, segundo ele, havia sido apresentado naquele dia ao tribunal: uma mensagem da rainha dirigida ao presidente da Alçada.[29] Era estranha a aparição da carta justamente naquele momento, tendo em vista que o correio entre Lisboa e o Rio de Janeiro demorava cerca de setenta dias. Mais surpreendente ainda era seu conteúdo. Na mensagem, d. Maria ditava, ela mesma, a sentença aos réus, passando por cima do tribunal que criara. Em relação aos cinco eclesiásticos condenados, a rainha ordenava ao chanceler Coutinho que mantivesse em segredo a decisão da corte e que enviasse todos a Lisboa, onde ela pessoalmente decidiria o que fazer — estava explicado o misterioso tratamento diferenciado dado aos sacerdotes rebeldes. Quanto aos demais réus, do alto de sua clemência e benignidade, a soberana comutava as penas de morte em degredo por toda a vida. Porém, a bondade de d. Maria tinha um limite. Na carta, ela avisou que não seriam "digno[s] de alguma comiseração" aqueles que, reputados como cabeças da conjuração, tivessem espalhado, em discursos públicos, "o veneno da sua perfídia".³⁰ A exceção fora feita sob medida para Tiradentes, o único rebelde que havia pregado a revolução publicamente. Para ele, e só para ele, estava mantida a sentença de morte.

Todo o trabalho da Alçada tinha sido uma farsa. A carta de d. Maria lida na Sala do Oratório fora redigida um ano e meio antes.³¹ Coutinho a recebera em mãos antes de deixar Lisboa, com orientações expressas de mantê-la "no mais inviolável segredo" até o *grand finale*.³² E aquela não tinha sido a única instrução especial que a rainha dera ao chanceler antes da partida. Em outra carta, ela ordenara ao magistrado que passasse por cima de formalidades e que fechasse os olhos a "quaisquer nulidades jurídicas", a fim de obter o resultado desejado.³³ Assim, meses depois, quando desembarcou da fragata *Golfinho*, no porto do Rio de Janeiro, e deu início aos intermináveis interrogatórios, o chanceler já sabia exatamente aonde deveria chegar.

Coutinho não só seguiu à risca as recomendações da rainha, como também trocou seguidas cartas com o ministro Martinho de Melo e Castro nas quais eles ajustaram os detalhes da encenação.³⁴ Em uma delas, o chanceler informou que as apurações da Alçada refletiam "o conceito" formatado pelo braço direito da rainha.³⁵ Em outra, escrita antes de se aprofundar nas investigações, assegurou que a sedição não havia contagiado o Rio de Janeiro, outro "conceito" caro a Melo e Castro.³⁶ Coutinho estava inteiramente sintonizado com a Coroa, e não apenas quanto ao encaminhamento do processo. Ele conduziu os trabalhos da Alçada de olho num ponto fundamental para Lisboa: os cofres. Junto com Martinho de Melo e Castro, o chanceler calibrou a sentença tendo em vista o impacto econômico da decisão. Assim, um dos objetivos perseguidos por ele foi o de fazer com que o resultado do processo livrasse "os povos de temores e desconfianças", a fim de aninar os "sofridos" negócios do eixo Minas-Rio.³⁷

O teatro que alardeava os supostos rigores no processo não enganou os analistas mais atentos do Rio de Janeiro. O próprio Coutinho já tinha ouvido um comentário que corria na capital da colônia: a investigação não tinha como ir a "fundo, porque a trempe é muito grande".³⁸ A alegoria explicava a insistência com que Joaquim fora tratado, de modo depreciativo na sentença, como "o réu Tiradentes". A trempe era grande, mas precisava parecer pequena.

* * *

"Levantaram-se os mortos."[39] Assim um franciscano definiu a cena na Sala do Oratório após a leitura da carta de d. Maria. Alguns conjurados puseram-se a rezar o terço; outros entoavam cânticos de louvor à Virgem Maria; um terceiro grupo simplesmente berrava.[40] "É verdade?", questionava um dos condenados, sem acreditar que acabara de escapar da forca.[41] Em meio ao alvoroço, os guardas retiraram as correntes dos presos, com exceção de Tiradentes.[42] Alguns frades correram a consolar o alferes, mas se deram conta de que não havia o que fazer.[43] "Não o tocou a inveja, nem o entristeceu [...] a sua desgraça", descreveu um dos franciscanos. Joaquim parecia mesmo estar alegre.[44] Com as mãos e os pés presos pelos grilhões, ele se achegou aos colegas que estavam mais perto e lhes deu parabéns, "como não tivesse de si lembrança alguma".[45] O que ele mais desejava tinha acontecido. Tiradentes contou que, nos depoimentos que havia prestado, tentara atrair para si toda a culpa a fim de livrar os demais sediciosos.[46] De fato, isso aconteceu, com exceção da desastrosa quarta inquirição, ocasião em que fraquejou. Aquele momento em que cedeu à pressão dos magistrados, fornecendo informações que incriminaram severamente outros nove rebeldes, o enchia de culpa. Mas, como seus camaradas tinham escapado da forca, ele não precisava mais carregar o remorso. Agora, disse ele, morreria aliviado.[47]

Os dois religiosos que registraram a cena, os freis José Carlos de Jesus Maria do Desterro e Raimundo da Anunciação Penaforte, celebraram o caráter místico da generosidade de Joaquim e a forma "dócil", "humilde" e "contrita" como ele se entregava ao sacrifício.[48] Penaforte, o confessor de Tiradentes, louvou a "metamorfose" havida na alma daquele "coraçudo"; os gestos, o semblante, tudo em Joaquim parecia emanar luz, descreveu o frade.[49]

Mas quem eram aqueles frades? E qual era a "metamorfose" que eles tinham ajudado a operar?

Com seus métodos particulares, os franciscanos faziam parte da estrutura que atuava no sentido de preservar o sistema colonial e manter a submissão dos colonos. Guardião do convento de Santo Antônio, o frei português José Carlos era um monarquista apaixonado. Ele considerava a sedição abominável, e acreditava que os povos, para serem domesticados, precisavam assistir a castigos cheios de horror. O frei concordava, por exemplo, com a decisão da rainha de não poupar Tiradentes da forca. "Este homem indigno é das nossas memórias, mas, se ficar de todo no esquecimento, nenhum fruto tiraremos de seu exemplar castigo", escreveu.[50]

O frei Penaforte, por sua vez, era muito próximo dos membros da Alçada e um admirador do vice-rei e do governador de Minas Gerais, sem falar em sua adoração pela rainha. Ele defendia que a Conjuração Mineira tivera como causas a vaidade, o orgulho, a ganância e a vida dissipada dos rebeldes. Assim como o frei José Carlos, Penaforte tinha uma visão dura em relação ao Tiradentes pré-metamorfose, um ser tão fanático que, segundo ele, chegava a espantar a própria natureza.[51]

Esta era a visão dos frades que cuidavam de Joaquim: antes de ser amaciado por três anos nas masmorras, aquele homem feroz não passava de um doente mental ou mesmo de algo inumano; depois da transfiguração, já manso, tornara-se algo próximo de um anjo ou, mais ainda, um reflexo possível do próprio Jesus Cristo, um milagre.

Fosse lá o que Tiradentes tinha virado, ele estava pronto para desempenhar o papel que dele se esperava.

PARTE XI
A EXECUÇÃO

30.

Ah! felizes desgraçados! Levantai as mãos ao céu e humilhai os corações aos pés [da] rainha.[1]

A frase do guardião do convento de Santo Antônio mostra o grande impacto causado pelo gesto de d. Maria de livrar da forca dez conjurados. Para o frei José Carlos, os colonos do Brasil — e em especial os rebeldes condenados — tinham a sorte imensa de viver à sombra de uma monarquia, pois só os reis e as rainhas podiam operar milagres como o que acontecera naquele dia na Sala do Oratório. A poderosa e piedosa d. Maria, afirmava o frei, não temia vapores levantados no ar por uma louca imaginação.[2]

O franciscano não fazia a menor ideia, mas naqueles dias d. Maria já não produzia coisa alguma, muito menos milagres. No início de janeiro de 1792, a *Gazeta de Lisboa* noticiou que a rainha se encontrava "alguma coisa indisposta", tendo sido submetida a sangrias por recomendação de seus médicos. O quadro, na verdade, era bem pior. A tristeza crônica da soberana evoluía a galope para a demência. Na última sexta-feira daquele mês, d. Maria sofreu seu primeiro grande surto emocional, "um frenesi completo", segundo relatou um funcionário da Coroa. Uma semana depois, quando assistia a um espetáculo de teatro, foi acometida de outro ataque.[3] Aos 57 anos, a rainha tinha ficado louca.

Daí para a frente, ela intercalaria momentos de alguma lucidez com períodos cada vez mais longos de alienação. Seus gritos de pavor ecoavam nos salões do Palácio de Queluz, terrificando a todos. Ora ela berrava que já estava morta e não tinha entranhas, ora dizia que conseguia ver seu pai defunto, o rei d. José. Quando no Rio de Janeiro sua carta foi lida na Sala do Oratório, ela vivia ensimesmada em sua "idiotia apática".[4]

Sábado, 21 de abril de 1792. O Rio amanheceu tomado por um forte aparato militar. Às seis horas da manhã, soldados — a pé e a cavalo — cercaram o prédio da Cadeia da Relação e se espalharam pela vizinhança, ocupando toda a extensão da rua da Cadeia, do largo da Carioca e da rua do Piolho até o campo de São Domingos. Estavam armados com carga total (doze tiros) e carregavam pólvora e balas extras em suas cartucheiras. Metidos em seus uniformes de gala e montados nos melhores animais da tropa, os comandantes percorriam o circuito distribuindo ordens. Quando todos estavam em seus postos, conforme o planejamento feito pelo próprio vice-rei, o povo começou a sair às ruas para acompanhar o evento, e uma pequena multidão se formou em frente à cadeia. O clima tenso dos últimos dias tinha arrefecido um pouco, reflexo da decisão da rainha, anunciada no dia anterior, na Sala do Oratório, de mandar apenas um e não onze homens à forca. O Rio de Janeiro respirava aliviado, ainda que consternado, como era possível ver pela quantidade de velas acesas nos oratórios privados.[5]

Dentro do prédio da cadeia, aguardava-se a chegada dos "irmãos" da Casa de Misericórdia para dar início à preparação do condenado — a tradição mandava que ninguém se ocupasse do apenado antes que os religiosos estivessem presentes. Quando por fim apareceram os noves franciscanos designados para a tarefa, Tiradentes — à época com 46 anos — começou a cumprir sua sina.[6]

Os frades entraram na sala que servia de cela ao alferes, e atrás deles veio o carrasco Capitania.[7] Os franciscanos deram a Tiradentes a veste usada pelos condenados à forca, uma túnica branca. Enquanto os sacerdotes rezavam e lhe ditavam posturas de espírito elevado, Joaquim, ajudado pelo carrasco, tirou a camisa e vestiu a alva. Capitania, muito provavelmente um negro ou mestiço, pediu perdão a Tiradentes, cumprindo outro costume, e este, em sinal de indulgência, beijou os pés de seu algoz.[8] Um dos frades deu a Joaquim um crucifixo e o confessou.⁹ Terminados os serviços religiosos, Capitania voltou à cena, passando o laço em volta do pescoço do alferes.¹⁰ A comitiva estava pronta para partir.

Os frades haviam enfim conseguido operar a transfiguração total de Tiradentes. Naquele dia, José Carlos, Penaforte e os demais sacerdotes fariam um grande esforço para simular a Procissão do Calvário; e Joaquim, já completamente entregue ao misticismo que lhe haviam impregnado, repetiria de forma mecânica gestos coreografados, numa tentativa canhestra de emular Jesus Cristo.¹¹

Antes das nove horas da manhã, os portões do prédio da cadeia foram abertos, e após três anos nas masmorras Tiradentes saiu às ruas. Ele estava descalço; em suas mãos, amarradas na frente do corpo com uma corda, levava o crucifixo que ganhara de um dos frades.¹² Debaixo de um sol ardente, ele começou a andar a passos apressados pelo corredor humano formado pelos soldados; atrás dele vinham os nove franciscanos e o carrasco. O frei Penaforte teve certeza de que começava ali "o mais brilhante e aparatoso" ato fúnebre que tinha visto em sua vida. O som dos instrumentos musicais da tropa se misturava aos salmos funerários cantados pelos religiosos da comitiva. À medida que Joaquim ia vencendo o caminho, as duas alas do corredor humano se desmanchavam formando uma só coluna, que se punha a segui-lo. Ele marchava de forma tão resoluta e acelerada que os frades precisaram contê-lo e explicar-lhe que deveria ir mais devagar, pois aqueles eram os "bons instantes necessários para amar a Deus". Obediente, o alferes diminuiu o ritmo e entregou-se à tarefa recomendada. Ele elevou aos céus o crucifixo que levava apertado entre as mãos e pôs-se a falar consigo mesmo, em transe. Reforçando o tom dramático da cena, os frades recitaram o Credo de Atanásio, que versava sobre o mistério da Santíssima Trindade, do qual Joaquim era devoto:¹³

> Quem quiser salvar-se deve antes de tudo professar a fé católica. Porque aquele que não a professar, integral e inviolavelmente, perecerá sem dúvida por toda a eternidade.
> A fé católica consiste em adorar um só Deus em três Pessoas, e três Pessoas em um só Deus [...].

Ao ouvir aquelas palavras, que contavam a história de um deus que havia morrido voluntariamente para salvar os homens, Tiradentes "transportava-se". E os frades então se puseram a repeti-las. Com as "faces abrasadas" e cheio de unção, Joaquim pediu que continuassem e que não falassem de outra coisa senão da Trindade.[14]

O circuito que ligava a Cadeia da Relação ao local da forca, de pouco mais de um quilômetro, poderia ter sido vencido facilmente em vinte minutos, ou até menos. Tendo parado mais de trinta vezes, porém, o cortejo levou duas horas para fazê-lo.[15] Só por volta das onze horas da manhã é que o alferes adentrou o largo da Lampadosa, onde uma multidão o aguardava. "Como se abala o povo para ver o que deve precaver", comentaria o frei Penaforte. Parecia festa. Os espectadores tinham caprichado na vestimenta e nos acessórios, e, nas janelas dos prédios, as mulheres disputavam qual era a mais bem trajada. As autoridades locais haviam comparecido em peso (desembargadores, magistrados, meirinhos, o juiz de fora, o ouvidor...). Alguns dos "homens bons" presentes, como o ajudante de ordens (e filho) do vice-rei, desfilavam em cavalos adornados com fitas cor-de-rosa, franjas douradas, arreios de prata e selas forradas de veludo escarlate.[16]

No centro do largo ficava a forca. Em volta dela, um triângulo formado pela tropa delimitava a área de acesso proibido ao público. De costas para o patíbulo, os soldados — portugueses e cariocas — apontavam suas armas para os espectadores.[17]

Tiradentes furou o cerco da tropa, caminhou até a escada e subiu de forma acelerada os mais de vinte degraus do patíbulo, sendo seguido pelos franciscanos e pelo carrasco. Permaneceu o tempo todo com os olhos pregados no crucifixo. Não tremia.[18]

Os sacerdotes começaram a orar em voz alta. Como até aquele momento todas as tradições da Casa de Misericórdia referentes a atos fúnebres por enforcamento haviam sido cumpridas, é bem provável que outras duas normas tenham prevalecido. Um dos frades terá afundado um aspersório numa caldeirinha e, em seguida, salpicado água benta em Joaquim, concedendo-lhe assim o último sacramento. Em seguida, um capuz cosido terá sido entregue por um dos frades ao carrasco, que, a seu critério, poderia usar a peça para tapar o rosto do condenado — antes ou depois da queda.[19]

O algoz então pegou a corda que prendia o laço em volta do pescoço do alferes e jogou-a por cima das traves da forca. Enquanto Capitania ultimava os preparativos finais, Tiradentes beijou-lhe os pés uma segunda vez e lhe pediu que abreviasse a execução. Era um recado. Como no patíbulo o carrasco era autoridade e a ele cabia escolher os detalhes do suplício, em um ato de piedade, após abrir o cadafalso, ele poderia montar em cima dos ombros do enforcado para apressar a morte.[20]

O frei José Carlos anotou que, naquele teatro, tudo havia sido projetado de forma a "imprimir altamente na memória dos povos a atrocidade do delito": o cortejo com o baraço em volta do pescoço, a alva, a gala da tropa, a cenografia do largo, o capuz cosido e a morte na forca — não como a morte de Cristo, como a muitos parecia ser, mas de fato como a de um escravo fujão, a quem em geral cabia o patíbulo. Tomando a palavra, o frade advertiu ao público — ou aos "espectadores", na definição de seu colega Penaforte — que não se deixassem levar naquele ato somente pela curiosidade, mas que implorassem pela alma daquele infeliz que pagava por seus delitos com a vida. E puxou o credo: "Creio em Deus Pai, todo-poderoso, criador do céu e da terra…". Antes que chegasse ao fim da proclamação, o corpo de Joaquim balançava no ar.[21]

No alto do patíbulo, enquanto o cadáver de Tiradentes pendulava preso à corda, o frei Penaforte recitou o versículo 20 do capítulo 10 do Eclesiastes:[22]

> Não digas mal do rei, nem mesmo em pensamento; mesmo sozinho dentro do teu quarto, não digas mal do poderoso. Porque um passarinho pode ouvir e depois repetir tuas palavras.

Terminada a leitura, em tom de repreensão, o frade apontou a causa de todo aquele horror: o "louco desejo de liberdade".[23]

Os soldados desfizeram a formação em triângulo, compondo uma coluna. Um brigadeiro fez então um último discurso, lembrando aos presentes, pela undécima vez, "os deveres dos súditos portugueses". Limpando a garganta, ergueu a voz e encerrou o evento com uma salva: "Viva a nossa soberana! Viva a nossa soberana! Viva a nossa soberana!". "Viva!", respondeu a tropa, em uníssono — tudo combinado e ensaiado, a mando do vice-rei.[24]

Enquanto os frades e as autoridades se revezavam no palanque, desafiando a paciência dos "espectadores" com suas arengas, o corpo de Joaquim foi baixado ao chão e, em seguida, colocado num carretão.

O carrasco — único autorizado a tocar no cadáver do enforcado — transportou-o até o depósito da artilharia, conhecido como Casa do Trem, na freguesia da Misericórdia.[25] Em um dos armazéns do complexo, Capitania procedeu então conforme determinado na sentença da Alçada: decepou e desmembrou o cadáver, fatiando-o em cinco pedaços. Os talhos foram salgados e acondicionados dentro de surrões (bolsas de couro).[26]

A trajetória de Tiradentes ainda não havia terminado. Quando especificaram, na sentença, os detalhes da pena do alferes — "morte natural para sempre" —, os juízes da Alçada negaram a ele os dois ritos fúnebres fundamentais da religião cristã: o velório e o sepultamento em solo sagrado.[27] A expressão "para sempre", contida no despacho, significava que os restos mortais de Joaquim seriam abandonados ao tempo, até que a terra os consumisse — outra prática comumente usada com os negros fugitivos. De acordo com os dogmas da Igreja, não tendo direito à salvação eterna, a alma do alferes ficava assim à mercê da sedução de Satã.[28]

Independentemente das crenças religiosas, o fato era que Tiradentes retornaria a Minas Gerais aos pedaços.

31.

No dia seguinte ao enforcamento, uma comitiva partiu do Rio de Janeiro, bem cedo, levando as bolsas de couro contendo a cabeça, os membros e os quartos de Tiradentes. Entre os sete integrantes da caravana estava Capitania, que continuava responsável pelo cadáver.[1] Não foi uma viagem tranquila. Os integrantes do comboio receberam pouco dinheiro para custear as despesas e, no caminho, acabaram recorrendo à extorsão dos locais para garantir o sustento.[2]

Depois de rodar 110 quilômetros, a comitiva parou em Cebolas, ainda em território fluminense, e cumpriu sua primeira missão: espetou um dos pedaços do corpo de Tiradentes em uma estaca bem alta e fincou-a no local de maior movimento do arraial.[3] A escolha por Cebolas, feita pela Alçada, não foi fortuita: aquela tinha sido uma das praças onde Joaquim exercera sua prática sediciosa — nas proximidades do arraial, por exemplo, ele tentara recrutar alguns tropeiros, que só fizeram rir dele.[4]

Terminada a tarefa, e com mais quatro partes do cadáver para desovar, a comitiva seguiu adiante.

Uma ordem do Senado da Câmara do Rio de Janeiro amanheceu pregada nos muros: os moradores da cidade deveriam iluminar as portas e as janelas de suas casas durante três dias para demonstrar gratidão à soberana e também para agradecer pela sorte de a capital da colônia não ter sido contaminada pela Conjuração Mineira. Aqueles que não fizessem as luminárias, dizia o aviso, seriam punidos.[5]

As comemorações pelo malogro do levante duraram uma semana. Na manhã de quinta-feira, 26 de abril, a igreja da Ordem Terceira do Carmo recebeu, com toda pompa, a alta hierarquia política, militar e eclesiástica da cidade. Do lado de fora do templo, sobre o arco do cruzeiro, foi afixada uma pintura feita especialmente para a ocasião. A tela mostrava a rainha, com seu manto e o cetro, sentada no trono. À sua direita, um musculoso Hércules carregava uma grande quantidade de armas e munições marcadas com o brasão da Coroa; à esquerda, Astreia empunhava as insígnias da Justiça. Aos pés do trono, uma figura representando a América oferecia uma bandeja de corações à sua majestade. Mais ao longe, um índio de joelhos, simbolizando os rebeldes de Minas Gerais, suplicava piedade a d. Maria — uma mensagem nada cifrada à população.[6]

Dentro da igreja, iluminada por duzentas velas, o prelado entoou um te-déum acompanhado por músicos e pelos melhores cantores da cidade. Tendo a seu lado a esposa, a condessa de Resende, o vice-rei assistiu a tudo de joelhos.[7]

À tarde, na mesma igreja, foi realizada uma segunda missa. Em ambas as cerimônias, sem saber ainda que a rainha ficara louca, os presentes pediram a Deus que conservasse a saúde de d. Maria.[8]

Depois de assistir aos eventos daquela semana, o frei Penaforte não teve dúvidas: o enforcamento de Tiradentes e as comemorações iriam garantir para sempre a fidelidade do povo à rainha. "Que Deus [a] conserve por dilatados anos", arrematou o frade.[9]

Nos últimos dias de abril, a caravana que conduzia os restos mortais de Joaquim atravessou o rio Paraibuna e entrou em Minas Gerais. Após rodar 230 quilômetros, fez uma nova parada, em Varginha do Lourenço, onde, três anos antes, numa noite animada em uma estalagem, Tiradentes brindara com Fraca-Roupa à queda da monarquia.[10] O carrasco Capitania pegou então outro talho do morto, espetou-o na ponta de uma vara comprida e cravou-a no chão, no centro do arraial.[11]

A viagem continuou, e o procedimento foi repetido outras duas vezes.[12]

Ao final de três semanas, o dobro do tempo normalmente gasto naquele trajeto, a comitiva por fim entrou em Vila Rica. Eles estavam em frangalhos — ninguém mais tinha dinheiro, um dos sete homens adoecera e três cavalos estavam esgotados.[13] Mas ainda precisavam cumprir sua última missão.[14]

Quando Capitania terminou seu trabalho, a cabeça de Joaquim, empapada de sal, pendia no alto de um grande mastro de madeira, fincado na praça principal de Vila Rica, entre o Palácio do Governador e a Casa da Câmara e Cadeia.[15] O mesmo local onde tantas cabeças de quilombolas haviam sido exibidas para servir de exemplo a outros negros fujões.[16] O mesmo local onde Tiradentes se imaginou, um dia, gritando "viva a liberdade", segurando a cabeça do visconde de Barbacena pelos cabelos.[17]

Ao ser encarregado de executar, em Vila Rica, algumas das penas da sentença, o governador de Minas Gerais teve seu momento de vingança pessoal contra o alferes. Cumprindo as ordens da Alçada, Barbacena mandou demolir a casa em que Joaquim morava de aluguel, na rua São José. A destruição do imóvel consumiu dois dias de trabalho de 21 pessoas, mais um exemplo espetaculoso oferecido à plebe. Terminada a limpeza, ainda conforme as determinações da sentença, o terreno foi salgado para que nenhuma planta pudesse crescer no local.[18]

Um marco de pedra, construído a mando do visconde, foi colocado no centro do terreno vazio, a fim de conservar para sempre, na memória dos mineiros, "a infâmia deste abominável" Tiradentes.[19]

O governador não desconhecia o fato de que a casa e o terreno não pertenciam a Joaquim, e posteriormente mandou indenizar o verdadeiro proprietário.[20] Já os descendentes do alferes — a começar pela pequena Joaquina, àquela altura com seis anos de idade — não tiveram direito a nada, uma vez que a sentença determinara o sequestro de seus bens e tornara infames seus filhos e netos.[21]

A exemplo do que acontecera no Rio, as autoridades de Minas também celebraram o fracasso do levante com três noites de luminárias. As janelas das casas foram enfeitadas com damascos finos, e proibiu-se aos moradores, no período das comemorações, de deixar porcos soltos pelas ruas, como era costume.[22] Na mesma praça onde a cabeça de Tiradentes balançava, ao sabor dos ventos, na ponta de uma estaca, foi feito um leilão para contratar os músicos e os músicos que animariam o te-déum a ser realizado na matriz de Nossa Senhora do Pilar.[23] Na missa solene, quando os três cantores entoaram o cântico, acompanhados de rabecas, rabecões, clarins e flautas tocados por dez músicos, lá estava, nos primeiros bancos da igreja, um convidado de honra: o escrivão Manitti, que havia retornado a Minas após o fim dos trabalhos da Alçada, no Rio.[24] Impulsionadas pelo visconde de Barbacena, as festas aconteceram não apenas em Vila Rica, mas em vários cantos de Minas Gerais (São João del-Rei, São José, Caeté, Sabará, Mariana...).[25]

O encerramento dos festejos foi marcado com uma sessão solene na Câmara de Vila Rica, que contou com a presença do governador, dos vereadores, do bispo e de outras autoridades — a "nobreza", como foram chamados na ocasião.[26] Foi um momento de glória para o visconde de Barbacena. Posicionado em lugar de destaque na cerimônia, no salão principal da Câmara, no piso superior do prédio, o governador podia mirar, da janela, no centro da praça, o que restava da cabeça podre de Tiradentes, insepulta havia 31 dias. Enquanto a admirava, Barbacena era aclamado como "salvador da pátria" por ter sabido, com todo zelo, conservar a paz em Minas Gerais.[27]

Encarregado de fazer o discurso principal da sessão, o vereador Diogo Pereira Ribeiro de Vasconcelos, que três anos antes chegara a ser preso e considerado suspeito de envolvimento com os rebeldes, abriu sua fala com uma advertência: "A fidelidade e a obediência constituem o primeiro dever dos vassalos para com os seus soberanos".[28]

Foi um longo discurso em que o vereador falou de temas como os "benefícios da colonização" e as "delícias da subserviência".[29] Em um dado momento, ele apontou para o centro da praça e disse que lá decompunham-se "os restos de um perdão":

> Mas deixemos esse desgraçado servir ao exemplo da futura idade, que dele se não lembrará [ninguém] sem formar a ideia da sua ingratidão, de seu opróbrio e suplício.[30]

Epílogo: Depois do fim

Concluída a missão em Vila Rica, a escolta que conduziu os despojos de Tiradentes precisou recorrer ao visconde de Barbacena para poder regressar à capital da colônia. O governador concordou em repor as três montarias que não tinham condições de cavalgar, bem como em providenciar aos sete integrantes da comitiva e aos animais o sustento para a viagem de volta. Não foi o que aconteceu. A caravana não recebeu a ajuda de custo prometida, e os cavalos fornecidos foram recolhidos na divisa de Minas Gerais com o Rio de Janeiro.[1]

Sabe-se lá em que condições, a comitiva chegou à capital da colônia em fins de junho, quando a cidade ainda seguia agitada. Passados dois meses do enforcamento de Joaquim, o processo da Conjuração Mineira vivia seus estertores. Perdida a batalha em relação a Tiradentes, o advogado de defesa continuou brigando para tentar atenuar as penas dos demais réus. Sempre com prazos exíguos, de 24 horas, ele compôs dois novos (e longos) arrazoados, espremendo todo e qualquer argumento que pudesse beneficiar seus clientes. Com vistas a conquistar a simpatia da Alçada, nas novas peças, ao citar Joaquim, o dr. Fagundes chamou-o, pela primeira vez, pelo apelido — ainda que morto, o alferes servia ao propósito da defesa de seus camaradas.

O objetivo do advogado foi parcialmente conquistado. Tendo trabalhado dezoito dias após o enforcamento de Tiradentes, ele conseguiu arrancar benefícios para diversos réus, como diminuição de penas e alteração de destinos de degredo — lugares inóspitos em Angola (Novo Redondo, Caconda e Luanda) foram trocados por paragens mais habitáveis em Moçambique (Mossuril, Mucuia e Cabaceira Grande).[2]

Após atuar com uma perseverança incomum e um brilho inquestionável, o dr. Fagundes acabou recompensado. No dia exato em que a morte de Joaquim completou um ano, a Casa de Misericórdia pagou ao advogado 200 mil-réis (pouco mais de oito meses do soldo de um alferes), referentes à defesa dos réus no processo da Conjuração Mineira.[3] Dois anos depois, ele foi escolhido como segundo vereador do Senado da Câmara do Rio de Janeiro, e mais adiante, advogado dos juízos superiores do Tribunal da Relação.[4] Teve vida longa e próspera.[5]

Ainda em 1792, no primeiro sábado de maio, em meio a muito barulho e confusão no porto do Rio, os condenados começaram a ser embarcados nos navios que os levariam aos locais de degredo.[6] Alguns estavam em pânico.[7]

A situação dos cinco eclesiásticos era especialmente esdrúxula: eles começariam a cumprir uma pena que não sabiam qual era. A Alçada condenara três deles à forca (padres Toledo, Rolim e José Lopes) e os outros dois ao degredo (cônego Luís Vieira e padre Manuel Rodrigues). Mas, por ordem da rainha, as penas foram mantidas em segredo, e agora todos estavam sendo enviados a Lisboa, onde, pelos planos originais, a soberana iria decidir o que fazer com eles.[8] Havia um problema, contudo: como d. Maria ficara louca, o caso foi parar numa espécie de limbo jurídico. A solução da pendenga caiu nas mãos do príncipe regente, que assumira o trono no lugar da mãe. Sem saber direito o que fazer com os cinco sacerdotes, d. João mandou prendê-los na fortaleza de São Julião da Barra, na capital portuguesa, e determinou ao ministro Martinho de Melo e Castro que mantivesse "perpétuo silêncio" sobre o assunto. E assim foi feito.

Sem ter notícia de nada, os eclesiásticos ficaram quatro anos trancados nas masmorras da fortaleza (nesse ínterim, morreu o padre José Lopes) e outros seis anos encerrados em mosteiros de Lisboa (em 1803, aos 72 anos, o padre Toledo faleceu no convento de São Francisco da Cidade). Entre 1802 e 1803, após dez anos de confinamento, os três sobreviventes foram postos em liberdade — e os três retornaram ao Brasil.

Não há registro do que aconteceu com o cônego Luís Vieira após o regresso à colônia.

O padre Rolim, por sua vez, tornou a conviver com a companheira e os filhos, passando o resto de seus dias a brigar pela devolução de seus bens, tarefa na qual obteve algum sucesso. Morreu em 1835, aos 88 anos.[9]

Já o padre Manuel Rodrigues da Costa voltou a residir na fazenda do Registro Velho, onde havia sido cooptado por Tiradentes. O sacerdote teve papel destacado na luta pela independência do Brasil e chegou a ocupar uma cadeira na Assembleia Constituinte de 1823. Morreu aos noventa anos, em 1844.[10]

Nenhum dos sacerdotes condenados viveu o suficiente para conhecer a sentença original que os havia incriminado. O despacho ficou desaparecido por 155 anos, até ser encontrado no antigo arquivo pessoal do ministro Martinho de Melo e Castro.[11]

Martinho de Melo e Castro faleceu aos 79 anos, deixando o Império Português em profunda crise administrativa, política e econômica, situação em boa medida construída e alimentada por ele em seus 25 anos como ministro.[12]

No processo da Conjuração Mineira, a Coroa não tratou de forma seletiva apenas o grupo dos eclesiásticos. Os negros e mestiços envolvidos na trama também tiveram um fim particular.

Antes de embarcar para o degredo, o único conjurado "pardo", Vitoriano Gonçalves Veloso, foi obrigado a refazer a pé o derradeiro trajeto de Tiradentes (da cadeia à forca, pouco mais de um quilômetro) sendo açoitado diante do público. Só ele teve a pena extra, justamente por ser "pardo".[13]

Dois escravos envolvidos involuntariamente na história também pagaram — não por serem rebeldes, mas por serem cativos. Alexandre Pardo, o redator das cartas do padre Rolim, acabou absolvido, mas, por decisão da devassa, foi vendido em praça pública.[14] Já o "preto Nicolau", que nem julgado fora, embarcou com seu amo, Domingos de Abreu Vieira, a fim de prestar-lhe assistência no degredo.[15]

***

Entre 5 de maio e 25 de junho de 1792, o Rio de Janeiro assistiu à triste partida dos navios *Nossa Senhora de Guadalupe*, *Princesa de Portugal*, *Golfinho* e *Santa Rita* levando a bordo 22 condenados.[16] Afora os cinco eclesiásticos, deixados em Lisboa, os demais foram largados em quatro colônias portuguesas na África: Moçambique, Angola, Cabo Verde e Guiné-Bissau. Nesse último grupo, alguns foram jogados em masmorras tão horrendas que não sobreviveram além de poucos meses ou mesmo semanas — entre eles, Domingos de Abreu Vieira (o mais velho dos condenados, com 68 anos), o coronel Alvarenga Peixoto (que já estava em estado lastimável quando da leitura da sentença no Rio), o jovem médico Domingos Vidal de Barbosa Laje (o contato de Vendek na França) e o fazendeiro João Dias da Mota (que emprestara uma mula a Tiradentes).

Francisco de Paula Freire de Andrada, ex-comandante do Regimento de Cavalaria de Minas Gerais, passou seis anos num calabouço em Angola. Depois, já em liberdade, teve dez anos de uma sobrevida miserável, recebendo esmolas em troca de pequenos serviços prestados a uma unidade militar, onde era tratado como um reles alferes. Quando faleceu, aos 56 anos, apresentava sinais de demência.[17]

Conforme previra o dr. Fagundes em sua peça de defesa, alguns dos condenados cujas penas de morte foram comutadas em degredo acabaram exercendo, na África, atividades lucrativas para a Coroa.[18]

Em Angola, onde o aparato burocrático era extremamente precário, o dr. José Álvares Maciel pôde enfim pôr em prática os conhecimentos obtidos em Coimbra e Birmingham, pesquisando jazidas minerais e, com grande esforço pessoal, montando uma pequena fábrica de ferro.[19]

Também em Angola, Luís Vaz de Toledo Piza foi aproveitado como escrivão.

Em Cabo Verde, José Resende Costa, o pai, foi contador, enquanto o filho assumiu diversos postos, inclusive o de secretário de governo.

Entre os sobreviventes, houve quem lograsse a sorte de refazer a vida de forma surpreendentemente bem-sucedida. Mandado para Moçambique, Tomás Antônio Gonzaga foi tratado com deferência e regalias pelo governo local, que o nomeou para um cargo importante (promotor do Juizado de Defuntos e Ausentes) e ainda permitiu-lhe construir uma destacada carreira como advogado. No campo pessoal, Gonzaga também se reinventou. Casou-se com a filha de um rico comerciante, com quem teve dois filhos, e transformou a tragédia amorosa de sua vida — a separação forçada da noiva, que ficara em Vila Rica — em *Marília de Dirceu*, uma obra venerada na Europa, pela crítica e pelo público, já a partir daquele ano de 1792. Quando morreu, em 1810, em Moçambique, aos 66 anos, Gonzaga era adorado no Brasil, com seu livro sendo seguidamente reeditado na (já autorizada) imprensa local. Em pouco tempo, a obra ganharia o mundo, sendo traduzida em francês, russo, italiano, inglês, alemão, espanhol e latim, fazendo com que Gonzaga conquistasse, no século XIX, o posto de poeta mais lido da língua portuguesa depois de Camões.[20]

Antônio de Oliveira Lopes, o Fraca-Roupa, também foi degredado para Moçambique, mas teve um destino diferente: sem grandes valias, por não deter ofício valorizado, amargou um período na cadeia, foi solto e por fim sumiu no anonimato. Até onde se sabe, não teria vivido muito.[21]

Francisco Antônio de Oliveira Lopes e sua mulher, d. Hipólita Jacinta Teixeira de Melo, pagaram, cada qual à sua maneira, pelo envolvimento na conspiração. Deportado para Angola, Oliveira Lopes foi enviado para Bié, no duro interior da colônia.[22] Não duraria mais que oito anos na África.

No Brasil, d. Hipólita viveu uma situação singular. Apesar de ela não ter sido sequer arrolada como suspeita no processo, as autoridades coloniais avançaram sobre a metade dos bens do casal que lhe cabia e até mesmo sobre o rico patrimônio que herdara dos pais. Separada à força do marido, sem filhos naturais, ela passaria décadas lutando para manter (ou reaver) seus bens. Com a ajuda de amigos bem posicionados e de um filho adotivo, d. Hipólita teria bastante sucesso na empreitada — quando fechou os olhos, aos oitenta anos, em 1828, estava num leito da fazenda Ponta do Morro, herdada do pai. Diferentemente de seus camaradas, alguns deles com participação bem menos importante no movimento, ela nunca teve um lugar de destaque na história da Conjuração Mineira.[23]

Depois de comandar a execução de Tiradentes, de enviar os sacerdotes rebeldes para Lisboa e de degredar os demais condenados para a África, a Alçada se ocupou dos rescaldos burocráticos do processo até 1793. Ansioso para voltar a Portugal, o chanceler Sebastião Xavier de Vasconcelos Coutinho solicitou à Coroa que autorizasse seu regresso antes de cumprir o período regulamentar de três anos na colônia. O magistrado se preparava para deixar a detestável América portuguesa quando apareceu, no Rio de Janeiro, uma carta anônima convocando os cariocas para um levante — a capital da colônia não era o paraíso dos submissos, como a Alçada quis fazer crer. Coutinho foi obrigado a adiar seus planos. Abriu uma nova devassa, mas em pouco tempo encerrou o caso, sem nele se aprofundar.[24] E assim pôde voltar à Europa.[25]

O regresso do chanceler Coutinho foi autorizado por meio de uma carta que começava assim: "Eu, a rainha, vos envio muito saudar [...]".[26] Apesar de d. Maria figurar oficialmente como autora da mensagem, ela foi assinada pelo príncipe regente, já que, nove meses antes, a soberana mergulhara na mais absoluta insânia. Em termos protocolares, tudo estava bem, a rainha continuava despachando cartas e fazendo anúncios públicos por intermédio da *Gazeta de Lisboa*. No início de 1793, quando, diante de uma turba nervosa, o rei da França foi executado na guilhotina, em Paris, o jornal anunciou que d. Maria decidira impor um mês de luto em Portugal. Na mesma edição, a *Gazeta de Lisboa* afirmou que a Revolução Francesa não tinha contaminado o Império Português, e que a monarquia lusitana seguia forte como uma rocha, escorada na fidelidade dos vassalos à bondosa rainha.[27]

D. Maria viveria 24 anos engolfada na demência.

Apesar de os rendimentos com os quintos recolhidos em Minas Gerais terem seguido em queda contínua, a Coroa nunca mais se atreveu a cogitar a imposição da derrama à capitania.

Dois anos antes do farsesco julgamento da Conjuração Mineira, o visconde de Barbacena, por meio de um duro ofício, retirou de Tiradentes o cargo de alferes e, ato contínuo, deu-o ao porta-estandarte Francisco Xavier Machado, a quem elogiou.[28] Mais um ato melífluo do governador, pois havia provas de sobra de que o militar promovido compusera o grupo de apoio de Joaquim no Rio de Janeiro, tendo inclusive lhe cedido o bacamarte com o qual ele fora preso.[29]

Em razão de sua demora em dar combate à conjuração e também à flagrante proteção a diversos conjurados, o visconde sofreu alguns arranhões em sua imagem na corte, mas nada que impedisse sua ascensão na burocracia real e na hierarquia da nobreza — ele ocuparia vários cargos de destaque e chegaria a conde. O esfíngico Barbacena não seria decifrado. Devido à ausência de registros, nunca foram satisfatoriamente esclarecidos os indícios de seu envolvimento na Conjuração Mineira, tampouco sua posição pendular no movimento (ora como possível aliado, ora como candidato à degola).

Ainda em sua passagem pelo governo de Minas Gerais, ele alterou o status da Borda do Campo, que de arraial passou a vila, e rebatizou-a com o nome de Barbacena, em sua própria homenagem. A cerimônia do levantamento do pelourinho na vila foi presidida pelo visconde.[30]

Tendo chegado a Minas Gerais atolado em dívidas, ele regressou a Portugal, nove anos depois, com a bolsa cheia.[31] Ao falecer, em 1830, contava 75 anos.

Barbacena foi embora deixando para trás uma coleção de inimigos — entre eles, o segundo delator da sedição. Ao ajudar a debelar a revolta e, ao mesmo tempo, poupar o visconde em sua delação, o qual suspeitava estar de alguma forma envolvido na trama, Basílio de Brito Malheiro do Lago contava com gordas recompensas.[32] As coisas, porém, não andaram como o fazendeiro português esperava. Pelos serviços prestados, ele ganhou uma sinecura e foi beneficiado em um delicado processo judicial, e só.[33] O delator nunca se conformou, até porque, dali em diante, iria amargar a decadência de seus negócios, o que talvez em parte tenha sido resultado da forte antipatia dos brasileiros que atraiu para si. "Todo o povo de Minas, e mesmo de todo o Brasil, me concebeu um implacável ódio", dizia ele. Em 1806, ao redigir seu testamento, cheio de rancor e medo de ser assassinado, ele culpou Barbacena por seu revés. O fazendeiro recomendou a seus filhos que, assim que recebessem a herança, vendessem tudo e se mudassem para o Reino. "Isto cá é terra de ladrões", praguejou o estelionatário, contrabandista, chantagista e presumido assassino português.[34] Ele nunca abandonaria a sinecura ganha como troco da delação. Em 1808, quando morreu, aos 64 anos, morava em Sabará.

Outro delator que teve pouco a comemorar foi Inácio Correia Pamplona. Ao ser consultada sobre os prêmios que o fazendeiro português deveria ganhar, Lisboa respondeu em uma única palavra: "nada". A decisão veio acompanhada de uma explicação ameaçadora, que fazia referência à notória condição de Pamplona de vira-casaca da conjuração: "Bastante graça se lhe faz de não ser contado entre o número dos culpados".[35]

O primeiro delator do levante, Joaquim Silvério dos Reis, perdeu muito e também ganhou muito. Começou por ver a ruína de sua honra. Tratado como traidor, atraiu a malquerença de boa parte dos mineiros e fluminenses, e chegou a ser alvo de um incêndio criminoso em sua casa.[36] Ele descrevia assim o asco que causava:

> Me vejo cercado de inimigos, sempre vivo em aflição e desconfiança; entrou todo este povo a ultrajar-me, a desatender-me por todos os modos, não havia rua desta cidade [Rio de Janeiro] por onde pudesse passar sem que ouvisse as maiores injúrias e desatenções.[37]

Por conselho dos poucos amigos que lhe restavam, ele não ousava pôr os pés em Minas Gerais.[38]

Com receio de ser morto caso permanecesse no Brasil, Silvério dos Reis mudou-se com a família para Portugal, e lá tratou de intensificar sua carreira de pedinchão. Tendo já obtido, em Minas Gerais, a condição oficial de primeiro denunciante da conjuração, ele batalhou para ter o "título" reconhecido também no Rio de Janeiro e em Lisboa, no que foi atendido.

Dois anos após a morte de Tiradentes, vieram as primeiras grandes vitórias. No dia 14 de outubro de 1794, tendo em vista os "relevantes serviços" que prestara, o príncipe regente suspendeu o sequestro de seus bens, que haviam sido confiscados para pagar suas dívidas. Assim, Silvério dos Reis teve de volta a posse sobre um patrimônio orçado em 167 contos e 553 mil-réis (equivalente a 582 anos de soldo de um alferes).³⁹ Seis dias depois, um novo prêmio: d. João entregou-lhe em mãos o prestigioso título de membro da Ordem de Cristo, junto com um crédito de 200 mil-réis.⁴⁰ Antes de fechar o ano, o delator ainda ganhou uma sinecura.⁴¹

A felicidade com os presentes durou pouco, contudo. Na mesma época, a Coroa finalmente cobrou as dívidas dos contratos de Silvério dos Reis, e ele acabou perdendo quase todos os bens que possuía no Brasil.⁴²

No ano seguinte, com a carteira vazia, o coronel retornou à América portuguesa e passou a adular o vice-rei, oferecendo-lhe seus préstimos e pedindo outros — a cada benefício solicitado, sacava o título de "primeiro denunciante" da conjuração.⁴³

Após seis anos, ele regressou novamente a Portugal, onde tornou a lançar mão de sua infinita lista de súplicas.

Em 1802, quando a morte de Tiradentes completou dez anos, o delator solicitou montarias dos estábulos reais e um posto vitalício na administração ultramarina para garantir, segundo ele, o "sustento da mulher e filhos e irmãs donzelas".⁴⁴ Os requerimentos foram negados.

O delator não se abalou e continuou cobrando mais prêmios. Em 1808, decidido a voltar mais uma vez ao Brasil, ele pediu à Coroa uma pensão anual de 400 mil-réis — detalhe: uma cláusula extra, demandada por Silvério dos Reis, devia estabelecer que, após sua morte, o dinheiro continuaria a ser pago a seus herdeiros. Ele alegou estar em "avançada idade" (tinha 52 anos) e possuir "moléstias crônicas" que indicavam que teria pouco tempo de vida. O delator argumentou ainda que sua mulher, d. Bernardina, era "três vezes comadre" de d. João, e que, portanto, seria justo que o príncipe regente garantisse a subsistência dela e de seus filhos para que não ficassem "expostos à última desgraça e penúria".⁴⁵ Para o caso de a chorumela não ser suficiente, Silvério dos Reis tornou a exibir o já surrado título de primeiro denunciante da conjuração, debelada dezenove anos antes. Dessa vez, tanta lamúria encontrou resposta: o regente acatou o pedido, concedendo-lhe a pensão.⁴⁶

Silvério dos Reis voltou então ao Brasil, mas não para o Rio de Janeiro ou Minas Gerais. Ele preferiu estabelecer-se no Maranhão, a 2400 quilômetros de Vila Rica, onde viveu mais dez anos às custas dos cofres reais. Ao finar-se, em 17 de fevereiro de 1819, aos 63 anos, foi sepultado com toda honra na igreja de São João Batista, em São Luís do Maranhão. Na ocasião, foi destacada sua condição de coronel de milícias (o que já não o era havia décadas) e de cavaleiro. Ninguém levantou a voz para lembrar que ele era o primeiro delator da Conjuração Mineira.⁴⁷

As honrarias acabaram ali, e em pouco tempo Silvério dos Reis foi esquecido.

Com o passar dos anos, em data desconhecida, seus restos mortais foram removidos da igreja sem grandes cuidados burocráticos, e assim acabou desaparecendo o registro da localização da ossada — se é que esse documento de fato existiu.[48] Até hoje não se sabe o que aconteceu com os despojos do delator.

Anos depois, quando voltou a ser lembrado, ele já não mereceu mais honrarias, nem mesmo da família. Em 1892, centenário da morte do alferes, o escritor Montenegro Cordeiro, que se dizia tataraneto de Silvério dos Reis, publicou em Paris o livro *Tiradentes: Esquisse biographique*. Na obra, o autor confessava repulsa pelo tataravô, a quem chamou de traidor, e declarava a "mais ardente veneração" por Joaquim José da Silva Xavier, a quem classificou como mártir.[49]

Outro que acabou com má fama foi o ouvidor José Caetano César Manitti. O visconde de Barbacena, seu parceiro de tramoias, bem que tentou lustrar-lhe a biografia, deixando registros de sua prudência, imparcialidade e desinteresse.[50] Mas a forma escandalosa como Manitti manipulara a devassa de Minas Gerais lhe renderia, na definição suave do governador, "penosas invectivas", e, na de seus críticos, o selo de ardiloso e enganador.[51]

No fundo, para Manitti, mais importante que a honra era a bolsa cheia. Em 1797, cinco anos após a conclusão do caso, ao preparar seu retorno para Lisboa, o ouvidor tratou de achacar aqueles a quem havia protegido. Um deles foi o ex-contratador João Rodrigues de Macedo. Sairia caro o serviço prestado ao magnata. Durante o andamento do processo, Manitti chegou à ousadia de triangular conversas entre Macedo e Barbacena e repassar informações privilegiadas ao ex-contratador.[52] Macedo já vinha custeando os gastos pessoais de Manitti, e, na hora da partida do ouvidor, foi vítima de uma extorsão mais pesada.[53] Com o pretexto de se despedir, o escrivão da devassa escreveu uma carta ao ex-contratador — a quem tratou por "meu amigo do coração" — dizendo-se cheio de dívidas e escasso de recursos. Contou que solicitara auxílio a um conhecido comum, que, segundo ele, possuía "assaz razões" para lhe ser generoso, mas que o sujeito lhe pagara com a ingratidão. Sendo assim, dizia Manitti, como último recurso, recorria a Macedo. Ao encerrar a carta, o achacador afirmou: "E que eu volte [...] a esta América, como desejo, a ter o gosto e a íntima satisfação de vê-lo e servi-lo".[54] Pegou o dinheiro de Macedo (um conto de réis, o equivalente a três anos e meio do soldo de um alferes) e nunca mais voltou a pôr os pés no Brasil.[55]

* * *

Assim viveria o resto de seus dias o ex-contratador João Rodrigues de Macedo: a contornar ameaças comprando silêncios. Oito anos após o encerramento do caso, o fazendeiro Basílio de Brito Malheiro do Lago enviou-lhe uma dura carta, exigindo o pagamento de supostos créditos, sob a ameaça de voltar a incorporar o papel de delator: "Vosmecê escapou dela [a forca] eu bem sei pelo quê".[56]

Na mensagem, Basílio acusou Macedo de gastar seu dinheiro "com os filhos de seus companheiros", insinuando que o ex-contratador custeava despesas de familiares de condenados no processo da conjuração. Era parcialmente verdade. Visando ao lucro, como lhe era característico, o magnata acabou arrematando muitos dos bens dos rebeldes levados a leilão, mas, em certos casos, fez retornar algum benefício às famílias — Bárbara Heliodora, viúva do coronel Alvarenga Peixoto, foi um dos amparados.[57]

Macedo também avançou sobre as terras que um dia haviam pertencido a Tiradentes. Dois anos após a morte do alferes, num sábado, as propriedades de Joaquim localizadas na serra da Mantiqueira foram a leilão. Assim que os lances foram abertos, um representante do ex-contratador ofereceu 75 réis acima do preço mínimo. Como ninguém cobriu o valor, o leiloeiro anunciou em voz alta que "dava uma, duas e três", encerrando o negócio por 50 075 réis — as terras onde um dia o alferes sonhou em fazer algum dinheiro com mineração e criação de gado, e a única morada própria que teve na vida, o rancho na Rocinha da Negra, não valiam muito: dois meses de salário de um alferes.[58]

Enquanto o governo de Minas Gerais esteve nas mãos do visconde de Barbacena (outro a quem Macedo alimentava com suas moedas de ouro), o ex-contratador conseguiu impedir seu grande temor: a execução da dívida dos contratos.[59] O sucessor do visconde, entretanto, cumpriu a medida que fora anunciada nove anos antes. Assim, quando morreu, em 1807, aos 77 anos, o outrora homem mais rico de Minas Gerais havia perdido praticamente tudo, desde o deslumbrante solar da rua São José até o tabuleiro de gamão, ambos utilizados à vera pelos rebeldes em suas noitadas de conspiração.[60]

O suplício de Macedo não foi nada se comparado ao que passou seu braço direito, o contador Vicente Vieira da Mota. Interlocutor de Tiradentes na conspiração e provável testa de ferro do magnata no movimento, Vicente não contou com o socorro do visconde de Barbacena. Momentos antes de ser embarcado para o degredo em Moçambique, ele escreveu uma carta ao antigo patrão na qual desabafava — "Me faltou o padrinho" —, mas garantiu que continuaria agindo como "cego, surdo e mudo" — "Aprendi a virtude do silêncio", explicou.[61]

No exílio, ele voltou a escrever a Macedo, questionando o caráter seletivo do processo que o condenara. Se seu crime tinha sido escutar o que dizia Tiradentes, afirmou Vicente, boa parte da população de Minas Gerais e do Rio de Janeiro também deveria ter sido banida. "Quem se justificará de que não ouviu àquele punido e injustiçado?", redarguiu.[62] Apesar de estar num grupo de degredados bem tratado pelas autoridades locais, Vicente não durou mais que seis anos na África.[63]

A filha e a ex-companheira de Tiradentes não tiveram vida fácil, mas poderia ter sido pior se não tivessem ficado (por um triz) com o único bem que pertencera ao alferes e que não fora confiscado.

Quando se separou de Antônia, em 1788, Joaquim fez uma partilha informal de seus bens, deixando com a ex-companheira o terreno que possuía na rua da Ponte Seca. Um ano depois, quando começou a repressão ao movimento rebelde, todos os bens de Tiradentes foram confiscados, mas o terreno, por já ter saído de suas mãos, ficou de fora do sequestro. Foi a grande sorte de Antônia e de Joaquina, pois elas viveriam por um bom tempo numa casa construída no lote.[64]

Em 1804, doze anos após a morte do alferes, um censo realizado em Vila Rica registrou que mãe e filha moravam na casa. Não devem ter progredido financeiramente nesse período, pois o imóvel abrigava dezessete pessoas, e a família não possuía escravos. A filha de Tiradentes, então com dezessete anos, vivia com a mãe, a avó, cinco tias e nove primos.[65] Essa foi a última notícia que se teve de Joaquina e de sua mãe, Antônia.[66]

O livro que fazia as vezes de guia da revolução para Tiradentes teve uma história atribulada e por pouco não se perdeu. Dias antes de ser preso, no Rio, Joaquim enviara o *Recueil* de volta para Vila Rica, por meio de um portador. Em Minas, o exemplar acabou sendo confiscado pelo visconde de Barbacena e catalogado, de forma genérica, como "apenso 28" do processo. Foi então metido dentro de um saco verde, juntado à montanha de provas da devassa de Minas e posteriormente remetido para a capital da colônia, onde se misturou a outras pilhas de documentos da devassa do Rio e da Alçada.

Nas sete décadas seguintes, o livro ficou esquecido dentro do saco verde, sendo corroído pelo mofo. Em 1860, foi extraviado para Santa Catarina, onde passou 124 anos nas estantes de uma biblioteca pública, até, por fim, em 1984, retornar a Vila Rica, àquela altura já rebatizada como cidade de Ouro Preto.

As páginas do *Recueil* de Tiradentes trazem anotações a bico de pena feitas possivelmente no período em que o livro rodou de mão em mão entre os conspiradores. São registros preciosos que, até esta biografia ir para o prelo, em meados de 2018, não haviam sido estudados.[67]

Pelo menos três dos projetos que Tiradentes queria desenvolver no Rio de Janeiro (a canalização de água dos rios dos subúrbios, o transporte de mercadorias e passageiros na baía de Guanabara e a construção de armazéns no porto do Valongo) iriam se mostrar comercialmente viáveis, sendo implantados com grande êxito no século XIX.[68]

As naus francesas esperadas pelo alferes e os comerciantes de Bordeaux contatados pelo cábula Vendek não compareceram para apoiar a Conjuração Mineira.[69] Envolvida em sua própria revolução, a França acompanhou sem grandes interesses o que se passava na América portuguesa.

Em janeiro de 1789, quando, ainda solto, Tiradentes propalava como certo o apoio da França ao levante, Paris levantava informações sobre "as minas do Brasil", mas não movia um dedo para socorrer a sedição.[70]

Um ano e meio depois, quando Joaquim estava preso na fortaleza da Ilha das Cobras, o embaixador francês em Lisboa, Jacques Hardouin de Châlon, enviou a Paris um relatório secreto, escrito em código (em vez de palavras, números). Nele, informava que Portugal havia descoberto, no Rio de Janeiro, uma conspiração para levantar o povo — como, aliás, àquela altura, guardadas as devidas diferenças, também acontecia na França. Bem informado, o diplomata relatou que, no Brasil, 27 pessoas haviam sido presas sob suspeita de envolvimento na sublevação, e que Lisboa armava, às pressas, um navio de guerra, que seria enviado à América.[71] O interesse da França na Conjuração Mineira se limitou àquele único parágrafo do relatório — nas semanas, nos meses e nos anos seguintes, não se gastou tinta para avaliar o episódio.[72]

O que interessava à nascente República Francesa era "manter a harmonia" com Portugal, sobretudo no comércio.[73] No entanto, a política de boas relações acabaria sendo revista pela França. Em março de 1793, às vésperas do aniversário de um ano do enforcamento de Tiradentes, os revolucionários franceses cogitaram enviar tropas ao Brasil, mas não para apoiar um movimento de independência, e sim para tomar de Portugal aquela rica porção na América. Acabaram desistindo, por avaliar que a empreitada "exigiria despesas enormes".[74]

Inspiração maior de Tiradentes, os Estados Unidos também não corresponderam às suas expectativas. Dois anos após os encontros com Vendek, em Nîmes, em que confessou o pouco interesse de seu governo em entrar num conflito externo mas acenou com a possibilidade de os norte-americanos fornecerem auxílio clandestino ao levante no Brasil, o embaixador Thomas Jefferson participou de arranjos que aproximaram o governo de seu país da monarquia portuguesa. Ao analisar a boa vontade com que Portugal passara a se relacionar com os Estados Unidos, Jefferson concluiu que havia ali um jogo de troca. "Eu penso que seja interesse delas [autoridades da Coroa] nos afastar da tentação de cooperar com a emancipação de suas colônias", disse ele numa carta — naquele mesmo dia, no Brasil, Joaquim tomava emprestada a mula para ir ao Rio de Janeiro a fim de deflagrar a revolta.[75]

Mais tarde, quando Tiradentes estava sendo moído nas masmorras, o governo norte-americano intensificou a aproximação com Portugal, abrindo uma representação em Lisboa — na ocasião, o diplomata David Humphreys foi recebido pessoalmente pela rainha, que, em bom inglês, desejou prosperidade à América.[76] Naquele mesmo ano de 1791, em dezembro, quando no Rio de Janeiro o dr. Fagundes corria de um lado a outro para cumprir os prazos da defesa de Joaquim e dos demais réus, o representante dos Estados Unidos em Lisboa escreveu a Washington comunicando a ocorrência de "alguns problemas [no Brasil], ainda que não chegassem a se constituir em uma insurreição".[77] Um mês e meio antes de o alferes subir ao patíbulo, Thomas Jefferson estava animado com as possibilidades de negócios com Portugal, especialmente no comércio de grãos, peixes e vinho.[78]

Em 1802, já como presidente dos Estados Unidos, Jefferson voltaria a pensar no Brasil, mas de uma maneira muito diferente da que havia sido desejada por Tiradentes. A colônia portuguesa, cogitou Jefferson, poderia ser um bom lugar para degredar "negros insurgentes" norte-americanos.[79] O plano só não foi adiante porque Lisboa não aprovou a ideia.[80]

Apesar do monumental esforço da Coroa portuguesa em marcar a Conjuração Mineira como um exemplo a não ser seguido pelos colonos da América, a ideia de liberdade continuou viva — e em movimento.

No Rio de Janeiro, a "Inconfidência das Minas", como o episódio ficaria conhecido nos anos seguintes, seria tema frequente nas rodas de conversa.[81] Dois anos após o enforcamento de Tiradentes, os rebeldes já eram abertamente apontados como vítimas de injustiça.[82]

Um zum-zum-zum insidioso chegou aos ouvidos do vice-rei, e uma nova devassa foi aberta. Uma das testemunhas, José Bernardo da Silveira Frade, resumiu o pensamento geral: "Os réus da conjuração de Minas foram tratados como rebeldes porque não conseguiram o seu fim, mas se conseguissem seriam uns heróis".[83]

O confronto com a Coroa, que em Minas Gerais e no Rio de Janeiro ficara no campo das ideias, ressurgiria seis anos depois, em Salvador, dessa vez cristalizado em ato e potência. A forca da capital baiana, símbolo do poder real, foi incendiada por revoltosos no início de 1798 — era o início da Conjuração Baiana.

O louco desejo de liberdade nunca mais se apagaria.

Feito para a posteridade, o padrão da infâmia, erguido no terreno onde ficava a casa de Tiradentes, em Vila Rica, foi demolido 29 anos após sua execução.[84]

Um ano depois, em 1822, pelas mãos do futuro imperador Pedro I, neto de d. Maria, que condenara Joaquim à forca, o Brasil se tornava formalmente independente de Portugal.

***

A monarquia sobreviveu no Brasil até 1889, quando foi então instaurada a República.

Ao longo da história do Brasil, ao sabor das conveniências de cada momento, a figura de Joaquim José da Silva Xavier foi moldada e remoldada, e então apropriada — sempre no papel de herói. Na segunda metade do século XIX, o movimento republicano foi o primeiro a escorar-se no mito, idealizando uma imagem tão forte quanto inventada de um Tiradentes de barba longa e túnica branca, tal qual Jesus Cristo. A partir dali, tendo se firmado como personificação do herói brasileiro, o Joaquim mítico foi apoderado por movimentos ideológicos dos mais variados matizes, como a ditadura do Estado Novo (1937-45), a ditadura civil-militar (1964-85), que o declarou Patrono Cívico da Nação, as organizações da esquerda armada, como o Movimento Revolucionário Tiradentes (MRT), e, por fim, a partir de 1984, pela luta em favor da redemocratização.[85] Em pleno século XXI, na difícil tentativa de explicar o Brasil e os brasileiros, o alferes continua sendo reinventado e apropriado.

Os restos mortais de dezesseis conjurados que pereceram no degredo, na África, retornaram ao Brasil e estão sepultados no Panteão do Museu da Inconfidência, em Ouro Preto.

Nunca se soube o destino do que restou da cabeça e dos quartos de Tiradentes.

Em sua obra, o rebelde Alvarenga Peixoto deixou um poema chamado "Sonho poético", que diz:

A quem morrer sabe, a morte
Nem é morte nem é mal.[86]

Sobre este livro

Todo pesquisador que se atreve a estudar o universo da Conjuração Mineira e seus personagens vê-se diante do mesmo dilema: até onde é possível confiar nos documentos do século XVIII referentes a esse evento histórico? A principal fonte primária — os onze volumes dos *Autos de Devassa da Inconfidência Mineira* (ADIM), que reproduzem, entre outras, as peças do processo judicial de 1789-92 — pode ser classificada, sem exagero, como uma armadilha. E não só porque, de forma geral, ela representa a visão parcial e interessada do Estado absolutista português. É bem mais complexo que isso. Os cerca de 350 depoimentos de réus e testemunhas foram colhidos em circunstâncias controversas, com uso de forte pressão psicológica e até mesmo "tratos" (isto é, tortura).[1] Além disso, muitas vezes, o teor dos testemunhos foi manipulado pelos escrivães. E, por último, em diversos casos, os próprios depoentes procuravam ocultar a verdade. Em suma, são várias as camadas de embuste sobrepostas umas às outras.

Biografar Joaquim José da Silva Xavier, portanto, é embrenhar-se numa fresta escura. De um lado, pela cavilação das fontes disponíveis; de outro, pela escassez de registros — basta dizer, de início, que é impraticável descrever os aspectos físicos de Tiradentes. O historiador inglês Kenneth Maxwell, autor do clássico *A devassa da devassa*, considerado o trabalho mais profundo sobre a Conjuração Mineira, definiu bem a dificuldade dos que se aventuram nessa empreitada:

Talvez escrever uma história definitiva deste movimento seja tarefa impossível. O tema a estudar é constituído de reuniões secretas, relatórios confidenciais de encontros furtivos, interrogatórios, traições e assassinato.[2]

De volta ao dilema: como então tentar decifrar as nuances daquele movimento secreto e de seus recônditos integrantes, sobretudo o polêmico Tiradentes? Se existe uma resposta para isso, por paradoxal que pareça, ela está nas mais de 4 mil páginas dos *ADIM*. O documento é traiçoeiro, mas, com um garimpo paciente, é possível extrair dele uma história — ou melhor, várias histórias. Esta que o leitor acaba de ler foi composta a partir de um método que convém ser exposto. Ao colher e ordenar fragmentos de episódios ocorridos há mais de 220 anos, buscando lhes dar significado, procurei cercar-me de alguns cuidados a fim de evitar ciladas. Ao analisar os depoimentos e outros documentos do processo (delações, ofícios, certidões, atestados, inventários, cartas, portarias, testamentos, papéis pessoais etc.), decupei as informações contidas em cada um deles. Depois, cruzei todos os dados, o que me permitiu não só estabelecer uma cronologia dos fatos, mas também identificar verdades e inverdades — em um único relatório de 1789 do visconde de Barbacena, governador de Minas Gerais, encontrei três burlas, relacionadas à suposta rapidez com que ele teria informado seus superiores sobre o movimento rebelde, à sequência correta das delações e à morte do conjurado Cláudio Manuel da Costa.[3] Obtido esse sumo, o segundo passo foi cotejá-lo com fontes primárias de outras bases (Anais da Biblioteca Nacional, Anais do Museu Histórico Nacional, Revista do Arquivo Público Mineiro e Revista do Instituto Histórico e Geográfico Brasileiro, entre outras), tarefa que fez saltar mais incongruências dos autos do processo (falsidades, manipulações ou simplesmente enganos). Após essa nova peneirada, tornei a filtrar o resultado, dessa vez à luz da multiplicidade de interpretações de dezenas de pesquisadores, sobretudo historiadores — e tive sorte, já que o Brasil colônia e em especial a Conjuração Mineira foram objeto de estudo de acadêmicos brilhantes, que dedicaram parte de suas vidas a investigar os temas com rigor admirável.

Apesar da minuciosidade que procurei impor à pesquisa, tenho consciência de que a história que o leitor tem em mãos está incompleta. Resta-me o consolo de saber que isso foi previsto por meu biografado, que em 1789 avisou que "havia de armar uma meada tal, que em dez, vinte, ou cem anos se não havia de desembaraçar".[4]

Se não consegui sair do enrosco, ou se nele acabei metendo outros, isso se deve essencialmente às minhas limitações. Mas dou meu testemunho: a coisa poderia ser muito pior não fosse a grande legião de desfazedores de nós que encontrei pelo caminho.

Alguns acreditam que escrever um livro é um processo solitário, mas isso não é verdade — para sorte de nós, autores. Contei com o auxílio de pesquisadores zelosos que me ajudaram a mapear arquivos, garimpar acervos e encontrar documentos raros. Em Minas Gerais, Neuza Trindade. No Rio de Janeiro, Samuel Oliveira. Em Lisboa, Branco de Fátima. Em Paris, Marie-Noëlle Baudouin-Matuszek, Maurício Torres Assumpção e Michel Ollion. Em Washington, Chaim Litewski e Tara Schoenborn.

Recebi material de pesquisa e dicas preciosas de Bruno Viveiros, Diogo de Magalhães, Haroldo Ceravolo Sereza, Joana Monteleone, Katia Becho, Lamia Oualalou, Rusty Tuggle, Walter Sebastião e Wilkie Buzatti Antunes.

De forma extremamente generosa, quatro dos mais valorosos historiadores do país dividiram comigo seus conhecimentos: Carla Anastasia, Heloisa Maria Murgel Starling, Mary del Priore e Renato Venancio.

Além de compartir seu profundo saber sobre a antiga Vila Rica, Francisco de Paula Vasconcellos Bastos, o Chico Bastos, foi minha vanguarda em Ouro Preto, cumprindo variadas e penosas missões de campo.

Em São Luís do Maranhão, Domiciana Fonseca e Paulo Victor ajudaram a desvendar o sumiço dos restos mortais do delator Joaquim Silvério dos Reis.

De Londres, David Penney, mestre antiquário do ramo da horologia, decifrou o mistério do relógio de bolso de Tiradentes.

Ao tomar conhecimento de que eu trabalhava na biografia do alferes, o escritor e jornalista Laurentino Gomes abriu mão de um projeto semelhante — não terá sido seu primeiro gesto elevado comigo.

Os editores Luiz Schwarcz e Otávio Marques da Costa acreditaram no projeto e garantiram a estrutura necessária para sua realização. Também meteram a mão na massa, discutindo cada parágrafo do texto, contribuindo assim de forma significativa para o aprimoramento da obra.

Ainda na Companhia das Letras, ao examinar o texto com rigor e extrema competência, Lucila Lombardi, Osvaldo Tagliavini Filho e Érico Melo corrigiram rotas e apontaram caminhos.

A admirável iconografia é fruto da pesquisa dos historiadores Danilo Araújo

Marques e José Antônio de Souza Queiroz, do Projeto República, núcleo de pesquisa, documentação e memória da Universidade Federal de Minas Gerais.

Nos momentos em que eu precisava sumir para poder pesquisar ou escrever, surgiam Maria Lina Hauteville e Albert Hauteville. Quando eu anunciava a partida para um novo retiro para escrever o livro, Robert Edward Hatcher fornecia combustível vital abrindo sua magnífica adega.

Mariana Berutto, como sempre, foi o início (partiu dela a ideia da biografia), o meio e o fim (durante a redação, ela foi a primeira a ler os originais, praticamente sobre meus ombros, sugerindo cortes, acréscimos e alterações fundamentais). Sem contar a paciência e a delicadeza com que aguentou, por cinco anos, o marido submerso no século XVIII.

A todos eles, a minha gratidão.

Notas

PARTE I: DAS ORIGENS À VIDA NA ESTRADA [pp. 31-60]

1. Nesta e nas próximas páginas, a descrição da chegada a Vila Rica e de seu cotidiano é baseada em texto do comerciante inglês John Luccock, que a visitou em 1817 (*Notes on Rio de Janeiro, and the Southern Parts of Brazil: Taken during a Residence of Ten Years in that Country, from 1808-1818*), e nas *Cartas chilenas*, de Tomás Antônio Gonzaga, que circularam na vila pouco antes da descoberta da Conjuração Mineira, em 1789.

2. John Luccock, ibid.

3. Ibid., p. 500.

4. Para "amor pelo ouro", ibid.

5. Para a população da comarca de Vila Rica, José João Teixeira Coelho, *Instrução para o governo da capitania de Minas Gerais*, p. 175. Em 1790, o Brasil possuía 3 225 000 habitantes, segundo o IBGE a partir de dados de Giorgio Mortara.

6. Para a população do Rio de Janeiro, Nireu Cavalcanti, *O Rio de Janeiro setecentista*, p. 255. Para a de Salvador, A. J. R. Russell-Wood, "Ports of Colonial Brazil", em Franklin W. Knight e Peggy K. Liss (Orgs.). *Atlantic Port Cities: Economy, Culture, and Society in the Atlantic World, 1650-1850*, p. 222.

7. Para a estimativa da população de Nova York, Campbell Gibson, *U.S. Bureau of the Census*.

8. Para a população de Paris em 1790, Institut National de la Statistique et des Études Économiques (França).

9. Para o peso das pepitas, André João Antonil, *Cultura e opulência do Brasil*, p. 100.

10. Para uso do ouro como dinheiro, "Lydians", em Sarolta Anna Takács e Eric H. Cline (Orgs.). *The Ancient World*, p. 393.

11. Ibid., p. 163.

12. Cartas do cônsul francês De Montagnac de 11 e 17 de dezembro de 1731. Virgílio Noya Pinto, *O ouro brasileiro e o comércio anglo-português*, pp. 154-5 e 237-8.

13. John Jay TePaske, "New World Gold Production in Hemispheric and Global Perspective, 1492-1810", em Clara Eugenia Núñez (Org.). *Monetary History in Global Perspective, 1500-1808*. Madri: Fundación Fomento de la Historia Económica, 1998, p. 22.

14. John Luccock, *Notes on Rio de Janeiro, and the Southern Parts of Brazil*

15. Foram baixadas normas proibindo que porcos circulassem soltos pelas ruas de Vila Rica nos anos de 1751 (APM/CMOP, cx. 26, doc. 25), 1762 (Laura de Mello e Souza, *Cláudio Manuel da Costa*, p. 87) e 1792 (*ADIM*, v. 9, p. 128), entre outros.

16. José João Teixeira Coelho, *Instrução para o governo da capitania de Minas Gerais*, p. 173.

17. Ibid.

18. Adriana Romeiro e Angela Vianna Botelho, *Dicionário histórico das Minas Gerais: Período colonial*, pp. 33-7.

19. John Luccock, *Notes on Rio de Janeiro, and the Southern Parts of Brazil*.

20. Um bom panorama dos profissionais ativos em Vila Rica na passagem do século XVIII para o XIX pode ser visto em Herculano Gomes Mathias, *Um recenseamento na capitania de Minas Gerais: Vila Rica, 1804*, p. IX.

21. APM/CC, cx. 37 - 30099.

22. "Vestido de Paris" é expressão de Oliveira Martins em *História de Portugal*, p. 440.

23. Roupas e adereços pertencentes a Cláudio Manuel da Costa e Tomás Antônio Gonzaga, conforme traslados de sequestros de seus bens, ocorridos em 1789 (*ADIM*, vol. 6, pp. 43-53 e 97-107).

24. Luiz Carlos Villalta, "Educação e letras: introdução" e "Ler, escrever, bibliotecas e estratificação social", em Maria Efigênia Lage de Resende e Luiz Carlos Villalta (Orgs.), *História de Minas Gerais: As Minas setecentistas*, vol. 2, pp. 249-52 e 289-311.

25. Cláudio Manuel da Costa escreveu em italiano os sonetos LXXXIV a XCVII do conjunto de poemas *Obras*.

26. A biblioteca de Cláudio Manuel da Costa tinha quase quatrocentos volumes, a de Tomás Antônio Gonzaga, 83, e a de Francisco de Paula Freire de Andrada, 84, conforme traslados de sequestros de seus bens (*ADIM*, vol. 6, pp. 43-54, 95-113 e 221-5). Dentre os livros de Cláudio Manuel, estava *Sonho*, de "poesia erótica" (*ADIM*, vol. 6, p. 99). A comparação entre preços de livros e de animais se baseia em dados de João Pinto Furtado, *O manto de Penélope*, p. 227.

27. Tomás Antônio Gonzaga fez todas essas referências nas *Cartas chilenas*.

28. José João Teixeira Coelho, em *Instrução para o governo da capitania de Minas Gerais*, relata a presença de vadios em Vila Rica. John Luccock, em *Notes on Rio de Janeiro, and the Southern Parts of Brazil*, menciona ladrões. Um documento de 1747 cita mendigagem (APM/CMOP, cx. 20, doc. 21).

29. Ver relato de John Luccock, ibid.

30. Tomás Antônio Gonzaga descreveu o sofrimento no pelourinho nas *Cartas chilenas*, pp. 66-7.

31. O Arquivo Público Mineiro está repleto de documentos do século XVIII que tratam dos "enjeitados". Exemplos: APM/CMOP, cx. 16, doc. 59; APM/CMOP-61; APM/CMOP-62; APM/CMOP, cx. 24, doc. 27; APM/CMOP, cx. 25, doc. 23 e APM/CMOP, cx. 26, doc. 45.

32. Em 1786, Minas Gerais tinha 362 847 habitantes (excluindo-se os indígenas), sendo 174 135 escravos. APM/CC, cx. 37 - 30099.

33. Para as tabernas e seus produtos, Tomás Antônio Gonzaga, *Cartas chilenas*, p. 83.

34. Para corujas e morcegos nas noites de Vila Rica, Tomás Antônio Gonzaga, ibid., p. 101.

35. Para os locais de prostituição e sua frequência eclética, o grande número de "casas de alcouce" e o perfil racial das prostitutas, ver Adriana Romeiro e Angela Vianna Botelho, *Dicionário histórico das Minas Gerais: Período colonial*, pp. 134 e 331-3.

36. "Michela" é expressão de Tomás Antônio Gonzaga, *Cartas chilenas*, p. 157. Para "viviam de ofender", Adriana Romeiro e Angela Vianna Botelho, ibid.

37. Para a "língua venenosa" nos encontros, Tomás Antônio Gonzaga, ibid., pp. 153-4.

38. Tomás Antônio Gonzaga, ibid., p. 149.

39. "Maldita fome de ouro" (*auri sacra fames*) é expressão de Virgílio na *Eneida* (século I a.C.).

40. "Sólidos viadutos" é expressão de Edgard de Cerqueira Falcão, *Relíquias da terra do ouro*, p. 28.

41. Eram a ponte de São José (1744), ponte do Padre Faria (1750), ponte do Rosário (1753), ponte de Antônio Dias (1755) e ponte do Pilar (1757).

42. Para o recorde do número de chafarizes, Tarcísio de Souza Gaspar, *Palavras no chão: Murmurações e vozes em Minas Gerais no século XVIII*, p. 169. No período, foram construídos os chafarizes do passo de Antônio Dias (1752), da rua da Glória (1753), do Alto da Cruz do Padre Faria (1757), do largo de Marília (1759), dos Contos (1760), da rua Barão de Ouro Branco (1761) e do Alto das Cabeças (1763). Esses são os nomes atuais.

43. O imóvel abriga hoje o Museu Casa dos Contos.

44. O imóvel abriga hoje o Museu de Ciência e Técnica da Escola de Minas da Universidade Federal de Ouro Preto.

45. O imóvel abriga hoje o Museu da Inconfidência, que acolhe o mais importante acervo do movimento, além dos restos mortais de vários conjurados.

46. Lucas Figueiredo, *Boa ventura!*, p. 243. A Casa da Ópera continua em atividade, sendo um dos mais antigos teatros em funcionamento na América Latina.

47. "Dilatadíssimo sertão" é expressão de Cláudio Manuel da Costa no poema *Vila Rica*.

48. John Luccock, *Notes on Rio de Janeiro, and the Southern Parts of Brazil*.

49. Figuras de pelicano podem ser vistas na igreja do Bom Jesus de Matosinhos e na matriz de Nossa Senhora do Pilar, em Ouro Preto; de Davi e Golias, na igreja de São José de Ouro Preto; e *chinoiseries*, na catedral da Sé de Mariana.

50. Para o valor do serviço, Paulo Krüger Corrêa Mourão, *As igrejas setecentistas de Minas*, p. 117. A comparação entre os preços do serviço de Aleijadinho e dos escravos se baseia em dados de João Pinto Furtado, *O manto de Penélope*, p. 227.

51. Joaquim era "da maior devoção" da Santíssima Trindade, conforme relatou seu confessor, frei Raimundo da Anunciação Penaforte, em seu texto "Últimos momentos dos inconfidentes de 1789 pelo frade que os assistiu de confissão" (*RIHGB*, tomo 44, parte 1, 1881, pp. 161-85).

52. Para o tom do cabelo, "XXIV.1 — Parte de Basílio de Brito Malheiro do Lago", de 08/05/1789 (*ADIM*, vol. 2, p. 450), e "5.4.1 — Testemunha 9ª — Basílio de Brito Malheiro do Lago", de 28/07/1789 (*ADIM*, vol. 4, pp. 89-90).

53. A localização da casa e o contrato de aluguel foram atestados pelo senhorio de Tiradentes, padre Joaquim Pereira de Magalhães, em documento de 20/10/1792 (reproduzido em *ABN*, vol. 65, 1943, doc. 84, pp. 198-201). A casa não existe mais. No local (atual número 132 da rua São José) foi

erguido um sobrado, que em abril de 2018 abrigava a Associação Comercial e Empresarial de Ouro Preto.

54. Para ir de sua casa em Vila Rica até Mariana, trajeto que fazia com frequência, Joaquim passava em frente à igreja de São Francisco de Assis.

55. Para a decisão da morte de Tiradentes, "Carta Régia — Palácio de Queluz, Rio, pela rainha, des. Sebastião Xavier de Vasconcelos Coutinho, do Conselho da Real Fazenda e Chanceler da Relação", 15/10/1790 (*ADIM*, vol. 7, pp. 268-70).

56. Para a adoção do apelido Tiradentes nas comunicações das autoridades portuguesas, ver Kenneth Maxwell (Coord.), *O livro de Tiradentes*, p. 49.

57. Para bêbado, "X — Salvador Carvalho do Amaral Gurgel — X.1 — Inquirição", de 12/07/1789 (*ADIM*, vol. 2, pp. 217-26). Para demente, "Tomás Antônio Gonzaga — Lira 64", de 17/11/1789 (?) (*ADIM*, vol. 9, pp. 61-4).

58. Para devasso, "2.4 — Carta denúncia de Basílio de Brito Malheiro do Lago", de 15/04/1789 (*ADIM*, vol. 1, p.98).

59. Para traidor, "Últimos momentos dos inconfidentes de 1789 pelo frade que os assistiu de confissão" (*RIHGB*, tomo 44, vol. 62, parte 1, 1881. pp. 161-85).

60. Para o refúgio na Santíssima Trindade, ibid. e "Memória do êxito que teve a Conjuração Mineira e dos fatos relativos a ela acontecidos nesta cidade do Rio de Janeiro desde 17 até 26 de abril de 1792", de 02/05/1792 (*ADIM*, vol. 9, pp. 95-118).

2.

1. "Esboço da árvore genealógica 'de costado' de Joaquim José da Silva Xavier, o Tiradentes (1746-1792)", por Carlos da Silveira, reproduzido em *RIHGMG*, ano 3, vol. 3, 1946-7, p. 200-B. E também dados levantados por Lênio Luiz Richa, membro do Colégio Brasileiro de Genealogia e da Associação Brasileira dos Pesquisadores de História e Genealogia.

2. Ibid.

3. O primeiro censo feito em Codeçoso (anteriormente Santo André de Codeçoso), em 1864, apontou 494 habitantes. O mais recente, de 2011, registrou 444. Nesse período, o auge populacional ocorreu em 1960: 747 habitantes. Fonte: Instituto Nacional de Estatística de Portugal.

4. A filha se chamava Clara, conforme Domingos declarou em seu testamento, transcrito no inventário de Antônia da Encarnação Xavier, reproduzido em *RIHGB*, tomo 66, parte 1, 1903, pp. 285-323.

5. Antônia foi batizada em 12/04/1721; Domingos, em 15/05/1698. Casaram-se em 30/06/1738. "Esboço da árvore genealógica 'de costado' de Joaquim José da Silva Xavier, o Tiradentes (1746-1792)", por Carlos da Silveira, reproduzido em *RIHGMG*, ano 3, vol. 3, 1946-7, p. 200-B.

6. Uma curiosidade: o avô materno de Tiradentes, Domingos Xavier Fernandes, nasceu em São Tiago da Cruz, que em tempos remotos era chamada de Forca. Ibid.

7. Ibid.

8. A fazenda ficava no atual município de Ritápolis.

9. Para a produção agropecuária e mineral da fazenda, ver inventário de Antônia da Encarnação Xavier, reproduzido em *RIHGB*, tomo 66, parte 1, 1903, pp. 285-323.

10. Para a posse de 36 escravos, contabilizada em 1755, ibid. Entre 1750 e 1759, a média de escravos por posse em Minas Gerais era de 12,9 (Douglas Cole Libby, "As populações escravas das Minas setecentistas: um balanço preliminar", em Maria Efigênia Lage de Resende e Luiz Carlos Villalta [Orgs.], *História de Minas Gerais: As Minas setecentistas*, vol. 1, p. 433). Dos 36 escravos, havia apenas duas mulheres, o que demonstra a vocação da fazenda para a produção.

11. Inventário de Antônia da Encarnação Xavier, reproduzido em *RIHGB*, tomo 66, parte 1, 1903, pp. 285-323.

12. A confiança mútua foi proclamada no testamento do casal copiado no inventário de Antônia da Encarnação Xavier. Ibid.

13. Para a inteligência de Domingos, ibid.

14. Para a nomeação, ver Luís Wanderley Torres, *Tiradentes: A áspera estrada para a liberdade*, p. 183, citando Herculano Veloso.

15. Tiradentes se dizia "natural do Pombal". "Joaquim José da Silva Xavier — 1ª inquirição", de 22/05/1789 (*ADIM*, vol. 5, p. 18).

16. O documento original faz parte do acervo da Biblioteca Nacional, "Assentos de batizados [Manuscrito]: Freg. de N. S. do Pilar/ São João del-Rei: [s.n.], [1742-1749]", p. 301. Disponível em: <http://objdigital.bn.br/acervo_digital/div_manuscritos/mss83/mss83.pdf>. Acesso em: abr. 2018. A transcrição da certidão está na íntegra em *ADIM*, vol. 5, p. 17.

17. No processo de ordenação sacerdotal de dois irmãos de Tiradentes (padres Domingos da Silva Xavier e Antônio da Silva dos Santos), ficou registrada a suposta origem étnica de seus pais (Artur Vieira de Resende, *Genealogia mineira*, citado por Fábio Nelson Guimarães, Altivo de Lemos Sette Câmara e Waldemar de Almeida Barbosa, *O Tiradentes: Patrono cívico do Brasil*, p. 22). Mesmo sendo oficial, o registro não é confiável, já que, no Brasil do século XVIII, era comum esconder a origem étnica e religiosa dos antepassados para não impedir a obtenção de cargos e benesses.

18. Ibid.

19. Para o termo "sem mácula", ibid.

20. Virgílio Noya Pinto, *O ouro brasileiro e o comércio anglo-português*, p. 114.

21. Inventário de Antônia da Encarnação Xavier, reproduzido em *RIHGB*, tomo 66, parte 1, 1903, pp. 285-323.

22. Testamento dos pais de Tiradentes copiado no inventário de Antônia da Encarnação Xavier. Ibid.

23. O número reduzido de talheres remete à possibilidade de que, na fazenda do Pombal, comia-se com as mãos, como era prática na colônia.

24. Inventário de Antônia da Encarnação Xavier, reproduzido em *RIHGB*, tomo 66, parte 1, 1903, pp. 285-323.

25. Para o ouro em pó, ibid. A comparação entre preços se baseia em dados de João Pinto Furtado, *O manto de Penélope*, p. 227.

26. Em 1755, a fazenda do Pombal foi avaliada em três contos e 200 mil-réis. Ibid.

27. O valor dos itens religiosos somava 92 800 réis. O das cadeiras e tamboretes, 4200 réis. Ibid.

28. Ibid.

29. Quando a mãe de Tiradentes morreu, em 1755, a conta da família dependurada no açougue alcançava 3 mil-réis. Ibid.

30. Ibid.

31. Ibid.

32. Em 1756, Domingos devia 9900 réis a capitães do mato. Ibid.

33. No testamento de Domingos e Antônia, o tabelião anotou que o casal tinha escrito a primeira versão do documento e lido a versão final. O tabelião registrou ainda que ambos assinaram o documento. O testamento foi copiado no inventário de Antônia da Encarnação Xavier. Ibid.

34. Para o ingresso dos irmãos de Tiradentes no Seminário de Mariana, ver Arthur de Rezende, *Genealogia mineira*, vol. 5.

35. Lúcio José dos Santos destaca que a gramática e a caligrafia de Tiradentes eram superiores às de alguns escrivães da devassa da Conjuração Mineira. Diz ainda que "Tiradentes redigia bem regularmente, e a sua letra, tão boa como a do vice-rei Luís de Vasconcelos, é mais desembaraçada que a de [doutor, formado em Coimbra, José Álvares] Maciel e igual à dos seus companheiros mais letrados" (*A Inconfidência Mineira: Papel de Tiradentes na Inconfidência Mineira*, pp. 124-5). De fato, a análise dos escritos de Tiradentes permite afirmar que ele dominava princípios caros à boa caligrafia, como a escrita sobre a linha, a uniformidade no tamanho das letras, a uniformidade nos espaços entre as letras e as palavras e, por fim, a limpeza e a organização da escrita. Fac-símiles de escritos originais de Tiradentes podem ser encontrados no caderno de imagens deste livro.

36. Testamento dos pais de Tiradentes copiado no inventário de Antônia da Encarnação Xavier, reproduzido em *RIHGB*, tomo 66, parte 1, 1903, pp. 285-323.

37. Ibid.

38. Ibid.

39. A casa onde o casal ficou hospedado pertencia a Manuel Goulart, nomeado pelo casal como segundo testamenteiro. O tabelião era José Lopes Bandeira. Além dos pais de Tiradentes, estavam lá pelo menos outros sete adultos, que assinaram o testamento como testemunhas. Ibid.

40. Ibid.

41. Ibid.

42. Ibid.

43. As testemunhas eram Caetano Nunes Pereira, Manuel Pereira da Costa Braga, Manuel Jacinto da Silveira, João Carvalho de Almeida, Manuel de Faria, João Pereira de Meneses e Alexandre Pereira da Cruz. Ibid.

44. Ibid.

45. Ibid.

46. O escrivão era Caetano Alves de Magalhães. O juiz, sargento-mor Manuel Fernandes Serra. Ibid.

47. Inventário de Antônia da Encarnação Xavier, reproduzido em *RIHGB*, tomo 66, parte 1, 1903, pp. 285-323.

48. Ibid.

49. O "hábito da defunta" custou 12 mil-réis. O responsável pelo funeral foi o padre Julião de Cerqueira, que cobrou 51 600 réis. Inventário de Antônia da Encarnação Xavier, reproduzido em *RIHGB*, tomo 66, parte 1, 1903, pp. 285-323.

50. Um alfaiate fez as roupas do luto ao preço de 24 mil-réis. Ibid.

51. No inventário da mulher, ao citar a idade de cada filho, Domingos da Silva dos Santos acrescenta aos números de anos a expressão "pouco mais ou menos". Ibid. Nas Minas Gerais setecentistas, era comum não saber a própria idade, conforme demonstram o depoimento de Manuel

Moreira quando ele diz ter "25 anos, pouco mais ou menos" (*ADIM*, vol. 4, p. 215) e a declaração feita por Sebastião Ferreira Leitão de que tinha "59 anos mais ou menos". Sobre o processo de ingresso no Seminário de Mariana de Domingos da Silva Xavier e Antônio da Silva dos Santos, ver Arthur de Rezende, *Genealogia mineira*, vol. 5. Em seu primeiro depoimento na devassa, Tiradentes errava sua idade ao proclamar ter 41 anos, quando na verdade tinha 42 ou 43 (*ADIM*, vol. 5, pp. 17-8).

52. A omissão do nome do terceiro filho e a apresentação voluntária do testamento ficaram registradas no inventário de Antônia. Ibid.

53. Os vizinhos eram Manuel Pereira da Costa e Luís Dias Raposo. Ibid.

54. Ibid. A comparação entre preços se baseia em dados de João Pinto Furtado, *O manto de Penélope*, p. 227.

55. Os nomes dos credores foram arrolados no inventário de Antônia. Ibid.

56. O enquadramento na Lei da Trintena foi registrado no inventário de sua mulher. Ibid.

57. Para o número de escravos, ibid.

58. Em 1755, a fazenda do Pombal valia três contos e 200 mil-réis. A lavra, um conto e 200 mil-réis. Os escravos valiam aproximadamente 2,6 contos de réis. Ibid.

59. Os nomes dos devedores foram arrolados no inventário de Antônia. Ibid. A relação entre o saldo e o número de cavalos foi obtida com base em tabela de preços fornecida por João Pinto Furtado, *O manto de Penélope*, p. 227.

60. Compensação feita pelo autor com base nos dados do inventário de Antônia da Encarnação Xavier. Ibid.

61. Para o cargo de vereador, ver Lúcio José dos Santos, *A Inconfidência Mineira: Papel de Tiradentes na Inconfidência Mineira*, p. 120, citando Herculano Veloso.

62. Domingos morreu em 12/12/1757, segundo Lúcio José dos Santos, citando o registro 146 do livro de "Termos de profissões da Ordem Terceira de São Francisco" de São João del-Rei. Ibid., p. 122.

63. Trechos do processo de entrada no seminário foram transcritos por Arthur de Rezende no vol. 4 da sua *Genealogia mineira*. Para a ordenação no Rio, André Figueiredo Rodrigues, *O clero e a Conjuração Mineira*, pp. 129-30, e Márcio Jardim, *A Inconfidência Mineira: Uma síntese factual*, p. 62.

64. Para a atuação como capelão no Rio das Mortes, André Figueiredo Rodrigues, ibid., pp. 129-30. Para a atuação em Cuieté junto aos índios, documento n. 79, *ABN*, vol. 65, 1943, pp. 187-91. Fac-símile de requerimento do padre feito em Cuieté pode ser visto em Herculano Gomes Mathias, "O Tiradentes e a cidade do Rio de Janeiro", *AMHN*, vol. 16, 1966, pp. 54-98. Foi o governador da capitania, d. Antônio de Noronha (1775-80), quem denominou Cuieté de "sertão extenso" (Waldemar de Almeida Barbosa, *Dicionário histórico-geográfico de Minas Gerais*, p. 107, citando documento do acervo do APM).

65. O registro da prisão foi transcrito por Arthur de Rezende no vol. 4 da sua *Genealogia mineira*.

66. Maria Vitória se casou com Domingos Gonçalves de Carvalho em 1759 (*ADIM*, vol. 9, p. 15).

67. Maria Vitória casou-se em Prados, arraial que ficava a 25 quilômetros da fazenda do Pombal. De seus dez filhos, apenas dois têm conhecidos os registros dos locais de nascimento ou batismo: Antônio Gonçalves da Silva (batizado na mesma capela que Tiradentes) e Antônia Maria de Jesus (natural de São João del-Rei). Para os problemas financeiros do marido de Maria Vitória, "Car-

ta a João Rodrigues de Macedo informando a penhora dos bens de Pedro Rodrigues Arvelos e do alferes Domingos Gonçalves de Carvalho", de 17/11/1785 (APM/CC, I-10, 11, 12 e 146 — Manuscritos).

68. Trechos do processo de entrada no seminário foram transcritos por Arthur de Rezende no vol. 4 da sua *Genealogia mineira*.

69. Antônio foi vigário na vila do Espírito Santo da Varginha e capelão na vila de Santana da Ressaca, ambas em Minas Gerais, distantes, respectivamente, 230 e 110 quilômetros da fazenda do Pombal.

70. Para a declaração da atividade profissional, ver texto de apresentação de Sebastião no processo de entrada de Domingos da Silva Xavier e Antônio da Silva dos Santos no Seminário de Mariana, reproduzida parcialmente por Arthur de Rezende no vol. 4 da sua *Genealogia mineira*. Para os cargos públicos, Lívia Nascimento Monteiro, *Administrando o bem comum: Os "homens bons" e a Câmara de São João del-Rei (1730-1760)*, citando dados recolhidos no Arquivo da Câmara de São João del-Rei, Livro 1, Acórdãos e Termos de Vereança (1736-1831), ACOR 1, 2, 3 e 4.

71. A transcrição da certidão de batismo está na íntegra em *ADIM*, vol. 5, p. 17.

72. O testamento foi copiado no inventário de Antônia da Encarnação Xavier, reproduzido em *RIHGB*, tomo 66, parte 1, 1903, pp. 285-323.

73. Foi dessa forma que o casal se referiu a Leitão no testamento. Ibid.

74. Para a incerteza quanto à idade, ver declaração de Leitão no processo de entrada de Domingos da Silva Xavier e Antônio da Silva dos Santos no Seminário de Mariana, reproduzida parcialmente por Arthur de Rezende no vol. 4 da sua *Genealogia mineira*.

75. Ibid.

76. Júnia Furtado, "Dos dentes e seus tratamentos", em Heloisa Maria Murgel Starling, Betânia Gonçalves Figueiredo, Júnia Ferreira Furtado e Lígia Beatriz de Paula Germano (Orgs.), *Odontologia: História restaurada*, p. 49; Ronaldo Vainfas (Dir.), *Dicionário do Brasil colonial (1500-1808)*, p. 549. Para a expressão "arte de tirar dentes", ver licença concedida em 1773 a João Tavares Batista e registrada em Sabará (Minas Gerais), citada por Júnia Ferreira Furtado, ibid., p. 40.

77. Para os dados de mineiros inscritos em Coimbra, Virgínia Maria Trindade Valadares, *Elites mineiras setecentistas*, pp. 495-502, e Sérgio Buarque de Holanda, "Metais e pedras preciosas", em Sérgio Buarque de Holanda (Dir.), *História geral da civilização brasileira*, tomo 1, vol. 2, p. 337.

78. Virgílio Noya Pinto, *O ouro brasileiro e o comércio anglo-português*, p. 183.

79. Para o aparelho de almoço, Lucas Figueiredo, *Boa ventura!*, p. 272.

80. Cálculos do autor a partir de dados de Virgílio Noya Pinto, *O ouro brasileiro e o comércio anglo-português*.

81. Ibid.

82. O processo de emancipação de Tiradentes está transcrito em *ADIM*, vol. 9, pp. 13-6. Na época, a maioridade era estabelecida pelas Ordenações Filipinas, livro 3, título 42.

83. Ver processo de emancipação de Tiradentes. Ibid.

84. Para as custas do processo, ibid. A comparação entre preços se baseia em dados de João Pinto Furtado, *O manto de Penélope*, p. 227.

85. "Carta de emancipação de Joaquim José da Silva Xavier, expedida ao provedor da Real Fazenda da comarca do Rio das Mortes", assinada pelo conde da Cunha em 15/07/1767. Ibid.

86. Por parte de mãe, Tiradentes legou 483 mil-réis. O inventário do pai nunca foi encontrado. Pelo inventário de Antônia, sabe-se que Domingos era seu meeiro da mulher e também legatório de

um terço dos 50% restantes, o que lhe conferia um patrimônio de onze contos e 800 mil-réis. Se Domingos conservou seu patrimônio intacto nos dois anos que viveu após a morte da mulher, ele terá deixado para cada um dos oito filhos (os sete que teve com Antônia mais a filha concebida no tempo de solteiro, chamada Clara) o equivalente a um conto e 500 mil-réis aproximadamente. Inventário de Antônia da Encarnação Xavier, reproduzido em *RIHGB*, tomo 66, parte 1, 1903, pp. 285-323.

87. A comparação com o valor dos escravos se baseia em dados de João Pinto Furtado, *O manto de Penélope*, p. 227. A fazenda do Pombal valia três contos e 200 mil-réis, segundo o inventário de Antônia da Encarnação Xavier, reproduzido em *RIHGB*, tomo 66, parte 1, 1903, pp. 285-323.

3.

1. Márcia Moisés Ribeiro, *A ciência dos trópicos: A arte médica no Brasil do século XVIII*, p. 96.

2. Para a incidência da dor de dente em escravos e nobres, Júnia Ferreira Furtado, "Da arte de tratar os dentes", em Heloisa Maria Murgel Starling, Betânia Gonçalves Figueiredo, Júnia Ferreira Furtado e Lígia Beatriz de Paula Germano (Orgs.), *Odontologia: História restaurada*, pp. 74 e 93.

3. Para o quadro da saúde bucal nas Minas Gerais setecentistas, ibid. Um relato de morte ocorrida na capitania no século XVIII em decorrência de erro no tratamento dentário pode ser visto em Betânia Gonçalves Figueiredo, *A arte de curar: Cirurgiões, médicos, boticários e curandeiros no século XIX em Minas Gerais*, p. 139.

4. Os episódios de Luís XIV e George Washington foram relatados por Robert Darnton em *Os dentes falsos de George Washington*, pp. 7 e 13.

5. O caso foi relatado por Luís Gomes Ferreira, cirurgião português que viveu em Minas Gerais na primeira metade do século XVIII, em seu *Erário mineral*, vol. 2, pp. 550-1 (edição organizada por Júnia Ferreira Furtado). Disponível em: <http://books.scielo.org/id/ypf34>. Acesso em: abr. 2018.

6. Naquele ano, pela primeira vez o termo apareceu no Plano de Exames da Real Junta de Protomedicato. Ernesto Salles Cunha, *História da odontologia no Brasil: 1500-1900*, pp. 18 e 26-7.

7. Para os profissionais habilitados a tratar de dentes e para as especialidades dos barbeiros, ibid., p. 16, e Júnia Ferreira Furtado, "Dos dentes e seus tratamentos", em Heloisa Maria Murgel Starling, Betânia Gonçalves Figueiredo, Júnia Ferreira Furtado e Lígia Beatriz de Paula Germano (Orgs.), *Odontologia: História restaurada*, pp. 23 e 58-9.

8. Citado por Ernesto Salles Cunha, *História da odontologia no Brasil: 1500-1900*, p. 19.

9. Ernesto Salles Cunha (ibid., p. 21) cita legislação aplicada em Minas Gerais a partir de 1743 que estabelece o preço de oito oitavas de ouro pela licença, o que equivale a 29 gramas.

10. Para um quadro dos profissionais habilitados em Minas Gerais no século XVIII, Júnia Ferreira Furtado, "Dos dentes e seus tratamentos", em Heloisa Maria Murgel Starling, Betânia Gonçalves Figueiredo, Júnia Ferreira Furtado e Lígia Beatriz de Paula Germano (Orgs.), *Odontologia: História restaurada*, pp. 44-6.

11. "Documentos interessantes", *RIHGMG*, vol. 9, 1962, pp. 372-5.

12. A liberdade com que Tiradentes desempenhava seu ofício, mesmo sem ter licença, está expressa em vários depoimentos da devassa da Conjuração Mineira (*ADIM*).

13. Júnia Ferreira Furtado, "Dos dentes e seus tratamentos", em Heloisa Maria Murgel

Starling, Betânia Gonçalves Figueiredo, Júnia Ferreira Furtado e Lígia Beatriz de Paula Germano (Orgs.), *Odontologia: História restaurada*, pp. 54-5.

14. O livro foi um grande sucesso de vendas em Minas Gerais. Júnia Ferreira Furtado, "Da arte de tratar os dentes", ibid., p. 113.

15. Luís Gomes Ferreira, *Erário mineral*, citado por Júnia Ferreira Furtado em "Dos dentes e seus tratamentos" e "Da arte de tratar os dentes", ibid., pp. 21-65 e 67-119, respectivamente.

16. Ibid.

17. Ibid.

18. Luís Gomes Ferreira, *Erário mineral*, citado por Júnia Ferreira Furtado em "Dos dentes e seus tratamentos" e "Da arte de tratar os dentes", em Heloisa Maria Murgel Starling, Betânia Gonçalves Figueiredo, Júnia Ferreira Furtado e Lígia Beatriz de Paula Germano (Orgs.), *Odontologia: História restaurada*, pp. 21-65 e 67-119, respectivamente.

19. Betânia Gonçalves Figueiredo, *A arte de curar: Cirurgiões, médicos, boticários e curandeiros no século XIX em Minas Gerais*, p. 139.

20. A obturação só se difundiu no Brasil no século XIX. Ibid., pp. 139-40. A expressão "furado" é de Luís Gomes Ferreira, *Erário mineral*, p. 326.

21. Em um documento de 1792, o ofício de Joaquim José da Silva Xavier foi identificado como o de "tira-dentes" (Documento n. 90, *ABN*, vol. 65, 1943, p. 21). Ver também Júnia Ferreira Furtado, "Dos dentes e seus tratamentos", em Heloisa Maria Murgel Starling, Betânia Gonçalves Figueiredo, Júnia Ferreira Furtado e Lígia Beatriz de Paula Germano (Orgs.), *Odontologia: História restaurada*, p. 35; "Documentos interessantes", *RIHGMG*, vol. 9, 1962, p. 373. Ainda hoje, vários dicionários de língua portuguesa trazem o verbete "tira-dentes" como sinônimo de dentista.

22. Em vários depoimentos prestados na devassa da Conjuração Mineira, Joaquim é identificado como "O Tiradentes" ou simplesmente "Tiradentes". O primeiro deles, uma carta denúncia do delator Basílio de Brito Malheiro do Lago, é datado de 15/04/1789 (*ADIM*, vol. 1, p. 96).

23. Para o uso da cachaça, Júnia Ferreira Furtado em "Dos dentes e seus tratamentos" e "Da arte de tratar os dentes", em Heloisa Maria Murgel Starling, Betânia Gonçalves Figueiredo, Júnia Ferreira Furtado e Lígia Beatriz de Paula Germano (Orgs.), *Odontologia: História restaurada*, pp. 21--65 e 67-119, respectivamente.

24. Ibid., p. 18.

25. A bolsa foi arrolada entre os objetos que Tiradentes tinha na prisão. Ver "Sequestro e avaliação dos bens dos réus que ficaram na Ilha das Cobras", de 10 e 11/05/1792 (*ADIM*, vol. 6, pp. 482-3). Para o uso da chave de Garengeot, ver Ernesto Salles Cunha, *História da odontologia no Brasil: 1500-1900*, p. 25.

26. Em Vila Rica, Tiradentes atendeu Vicente Vieira da Mota na casa onde este morava (*ADIM*, vol. 4, pp. 118-20). No Rio, foi a casa de Possidônio Carneiro e Antônio Ribeiro de Avelar com o mesmo propósito (*ADIM*, vol. 5, p. 73).

27. Vicente Vieira da Mota (*ADIM*, vol. 4, p. 120) e Jerônimo de Castro e Sousa (*ADIM*, vol. 4, p. 56).

28. Frei Raimundo da Anunciação Penaforte, confessor de Tiradentes, em seu texto "Últimos momentos dos inconfidentes de 1789 pelo frade que os assistiu de confissão" (*RIHGB*, tomo 44, parte 1, 1881, pp. 161-85).

29. Sobre a técnica de fabricar dentes postiços a partir de ossos de animais, Ernesto Salles Cunha, *História da odontologia no Brasil: 1500-1900*, pp. 21-8.

30. Os utensílios estão descritos no "Traslado do sequestro feito ao alferes Joaquim José da Silva Xavier", de 25/05/1789 (*ADIM*, vol. 6, pp. 57-66). Ao depor na devassa da Conjuração Mineira, Francisco Xavier Machado afirmou que "o achara [Tiradentes] sempre em casa a fazer dentes" (*ADIM*, vol. 3, p. 462).

31. Frei Raimundo da Anunciação Penaforte, confessor de Tiradentes, em seu texto "Últimos momentos dos inconfidentes de 1789 pelo frade que os assistiu de confissão" (*RIHGB*, tomo 44, parte 1, 1881, pp. 161-85). A "habilidade" protética foi confirmada por Vicente Vieira da Mota (*ADIM*, vol. 4, p. 120) e Jerônimo de Castro e Sousa (*ADIM*, vol. 4, p. 56).

32. Em 01/12/1775, Joaquim sentou praça no Regimento Regular de Cavalaria de Minas, sediado em Vila Rica, conforme carta do governador da capitania, d. Antônio de Noronha, de 13/01/1776, reproduzida em *RIHGB*, vol. 9, 1962, pp. 365-7. Em 08/01/1776, exercia função de quartel-mestre em Vila Rica, conforme documento de próprio punho reproduzido em *AMHN*, vol. 16, 1966. A atuação como tira-dentes e protético em Vila Rica é registrada em depoimentos prestados na devassa da Conjuração Mineira, como o de Vicente Vieira da Mota, de 03/08/1789 (*ADIM*, vol. 4, pp. 118-20).

33. A atuação como tira-dentes e protético no Rio é registrada em depoimentos prestados na devassa da Conjuração Mineira, como o de Jerônimo de Castro e Sousa, em 20/05/1789 (*ADIM*, vol. 4, pp. 55-7), e a carta denúncia de Mônica Antônia do Sacramento e Valentim Lopes da Cunha, de 15/05/1789 (*ADIM*, vol. 4, pp. 66-7).

34. Nos autos de devassa da Conjuração Mineira, há inúmeros depoimentos atestando o grande conhecimento que Tiradentes tinha das plantas e dos remédios naturais. No começo de 1789, quando tinha por volta de 42 anos de idade, Tiradentes citou o primo em conversa com Salvador do Amaral Gurgel. "Testemunha 25ª, Salvador Carvalho do Amaral Gurgel", de 30/06/1789 (*ADIM*, vol. 1, p. 208).

35. "Joaquim José da Silva Xavier — 6ª inquirição", de 14/04/1791 (*ADIM*, vol. 5, pp. 46-51).

36. "Inácia Gertrudes de Almeida — 1ª inquirição", de 07/05/1791 (*ADIM*, vol. 5, pp. 551-4).

37. Rita de Cássia Marques, "A saúde na terra dos bons ares, poucos médicos e muita fé", em Maria Efigênia Lage de Resende e Luiz Carlos Villalta (Orgs.), *História de Minas Gerais: As Minas setecentistas*, vol. 2, p. 225-45.

38. Para a ausência de escolas e o número reduzido de médicos, Carlos A. L. Filgueiras, "A ciência e as Minas Gerais dos Setecentos", e Rita de Cássia Marques, "A saúde na terra dos bons ares, poucos médicos e muita fé", em Maria Efigênia Lage de Resende e Luiz Carlos Villalta (Orgs.), *História de Minas Gerais: As Minas setecentistas*, vol. 2, pp. 159-85 e 225-45, respectivamente. Métodos de tratamento inócuos ou contraindicados são relatados por Adriana Romeiro e Angela Vianna Botelho no *Dicionário histórico das Minas Gerais: Período colonial*, pp. 48-55, e por Márcia de Moura Castro em *Ex-votos mineiros: As tábuas votivas no ciclo do ouro*, p. 54. Para o uso constante de sangrias e ventosas, Emanuel Araújo, *O teatro dos vícios: Transgressão e transigência na sociedade urbana colonial*, pp. 53-4.

39. Para os tratamentos que recorriam à evocação de Deus ou de forças sobrenaturais, Rita de Cássia Marques, "A saúde na terra dos bons ares, poucos médicos e muita fé", em Maria Efigênia

Lage de Resende e Luiz Carlos Villalta (Orgs.), *História de Minas Gerais: As Minas setecentistas*, vol. 2, pp. 225-45.

40. "Carta do ajud. João José Nunes Carneiro", 10/05/1789 (*ADIM*, vol. 4, pp. 39-41).

41. "Memória do êxito que teve a Conjuração de Minas e dos fatos relativos a ela acontecidos nesta cidade do Rio de Janeiro desde 17 até 26 de abril de 1792", de 02/05/1792 (*ADIM*, vol. 9, p. 110).

42. Em Vila Rica, Tiradentes tratou dos dentes de Vicente Vieira da Mota na casa do homem mais rico da capital mineira, o contratador João Rodrigues de Macedo (*ADIM*, vol. 4, pp. 118-20). No Rio, foi à casa de Inácia Gertrudes de Almeida, viúva de um porteiro da Casa da Moeda, para tratar de sua filha, que tinha uma ferida no pé (*ADIM*, vol. 5, pp. 551-4).

43. O talento musical de Joaquim foi relatado ao promotor Augusto Vaz Mourão pelo ex-praça Severino Francisco Pacheco, que presenciou Tiradentes tocar e cantar modinhas em Vila Rica. "Curiosas informações", *Minas Gerais*, 19/11/1892, p. 1217.

44. As descrições do ofício dos mascates e das viagens por Minas Gerais foram retiradas dos relatos de Auguste de Saint-Hilaire (*Viagem pelas províncias do Rio de Janeiro e Minas Gerais* e *Segunda viagem do Rio de Janeiro a Minas Gerais e a São Paulo — 1822*).

45. Na devassa da Conjuração Mineira, questionado se conhecia Tiradentes, o escravo Alexandre da Silva informou que "muito bem o conhecia" do tempo em que Joaquim "vivia de sua agência" (comércio ambulante) em Minas Novas. "Alexandre da Silva — 1ª inquirição", de 23/11/1789 (*ADIM*, vol. 2, pp. 369-77). Minas Novas pertenceu à Bahia entre 1729 e 1760.

46. A posição estratégica e as especificidades do comércio de Minas Novas foram anotadas por Auguste de Saint-Hilaire em 1816 (*Viagem pelas províncias do Rio de Janeiro e Minas Gerais*, pp. 67, 195 e 291).

47. Ibid.

48. "Alexandre da Silva — 1ª inquirição", de 23/11/1789 (*ADIM*, vol. 2, pp. 369-77). Ver também "Alberto da Silva e Oliveira Rolim — 1. Assentada. 1ª inquirição", de 20/02/1790" (*ADIM*, vol. 3, pp. 143-50).

49. Quem se referiu ao "comportamento" de Tiradentes foi Alberto da Silva e Oliveira Rolim. Ibid.

50. De acordo com o relato de Alberto da Silva e Oliveira Rolim, Tiradentes estava com "pouco ou nenhum crédito" quando deixou Minas Novas. Ibid.

PARTE II: VIDA MILITAR [pp. 61-125]

4.

1. Francis Albert Cotta, *Breve história da Polícia Militar de Minas Gerais*, p. 63.

2. "Instrução do sr. Martinho de Melo e Castro para se regular a tropa de Minas...", de 24/01/1775. *RIHGMG*, vol. 9, 1962, pp. 341-8.

3. Para a farda, as armas e o cavalo, ibid. Para a farinha e o azeite, "Relação da despesa que tem feito o alferes Joaquim, comandante do Caminho Novo..." de 06/10/1782. *RIHGMG*, vol. 9, 1962, p. 367.

4. "Instrução do sr. Martinho de Melo e Castro para se regular a tropa de Minas...", de 24/01/1775. *RIHGMG*, vol. 9, 1962, pp. 341-8.

5. Carta de d. Antônio de Noronha a Martinho de Melo e Castro de 13/01/1776. *RIHGMG*, vol. 9, 1962, p. 365.

6. Para a patente, ibid. Na hierarquia atual das polícias militares, alferes equivaleria hoje à patente de segundo-tenente.

7. *Discurso histórico e político sobre a sublevação que nas Minas houve no ano de 1720*, p. 59.

8. Para a expressão "o ouro encerra...", ibid.

9. Ibid., pp. 62-7.

10. Ibid.

11. Ibid., p. 96.

12. Ibid., pp. 80-1.

13. Para o número de praças, "Instrução para o visconde de Barbacena [...] por Martinho de Melo e Castro", de 29/01/1788 (*ADIM*, vol. 8, p. 62). Para os idosos, Francis Albert Cotta, *Breve história da Polícia Militar de Minas Gerais*, p. 63.

14. A afirmação é do conde de Valadares, que governou Minas Gerais de 1768 a 1773. Ibid., p. 49.

15. "Instrução para o visconde de Barbacena [...] por Martinho de Melo e Castro", de 29/01/1788 (*ADIM*, vol. 8, p. 62).

16. A descrição de Portugal como uma nação pequena com braços longos foi feita na "Instrução do sr. Martinho de Melo e Castro para se regular a tropa de Minas...", de 24/01/1775. *RIHGMG*, vol. 9, 1962, p. 344.

17. Sobre a consciência da Coroa em relação à importância do Brasil, ver "Consulta do Conselho Ultramarino a S. M. no ano de 1732". *RIHGB*, tomo 7, 1845, p. 506.

18. Christiane Figueiredo Pagano de Mello, "Desassossego das Minas: a guerra e o sertão. A situação militar na capitania durante o governo de d. Antônio de Noronha, 1775-1779", p. 11.

19. Ibid., p. 498.

20. Virgílio Noya Pinto, *O ouro brasileiro e o comércio anglo-português*, p. 114.

21. Para a farda, Francis Albert Cotta, "Para além da desclassificação e da docilização dos corpos: Organização militar nas Minas Gerais do século XVIII". Ver também "Traslado do sequestro feito ao alferes Joaquim José da Silva Xavier", de 25/05/1789 (*ADIM*, vol. 6, p. 58).

22. Para o efetivo inicial, "Instrução para o visconde de Barbacena [...] por Martinho de Melo e Castro", de 29/01/1788 (*ADIM*, vol. 8, p. 62). Para o efetivo final, "Instrução do sr. Martinho de Melo e Castro para se regular a tropa de Minas...", de 24/01/1775. *RIHGMG*, vol. 9, 1962, p. 343.

23. Francis Albert Cotta, "Para além da desclassificação e da docilização dos corpos: Organização militar nas Minas Gerais do século XVIII".

24. "Atestado lavrado pelo alferes Joaquim José da Silva Xavier", de 08/01/1776. O fac-símile do documento e sua transcrição estão em *AMHN*, vol. 16, 1966, pp. 84 e 102, respectivamente.

25. Ibid.

26. É o que atestam as folhas de pagamento do regimento referentes ao primeiro, segundo, terceiro e quarto trimestres daquele ano. Para o soldo do primeiro trimestre, *AMHN*, vol. 16, 1966, p. 100. Para os demais, *ABN*, vol. 65, 1943, p. 197.

27. Ibid.

28. José João Teixeira Coelho, *Instrução para o governo da capitania de Minas Gerais*, p. 355.
29. Francis Albert Cotta, *Breve história da Polícia Militar de Minas Gerais*, p. 64.
30. Ibid., p. 47.
31. Em 1775, a produção de ouro em Minas Gerais foi de aproximadamente 5,5 toneladas. Em 1780, baixou para 4,9 toneladas, e em 1785, para 3,5 toneladas. Virgílio Noya Pinto, *O ouro brasileiro e o comércio anglo-português*, p. 114.
32. "Representação dos oficiais da Câmara da Vila Real do Sabará, solicitando providências contra a imposição de que têm sido vítimas ao se pretender que assinem, por mais dez anos, o subsídio voluntário", de 04/08/1777. AHU/CU/BR-MG, cx. 111, doc. 48.
33. "Requerimento dos moradores do arraial do Paracatu, solicitando a mercê de os isentar do pagamento do quinto dos gêneros produzidos em Minas Gerais", de 21/03/1778. AHU/CU/BR-MG, cx. 112, doc. 40.
34. "Instrução do sr. Martinho de Melo e Castro para se regular a tropa de Minas...", de 24/01/1775. *RIHGMG*, vol. 9, 1962, pp. 341-8.
35. Para o soldo dos alferes no período anterior ao de Tiradentes, ver Francis Albert Cotta, "Para além da desclassificação e da docilização dos corpos: Organização militar nas Minas Gerais do século XVIII". Para o salário pago aos alferes na época de Tiradentes, "Relação dos soldos [...] do novo Regimento de Cavalaria da Capitania de Minas Gerais", de d. Antônio de Noronha, de 25/07/1775. *RIHGMG*, vol. 9, 1962, p. 353.
36. A comparação entre preços se baseia em dados de João Pinto Furtado, *O manto de Penélope*, p. 227.
37. Para o valor da mortalha, ver inventário de Antônia da Encarnação Xavier, reproduzido em *RIHGB*, tomo 66, parte 1, 1903, pp. 285-323.
38. "Representação dos oficiais da Câmara da Vila Real do Sabará, solicitando providências contra a imposição de que têm sido vítimas ao se pretender que assinem, por mais dez anos, o subsídio voluntário", de 04/08/1777. AHU/CU/BR-MG, cx. 111, doc. 48.
39. A comparação entre preços se baseia em dados de João Pinto Furtado, *O manto de Penélope*, p. 227.
40. As comissões do governador estão detalhadas em José João Teixeira Coelho, *Instrução para o governo da capitania de Minas Gerais*, pp. 175-81.
41. "Carta de d. Antônio de Noronha, governador de Minas, informando Martinho de Melo e Castro, entre outros assuntos, sobre a necessidade que há em se confirmar nos seus postos os oficiais por si providos", de 09/01/1778. AHU/CU/BR-MG, cx. 112, doc. 5.
42. O perfil e a trajetória de Melo e Castro são traçados de forma exemplar por Virgínia Maria Trindade Valadares em *A sombra do poder*.
43. Para "insignificante potência", ver "Instruções do secretário de Estado Martinho de Melo e Castro ao vice-rei Luís de Vasconcelos e Sousa", de 27/01/1779. Fac-símile do original disponível em: <http://objdigital.bn.br/objdigital2/acervo_digital/div_manuscritos/mss1459102/mss1459102.html#page/2/mode/1up>. Acesso em: abr. 2018. Para "todas as colônias portuguesas", ver "Instrução do sr. Martinho de Melo e Castro para se regular a tropa de Minas...", de 24/01/1775. *RIHGMG*, vol. 9, 1962, p. 341.
44. José João Teixeira Coelho, *Instrução para o governo da capitania de Minas Gerais*, p. 174.
45. Ibid.

46. Ibid., p. 371.

47. "Instrução do sr. Martinho de Melo e Castro para se regular a tropa de Minas...", de 24/01/1775. *RIHGMG*, vol. 9, 1962, pp. 341-8.

48. "Carta de d. Antônio de Noronha, governador de Minas, dirigida a Martinho de Melo e Castro, solicitando instruções acerca das medidas que deve tomar relativamente a alguns assuntos de caráter político", de 07/01/1777. *AHU/CU/BR-MG*, cx. 111, doc. 2.

49. A descrição do Caminho Novo que aqui se faz tem como base a reconstrução histórica do cenário da estrada na segunda metade do século XVIII feita por Sérgio Alcides em sua magnífica obra *Estes penhascos: Cláudio Manuel da Costa e a paisagem das Minas, 1753-1773*, pp. 108-21.

50. Ibid., p. 113.

51. Porto da Estrela ficava onde atualmente é o município de Magé (RJ). Ibid., p. 110.

52. Para a situação financeira de Portugal, Lucas Figueiredo, *Boa ventura!*, pp. 280-2. Para a situação militar, Virgínia Maria Trindade Valadares, *A sombra do poder*, pp. 52-3. Para a consciência de Lisboa quanto à sua impossibilidade de defender o Rio, ibid., pp. 48-9.

53. Christiane Figueiredo Pagano de Mello, "Desassossego das Minas: a guerra e o sertão. A situação militar na capitania durante o governo de d. Antônio de Noronha, 1775-1779", p. 12.

54. Para o valor do prêmio, ibid., p. 16. Um vintém de ouro valia 37,5 réis. A comparação entre preços se baseia em dados de João Pinto Furtado, *O manto de Penélope*, p. 227.

55. Ibid., p. 19.

56. Ibid., p. 20.

57. Ibid., p. 23.

58. Ibid., p. 14.

59. Ibid., p. 25.

60. Laura de Mello e Souza, *Desclassificados do ouro*, pp. 124-7.

61. Para a insatisfação dos mineiros, Christiane Figueiredo Pagano de Mello, "Desassossego das Minas: a guerra e o sertão. A situação militar na capitania durante o governo de d. Antônio de Noronha, 1775-1779", p. 14. De acordo com José João Teixeira Coelho em *Instrução para o governo da capitania de Minas Gerais*, p. 173, Minas Gerais tinha 319769 "almas católicas" (excluindo-se os indígenas, portanto) em 1776. Não há estatísticas que apontem quantos homens adultos havia. Pode-se inferir, porém, que o índice seja superior ao atual (32%), já que naquela época a capitania contava com um grande contingente de homens adultos (escravos) empregado na mineração.

62. Trinta e oito anos após a estada de Tiradentes no Rio de Janeiro, o botânico e naturalista francês Auguste de Saint-Hilaire foi à capital do Brasil pela primeira vez. Ao registrar posteriormente suas primeiras impressões sobre o Rio, Saint-Hilaire escreveu: "Tudo sorria em torno de nós". *Viagem pelas províncias do Rio de Janeiro e Minas Gerais*, p. 18.

63. Tropas enviadas ao Rio ficaram baseadas em "Copa Cabana", conforme folha especial de pagamento do regimento dos Dragões de 1778, cujo fac-símile se encontra em *AMHN*, vol. 16, 1966, p. 55. A região só seria incorporada à cidade em 1892, com a abertura de um túnel no morro Vila Rica, hoje conhecido como Túnel Velho.

64. A folha de pagamento do regimento dos Dragões relativa ao terceiro trimestre de 1779 destaca que Tiradentes viera do Rio com soldo pago até setembro daquele ano. Herculano Gomes Mathias, "O Tiradentes e a cidade do Rio de Janeiro", *AMHN*, vol. 16, 1966, p. 101.

65. Para a população e o número de residências do Rio, Nireu Cavalcanti, *O Rio de Janeiro*

setecentista, p. 255. Para Vila Rica, José João Teixeira Coelho, *Instrução para o governo da capitania de Minas Gerais*, p. 175.

66. A descrição do edifício é de Luiz Edmundo, *O Rio de Janeiro no tempo dos vice-reis (1763-1808)*, p. 27. A partir da chegada de d. João VI ao Brasil, em 1808, o edifício sofreu por diversas reformas e ampliações, passando a se chamar Paço Imperial. Em 2017, o prédio estava aberto à visitação e abrigava um espaço cultural (praça Quinze de Novembro, no centro da cidade).

67. Com a construção da catedral de São Sebastião do Rio de Janeiro, em 1976, a matriz perdeu status e passou a se chamar igreja de Nossa Senhora do Carmo da Antiga Sé (rua Sete de Setembro com rua Primeiro de Março, no centro da cidade).

68. Para a descrição do Rio nos anos 1770, Carlos Wehrs, "O Rio de Janeiro e a Inconfidência Mineira" (*RIHGB*, tomo 153, n. 375, abr./jun. 1992, pp. 50-63), e Nireu Cavalcanti, *O Rio de Janeiro setecentista*.

69. Para a expressão de Lavradio, Carlos Wehrs, "O Rio de Janeiro e a Inconfidência Mineira" (*RIHGB*, tomo 153, n. 375, abr./jun. 1992, pp. 50-63). Para a descrição da rua, Luiz Edmundo, *O Rio de Janeiro no tempo dos vice-reis (1763-1808)*, p. 39.

70. Ibid.

71. A antiga região do Valongo faz parte hoje do bairro da Saúde, na zona central do Rio. O ponto de maior comércio escravagista se situava onde hoje é a rua São José, nas imediações da praça Quinze de Novembro.

72. "Antônio Ribeiro de Avelar — inquirição", de 30/07/1791 (*ADIM*, vol. 5, pp. 79-80).

73. No começo do século XIX, o quartel foi desativado, servindo posteriormente a vários propósitos: Coudelaria Real (1819); Colônia Agrícola Dom Pedro II (1889); Colégio Dom Bosco (1897-1997). Em 2011, teve início uma polêmica entre a comunidade ouro-pretana e o grupo educacional Salesiano, proprietário do conjunto, que pretendia cedê-lo a um empreendimento imobiliário privado. Em meados de 2018, quando este livro foi para o prelo, o prédio continuava desativado.

74. Documento n. 80, *ABN*, vol. 65, 1943, pp. 187-91.

75. Documento n. 91, ibid.

76. "Exposição do governador d. Rodrigo José de Meneses sobre o estado de decadência da capitania de Minas Gerais...", de 04/08/1780. *RAPM*, vol. 2, n. 2, 1897, pp. 311-27.

77. "Carta de d. Rodrigo José de Meneses, governador de Minas, informando Martinho de Melo e Castro sobre os motivos por que tem concedido terras em sesmaria", de 31/12/1781. AHU/CU/BR-MG, cx. 117, doc. 83.

78. Waldemar de Almeida Barbosa, *Dicionário histórico-geográfico de Minas Gerais*, p. 343. Venda Nova conservou seu nome e hoje é um distrito de Belo Horizonte. Barreiro Grande é atualmente o município de Três Marias, no centro do estado.

79. Ibid.

80. Ibid.

81. Ibid.

82. Documentos n. 80 e n. 91, *ABN*, vol. 65, 1943, pp. 191-2 e 213-4.

83. Para a construção de quartéis, documento n. 80, ibid., p. 191, e Waldemar de Almeida Barbosa, *Dicionário histórico-geográfico de Minas Gerais*, p. 343. Para o suporte à cavalaria, documento n. 91, ibid., pp. 213-4. Para os pagamentos, ibid.

84. Documento n. 91, ibid., pp. 213-4.

85. Era o caso do pedestre Marcos Garcia. Ibid.

86. Documento n. 87, ibid., pp. 207-8.

87. Macedo arrematou os contratos das entradas por 383:363$306 (lê-se 383 contos e 363 306 réis) e dos dízimos por 197:689$478. Os valores se referiam ao período integral do contrato, ou seja, três anos. Assim, o gasto mensal médio dos dois contratos alcançava 16:140$355, com cálculos do autor (*ADIM*, vol. 8, pp. 95-7). O soldo de Tiradentes era de 24$000 (lê-se 24 mil-réis) (*AMHN*, vol. 16, 1966, p. 100).

88. O episódio é relatado por Tarquínio J. B. de Oliveira em *Um banqueiro na Inconfidência*, p. 63.

89. Ibid.

90. O tom pouco usual empregado por Macedo na sua retratação é confirmado por Tarquínio J. B. de Oliveira. Ibid.

91. Ibid.

92. Constam pagamentos de Macedo a Tiradentes em 24/10/1780, 15/01/1781 e 12/05/1781. Joaquim recebia o dinheiro de um funcionário do contratador, Manuel Barbosa de Oliveira, e ao assinar o recibo ele atestava que a fonte pagadora era Macedo. *AMHN*, vol. 16, 1966, pp. 102-2.

93. Para o soldo e a patente, "Recibo de Tiradentes", de 30/12/1782. *RIHGMG*, vol. 9, 1962, p. 368.

94. "Carta de Maria I ao alferes Joaquim José da Silva Xavier, comandante do Caminho do Rio de Janeiro", de 24/12/1781. *RAPM*, vol. 2, n. 2, 1897, p. 14.

95. Carta de Martinho de Melo e Castro, de 08/07/1780. Oswaldo Munteal Filho e Mariana Ferreira de Melo (Orgs.), *Minas Gerais e a história natural das colônias: Política colonial e cultura científica no século XVIII*, p. 107.

96. Carta de Martinho de Melo e Castro, de 26/04/1781. Ibid., pp. 107-8.

97. Caetano Beirão, *D. Maria I (1777-1792): Subsídios para a revisão da história do seu reinado*, pp. 2-3.

98. Cálculo do autor a partir de dados fornecidos por Virgílio Noya Pinto no clássico *O ouro brasileiro e o comércio anglo-português*, p. 247.

99. Para a cerimônia de aclamação de d. Maria e seu juramento, Caetano Beirão, *D. Maria I (1777-1792): Subsídios para a revisão da história do seu reinado*, pp. 117-24; Ana Cristina Pereira e Joana Troni, *A vida privada dos Bragança. De d. João IV a d. Manuel II: O dia a dia na corte*.

100. *Tesouros reais*, pp. 290-318.

101. Caetano Beirão, *D. Maria I (1777-1792): Subsídios para a revisão da história do seu reinado*, p. 121.

102. Ibid., p. 12.

103. Cartas de d. Maria para o tio Carlos III (16/01/1781) e para a prima Maria Josefa de Bourbon (29/01/1781). Ibid., pp. 426-7 e 435.

104. Waldemar de Almeida Barbosa, *A verdade sobre Tiradentes*, p. 171.

105. A região foi considerada "área proibida" pelo governador de Minas Gerais em 1755, e a decisão foi confirmada em 1760.

106. Carla Maria Junho Anastasia, *A geografia do crime: Violência nas Minas setecentistas*, p. 88; André Figueiredo Rodrigues, "Os sertões proibidos da Mantiqueira: Desbravamento, ocupação da terra e as observações do governador d. Rodrigo José de Meneses".

107. Márcio Jardim, *A Inconfidência Mineira: Uma síntese factual*, p. 69. Waldemar de Almeida Barbosa, *A verdade sobre Tiradentes*, p. 171.

108. A fazenda de Amado era avaliada em 16 contos de réis, segundo levantamento de Vanessa Lourenço Vaz Costa em *O Caminho Novo: Ocupação do solo e produção rural, 1700-1831*, p. 87. Já a Pombal valia três contos e 200 mil-réis, conforme inventário de Antônia da Encarnação Xavier, reproduzido em *RIHGB*, tomo 66, parte 1, 1903, pp. 285-323.

109. Em 15/07/1781, Tiradentes ainda não havia chegado a Vila Rica (naquele dia, sua presença foi registrada no sítio do Pé Pequeno, noventa quilômetros ao norte da capital mineira). Onze dias depois, o alferes já havia chegado a Matias Barbosa, na divisa com o Rio de Janeiro. Márcio Jardim, *A Inconfidência Mineira: Uma síntese factual*, p. 69.

110. Para o material entregue no almoxarifado, "Portaria ao tesoureiro da Junta da Real Fazenda...", de 19/07/1781. Fac-símile e trechos do documento podem ser vistos em *AMHN*, vol. 16, 1966, pp. 83 e 99.

111. Waldemar de Almeida Barbosa, *A verdade sobre Tiradentes*, pp. 171-3.

112. Ibid.

113. Ibid.

114. Ibid.

115. Sobre o fornecimento de milho e farinha, Herculano Gomes Mathias, "O Tiradentes e a cidade do Rio de Janeiro", *AMHN*, vol. 16, 1966, p. 99.

116. Ibid.

117. Adelto Gonçalves, *Gonzaga, um poeta do Iluminismo*, p. 111.

118. "Portaria ao tesoureiro da Junta da Real Fazenda...", de 19/07/1781. Fac-símile e trechos do documento podem ser vistos em *AMHN*, vol. 16, 1966, pp. 83 e 99.

119. "Relação de despesas feitas por Tiradentes", de 06/10/1782. *RIHGMG*, vol. 9, 1962, p. 367. "Mapa de municiamento de farinhas no destacamento da patrulha do Mato e Porto de Meneses...", de 1781. *AMHN*, vol. 16, 1966, miolo de imagens.

120. Exemplo de tabela de despesas em formato tridimensional feita por Tiradentes no período em que foi comandante do Caminho Novo pode ser vista em *AMHN*, vol. 16, 1966, miolo de imagens. Para o comentário final, "Relação de despesas feitas por Tiradentes", de 06/10/1782. *RIHGMG*, vol. 9, 1962, p. 367.

121. Waldemar de Almeida Barbosa, *A verdade sobre Tiradentes*, pp. 171-3.

122. Ibid.

123. Ibid.

124. Joaquim conhecia a área pelo menos desde 1783, como comprova recibo assinado por ele, na Rocinha da Negra, pelo pagamento de seu soldo referente ao segundo trimestre daquele ano. *ABN*, vol. 16, 1943, p. 193. O governador de Minas Gerais citou a "inteligência menéria lógica" de Tiradentes em carta. "Comissão confiada ao alferes Joaquim...", de 16/04/1784. *RAPM*, n. 2, 1897, pp. 347-50.

125. Para as regras de concessão de datas, Adriana Romeiro e Angela Vianna Botelho, *Dicionário histórico das Minas Gerais: Período colonial*, pp. 130-1. Para a população cativa, Douglas Cole Libby, "As populações escravas das Minas setecentistas: Um balanço preliminar", em Maria Efigênia Lage de Resende e Luiz Carlos Villalta (Orgs.), *História de Minas Gerais: As Minas setecentistas*, vol. 1, p. 419.

126. Os escravos eram Francisco Caetano, Bangelas, João Camundongo, Maria e seus filhos

Jerônimo, de dois anos, e Francisca, ainda bebê. "Traslado do sequestro feito ao alferes Joaquim José da Silva Xavier", de 25/05/1789 (*ADIM*, vol. 6, pp. 57-66). "Justificação — Suplicante: Antônia Maria do Espírito Santo; Ré: Real Fazenda, sendo promotor do Fisco ad hoc o dr. Paulo José de Lana Costa e Dantas, pelo confiscado Joaquim José da Silva Xavier", de 05/11/1789 (*ADIM*, vol. 9, pp. 45-60).

127. Para a média de posse de cativos em Minas Gerais, Douglas Cole Libby, "As populações escravas das Minas setecentistas: Um balanço preliminar", em Maria Efigênia Lage de Resende e Luiz Carlos Villalta (Orgs.), *História de Minas Gerais: As Minas setecentistas*, vol. 1, p. 433.

128. "Auto de partição e medição e posse de 43 datas de terras no meio do rio do Porto do Meneses e no tabuleiro do quartel na barra do córrego de Vargem, concedidas e repartidas ao alferes Joaquim José da Silva Xavier", de 24/09/1781. André Figueiredo Rodrigues, *A fortuna dos inconfidentes*, pp. 149-50 e 197.

129. Para o número de datas, ibid. Uma data padrão media 66 metros quadrados.

130. Ibid.

131. Em sua *Instrução para o governo da capitania de Minas Gerais* (p. 279), José João Teixeira Coelho relata o problema e afirma: "Eu sou testemunha dele, porque o vi praticado em Catas Altas da Noruega". Tiradentes poderia de fato vender as lavras, tanto que o assunto foi abordado duas vezes na investigação da Conjuração Mineira. "Testemunha 13ª — José Joaquim da Rocha", de 11/08/1789 (*ADIM*, vol. 4, p. 116), e "Testemunha 64ª", de 04/08/1789 (*ADIM*, vol. 1, pp. 273-4).

132. A produção anual média de ouro por escravo por volta de 1780 era de vinte oitavas (71,72 gramas), segundo Virgílio Noya Pinto, citando cálculos feitos naquela época por José João Teixeira Coelho. *O ouro brasileiro e o comércio anglo-português*, p. 69.

133. Uma oitava valia 1200 réis. Tarquínio J. B. de Oliveira, *Erário Régio de Francisco A. Rebelo*, p. 105.

134. Quando Tiradentes teve os bens sequestrados, foram arrolados dois créditos que ele tinha a receber no valor total de 420 mil-réis, o equivalente a um ano e meio de seu salário. "Traslado do sequestro feito ao alferes Joaquim José da Silva Xavier", de 25/05/1789 (*ADIM*, vol. 6, pp. 57-66).

135. Recibo referente ao pagamento de soldo do quarto trimestre de 1782 passado por Tiradentes, na Rocinha da Negra, em 30 de dezembro daquele ano. A réplica do documento encontra-se exposta na Casa dos Contos, em Ouro Preto.

136. "Traslado do sequestro feito ao alferes Joaquim José da Silva Xavier", de 25/05/1789 (*ADIM*, vol. 6, pp. 57-66).

137. Para "matos virgens", ibid. Para o serviço de agrimensura, "Auto de medição e demarcação de terras referentes à sesmaria de Joaquim José da Silva Xavier", de 17/09/1783. André Figueiredo Rodrigues, *A fortuna dos inconfidentes*, pp. 150 e 197.

138. Para a capoeira, "Traslado do sequestro feito ao alferes Joaquim José da Silva Xavier", de 25/05/1789 (*ADIM*, vol. 6, pp. 57-66).

139. Para os "serviços de regos", ibid.

140. Ibid.

141. O gado de Tiradentes valia 50050 réis. André Figueiredo Rodrigues, *A fortuna dos inconfidentes*, p. 150. Um boi de carro valia 5400 réis, em média. "Avaliação dos bens sequestrados ao dr. Inácio José de Alvarenga Peixoto" (*ADIM*, vol. 6, p. 325).

142. Para o nome da propriedade, ibid.

5.

1. Tiradentes relatou o episódio em carta ao governador d. Rodrigo José de Meneses, de 19/04/1783. Waldemar de Almeida Barbosa transcreveu a íntegra da carta no seu livro *A verdade sobre Tiradentes*, pp. 173-5. Ver também Laura de Mello e Souza, *Desclassificados do ouro*, pp. 277-81, e Carla Maria Junho Anastasia, *A geografia do crime*, pp. 13 e 91-6, e "Salteadores, bandoleiros e desbravadores nas matas gerais da Mantiqueira (1783-1786)", pp. 129-31.

2. Para as chuvas, Adelto Gonçalves, *Gonzaga, um poeta do Iluminismo*, p. 111.

3. Carta de Joaquim de 19/04/1783, transcrita por Waldemar de Almeida Barbosa em *A verdade sobre Tiradentes*, pp. 173-5.

4. Para o caso de Araújo, Carla Maria Junho Anastasia, *A geografia do crime*, pp. 13 e 91-6.

5. Para os números relativos à população, APM/CC, cx. 37 - 30099.

6. Regimento de d. Luís de Mascarenhas "de que hão de usar [...] da Conquista do Caiapó [...]", de 06/01/1742, reproduzido parcialmente por Marcel Mano em "Índios e negros nos sertões das Minas: Contatos e identidades", pp. 522-3.

7. Liana Maria Reis, *Crimes e escravos na capitania de todos os negros (Minas Gerais, 1720-1800)*, p. 59.

8. Para a prosa, José João Teixeira Coelho, *Instrução para o governo da capitania de Minas Gerais*, pp. 294-5. Para o verso, Tomás Antônio Gonzaga, *Cartas chilenas*, p. 62.

9. Para os valores da recompensa, Adriana Romeiro e Angela Vianna Botelho, *Dicionário histórico das Minas Gerais: Período colonial*, p. 95. As autoras expressam o valor da recompensa em oitavas de ouro (uma oitava é igual a 3,586 gramas). Para a autorização real, Francis Albert Cotta, *Breve história da Polícia Militar de Minas Gerais*, pp. 59-60.

10. Luciano Figueiredo, "Tradições radicais: Aspectos da cultura política mineira setecentista", em Maria Efigênia Lage de Resende e Luiz Carlos Villalta (Orgs.), *História de Minas Gerais: As Minas setecentistas*, vol. 1, p. 254.

11. O roteiro oficial é descrito por Adalgisa Arantes Campos em "Execuções na colônia: A morte de Tiradentes e a cultura barroca", p. 145. Um caso de escravo que teve a cabeça cortada e exposta a público é registrado na "Solicitação de pagamento de seis oitavas de ouro, pela captura e morte...", de 19/11/1757, APM/CMOP, cx. 34, doc. 50.

12. "Memória do êxito que teve a Conjuração de Minas e dos fatos relativos a ela acontecidos nesta cidade do Rio de Janeiro desde 17 até 26 de abril de 1792", de 02/05/1792 (*ADIM*, vol. 9, p. 110).

13. Para o número de quilombos, Adriana Romeiro e Angela Vianna Botelho, *Dicionário histórico das Minas Gerais: Período colonial*, p. 337.

14. Para os gritos, Liana Maria Reis, *Crimes e escravos na capitania de todos os negros (Minas Gerais, 1720-1800)*, pp. 216-7 e 253.

15. Carla Maria Junho Anastasia, *A geografia do crime*, p. 17.

16. Ibid., p. 16.

17. Para os relatos de ações violentas com uso de chicotes e freios para equídeos e castração, ibid., p. 16. Na Vila do Príncipe, em 1722, Manuel Ruiz Pena foi assassinado a golpes de foice por seus escravos João Nagô e Jacinto Benguela. Liana Maria Reis, *Crimes e escravos na capitania de todos os negros (Minas Gerais, 1720-1800)*, p. 240.

18. Carta de Joaquim José da Silva Xavier ao governador d. Rodrigo José de Meneses, de 19/04/1783, transcrita na íntegra por Waldemar de Almeida Barbosa em *A verdade sobre Tiradentes*, pp. 173-5.

19. Exemplo de ex-voto que retrata violência de bandidos pode ser visto em Márcia de Moura Castro, *Ex-votos mineiros: As tábuas votivas no ciclo do ouro*, p. 32.

20. Sobre Sete Orelhas e seu bando, Carla Maria Junho Anastasia, *A geografia do crime*, pp. 25 e 109-14.

21. A distância entre a casa de Joaquim (rua São José) e a de Vira-Saia (ladeira de Santa Efigênia) era de apenas um quilômetro. Para o bando do Vira Saia, ver Ivana Parrela, *O teatro das desordens: Garimpo, contrabando e violência no sertão diamantino (1768-1800)*, pp. 95-9.

22. Para Mão de Luva e sua quadrilha, Carla Maria Junho Anastasia, *A geografia do crime*, pp. 25 e 96-109, e Rodrigo Leonardo de Sousa Oliveira, *"Mão de Luva" e "Montanha": Bandoleiros e salteadores nos caminhos de Minas Gerais no século XVIII (Matas Gerais da Mantiqueira: 1755-1786)*, pp. 94-125.

23. O relato, de 1779, é de um indígena ouvido pelos homens encarregados de prender Mão de Luva. Rodrigo Leonardo de Sousa Oliveira, ibid., p. 109.

24. Para Montanha e a Quadrilha da Mantiqueira, Rodrigo Leonardo de Sousa Oliveira, *"Mão de Luva" e "Montanha": Bandoleiros e salteadores nos caminhos de Minas Gerais no século XVIII (Matas Gerais da Mantiqueira: 1755-1786)*, pp. 47-89; Laura de Mello e Souza, *Desclassificados do ouro*, pp. 277-81; e Carla Maria Junho Anastasia, *A geografia do crime*, pp. 87-96, e "Salteadores, bandoleiros e desbravadores nas matas gerais da Mantiqueira (1783-1786)", pp. 117-37. Oliveira e Mello e Souza afirmam que o nome verdadeiro de Montanha era Joaquim de Oliveira; já Anastasia aponta José Galvão.

25. A definição é do ouvidor da comarca de Sabará, José Caetano César Manitti. Laura de Mello e Souza, *Desclassificados do ouro*, p. 278.

26. Carta de Joaquim José da Silva Xavier ao governador d. Rodrigo José de Meneses, de 19/04/1783, transcrita na íntegra por Waldemar de Almeida Barbosa em *A verdade sobre Tiradentes*, pp. 173-5.

27. Rodrigo Leonardo de Sousa Oliveira, *"Mão de Luva" e "Montanha": Bandoleiros e salteadores nos caminhos de Minas Gerais no século XVIII (Matas Gerais da Mantiqueira: 1755-1786)*, p. 87.

28. Para a remessa, Virgílio Noya Pinto, *O ouro brasileiro e o comércio anglo-português*, p. 74.

29. Para o movimento dos navios, ibid., pp. 299-310.

30. Ibid., p. 262. É deste autor a conversão da libra em ouro.

31. Carta de d. Rodrigo José de Meneses a Martinho de Melo e Castro, de 15/03/1782. Documento transcrito na íntegra por Liana Reis e Virgínia Valadares em *Capitania de Minas Gerais em documentos: Economia, política e sociedade*, pp. 90-1.

32. Ivana Parrela, *O teatro das desordens: Garimpo, contrabando e violência no sertão diamantino (1768-1800)*, p. 153-4.

33. Diversas correspondências dos governadores de Minas Gerais da segunda metade do século XVIII relatam a fragilidade das cadeias da capitania. D. Rodrigo José de Meneses cita uma cadeia "velha e de madeira [que] não pode conter os facinorosos" em carta parcialmente transcrita por Rodrigo Leonardo de Sousa Oliveira em *"Mão de Luva" e "Montanha": Bandoleiros e salteadores nos caminhos de Minas Gerais no século XVIII (Matas Gerais da Mantiqueira: 1755-1786)*, p. 16. Para o medo dos comandantes, Carla Maria Junho Anastasia, "Salteadores, bandoleiros e desbravadores nas matas gerais da Mantiqueira (1783-1786)", p. 125.

34. Carta de Joaquim José da Silva Xavier ao governador d. Rodrigo José de Meneses, de 19/04/1783, transcrita na íntegra por Waldemar de Almeida Barbosa em *A verdade sobre Tiradentes*, pp. 173-5.

35. Rodrigo Leonardo de Sousa Oliveira, *"Mão de Luva" e "Montanha": Bandoleiros e salteadores nos caminhos de Minas Gerais no século XVIII (Matas Gerais da Mantiqueira: 1755-1786)*, p. 85.

36. Carta de Joaquim José da Silva Xavier ao governador d. Rodrigo José de Meneses, de 19/04/1783, transcrita na íntegra por Waldemar de Almeida Barbosa em *A verdade sobre Tiradentes*, pp. 173-5.

37. Ibid.

38. Carta de José Aires Gomes a d. Rodrigo José de Meneses, de 19/04/1783, que tem trecho transcrito por Rodrigo Leonardo de Sousa Oliveira em *"Mão de Luva" e "Montanha": Bandoleiros e salteadores nos caminhos de Minas Gerais no século XVIII (Matas Gerais da Mantiqueira: 1755-1786)*, pp. 83-4.

39. Ibid. A conversão do valor em bens se baseia em dados de João Pinto Furtado, *O manto de Penélope*, p. 227.

40. Carla Maria Junho Anastasia, "Salteadores, bandoleiros e desbravadores nas matas gerais da Mantiqueira (1783-1786)", pp. 130-1.

41. Carta de d. Rodrigo José de Meneses a Martinho de Melo e Castro, de 06/06/1783, reproduzida parcialmente por Rodrigo Leonardo de Sousa Oliveira em *"Mão de Luva" e "Montanha": Bandoleiros e salteadores nos caminhos de Minas Gerais no século XVIII (Matas Gerais da Mantiqueira: 1755-1786)*, pp. 86-7.

42. Carta de Joaquim José da Silva Xavier ao governador d. Rodrigo José de Meneses, de 19/04/1783, transcrita na íntegra por Waldemar de Almeida Barbosa em *A verdade sobre Tiradentes*, pp. 173-5.

43. Um dos que levantaram a suspeita de conexão de bandidos com autoridades foi o ouvidor do Rio das Mortes, Luís Ferreira de Araújo e Azevedo. Ver Rodrigo Leonardo de Sousa Oliveira, *"Mão de Luva" e "Montanha": Bandoleiros e salteadores nos caminhos de Minas Gerais no século XVIII (Matas Gerais da Mantiqueira: 1755-1786)*, pp. 85-6.

44. Carla Maria Junho Anastasia, *A geografia do crime*, p. 73.

45. Ver comentário de 1782 do desembargador português José João Teixeira Coelho na sua *Instrução para o governo da capitania de Minas Gerais*, p. 217.

46. O episódio envolvendo o capitão-mor José de Sousa e o bandido João Rodrigues Nogueira, o Tambor, é descrito por Ivana Parrela em *O teatro das desordens: Garimpo, contrabando e violência no sertão diamantino (1768-1800)*, p. 112.

47. José João Teixeira Coelho, *Instrução para o governo da capitania de Minas Gerais*, p. 216.

48. Carla Maria Junho Anastasia, *A geografia do crime*, p. 38.

49. "Carta da Câmara da vila de Santo Antônio de Sá ao desembargador intendente geral do ouro Manuel Pinto da Cunha e Sousa. Vila de Santo Antônio de Sá, 26/04/1779". Rodrigo Leonardo de Sousa Oliveira, *"Mão de Luva" e "Montanha": Bandoleiros e salteadores nos caminhos de Minas Gerais no século XVIII (Matas Gerais da Mantiqueira: 1755-1786)*, p. 100.

50. Ibid.

51. Carla Maria Junho Anastasia, *A geografia do crime*, p. 99.

52. O cognome fora dado por Tomás Antônio Gonzaga em suas *Cartas chilenas*.

53. A aparição do cometa foi registrada por Tomás Antônio Gonzaga nas *Cartas chilenas*, p. 42.

54. Tendo convivido com Luís da Cunha, o padre João Antunes de Noronha afirmava que suas esbórnias "fariam horror aos bacanais da Antiguidade". Adelto Gonçalves, *Gonzaga, um poeta do Iluminismo*, p. 132. Já Tomás Antônio Gonzaga (*Cartas chilenas*, pp. 171 e 178) dizia que ele sofria de "mal oculto" (doença venérea) e que abusava de "pobres moças" que viviam "à custa de seu corpo".

55. Entre 14 de fevereiro e 15 de março de 1784, o vice-rei enviou quatro cartas ao governador. "Comissão confiada ao alferes Joaquim...", de 16/04/1784. *RAPM*, n. 2, 1897, pp. 347-50.

56. "Comissão confiada ao alferes Joaquim...", de 16/04/1784. Ibid.

57. Ibid.

58. Ibid.

59. "Carta do sargento-mor Pedro Afonso Galvão de São Martinho ao governador das Minas Luís da Cunha Meneses. Matriz de São Manuel do Rio da Pomba, 12/05/1784". Rodrigo Leonardo de Sousa Oliveira, *"Mão de Luva" e "Montanha": Bandoleiros e salteadores nos caminhos de Minas Gerais no século XVIII (Matas Gerais da Mantiqueira: 1755-1786)*, p. 117.

60. "Carta do vice-rei Luís de Vasconcelos e Sousa ao governador das Minas Luís da Cunha Meneses. Rio de Janeiro, 26/04/1786". Ibid., p. 123.

61. Ibid., p. 133.

62. Ibid., p. 125.

63. Eram eles os alferes José Alves e Antônio Francisco Ribeiro, os anspeçadas Custódio Pinheiro de Faria e Bernardo dos Reis, o cabo de esquadra José de Deus, os soldados Sebastião Craveiro, José Antônio da Rocha e Felipe Rodrigues e os pedestres Antônio Xavier e João José. "Relação dos réus do extravio do ouro pronunciados em 3 de agosto de 1786". Ibid., p. 135.

64. Ibid., p. 122.

6.

1. Carta de d. Maria a Carlos III, de 21/11/1783. Caetano Beirão, *D. Maria I (1777-1792): Subsídios para a revisão da história do seu reinado*, pp. 429-30. Para o tratamento afetuoso com o tio, ver cartas de d. Maria a Carlos III de 11/11/1777, 07/07/1778, 16/01/1781, 13/10/1783, 02/11/1783, 21/11/1783, 29/12/1783, 21/01/1784, 27/02/1784, 05/04/1784, 24/05/1784, 06/04/1785 e 06/06/1786. Ibid., pp. 425-35.

2. Carta de d. Maria a Carlos III, de 02/11/1783. Ibid., p. 429.

3. Para "gostosa notícia", carta de d. Maria a Carlos III, de 06/04/1785. Ibid., p. 433.

4. Ibid., pp. 314-9. Ver também Joaquim Jaime B. Ferreira-Alves, "Festejos no Porto pelos casamentos dos príncipes d. João com d. Carlota Joaquina de Bourbon e de d. Mariana Vitória com d. Gabriel de Bourbon".

5. Ibid., p. 66.

6. Ibid., pp. 73-5.

7. A deliciosa descrição do sarau é do aristocrata inglês William Beckford (*A corte da rainha d. Maria I: Correspondência de William Beckford — 1787*, pp. 125-33). Em 1787, Beckford fez uma escala em Lisboa quando seguia para suas fazendas na Jamaica. Engulhado pelo balanço do navio, decidiu passar um tempo na capital portuguesa. Acabou ficando oito meses, período em que viveu intensamente a vida em sociedade fazendo o que mais gostava (Beckford era escritor, crítico de arte e

um escandaloso satiríaco bissexual). Sua estadia em terras lusitanas resultou em relatos históricos preciosos sobre a vida na corte de d. Maria.

8. "Manifesto de uma pedra feito pelo alferes Joaquim José da Silva Xavier". *RAPM*, n. 5, 1900, pp. 162-3.

9. Ibid.

10. Para "inteligência menéria lógica", "Comissão confiada ao alferes Joaquim...", de 16/04/1784. *RAPM*, n. 2, 1897, pp. 347-50.

11. "Atestado passado pelo alferes Comandante do Sertão, Joaquim José da Silva Xavier, que confirma o recebimento de quantia para ser entregue no Tribunal da Real Junta de Vila Rica", de 11/07/1786. APM/AVC, cx. 13, doc. 41.

12. Documentos relacionados ao episódio estão transcritos na íntegra em *RIHGMG*, vol. 9, 1962, pp. 370-2. Ver também Oliveira Bello, "Cronologia da vida de Tiradentes à luz de documentos". *RIHGB*, vol. 199, abr./jun. 1948, p. 7.

13. Ibid.

14. Quando sentou praça nos Dragões, em dezembro de 1775, o soldo mensal dos alferes era de 24 mil-réis: "Relação dos soldos [...] do novo Regimento de Cavalaria da Capitania de Minas Gerais", de 25/07/1775 (*RIHGMG*, vol. 9, 1962, p. 353). O primeiro salário recebido por Tiradentes que está documentado refere-se ao mês trabalhado de abril de 1776 (24 mil-réis): "Folha de pagamento do regimento a que pertencia Tiradentes", de 01/07/1776 (*ABN*, vol. 65, 1943, pp. 194-7). São conhecidos recibos firmados por Joaquim em 1779, 1780, 1782, 1783, 1784 e 1785 referentes a pagamento de três meses acumulados de soldos, todos no mesmo valor: 72 mil-réis (*AMHN*, vol. 16, 1966, p. 101); "Recibos e outras peças redigidas e firmadas ou apenas firmadas por Tiradentes" (*ABN*, vol. 65, 1943, pp. 191-3); e "Recibos de Tiradentes" (*RIHGMG*, vol. 9, 1962, p. 368).

15. "Atraso de vencimentos de Tiradentes". *ABN*, vol. 65, 1943, pp. 193-4.

16. "Recibos e outras peças redigidas e firmadas ou apenas firmadas por Tiradentes". Ibid., pp. 191-3.

17. "Joaquim José da Silva Xavier — 4ª inquirição", de 18/01/1790 (*ADIM*, vol. 5, p. 32).

18. Ibid.

19. Ibid.

20. Emanuel Araújo, *O teatro dos vícios: Transgressão e transigência na sociedade urbana colonial*, p. 301.

21. Tomás Antônio Gonzaga, *Cartas chilenas*, pp. 132-3.

22. Ibid.

23. Para a cessão do terreno a Carlos Francisco de Lemos e posteriormente a Tiradentes, "Solicitação do aforamento das terras devolutas da ladeira do Batatinha a um vintém a braça", de 14/01/1778 (APM/CMOP, cx. 52, doc. 04); "Solicitação de baixa nos foros de algumas braças de terra", de 29/12/1785 (APM/CMOP, cx. 60, doc. 10); e *ADIM*, vol. 9, p. 58.

24. Tratava-se de um terreno foreiro. Ibid.

25. A casa foi avaliada em 410 mil-réis. "Pe. Joaquim Pereira de Magalhães — Petição de pagamento da indenização devida pela casa em que morava Tiradentes, demolida e arrasada por ordem da Justiça", de 20/10/1792 (*ADIM*, vol. 9, p. 247).

26. As dimensões exatas do lavabo não constam de nenhuma publicação, mas, ao escrever este trecho do livro, eu queria citar o dado. Pedi a meu amigo Francisco de Paula Vasconcellos Bastos,

ouro-pretano de boa cepa, que levantasse a informação — podia ser por alto, eu disse. Por alto? O sobrinho-bisneto do lendário Diogo Luís de Almeida Pereira de Vasconcellos foi até a igreja de São Francisco de Assis com uma trena e mediu o lavabo. Obrigado, Chico Bastos!

27. O cônego Luís Vieira da Silva afirma que Tiradentes "andara nesta vila [Vila Rica] por casa de várias meretrizes": "Cônego Luís Vieira da Silva — 1ª inquirição", de 01/07/1789 (*ADIM*, vol. 2, p. 147). O gosto de Tiradentes por prostitutas também é sugerido na "Carta denúncia de Basílio de Brito Malheiro do Lago", de 15/04/1789. Ao ouvir do aspirante a soldado José Joaquim de Oliveira de que estava para haver um levante tramado por Tiradentes, Basílio comentou: "Só se for um levante de putas" (*ADIM*, vol. 1, p. 98). O aspirante a soldado confirmou a versão de Basílio. Ibid., pp. 170-3.

28. "Testemunha 16ª — José Vicente de Morais Sarmento"; "Testemunha 17ª — Simplícia Maria de Moura"; "Testemunha 18ª — Caetana Francisca de Moura" e "Testemunha 19ª — Ana Maria da Silva", todos de 27/06/1789 (*ADIM*, vol. 1, pp. 182-8).

29. Em um período inferior a três anos, Ana Maria Rosa deu à luz suas filhas em Paracatu (comarca do Rio das Velhas) e na Barra do Rio das Velhas (comarca do Serro), áreas de mineração distantes 320 quilômetros entre si.

30. "Testemunha 17ª — Simplícia Maria de Moura"; "Testemunha 18ª — Caetana Francisca de Moura" e "Testemunha 19ª — Ana Maria da Silva", todos de 27/06/1789 (*ADIM*, vol. 1, pp. 182-8).

31. Ibid.

32. Segundo Tarquínio J. B. de Oliveira, Antônia Maria do Espírito Santo nasceu em Vila Rica em 1770 (*ADIM*, vol. 3, p. 346). Em processo judicial envolvendo Antônia que tramitou em Vila Rica em 1789, ela é tratada como "menor". "Justificação — Suplicante: Antônia Maria do Espírito Santo; Ré: Real Fazenda, sendo promotor do Fisco ad hoc o dr. Paulo José de Lana Costa e Dantas, pelo confiscado Joaquim José da Silva Xavier", de 05/11/1789 (*ADIM*, vol. 9, pp. 45-60).

33. Ibid.

34. Ibid.

35. Para a expressão "não era moço", "5.4.1 — Testemunha 9ª — Basílio de Brito Malheiro do Lago", de 28/07/1789 (*ADIM*, vol. 4, pp. 89-90). Por duas vezes, em juízo, um conhecido de Tiradentes o descreveu como um homem de cabelos brancos (ibid.). E também "XXIV.1 — Parte de Basílio de Brito Malheiro do Lago", de 08/05/1789 (*ADIM*, vol. 2, p. 450).

36. Documentos dos *Autos de devassa da Inconfidência Mineira* revelam que poucos conspiradores, mesmos entre os mais ricos, poderosos e sofisticados, tinham tantos e tão diversos utensílios de beleza como Joaquim.

37. Para os objetos de Tiradentes, "Traslado do sequestro feito ao alferes Joaquim José da Silva Xavier", de 25/05/1789 (*ADIM*, vol. 6, pp. 57-66); "Sequestro e avaliação dos bens dos réus que ficaram na Ilha das Cobras", de 10 e 11/05/1792 (*ADIM*, vol. 6, pp. 481-5); e "Pregões de venda e arrematação de bens sequestrados aos réus presos no Rio", de maio de 1792 (*ADIM*, vol. 6, pp. 486-97).

38. Para as peças de vestuário, "Traslado do sequestro feito ao alferes Joaquim José da Silva Xavier", de 25/05/1789 (ibid.). A comparação tem como base os guarda-roupas de Tiradentes e dos demais inconfidentes, segundo traslados de sequestro transcritos nos *Autos de devassa da Inconfidência Mineira*.

39. Para as peças de vestuário e acessórios civis de Tiradentes, "Traslado do sequestro feito ao alferes Joaquim José da Silva Xavier", de 25/05/1789 (ibid.). Para a farda, acessórios militares e

armas, ibid. Ver também Francis Albert Cotta, "Para além da desclassificação e da docilização dos corpos: Organização militar nas Minas Gerais do século XVIII".

40. "'Traslado do sequestro feito ao alferes Joaquim José da Silva Xavier", de 25/05/1789 (ibid.). Dentre os inconfidentes, apenas o padre Manuel Rodrigues da Costa também possuía bússola (*ADIM*, vol. 6, p. 439).

41. Dentre os demais inconfidentes, apenas Tomás Antônio Gonzaga, Cláudio Manuel da Costa, Domingos de Abreu Vieira e Inácio José de Alvarenga Peixoto, donos de patrimônios muito maiores que o de Joaquim, possuíam relógios de bolso. O relógio de Cláudio Manuel tinha a caixa de latão. O de Domingos era de prata. O de Gonzaga, de um metal que imitava ouro. O de Alvarenga Peixoto, o mais valioso (50 mil-réis, quase quatro vezes o valor do relógio de Tiradentes), era cravejado com um topázio amarelo. Ver os seguintes documentos transcritos nos *ADIM*, vol. 6: "'Traslado do sequestro feito ao desembargador Tomás Antônio Gonzaga", de 23/05/1789, pp. 45--54; "'Traslado do sequestro e da adição ao sequestro (21/03/1791) feitos ao dr. Cláudio Manuel da Costa", de 25/06/1789, p. 112; "'Traslado do sequestro e da adição ao sequestro (18/03/1790) feitos ao ten.-cel. Domingos de Abreu Vieira", de 07/09/1789, p. 129; "Traslado do sequestro feito a Inácio José de Alvarenga Peixoto", de 05/10/1789, pp. 169, 181 e 206; e "Avaliação dos bens sequestrados ao dr. Inácio José de Alvarenga Peixoto", de 03/02/1791, p. 324.

42. O relógio faz parte do acervo do Museu da Inconfidência, em Ouro Preto (MG), e em 2017 estava exposto à visitação pública. As dimensões da peça são: altura, 6,8 centímetros; largura, 5,2 centímetros; profundidade, três centímetros. MI/ Sistema de Controle do Acervo Museológico/ Ficha de Catalogação, inventário n. 262.

43. Para as características do relógio, ibid. Ver também "'Traslado do sequestro feito ao alferes Joaquim José da Silva Xavier", de 25/05/1789 (*ADIM*, vol. 6, pp. 57-66); "Sequestro e avaliação dos bens dos réus que ficaram na Ilha das Cobras", de 10 e 11/05/1792 (*ADIM*, vol. 6, pp. 481-5); e "Pregões de venda e arrematação de bens sequestrados aos réus presos no Rio", de maio de 1792 (*ADIM*, vol. 6, pp. 486-97).

44. Para a data de fabricação, consulta a David Penney, mestre antiquário inglês do ramo da horologia.

45. Para as gravações, MI/ Sistema de Controle do Acervo Museológico/ Ficha de Catalogação, inventário n. 262. Ver também "'Traslado do sequestro feito ao alferes Joaquim José da Silva Xavier", de 25/05/1789 (*ADIM*, vol. 6, pp. 57-66); "Sequestro e avaliação dos bens dos réus que ficaram na Ilha das Cobras", de 10 e 11/05/1792 (*ADIM*, vol. 6, pp. 481-5); e "Pregões de venda e arrematação de bens sequestrados aos réus presos no Rio", de maio de 1792 (*ADIM*, vol. 6, pp. 486-97).

46. Logo após a prisão de Tiradentes, em 1789, seu relógio foi apreendido. Naquele mesmo ano, antes de ser levada a leilão, a peça foi avaliada por Manuel José Bessa, relojoeiro estabelecido no Rio de Janeiro, que emitiu certificado em que declarava ser aquele um relógio inglês ("Sequestros e avaliações feitas nos bens dos réus: dr. Inácio José de Alvarenga Peixoto, Francisco Antônio de Oliveira Lopes, cônego Luís Vieira da Silva, vigário Carlos Correia de Toledo, ten.-cel. Domingos de Abreu Vieira, alferes Joaquim José da Silva Xavier", de 30/10/1789, *ADIM*, vol. 6, p. 240). Em 1953, localizado em mãos de particulares, o relógio foi comprado pelo então governador de Minas Gerais, Juscelino Kubitschek, e doado ao Museu da Inconfidência. Dali em diante, o relógio foi retratado como sendo inglês em documentos oficiais, trabalhos acadêmicos e livros. O próprio inventário técnico do relógio, feito pelo Museu da Inconfidência, dono da peça, aponta Londres como sua origem

(MI/ Sistema de Controle do Acervo Museológico/ Ficha de Catalogação, inventário n. 262). Ver também *O Museu da Inconfidência*, p. 32.

47. A supremacia suíça na horologia se firmou na passagem do século XVIII para o XIX, desbancando a Inglaterra.

48. A obra de maior referência da relojoaria antiga — *Old Clocks and Watches & Their Makers: Being an Historical and Descriptive Account of the Different Styles of Clocks and Watches of the Past* [Relógios antigos e seus fabricantes: Um relato histórico e descritivo dos diferentes estilos de relógios do passado], de Frederick James Britten (2ª ed., 1904) — traz um anexo (pp. 544-724) com os nomes de cerca de 10 mil fabricantes de peças, mecanismos e acessórios de relógios.

49. A verdadeira origem do relógio foi descoberta pelo mestre antiquário inglês David Penney, que a meu pedido analisou fotografias do inventário técnico da peça produzido pelo Museu da Inconfidência. Especialista em relojoaria antiga, Penney é membro honorário do British Horological Institute e colaborador de museus (British Museum, National Maritime Museum e Time Museum), do *Oxford Dictionary*, com verbetes relacionados a relógios. Um de seus temas de estudo é a falsificação de relógios ingleses do século XVIII (ver "The Faking of English Watches", *Antiquarian Horology*, jun. 2014, p. 849). Na obra de maior referência dos relógios do século XVIII, o livro *Old Clocks and Watches & Their Makers: Being an Historical and Descriptive Account of the Different Styles of Clocks and Watches of the Past*, de Frederick James Britten, publicado na Inglaterra em 1904, não há referência a nenhum relojoeiro com o nome S. Elliot na Europa até o início do século XX.

50. A informação sobre a venda maciça dos relógios falsificados também é de David Penney.

51. "Traslado do sequestro feito ao alferes Joaquim José da Silva Xavier", 25/05/1789 (*ADIM*, vol. 6, pp. 57-66); "Sequestro e avaliação dos bens dos réus que ficaram na Ilha das Cobras", de 10 e 11/05/1792 (*ADIM*, vol. 6, pp. 481-5); e "Pregões de venda e arrematação de bens sequestrados aos réus presos no Rio", de maio de 1792 (*ADIM*, vol. 6, pp. 486-97).

52. Para o valor dos bens de Tiradentes, "Resumo geral do estado em que se acham os sequestros feitos na capitania de Minas Gerais — 1789/1791" (*ADIM*, vol. 6, p. 360). O valor médio de um escravo em Vila Rica era de 72 mil-réis, segundo dados de João Pinto Furtado, *O manto de Penélope*, p. 227.

53. Por parte de mãe, Tiradentes legou 483 mil-réis. O inventário do pai nunca foi encontrado. Pelo inventário de Antônia, sabe-se que Domingos era seu meeiro da mulher e também legatório de um terço dos 50% restantes, o que lhe conferia um patrimônio de onze contos e 800 mil-réis. Se Domingos conservou seu patrimônio intacto nos dois anos que viveu após a morte da mulher, ele terá deixado para cada um dos oito filhos (os sete que teve com Antônia mais a filha concebida no tempo de solteiro, chamada Clara) o equivalente a um conto e 500 mil-réis aproximadamente. Inventário de Antônia da Encarnação Xavier, reproduzido em *RIHGB*, tomo 66, parte 1, 1903, pp. 285-323.

54. A fazenda do Pombal valia três contos e 200 mil-réis, segundo o inventário de Antônia da Encarnação Xavier. Ibid.

55. Para o valor da bolsa e para o uso que Tiradentes fazia dela, "Traslado do sequestro feito ao alferes Joaquim José da Silva Xavier", de 25/05/1789 (*ADIM*, vol. 6, pp. 57-66). Para a expressão "boceta" e o material utilizado na sua confecção, "Sequestro e avaliação dos bens dos réus que ficaram na Ilha das Cobras", de 10 e 11/05/1792 (*ADIM*, vol. 6, pp. 481-5).

56. O talento musical de Joaquim foi relatado ao promotor Augusto Vaz Mourão pelo ex-praça Severino Francisco Pacheco, que presenciou Tiradentes tocar e cantar modinhas em Vila Rica.

"Curiosas informações", *Minas Gerais*, 19/11/1892, p. 1217. Segundo uma testemunha, Joaquim "falava com muita liberdade": "xxiv.1 — Parte de Basílio de Brito Malheiro do Lago", de 08/05/1789 (*ADIM*, vol. 2, p. 450).

57. Para os livros de Tiradentes, "Traslado do sequestro feito ao alferes Joaquim José da Silva Xavier", de 25/05/1789 (*ADIM*, vol. 6, pp. 57-66); "Sequestro e avaliação dos bens dos réus que ficaram na Ilha das Cobras", de 10 e 11/05/1792 (*ADIM*, vol. 6, pp. 481-5); e "Pregões de venda e arrematação de bens sequestrados aos réus presos no Rio", de maio de 1792 (*ADIM*, vol. 6, pp. 486-97). Dentre os inconfidentes, apenas sete possuíam mais livros que o alferes, dos quais somente um deles era militar — padre Luís Vieira da Silva (612 volumes), padre Manuel Rodrigues da Costa (207), padre Carlos Correia de Toledo (105), Cláudio Manuel da Costa (344), Tomás Antônio Gonzaga (83), tenente-coronel Francisco de Paula Freire de Andrada (84) e Alvarenga Peixoto (18). Rafael de Freitas e Souza, *O Tiradentes leitor*, p. 53.

58. "Justificação — Suplicante: Antônia Maria do Espírito Santo; Ré: Real Fazenda, sendo promotor do Fisco ad hoc o dr. Paulo José de Lana Costa e Dantas, pelo confiscado Joaquim José da Silva Xavier", de 05/11/1789 (*ADIM*, vol. 9, pp. 45-60).

59. Ibid.

60. Antônia contou sua versão em juízo. Tiradentes falou ao capitão Luís Antônio de Velasco Saião. Ibid.

61. Vizinho de Antônia, Maurício Ferreira da Costa afirmou em juízo que, na redondeza, o "trato ilícito" do casal "foi público sempre". Ibid.

62. A quebra da regra social fica patente nos depoimentos tomados à época. Ibid.

63. Ibid.

64. Para o estilo de vida espartano dos pais, ver o inventário da mãe de Tiradentes, Antônia da Encarnação Xavier, reproduzido em *RIHGB*, tomo 66, parte 1, 1903, pp. 285-323.

65. Para os pertences de Tiradentes, "Traslado do sequestro feito ao alferes Joaquim José da Silva Xavier", de 25/05/1789 (*ADIM*, vol. 6, pp. 57-66); "Sequestro e avaliação dos bens dos réus que ficaram na Ilha das Cobras", de 10 e 11/05/1792 (*ADIM*, vol. 6, pp. 481-5); e "Pregões de venda e arrematação de bens sequestrados aos réus presos no Rio", de maio de 1792 (*ADIM*, vol. 6, pp. 486-97). Apenas dois inconfidentes tinham colchões, Cláudio Manuel da Costa e José Aires Gomes: "Traslado do sequestro e da adição ao sequestro (21/03/1791) feitos ao dr. Cláudio Manuel da Costa", de 25/06/1789 (*ADIM*, vol. 6, p. 105), e "Auto de sequestro de bens ao cel. José Aires Gomes", de maio e junho de 1791 (*ADIM*, vol. 6, p. 402).

66. Para pertences de Tiradentes, ibid. Dentre todos os autuados no processo da Inconfidência Mineira, o padre Manuel Rodrigues da Costa tinha três travesseiros; Cláudio Manuel da Costa, Vicente Vieira da Mota e Domingos Fernandes da Cruz tinham um cada. "Auto de sequestro de bens ao pe. Manuel Rodrigues da Costa e da abertura de uma porta do seu gabinete", de 20 e 26/05/1791 (*ADIM*, vol. 6, p. 437); "Traslado do sequestro e da adição ao sequestro (21/03/1791) feitos ao dr. Cláudio Manuel da Costa", de 25/06/1789 (*ADIM*, vol. 6, p. 105); "Auto de sequestro de bens ao capitão Vicente Vieira da Mota", de 11/05/1791; e "Inventário e depósito dos bens de Domingos Fernandes da Cruz", de maio de 1789 (*ADIM*, vol. 6, p. 25).

67. Para pertences de Tiradentes, "Traslado do sequestro feito ao alferes Joaquim José da Silva Xavier", de 25/05/1789 (*ADIM*, vol. 6, pp. 57-66).

68. Ibid.

69. Ibid.

70. Para os pertences de Tiradentes e o hábito de fechar as canastras à chave, ibid.

71. Ibid. Ver também "Sequestro e avaliação dos bens dos réus que ficaram na Ilha das Cobras", de 10 e 11/05/1792 (*ADIM*, vol. 6, pp. 482-3).

72. Para pertences de Tiradentes, "Traslado do sequestro feito ao alferes Joaquim José da Silva Xavier", de 25/05/1789 (*ADIM*, vol. 6, pp. 57-66). Para a expressão "cavalos de sua majestade", "Relação de despesas feitas por Tiradentes", de 06/10/1782 (*RIHGMG*, vol. 9, 1962, p. 367).

73. Ibid.

74. Para a expressão dar "à luz um feto do mesmo alferes", "Justificação — Suplicante: Antônia Maria do Espírito Santo; Ré: Real Fazenda, sendo promotor do Fisco ad hoc o dr. Paulo José de Lana Costa e Dantas, pelo confiscado Joaquim José da Silva Xavier", de 05/11/1789 (*ADIM*, vol. 9, pp. 45-60). A filha de Tiradentes foi batizada em 31 de agosto de 1786, o que indica que teria sido gerada entre o início de 1785, quando o alferes voltou a Vila Rica, e o final daquele ano. O termo de batismo está transcrito em *ADIM*, vol. 5, p. 18.

75. "Justificação — Suplicante: Antônia Maria do Espírito Santo; Ré: Real Fazenda, sendo promotor do Fisco ad hoc o dr. Paulo José de Lana Costa e Dantas, pelo confiscado Joaquim José da Silva Xavier", de 05/11/1789 (*ADIM*, vol. 9, pp. 45-60).

76. Para a disseminação das notícias na vizinhança, depoimento de Maurício Ferreira da Costa. Tiradentes contou as novas ao soldado Ventura Mendes Barreto e ao capitão Luís Antônio de Velasco Saião. Ibid., pp. 44-60.

77. No termo de batismo, está escrito que a criança era "natural de Antônia [...] e do pai que diz ser o alferes Joaquim José da Silva Xavier" (*ADIM*, vol. 5, p. 18).

78. Ibid.

79. "Estado das famílias dos réus sequestrados em Vila Rica, por José Caetano César Manitti", de 1791 (*ADIM*, vol. 3, p. 346).

80. "Justificação — Suplicante: Antônia Maria do Espírito Santo; Ré: Real Fazenda, sendo promotor do Fisco ad hoc o dr. Paulo José de Lana Costa e Dantas, pelo confiscado Joaquim José da Silva Xavier", de 05/11/1789 (*ADIM*, vol. 9, pp. 45-60).

81. Para o nome das crianças, ibid. Ver também "Estado das famílias dos réus sequestrados em Vila Rica, por José Caetano César Manitti", de 1791 (*ADIM*, vol. 3, p. 346). No *Vocabulário português e latino* (vol. 6, p. 727), escrito entre 1712 e 1728, o verbete "pretinho" designa o "pequeno escravo".

82. Para os laços de parentesco, ver nota de Tarquínio J. B. de Oliveira nos *ADIM*, vol. 3, pp. 346-7.

83. Tiradentes e Antônia moravam na freguesia de Ouro Preto. No termo de batismo do filho de Eugênia e Beltrão, realizado na matriz de Nossa Senhora do Pilar, consta que o casal era "desta freguesia", ou seja, Ouro Preto. Ibid.

84. "Traslado do sequestro feito ao alferes Joaquim José da Silva Xavier", de 25/05/1789 (*ADIM*, vol. 6, p. 66).

PARTE III: O LOUCO DESEJO DE LIBERDADE [pp. 127-59]

7.

1. "Certidão das licenças concedidas ao alferes Joaquim José da Silva Xavier para viagens ao Rio", de 10/10/1789 (*ADIM*, vol. 1, pp. 292-3). Durante a vigência do afastamento, Tiradentes recebeu soldos quando ainda se encontrava no Rio. Ao terminar a licença, um novo pagamento foi feito, dessa vez em Vila Rica (*ADIM*, vol. 8, pp. 26, 106 e 116).

2. "Certidão das licenças concedidas ao alferes Joaquim José da Silva Xavier para viagens ao Rio" (ibid).

3. "Requerimento do alferes Joaquim José da Silva Xavier ao Conselho Ultramarino para viajar ao Reino", de março de 1787 (*ADIM*, vol. 8, p. 25).

4. Ibid.

5. "Antônio Ribeiro de Avelar — inquirição", de 30/07/1791 (*ADIM*, vol. 5, pp. 79-80).

6. Quando Tiradentes foi preso no Rio dois anos depois, entre seus bens apreendidos estava a bolsa. "Sequestro e avaliação dos bens dos réus que ficaram na Ilha das Cobras", de 10 e 11/05/1792 (*ADIM*, vol. 6, pp. 482-3). Para as aspas, "Joaquim José da Silva Xavier — 1ª inquirição", de 22/05/1789 (*ADIM*, vol. 5, p. 25). Tiradentes aponta dois clientes do Rio: Possidônio Carneiro e Antônio Ribeiro de Avelar: "Joaquim José da Silva Xavier — 11ª inquirição", de 15/07/1791 (*ADIM*, vol. 5, p. 73). Outros três depoimentos atestam a fama que Tiradentes gozava no Rio como dentista: "Nesta cidade [do Rio ele] é bem conhecido pela habilidade de pôr e tirar dentes". Ver também: "3.2.2 — Testemunha 3ª — Jerônimo de Castro e Sousa", 20/05/1789 (*ADIM*, vol. 4, p. 56); Joaquim "tira dentes": "4.3.7 — Carta denúncia — Rio, 15/05/1789, Mônica Antônia do Sacramento e Valentim Lopes da Cunha" (*ADIM*, vol. 4, p. 66).

7. "Certidão das licenças concedidas ao alferes Joaquim José da Silva Xavier para viagens ao Rio", de 10/10/1789 (*ADIM*, vol. 1, pp. 292-3).

8. *ADIM*, vol. 8, p. 26.

9. O caso é relatado por quatro pessoas: Tiradentes ("6ª inquirição", de 14/04/1791, *ADIM*, vol. 5, pp. 46-51); Inácia Gertrudes de Almeida ("1ª inquirição", de 07/05/1791, *ADIM*, vol. 5, pp. 551-4); Inácio Nogueira Lima ("1ª inquirição", de 17/06/1791, *ADIM*, vol. 5, pp. 539-46); e Domingos Fernandes da Cruz ("1ª inquirição", de 16/06/1791, *ADIM*, vol. 5, pp. 531-5).

10. Ibid.

11. Ibid.

12. O relatório de dispensas de Tiradentes cita apenas os dois afastamentos legais no período contínuo de quatro meses (02/03/1787 a 02/07/1787) e o seu retorno, bem posterior. "Certidão das licenças concedidas ao alferes Joaquim José da Silva Xavier para viagens ao Rio", de 10/10/1789 (*ADIM*, vol. 1, pp. 292-3).

13. "Requerimento do alferes Joaquim José da Silva Xavier ao Conselho Ultramarino para viajar ao Reino", de março de 1787 (*ADIM*, vol. 8, pp. 25-6).

418

8.

1. "Carta de d. Joana de Meneses ao S. M. (aux.) Joaquim Pedro da Câmara", de 18/07/1787 (*ADIM*, vol. 1, pp. 139-40); "Testemunha 61ª" (ibid., pp. 269-7); "Testemunha referida (por T. 21ª) — Joaquim Pedro de Sousa Câmara", de 17/09/1789 (*ADIM*, vol. 4, pp. 229-30). No *Vocabulário português e latino* (vol. 8, p. 324), o verbete "tumulto" tem como significado: "motim, alvoroço de gente levantada contra os superiores".
2. Ibid.
3. Ibid.
4. Caetano Beirão, *D. Maria I (1777-1792): Subsídios para a revisão da história do seu reinado*, pp. 319-20.
5. Virgílio Noya Pinto, *O ouro brasileiro e o comércio anglo-português*, pp. 71-5.
6. A expressão "exemplo pernicioso" foi usada pelo marquês de Pombal em 1775 e 1776. Caetano Beirão, *D. Maria I (1777-1792): Subsídios para a revisão da história do seu reinado*, p. 212, e Luiz Carlos Villalta em *1789-1808: O império luso-brasileiro e os Brasis*, p. 23.

9.

1. Um amplo painel da Universidade de Coimbra no século XVIII pode ser visto em Virgínia Maria Trindade Valadares, *Elites mineiras setecentistas*.
2. "De muitas maneiras, a Inconfidência [Mineira] começou a ser gestada em Coimbra", afirmam Júnia Ferreira Furtado e Heloísa Murgel Starling em *O livro de Tiradentes* (coordenado por Kenneth Maxwell), p. 116.
3. Para o número de estudantes de Minas Gerais, Virgínia Maria Trindade Valadares, *Elites mineiras setecentistas*, pp. 495-502.
4. Kenneth Maxwell, *A devassa da devassa*, p.137.
5. Ver notas de Tarquínio J. B. de Oliveira em *ADIM*, vol. 8, pp. 27-8, e *ADIM*, vol. 2, p. 95.
6. Domingos Vidal de Barbosa Laje, contemporâneo de Maia e Barbalho na Universidade de Montpellier, foi quem contou sobre a missão. "II.5.3.A — Assentada, Cadeia Pública", de 08/07/1789 (*ADIM*, vol. 2, pp. 88-91).
7. Alunos da universidade participaram da Inconfidência Mineira (1789), da Confederação do Equador (1824) e da Conjuração dos Suassuna (1800-1). Rafael Dias da Silva Campos e Christian Fausto Moraes dos Santos, "Doutores da devassa: Sedição e teses médicas de luso-brasileiros em Montpellier", p. 62.
8. O fac-símile da carta (de 09/10/1786) e sua transcrição do original em francês são encontrados em *AMI*, 1953, ano 2, pp. 7 e 11. A íntegra traduzida para o português está em *ADIM*, vol. 8, p. 19.
9. A carta de Jefferson não é conhecida. Sabe-se da sua existência devido à referência feita a ela na segunda carta enviada por Maia e Barbalho ao norte-americano (*ADIM*, vol. 8, pp. 21-2).
10. A transcrição da carta (de 21/11/1786) do original em francês é encontrada em *AMI*, 1953, ano 2, pp. 11-2. A íntegra traduzida para o português está em *ADIM*, vol. 8, pp. 21-2.
11. A transcrição da carta (de 26/12/1786) do original em francês está em *AMI*, 1953, ano 2, p.
12. A íntegra traduzida para o português está em *ADIM*, vol. 8, p. 23.

12. Na terceira carta enviada a Jefferson, em 05/11/1787, Maia e Barbalho disse que a notícia da viagem ao sul da França dera a ele "o maior prazer e felicidade". A transcrição da carta do original em francês é encontrada em *AMI*, 1953, ano 2, p. 13. A íntegra traduzida para o português está em *ADIM*, vol. 8, p. 24.

13. Para a viagem ao Reino levando correspondências, "Tomás Antônio Gonzaga — 1ª inquirição", de 17/11/1789 (*ADIM*, vol. 5, pp. 208-9). Ver também nota de Tarquínio J. B. de Oliveira em *ADIM*, vol. 8, p. 122.

14. "Testemunha 71ª — José de Sousa Lobo", de 14/06/1790 (*ADIM*, vol. 1, pp. 319-20).

15. "Testemunha 64ª", de 04/08/1789 (*ADIM*, vol. 1, pp. 273-4).

16. Para a conspiração de Tiradentes com o padre Rolim no Rio, "Ofício do visconde de Barbacena a Martinho de Melo e Castro enviando informações sobre a conjuração em Minas, indicando os principais implicados no movimento e comunicando o andamento das providências tomadas", de 11/06/1789 (*AMI*, 1953, ano 2, p. 68).

17. O edifício foi demolido em 1842. Ficava em frente ao atual número 92 da Champs-Élysées. A viagem de Jefferson é descrita com riqueza no delicioso *Thomas Jefferson's Crème Brûlée*, de Thomas J. Craughwell, que me serviu de fonte.

18. Ibid.

19. A íntegra da carta (de 19/03/1787) traduzida para o português está em *ADIM*, vol. 8, p. 27.

20. Um farto material sobre a espionagem inglesa no século XVIII é encontrado em Virgílio Noya Pinto, *O ouro brasileiro e o comércio anglo-português*, e Lucas Figueiredo, *Boa ventura!*.

21. Para a espionagem portuguesa, Adelto Gonçalves, *Gonzaga, um poeta do Iluminismo*, p. 361.

22. Carta de Thomas Jefferson de 19/03/1787 (*ADIM*, vol. 8, p. 27).

23. Para a intenção de usar o sítio arqueológico como local de conchavo e o interesse pessoal do embaixador pelo lugar, carta de Thomas Jefferson de 04/05/1787. A íntegra da carta no original em francês está em *AMI*, 1953, ano 2, pp. 13-9. O trecho da missiva que trata especificamente do Brasil pode ser visto, traduzido para o português, em *ADIM*, vol. 8, pp. 28-35.

24. Thomas J. Craughwell, *Thomas Jefferson's Crème Brûlée*.

25. Carta de Thomas Jefferson de 04/05/1787. A íntegra da missiva no original em francês está em *AMI*, 1953, ano 2, pp. 13-9. O trecho que trata especificamente do Brasil pode ser visto, traduzido para o português, em *ADIM*, vol. 8, pp. 28-35.

26. Ibid.
27. Ibid.
28. Ibid.
29. Ibid.
30. Ibid.
31. Ibid.
32. Ibid.
33. Ibid.
34. Ibid.
35. Ibid.
36. Ibid.
37. Ibid.
38. Thomas J. Craughwell, *Thomas Jefferson's Crème Brûlée*.

39. Carta de Thomas Jefferson de 04/05/1787. A íntegra da missiva no original em francês está em *AMI*, 1953, ano 2, pp. 13-9. O trecho que trata especificamente do Brasil pode ser visto, traduzido para o português, em *ADIM*, vol. 8, pp. 28-35.

40. Ibid.

41. "Requerimento do alf. Joaquim José da Silva Xavier ao Conselho Ultramarino para revalidação da licença de ir ao reino" (*ADIM*, vol. 8, p. 106).

42. O segundo pedido de Tiradentes para ir a Portugal é de fevereiro de 1788. Em relação aos projetos, a tramitação já corria em 01/04/1788, de acordo com um despacho transcrito na íntegra em *ADIM*, vol. 11, pp. 47-9.

43. "Carta do doutor ouvidor-geral da comarca ao doutor juiz de fora, presidente, e demais oficiais do Senado da Câmara. Anexo: petição de Joaquim José da Silva Xavier", de 19/06/1788 (*ADIM*, vol. 11, pp. 47-9).

44. Para a intenção de levar a água até o chafariz da Carioca, "José Aires Gomes — 1ª inquirição", de 06/08/1791 (*ADIM*, vol. 5, p. 471). O chafariz ficava onde é hoje o largo da Carioca, no centro da cidade.

45. "Carta do doutor ouvidor-geral da comarca ao doutor juiz de fora, presidente, e demais oficiais do Senado da Câmara. Anexo: petição de Joaquim José da Silva Xavier", de 19/06/1788 (*ADIM*, vol. 11, pp. 47-9).

46. Ibid.

47. "4ª inquirição — Acareação com Inácio José de Alvarenga Peixoto — 29/07/1791" (*ADIM*, vol. 5, p. 190).

48. "4.3.7 — Carta denúncia — Rio, 15/05/1789, Mônica Antônia do Sacramento e Valentim Lopes da Cunha ao vice-rei" (*ADIM*, vol. 4, p. 67).

49. Valentim Lopes da Cunha contou ter achado "fastidiosa" a conversa de Tiradentes sobre os projetos. Ibid.

50. Algumas das testemunhas que ouviram Tiradentes discorrer sobre os projetos são: coronel Luís Alves de Freitas Belo (*ADIM*, vol. 1, pp. 271-2), tenente José Antônio de Melo (ibid., pp. 182-3), as "pilatas" Caetana Francisca do Amaral e Ana Maria da Silva (ibid., pp. 186-8), padre Manuel Rodrigues da Costa (ibid., p. 202), padre José Lopes de Oliveira (ibid., p. 205), Jerônimo de Castro e Sousa (*ADIM*, vol. 4, p. 65), tenente-coronel Francisco de Paula Freire de Andrada (*ADIM*, vol. 5, p. 190) e coronel José Aires Gomes (ibid., p. 471).

51. Para a duração das obras e a expectativa de "grandes rendas e fortunas", "Testemunha 19ª" (*ADIM*, vol. 1, p. 188).

52. Para a estimativa de renda, "Testemunha 23ª — O reverendo padre José de Oliveira Lopes", de 30/06/1789 (ibid., p. 205).

53. Para a expressão "homem mais feliz do mundo", "Testemunha 19ª" (ibid., p. 188).

54. *ADIM*, vol. 8, pp. 109 e 114-5.

55. Para o número de bicas, Vivaldo Coaracy, *Memórias da cidade do Rio de Janeiro*, pp. 173-84.

56. Ibid.

57. Ibid., p. 175.

58. "Testemunha 62ª" (*ADIM*, vol. 1, p. 272).

59. "José Aires Gomes — 1ª inquirição", de 06/08/1791 (*ADIM*, vol. 5, p. 471).

60. "Requerimento do alf. Joaquim José da Silva Xavier ao des. Marcelino Pereira Cleto, ou-

vidor-geral, para que informe sobre plano de construção de moinhos", de 19/06/1788 (*ADIM*, vol. 8, pp. 109-10).

61. O estudante Domingos Vidal de Barbosa Laje acompanhou Maia e Barbalho, seu colega da Universidade de Montpellier, até Bordeaux. Barbosa estava a par das tratativas com Jefferson e citou o possível apoio francês em conversas no Brasil. "Testemunha 27ª — Domingos Vidal de Barbosa Laje", de 13/07/1789 (*ADIM*, vol. 1, pp. 212-7), e "II.5.3.1 — Francisco Antônio de Oliveira Lopes", de 08/07/1789 (*ADIM*, vol. 2, pp. 89-92).

62. Para as frutas e ervilhas, Thomas J. Craughwell, *Thomas Jefferson's Crème Brûlée*.

63. José da Silva Dias, *Teatros do Rio do século XVIII ao século XX*, pp. 50-6.

64. A Ópera Nova (também chamada de Teatro de Manuel Luís ou Nova Casa da Ópera) funcionou entre 1776 e 1813 no terreno onde hoje fica o Palácio Tiradentes, sede da Assembleia Legislativa do Rio de Janeiro, no centro da cidade. O prédio foi demolido em 1903. Ibid.

65. O sargento-mor José Joaquim da Rocha presenciou a pateada e relatou o episódio. "Testemunha 8ª — José Joaquim da Rocha", de 25/06/1789 (*ADIM*, vol. 1, pp. 164-6); e "Testemunha 13ª — José Joaquim da Rocha", de 01/08/1789 (*ADIM*, vol. 4, pp. 115-7).

66. Na devassa da Inconfidência, José Joaquim da Rocha, testemunha do episódio, contou que logo após a assuada ele perguntou aos presentes o porquê daquela reação contra o alferes. Ibid.

67. *ADIM*, vol. 2, p. 270.

68. Carlos A. L. Filgueiras, "A ciência e as Minas Gerais dos Setecentos", em Maria Efigênia Lage de Resende e Luiz Carlos Villalta (Orgs.), *História de Minas Gerais: As Minas setecentistas*, vol. 2, pp. 179-80.

69. Kenneth Maxwell (Coord.), *O livro de Tiradentes*, p. 33.

70. Para as conversas com comerciantes britânicos, "José Álvares Maciel — 1ª inquirição", de 26/11/1789 (*ADIM*, vol. 5, p. 332).

71. "XV.2 — 2ª inquirição — José Álvares Maciel", de 08/10/1789 (*ADIM*, vol. 2, pp. 281-2).

72. Virgínia Maria Trindade Valadares, *Elites mineiras setecentistas*, p. 377.

73. "Joaquim José da Silva Xavier — 4ª inquirição", de 18/01/1790 (*ADIM*, vol. 5, pp. 32-3).

74. Para o saber dominado por Maciel, "Joaquim José da Silva Xavier — 4ª inquirição", de 18/01/1790 (*ADIM*, vol. 5, pp. 31-42). Para o de Tiradentes, "José Álvares Maciel — XV.1 — 1ª inquirição", de 07/10/1789 (*ADIM*, vol. 2, pp. 274-5).

75. "José Álvares Maciel — 1ª inquirição", de 26/11/1789 (*ADIM*, vol. 5, pp. 327-33).

76. "Joaquim José da Silva Xavier — 4ª inquirição", de 18/01/1790 (*ADIM*, vol. 5, pp. 31-42).

77. Ibid.

78. Para os encontros posteriores, "José Álvares Maciel — 1ª inquirição", de 26/11/1789 (*ADIM*, vol. 5, pp. 327-33).

79. Após o encontro, Tiradentes irá mostrar o livro a uma série de pessoas. Para intento da sublevação, "Joaquim José da Silva Xavier — 4ª inquirição", de 18/01/1790 (*ADIM*, vol. 5, pp. 31-42). Os conjurados usavam termos variados para definir o movimento: sublevação, motim, levante, insurgência, insurreição, rebelião e revolução, entre outros. A rigor, os significados são bastante diferentes e podem tanto indicar ações reativas, como é o caso dos motins, como proativas, como são as revoluções. A historiografia, por sua vez, se divide quanto à definição do movimento. Sendo assim, optei por ecoar as vozes dos conjurados, utilizando, de forma mais livre como eles faziam, todos os termos simultaneamente.

PARTE IV: ARMANDO A MEADA [pp. 161-230]

10.

1. O fóssil foi examinado em Lisboa na época, mas não foi identificado a que animal da pré-história pertencia. A ossada ficou guardada por um tempo no Museu Real da Ajuda, e seu destino hoje é desconhecido. Ver Oswaldo Munteal Filho e Mariana Ferreira de Melo (Orgs.), *Minas Gerais e a história natural das colônias*, pp. 155-6, e António Carlos Sequeira Fernandes, Miguel Telles Antunes, José Manuel Brandão e Renato Rodriguez Cabral Ramos, "O Monstro de Prados e Simão Pires Sardinha", *Filosofia e História da Biologia*, vol. 7, n. 1, 2012, pp. 1-22.

2. Uma vez em Lisboa, o fóssil recebeu o status de achado científico importante, tendo sido analisado pelo naturalista Domenico Vandelli, professor da Universidade de Lisboa. Ibid.

3. Virgílio Noya Pinto, *O ouro brasileiro e o comércio anglo-português*, p. 65.

4. A expressão é do aristocrata inglês William Beckford, testemunha do fato (*A corte da rainha d. Maria I: Correspondência de William Beckford — 1787*, p. 162).

5. Melo e Castro dizia que eram quinhentas arrobas. "Instrução para o visconde de Barbacena, Luís Antônio Furtado de Mendonça, governador e capitão-general da capitania de Minas Gerais", de 29/01/1788 (*AMI*, 1953, ano 2, pp. 117-205).

6. Virgílio Noya Pinto, *O ouro brasileiro e o comércio anglo-português*, p. 114.

7. Tarcísio de Souza Gaspar, *Palavras no chão: Murmurações e vozes em Minas Gerais no século XVIII*, pp. 190-5.

8. Na primeira conta, o déficit apurado alcançou 538 arrobas, segundo a "Instrução para o visconde de Barbacena, Luís Antônio Furtado de Mendonça, governador e capitão-general da capitania de Minas Gerais", de 29/01/1788 (*AMI*, 1953, ano 2, pp. 117-205). Posteriormente, em um novo levantamento, mais preciso, chegou-se ao valor de 582 arrobas, quarenta marcos, 54 grãos e um quinto, de acordo com o "Oficio da Junta da Real Fazenda de Minas Gerais ao Conselho Ultramarino sobre as razões da suspensão da derrama na capitania", de 02/05/1789 (*ADIM*, vol. 8, p. 139).

9. "Instrução para o visconde de Barbacena, Luís Antônio Furtado de Mendonça, governador e capitão-general da capitania de Minas Gerais", de 29/01/1788 (*AMI*, 1953, ano 2, pp. 117-205).

10. Virgínia Maria Trindade Valadares, *A sombra do poder*, p. 202.

11.

1. "Confrontações e sinais do pe. José da Silva e Oliveira Rolim, filho de José da Silva e Oliveira, caixa da Real Administração dos Diamantes do arraial do Tejuco", sem data (*ADIM*, vol. 8, pp. 213-4).

2. "Lista de pessoas presas", sem data (*ADIM*, vol. 7, p. 54).

3. Ibid.

4. Ibid.

5. "Missivista local — Carta para a cidade do Porto relatando notícias da repressão à Inconfidência Mineira", de 30/10/1789 (*ADIM*, vol. 9, p. 40).

6. "Decreto de nomeação para governador e capitão-general da capitania de Minas Gerais do visconde de Barbacena, Luís Antônio Furtado de Mendonça", de 11/08/1786 (*ADIM*, vol. 8, p. 18).

7. "Requerimento do visconde de Barbacena para obter uma botica para sua assistência em Minas", de 06/10/1787 (ibid., p. 38).

8. "Certidão, pelo alf. Joaquim José da Silva Xavier, da data em que o des. Pedro José Araújo de Saldanha deixou o Rio de Janeiro com destino a Minas Gerais", de 11/09/1788 (*ADIM*, vol. 9, p. 27).

9. A rotina na fazenda de Aires Gomes é descrita a partir de seus bens, arrolados nos autos de sequestro (*ADIM*, vol. 6, pp. 381-421).

10. Ibid.

11. O comentário é de Inácio José de Alvarenga Peixoto. "1ª inquirição", de 11/11/1789 (*ADIM*, vol. 5, p. 108).

12. "Anexo. Obra feita aos senhores de Portugal. Sem data" (*ADIM*, vol. 3, p. 417). A observação sobre os sonetos e as décimas é do padre Antônio Caetano de Almeida Vilas-Boas, a quem Aires Gomes recorreu para ajudá-lo no pretenso poema. Em mensagem enviada ao padre, o coronel sugeriu descrição sobre a "obra": "E fique entre nós". Ibid.

13. O episódio foi relatado por Tiradentes e por Aires Gomes, em versões semelhantes. Ver "Joaquim José da Silva Xavier — 4ª inquirição", de 18/01/1790 (*ADIM*, vol. 5, pp. 31-42); "Joaquim José da Silva Xavier — 6ª inquirição", de 14/04/1791 (ibid., pp. 46-51); "José Aires Gomes — 1ª inquirição", de 06/08/1791 (ibid., p. 471); e "Testemunha 50ª", de 28/07/1789 (*ADIM*, vol. 1, pp. 250-2).

14. Ibid.

15. Ibid.

16. Ibid.

17. Auguste de Saint-Hilaire, que conheceu o padre, classificou-o como "agricultor notável" e "homem culto". *Viagem pelas províncias do Rio de Janeiro e Minas Gerais*, pp. 60-1. Para os livros, "Auto de sequestro dos bens do padre Manuel Rodrigues da Costa", de 20/05/1791 (*ADIM*, vol. 6, pp. 433-41).

18. Para a batina, conservada pelo Museu da Inconfidência, ibid., p. 446. Em 1816, na fazenda do Registro Velho, um naturalista francês testemunhou o padre recitar a ladainha do calvário. Auguste de Saint-Hilaire, *Viagem pelas províncias do Rio de Janeiro e Minas Gerais*, pp. 60-1.

19. "Testemunha 50ª", de 28/07/1789 (*ADIM*, vol. 1, pp. 250-2).

20. "Manuel Rodrigues da Costa — 1ª inquirição", de 22/08/1791 (*ADIM*, vol. 5, pp. 487--92); "José Aires Gomes — 1ª inquirição", de 06/08/1791 (ibid., pp. 471-2); "Testemunha 22ª", de 30/06/1789 (*ADIM*, vol. 1, pp. 199-202); e "Testemunha 50ª", de 28/07/1789 (ibid., pp. 250-2).

21. "Joaquim José da Silva Xavier — 6ª inquirição", de 14/04/1791 (*ADIM*, vol. 5, pp. 46-51).

22. Para a posse, "Ofício do visconde de Barbacena ao secretário da Marinha e Ultramar, Martinho de Melo e Castro, comunicando sua posse no governo da capitania de Minas", de 14/07/1788 (*ADIM*, vol. 8, pp. 112-3), e "Ofício de Luís da Cunha e Meneses a Martinho de Melo e Castro, secretário da Marinha e Ultramar, comunicando ter passado o governo da capitania de Minas ao sucessor", de 11/07/1788 (*ADIM*, vol. 8, p. 111).

23. Para os gastos com cantaria, "Doc. n. 134 — Louvação e avaliação das obras de cantaria do novo Palácio de Vila Rica, em 1751" (*ABN*, 1943, vol. 65, pp. 301-8). Para a comparação com o soldo de Tiradentes, cálculo do autor.

24. "Relatório do visconde de Barbacena a Martinho de Melo e Castro, secretário da Marinha e Ultramar, sobre a Inconfidência Mineira", de 11/07/1789 (*ADIM*, vol. 8, p. 204).

25. A casa foi demolida. Hoje, o terreno abriga a Escola Estadual Nossa Senhora Auxiliadora de Cachoeira do Campo.

26. Tiradentes testemunhou Barbacena "divertindo-se em criações de vacas e galinhas", segundo contou a um colega de quartel. "Carta do ajudante João José Nunes Carneiro", de 10/05/1789 (ADIM, vol. 4, pp. 39-40).

27. "Relatório do visconde de Barbacena a Martinho de Melo e Castro, secretário da Marinha e Ultramar, sobre a Inconfidência Mineira", de 11/07/1789 (ADIM, vol. 8, p. 204).

28. "Ofício do visconde de Barbacena ao secretário da Marinha e Ultramar, Martinho de Melo e Castro, comunicando sua posse no governo da capitania de Minas", de 14/07/1788 (ADIM, vol. 8, pp. 112-3).

29. José João Teixeira Coelho, *Instrução para o governo da capitania de Minas Gerais*, pp. 291-301 e 397-9.

30. Ibid.

31. Em 18 de maio de 1778, por intermédio do desembargador do Paço, d. Maria despachou ofícios concernentes às funções burocráticas de José João Teixeira Coelho. Ibid., p. 135.

32. Virgínia Maria Trindade Valadares, *A sombra do poder*, pp. 201-2.

33. Para a data, Kenneth Maxwell, *A devassa da devassa*, pp. 175 e 188.

34. Virgínia Maria Trindade Valadares, *A sombra do poder*, pp. 201-2.

35. Para o veto, ADIM, vol. 1, p. 313. Para a perseguição, Adelto Gonçalves, *Gonzaga, um poeta do Iluminismo*, p. 215.

36. O tenente-coronel Basílio de Brito Malheiro do Lago, um dos delatores da Conjuração Mineira, diz ter ouvido o boato de várias pessoas, entre elas Vicente Vieira da Mota, guarda-livros (contador) do contratador João Rodrigues de Macedo, que teria operacionalizado o envio dos recursos a Portugal ("Testemunha 3ª", ADIM, vol. 1, pp. 153-4). Para a comparação com o soldo de Tiradentes, cálculo do autor.

37. "Termo (cópia) de uma reunião da Mesa da Junta da Administração e Arrecadação da Real Fazenda de Vila Rica, presidida pelo visconde de Barbacena, governador de Minas Gerais, para se averiguarem as causas da decadência e diminuição dos quintos do ouro, cobrados pelas Casas de Fundição", de 17/07/1788 (AHU/CU/BR-MG, cx. 129, doc. 7).

38. Ibid.

39. Em conversa com o coronel José Aires Gomes, Tiradentes disse: "Antes ele [visconde de Barbacena] fosse um diabo, pior que o antecessor [...] porque poderia assim suceder, que esta terra [Minas Gerais] se fizesse uma república, e ficasse livre dos governos". "Joaquim José da Silva Xavier — 4ª inquirição", de 18/01/1790 (ADIM, vol. 5, pp. 31-42).

40. "Anexo n. 2 — Certidão das licenças concedidas ao alf. Joaquim José da Silva Xavier para viagens ao Rio", de 10/10/1789 (ADIM, vol. 1, pp. 292-3).

41. Ibid.

42. "Requerimento do alferes Joaquim José da Silva Xavier ao Conselho Ultramarino para viajar ao reino", de março de 1787 (ADIM, vol. 8, pp. 25-6).

43. "Anexo n. 2 — Certidão das licenças concedidas ao alf. Joaquim José da Silva Xavier para viagens ao Rio", de 10/10/1789 (ADIM, vol. 1, pp. 292-3).

44. A definição é do capitão do regimento de cavalaria Luís Antônio de Velasco Saião, a quem Tiradentes contou o episódio. "Justificação — Suplicante: Antônia Maria do Espírito Santo; Ré: Real

Fazenda, sendo promotor do Fisco ad hoc o dr. Paulo José de Lana Costa e Dantas, pelo confiscado Joaquim José da Silva Xavier", de 05/11/1789 (*ADIM*, vol. 9, p. 45-60).

45. Maurício Ferreira da Costa, ex-escravo e sapateiro, contou ter ouvido do alferes sobre a briga. Ibid.

46. O desabafo foi feito ao capitão Luís Antônio de Velasco Saião. Ibid.

47. O episódio dos "trastes" foi relatado por Tiradentes a Maurício Ferreira da Costa. Ibid. Dezessete anos depois do fim da relação, a mãe de Antônia figuraria, em um censo, como moradora de uma casa naquele local. Herculano Gomes Mathias, *Um recenseamento na capitania de Minas Gerais: Vila Rica, 1804*, pp. 76-7.

48. Entre a separação do casal (agosto de 1788) e a saída definitiva de Tiradentes de Vila Rica (março de 1789), passaram-se apenas sete meses. Ainda assim, nesse período, o alferes fez uma viagem de mais de um mês à comarca do Rio das Mortes. Portanto, ele teria ficado em Vila Rica, onde morava Joaquina, menos de seis meses, numa fase em que esteve bastante envolvido com a conspiração.

49. *ADIM*, vol. 1, pp. 162, 184, 214-5, 228 e 274. Tarcísio de Souza Gaspar, *Palavras no chão: Murmurações e vozes em Minas Gerais no século XVIII*, pp. 195-6.

50. Após a decretação da derrama, uma das reflexões feitas pelos conspiradores foi: "Que os povos se acham aflitos e consternados com a notícia da nova derrama, e por este motivo dispostos para qualquer ação que se encaminhasse a favorecê-los". "Carta denúncia do ten.-cel. Francisco de Paula Freire de Andrada", de 17/05/1789 (*ADIM*, vol. 1, pp. 117-8).

51. "Instrução para o visconde de Barbacena, Luís Antônio Furtado de Mendonça, governador e capitão-general da capitania de Minas Gerais", de 29/01/1788 (*AMI*, 1953, ano 2, pp. 117-205).

52. *ADIM*, vol. 10, p. 330.

53. "José Álvares Maciel — 1ª inquirição", de 07/10/1789 (*ADIM*, vol. 2, pp. 273-8).

54. Para a doença, "Joaquim José da Silva Xavier — 4ª inquirição", de 18/01/1790 (*ADIM*, vol. 5, p. 34).

55. Para o recrutamento, ibid. Ver também "Francisco de Paula Freire de Andrada — 2ª inquirição", de 25/01/1790 (*ADIM*, vol. 5, pp. 179-80).

56. Para o dote, Márcio Jardim, *A Inconfidência Mineira: Uma síntese factual*, p. 48. Para a comparação com o soldo de Tiradentes, cálculo do autor.

57. "Joaquim José da Silva Xavier — 1ª inquirição", de 22/05/1789 (*ADIM*, vol. 5, p. 23).

58. "José de Resende Costa Filho — 1ª inquirição", de 27/06/1791 (ibid., p. 452).

59. "Joaquim José da Silva Xavier — 4ª inquirição", de 18/01/1790 (*ADIM*, vol. 5, p. 31).

60. "Carta do ajud. João José Nunes Carneiro — Rio", de 10/05/1789 (*ADIM*, vol. 4, p. 41).

61. "Joaquim José da Silva Xavier — 4ª inquirição", de 18/01/1790 (*ADIM*, vol. 5, p. 31).

62. "Carta do ajud. João José Nunes Carneiro — Rio", de 10/05/1789 (*ADIM*, vol. 4, p. 41).

63. "Testemunha 4ª — Vicente Vieira da Mota", de 22/06/1789 (*ADIM*, vol. 1, pp. 155-6).

64. "Carta do vice-rei Luís de Vasconcelos e Sousa ao governador das Minas Luís da Cunha Meneses. Rio de Janeiro", de 26/04/1786 (ibid., p. 135).

65. "Vicente Vieira da Mota — 1ª inquirição — Acareação com Basílio de Brito Malheiro do Lago", de 19/07/1791 (*ADIM*, vol. 5, p. 407).

66. "Testemunha 18ª — Caetana Francisca de Moura", de 27/06/1789 (*ADIM*, vol. 1, pp. 186-7).

67. Para as aspas, ibid. Para o projeto de independência, "Cônego Luís Vieira da Silva — 1ª inquirição", de 01/07/1789 (*ADIM*, vol. 2, pp. 146-7).

68. A história seria contada por duas filhas de Caetana ("Testemunha 17ª — Simplícia Maria de Moura", de 27/06/1789, *ADIM*, vol. 1, pp. 185-6, e "Testemunha 19ª — Ana Maria da Silva", de 27/06/1789, ibid., pp. 187-8), pelo capitão José Vicente, que a teria ouvido do tenente-coronel Antônio José Soares de Castro ("'Testemunha 16ª — José Vicente de Morais Sarmento", de 27/06/1789, ibid., pp. 183-5), e pelo cônego Luís Vieira, que soubera do ocorrido pela boca do intendente Francisco Gregório Pires Bandeira, que também escutara o falatório ("Cônego Luís Vieira da Silva — 1ª inquirição", de 01/07/1789, *ADIM*, vol. 2, pp. 146-7).

69. "Cônego Luís Vieira da Silva — 1ª inquirição", de 01/07/1789 (ibid.).

70. "Vicente Vieira da Mota — 1ª inquirição — Acareação com Basílio de Brito Malheiro do Lago", de 19/07/1791 (*ADIM*, vol. 5, p. 407).

71. "2.4 — Carta denúncia de Basílio de Brito Malheiro do Lago", de 15/04/1789 (*ADIM*, vol. 1, p. 102).

72. "Luís Vieira da Silva — 4ª inquirição — Acareação com Basílio de Brito Malheiro do Lago", de 23/06/1791 (*ADIM*, vol. 5, pp. 262-3).

73. "Inácio José de Alvarenga Peixoto — 2ª inquirição", de 14/01/1790 (*ADIM*, vol. 5, p. 116).

74. "'Testemunha 33ª — João da Costa Rodrigues", de 18/07/1789 (*ADIM*, vol. 1, pp. 230-1).

75. "Inácio José de Alvarenga Peixoto — 2ª inquirição", de 14/01/1790 (*ADIM*, vol. 5, p. 117).

76. A observação sobre o ataque às autoridades mas não à rainha é de Tarcísio de Souza Gaspar em seu excelente *Palavras no chão: Murmurações e vozes em Minas Gerais no século XVIII*, p. 334.

77. Kenneth Maxwell (Coord.), *O livro de Tiradentes*, p. 15. Além de estudos profundos sobre o *Recueil*, essa obra traz a íntegra do compêndio de documentos traduzida para o português.

78. Claude Ambroise Régnier, duque de Massa.

79. "Apenso XXVIII", *ADIM*, vol. 3, pp. 21-135.

80. Para o livro na algibeira, "2.4 — Carta denúncia de Basílio de Brito Malheiro do Lago", de 15/04/1789 (*ADIM*, vol. 1, pp. 103-4).

81. O livro faz parte do acervo público do Museu da Inconfidência, em Ouro Preto (MG). Para o número de páginas, "Termo de entrega de duas devassas ao cons. Sebastião Xavier de Vasconcelos Coutinho", de 26/01/1791 (*ADIM*, vol. 7, p. 125).

82. Kenneth Maxwell (Coord.), *O livro de Tiradentes*, p. 19.

83. Parágrafo 1º da Constituição da Pensilvânia, redigida no período de 15 de julho a 28 de setembro de 1776. Ibid., p. 208.

84. Parágrafo 5º da Constituição da Pensilvânia, redigida no período de 15 de julho a 28 de setembro de 1776. Ibid., p. 210.

85. O cônego Luís Vieira da Silva dominava o francês; Tomás Antônio Gonzaga, o latim; José Álvares Maciel, o inglês; e Cláudio Manuel da Costa, o italiano.

86. Para a procura dos livros, "Testemunha 23ª — Padre José Lopes de Oliveira", de 30/06/1789 (*ADIM*, vol. 1, p. 206).

87. Para a quantidade de livros, "Traslado do sequestro feito ao alferes Joaquim José da Silva Xavier", de 25/05/1789 (*ADIM*, vol. 6, pp. 57-66); "Sequestro e avaliação dos bens dos réus que ficaram na Ilha das Cobras", de 10 e 11/05/1792 (ibid., pp. 481-5); e "Pregões de venda e arrematação

de bens sequestrados aos réus presos no Rio", de maio de 1792 (ibid., pp. 486-97). Para o dicionário, "Testemunha 25ª — Salvador Carvalho do Amaral Gurgel", de 30/06/1789 (*ADIM*, vol. 1, p. 208).

88. Há registros de que Tiradentes tenha pedido uma tradução para o porta-estandarte do regimento, Francisco Xavier Machado, e para o sargento-mor Simão Pires Sardinha. "Testemunha 20ª — Francisco Xavier Machado", de 27/06/1789 (*ADIM*, vol. 1, pp. 188-91).

89. Ibid.

90. Constituição de Delaware, de 11 de setembro de 1776. Kenneth Maxwell (Coord.), *O livro de Tiradentes*, p. 275.

91. "Testemunha 20ª — Francisco Xavier Machado", de 27/06/1789 (*ADIM*, vol. 1, pp. 188-91).

92. Tiradentes fez isso com Francisco Xavier Machado e com Simão Pires Sardinha. Ibid.

93. "Manuel Rodrigues da Costa — 1ª inquirição", de 22/08/1791 (*ADIM*, vol. 5, p. 490).

94. "Testemunha 13ª — João Dias da Mota", de 26/06/1789 (*ADIM*, vol. 1, p. 177).

95. Ibid.

96. "Testemunha 14ª — Vicente Vieira da Mota", de 03/08/1789 (*ADIM*, vol. 4, pp. 119-20).

97. "II — Francisco Antônio de Oliveira Lopes — II.1 — 1ª inquirição", de 15/06/1789 (*ADIM*, vol. 2, p. 48). "Domingos de Abreu Vieira — 1ª inquirição", de 20/06/1789 (ibid., p. 20).

98. "Joaquim José da Silva Xavier — 4ª inquirição", de 18/01/1790 (*ADIM*, vol. 5, pp. 37-8).

99. "Testemunha 13ª — João Dias da Mota", de 26/06/1789 (*ADIM*, vol. 1, p. 177).

100. Ibid.

101. "Representação da Câmara de Vila Rica contra a Lei Novíssima das Casas de Fundição. Vila Rica", de 24/04/1751, em *Códice Costa Matoso*, vol. 1, p. 525.

102. Ibid.

103. A produção média de ouro por escravo por volta de 1780 era de vinte oitavas (71,72 gramas), segundo Virgílio Noya Pinto, citando cálculos feitos, naquela época, por José João Teixeira Coelho. *O ouro brasileiro e o comércio anglo-português*, p. 69.

104. Entre 1789 e 1792, em Minas Gerais, um porco de terreiro custava, em média, 450 réis. João Pinto Furtado, *O manto de Penélope*, p. 227.

105. Entre 1789 e 1792, o preço médio de um escravo em Vila Rica era de 72 mil-réis, ou 48 oitavas. Para o valor do escravo em mil-réis, ibid. Para a conversão em oitavas, cálculo do autor.

106. Douglas Cole Libby, "As populações escravas das Minas setecentistas: Um balanço preliminar", em Maria Efigênia Lage de Resende e Luiz Carlos Villalta (Orgs.), *História de Minas Gerais: As Minas setecentistas*, vol. 1, p. 419.

107. "Testemunha 13ª — João Dias da Mota", de 26/06/1789 (*ADIM*, vol. 1, p. 177).

108. "Joaquim José da Silva Xavier — 6ª inquirição", de 14/04/1791 (*ADIM*, vol. 5, pp. 48-9).

109. A trajetória de José Joaquim da Rocha é muito bem contada por Júnia Ferreira Furtado ("Um cartógrafo rebelde? José Joaquim da Rocha e a cartografia de Minas Gerais", *Anais do Museu Paulista*, vol. 17, n. 2, jul./dez. 2009, pp. 155-87) e Maria Efigênia Lage de Resende ("Saberes estratégicos: Tiradentes e o mapa das almas", em Maria Efigênia Lage de Resende e Luiz Carlos Villalta (Orgs.), *História de Minas Gerais: As Minas setecentistas*, vol. 2, pp. 609-28).

110. Uma cópia da tabela geral do censo pode ser vista em Maria Efigênia Lage de Resende, "Saberes estratégicos: Tiradentes e o mapa das almas", ibid., p. 620.

111. Para a extensão da capitania, cálculo do autor, que leva em conta a área do atual estado

de Minas Gerais (586522 km²) menos a área do Triângulo Mineiro (90545 km²), que à época pertencia a Goiás.

112. "Testemunha 8ª — José Joaquim da Rocha", de 25/06/1789 (*ADIM*, vol. 1, pp. 164-6); "Testemunha 13ª — José Joaquim da Rocha", de 01/08/1789 (*ADIM*, vol. 4, pp. 115-7).

113. Para as visitas à casa de Rocha, "2.4 — Carta denúncia de Basílio de Brito Malheiro do Lago", de 15/04/1789 (*ADIM*, vol. 1, pp. 96-7), e "Testemunha 13ª — José Joaquim da Rocha", de 01/08/1789 (*ADIM*, vol. 4, pp. 115-7). Para o cerco na ponte de São José, ibid.

114. "Joaquim José da Silva Xavier — 6ª inquirição", de 14/04/1791 (*ADIM*, vol. 5, pp. 48-9).

115. "Carta de José Joaquim da Rocha ao ministro Martinho de Melo e Castro", de 01/04/1786 (*ADIM*, vol. 5, pp. 48-9).

116. Ibid.

117. Ibid.

118. Para o local da entrega do censo, "Testemunha 13ª — José Joaquim da Rocha", de 01/08/1789 (*ADIM*, vol. 4, pp. 115-7).

119. "2.4 — Carta denúncia de Basílio de Brito Malheiro do Lago", de 15/04/1789 (*ADIM*, vol. 1, pp. 103-4).

120. "5.4.1 — Testemunha 9ª — Basílio de Brito Malheiro do Lago", de 28/07/1789 (*ADIM*, vol. 4, pp. 97-8).

121. Para a aflição, ibid. Para a algibeira e o destemor, "2.4 — Carta denúncia de Basílio de Brito Malheiro do Lago", de 15/04/1789 (*ADIM*, vol. 1, pp. 103-4).

122. Para a estimativa do estoque, "Testemunha 75ª — Joaquim Ferreira da Cunha", de 14/10/1790 (ibid., pp. 326-8).

123. Para a avaliação da insuficiência do estoque, ibid.

124. Os conjurados discutiram inúmeras vezes sobre a necessidade de arranjar pólvora, e o próprio Tiradentes relatou uma das conversas. "Joaquim José da Silva Xavier — 4ª inquirição", de 18/01/1790 (*ADIM*, vol. 5, p. 37).

125. Quando tomou conhecimento do movimento rebelde, o governador de Minas Gerais mandou distribuir munição aos soldados e, em seguida, mandou um aviso ao vice-rei: "Sua Majestade não tem aqui [em Minas Gerais] de seu um só barril de pólvora". Kenneth Maxwell, *A devassa da devassa*, p. 241.

126. O padre confirmou em juízo que tinha prometido fornecer pólvora. "José da Silva e Oliveira Rolim — 2ª inquirição", 20/10/1789 (*ADIM*, vol. 2, pp. 299-300).

127. "Testemunha 1ª — Domingos de Abreu Vieira", de 16/06/1789 (*ADIM*, vol. 1, p. 143). "Carta denúncia de Domingos de Abreu Vieira, Vila Rica, Cadeia, 28/05/1789" (ibid., pp. 125-6).

128. O tropeiro Domingos Pires confirmou que ele e outros vendedores ambulantes tinham sido incentivados por Tiradentes a levar pólvora para Minas. "Testemunha 63ª — Domingos Pires", de 04/08/1789 (ibid., pp. 272-3), e "Testemunha 2ª — Padre Francisco Vidal de Barbosa", de 18/06/1789 (ibid., pp. 147-8).

129. Para a ignorância generalizada quanto ao tema na época, Márcia Helena Mendes Ferraz, "A produção de salitre no Brasil colonial", *Química Nova*, vol. 23, n. 6, 2000, pp. 845-50. Para a expertise de Maciel, "Joaquim José da Silva Xavier — 4ª inquirição", de 18/01/1790 (*ADIM*, vol. 5, p. 37).

130. "Ofício do visconde de Barbacena a Luís de Vasconcelos e Sousa, vice-rei, confirmando ofício da mesma data (Doc. 31) e referindo-se ao dr. José Álvares Maciel" (*ADIM*, vol. 8, p. 146).

131. "José Álvares Maciel — xv.1 — 1ª inquirição", de 07/10/1789 (*ADIM*, vol. 2, p. 275).

132. Para as andanças de Tiradentes na região de Minas Novas, "Alexandre da Silva — 1ª inquirição", de 23/11/1789 (*ADIM*, vol. 2, pp. 369-77). Veloso traduziu, entre outros, *Alografia dos álcalis fixos, vegetal ou potassa, mineral ou soda, e dos seus nitratos*. Márcia Helena Mendes Ferraz, "A produção de salitre no Brasil colonial", *Química Nova*, vol. 23, n. 6, 2000, pp. 845-50.

133. "Testemunha 23ª — José Álvares Maciel", de 13/08/1789 (*ADIM*, vol. 4, p. 171); "José Álvares Maciel — xv.1 — 1ª inquirição", de 07/10/1789 (*ADIM*, vol. 2, p. 275).

134. Ainda que Maciel tenha negado em juízo que o bolor do tijolo que Tiradentes lhe apresentara fosse salitre, possivelmente com o intuito de diminuir a importância do episódio, ficou provado posteriormente que a região possui jazidas do mineral.

135. Adelto Gonçalves, *Gonzaga, um poeta do Iluminismo*, p. 228.

136. O desembargador Luís Ferreira de Araújo e Azevedo, autor da intimação, era amigo de Inácio José de Alvarenga Peixoto, um dos cabeças do movimento. A dupla também dividia interesses profissionais e políticos: Araújo e Azevedo substituíra Alvarenga Peixoto no cargo de ouvidor do Rio das Mortes. *ADIM*, vol. 3, pp. 407-8.

137. Para a licença, *ADIM*, vol. 10, p. 331.

138. André Figueiredo Rodrigues, *A fortuna dos inconfidentes*, pp. 240-3.

139. Para os bens, "Traslado do sequestro feito a Inácio José de Alvarenga Peixoto", de 05/10/1789 (*ADIM*, vol. 6, pp. 167-220).

140. Carta de José Inácio de Alvarenga Peixoto a João Rodrigues de Macedo, de 28/05/1779. Manuel Rodrigues Lapa, *Vida e obra de Alvarenga Peixoto*, pp. 58-60.

141. Para o plantel, "Traslado do sequestro feito a Inácio José de Alvarenga Peixoto", de 05/10/1789 (*ADIM*, vol. 6, pp. 167-220).

142. Carta de José Inácio de Alvarenga Peixoto a João Rodrigues de Macedo, de 28/05/1779. Manuel Rodrigues Lapa, *Vida e obra de Alvarenga Peixoto*, pp. 58-60.

143. Carta de Inácio José de Alvarenga Peixoto ao sargento-mor João da Silva Ribeiro Queirós, de 27/04/1786. Ibid., pp. 65-6.

144. Para os créditos e a falta de débito, cartas de Alvarenga Peixoto transcritas na íntegra por Manuel Rodrigues Lapa. Ibid., pp. 57-74.

145. Para a malsucedida tentativa de aumentar a produção, carta de José Inácio de Alvarenga Peixoto a João Rodrigues de Macedo, de 28/05/1779. Ibid., pp. 58-60.

146. Para a dívida, André Figueiredo Rodrigues, *A fortuna dos inconfidentes*, p. 247.

147. "Carlos Correia de Toledo e Melo — 3ª inquirição", de 04/02/1790 (*ADIM*, vol. 5, pp. 150--1). O padre esteve em pelo menos uma reunião em que os escritos do abade Raynal foram citados como exemplo a ser seguido pelos sediciosos de Minas. "Francisco de Paula Freire de Andrada — 1ª inquirição", de 16/11/1789 (ibid., pp. 172-3).

148. "II.2 — 2ª inquirição — Francisco Antônio de Oliveira Lopes", de 21/07/1789 (*ADIM*, vol. 2, pp. 66-7).

149. Para os itens do guarda-roupa, "Traslado do sequestro feito ao desembargador Tomás Antônio Gonzaga", de 23/05/1789 (*ADIM*, vol. 6, pp. 45-54). A singularidade e a riqueza do vestuário de Gonzaga podem ser notadas na comparação com os guarda-roupas de outros conjurados, conforme traslados de sequestro, avaliações de bens e relatórios de pregões transcritos em *ADIM*, vol. 6.

150. A reconstituição da festa do batizado se baseia no cruzamento de depoimentos colhidos nos autos da devassa. "Luís Vaz de Toledo Piza — III.2 — 2ª inquirição", de 03/07/1789 (*ADIM*, vol. 2, pp. 113-4). "XX — João Dias da Mota — Confrontação com Joaquim José de Passos", de 07/07/1789 (ibid., pp. 395-6). "José Inácio de Siqueira — XXI.2.2 — 2ª inquirição", de 07/11/1789 (ibid., pp. 409--10). "XXVI.4 — De Domingos Vidal de Barbosa contra Francisco Antônio de Oliveira Lopes e José de Resende Costa Filho", de 09/07/1789 (ibid., p. 466). "Testemunha 18ª — João Dias da Mota", de 07/08/1789 (*ADIM*, vol. 4, p. 138). "Testemunha referida (por T. 17ª) — Antônio Manuel de Almeida", de 13/08/1789 (ibid., pp. 168-9). "Testemunha 13ª — João Dias da Mota", de 26/06/1789 (*ADIM*, vol. 1, p. 178). "Testemunha 49ª — Antônio Manuel de Almeida", de 28/07/1789 (ibid., p. 249). "Testemunha 21ª — Inácio Correia Pamplona", 30/06/1789 (ibid., p. 199). "Testemunha 59ª — José Franco de Carvalho", de 31/07/1789 (ibid., p. 166).

151. Ibid.

152. Ibid.

153. Para o número de alvos, "João da Costa Rodrigues — 1ª inquirição", de 26/07/1791 (*ADIM*, vol. 5, p. 430). Para o número de supostas conquistas, "XIV — Antônio de Oliveira Lopes — XIV.1 — 1ª inquirição", de 01/08/1789 (*ADIM*, vol. 2, p. 263).

154. "Joaquim José da Silva Xavier — 5ª inquirição", de 04/02/1790 (*ADIM*, vol. 5, pp. 43-4). "XIV — Antônio de Oliveira Lopes — XIV.1 — 1ª inquirição", de 01/08/1789 (*ADIM*, vol. 2, p. 261).

155. Para "Fraca-Roupa", "Testemunha 13ª — João Dias da Mota", de 26/06/1789 (*ADIM*, vol. 1, p. 180).

156. Gonzaga fez referências à obra de Cervantes nas *Cartas chilenas*, p. 37.

157. "João da Costa Rodrigues — 1ª inquirição", de 26/07/1791 (*ADIM*, vol. 5, p. 428).

158. Para o vinho, "XIV.2.4 — Acareação com João da Costa Rodrigues", de 06/08/1789 (*ADIM*, vol. 2, p. 267). Para o anúncio, "XIV — Antônio de Oliveira Lopes — XIV.1 — 1ª inquirição", de 01/08/1789 (ibid., pp. 261-4).

159. "5.12.2 — Testemunha referida (por T. antecedente) — Antônio de Oliveira Lopes", de 07/08/1789 (*ADIM*, vol. 4, pp. 141-2).

160. "XIV — Antônio de Oliveira Lopes — XIV.1 — 1ª inquirição", de 01/08/1789 (*ADIM*, vol. 2, pp. 261-4). Para o episódio na estalagem, ver ainda: "5.11.1 — Testemunha 18ª — João Dias da Mota", de 07/08/1789 (*ADIM*, vol. 4, pp. 135-8); "5.12.1 — Testemunha referida (por T. 9ª) — João da Costa Rodrigues", de 07/08/1789 (ibid., pp. 140-1); e "5.12.2 — Testemunha referida (por T. antecedente) — Antônio de Oliveira Lopes", de 07/08/1789 (ibid., pp. 141-2).

161. Para as justificativas, "Inácio José de Alvarenga Peixoto — 2ª inquirição", de 14/01/1790 (ibid., pp. 112-29).

162. "José Álvares Maciel — 1ª inquirição", de 26/11/1789 (*ADIM*, vol. 5, p. 329).

163. "2.6 — Carta denúncia do ten.-cel. Francisco de Paula Freire de Andrada", de 17/05/1789 (*ADIM*, vol. 1, p. 117).

164. Para a pressão exercida por Tiradentes, "Francisco de Paula Freire de Andrada — 2ª inquirição", de 25/01/1790 (*ADIM*, vol. 5, pp. 179-83), e "Inácio José de Alvarenga Peixoto — 2ª inquirição", de 14/01/1790 (ibid., pp. 112-29).

165. Ibid.

166. Para as discussões do encontro e a pressão exercida por Tiradentes, ibid. Ver também

"Joaquim José da Silva Xavier — 4ª inquirição", de 18/01/1790 (ibid., pp. 34-5), e "Francisco de Paula Freire de Andrada — 2ª inquirição", de 25/01/1790 (ibid., pp. 179-83).

167. "Inácio José de Alvarenga Peixoto — 2ª inquirição", de 14/01/1790 (ibid., pp. 112-29).

168. Para a mesa de gamão, "XXVI.8 — De José Aires Gomes contra Tiradentes e Inácio José de Alvarenga Peixoto", de 01/08/1789 (*ADIM*, vol. 2, pp. 470-2), e "Cópia do termo de rematação de bens feito na execução abaixo declarada", reproduzido parcialmente por Tarquínio J. B. de Oliveira em *Um banqueiro na Inconfidência*, pp. 74-5.

169. No período em que a Conjuração Mineira foi idealizada, a casa de Macedo era frequentada por diversos conspiradores, entre eles Tiradentes, Alvarenga Peixoto, padre Toledo, cônego Luís Vieira da Silva e José Aires Gomes, além do próprio João Rodrigues de Macedo e seu braço direito Vicente Vieira da Mota. "Vicente Vieira da Mota — 1ª inquirição — Acareação com Basílio de Brito Malheiro do Lago", de 19/07/1791 (*ADIM*, vol. 5, pp. 405-16). Diversos depoimentos confirmam a residência como local de confabulações, por exemplo, "XXVI.8 — De José Aires Gomes contra Tiradentes e Inácio José de Alvarenga Peixoto", de 01/08/1789 (*ADIM*, vol. 2, pp. 470-2).

170. "Inácio José de Alvarenga Peixoto — 2ª inquirição", de 14/01/1790 (ibid., pp. 112-29).

171. Ibid.

172. Ibid.

173. Para a jogatina, ibid.

174. "Instrução para o visconde de Barbacena, governador e capitão-general nomeado para a capitania de Minas Gerais, por Martinho de Melo e Castro, secretário da Marinha e Domínios Ultramarinos", de 29/01/1788 (*ADIM*, vol. 8, p. 96).

175. Na instrução entregue ao governador de Minas Gerais em janeiro de 1788, Martinho de Melo e Castro afirmou que Macedo devia "mais de milhão e meio", ou seja, mais de 1500 contos de réis (ibid., p. 104). Porém, a contabilidade oficial registrava um valor menor: 750 contos e 61961 réis. "Anexo n. 22 — Relação dos contratos que se acham por pagar e pertencentes a esta capitania de Minas Gerais, cujos restos de cada um deles se verificam feitas as contas no dia 22 de setembro de 1786" (*AMI*, 1953, ano 2, pp. 201-4).

176. Tarquínio J. B. de Oliveira, *Um banqueiro na Inconfidência*, pp. 73-7. André Figueiredo Rodrigues, *A fortuna dos inconfidentes*, p. 75.

177. "Instrução para o visconde de Barbacena, governador e capitão-general nomeado para a capitania de Minas Gerais, por Martinho de Melo e Castro, secretário da Marinha e Domínios Ultramarinos", de 29/01/1788 (*ADIM*, vol. 8, p. 104).

178. Ibid., pp. 95-7 e 104.

12.

1. A descrição do fim de tarde chuvoso em Vila Rica é de Tomás Antônio Gonzaga, em *Cartas chilenas*, p. 58.

2. Para a chuva, "Inácio José de Alvarenga Peixoto — 2ª inquirição", de 14/01/1790 (*ADIM*, vol. 5, pp. 120-1).

3. "Padre José da Silva e Oliveira Rolim — 2ª inquirição", de 17/04/1790 (ibid., pp. 344-9), e "Joaquim José da Silva Xavier — 10ª inquirição", de 07/07/1791 (ibid., pp. 68-72).

4. Para a luz acesa, ibid. Para os quadros, "Traslado do sequestro feito ao ten.-cel. Francisco de Paula Freire de Andrada", de 12/10/1789 (*ADIM*, vol. 6, pp. 223-5).

5. Para o horário, "Inácio José de Alvarenga Peixoto — 2ª inquirição", de 14/01/1790 (*ADIM*, vol. 5, pp. 112-29).

6. Para o incômodo com o atraso, "XVI.4 — 4ª inquirição", de 24/10/1789 (*ADIM*, vol. 2, p. 307).

7. Em depoimento à devassa, Alvarenga Peixoto afirmou que sabia da reunião e que se esquecera do compromisso. "Inácio José de Alvarenga Peixoto — 2ª inquirição", de 14/01/1790 (*ADIM*, vol. 5, pp. 112-29). Para a presença dele na casa do contratador, ibid.

8. "Anexo n. 2: Bilhete do vigário de São José, Carlos Correia de Toledo, a Inácio José de Alvarenga Peixoto, escrito na casa do ten.-cel. Francisco de Paula Freire de Andrada, na noite de 26/12/1788 em Vila Rica" (*ADIM*, vol. 1, pp. 135-6).

9. "Inácio José de Alvarenga Peixoto — 2ª inquirição", de 14/01/1790 (*ADIM*, vol. 5, pp. 112-29).

10. Ibid. Ver também "Joaquim José da Silva Xavier — 4ª inquirição", de 18/01/1790 (ibid., p. 35).

11. Para as cadeiras, "Traslado do sequestro feito ao ten.-cel. Francisco de Paula Freire de Andrada", de 12/10/1789 (*ADIM*, vol. 6, pp. 223-5).

12. Eram nascidos no Brasil: Tiradentes (fazenda do Pombal, MG), Francisco de Paula Freire de Andrada (Rio de Janeiro, RJ), José Álvares Maciel (Vila Rica, MG), padre Toledo (Taubaté, SP), Alvarenga Peixoto (Rio de Janeiro, RJ), padre Rolim (Tejuco, MG) e capitão Maximiano de Oliveira Leite (Minas Gerais, provavelmente na região de Mariana).

13. Tomás Antônio Gonzaga nasceu no Porto, mas veio para o Brasil ainda criança.

14. Tiradentes, Freire de Andrada, Álvares Maciel, Maximiano e Gonzaga moravam em Vila Rica; Alvarenga Peixoto e padre Toledo, no Rio das Mortes; Padre Rolim, no Serro do Frio.

15. Poetas (Gonzaga e Alvarenga Peixoto), fazendeiros (Rolim e Alvarenga Peixoto), militares (Tiradentes, Freire de Andrada e Maximiano), homem de negócios (Alvarenga Peixoto), magistrado ou advogado (Gonzaga), engenheiro (Maciel) e eclesiásticos (padres Toledo e Rolim).

16. Mineração e agropecuária (Alvarenga Peixoto e padres Toledo e Rolim), finanças (Rolim), oficialato (Tiradentes, Freire de Andrada e Maximiano) e administração colonial (Gonzaga).

17. "José Resende Costa Filho — 1ª inquirição", de 27/06/1791 (*ADIM*, vol. 5, p. 452).

18. "4ª inquirição — Acareação com Basílio de Brito Malheiro do Lago", de 23/06/1791 (ibid., pp. 262-3).

19. "Inácio José de Alvarenga Peixoto — 2ª inquirição", de 14/01/1790 (ibid., pp. 112-29).

20. "Padre Carlos Correia de Toledo e Melo — 2ª inquirição", de 27/11/1789 (ibid., p. 144). Ver também "Joaquim José da Silva Xavier — 4ª inquirição", de 18/01/1790 (ibid., pp. 31-42).

21. "Joaquim José da Silva Xavier — 4ª inquirição", de 18/01/1790 (ibid.).

22. Ibid. Ver também "Padre Carlos Correia de Toledo e Melo — 2ª inquirição", de 27/11/1789 (ibid., p. 144).

23. "Joaquim José da Silva Xavier — 4ª inquirição", de 18/01/1790 (ibid., p. 35).

24. Em depoimento à devassa, Tiradentes disse que sua sugestão teve o voto de Alvarenga Peixoto, sem entrar no resultado final da escolha (ibid.). Já o padre Toledo sugeriu que a sugestão de Freire de Andrada não teria ido adiante: "Padre Carlos Correia de Toledo e Melo — 2ª inquirição", de 27/11/1789 (ibid., p. 144). Ainda que a discussão não tenha sido abordada de forma direta nos

demais depoimentos, vários testemunhos apontam que o caminho indicado por Tiradentes foi o escolhido.

25. Para a ocultação dos nomes por parte de Tiradentes, "Padre Carlos Correia de Toledo e Melo — 2ª inquirição", de 27/11/1789 (ibid., p. 144).

26. A omissão de Maciel na discussão fica patente no relato feito pelo padre Toledo (ibid.).

27. "Carta do visconde de Barbacena ao vice-rei Luís de Vasconcelos e Sousa relatando a denúncia recebida de Joaquim Silvério dos Reis", de 25/03/1789 (*ADIM*, vol. 8, pp. 124-5).

28. Ibid.

29. "Padre José da Silva e Oliveira Rolim — 2ª inquirição", de 17/04/1790 (*ADIM*, vol. 5, p. 346). "II — Francisco Antônio de Oliveira Lopes — II.1 — 1ª inquirição", de 15/06/1789 (*ADIM*, vol. 2, p. 48).

30. "2.3 — Carta denúncia do coronel Joaquim Silvério dos Reis", de 05/05/1789 (*ADIM*, vol. 4, p. 26). "Joaquim José da Silva Xavier — 4ª inquirição", de 18/01/1790 (*ADIM*, vol. 5, p. 37).

31. "Joaquim José da Silva Xavier — 4ª inquirição", de 18/01/1790 (ibid., p. 37). "José Álvares Maciel — 2ª inquirição", de 06/09/1791 (ibid., p. 334). "Padre José da Silva e Oliveira Rolim — 2ª inquirição", de 17/04/1790 (ibid., p. 346). "Padre Carlos Correia de Toledo e Melo — 2ª inquirição", de 27/11/1789 (ibid., p. 142). "2.3 — Carta denúncia do coronel Joaquim Silvério dos Reis", de 05/05/1789 (*ADIM*, vol. 4, p. 26).

32. "Testemunha 1ª — Domingos de Abreu Vieira", de 16/06/1789 (*ADIM*, vol. 1, pp. 142 e 145). Ver também "Joaquim José da Silva Xavier — 4ª inquirição", de 18/01/1790 (*ADIM*, vol. 5, p. 37).

33. "Carta denúncia de Domingos de Abreu Vieira", de 28/05/1789 (*ADIM*, vol. 1, p. 124). "Domingos de Abreu Vieira — 1ª inquirição", de 20/06/1789 (*ADIM*, vol. 2, pp. 20-1).

34. "Joaquim José da Silva Xavier — 4ª inquirição", de 18/01/1790 (*ADIM*, vol. 5, p. 37).

35. Para o consenso, "Padre José da Silva e Oliveira Rolim — 2ª inquirição", de 17/04/1790 (ibid., p. 346). Ver também "Joaquim José da Silva Xavier — 4ª inquirição", de 18/01/1790 (ibid., p. 37).

36. "Padre José da Silva e Oliveira Rolim — 2ª inquirição", de 17/04/1790 (ibid., p. 346).

37. "Joaquim José da Silva Xavier — 4ª inquirição", de 18/01/1790 (ibid., p. 37).

38. "2ª inquirição — Acareação com Joaquim Silvério dos Reis", de 15/07/1791 (ibid., p. 305). "5.13.2 — Testemunha 21ª — Francisco Antônio de Oliveira Lopes", de 08/08/1789 (*ADIM*, vol. 4, p. 152). "Joaquim José da Silva Xavier — 4ª inquirição", de 18/01/1790 (*ADIM*, vol. 5, p. 37). "Padre Carlos Correia de Toledo e Melo — 2ª inquirição", de 27/11/1789 (ibid., p. 142).

39. "Joaquim José da Silva Xavier — 4ª inquirição", de 18/01/1790 (ibid., p. 37).

40. "XVI.9 — 9ª Inquirição", de 15/12/1789 (*ADIM*, vol. 2, p. 329). "Joaquim José da Silva Xavier — 4ª inquirição", de 18/01/1790 (*ADIM*, vol. 5, pp. 35 e 37). "Padre José da Silva e Oliveira Rolim — 2ª inquirição", de 17/04/1790 (ibid., p. 346).

41. "2.3 — Carta denúncia do coronel Joaquim Silvério dos Reis", de 05/05/1789 (*ADIM*, vol. 4, p. 26).

42. "2.3 — Carta denúncia de Joaquim Silvério dos Reis. Cachoeira, 19/04/1789, datada de Borda do Campo, 11/04/1789" (*ADIM*, vol. 1, p. 93).

43. Para as armas, ibid. Para as vestes, "II.2 — 2ª inquirição — Francisco Antônio de Oliveira Lopes", de 21/07/1789 (*ADIM*, vol. 2, p. 66), e "Testemunha 27ª — Domingos Vidal de Barbosa", de 13/07/1789 (*ADIM*, vol. 1, p. 214).

44. "Padre Carlos Correia de Toledo e Melo — 2ª inquirição", de 27/11/1789 (*ADIM*, vol. 5, p. 144).

45. "II — Francisco Antônio de Oliveira Lopes — II.1 — 1ª inquirição", de 15/06/1789 (*ADIM*, vol. 2, pp. 46-7). Para a composição do esquadrão, "5.19.1 — Testemunha 25ª — Domingos de Abreu Vieira", de 01/09/1789 (*ADIM*, vol. 4, p. 182).

46. "II — Francisco Antônio de Oliveira Lopes — II.1 — 1ª inquirição", de 15/06/1789 (*ADIM*, vol. 2, pp. 46-7).

47. Ibid. Para o modo de pegar a cabeça pelos cabelos ainda em cima do cavalo, "2.3 — Carta denúncia do coronel Joaquim Silvério dos Reis", de 05/05/1789 (*ADIM*, vol. 4, p. 26).

48. Há diferentes versões para a frase final da fala de Tiradentes. Domingos Vidal de Barbosa afirmou que seria "viva a república" ("XXVI.4 — De Domingos Vidal de Barbosa contra Francisco Antônio de Oliveira Lopes e José de Resende Costa Filho", de 09/07/1789, *ADIM*, vol. 2, p. 465). Já o comandante do Regimento de Cavalaria relatou que seria "viva o povo" ("Francisco de Paula Freire de Andrada — 1ª inquirição", de 16/11/1789, *ADIM*, vol. 5, p. 173). Um sargento-mor da tropa relatou que a frase escolhida foi "viva a liberdade" ("Testemunha 31ª — Pedro Afonso Galvão de São Martinho", de 13/07/1789, *ADIM*, vol. 1, p. 223). O padre Rolim mencionou "liberdade, liberdade" ("José da Silva e Oliveira Rolim — 2ª inquirição", de 20/10/1789, *ADIM*, vol. 2, p. 300). Domingos de Abreu Vieira contou que Tiradentes lhe dissera que gritaria "liberdade" ("5.19.1 — Testemunha 25ª — Domingos de Abreu Vieira", de 01/09/1789, *ADIM*, vol. 4, p. 182). O lema planejado parece ter sido mesmo "viva a liberdade", conforme ficou registrado na sentença dos réus ("Acórdão dos juízes da devassa", de 18/04/1792, *ADIM*, vol. 7, p. 203) e num ofício do escrivão da devassa, que mencionou "uma fala anunciando a liberdade" ("Ofício de José Caetano César Manitti ao visconde de Barbacena, resumindo os documentos contidos na devassa da Inconfidência", de 12/02/1790, *AMI*, 1953, ano 2, p. 89).

49. Para o assombro de Freire de Andrada, "'Testemunha 1ª — Domingos de Abreu Vieira", de 16/06/1789 (*ADIM*, vol. 1, p. 143). Para o assombro do padre Toledo, "2.3 — Carta denúncia de Joaquim Silvério dos Reis. Cachoeira, 19/04/1789, datada de Borda do Campo, 11/04/1789" (ibid., p. 94).

50. "II — Francisco Antônio de Oliveira Lopes — II.1 — 1ª inquirição", de 15/06/1789 (*ADIM*, vol. 2, p. 47).

51. Para as aspas, ibid. Para a condução coercitiva até o registro do Paraibuna, "2.3 — Carta denúncia de Joaquim Silvério dos Reis. Cachoeira, 19/04/1789, datada de Borda do Campo, 11/04/1789" (*ADIM*, vol. 1, p. 94).

52. "Domingos de Abreu Vieira — 1ª inquirição", de 25/11/1789 (*ADIM*, vol. 5, p. 303).

53. "Joaquim José da Silva Xavier — 5ª inquirição", de 04/02/1790 (ibid., p. 44).

54. "Joaquim José da Silva Xavier — 4ª inquirição", de 18/01/1790 (ibid., p. 36).

55. "Testemunha 1ª — Domingos de Abreu Vieira", de 16/06/1789 (*ADIM*, vol. 1, p. 143). A adesão de Alvarenga Peixoto à proposta foi confirmada pelo comandante do regimento ("Francisco de Paula Freire de Andrada — 2ª inquirição", de 25/01/1790, *ADIM*, vol. 5, p. 181.) e registrada na sentença dos réus ("Acórdão dos juízes da devassa", de 18/04/1792, *ADIM*, vol. 7, p. 209).

56. "Testemunha 71ª — José de Sousa Lobo", de 14/06/1790 (*ADIM*, vol. 1, p. 318).

57. Vários conjurados citaram em juízo que, mesmo após a reunião, permaneceu a indecisão quanto ao destino do governador. "'Testemunha 52ª — José de Resende Costa, filho", de 28/07/1789

(ibid., p. 256). A indecisão dos conjurados quanto ao tema foi registrada em ofício do escrivão da devassa. "Ofício de José Caetano César Manitti ao visconde de Barbacena, resumindo os documentos contidos na devassa da Inconfidência", de 12/02/1790 (*AMI*, 1953, ano 2, p. 89).

58. Em juízo, em dois depoimentos, Tiradentes negou que tivesse proposto ou mesmo concordado com a proposta de matar o governador. Em ambos os testemunhos, porém, ele confirmou que, no dia do levante, iria a Cachoeira do Campo neutralizar o governador. "Joaquim José da Silva Xavier — 4ª inquirição", de 18/01/1790 (*ADIM*, vol. 5, p. 36), e "Joaquim José da Silva Xavier — 5ª inquirição", de 04/02/1790 (ibid., p. 44). O tenente-coronel Freire de Andrada confirmou que ficara acertado na reunião que "o alferes [...] iria à Cachoeira prender, ou matar" Barbacena. "Francisco de Paula Freire de Andrada — 2ª inquirição", de 25/01/1790 (ibid., p. 181).

59. "Joaquim José da Silva Xavier — 5ª inquirição", de 04/02/1790 (ibid., p. 44). Ver também "5.19.1 — Testemunha 25ª — Domingos de Abreu Vieira", de 01/09/1789 (*ADIM*, vol. 4, p. 182), e "IV — Cláudio Manuel da Costa — IV.1 — Única inquirição", de 02/07/1789 (*ADIM*, vol. 2, p. 133).

60. "Padre Carlos Correia de Toledo e Melo — 2ª inquirição", de 27/11/1789 (*ADIM*, vol. 5, p. 142).

61. Para a concepção do roteiro traçado pelos participantes da reunião, ver: "Francisco de Paula Freire de Andrada — 2ª inquirição", de 25/01/1790 (ibid., pp. 181 e 214-5); "II — Francisco Antônio de Oliveira Lopes — II.1 — 1ª inquirição", de 15/06/1789 (*ADIM*, vol. 2, pp. 47-8); "Testemunha 27ª — Domingos Vidal de Barbosa", de 13/07/1789 (*ADIM*, vol. 1, p. 214); e "Ofício de José Caetano César Manitti ao visconde de Barbacena, resumindo os documentos contidos na devassa da Inconfidência", de 12/02/1790 (*AMI*, 1953, ano 2, p. 89). Para o cálculo do posicionamento de Tiradentes de forma a avaliar Freire de Andrada, "IV — Cláudio Manuel da Costa — IV.1 — Única inquirição", de 02/07/1789 (*ADIM*, vol. 2, p. 132).

62. Ibid.

63. Ibid.

64. "XXVI.4 — De Domingos Vidal de Barbosa contra Francisco Antônio de Oliveira Lopes e José de Resende Costa Filho", de 09/07/1789 (ibid., pp. 463-7).

65. Ibid.

66. "Inácio José de Alvarenga Peixoto — 2ª inquirição", de 14/01/1790 (*ADIM*, vol. 5, pp. 114-5).

67. Em juízo, apesar de ter tentado poupar o capitão Maximiano de Oliveira Leite, que ficaria responsável por comandar a segunda linha de contenção, Tiradentes acabou confessando ter recrutado o oficial. "8ª inquirição — Acareação com: Francisco Antônio de Oliveira Lopes, Inácio José de Alvarenga Peixoto e Domingos de Abreu Vieira", de 22/06/1791 (ibid., pp. 60-3). Ver também "Testemunha 1ª — Domingos de Abreu Vieira", de 16/06/1789 (*ADIM*, vol. 1, pp. 144-5).

68. Para a barreira de contenção comandada por Maximiano, ibid.

69. Para a barreira de contenção comandada por Brandão, ibid. Para o recrutamento do oficial, "Adição à denúncia de Joaquim Silvério dos Reis ao des. Pedro José Araújo de Saldanha", de 10/02/1790 (*ADIM*, vol. 3, p. 429).

70. Para os homens sob comando de Alvarenga Peixoto, ver: "Joaquim José da Silva Xavier — 4ª inquirição", de 18/01/1790 (*ADIM*, vol. 5, p. 37); "José Álvares Maciel — 2ª inquirição", de 06/09/1791 (ibid., p. 334); "Padre José da Silva e Oliveira Rolim — 2ª inquirição", de 17/04/1790 (ibid., p. 346); "Padre Carlos Correia de Toledo e Melo — 2ª inquirição", de 27/11/1789 (ibid., p.

142); e "2.3 — Carta denúncia do coronel Joaquim Silvério dos Reis", de 05/05/1789 (*ADIM*, vol. 4, p. 26). Para os homens sob comando do padre Toledo, "Padre Carlos Correia de Toledo e Melo — 2ª inquirição", de 27/11/1789 (*ADIM*, vol. 5, p. 142).

71. Para a percepção de vantagem devido ao fator geográfico, "Testemunha 27ª — Domingos Vidal de Barbosa", de 13/07/1789 (*ADIM*, vol. 1, p. 214), e "II — Francisco Antônio de Oliveira Lopes — II.1 — 1ª inquirição", de 15/06/1789 (*ADIM*, vol. 2, pp. 51-2).

72. Para as emboscadas, "Testemunha 27ª — Domingos Vidal de Barbosa", de 13/07/1789 (*ADIM*, vol. 1, p. 214).

73. Para a percepção de vantagem referente à origem dos combatentes, ibid.

74. "Testemunha 52ª — José de Resende Costa, filho", de 28/07/1789 (ibid., p. 256).

75. "XXVI.4 — De Domingos Vidal de Barbosa contra Francisco Antônio de Oliveira Lopes e José de Resende Costa Filho", de 09/07/1789 (*ADIM*, vol. 2, p. 465).

76. "II — Francisco Antônio de Oliveira Lopes — II.1 — 1ª inquirição", de 15/06/1789 (ibid., pp. 51-2).

77. "Testemunha 23ª — O reverendo padre José de Oliveira Lopes", de 30/06/1789 (*ADIM*, vol. 1, p. 204).

78. "Testemunha 52ª — José de Resende Costa, filho", de 28/07/1789 (ibid., pp. 255-6).

79. Para a preocupação com o pagamento do soldo dos combatentes, "XXVI.4 — De Domingos Vidal de Barbosa contra Francisco Antônio de Oliveira Lopes e José de Resende Costa Filho", de 09/07/1789 (*ADIM*, vol. 2, p. 465).

80. Ibid.

81. Para o conhecimento da chegada iminente da nau, "3.1.1 — Testemunha 1ª — Joaquim Silvério dos Reis", de 18/05/1789 (*ADIM*, vol. 4, p. 52).

82. Para a destinação do butim, "Francisco de Paula Freire de Andrada — 2ª inquirição", de 25/01/1790 (*ADIM*, vol. 5, pp. 181-2).

83. Para o plano do assalto, "XXVI.4 — De Domingos Vidal de Barbosa contra Francisco Antônio de Oliveira Lopes e José de Resende Costa Filho", de 09/07/1789 (*ADIM*, vol. 2, p. 465).

84. Para o monitoramento, "3.1.1 — Testemunha 1ª — Joaquim Silvério dos Reis", de 18/05/1789 (*ADIM*, vol. 4, p. 52).

85. "2.4 — Carta denúncia de Basílio de Brito Malheiro do Lago", de 15/04/1789 (*ADIM*, vol. 1, pp. 103-4).

86. Para os responsáveis pela formulação das leis e o estágio da redação, ver: "II — Francisco Antônio de Oliveira Lopes — II.1 — 1ª inquirição", de 15/06/1789 (*ADIM*, vol. 2, p. 49); "II.2 — 2ª inquirição — Francisco Antônio de Oliveira Lopes", de 21/07/1789 (ibid., p. 65); "Testemunha 27ª — Domingos Vidal de Barbosa", de 13/07/1789 (*ADIM*, vol. 1, p. 214); "Testemunha 52ª — José de Resende Costa, filho", de 28/07/1789 (ibid., p. 255); "Testemunha 53ª — José de Resende Costa", de 28/07/1789 (ibid., p. 258); e "Ofício de José Caetano César Manitti ao visconde de Barbacena, resumindo os documentos contidos na devassa da Inconfidência", de 12/02/1790 (*AMI*, 1953, ano 2, p. 89).

87. A avaliação dos traços de inovação e a interpretação do desenho constitucional são de Lilia Moritz Schwarcz e Heloisa Murgel Starling. *Brasil: Uma biografia*, p. 144.

88. Para os parlamentos em Minas Gerais, ver: "Testemunha 52ª — José de Resende Costa, filho", de 28/07/1789 (*ADIM*, vol. 1, p. 255); "Ofício de José Caetano César Manitti ao visconde de

Barbacena, resumindo os documentos contidos na devassa da Inconfidência", de 12/02/1790 (*AMI*, 1953, ano 2, p. 89); e "Padre Carlos Correia de Toledo e Melo — 2ª inquirição", de 27/11/1789 (*ADIM*, vol. 5, p. 143).

89. Para a escolha de Gonzaga como primeiro governante, o período de seu governo e a realização de eleições para sucedê-lo, ver: "Ofício de José Caetano César Manitti ao visconde de Barbacena, resumindo os documentos contidos na devassa da Inconfidência", de 12/02/1790 (*AMI*, 1953, ano 2, p. 89); "Testemunha 21ª — Inácio Correia Pamplona", de 30/06/1789 (*ADIM*, vol. 1, p. 193); e "II.2 — 2ª inquirição — Francisco Antônio de Oliveira Lopes", de 21/07/1789 (*ADIM*, vol. 2, p. 66).

90. Para "nova república", "Joaquim José da Silva Xavier — 4ª inquirição", de 18/01/1790 (*ADIM*, vol. 5, p. 37). Para a sugestão de Tiradentes e a referência às chagas de Cristo na bandeira de Portugal, ibid. Ver também "Inácio José de Alvarenga Peixoto — 2ª inquirição", de 14/01/1790 (ibid., p. 123). O alferes era "da maior devoção" da Santíssima Trindade, conforme relatou seu confessor, frei Raimundo da Anunciação Penaforte, em seu texto "Últimos momentos dos inconfidentes de 1789 pelo frade que os assistiu de confissão" (*RIHGB*, tomo 44, parte 1, 1881, pp. 161-85).

91. Dois conjurados atribuíram a ideia da adaptação da bandeira de Massachusetts a Alvarenga Peixoto: Tiradentes ("Joaquim José da Silva Xavier — 4ª inquirição", de 18/01/1790, *ADIM*, vol. 5, p. 37) e Freire de Andrada ("Francisco de Paula Freire de Andrada — 2ª inquirição", de 25/01/1790, ibid., p. 182). Alvarenga, por sua vez, atribuiu a sugestão a Cláudio ("Inácio José de Alvarenga Peixoto — 2ª inquirição", de 14/01/1790, ibid., p. 122). Já o padre Toledo afirmou que Alvarenga e Cláudio "assentaram" a proposta conjuntamente ("Padre Carlos Correia de Toledo e Melo — 2ª inquirição", de 27/11/1789, ibid., p. 143).

92. "Inácio José de Alvarenga Peixoto — 2ª inquirição", de 14/01/1790 (ibid., p. 122).

93. Para a impossibilidade de lembrar-se do lema, "Joaquim José da Silva Xavier — 4ª inquirição", de 18/01/1790 (ibid., p. 37).

94. "Inácio José de Alvarenga Peixoto — 2ª inquirição", de 14/01/1790 (ibid., p. 122).

95. Ibid.

96. Para o lema, ibid. Cláudio Manuel confirmou que Alvarenga sugeriu o lema escolhido: "IV — Cláudio Manuel da Costa — IV.1 — Única inquirição", de 02/07/1789 (*ADIM*, vol. 2, p. 133).

97. Para a aprovação geral, "Inácio José de Alvarenga Peixoto — 2ª inquirição", de 14/01/1790 (*ADIM*, vol. 5, p. 122).

98. Para o apelido, "Testemunha 20ª — Francisco Xavier Machado", de 27/06/1789 (*ADIM*, vol. 1, p. 191). O próprio Oliveira Lopes reconhecia suas limitações na escrita. "II — Francisco Antônio de Oliveira Lopes — II.1 — 1ª inquirição", de 15/06/1789 (*ADIM*, vol. 2, pp. 42-3).

99. Para a lembrança do significado e para o esquecimento da versão original do verso e do nome do autor, "II — Francisco Antônio de Oliveira Lopes — II.1 — 1ª inquirição", de 15/06/1789 (ibid., p. 48), e "5.13.2 — Testemunha 21ª — Francisco Antônio de Oliveira Lopes", de 08/08/1789 (*ADIM*, vol. 4, p. 154).

100. A devassa registrou que a bandeira teria a imagem do índio ("Ofício do des. José Pedro Machado Coelho Torres ao vice-rei Luís de Vasconcelos e Sousa, com certidão anexa", de 11/12/1789, *ADIM*, vol. 7, p. 31). Não há, porém, em nenhum dos depoimentos dos conjurados, uma afirmação categórica sobre a decisão final. A falta de consenso é sugerida no depoimento de dois conjurados: o padre Toledo ("Padre Carlos Correia de Toledo e Melo — 2ª inquirição", de

27/11/1789, *ADIM*, vol. 5, p. 143), e o tenente-coronel Freire de Andrada ("Francisco de Paula Freire de Andrada — 2ª inquirição", de 25/01/1790, ibid., p. 182).

101. Em 1963, o estado de Minas Gerais adotou oficialmente a bandeira que retrata o triângulo místico imaginado por Tiradentes e o lema de Virgílio sugerido por Alvarenga Peixoto.

102. "II — Francisco Antônio de Oliveira Lopes — II.1 — 1ª inquirição", de 15/06/1789 (*ADIM*, vol. 2, p. 48).

103. Para a escravidão de índios na capitania, Márcia Amantino, "A escravidão indígena e seus disfarces em Minas Gerais no século XVIII".

104. Em todos os depoimentos tomados na devassa, não há uma única menção à ideia de libertar índios cativos.

105. A. J. R. Russell-Wood, *Escravos e libertos no Brasil colonial*, p. 175.

106. Eduardo França Paiva, "Depois do cativeiro: A vida dos libertos nas Minas Gerais do século XVIII", em Maria Efigênia Lage de Resende e Luiz Carlos Villalta (Orgs.), *História de Minas Gerais: As Minas setecentistas*, vol. 1, p. 505.

107. Adriana Romeiro e Angela Vianna Botelho, *Dicionário histórico das Minas Gerais: Período colonial*, pp. 171-2.

108. "José Álvares Maciel — 1ª inquirição", de 26/11/1789 (*ADIM*, vol. 5, pp. 329-30); "XV.2 — 2ª inquirição — José Álvares Maciel", de 08/10/1789 (*ADIM*, vol. 2, pp. 279-80).

109. "José Álvares Maciel — 1ª inquirição", de 26/11/1789 (*ADIM*, vol. 5, pp. 329-30); "XV.2 — 2ª inquirição — José Álvares Maciel", de 08/10/1789 (*ADIM*, vol. 2, pp. 279-80).

110. Em *O manto de Penélope*, p. 105, João Pinto Furtado fornece uma tabela com o número de escravos por conjurado. Para as aspas ("meus negros"), carta de José Inácio de Alvarenga Peixoto a João Rodrigues de Macedo, de 28/05/1779. Manuel Rodrigues Lapa, *Vida e obra de Alvarenga Peixoto*, p. 59.

111. No processo da Conjuração Mineira, os escravos de Alvarenga foram avaliados em doze contos e 56900 réis (ibid., p. 107).

112. "XV.2 — 2ª inquirição — José Álvares Maciel", de 08/10/1789 (*ADIM*, vol. 2, pp. 279-80).

113. "José Álvares Maciel — 1ª inquirição", de 26/11/1789 (*ADIM*, vol. 5, pp. 329-30).

114. Ibid.

115. Para o número de escravos do padre, "Traslado do sequestro feito ao vigário Carlos Correia de Toledo", de 25/05/1789 (*ADIM*, vol. 6, pp. 69-79). Para a comparação com o plantel de outros conjurados, João Pinto Furtado, *O manto de Penélope*, p. 105. Na tabela fornecida pelo autor, não consta Maximiano de Oliveira Leite. Porém, levando em conta que o capitão de cavalaria não era um grande proprietário de terras, é presumível que tivesse menos escravos que Toledo, cujo plantel superava em mais de duas vezes a média da capitania.

116. "II — Francisco Antônio de Oliveira Lopes — II.1 — 1ª inquirição", de 15/06/1789 (*ADIM*, vol. 2, p. 60).

117. Para o número de escravos, João Pinto Furtado, *O manto de Penélope*, p. 105. Para a posse de Alexandre Pardo e a função desempenhada pelo escravo, "Embargo do advogado José de Oliveira Fagundes, ao acórdão da Comissão de Alçada", de 02/11/1791 (*ADIM*, vol. 7, p. 191).

118. Tomás Antônio Gonzaga, *Cartas chilenas*, pp. 66-7.

119. A relação clandestina do casal ficou registrada na devassa de forma tangencial e com

erros factuais (*ADIM*, vol. 3, p. 345). Um bom quadro da relação do casal está em *Cláudio Manuel da Costa*, de Laura de Mello e Souza.

120. Nos mais de cem depoimentos (orais e escritos) recolhidos pela devassa, fica patente o envolvimento de Tiradentes em diversas questões relacionadas e tratadas na conjuração. Não há uma única menção de que o alferes tenha se posicionado quanto ao tema da escravidão. Em relação específica à reunião de 26 de dezembro de 1788, os relatos dão conta de que apenas Alvarenga Peixoto e Álvares Maciel discutiram o assunto. Para o "mulatinho", ver o testamento dos pais de Tiradentes copiado no inventário de Antônia da Encarnação Xavier, reproduzido em *RIHGB*, tomo 66, parte 1, 1903, pp. 285-323.

121. "Alexandre da Silva — 1ª inquirição", de 23/11/1789 (*ADIM*, vol. 2, pp. 369-77). Ver também "Alberto da Silva e Oliveira Rolim — Assentada. 1ª inquirição", 20/02/1790" (*ADIM*, vol. 3, pp. 143-50).

122. Ver a atuação de Tiradentes contra o bando do Montanha em Carla Maria Junho Anastasia, *A geografia do crime: Violência nas Minas setecentistas*, pp. 87-96.

123. "Traslado do sequestro feito ao alferes Joaquim José da Silva Xavier", de 25/05/1789. (*ADIM*, vol. 6, pp. 57-66).

124. Parágrafo 1º da Constituição da Pensilvânia, redigida no período de 15 de julho a 28 de setembro de 1776. Kenneth Maxwell (Coord.), *O livro de Tiradentes*, p. 208.

125. "Carta denúncia de Domingos de Abreu Vieira", de 28/05/1789 (*ADIM*, vol. 1, p. 24).

126. "José Álvares Maciel — 1ª inquirição", de 26/11/1789 (*ADIM*, vol. 5, pp. 329-30); "xv.2 — 2ª inquirição — José Álvares Maciel", de 08/10/1789 (*ADIM*, vol. 2, pp. 279-80).

127. Sobre os elogios a Raynal, "Francisco de Paula Freire de Andrada — 1ª inquirição", de 16/11/1789 (*ADIM*, vol. 5, pp. 172-3). Para o voto, "José Álvares Maciel — 1ª inquirição", de 26/11/1789 (ibid., pp. 329-30); "xv.2 — 2ª inquirição — José Álvares Maciel", de 08/10/1789 (*ADIM*, vol. 2, pp. 279-80).

128. Ibid.
129. Ibid.
130. Ibid.

131. "José Álvares Maciel — 1ª inquirição", de 26/11/1789 (*ADIM*, vol. 5, pp. 329-30).

132. Para a chuva, "Inácio José de Alvarenga Peixoto — 2ª inquirição", de 14/01/1790 (ibid., p. 121).

133. "2ª inquirição — Acareação com o con. Luís Vieira da Silva, cel. Inácio José de Alvarenga Peixoto e pe. Carlos Correia de Toledo e Melo", de 03/02/1790 (ibid., p. 223).

134. "Carta denúncia de Domingos de Abreu Vieira", 28/05/1789 (*ADIM*, vol. 1, p. 124).

135. Para a criação da universidade e do curso de direito, "Testemunha 1ª — Domingos de Abreu Vieira", de 16/06/1789 (ibid., p. 144). Para a inclusão de Maciel no corpo docente, "Testemunha 52ª — José de Resende Costa, filho", de 28/07/1789 (ibid., p. 256).

136. "Joaquim José da Silva Xavier — 4ª inquirição", de 18/01/1790 (*ADIM*, vol. 5, p. 37).

137. "Testemunha 4ª — Vicente Vieira da Mota", de 22/06/1789 (*ADIM*, vol. 1, pp. 156-7).

138. Para a proposta aprovada, "Testemunha 21ª — Inácio Correia Pamplona", de 30/06/1789 (ibid., p. 193), e "Ofício de José Caetano César Manitti ao visconde de Barbacena, resumindo os documentos contidos na devassa da Inconfidência", de 12/02/1790 (*AMI*, 1953, ano 2, p. 89).

139. Tomás Antônio Gonzaga, *Cartas chilenas*, p. 118.

140. Lê-se 2420 contos e 55 689 réis. "Anexo n. 19" e "Anexo n. 20" da "Instrução para o visconde de Barbacena, Luís Antônio Furtado de Mendonça, governador e capitão-general da capitania de Minas Gerais", de 29/01/1788 (*AMI*, 1953, ano 2, pp. 190-3).

141. Para o número de homens e mulheres livres em Minas Gerais, Douglas Cole Libby, "As populações escravas das Minas setecentistas: Um balanço preliminar", em Maria Efigênia Lage de Resende e Luiz Carlos Villalta (Orgs.), *História de Minas Gerais: As Minas setecentistas*, vol. 1, p. 419.

142. Para a posição das dívidas na relação de débitos, "Anexo n. 19" e "Anexo n. 20" da "Instrução para o visconde de Barbacena, Luís Antônio Furtado de Mendonça, governador e capitão-general da capitania de Minas Gerais", de 29/01/1788 (*AMI*, 1953, ano 2, pp. 190-3). Para a discussão sobre queima de livros-caixa, "Pe. José Lopes de Oliveira — Inquirição", de 22/05/1790 (*ADIM*, vol. 3, pp. 192-3).

143. Para o fim da chuva, "Inácio José de Alvarenga Peixoto — 2ª inquirição", de 14/01/1790 (*ADIM*, vol. 5, p. 121).

144. "II — Francisco Antônio de Oliveira Lopes — II.1 — 1ª inquirição", de 15/06/1789 (*ADIM*, vol. 2, pp. 46-7), e "Ofício de José Caetano César Manitti ao visconde de Barbacena, resumindo os documentos contidos na devassa da Inconfidência", de 12/02/1790 (*AMI*, 1953, ano 2, p. 91).

145. "Padre Carlos Correia de Toledo e Melo — 2ª inquirição", de 27/11/1789 (*ADIM*, vol. 5, pp. 147-8).

13.

1. "Padre José da Silva e Oliveira Rolim — 2ª inquirição", de 17/04/1790 (*ADIM*, vol. 5, p. 345).

2. "IV — Cláudio Manuel da Costa — IV.1 — Única inquirição", de 02/07/1789 (*ADIM*, vol. 2, p. 131).

3. Para as conversas sediciosas no quintal de Gonzaga, ibid. Ver também "Inácio José de Alvarenga Peixoto — 2ª inquirição", de 14/01/1790 (*ADIM*, vol. 5, p. 122).

4. Ibid.

5. O cobrador era Francisco Pereira Peso, e o fazendeiro, Antônio João de Oliveira. "Testemunha 56ª — Manuel Domingues Monteiro", de 31/07/1789 (*ADIM*, vol. 1, p. 262).

6. O porta-estandarte era Francisco Xavier Machado, e o boiadeiro, Manuel Pereira Chaves. "Testemunha 20ª — Francisco Xavier Machado", de 27/06/1789 (ibid., pp. 188-9), e "Testemunha 21ª — Inácio Correia Pamplona", 30/06/1789 (ibid., p. 193).

7. Ibid.

8. O alforriado relatou um episódio em "IX — Crispiniano da Luz Soares — IX.1 — Inquirição", de 10/06/1789 (*ADIM*, vol. 2, pp. 211-3).

9. "2.4 — Carta denúncia de Basílio de Brito Malheiro do Lago", de 15/04/1789 (*ADIM*, vol. 1, p. 98).

10. "Testemunha 56ª — Manuel Domingues Monteiro", de 31/07/1789 (ibid., pp. 262-3).

11. "2.3 — Carta denúncia de Joaquim Silvério dos Reis. Cachoeira, 19/04/1789, datada de Borda do Campo, 11/04/1789" (ibid., p. 94).

12. Uma boa análise da recepção do discurso de Tiradentes é feita por Tarcísio de Souza Gaspar em *Palavras no chão: Murmurações e vozes em Minas Gerais no século XVIII*.

13. "4.3.8 — Carta de Manuel José de Miranda ao M. C. Inácio de Andrade Souto Maior Rendón", de 06/05/1789 (*ADIM*, vol. 4, p. 68), e "4.3.9 — Carta do cap. Manuel Joaquim de Sá Pinto do Rego Fortes (não assinada) ao M. C. Inácio de Andrade Souto Maior Rendón", de 06/05/1789 (ibid., p. 69).

14. "2.4 — Carta denúncia de Basílio de Brito Malheiro do Lago", de 15/04/1789 (*ADIM*, vol. 1, p. 98).

15. "Vicente Vieira da Mota — 1ª inquirição — Acareação com Basílio de Brito Malheiro do Lago", de 19/07/1791 (*ADIM*, vol. 5, p. 407).

16. "Testemunha 13ª — João Dias da Mota", de 26/06/1789 (*ADIM*, vol. 1, p. 177-8).

17. "Inácio José de Alvarenga Peixoto — 2ª inquirição", de 14/01/1790 (*ADIM*, vol. 5, p. 121).

18. "José da Silva e Oliveira Rolim — 2ª inquirição", de 20/10/1789 (*ADIM*, vol. 2, p. 300).

19. "Inácio José de Alvarenga Peixoto — 2ª inquirição", de 14/01/1790 (*ADIM*, vol. 5, pp. 125-6).

20. "Adição à denúncia de Joaquim Silvério dos Reis ao des. Pedro José Araújo de Saldanha", de 10/02/1790 (*ADIM*, vol. 3, p. 429).

21. "IV — Cláudio Manuel da Costa — IV.1 — Única inquirição", de 02/07/1789 (*ADIM*, vol. 2, pp. 127-34).

22. "2.4 — Carta denúncia de Basílio de Brito Malheiro do Lago", de 15/04/1789 (*ADIM*, vol. 1, p. 102).

23. Ibid., pp. 95-106.

24. "Basílio de Brito Malheiro do Lago — Testamento: transcrição das partes referentes à Inconfidência Mineira", de 25/10/1806 (*ADIM*, vol. 9, pp. 389-92).

25. Ver nota 2 de Tarquínio J. B. de Oliveira em *ADIM*, vol. 8, pp. 133-4.

26. "5.4.1 — Testemunha 9ª — Basílio de Brito Malheiro do Lago", de 28/07/1789 (*ADIM*, vol. 4, pp. 87-100). O único traço físico conhecido de Tiradentes, os cabelos esbranquiçados, foi fornecido por Basílio.

27. "2.4 — Carta denúncia de Basílio de Brito Malheiro do Lago", de 15/04/1789 (*ADIM*, vol. 1, pp. 95-106).

28. Ibid.

29. O interlocutor era José Joaquim de Oliveira. Ibid.

30. Os alforriados eram Crispiniano da Luz Soares e Raimundo Correia Lobo. Ibid.

31. Ibid.

32. Ibid.

33. Ibid.

34. "Testemunha 53ª — José de Resende Costa", de 28/07/1789 (ibid., pp. 257-9). Em meados de 2018, quando este livro foi para o prelo, o órgão estava em funcionamento e era utilizado em concertos.

35. "Padre Carlos Correia de Toledo e Melo — 2ª inquirição", de 27/11/1789 (*ADIM*, vol. 5, pp. 146-7).

36. Ibid.

37. Ibid.

38. "Carta denúncia do ten.-cel. Francisco de Paula Freire de Andrada", de 17/05/1789 (*ADIM*, vol. 1, pp. 117-20).

39. "Testemunha 52ª — José de Resende Costa, filho", de 28/07/1789 (ibid., p. 256).
40. "Inácio José de Alvarenga Peixoto — 2ª inquirição", de 14/01/1790 (*ADIM*, vol. 5, p. 125), e "II — Francisco Antônio de Oliveira Lopes — II.1 — 1ª inquirição", de 15/06/1789 (*ADIM*, vol. 2, p. 49).
41. "2ª inquirição — Acareação com José de Resende Costa (filho)", de 30/06/1791 (*ADIM*, vol. 5, p. 445).
42. "2.3 — Carta denúncia de Joaquim Silvério dos Reis. Cachoeira, 19/04/1789, datada de Borda do Campo, 11/04/1789" (*ADIM*, vol. 1, p. 93).
43. "3.1.1 — Testemunha 1ª — Joaquim Silvério dos Reis", de 18/05/1789 (*ADIM*, vol. 4, p. 51).

14.

1. Para a designação premeditada para o posto, "8ª inquirição — Acareação com: Francisco Antônio de Oliveira Lopes, Inácio José de Alvarenga Peixoto e Domingos de Abreu Vieira", de 22/06/1791 (*ADIM*, vol. 5, pp. 60-3), e "Testemunha 71ª — José de Sousa Lobo", de 14/06/1790 (*ADIM*, vol. 1, p. 320).
2. "Inácio José de Alvarenga Peixoto — 2ª inquirição", de 14/01/1790 (*ADIM*, vol. 5, pp. 122-3).
3. Para "bacamartes falsos de espírito", ibid. Para "pusilânimes", "Testemunha 13ª — João Dias da Mota", de 26/06/1789 (*ADIM*, vol. 1, pp. 177-8). Para "indolentes e fracos", "Francisco de Paula Freire de Andrada — 1ª inquirição", de 16/11/1789 (*ADIM*, vol. 5, p. 174).
4. "Inácio José de Alvarenga Peixoto — 2ª inquirição", de 14/01/1790 (ibid., pp. 122-3).
5. Para as menções a Rolim e a Toledo, ibid. Para a menção a Domingos, "Francisco de Paula Freire de Andrada — 1ª inquirição", de 16/11/1789 (ibid., p. 174).
6. Tiradentes fez o raciocínio em conversa com Alvarenga Peixoto. "Inácio José de Alvarenga Peixoto — 2ª inquirição", de 14/01/1790 (ibid., pp. 122-3).
7. "Carta régia de d. Maria I ao vice-rei, Luís de Vasconcelos e Sousa, determinando opine sobre projetos de Tiradentes", de 25/08/1788 (*ADIM*, vol. 8, p. 114).
8. Para o álibi, ver: "Carta do visconde de Barbacena dirigida ao vice-rei Luís de Vasconcelos relando a denúncia […]", de 25/03/1789 (*AMI*, 1953, ano 2, p. 42); "Joaquim José da Silva Xavier — 4ª inquirição", de 18/01/1790 (*ADIM*, vol. 5, p. 39); e "Inácio José de Alvarenga Peixoto — 2ª inquirição", de 14/01/1790 (ibid., pp. 122-3).
9. Ibid.
10. Para a licença, "Certidão das licenças concedidas ao alferes Joaquim José da Silva Xavier para viagens ao Rio", de 10/10/1789 (*ADIM*, vol. 1, pp. 292-3).
11. "Último recibo de soldos no Regimento de Cavalaria Regular de Minas Gerais (6ª Companhia), do alf. Joaquim José da Silva Xavier", de 04/03/1789 (*ADIM*, vol. 8, p. 115).
12. Para o salário de alferes em 1775, quando Tiradentes ingressou na tropa, "Relação dos soldos […] do novo Regimento de Cavalaria da Capitania de Minas Gerais", de d. Antônio de Noronha, 25/07/1775 (*RIHGMG*, vol. 9, 1962, p. 353).
13. "2ª inquirição — Acareação com Joaquim Silvério dos Reis", de 15/07/1791 (*ADIM*, vol. 5, p. 308).
14. "Testemunha 33ª — João da Costa Rodrigues", de 18/07/1789 (*ADIM*, vol. 1, p. 231). "Se-

questros e avaliações feitas nos bens dos réus: dr. Inácio José de Alvarenga Peixoto, Francisco Antônio de Oliveira Lopes, cônego Luís Vieira da Silva, vigário Carlos Correia de Toledo, ten.-cel. Domingos de Abreu Vieira, alferes Joaquim José da Silva Xavier", de 30/10/1789 (*ADIM*, vol. 6, p. 238).

15. Amaral Gurgel era amigo do naturalista radicado no Rio de Janeiro José Mariano da Conceição Veloso, primo de Tiradentes. "Testemunha 25ª — Salvador Carvalho do Amaral Gurgel", de 30/06/1789 (*ADIM*, vol. 1, pp. 207-8).

16. "x — Salvador Carvalho do Amaral Gurgel — x.1 — Inquirição", de 12/07/1789 (*ADIM*, vol. 2, pp. 217-26); "Joaquim José da Silva Xavier — 6ª inquirição", de 14/04/1791 (*ADIM*, vol. 5, p. 49).

17. Ibid.

18. Em seu depoimento na devassa, diferentemente da maioria dos réus, que informou fonte de renda, Amaral Gurgel declinou apenas que era "praticante de cirurgia": "x — Salvador Carvalho do Amaral Gurgel — x.1 — Inquirição", de 12/07/1789 (*ADIM*, vol. 2, pp. 217-26). Para a falta de residência fixa, "Testemunha 7ª — Bacharel Antônio José Soares de Castro", de 22/06/1789 (*ADIM*, vol. 1, pp. 162-4). Para os bens, "Depósito dos valores arrecadados com a venda dos bens sequestrados aos réus no Rio", de 09/07/1790 (*ADIM*, vol. 6, p. 280). A conversão do patrimônio (3469 mil-réis) no equivalente a número de machados (seiscentos réis cada) se baseia em tabela de valores fornecida por João Pinto Furtado em *O manto de Penélope*, p. 227.

19. Para "coronéis abastados e alguns moços desembaraçados", "x — Salvador Carvalho do Amaral Gurgel — x.1 — Inquirição", de 12/07/1789 (*ADIM*, vol. 2, pp. 217-26). Para pessoas "mais azadas", "Joaquim José da Silva Xavier — 6ª inquirição", de 14/04/1791 (*ADIM*, vol. 5, pp. 49-50).

20. "5.12.3 — Testemunha 19ª — Salvador Carvalho do Amaral Gurgel", de 07/08/1789 (*ADIM*, vol. 4, pp. 142-4).

21. Ibid.

22. Nas devassas, tanto Amaral Gurgel quanto Tiradentes negariam que o primeiro tivesse dado as cartas de recomendação. Nos depoimentos, porém, Gurgel citou o nome do tenente Francisco Manuel da Silva e Melo como um possível contato que poderia ter indicado a Joaquim, e de fato Tiradentes se encontrou com o tenente no Rio. "Testemunha 7ª — Bacharel Antônio José Soares de Castro", de 22/06/1789 (*ADIM*, vol. 1, pp. 162-4), e "Testemunha 25ª — Salvador Carvalho do Amaral Gurgel", de 30/06/1789 (ibid., p. 208).

23. Para o *Recueil*, "Testemunha 20ª — Francisco Xavier Machado", de 27/06/1789 (ibid., pp. 189-90).

PARTE V: O TRAIDOR (POR QUÊ?) [pp. 231-43]

15.

1. Tomás Antônio Gonzaga, *Cartas chilenas*.

2. O retrato faz parte "Coleção Personalidades" do acervo iconográfico do Arquivo Público Mineiro. Sem registro de autor, local e data, a pintura é identificada em sua base com a inscrição "cel. Joaquim Silvério dos Reis". APM/CP, PE-147.

3. Um exemplo da escrita precária de Silvério dos Reis pode ser vista num trecho de sua carta

ao tenente-coronel Carlos José da Silva, de 18/05/1785, cujo fac-símile, acompanhado da transcrição integral, se encontra no trabalho de José Euríalo dos Reis, *Inconfidência Mineira: manuscritos do Instituto Histórico e Geográfico de Minas Gerais (IHGMG): Transcrição, edição e glossário*, pp. 124-6: "Exm.o Snr'. omais breue que puder pertendo hir p.a a Borda doCampo como vmCe me diz vou Com animo, p.a q.' os viand.es me paguem, oupinhora llos, ou fazellos hir preZos p.a eSsa Capital porq' padeçer, por padeçer padeSaõ elles".

4. Baseado no Rio de Janeiro, Silvério dos Reis remeteu produtos para o abastado guarda-mor João da Silva Pereira, conforme carta sua, de 23/03/1778, transcrita na íntegra em *RIHGMG*, vol. 9, 1962, p. 369. Para os negócios com sal, carta de Joaquim Silvério dos Reis ao tenente-coronel Carlos José da Silva, de 18/05/1785, cujo fac-símile, acompanhado da transcrição integral, se encontra no trabalho de José Euríalo dos Reis, *Inconfidência Mineira: Manuscritos do Instituto Histórico e Geográfico de Minas Gerais (IHGMG): Transcrição, edição e glossário*, pp. 124-6.

5. Ver nota de Tarquínio J. B. de Oliveira em *ADIM*, vol. 9, p. 367.

6. Variam bastante o tamanho e peso das barras fundidas em Minas Gerais no século XVIII, mas um modelo de proporções bastante comuns (6×104×28 milímetros; 273,5 gramas) pode ser visto em *Tesouros reais*, p. 36.

7. Numa carta de apresentação, d. Rodrigo escreveu que Silvério dos Reis era um "sujeito que eu conheço e protejo desde que governei a capitania de Minas Gerais". "D. Rodrigo José de Meneses, conde de Cavaleiros — Apresentação de Joaquim Silvério dos Reis a João Felipe da Fonseca, oficial maior da Secretaria da Marinha e Ultramar", de 06/04/1804 (*ADIM*, vol. 9, p. 385).

8. "José Venâncio Seixas — Carta ao Fiscal dos Diamantes José Antônio de Meireles Freire (Tejuco) recomendando Joaquim Silvério dos Reis", de 21/10/1780 (ibid., pp. 17-8). O autor da carta de recomendação costumava solicitar favores para si, como se vê no "Requerimento de José Venâncio de Seixas pedindo a concessão do lugar de secretário do governo de Minas Gerais".

9. Tomás Antônio Gonzaga, *Cartas chilenas*.

10. Para a inclusão de Silvério dos Reis entre os comerciantes mais avultados de Minas Gerais, "Carta de d. Rodrigo José de Meneses informando Martinho de Melo e Castro sobre os prejuízos que tem tido a Real Fazenda relativamente aos contratos das entradas e solicitando providências no sentido de obviar tal situação", de 15/04/1782 (*AHU*/Minas Gerais, cx. 118, doc. 24).

11. José João Teixeira Coelho, *Instrução para o governo da capitania de Minas Gerais*, pp. 314-21.

12. Para as dívidas dos contratados acumuladas até 1787, algumas delas referentes ao triênio 1747-50, "Anexo n. 19" e "Anexo n. 20" da "Instrução para o visconde de Barbacena, Luís Antônio Furtado de Mendonça, governador e capitão-general da capitania de Minas Gerais", de 29/01/1788 (*AMI*, 1953, ano 2, pp. 190-3).

13. Pedroso manobrava em favor de Pedro Luís Pacheco. Ver Virgínia Maria Trindade Valadares, *A sombra do poder*, pp. 167-9.

14. "Manuel Joaquim Pedroso, ouvidor-geral de Vila Rica — Representação contra a arrematação do contrato de entradas a Joaquim Silvério dos Reis pela Junta da Real Fazenda de Minas", de 02/02/1782 (*ADIM*, vol. 9, pp. 21-3).

15. "Carta de d. Rodrigo José de Meneses informando Martinho de Melo e Castro sobre os prejuízos que tem tido a Real Fazenda relativamente aos contratos das entradas e solicitando providências no sentido de obviar tal situação", de 15/04/1782 (*AHU*/Minas Gerais, cx. 118, doc. 24).

16. Para o valor do contrato, "Anexo n. 19" da "Instrução para o visconde de Barbacena, Luís

Antônio Furtado de Mendonça, governador e capitão-general da capitania de Minas Gerais", de 29/01/1788 (*AMI*, 1953, ano 2, pp. 190-3).

17. Silvério dizia ter "muita avultada porção de bens de raiz", citando as três fazendas como parte de seu patrimônio. "Carta de Joaquim Silvério dos Reis ao vice-rei, Luís de Vasconcelos e Sousa", de 05/05/1789 (*ADIM*, vol. 7, pp. 84-8). Oitenta e cinco anos após a morte de Silvério dos Reis, a fazenda da Caveira abrigou o Hospital de Assistência de Alienados de Barbacena, manicômio de triste memória.

18. O calote gerou discussões que se arrastaram por anos nos escaninhos da burocracia da Coroa. Silvério dos Reis toca no assunto em carta de 1789. Ibid.

19. "Inácio José de Alvarenga Peixoto — 2ª inquirição", de 14/01/1790 (*ADIM*, vol. 5, p. 127).

20. Para os títulos, nota de Tarquínio J. B. de Oliveira em *ADIM*, vol. 9, p. 367.

21. "Carta de Joaquim Silvério dos Reis a Miguel Fernandes Guimarães", de 19/10/1792. O fac-símile do trecho que trata da cobrança das dívidas ("Não me vexe ninguém e violência só se deve fazer quando a dívida tem risco") pode ser visto em *ADIM*, vol. 10, p. 24.

22. "Carta do visconde de Barbacena ao vice-rei Luís de Vasconcelos e Sousa relatando a denúncia recebida de Joaquim Silvério dos Reis", de 25/03/1789 (*ADIM*, vol. 8, p. 124).

23. Tomás Antônio Gonzaga, *Cartas chilenas*, pp. 115-6.

24. Do valor estipulado, de 355:612$000, Silvério dos Reis ficou devendo 220:423$149. Ver "Anexo n. 19" da "Instrução para o visconde de Barbacena, Luís Antônio Furtado de Mendonça, governador e capitão-general da capitania de Minas Gerais", de 29/01/1788 (*AMI*, 1953, ano 2, pp. 190-3).

25. Para "melhor calculador", "Carta de d. Rodrigo José de Meneses informando Martinho de Melo e Castro sobre os prejuízos que tem tido a Real Fazenda relativamente aos contratos das entradas e solicitando providências no sentido de obviar tal situação", de 15/04/1782 (*AHU*/Minas Gerais, cx. 118, doc. 24).

26. Sobre as jogadas contábeis, "Cópia de carta de Francisco Gregório Pires Bandeira, procurador da Fazenda de Sua Majestade em Vila Rica, dirigida à rainha, sobre Joaquim Silvério dos Reis [...]", de 12/08/1784. Transcrição integral em José Euríalo dos Reis, *Inconfidência Mineira: Manuscritos do Instituto Histórico e Geográfico de Minas Gerais (IHGMG): Transcrição, edição e glossário*, pp. 122-3.

27. Silvério dos Reis usou a expressão "avultadas somas de dinheiro" para referir-se às suas dívidas dos contratos. "Carta de Joaquim Silvério dos Reis ao vice-rei, Luís de Vasconcelos e Sousa", de 05/05/1789 (*ADIM*, vol. 7, p. 86). Para o patrimônio superior à dívida, "Carta do conde de Resende ao min. Martinho de Melo e Castro", de 02/05/1794 (ibid., pp. 395-6).

28. Para as regras, "Cópia de carta de Francisco Gregório Pires Bandeira, procurador da Fazenda de Sua Majestade em Vila Rica, dirigida à rainha, sobre Joaquim Silvério dos Reis [...]", de 12/08/1784. Transcrição integral em José Euríalo dos Reis, *Inconfidência Mineira: Manuscritos do Instituto Histórico e Geográfico de Minas Gerais (IHGMG): Transcrição, edição e glossário*, pp. 122-3.

29. Tomás Antônio Gonzaga, *Cartas chilenas*, p. 116.

30. "Cópia de carta de Francisco Gregório Pires Bandeira, procurador da Fazenda de Sua Majestade em Vila Rica, dirigida à rainha, sobre Joaquim Silvério dos Reis [...], denunciando irregularidades na cobrança do contrato das entradas e pedindo que sejam reexaminados os livros do caixa, cobradores e administradores", de 12/08/1784. A transcrição integral da carta se encontra no

trabalho de José Euríalo dos Reis, *Inconfidência Mineira: Manuscritos do Instituto Histórico e Geográfico de Minas Gerais (IHGMG): Transcrição, edição e glossário*, pp. 122-3.

31. José João Teixeira Coelho, *Instrução para o governo da capitania de Minas Gerais*, pp. 314-21.

32. Período que vai do vencimento do contrato das entradas (31/12/1784) à posse do visconde de Barbacena no governo de Minas Gerais (11/07/1788).

33. Para o descontentamento e a informação obtida quanto às prováveis mudanças, "Ofício do visconde de Barbacena a Martinho de Melo e Castro enviando informações sobre a conjuração em Minas, indicando os principais implicados no movimento e comunicando o andamento das providências tomadas", de 11/06/1789 (*AMI*, 1953, ano 2, p. 68).

34. Para a ccrimônia chocha, "Ofício do visconde de Barbacena ao secretário da Marinha e Ultramar, Martinho de Melo e Castro, comunicando sua posse no governo da capitania de Minas", de 14/07/1788 (*ADIM*, vol. 8, pp. 112-3), e "Ofício de Luís da Cunha e Meneses a Martinho de Melo e Castro, secretário da Marinha e Ultramar, comunicando ter passado o governo da capitania de Minas ao sucessor", de 11/07/1788 (ibid., p. 111).

35. Para a presença de Silvério dos Reis na comitiva, "Ofício do visconde de Barbacena a Martinho de Melo e Castro enviando informações sobre a conjuração em Minas, indicando os principais implicados no movimento e comunicando o andamento das providências tomadas", de 11/06/1789 (*AMI*, 1953, ano 2, p. 68).

36. Foi o visconde de Barbacena quem aventou a probabilidade de que, naquela viagem, Silvério dos Reis tivera ciência dos planos para a extinção dos regimentos (ibid.). Para o desagrado em relação à medida, "2.3 — Carta denúncia do coronel Joaquim Silvério dos Reis", de 05/05/1789 (*ADIM*, vol. 4, pp. 24-5).

37. Para a população do Rio de Janeiro, Nireu Cavalcanti, *O Rio de Janeiro setecentista*, p. 255.

38. Ver nota de Herculano Gomes Mathias em *ADIM*, vol. 4, p. 35.

39. "Doc. n. 77 — Carta de Joaquim Silvério dos Reis em que há referência a Tiradentes", de 06/09/1782 (*ABN*, vol. 65, 1943, pp. 182-3).

40. Para a amizade, "4.3.2 — Ofício do visconde de Barbacena ao vice-rei Luís de Vasconcelos e Sousa", de 11/05/1789 (*ADIM*, vol. 4, p. 62).

41. "Ofício do visconde de Barbacena a Martinho de Melo e Castro enviando informações sobre a conjuração em Minas, indicando os principais implicados no movimento e comunicando o andamento das providências tomadas", de 11/06/1789 (*AMI*, 1953, ano 2, p. 68). No trecho em questão, Barbacena afirma: "Eu, porém, não duvido que as primeiras lembranças viessem do Rio de Janeiro pela ocasião que tiveram naquela cidade o dito padre [Rolim] e [o] alferes, ambos refugiados e descontentes, onde se encontraram com Joaquim Silvério, quando acompanhou daqui o meu antecessor, e que estava igualmente descontente da mudança de governo e pela notícia, que então lhe deram, da extinção dos novos regimentos auxiliares, nos quais era coronel, devendo ficar gravemente ofendida com ela a sua vaidade e dependência".

42. Para o acerto, ibid. Para o início da conspiração aberta por parte de Silvério dos Reis, "2.3 — Carta denúncia do coronel Joaquim Silvério dos Reis", de 05/05/1789 (*ADIM*, vol. 4, pp. 24-31).

43. Tomás Antônio Gonzaga, *Cartas chilenas*, p. 116.

44. Para o estado de espírito do ex-contratador, "2.3 — Carta denúncia do coronel Joaquim Silvério dos Reis", de 05/05/1789 (*ADIM*, vol. 4, pp. 24-31).

45. "Testemunha 10ª — Antônio de Fonseca Pestana", de 25/06/1789 (*ADIM*, vol. 1, p. 169).

46. Para a desistência da viagem, "Dos José de Resende Costa (pai e filho) contra o vig. Carlos Correia de Toledo e Luís Vaz de Toledo Piza", de 30/06/1789 (*ADIM*, vol. 2, p. 466), e "'Testemunha 53ª — José de Resende Costa", de 28/07/1789 (*ADIM*, vol. 1, pp. 257-8).

47. "Testemunha 31ª — José Resende Costa", de 12/09/1789 (*ADIM*, vol. 4, p. 206).

48. Para a puxada na casaca, "Carta do visconde de Barbacena ao vice-rei Luís de Vasconcelos e Sousa relatando a denúncia recebida de Joaquim Silvério dos Reis", de 25/03/1789 (*ADIM*, vol. 8, p. 119). Para o quarto escuro, "2.3 — Carta denúncia do coronel Joaquim Silvério dos Reis", de 05/05/1789 (*ADIM*, vol. 4, p. 25).

49. "2.3 — Carta denúncia de Joaquim Silvério dos Reis. Cachoeira, 19/04/1789, datada de Borda do Campo, 11/04/1789" (*ADIM*, vol. 1, p. 93).

50. "2.3 — Carta denúncia do coronel Joaquim Silvério dos Reis", de 05/05/1789 (*ADIM*, vol. 4, p. 25).

51. "Carta de d. Rodrigo José de Meneses informando Martinho de Melo e Castro sobre os prejuízos que tem tido a Real Fazenda relativamente aos contratos das entradas e solicitando providências no sentido de obviar tal situação", de 15/04/1782 (*AHU*/Minas Gerais, cx. 118, doc. 24).

52. Para o conteúdo da discussão focado nos cálculos e não em questões éticas ou políticas, "2.3 — Carta denúncia do coronel Joaquim Silvério dos Reis", de 05/05/1789 (*ADIM*, vol. 4, p. 25). Na conversa, ele disse que faltava pagar 400 mil cruzados da dívida do contrato, o equivalente a 192 contos de réis. Pelos cálculos da Coroa, o ex-contratador devia pouco mais de 220 contos de réis. Ver "Anexo n. 19" da "Instrução para o visconde de Barbacena, Luís Antônio Furtado de Mendonça, governador e capitão-general da capitania de Minas Gerais", de 29/01/1788 (*AMI*, 1953, ano 2, pp. 190-3).

53. "2.3 — Carta denúncia de Joaquim Silvério dos Reis. Cachoeira, 19/04/1789, datada de Borda do Campo, 11/04/1789" (*ADIM*, vol. 1, p. 93).

54. Para o local da reunião, "Carta do visconde de Barbacena ao vice-rei Luís de Vasconcelos e Sousa relatando a denúncia recebida de Joaquim Silvério dos Reis", de 25/03/1789 (*ADIM*, vol. 8, p. 119). Para a promessa, "2.3 — Carta denúncia do coronel Joaquim Silvério dos Reis", de 05/05/1789 (*ADIM*, vol. 4, pp. 26-7).

55. Ibid.

56. Ibid.

57. Ver nota 1 de Herculano Gomes Mathias em ibid., p. 33.

58. Para as citações, "Instrução para o visconde de Barbacena [...] por Martinho de Melo e Castro", 29/01/1788 (*ADIM*, vol. 8, pp. 95-6 e 104).

59. Ibid.

60. "Carta do visconde de Barbacena ao vice-rei Luís de Vasconcelos e Sousa relatando a denúncia recebida de Joaquim Silvério dos Reis", de 25/03/1789 (ibid., p. 124).

61. Para a discussão sobre queima de livros-caixa, "Pe. José Lopes de Oliveira — Inquirição", de 22/05/1790 (*ADIM*, vol. 3, pp. 192-3).

62. Para o recebimento da intimação, ver nota 2 de Tarquínio J. B. de Oliveira em *ADIM*, vol. 8, p. 117.

63. Ver nota 1 de Herculano Gomes Mathias em *ADIM*, vol. 4, p. 33.

64. Para o encontro, "Joaquim José da Silva Xavier — 7ª inquirição", de 20/06/1791 (*ADIM*,

vol. 5, p. 55). Para a carreira engessada, ver nota 1 de Tarquínio J. B. de Oliveira em *ADIM*, vol. 1, p. 311.

65. "2.8 — Carta denúncia de Domingos de Abreu Vieira", de 28/05/1789 (ibid., pp. 123-4).

66. Para a deficiência auditiva, "Testemunha 67ª — Matias Sanches Brandão", de 15/04/1790 (*ADIM*, vol. 1, p. 311).

67. Para o encontro, "3.1.1 — Testemunha 1ª — Joaquim Silvério dos Reis", de 18/05/1789 (*ADIM*, vol. 4, p. 51), e "2.3 — Carta denúncia do coronel Joaquim Silvério dos Reis", de 05/05/1789 (ibid., p. 29). A escolta de Silvério dos Reis era feita pelo tenente Patrício Pereira e pelo alferes José Lourenço Ferreira. "5.16.1 — Testemunha 24ª — José Lourenço Ferreira", de 22/08/1789 (ibid., pp. 175-6), e "7.5.1 — Testemunha referida (por T. 1ª — 36ª) Patrício Pereira", de 26/10/1789 (ibid., pp. 247-8).

68. "3.1.1 — Testemunha 1ª — Joaquim Silvério dos Reis", de 18/05/1789 (ibid., p. 51), e "2.3 — Carta denúncia do coronel Joaquim Silvério dos Reis", de 05/05/1789 (ibid., p. 29).

69. Ibid. Para o conselho de que não fosse tolo, "7.5.1 — Testemunha referida (por T. 1ª — 36ª) Patrício Pereira", de 26/10/1789 (ibid., pp. 247-8).

70. "2.3 — Carta denúncia do coronel Joaquim Silvério dos Reis", de 05/05/1789 (ibid., pp. 24-31); "3.1.1 — Testemunha 1ª — Joaquim Silvério dos Reis", de 18/05/1789 (ibid., pp. 43-52); e "2.3 — Carta denúncia de Joaquim Silvério dos Reis. Cachoeira, 19/04/1789, datada de Borda do Campo, 11/04/1789" (*ADIM*, vol. 1, pp. 91-5).

PARTE VI: SEM MEDO DO BACALHAU [pp. 245-67]

16.

1. Ordenações Filipinas, livro 5, título 6.

2. Naquele mês de março, antes de iniciar a viagem ao Rio de Janeiro, Tiradentes passou na residência do governador para obter a licença do regimento. Dias depois, já no Rio, questionado sobre a quantas andava o visconde de Barbacena, Joaquim disse que ele "estava bom e morando no arraial da Cachoeira, divertindo-se em criações de vacas e galinhas". "Carta do ajudante João José Nunes Carneiro", de 10/05/1789 (*ADIM*, vol. 4, pp. 39-40).

3. Para o assombro e a cautela, "Carta do visconde de Barbacena ao vice-rei Luís de Vasconcelos e Sousa relatando a denúncia recebida de Joaquim Silvério dos Reis", de 25/03/1789 (*ADIM*, vol. 8, p. 118).

4. "2.3 — Carta denúncia de Joaquim Silvério dos Reis. Cachoeira, 19/04/1789, datada de Borda do Campo, 11/04/1789" (*ADIM*, vol. 1, pp. 91-5).

5. "Carta do visconde de Barbacena ao vice-rei Luís de Vasconcelos e Sousa relatando a denúncia recebida de Joaquim Silvério dos Reis", de 25/03/1789 (*ADIM*, vol. 8, p. 118).

6. Para a menção a Deus, "2.3 — Carta denúncia de Joaquim Silvério dos Reis. Cachoeira, 19/04/1789, datada de Borda do Campo, 11/04/1789" (*ADIM*, vol. 1, pp. 91-5).

7. Ibid.

8. Ibid.

9. Para "amigo", "4.3.2 — Ofício do visconde de Barbacena ao vice-rei Luís de Vasconcelos e Sousa", de 11/05/1789 (*ADIM*, vol. 4, p. 62).

10. "2.3 — Carta denúncia de Joaquim Silvério dos Reis. Cachoeira, 19/04/1789, datada de Borda do Campo, 11/04/1789" (*ADIM*, vol. 1, pp. 91-5).

11. Ibid.

12. "Carta do visconde de Barbacena ao vice-rei Luís de Vasconcelos e Sousa relatando a denúncia recebida de Joaquim Silvério dos Reis", de 25/03/1789 (*ADIM*, vol. 8, p. 130).

13. Ibid., pp. 118-31.

14. Ibid.

15. Para a circunspecção calculada, para as reflexões e para as perguntas com terceiras intenções, ibid.

16. Para o entendimento de Barbacena, ibid.

17. Ibid.

18. Ibid.

19. Ibid.

20. Ibid.

21. "2.3 — Carta denúncia do coronel Joaquim Silvério dos Reis", de 05/05/1789 (*ADIM*, vol. 4, pp. 27-9).

17.

1. Para "cachorro", "Joaquim José da Silva Xavier — 3ª inquirição", de 30/05/1789 (*ADIM*, vol. 5, p. 30).

2. "Joaquim José da Silva Xavier — 4ª inquirição", de 18/01/1790 (ibid., p. 39).

3. Para as citações da derrama, da adesão de outras capitanias e do apoio estrangeiro, "Testemunha 13ª — João Dias da Mota", de 26/06/1789 (*ADIM*, vol. 1, pp. 176-80).

4. Para a conspiração na Varginha do Lourenço e nas Bananeiras, ibid. Na Igreja Nova e em Cebolas, "3.2.4 — Testemunha 4ª — Manuel Luís Pereira", de 20/05/1789 (*ADIM*, vol. 4, pp. 58-9). No Registro Velho, "Manuel Rodrigues da Costa — 1ª inquirição", de 22/08/1791 (*ADIM*, vol. 5, p. 490). Na Borda do Campo e em Juiz de Fora (fazenda do padre Francisco Vidal de Barbosa Laje), "Testemunha 9ª — José Pereira Marques", de 25/06/1789 (*ADIM*, vol. 1, pp. 166-7).

5. Foi o caso do padre Manuel Rodrigues da Costa, com quem Tiradentes falara sete meses antes, quando retornava de uma viagem ao Rio de Janeiro. "Manuel Rodrigues da Costa — 1ª inquirição", de 22/08/1791 (*ADIM*, vol. 5, p. 490).

6. Foi o caso do furriel Manuel Luís Pereira, "3.2.4 — Testemunha 4ª — Manuel Luís Pereira", de 20/05/1789 (*ADIM*, vol. 4, pp. 58-9).

7. "Joaquim José da Silva Xavier — 4ª inquirição", de 18/01/1790 (*ADIM*, vol. 5, p. 39).

8. "3.2.4 — Testemunha 4ª — Manuel Luís Pereira", de 20/05/1789 (*ADIM*, vol. 4, p. 59).

9. "Testemunha 13ª — João Dias da Mota", de 26/06/1789 (*ADIM*, vol. 1, pp. 177-8). Ver também "Testemunha 18ª — João Dias da Mota", de 07/08/1789 (*ADIM*, vol. 4, p. 136).

10. "3.2.4 — Testemunha 4ª — Manuel Luís Pereira", de 20/05/1789 (ibid., p. 59).

11. Para as botas e o descanso na esteira, "5.11.1 — Testemunha 18ª — João Dias da Mota", de 07/08/1789 (ibid., pp. 135-6).
12. "Testemunha 13ª — João Dias da Mota", de 26/06/1789 (*ADIM*, vol. 1, pp. 176-7).
13. "Testemunha 9ª — José Pereira Marques", de 25/06/1789 (ibid., pp. 166-7).
14. Ibid.
15. Ibid.
16. "Testemunha 18ª — João Dias da Mota", de 07/08/1789 (*ADIM*, vol. 4, p. 136).
17. "Testemunha 13ª — João Dias da Mota", de 26/06/1789 (*ADIM*, vol. 1, p. 177).
18. "João da Costa Rodrigues — 1ª inquirição", de 26/07/1791 (*ADIM*, vol. 5, pp. 429-30).
19. Ibid.

18.

1. "Carta do visconde de Barbacena ao vice-rei Luís de Vasconcelos e Sousa relatando a denúncia recebida de Joaquim Silvério dos Reis", de 25/03/1789 (*ADIM*, vol. 8, p. 124).
2. "João da Costa Rodrigues — 1ª inquirição", de 26/07/1791 (*ADIM*, vol. 5, pp. 429-30).
3. "2.4 — Carta denúncia de Basílio de Brito Malheiro do Lago", de 15/04/1789 (*ADIM*, vol. 1, pp. 95-106).
4. "Testemunha 10ª — Antônio de Fonseca Pestana", de 25/06/1789 (ibid., p. 169).
5. "Testemunha 31ª — José de Resende Costa", de 12/09/1789 (*ADIM*, vol. 4, p. 206).
6. "2.4 — Carta denúncia de Basílio de Brito Malheiro do Lago", de 15/04/1789 (*ADIM*, vol. 1, pp. 95-106).
7. Para a suspensão da derrama, "Ofício-circular do visconde de Barbacena às Câmaras participando a suspensão da derrama", datado de 14/03/1789 (*ADIM*, vol. 8, pp. 116-8). Para o anúncio da derrama oito meses antes, "Termo (cópia) de uma reunião da Mesa da Junta da Administração e Arrecadação da Real Fazenda de Vila Rica, presidida pelo visconde de Barbacena, governador de Minas Gerais, para se averiguarem as causas da decadência e diminuição dos quintos do ouro, cobrados pelas Casas de Fundição", de 17/07/1788 (*AHU/CU/BR-MG*, cx. 129, doc. 7).
8. A verdadeira data da produção do documento até hoje divide os historiadores. Até 1973, o entendimento dominante era o de que o governador escrevera o ofício depois da denúncia de Silvério dos Reis, manipulando assim a data do documento. Naquele ano, porém, o historiador inglês Kenneth Maxwell, em seu clássico *A devassa da devassa*, considerada a obra mais completa sobre a Conjuração Mineira, divulgou um entendimento diferente. Para Maxwell, a data do documento está correta, o que pressupõe que Barbacena tivera outros motivos para suspender a derrama que não o conhecimento da conspiração. Desde então, a academia se divide entre as duas correntes. O *Dicionário do Brasil colonial (1500-1808)*, organizado por Ronaldo Vainfas, registra que a data do ofício é verdadeira (p. 585). Já o *Dicionário histórico das Minas Gerais: Período colonial*, de Adriana Romeiro e Angela Vianna Botelho, aponta que o visconde antedatou a circular (p. 136). Sensata parece a posição de Tarcísio de Souza Gaspar, que no seu *Palavras no chão: Murmurações e vozes em Minas Gerais no século XVIII* afirma tratar-se de um "impasse historiográfico" (p. 188). De fato, na documentação até hoje conhecida, não há dados que comprovem de forma segura nenhuma das duas teses. O único fato sobre o qual não resta nenhuma dúvida é que Barbacena costumava adulterar datas em docu-

mentos. O primeiro documento que menciona a conjuração — uma carta denúncia escrita por Silvério dos Reis a mando do visconde — teve a data e o local manipulados. O delator datou a carta de 11 de abril de 1789, como tendo sido escrita na Borda do Campo (comarca do Rio das Mortes), onde morava. Porém, somente depois de 15 de abril de 1789 é que ele recebeu a ordem do governador para produzir aquele documento. A redação, portanto, não aconteceu a 11 de abril de 1789 na Borda do Campo, mas entre 16 e 19 de abril de 1789, entre idas e vindas de Silvério dos Reis a Vila Rica e à chácara do governador na vizinha Cachoeira do Campo, a duzentos quilômetros de distância do local que aparece registrado na carta. A transcrição integral do documento se encontra em *ADIM*, vol. 1, pp. 91-5. Mais um dado que corrobora o fato de que Barbacena costumava manipular datas de acordo com seus interesses: em carta enviada a Lisboa após o desbaratamento da Conjuração Mineira, ele afirmou ter alertado o vice-rei sobre o movimento insurgente "particularmente sem demora". Na mesma carta, disse que mandou Silvério dos Reis ao Rio de Janeiro "logo" após ouvir a delação. Na verdade, depois de tomar pé das acusações, Barbacena demorou dez dias para avisar o vice-rei e 35 dias para enviar o delator à capital da colônia. "Relatório do visconde de Barbacena a Martinho de Melo e Castro, secretário da Marinha e Ultramar, sobre a Inconfidência Mineira", de 11/07/1789 (*ADIM*, vol. 8, p. 190).

9. "Carta do visconde de Barbacena ao vice-rei Luís de Vasconcelos e Sousa relatando a denúncia recebida de Joaquim Silvério dos Reis", de 25/03/1789 (ibid., pp. 126-7).

10. A reconstituição do episódio tem como base informações contidas em dois documentos do governador: "Carta do visconde de Barbacena ao vice-rei Luís de Vasconcelos e Sousa relatando a denúncia recebida de Joaquim Silvério dos Reis", de 25/03/1789 (ibid.), e "Relatório do visconde de Barbacena a Martinho de Melo e Castro, secretário da Marinha e Ultramar, sobre a Inconfidência Mineira", de 11/07/1789 (ibid., pp. 220-1).

11. Ibid.

12. Ibid.

13. "Cônego Luís Vieira da Silva — 2ª inquirição", de 23/01/1790 (*ADIM*, vol. 5, pp. 250-1).

14. "Inácio José de Alvarenga Peixoto — 2ª inquirição", de 14/01/1790 (ibid., pp. 123-4).

15. Para o bordado, "2ª inquirição — Acareação com o con. Luís Vieira da Silva, cel. Inácio José de Alvarenga Peixoto e pe. Carlos Correia de Toledo e Melo", de 03/02/1790 (ibid., pp. 215-25).

16. Ibid.; "Cônego Luís Vieira da Silva — 2ª inquirição", de 23/01/1790 (ibid., pp. 250-1); e "Cônego Luís Vieira da Silva — 3ª inquirição", de 21/07/1790 (ibid., p. 255).

17. Ibid.

18. Ibid.

19. "Inácio José de Alvarenga Peixoto — 2ª inquirição", de 14/01/1790 (ibid., pp. 123-4).

20. Para o inconformismo de Alvarenga, as divagações do cônego, o lamento pelo fracasso do sonho de liberdade e a citação a Tiradentes, ibid. Para os estudos sobre a Revolução Americana, "3ª inquirição — Cônego Luís Vieira da Silva", de 21/07/1790 (ibid., p. 257). Para o posicionamento dos rebeldes na varanda e o estado de Gonzaga, "4ª inquirição — Acareação com o con. Luís Vieira da Silva e cel. Inácio José de Alvarenga", de 04/08/1791 (ibid., pp. 236-7).

21. Para o dinheiro dos soldos, "Último recibo de soldos no Regimento de Cavalaria Regular de Minas Gerais (6ª Companhia), do alf. Joaquim José da Silva Xavier", de 04/03/1789 (*ADIM*, vol. 8, p. 115). Para o dinheiro emprestado, "2ª inquirição — Acareação com Joaquim Silvério dos Reis", de

15/07/1791 (*ADIM*, vol. 5, p. 308). Para a hospedagem no Rio de Janeiro e a companhia de Matias, "Carta do ajudante João José Nunes Carneiro", de 10/05/1789 (*ADIM*, vol. 4, p. 39).

22. Um exemplo do tom monocórdio da pregação de Tiradentes está em '"Testemunha 20ª — Francisco Xavier Machado", de 27/06/1789 (*ADIM*, vol. 1, pp. 188-1).

23. "Carta do ajudante João José Nunes Carneiro", de 10/05/1789 (*ADIM*, vol. 4, pp. 39-41); "3.2.1 — Testemunha 2ª — João José Nunes Carneiro", de 20/05/1789 (ibid., pp. 53-5).

24. Ibid. Ainda que não haja registro da doença que afetava João, seu estado de saúde era de fato delicado. Cerca de um mês e meio depois daquele encontro, o militar continuava de cama. Devido a seu estado frágil, os responsáveis pela devassa o dispensaram de depor e foram até ele, colhendo um curto testemunho por escrito. Tiradentes, por sua vez, confirmou que o colega estava "molestado" quando se encontraram: "Joaquim José da Silva Xavier — 1ª inquirição", de 22/05/1789 (*ADIM*, vol. 5, p. 21).

25. "Carta do visconde de Barbacena ao vice-rei Luís de Vasconcelos e Sousa relatando a denúncia recebida de Joaquim Silvério dos Reis", de 25/03/1789 (*ADIM*, vol. 8, p. 130).

26. Para a biblioteca do bispo, Luiz Carlos Villalta, "O diabo na livraria dos inconfidentes", pp. 372-5.

27. Para a expressão "espírito de vertigem", "Carta de d. Joana de Meneses ao S.M. (aux.) Joaquim Pedro da Câmara", de 18/07/1787 (*ADIM*, vol. 1, pp. 139-40).

28. "Carta do visconde de Barbacena ao vice-rei Luís de Vasconcelos e Sousa relatando a denúncia recebida de Joaquim Silvério dos Reis", de 25/03/1789 (*ADIM*, vol. 8, pp. 124-5).

29. Para o esconderijo e as mensagens, "Carta do pe. José da Silva e Oliveira Rolim a Domingos Antônio Vieira", de 30/03/1789 (*ADIM*, vol. 1, pp. 129-30).

30. Ibid.

31. Ibid.

32. "Anexo 1: carta denúncia de Inácio Correia Pamplona ao visconde de Barbacena", de 20/04/1789 (ibid., pp. 108-10).

33. Ibid.

34. "Inácio José de Alvarenga Peixoto — 2ª inquirição", de 14/01/1790 (*ADIM*, vol. 5, pp. 124-5).

35. Ibid.

36. Ibid.

37. Ibid. Ver também "Francisco de Paula Freire de Andrada — 2ª inquirição", de 25/01/1790 (ibid., p. 182), e "Testemunha 22ª — Francisco de Paula Freire de Andrada", de 12/08/1789 (*ADIM*, vol. 4, p. 164).

38. "Testemunha 53ª — José de Resende Costa", de 28/07/1789 (*ADIM*, vol. 1, pp. 257-9).

39. "II — Francisco Antônio de Oliveira Lopes — II.1 — 1ª inquirição", de 15/06/1789 (*ADIM*, vol. 2, p. 53).

40. "Anexo 1: carta denúncia de Inácio Correia Pamplona ao visconde de Barbacena", de 20/04/1789 (*ADIM*, vol. 1, p. 110).

41. Para o hábito de ditar as cartas ao escravo, "XVI.7 — 7ª inquirição — Pe. José da Silva e Oliveira Rolim", de 13/11/1789 (*ADIM*, vol. 2, p. 320).

42. "(II) — Carta do padre José da Silva e Oliveira Rolim", de 20/04/1789 (*ADIM*, vol. 1, p. 131).

43. "Ofício do visconde de Barbacena a Luís de Vasconcelos e Sousa, vice-rei, recomendando

a prisão de Tiradentes e participando envio de Joaquim Silvério dos Reis", de 15/04/1789 (*ADIM*, vol. 8, pp. 132-5).

44. Para a convocação, "4.3 — Juntada — Atestação do visconde de Barbacena em favor de Joaquim Silvério dos Reis", de 25/02/1791 (*ADIM*, vol. 1, pp. 335-6).

45. Para a data do encontro com Silvério dos Reis e para a tentativa de imputar-lhe a responsabilidade pela demora, "Ofício do visconde de Barbacena a Luís de Vasconcelos e Sousa, vice-rei, remetendo cartas denúncias de Joaquim Silvério dos Reis, Basílio de Brito Malheiro do Lago e Inácio Correia Pamplona (cópias)", de 11/05/1789 (*ADIM*, vol. 8, pp. 150-9).

46. "2.3 — Carta denúncia do coronel Joaquim Silvério dos Reis", de 05/05/1789 (*ADIM*, vol. 4, p. 28).

47. Para a citação a Tiradentes na conversa, "Adição à denúncia de Joaquim Silvério dos Reis ao des. Pedro José Araújo de Saldanha", de 10/02/1790 (*ADIM*, vol. 3, p. 429). Para a citação aos livros contábeis, "Pe. José Lopes de Oliveira — Inquirição", de 22/05/1790 (ibid., pp. 191-9).

48. A noiva era Bernardina Quitéria de Oliveira Belo. Para a delação dos dois tios e do padre Francisco Vidal, "Ofício do visconde de Barbacena a Luís de Vasconcelos e Sousa, vice-rei, remetendo cartas denúncias de Joaquim Silvério dos Reis, Basílio de Brito Malheiro do Lago e Inácio Correia Pamplona (cópias)", de 11/05/1789 (*ADIM*, vol. 8, pp. 150-9).

49. Ibid.

50. "4.3 — Juntada — Atestação do visconde de Barbacena em favor de Joaquim Silvério dos Reis", de 25/02/1791 (*ADIM*, vol. 1, pp. 335-6).

51. Para o tipo do papel e o número de páginas, "Testemunha 74ª — Furriel Manuel José Dias", de 28/09/1790 (ibid., p. 324).

52. "2.3 — Carta denúncia de Joaquim Silvério dos Reis. Cachoeira, 19/04/1789, datada de Borda do Campo, 11/04/1789" (ibid., pp. 91-5).

53. Para "coronel caído" e "C.D.", "Ofício do visconde de Barbacena a Luís de Vasconcelos e Sousa, vice-rei, remetendo cartas denúncias de Joaquim Silvério dos Reis, Basílio de Brito Malheiro do Lago e Inácio Correia Pamplona (cópias)", de 11/05/1789 (*ADIM*, vol. 8, pp. 150-9).

54. Para elaborar o documento, Silvério dos Reis pediu ajuda ao ouvidor de Vila Rica, Pedro José Araújo de Saldanha, que morava na capital mineira. Ibid.

55. Para a manipulação do local e da data, "4.3 — Juntada — Atestação do visconde de Barbacena em favor de Joaquim Silvério dos Reis", de 25/02/1791 (*ADIM*, vol. 1, pp. 335-6).

56. Para "melhor calculador", "Carta de d. Rodrigo José de Meneses informando Martinho de Melo e Castro sobre os prejuízos que tem tido a Real Fazenda relativamente aos contratos das entradas e solicitando providências no sentido de obviar tal situação", de 15/04/1782 (*AHU*/Minas Gerais, cx. 118, doc. 24).

57. "Carta denúncia de Basílio de Brito Malheiro do Lago", de 15/04/1789 (*ADIM*, vol. 1, pp. 95-106).

58. Na margem superior da carta, Barbacena registrou de próprio punho: "Escrita na Cachoeira e entregue pessoalmente no dia dezenove de abril". Ver nota 1 em *ADIM*, vol. 1, p. 95. Dois anos depois, o governador confirmaria ter tido ciência da adulteração. "4.3 — Juntada — Atestação do visconde de Barbacena em favor de Joaquim Silvério dos Reis", de 25/02/1791 (*ADIM*, vol. 1, pp. 335-6).

59. Para "cachorro", "Joaquim José da Silva Xavier — 3ª inquirição", de 30/05/1789 (ADIM, vol. 5, p. 30).

60. Ao anunciar ao vice-rei que enviaria Silvério dos Reis a seu encontro, Barbacena escreveu: "Ele [o delator] sempre há de ir: ou logrado, ou por bem, ou por mal". "Ofício do visconde de Barbacena a Luís de Vasconcelos e Sousa, vice-rei, recomendando a prisão de Tiradentes e participando envio de Joaquim Silvério dos Reis", de 15/04/1789 (ADIM, vol. 8, pp. 133-4).

61. "Ofício do visconde de Barbacena a Luís de Vasconcelos e Sousa, vice-rei, apresentando Joaquim Silvério dos Reis", de 19/04/1789 (ibid., pp. 136-7).

62. Para a missão e seu fácil aceite, "4.3 — Juntada — Atestação do visconde de Barbacena em favor de Joaquim Silvério dos Reis", de 25/02/1791 (ADIM, vol. 1, pp. 335-6). Para o uso da antiga amizade como desculpa para a aproximação, "4.3.2 — Ofício do visconde de Barbacena ao vice-rei Luís de Vasconcelos e Sousa", de 11/05/1789 (ADIM, vol. 4, p. 62).

63. "Carta do visconde de Barbacena ao vice-rei Luís de Vasconcelos e Sousa relatando a denúncia recebida de Joaquim Silvério dos Reis", de 25/03/1789 (ADIM, vol. 8, p. 124).

64. "Ofício do visconde de Barbacena a Luís de Vasconcelos e Sousa, vice-rei, apresentando Joaquim Silvério dos Reis", de 19/04/1789 (ibid., pp. 136-7).

PARTE VII: CASTELOS NO AR [pp. 269-92]

19.

1. Avelar sempre recebera Tiradentes "com frequência" em sua casa no Rio, mas não lhe deu suporte quando este tentava dar início ao levante, como fica patente nos depoimentos da devassa. Ver "Antônio Ribeiro de Avelar — inquirição", de 30/07/1791 (ADIM vol. 5, pp. 79-80), e "Joaquim José da Silva Xavier — 11ª inquirição", de 15/07/1791 (ibid., p. 73).

2. Para "séquito", "Anexo 1: carta denúncia de Inácio Correia Pamplona ao visconde de Barbacena", de 20/04/1789 (ADIM, vol. 1, pp. 108-10).

3. Os militares eram: Francisco Xavier Machado (porta-estandarte), Pedro de Oliveira e Silva (cabo) e Matias Sanches Brandão (alferes). O paulista era Manuel Joaquim de Sá Pinto do Rego Fortes, capitão do Regimento de Voluntários Reais. O tenente-coronel de milícias era Simão Pires Sardinha. Os demais civis eram: Jerônimo de Castro e Sousa (fazendeiro), Valentim Lopes da Cunha (lapidário), Antônio de Oliveira Pinto (profissão desconhecida), Manuel Caetano de Oliveira (administrador), Inácio Nogueira Lima (padre), Domingues Fernandes da Cruz (ourives), Manuel José de Miranda (fazendeiro) e Inácia Gertrudes de Almeida (viúva). Dos quatro escravos, só se conhece a alcunha de um deles: Camundongo. Para a compra ou aluguel dos escravos, "XXVI.9 — De Joaquim Silvério dos Reis contra Tiradentes", de 05/05/1789 (ADIM, vol. 2, pp. 472-4).

4. A licença de Tiradentes ia de 10 de março a 10 de abril de 1789. "Certidão das licenças concedidas ao alferes Joaquim José da Silva Xavier para viagens ao Rio", de 10/10/1789 (ADIM, vol. 1, pp. 292-3).

5. "Testemunha 63ª — Domingos Pires", de 04/08/1789 (ibid., pp. 272-3).

6. "Testemunha 66ª — Pedro de Oliveira e Silva", de 20/03/1790 (ibid., pp. 307-8).

7. Ibid.

8. Para o relato sobre os projetos e o fastio provado em alguns ouvintes, "4.3.7 — Carta denúncia — Rio, 15/05/1789, Mônica Antônia do Sacramento e Valentim Lopes da Cunha" (*ADIM*, vol. 4, pp. 66-7).

9. "Testemunha 20ª — Francisco Xavier Machado", de 27/06/1789 (*ADIM*, vol. 1, pp. 189-90).

10. "3.2.2 — Testemunha 3ª — Jerônimo de Castro e Sousa", de 20/05/1789 (*ADIM*, vol. 4, pp. 55-7); "3.2.3 — Testemunha referida (por T. 3ª) Valentim Lopes da Cunha", de 20/04/1789 (ibid., pp. 57-8); "4.3.6 — Carta denúncia de Jerônimo de Castro e Sousa ao vice-rei Luís de Vasconcelos", de 15/05/1789 (ibid., pp. 63-6); "4.3.7 — Carta denúncia — Rio, 15/05/1789, Mônica Antônia do Sacramento e Valentim Lopes da Cunha" (ibid., pp. 66-8).

11. "Testemunha 65ª — Francisco Xavier Machado", de 26/02/1790 (*ADIM*, vol. 1, p. 303).

20.

1. Tendo sido escrita em 25 de março de 1789, a carta deve ter chegado ao Rio de Janeiro por volta de 4 de abril de 1789. "Carta do visconde de Barbacena ao vice-rei Luís de Vasconcelos e Sousa relatando a denúncia recebida de Joaquim Silvério dos Reis", de 25/03/1789 (*ADIM*, vol. 8, pp. 118-31).

2. "Ofício do visconde de Barbacena a Luís de Vasconcelos e Sousa, vice-rei, recomendando a prisão de Tiradentes e participando envio de Joaquim Silvério dos Reis", de 15/04/1789 (ibid., pp. 133-5).

3. Para a estratégia escolhida, "Ofício do vice-rei a Martinho de Melo e Castro, secretário da Marinha e Ultramar, dando-lhe conta da sublevação que se premeditava na capitania de Minas Gerais e da prisão de Tiradentes no Rio de Janeiro", de 16/07/1789 (*ADIM*, vol. 4, p. 274).

4. Para a vigilância e o disfarce, "Testemunha 65ª — Francisco Xavier Machado", de 26/02/1790 (*ADIM*, vol. 1, pp. 302-6).

5. Para a formação de Sardinha e o estudo do fóssil, ver Oswaldo Munteal Filho e Mariana Ferreira de Melo (Orgs.), *Minas Gerais e a história natural das colônias*, pp. 155-6, e António Carlos Sequeira Fernandes, Miguel Telles Antunes, José Manuel Brandão e Renato Rodriguez Cabral Ramos, "O Monstro de Prados e Simão Pires Sardinha", *Filosofia e História da Biologia*, vol. 7, n. 1, 2012, pp. 1-22.

6. Para a tradução, "Testemunha 20ª — Francisco Xavier Machado", de 27/06/1789 (*ADIM*, vol. 1, pp. 188-91), e "II.4.1 — Pedro de Oliveira e Silva", de 14/01/1790 (*ADIM*, vol. 2, pp. 71-7).

7. Com a chegada da família real ao Rio de Janeiro, em 1808, a igreja seria elevada à condição de catedral. Em 1976, com a construção da nova catedral, a antiga matriz perdeu status passando a se chamar igreja de Nossa Senhora do Carmo da Antiga Sé.

8. Para a tradução feita pelo porta-estandarte, "Testemunha 20ª — Francisco Xavier Machado", de 27/06/1789 (*ADIM*, vol. 1, pp. 188-91). Para o episódio do convite ao cabo, "Testemunha 66ª — Pedro de Oliveira e Silva", de 20/03/1790 (ibid., pp. 307-10).

9. O episódio é descrito em quatro depoimentos: "Testemunha 66ª — Pedro de Oliveira e Silva", de 20/03/1790 (ibid.); "II.4.1 — Pedro de Oliveira e Silva", de 14/01/1790 (*ADIM*, vol. 2, pp. 71-7); "Testemunha 65ª — Francisco Xavier Machado", de 26/02/1790 (*ADIM*, vol. 1, pp. 302-6); e "XXVI.10 — De Francisco Xavier Machado, sobre ocorrências de sua estada no Rio e regresso a Minas", de 10/07/1789 (*ADIM*, vol. 2, pp. 474-80).

10. Ibid.

11. Ibid.

12. Ibid.

13. Ibid.; "Testemunha 65ª — Francisco Xavier Machado", de 26/02/1790 (*ADIM*, vol. 1, pp. 302-6).

14. Para "inferiores", "Joaquim José da Silva Xavier — 1ª inquirição", de 22/05/1789 (*ADIM*, vol. 5, p. 19).

15. "xxvi.10 — De Francisco Xavier Machado, sobre ocorrências de sua estada no Rio e regresso a Minas", de 10/07/1789 (*ADIM*, vol. 2, pp. 474-80); "Testemunha 65ª — Francisco Xavier Machado", de 26/02/1790 (*ADIM*, vol. 1, pp. 302-6).

16. Ibid.

17. Ibid.

21.

1. Tiradentes se hospedava em uma casa na antiga rua de São Pedro, nas cercanias da atual igreja de Nossa Senhora da Candelária. O Palácio do Vice-Rei é hoje o Centro Cultural Paço Imperial, na praça Quinze de Novembro.

2. O chafariz ficava no atual largo da Carioca.

3. O episódio é relatado em dois depoimentos: "4.6.1 — Testemunha 7ª — Manuel Joaquim de Sá Pinto do Rego Fortes", de 26/05/1789 (*ADIM*, vol. 4, pp. 74-6), e "Manuel Joaquim de Sá Pinto do Rego Fortes — 1ª inquirição", de 28/05/1789 (*ADIM*, vol. 5, pp. 93-9). Ver também, sobre a intenção oculta de d. Luís de Vasconcelos de assegurar a permanência de Tiradentes no Rio de Janeiro, "Ofício do vice-rei a Martinho de Melo e Castro, secretário da Marinha e Ultramar, dando-lhe conta da sublevação que se premeditava na capitania de Minas Gerais e da prisão de Tiradentes no Rio de Janeiro", de 16/07/1789 (*ADIM*, vol. 4, p. 274). Sobre a negação do "passaporte", "2.3 — Carta denúncia do coronel Joaquim Silvério dos Reis", de 05/05/1789 (ibid., p. 30). Para a necessidade de "passaporte" autorizando deslocamentos na colônia, "Testemunha 65ª — Francisco Xavier Machado", de 26/02/1790 (*ADIM*, vol. 1, p. 305).

4. "4.6.1 — Testemunha 7ª — Manuel Joaquim de Sá Pinto do Rego Fortes", de 26/05/1789 (*ADIM*, vol. 4, pp. 74-6); "Manuel Joaquim de Sá Pinto do Rego Fortes — 1ª inquirição", de 28/05/1789 (*ADIM*, vol. 5, pp. 93-9).

5. "xxvi.10 — De Francisco Xavier Machado, sobre ocorrências de sua estada no Rio e regresso a Minas", de 10/07/1789 (*ADIM*, vol. 2, pp. 474-80); "Testemunha 65ª — Francisco Xavier Machado", de 26/02/1790 (*ADIM*, vol. 1, pp. 302-6).

6. Para a decisão de voltar a Minas, assaltar o comboio e promover o levante com os conjurados mineiros, "Joaquim José da Silva Xavier — 3ª inquirição", de 30/05/1789 (*ADIM*, vol. 5, pp. 29-30).

7. Para a retomada do plano de matar pessoalmente o governador, ibid.

8. "Testemunha 65ª — Francisco Xavier Machado", de 26/02/1790 (*ADIM*, vol. 1, pp. 302-6).

9. Para o plano de ir oculto por caminhos alternativos, ibid.

10. Para o pretexto, "II — Francisco Antônio de Oliveira Lopes — II.1 — 1ª inquirição", de 15/06/1789 (*ADIM*, vol. 2, p. 54).

11. "2.3 — Carta denúncia do coronel Joaquim Silvério dos Reis", de 05/05/1789 (*ADIM*, vol. 4, p. 30).

12. Silvério dos Reis informou ter chegado ao Rio de Janeiro "no dia sábado, primeiro do corrente [mês de maio de 1789]". Ele se enganou, porém, pois dia 1º de maio caiu numa sexta-feira. "XXVI.9 — De Joaquim Silvério dos Reis contra Tiradentes", de 05/05/1789 (*ADIM*, vol. 2, pp. 472-4).

13. Para a localização da casa de Silvério dos Reis, ibid.

14. Para a abordagem de Tiradentes e o encontro, ibid. Ver também "Joaquim José da Silva Xavier — 3ª inquirição", de 30/05/1789 (*ADIM*, vol. 5, pp. 29-30), e "3.1.1 — Testemunha 1ª — Joaquim Silvério dos Reis", de 18/05/1789 (*ADIM*, vol. 4, pp. 43-52).

15. Ibid.

16. "XXVI.9 — De Joaquim Silvério dos Reis contra Tiradentes", de 05/05/1789 (*ADIM*, vol. 2, pp. 472-4).

17. Ibid.

18. "2.3 — Carta denúncia do coronel Joaquim Silvério dos Reis", de 05/05/1789 (*ADIM*, vol. 4, pp. 24-31).

19. Ibid.

20. "Ofício do vice-rei a Martinho de Melo e Castro, secretário da Marinha e Ultramar, dando-lhe conta da sublevação que se premeditava na capitania de Minas Gerais e da prisão de Tiradentes no Rio de Janeiro", de 16/07/1789 (ibid., pp. 273-6).

21. A reconstituição do episódio é baseada nos seguintes depoimentos e documentos: "4.4.2 — Testemunha 6ª — Antônio de Morais", de 22/05/1789 (ibid., pp. 72-3); "4.6.1 — Testemunha 7ª — Manuel Joaquim de Sá Pinto do Rego Fortes", de 26/05/1789 (ibid., pp. 74-6); "4.7.1 — Testemunha 8ª — Manuel José de Miranda", de 27/05/1789 (ibid., pp. 76-7); "4.7.2 — Testemunha referida (por T. 6ª) Luís Miguel", de 27/05/1789 (ibid., pp. 77-8); "Manuel Joaquim de Sá Pinto do Rego Fortes — 1ª inquirição", de 28/05/1789 (*ADIM*, vol. 5, pp. 93-9); "Manuel José de Miranda — 1ª inquirição", de 29/05/1789 (ibid., pp. 85-89); "Certidão de óbito de Manuel Joaquim de Sá Pinto do Rego Fortes", de 27/06/1790 (ibid., pp. 401-2).

22. "Manuel Joaquim de Sá Pinto do Rego Fortes — 1ª inquirição", de 28/05/1789 (ibid., pp. 93-9).

23. "4.3.9 — Carta do capitão Manuel Joaquim de Sá Pinto do Rego Fortes (não assinada) ao M. C. Inácio de Andrade Souto Maior Rendón", de 06/05/1789 (*ADIM*, vol. 4, p. 69).

24. "4.3.8 — Carta de Manuel José de Miranda ao M. C. Inácio de Andrade Souto Maior Rendón", de 06/05/1789 (ibid., p. 68).

25. "4.4.2 — Testemunha 6ª — Antônio de Morais", de 22/05/1789 (ibid., pp. 72-3).

26. "Joaquim José da Silva Xavier — 1ª inquirição", de 22/05/1789 (*ADIM*, vol. 5, p. 20); "3.1.1 — Testemunha 1ª — Joaquim Silvério dos Reis", de 18/05/1789 (*ADIM*, vol. 4, p. 52); "4.3.6 — Carta denúncia de Jerônimo de Castro e Sousa ao vice-rei Luís de Vasconcelos", de 15/05/1789 (ibid., pp. 63-6).

27. Ibid.

28. No futuro, o delator negaria o gesto, mas é pouco provável que ele tenha se recusado a

ajudar Tiradentes. "3.1.1 — Testemunha 1ª — Joaquim Silvério dos Reis", de 18/05/1789 (ibid., p. 52).

29. Em depoimento, Tiradentes diria que pedira o bacamarte a Francisco, mas não citaria as pistolas. "Joaquim José da Silva Xavier — 6ª inquirição", de 14/04/1791 (*ADIM*, vol. 5, p. 51). Ao depor na devassa, Francisco diria que armas de sua propriedade, sem especificar quais, haviam sido roubadas, o que não é crível, dado o elevado grau de envolvimento do militar na conspiração: "xxvi.10 — De Francisco Xavier Machado, sobre ocorrências de sua estada no Rio e regresso a Minas", de 10/07/1789 (*ADIM*, vol. 2, pp. 474-80), e "'Testemunha 65ª — Francisco Xavier Machado", de 26/02/1790 (*ADIM*, vol. 1, pp. 302-6). Já Simão Pires Sardinha diria que Francisco reclamara com ele do roubo de suas armas, citando as pistolas e o bacamarte: "Perguntas a Simão Pires Sardinha", de 13/08/1790 (*ADIM*, vol. 3, p. 463).

30. O caso é relatado por quatro pessoas: Tiradentes ("6ª inquirição", de 14/04/1791, *ADIM*, vol. 5, pp. 46-51), Inácia Gertrudes de Almeida ("1ª inquirição", de 07/05/1791, ibid., pp. 551-4), Inácio Nogueira Lima ("1ª inquirição", de 17/06/1791, ibid., pp. 539-46) e Domingos Fernandes da Cruz ("1ª inquirição", de 16/06/1791, ibid., pp. 531-5).

31. Ibid.

32. Para o retorno do cabo, "II.4.1 — Pedro de Oliveira e Silva", de 14/01/1790 (*ADIM*, vol. 2, pp. 71-7). Para o do porta-estandarte, "Testemunha 65ª — Francisco Xavier Machado", de 26/02/1790 (*ADIM*, vol. 1, pp. 302-6). Para o de Matias, "5.5.1 — Testemunha 10ª — Matias Sanches Brandão", de 30/07/1789 (*ADIM*, vol. 4, pp. 101-3).

33. O exemplar de Tiradentes seria apreendido posteriormente pela devassa em Vila Rica. "Apenso XXVIII" (*ADIM*, vol. 3, pp. 21-135).

34. "Joaquim José da Silva Xavier — 1ª inquirição", de 22/05/1789 (*ADIM*, vol. 5, p. 21).

35. Para a chegada da tropa, o acompanhamento feito por Silvério dos Reis e o escravo, "Joaquim José da Silva Xavier — 7ª inquirição", de 20/06/1791 (ibid., pp. 52-3).

22.

1. "XXVI.10 — De Francisco Xavier Machado, sobre ocorrências de sua estada no Rio e regresso a Minas", de 10/07/1789 (*ADIM*, vol. 2, pp. 474-80).

2. "'Testemunha 65ª — Francisco Xavier Machado", de 26/02/1790 (*ADIM*, vol. 1, p. 305).

3. "Portaria do vice-rei Luís de Vasconcelos e Sousa ao des. José Pedro Machado Coelho Torres", de 07/05/1789 (*ADIM*, vol. 4, pp. 20-1).

4. "Joaquim José da Silva Xavier — 7ª inquirição", de 20/06/1791 (*ADIM*, vol. 5, pp. 52-3).

5. Para a pressa, "Portaria do vice-rei Luís de Vasconcelos e Sousa ao des. José Pedro Machado Coelho Torres", de 07/05/1789 (*ADIM*, vol. 4, pp. 20-1).

6. No mesmo dia em que baixou a portaria instituindo a devassa (07/05/1789), o vice-rei interrogou o porta-estandarte Francisco Xavier Machado. "Testemunha 65ª — Francisco Xavier Machado", de 26/02/1790 (*ADIM*, vol. 1, p. 305). A devassa começou a funcionar oficialmente quatro dias depois. "Auto de corpo de delito", de 11/05/1789 (*ADIM*, vol. 4, p. 22).

7. O procedimento foi adotado com Francisco Xavier Machado ("Testemunha 65ª — Fran-

cisco Xavier Machado", de 26/02/1790, *ADIM*, vol. 1, p. 305) e com o padre Inácio Nogueira Lima ("Denúncia de Joaquim Silvério dos Reis", de 17/06/1791, *ADIM*, vol. 5, p. 547).

8. Para o envio da patrulha e seus componentes e para o plano da prisão, "Testemunha 66ª — Pedro de Oliveira e Silva", de 20/03/1790 (*ADIM*, vol. 1, pp. 307-10).

9. "Domingos Fernandes da Cruz — 1ª inquirição", de 16/06/1791 (*ADIM*, vol. 5, pp. 531-5).

10. "4.4.1 — Testemunha 5ª — Domingos Fernandes da Cruz", de 22/05/1789 (*ADIM*, vol. 4, pp. 70-1).

11. Para o tamanho da casa, "Ofício do vice-rei a Martinho de Melo e Castro, secretário da Marinha e Ultramar, dando-lhe conta da sublevação que se premeditava na capitania de Minas Gerais e da prisão de Tiradentes no Rio de Janeiro", de 16/07/1789 (ibid., p. 274).

12. Para os objetos, "Inventário e depósito dos bens de Domingos Fernandes da Cruz", de 11/05/1789 (*ADIM*, vol. 6, pp. 21-35). Para a busca de Tiradentes por salitre, "Testemunha 23ª — José Álvares Maciel", de 13/08/1789 (*ADIM*, vol. 4, p. 171), e "José Álvares Maciel — xv.1 — 1ª inquirição", de 07/10/1789 (*ADIM*, vol. 2, p. 275).

13. Ibid.

14. "Domingos Fernandes da Cruz — 1ª inquirição", de 16/06/1791 (*ADIM*, vol. 5, pp. 531-5).

15. "Joaquim José da Silva Xavier — 1ª inquirição", de 22/05/1789 (ibid., p. 18).

16. "Domingos Fernandes da Cruz — 1ª inquirição", de 16/06/1791 (ibid., pp. 531-5); "4.4.1 — Testemunha 5ª — Domingos Fernandes da Cruz", de 22/05/1789 (*ADIM*, vol. 4, pp. 70-1).

17. Ibid.

18. Ibid.

19. Ibid.

20. "Inácio Nogueira Lima — 1ª inquirição", de 17/06/1791 (*ADIM*, vol. 5, pp. 539-46). "Joaquim José da Silva Xavier — 7ª inquirição", de 20/06/1791 (ibid., pp. 51-5).

21. "Denúncia de Joaquim Silvério dos Reis", de 17/06/1791 (ibid., pp. 546-8).

22. Ibid.

23. Para a reação de Silvério dos Reis, "Inácio Nogueira Lima — 1ª inquirição", de 17/06/1791 (ibid., pp. 539-46).

24. Para a decisão do padre de não revelar o endereço a Silvério dos Reis, ibid.

25. Para as aspas e o tom da fala, "Denúncia de Joaquim Silvério dos Reis", de 17/06/1791 (ibid., pp. 546-8).

26. "Inácio Nogueira Lima — 1ª inquirição", de 17/06/1791 (ibid., pp. 539-46).

27. "Denúncia de Joaquim Silvério dos Reis", de 17/06/1791 (ibid., pp. 546-8).

28. Ibid.

29. Ibid.

30. Para as reações do padre e do vice-rei, ibid., e "Inácio Nogueira Lima — 1ª inquirição", de 17/06/1791 (ibid., pp. 539-46).

31. A prisão é relatada em "Auto de exame", de 12/05/1789 (ibid., pp. 369-70), e em "4.4.1 — Testemunha 5ª — Domingos Fernandes da Cruz", de 22/05/1789 (*ADIM*, vol. 4, pp. 70-1).

PARTE VIII: NO CENTRO DO ALVO [pp. 293-307]

23.

1. O episódio é relatado nos seguintes depoimentos e documentos da devassa: "XI — Diogo Pereira de Vasconcelos — XI.1 — Inquirição", de 29/05/1789 (*ADIM*, vol. 2, pp. 231-4); "XI.2 — Sumário de testemunhas", de 11/01/1790 (*ADIM*, vol. 2, pp. 234-5); "XI.3.1 — Inquirição de Manuel Fernandes Coelho", de 11/01/1790 (*ADIM*, vol. 2, p. 236); "XI.3.2 — Inquirição de José Veríssimo da Fonseca", de 11/01/1790 (*ADIM*, vol. 2, pp. 237-8); "XI.3.3 — Inquirição de Antônia da Costa", de 11/01/1790 (*ADIM*, vol. 2, pp. 238-9); "Atestação por Antônio Xavier de Resende", de 13/01/1790, (*ADIM*, vol. 2, p. 240).

2. Ibid.

3. Ibid.

4. "Testemunha 22ª — Padre Manuel Rodrigues da Costa", de 30/06/1789. (*ADIM*, vol. 1, pp. 199-202.)

5. "XI — Diogo Pereira de Vasconcelos — XI.1 — Inquirição", de 29/05/1789 (*ADIM*, vol. 2, pp. 231-4); "XI.2 — Sumário de testemunhas", de 11/01/1790 (*ADIM*, vol. 2, pp. 234-5); "XI.3.1 — Inquirição de Manuel Fernandes Coelho", de 11/01/1790 (*ADIM*, vol. 2, p. 236); "XI.3.2 — Inquirição de José Veríssimo da Fonseca", de 11/01/1790 (*ADIM*, vol. 2, pp. 237-8); "XI.3.3 — Inquirição de Antônia da Costa", de 11/01/1790 (*ADIM*, vol. 2, pp. 238-9); "Atestação por Antônio Xavier de Resende", de 13/01/1790, (*ADIM*, vol. 2, p. 240).

6. Para o roteiro e a divulgação das notícias, "II.4.1 — Pedro de Oliveira e Silva", de 14/01/1790 (*ADIM*, vol. 2, pp. 71-7); "Testemunha 66ª — Pedro de Oliveira e Silva", de 20/03/1790 (*ADIM*, vol. 1, pp. 307-10); "Testemunha 73ª — João Coelho Martins", de 26/06/1790 (*ADIM*, vol. 1 p. 322).

7. "Carta do visconde de Barbacena ao vice-rei Luís de Vasconcelos e Sousa avisando serem já conhecidos em Minas os motivos das prisões dos principais implicados na denúncia inicial", de 25/05/1789 (*AMI*, 1953, ano II, pp. 57-8).

8. Em passagem por Vila Rica, em 1816, o naturalista francês Auguste de Saint-Hilaire ficou "admirado" com as "maneiras" europeias das damas presentes a um baile. *Viagem pelas províncias do Rio de Janeiro e Minas Gerais*, pp. 74-5.

9. "[...] essas mesmas damas, as quais mal nos era permitido a palavra" (ibid.).

10. D. Hipólita tinha sido criada com "grandeza e respeito", segundo um conhecido. "Missivista local — Carta para a cidade do Porto relatando notícias da repressão à Inconfidência Mineira", 30/10/1789 (*ADIM*, vol. 9, p. 38).

11. Para as escravas e os bens, "Traslado do sequestro e da adição ao sequestro (16/04/1790) feitos a Francisco Antônio de Oliveira Lopes", de 25/09/1789 (*ADIM*, vol. 6, pp. 151-63).

12. Para "atroado", ver depoimento de um primo de sua mulher, "Francisco José de Melo — VII.3 — 3ª inquirição", de 26/10/1789 (*ADIM*, vol. 2, p. 196).

13. "VI — Vitoriano Gonçalves Veloso — VI.2 — 2ª inquirição", de 06/08/1789 (*ADIM*, vol. 2, pp. 164-8), e "Anexo 3 — Carta aditiva de Inácio Correia Pamplona", de 21/05/1789 (*ADIM*, vol. 1, pp. 116-7).

14. Para a reprodução da carta e envio da cópia ao padre, "VI — Vitoriano Gonçalves Veloso

— VI.2 — 2ª inquirição", de 06/08/1789 (ibid.), e "Testemunha 21ª — Inácio Correia Pamplona", 30/06/1789 (*ADIM*, vol. 1, pp. 192-9).

15. "Testemunha 21ª — Inácio Correia Pamplona", 30/06/1789 (ibid.).

16. Para a chegada da carta, a reação do padre e a decisão de cancelar a participação no batizado, ibid. e "Anexo 2 — Termo de declaração, ratificação e juramento prestado pelo mestre de campo Inácio Correia Pamplona", de 30/05/1789 (*ADIM*, vol. 1, pp. 111-5).

17. "II — Francisco Antônio de Oliveira Lopes — II.1 — 1ª inquirição", de 15/06/1789 (*ADIM*, vol. 2, pp. 41-63).

18. "Ofício do visconde de Barbacena a Luís de Vasconcelos e Sousa, vice-rei, remetendo cartas-denúncias de Joaquim Silvério dos Reis, Basílio de Brito Malheiro do Lago e Inácio Correia Pamplona (cópias)", de 11/05/1789 (*ADIM*, vol. 8, pp. 150-9).

19. "Carta do visconde de Barbacena ao vice-rei Luís de Vasconcelos e Sousa avisando serem já conhecidos em Minas os motivos das prisões dos principais implicados na denúncia inicial", de 25/05/1789 (*AMI*, 1953, ano II, pp. 57-8).

20. Para as prisões em Vila Rica, "Ordem do visconde de Barbacena ao des. Pedro J. A. Saldanha para apreensão de papéis e sequestro no ato das prisões de Tomás Antônio Gonzaga e Domingos de Abreu Vieira", de 21/05/1789 (*ADIM*, vol. 1, pp. 126-7). Para as demais prisões, "Carta do visconde de Barbacena ao vice-rei Luís de Vasconcelos e Sousa avisando serem já conhecidos em Minas os motivos das prisões dos principais implicados na denúncia inicial", de 25/05/1789 (*AMI*, 1953, ano II, pp. 57-8).

21. Para o despertar do primo, "VI. Vitoriano Gonçalves Veloso — VI.3 — 3ª inquirição", de 04/09/1789 (*ADIM*, vol. 2, pp. 168-71). Para a varanda, "VI. Vitoriano Gonçalves Veloso — VI.4 — 4ª inquirição", de 12/09/1789 (*ADIM*, vol. 2, pp. 171-5). Para "chorando como uma criança", "Testemunha 26ª — Vitoriano Gonçalves Veloso", de 13/07/1789 (*ADIM*, vol. 1, pp. 210-2).

22. Para tamanho do papel, o número de linhas, as aspas e a caligrafia, "Testemunha 60ª — Padre José Maria Fajardo de Assis", de 04/08/1789. (*ADIM*, vol. 1, pp. 267-9).

23. Ibid.

24. "VI. Vitoriano Gonçalves Veloso — VI.6 — 6ª inquirição", de 04/11/1789 (*ADIM*, vol. 2, pp. 175-9).

25. Para "frouxo", "2ª inquirição — Acareação com José de Resende Costa (filho)", de 30/06/1791 (*ADIM*, vol. 5, p. 445). Para o recuo, "2.6 — Carta denúncia do ten.-cel. Francisco de Paula Freire de Andrada", de 17/05/1789 (*ADIM*, vol. 1, pp. 117-20).

26. Para o bordado, "2ª inquirição — Acareação com o con. Luís Vieira da Silva, cel. Inácio José de Alvarenga Peixoto e pe. Carlos Correia de Toledo e Melo", de 03/02/1790 (*ADIM*, vol. 5, pp. 215-25).

27. "Tomás Antônio Gonzaga — 1ª inquirição", de 17/11/1789 (*ADIM*, vol. 5, pp. 205-14).

28. Convocado a servir como escrivão no cumprimento dos mandados de prisão, busca e apreensão, o desembargador José Caetano César Manitti estivera na noite anterior na casa de Gonzaga. Ibid. e "Ordem do visconde de Barbacena ao des. Pedro J. A. Saldanha para apreensão de papéis e sequestro no ato das prisões de Tomás Antônio Gonzaga e Domingos de Abreu Vieira", de 21/05/1789 (*ADIM*, vol. 1, pp. 126-7).

29. O mensageiro partiu "já perto de oito horas" da manhã do dia 22/05/1789. "VI. Vitoriano Gonçalves Veloso — VI.4 — 4ª inquirição", de 12/09/1789 (*ADIM*, vol. 2, pp. 171-5). Para "banana",

expressão de Tiradentes, "3.1.1 — Testemunha 1ª — Joaquim Silvério dos Reis", de 18/05/1789 (*ADIM*, vol. 4, p. 51).

30. "VI. Vitoriano Gonçalves Veloso — VI.3 — 3ª inquirição", de 04/09/1789 (*ADIM*, vol. 2, pp. 168-71).

31. "VI. Vitoriano Gonçalves Veloso — VI.1 — 1ª inquirição", de 09/06/1789 (*ADIM*, vol. 2, pp. 161-4).

32. Para "pardo", ibid.

33. Para a jornada, ibid. e "VI. Vitoriano Gonçalves Veloso — VI.4 — 4ª inquirição", de 12/09/1789 (*ADIM*, vol. 2, pp. 171-5).

34. Para a segunda etapa da viagem e a passagem de Gonzaga preso, ibid. Dois documentos que tratam da forma como presos envolvidos na conjuração foram conduzidos ao Rio atestam a utilização de "correntes de ferro" (ou simplesmente "ferros") pesando meia arroba (sete quilos). "Doc. 94", de 24/02/1791 (*ABN*, vol. LXV, 1943, p. 219), e "José da Silva e Oliveira Rolim — 3ª inquirição", de 03/07/1791 (*ADIM*, vol. 5, p. 353).

35. Para a suposição em relação ao destino do coronel e a velocidade do galope, "VI — Vitoriano Gonçalves Veloso — VI.2 — 2ª inquirição", de 06/08/1789 (*ADIM*, vol. 2, pp. 164-8). Para a destruição do bilhete, "VI. Vitoriano Gonçalves Veloso — VI.3 — 3ª inquirição", de 04/09/1789 (*ADIM*, vol. 2, pp. 168-71). Para o despertar ainda de madrugada, "VI. Vitoriano Gonçalves Veloso — VI.1 — 1ª inquirição", de 09/06/1789 (*ADIM*, vol. 2, pp. 161-4). Vitoriano chegaria em sua casa, em Bichinho, no dia 25, tendo cavalgado, portanto, cerca de 260 quilômetros em três dias, um feito notável.

36. Para o horário, o terreno, a denominação do local, a montaria e a confabulação, "Testemunha 23ª, padre José Lopes de Oliveira", de 30/06/1789 (*ADIM*, vol. 1, pp. 202-6); "Luís Vaz de Toledo Piza — III.2 — 2ª inquirição", de 03/07/1789 (*ADIM*, vol. 2, pp. 105-8), e "II — Francisco Antônio de Oliveira Lopes — II.1 — 1ª inquirição", de 15/06/1789 (*ADIM*, vol. 2, pp. 41-63).

37. "II — Francisco Antônio de Oliveira Lopes — II.1 — 1ª inquirição", de 15/06/1789. Ibid.

38. Para o sumiço com as provas e a coleta dos bens de valor, "5.9.3 — Testemunha 16ª — Antônio José Dias Coelho", de 05/08/1789 (*ADIM*, vol. 4, p. 130). Para as roupas e a fuga, "Padre Carlos Correia de Toledo e Melo — 1ª inquirição", de 14/11/1789 (*ADIM*, vol. 5, p. 139).

39. Para o crucifixo, "Testemunha 23ª, padre José Lopes de Oliveira", de 30/06/1789 (*ADIM*, vol. 1, pp. 202-6).

40. "José Lopes de Oliveira — 2ª inquirição", de 18/06/1790 (*ADIM*, vol. 5, p. 382).

41. "II — Francisco Antônio de Oliveira Lopes — II.1 — 1ª inquirição", de 15/06/1789 (*ADIM*, vol. 2, pp. 41-63).

42. "José Lopes de Oliveira — 2ª inquirição", de 18/06/1790 (*ADIM*, vol. 5, p. 382).

43. "II — Francisco Antônio de Oliveira Lopes — II.1 — 1ª inquirição", de 15/06/1789 (*ADIM*, vol. 2, pp. 41-63).

44. Ibid.

45. Para a cena de Oliveira Lopes assistindo à prisão, "Testemunha 21ª — Inácio Correia Pamplona", 30/06/1789 (*ADIM*, vol. 1, pp. 192-9.). Para a origem da tropa, "5.9.3 — Testemunha 16ª — Antônio José Dias Coelho", de 05/08/1789 (*ADIM*, vol. 4, pp. 127-31).

46. "5.9.3 — Testemunha 16ª — Antônio José Dias Coelho", de 05/08/1789. Ibid.

47. "Testemunha 21ª — Inácio Correia Pamplona", 30/06/1789 (*ADIM*, vol. 1, pp. 192-9).

48. "II — Francisco Antônio de Oliveira Lopes — II.1 — 1ª inquirição", de 15/06/1789 (*ADIM*, vol. 2, pp. 41-63).

49. Para as prisões em sequência e a reação de Alvarenga Peixoto, "5.9.3 — Testemunha 16ª — Antônio José Dias Coelho", de 05/08/1789 (*ADIM*, vol. 4, pp. 127-31). Para a caixa de madeira, "2.11 — Auto de exame e separação feita nos papéis...", de 11/06/1789 (*ADIM*, vol. 1, pp. 132-6).

50. "2.11 — Auto de exame e separação feita nos papéis...", de 11/06/1789. Ibid.

51. Ibid.

52. Ver nota nº 2 de Tarquínio J. B. de Oliveira em *ADIM*, vol. 1, p. 271.

53. Para a reunião dos homens armados e a posterior dispersão do grupo, "Testemunha 21ª — Inácio Correia Pamplona", de 30/06/1789 (*ADIM*, vol. 1, p. 198). Para a fuga, "Luís Vaz de Toledo Piza — III.2 — 2ª inquirição", de 03/07/1789 (*ADIM*, vol. 2, pp. 108-16).

54. O caçador de escravos era Inácio Correia Pamplona, que chegara a conspirar na Conjuração Mineira, mas mudara de lado, passando a delator e espião de Barbacena. Para a fuga e a prisão, "XVI — Pe. José da Silva e Oliveira Rolim — XVI.1 — 1ª inquirição", de 19/10/1789 (*ADIM*, vol. 2, pp. 289-93); "XVI.6 — 6ª inquirição", de 03/11/1789 (*ADIM*, vol. 2, pp. 313-7); "Testemunha 71ª — José de Sousa Lobo", de 14/06/1790 (*ADIM*, vol. 1, pp. 317-20); "Alberto da Silva e Oliveira Rolim — 1. Assentada. 1ª inquirição", 20/02/1790" (*ADIM*, vol. 3, pp. 143-50); "3 — Oficio do visconde de Barbacena ao cap. Manuel da Silva Brandão...", de 09/06/1789 (*ADIM*, vol. 3, p. 316); 4 — Oficio do visconde de Barbacena ao des. Antônio Barroso Pereira, intendente geral dos Diamantes", de 10/06/1789 (*ADIM*, vol. 3, pp. 316-7), e "Apenso XXXV — Sumário: Sobre a fuga do pe. José da Silva e Oliveira Rolim", de 17/08/1789 (*ADIM*, vol. 3, pp. 357-83).

55. Laura de Mello e Souza, *Cláudio Manuel da Costa*, p. 183.

56. "44 — Oficio do visconde de Barbacena a Luís de Vasconcelos e Sousa, vice-rei, sobre providências para a chegada dos ministros da devassa", de 03/07/1789 (*ADIM*, vol. 8, p. 187).

57. "Oficio do vice-rei a Martinho de Melo e Castro, secretário da Marinha e Ultramar, dando-lhe conta da sublevação que se premeditava na capitania de Minas Gerais e da prisão de Tiradentes no Rio de Janeiro", de 16/07/1789 (*ADIM*, vol. 4, p. 276). Ver também Francis Albert Cotta, *Breve história da Polícia Militar de Minas Gerais*, p. 14, e Kenneth Maxwell, *A devassa da devassa*, pp. 252-3.

58. "Luís Vaz de Toledo Piza — III.2 — 2ª inquirição", de 03/07/1789 (*ADIM*, vol. 2, pp. 108-16).

59. O principal documento que permite reconstituir os últimos momentos de Cláudio Manuel da Costa é seu testemunho, transcrito na íntegra em "Auto de perguntas feitas ao bacharel Cláudio Manuel da Costa", de 02/07/1789 (*RIHGB*, t. LIII, parte 1, 1890, pp. 156-62), e, de modo inexplicável, apenas de forma parcial em "IV — Cláudio Manuel da Costa — IV.1 — Única inquirição", de 02/07/1789 (*ADIM*, vol. 2, pp. 127-34).

60. Para as críticas, "2.4 — Carta denúncia de Basílio de Brito Malheiro do Lago", de 15/04/1789 (*ADIM*, vol. 1, p. 102).

61. "Auto de perguntas feitas ao bacharel Cláudio Manuel da Costa", de 02/07/1789 (*RIHGB*, t. LIII, parte 1, 1890, pp. 156-62).

62. Ibid.

63. Ibid.

64. "Lista de pessoas presas", sem data (*ADIM*, vol. 7, p. 49).

65. "44 — Oficio do visconde de Barbacena a Luís de Vasconcelos e Sousa, vice-rei, sobre providências para a chegada dos ministros da devassa (*ADIM*, vol. 8, p. 187).

66. "IV.2 — Auto de corpo de delito e exame feito no corpo do dr. Cláudio Manuel da Costa", de 04/07/1789 (ADIM, vol. 2, pp. 136-8).

67. Ibid.

68. Ibid.

69. "Lista de pessoas presas", sem data (ADIM, vol. 7, p. 54).

70. Suicídio ou assassinato? A questão divide os historiadores há décadas. Em seu livro *Cláudio Manuel da Costa* (p. 190), Laura de Mello e Souza afirma: "A necessidade de compreensão às vezes impõe riscos: se entendi o homem que foi Cláudio Manuel da Costa, sou levada a afirmar que decidiu pôr um termo a sua vida". Na corrente contrária, o mais categórico é Márcio Jardim, que em sua obra *A Inconfidência Mineira: Uma síntese factual* (p. 128) diz: "optei por me colocar ao lado daqueles que partilham a tese de que Cláudio Manuel da Costa foi assassinado". A rigor, estamos diante de um impasse historiográfico.

71. "Relatório do visconde de Barbacena a Martinho de Melo e Castro, secretário da Marinha e Ultramar, sobre a Inconfidência Mineira", de 11/07/1789 (ADIM, vol. 8, pp. 189-206).

72. Para as informações dadas a Melo e Castro, ibid. Para a comunicação ao vice-rei, "Carta do visconde de Barbacena ao vice-rei Luís de Vasconcelos e Sousa relatando a denúncia recebida de Joaquim Silvério dos Reis", de 25/03/1789 (ADIM, vol. 8, pp. 118-31).

73. O segundo delator, que não fazia parte da conjuração, fora o fazendeiro português Basílio de Brito Malheiro do Lago.

74. "Carta do visconde de Barbacena ao vice-rei Luís de Vasconcelos e Sousa relatando a denúncia recebida de Joaquim Silvério dos Reis", de 25/03/1789 (ADIM, vol. 8, pp. 118-31). O segundo nome mais citado na carta, com dez menções, é o de Tomás Antônio Gonzaga.

PARTE IX: NA PRISÃO [pp. 309-37]

24.

1. Em 1792, em sua passagem pelo Rio de Janeiro, John Barrow descreveu a ilha em *A Voyage to Cochinchina, in the Years 1792 and 1793*, pp. 78-9.

2. "Carta do vice-rei conde de Resende ao min. Martinho de Melo e Castro remetendo atestado em favor do ten.-cel. José Monteiro Ramos, governador da Ilha das Cobras", de 27/07/1792 (ADIM, vol. 7, pp. 361-5); "Atestado firmado pelo cel. Gaspar José de Matos Ferreira e Lucena em favor do ten.-cel. José Monteiro Ramos", de 13/07/1792 (ibid., pp. 365-7).

3. A bandeira e as embarcações podem ser vistas na gravura *City of St. Sebastian Rio de Janeiro*, feita por George Cook em 1792 (Biblioteca Nacional. Disponível em: <http://objdigital.bn.br/acervo_digital/div_iconografia/icon753827.jpg>. Acesso em: maio 2018).

4. O primeiro registro da presença de Tiradentes na fortaleza data de 22 de maio de 1789 ("Joaquim José da Silva Xavier — 1ª inquirição", de 22/05/1789, ADIM, vol. 5, pp. 17-24); o último, de 22 de junho de 1791 ("8ª inquirição — Acareação com: Francisco Antônio de Oliveira Lopes, Inácio José de Alvarenga Peixoto e Domingos de Abreu Vieira", de 22/06/1791, ibid., p. 56). Em 4 de julho de 1791, ele já havia sido transferido para a Cadeia da Relação ("9ª inquirição", de 04/07/1791, ibid., p. 64).

5. As atas das três primeiras inquirições de Tiradentes não trazem qualquer referência a cor-

rentes. Já na ata da quarta inquirição, conduzida pelos mesmos interrogadores das anteriores, há um destaque para o fato de que o alferes estivera "livre de ferros e em liberdade". "Joaquim José da Silva Xavier — 4ª inquirição", de 18/01/1790 (ibid., pp. 31-42).

6. Para o depoimento, "Joaquim José da Silva Xavier — 1ª inquirição", de 22/05/1789 (ibid., pp. 17-24). A data de nascimento de Tiradentes é desconhecida, mas é certo que foi batizado em 12 de novembro de 1746, conforme a certidão dos "Assentos de batizados [Manuscrito]: Freg. de N. S. do Pilar/ São João del-Rei: [s.n.], [1742-9]", p. 301. A transcrição da certidão está na íntegra em ADIM, vol. 5, p. 17.

7. "Joaquim José da Silva Xavier — 1ª inquirição", de 22/05/1789 (ibid.).

8. "Ofício do vice-rei a Martinho de Melo e Castro, secretário da Marinha e Ultramar, dando--lhe conta da sublevação que se premeditava na capitania de Minas Gerais e da prisão de Tiradentes no Rio de Janeiro", de 16/07/1789 (ADIM, vol. 4, p. 274).

9. "Joaquim José da Silva Xavier — 1ª inquirição", de 22/05/1789 (ADIM, vol. 5, pp. 17-24).

10. "Joaquim José da Silva Xavier — 2ª inquirição", de 27/05/1789 (ibid., pp. 24-8).

11. Ibid.

12. "Joaquim José da Silva Xavier — 3ª inquirição", de 30/05/1789 (ibid., pp. 28-30).

13. Ibid.

14. Em 1910, na operação de repressão à Revolta da Chibata, a fortaleza da Ilha das Cobras serviu como cárcere para diversos amotinados, inclusive o líder do motim, João Cândido. Dentre os presos, dezesseis morreram devido às más condições nas celas.

15. Nireu Cavalcanti, O Rio de Janeiro setecentista, p. 232.

16. Em junho de 1792, os gastos somavam 58 mil e 835 réis ("Despesas com fornecimento de roupas aos réus", de 21/06/1792, ADIM, vol. 7, pp. 387-8). Passaram pelas prisões do Rio de Janeiro 32 investigados pela devassa ("Relação de presos da conjuração premeditada na capitania de Minas Gerais", de 25/10/1791, ibid., pp. 133-7). Sendo assim, nos três anos de duração do processo, cada prisioneiro teve direito, em média, a 613 réis por ano em vestuário e roupa de cama.

17. "Atestação firmada pelo chanceler Sebastião Xavier de Vasconcelos Coutinho em favor do ten.-cel. José Monteiro de Macedo Ramos", de 12/07/1792 (ibid., p. 367).

18. Para a capacidade da cadeia, ibid. Doze conjurados passaram pelas celas da fortaleza.

19. "Despesas de comedoria dos presos incomunicáveis que se acham nos cárceres do Rio de Janeiro", de 1792 (ibid., pp. 103-12).

20. Para os valores dos animais, João Pinto Furtado, O manto de Penélope, p. 227.

21. "Último recibo de soldos no Regimento de Cavalaria Regular de Minas Gerais (6ª Companhia), do alf. Joaquim José da Silva Xavier", de 04/03/1789 (ADIM, vol. 8, p. 115).

22. "Despesas de comedoria dos presos incomunicáveis que se acham nos cárceres do Rio de Janeiro", de 1792 (ADIM, vol. 7, pp. 103-12).

23. Tomás Antônio Gonzaga, Marília de Dirceu, parte 2, lira 33.

25.

1. Para as aspas, "x — Salvador Carvalho do Amaral Gurgel — x.1 — Inquirição", de 12/07/1789 (ADIM, vol. 2, p. 21). Para a definição de inconfidência, ver o Vocabulário português e latino (vol. 1, p. 707, e vol. 2, p. 95), escrito entre 1712 e 1728 pelo padre Rafael Bluteau.

2. "2.2 — Portaria do visconde de Barbacena ao des. Pedro José Araújo de Saldanha", de 12/06/1789 (*ADIM*, vol. 1, pp. 90-1).

3. Para a encenação de estar colaborando, "10.2 — Ofício do visconde de Barbacena ao des. José Pedro Machado Coelho Torres", de 23/07/1789 (ibid., pp. 280-1).

4. Ver "Ofício do vice-rei a Martinho de Melo e Castro relatando o trabalho dos desembargadores mandados à capitania de Minas Gerais e queixando-se dos embaraços opostos à sua atividade pelo visconde de Barbacena", de 08/01/1790 (*ADIM*, vol. 4, pp. 277-82), e "Ofício do vice-rei Luís de Vasconcelos e Sousa ao visconde de Barbacena sobre entrega de presos procedentes de Minas e pedindo para se apressar a remessa da devassa-MG", de 30/12/1789 (ibid., pp. 287-8).

5. Inaugurada com Joaquim Silvério dos Reis, a rede foi ampliada com dois fazendeiros portugueses (Basílio de Brito Malheiro do Lago e Inácio Correia Pamplona) e com o tabelião Roberto Mascarenhas de Vasconcelos Lobo, mineiro do Tejuco. Amostras dos respectivos trabalhos de espionagem de Basílio e Roberto podem ser vistas em "5.4.1 — Testemunha 9ª — Basílio de Brito Malheiro do Lago", de 28/07/1789 (ibid., pp. 87-100), e "Do s.m. Roberto Mascarenhas de Vasconcelos Lobo sobre investigação sigilosa contra o ouv. Joaquim Antônio Gonzaga", de 08/06/1790 (*ADIM*, vol. 3, pp. 392-6). Para a atuação de Pamplona, ver nota seguinte.

6. Inácio Correia Pamplona roubou envelopes da correspondência do padre Toledo. "Anexo 2 — Termo de declaração, ratificação e juramento prestado pelo mestre de campo Inácio Correia Pamplona", de 30/05/1789 (*ADIM*, vol. 1, pp. 111-5).

7. Para o caso, ver os seguintes documentos dos *ADIM*, vol. 4: "5.9.3 — Testemunha 16ª — Antônio José Dias Coelho", de 05/08/1789 (pp. 127-31); "6.7.1 — Testemunha referida (por T. 16ª) — Antônio da Costa Braga", 14/09/1789 (pp. 211-2); "6.7.2 — Testemunha referida (por T. 16ª) — Bernardo José Gomes da Silva Flores", 14/09/1789 (pp. 212-3); "6.8.1 — Testemunha referida (por T. 16ª) — Manuel Moreira", de 15/09/1789 (pp. 215-6); e "6.8.2 — Testemunha referida (por T. 16ª) e outra — Josefa Teixeira", de 15/09/1789 (pp. 216-7).

8. Para a soltura, "Acórdão dos juízes da devassa", de 18/04/1792 (*ADIM*, vol. 7, p. 237). Para o local da prisão, "Relação de presos da conjuração premeditada na capitania de Minas Gerais", de 25/10/1791 (ibid., pp. 133-7).

9. Para os achaques, "Representação (anônima) à Coroa (Desembargo do Paço, Lisboa) contra o ex-intendente do Ouro José Caetano César Manitti", de outubro de 1797 (*ADIM*, vol. 9, pp. 314-5).

10. "Autos de devassa da Inconfidência Mineira — Abertura", de 15/06/1789 (*ADIM*, vol. 1, pp. 87-8).

11. A condição de títere do governador era conhecida, como mostra um documento da época: "Des. Francisco Gregório Pires Monteiro Bandeira (?) — Exposição sobre a repressão e julgamento dos réus da Inconfidência Mineira", de novembro de 1792 (*ADIM*, vol. 9, pp. 253-62).

12. Ibid.

13. Ibid.

14. Para as aspas, ibid. Em seu *Vocabulário português e latino* (vol. 2, p. 485), o padre Rafael Bluteau definiu trato como "tormento, tortura".

15. Para os óbitos dos presos, "Relação de presos da conjuração premeditada na capitania de Minas Gerais", de 25/10/1791 (*ADIM*, vol. 7, pp. 133-7).

16. "Certidão de óbito de Francisco José de Melo", de 04/07/1790 (*ADIM*, vol. 3, pp. 201-2).

17. Ambos não responderam em juízo pela participação no movimento.

18. Para o recrutamento de Tiradentes na tropa, "II — Francisco Antônio de Oliveira Lopes — II.1 — 1ª inquirição", de 15/06/1789 (*ADIM*, vol. 2, p. 48), e "Domingos de Abreu Vieira — 1ª inquirição", de 20/06/1789 (ibid., p. 20). Para os considerados suspeitos, "Relação da oficialidade do Regimento de Cavalaria Regular de Minas Gerais, feita por Carlos José da Silva, escrivão da Junta da Real Fazenda, com anotações marginais do visconde de Barbacena, anexa ao ofício deste a Martinho de Melo e Castro", de 11/02/1790 (*ADIM*, vol. 8, pp. 255-7).

19. Para as transações financeiras, Kenneth Maxwell, *A devassa da devassa*, p. 248. Nas devassas, duas citações a Macedo podem ser vistas em "II — Francisco Antônio de Oliveira Lopes — II.1 — 1ª inquirição", de 15/06/1789 (*ADIM*, vol. 2, p. 46), e "Testemunha 14ª — Vicente Vieira da Mota", de 03/08/1789 (*ADIM*, vol. 4, p. 120). Para a conspiração de Tiradentes na casa de Macedo, "Inácio José de Alvarenga Peixoto — 2ª inquirição", de 14/01/1790 (*ADIM*, vol. 5, pp. 112-29).

20. Para o boato do sumiço do dinheiro e para a suposta cegueira deliberada, "Testemunha 3ª — Basílio de Brito Malheiro do Lago", de 18/06/1789 (*ADIM*, vol. 1, pp. 153-4), e "2.4 — Carta denúncia de Basílio de Brito Malheiro do Lago", de 15/04/1789 (ibid., p. 105). Para o suposto interesse em ingressar na conjuração, "Auto de perguntas feitas ao bacharel Cláudio Manuel da Costa", de 02/07/1789 (*RIHGB*, tomo 53, parte 1, 1890, pp. 156-62), e "5.4.1 — Testemunha 9ª — Basílio de Brito Malheiro do Lago", de 28/07/1789 (*ADIM*, vol. 4, pp. 87-100).

21. "2.6 — Carta denúncia do ten.-cel. Francisco de Paula Freire de Andrada", de 17/05/1789 (*ADIM*, vol. 1, pp. 117-20).

22. "2.8 — Carta denúncia de Domingos de Abreu Vieira", de 28/05/1789 (ibid., pp. 123-6).

23. "XXVI.3 — Dos José de Resende Costa (pai e filho) contra o vig. Carlos Correia de Toledo e Luís Vaz de Toledo Piza", de 30/06/1789 (*ADIM*, vol. 2, pp. 462-3).

24. Para "louco": "Testemunha 1ª — Domingos de Abreu Vieira", de 16/06/1789 (*ADIM*, vol. 1, pp. 141-5); "XXVI.9 — De Joaquim Silvério dos Reis contra Tiradentes", de 05/05/1789 (*ADIM*, vol. 2, pp. 472-4); "IV — Cláudio Manuel da Costa — IV.1 — Única inquirição", de 02/07/1789 (ibid., pp. 127-34); "Testemunha 10ª — Antônio de Fonseca Pestana", de 25/06/1789 (*ADIM*, vol. 1, p. 108); "Pe. José Lopes de Oliveira — Inquirição", de 22/05/1790 (*ADIM*, vol. 3, pp. 196-7); "3.2.2 — Testemunha 3ª — Jerônimo de Castro e Sousa", 20/05/1789 (*ADIM*, vol. 4, pp. 55-7); "Carta do ajud. João José Nunes Carneiro", 10/05/1789 (ibid., pp. 39-41); "3.2.3 — Testemunha referida (por T. 3ª) — Valentim Lopes da Cunha", de 20/05/1789 (ibid., pp. 57-8); "3.2.4 — Testemunha 4ª — Manuel Luís Pereira", de 20/05/1789 (ibid., pp. 58-9); "4.3.7 — Carta denúncia — Rio, 15/05/1789, Mônica Antônia do Sacramento e Valentim Lopes da Cunha" (ibid., p. 66); "5.7.3 — Testemunha 13ª — José Joaquim da Rocha", de 01/08/1789 (ibid., pp. 115-7); "5.8.1 — Testemunha 14ª — Vicente Vieira da Mota", de 03/08/1789 (ibid., pp. 119-22); "Inácio José de Alvarenga Peixoto — 2ª inquirição", de 14/01/1790 (*ADIM*, vol. 5, pp. 112-29); "Francisco de Paula Freire de Andrada — 4ª inquirição", de 29/07/1791 (ibid., pp. 189-90); "Francisco Antônio de Oliveira Lopes — 2ª inquirição", de 13/07/1791 (ibid., pp. 282-7); "José Aires Gomes — 1ª inquirição", de 06/08/1791 (ibid., pp. 469-76).

Para "doido": "Testemunha 20ª — Francisco Xavier Machado", de 27/06/1789 (*ADIM*, vol. 1, pp. 188-91); "X — Salvador Carvalho do Amaral Gurgel — X.1 — Inquirição", de 12/07/1789 (*ADIM*, vol. 2, pp. 217-26); "3.2.4 — Testemunha 4ª — Manuel Luís Pereira", de 20/05/1789 (*ADIM*, vol. 4, pp. 58-9); "Manuel Rodrigues da Costa — 1ª inquirição", de 22/08/1791 (*ADIM*, vol. 5, pp. 487-92).

Para "tolo": "Testemunha 20ª — Francisco Xavier Machado", de 27/06/1789 (*ADIM*, vol. 1, pp. 188-91); "5.10.1 — Testemunha 17ª — Silvestre Gomes Correia Falcão", de 06/08/1789 (*ADIM*, vol. 4, pp. 132-3); "José Aires Gomes — 1ª inquirição", de 06/08/1791 (*ADIM*, vol. 5, pp. 469-76); "Manuel Rodrigues da Costa — 1ª inquirição", de 22/08/1791 (ibid., pp. 487-92).

Para fanático: "IV — Cláudio Manuel da Costa — IV.1 — Única inquirição", de 02/07/1789 (*ADIM*, vol. 2, pp. 127-34).

Para "de pouca capacidade": "5.21.1 — Testemunha 27ª — João de Sousa Barradas", de 04/09/1789 (*ADIM*, vol. 4, p. 193).

Para "bêbado": "x — Salvador Carvalho do Amaral Gurgel — x.1 — Inquirição", de 12/07/1789 (*ADIM*, vol. 2, pp. 217-26).

Para sem conceito: "José Aires Gomes — 1ª inquirição", de 06/08/1791 (*ADIM*, vol. 5, pp. 469-76).

Para sem juízo: "Francisco de Paula Freire de Andrada — 4ª inquirição", de 29/07/1791 (ibid., pp. 189-90).

Para risível: "Inácio José de Alvarenga Peixoto — 2ª inquirição", de 14/01/1790 (ibid., pp. 112-29).

Para "refinada loucura": "Cônego Luís Vieira da Silva — 1ª inquirição", de 01/07/1789 (*ADIM*, vol. 2, pp. 145-8).

Para "depravada cena": "Inácio José de Alvarenga Peixoto — 2ª inquirição", de 14/01/1790 (*ADIM*, vol. 5, pp. 112-29).

Para "pouco racionais": "'Testemunha 31ª — Pedro Afonso Galvão de São Martinho", de 13/07/1789 (*ADIM*, vol. 1, p. 223).

Para a suposta "loucura" dos projetos: "Testemunha 4ª — Vicente Vieira da Mota", de 22/06/1789 (ibid., pp. 155-6).

Para "parvoíce": "v.2 — 2ª inquirição — Cônego Luís Vieira da Silva", de 11/07/1789 (*ADIM*, vol. 2, pp. 148-52); "XI — Diogo Pereira Ribeiro de Vasconcelos — XI.1 — Inquirição", de 29/05/1789 (ibid., pp. 231-4); "José Lopes de Oliveira — 2ª inquirição", de 18/06/1790 (*ADIM*, vol. 5, p. 380).

Para "despropósitos": "Vicente Vieira da Mota — 1ª inquirição — Rio, Casas da Ordem Terceira de São Francisco — Acareação com Basílio de Brito Malheiro do Lago", de 19/07/1791 (ibid., pp. 405-16).

Para "asneiras": "5.10.1 — Testemunha 17ª — Silvestre Gomes Correia Falcão", de 06/08/1789 (*ADIM*, vol. 4, pp. 132-3); "5.5.1 — Testemunha 10ª — Matias Sanches Brandão", de 30/07/1789 (ibid., pp. 101-3); "5.8.1 — Testemunha 14ª — Vicente Vieira da Mota", de 03/08/1789 (ibid., pp. 119-22); "Inácio José de Alvarenga Peixoto — 2ª inquirição", de 14/01/1790 (*ADIM*, vol. 5, pp. 112-29); "José Aires Gomes — 1ª inquirição", de 06/08/1791 (ibid., pp. 469-76).

25. "XXVI.9 — De Joaquim Silvério dos Reis contra Tiradentes", de 05/05/1789 (*ADIM*, vol. 2, pp. 472-4).

26.

1. Para o vazamento, "Últimos momentos dos inconfidentes de 1789 pelo frade que os assistiu de confissão" (*RIHGB*, tomo 44, parte 1, 1881, pp. 161-85).

2. Ibid. Ver também *Palavras no chão: Murmurações e vozes em Minas Gerais no século XVIII*, em que Tarcísio de Souza Gaspar traça um excelente quadro do vozerio que se formou na época.

3. Ibid.

4. "Como é que [o governador] caiu em tanto ódio?", ibid.

5. "Aparece nela [na trama] como principal autor Joaquim José da Silva Xavier, por alcunha Tiradentes", ibid.

6. Ibid.

7. Para a fama, ibid.

8. Ibid.

9. "Memória do êxito que teve a Conjuração de Minas e dos fatos relativos a ela acontecidos nesta cidade do Rio de Janeiro desde 17 até 26 de abril de 1792", de 02/05/1792 (*ADIM*, vol. 9, pp. 95-118).

10. Ibid.

11. "Sem que em todo o tempo de minha comissão houvesse desordem." "Atestação firmada pelo chanceler Sebastião Xavier de Vasconcelos Coutinho em favor do ten.-cel. José Monteiro de Macedo Ramos", de 12/07/1792 (*ADIM*, vol. 7, p. 367). Na Revolta da Chibata, ocorrida 120 anos mais tarde, os presos trancados na fortaleza se rebelaram devido às más condições nas celas.

12. Tomás Antônio Gonzaga, *Marília de Dirceu*, parte 2, lira 22.

13. A expressão é de Adalgisa Arantes Campos ("Execuções na colônia: a morte de Tiradentes e a cultura barroca", p. 153) e merece ser transcrita na íntegra: "A reclusão e, naturalmente, a profunda subjetivação daí decorrente fizeram o alferes se esquecer de si mesmo".

14. Para a data em que o governador tomou conhecimento da prisão, "Carta do visconde de Barbacena ao vice-rei Luís de Vasconcelos e Sousa avisando serem já conhecidos em Minas os motivos das prisões dos principais implicados na denúncia inicial", de 25/05/1789 (*AMI*, 1953, ano 2, pp. 57-8). Para as ordens, "Traslado do sequestro feito ao alferes Joaquim José da Silva Xavier", de 25/05/1789 (*ADIM*, vol. 6, pp. 57-66).

15. Para a operação do sequestro e a lista de bens apreendidos, ibid.

16. Ibid.

17. A arrematação dos bens apreendidos em Minas Gerais foi notificada em abril de 1791: "Avaliação dos bens sequestrados aos réus", de 09/04/1791 (ibid., pp. 285-90). O acórdão da sentença dos réus do processo da Conjuração Mineira foi publicado somente um ano depois: "Acórdão dos juízes da devassa", de 18/04/1792 (ibid., pp. 198-238).

18. Para o sequestro e o leilão, "Sequestro e avaliações feitas nos bens dos réus", de 30/10/1789 (ibid., pp. 233-42), e "Pregões de venda e arrematação de bens sequestrados aos réus no Rio", de 30/10/1789 (ibid., pp. 245-57). Para o empréstimo do jumento, "Testemunha 33ª — João da Costa Rodrigues", de 18/07/1789 (*ADIM*, vol. 1, p. 231).

19. "Justificação — Suplicante: Antônia Maria do Espírito Santo; Ré: Real Fazenda, sendo promotor do Fisco ad hoc o dr. Paulo José de Lana Costa e Dantas, pelo confiscado Joaquim José da Silva Xavier", de 05/11/1789 (*ADIM*, vol. 9, pp. 45-60).

20. Ibid. A regra da maioridade era definida pelas Ordenações Filipinas, livro 3, título 41.

21. "Justificação — Suplicante: Antônia Maria do Espírito Santo; Ré: Real Fazenda, sendo promotor do Fisco ad hoc o dr. Paulo José de Lana Costa e Dantas, pelo confiscado Joaquim José da Silva Xavier", de 05/11/1789 (*ADIM*, vol. 9, pp. 45-60).

27.

1. Os originais fazem parte do acervo do Arquivo Nacional.
2. "Joaquim José da Silva Xavier — 4ª inquirição", de 18/01/1790 (*ADIM*, vol. 5, pp. 31-42).
3. O depoimento anterior ocorrera em 30/05/1789: "Autos de perguntas ao alferes Joaquim José da Silva Xavier" (ibid., pp. 15-75).
4. Nas atas dos três primeiros depoimentos não há qualquer menção a correntes, enquanto na ata do quarto depoimento, conduzido pelos mesmos interrogadores e pelo mesmo escrivão, foi registrado com destaque que o prisioneiro estava "livre de ferros, e em liberdade". Para as aspas, "Joaquim José da Silva Xavier — 4ª inquirição", de 18/01/1790 (ibid., pp. 31-42).
5. Ibid.
6. Ibid.
7. Ibid.
8. Ibid.
9. Ibid.
10. "IV — Cláudio Manuel da Costa — IV.1 — Única inquirição", de 02/07/1789 (*ADIM*, vol. 2, pp. 127-34).
11. "Tomás Antônio Gonzaga — Lira 64", de 17/11/1789 (?) (*ADIM*, vol. 9, pp. 61-4).
12. "Joaquim José da Silva Xavier — 4ª inquirição", de 18/01/1790 (*ADIM*, vol. 5, pp. 31-42).
13. Ibid.
14. Ver nota 4 de Tarquínio J. B. de Oliveira em *ADIM*, vol. 8, p. 329.
15. Para o registro, nas devassas, dos contatos com Thomas Jefferson, "II.5.3.1 — Francisco Antônio de Oliveira Lopes", de 08/07/1789 (*ADIM*, vol. 2, pp. 88-91).
16. "Ofício do visconde de Barbacena a Luís de Vasconcelos e Sousa, vice-rei, remetendo cartas denúncias de Joaquim Silvério dos Reis, Basílio de Brito Malheiro do Lago e Inácio Correia Pamplona (cópias)", de 11/05/1789 (*ADIM*, vol. 8, pp. 150-9).
17. "Des. Francisco Gregório Pires Monteiro Bandeira (?) — Exposição sobre a repressão e julgamento dos réus da Inconfidência Mineira", de novembro de 1792 (*ADIM*, vol. 9, pp. 253-62).
18. "Ofício de Martinho de Melo e Castro ao visconde de Barbacena, governador e capitão-general de Minas", de 29/09/1790 (*ADIM*, vol. 8, pp. 294-316).
19. Ibid.
20. Ibid.
21. Para a chegada da notícia da conjuração a Lisboa, "Relatório do visconde de Barbacena a Martinho de Melo e Castro, secretário da Marinha e Ultramar, sobre a Inconfidência Mineira", de 11/07/1789 (ibid., pp. 189-206). Para a censura, Kenneth Maxwell, *Chocolate, piratas e outros malandros: Ensaios tropicais*, p. 147.
22. Lilia Moritz Schwarcz e Heloisa Murgel Starling, *Brasil: Uma biografia*, p. 144.
23. Para a especulação em relação ao número de envolvidos, "Ofício de Martinho de Melo e Castro ao visconde de Barbacena, governador e capitão-general de Minas", de 29/09/1790 (*ADIM*, vol. 8, pp. 294-316).
24. "Vicente Vieira da Mota — 1ª inquirição — Acareação com Basílio de Brito Malheiro do Lago", de 19/07/1791 (*ADIM*, vol. 5, p. 407).
25. "Joaquim José da Silva Xavier — 5ª inquirição", de 04/02/1790 (ibid., pp. 43-6).

26. "Carta do cel. Joaquim Silvério dos Reis ao des. Pedro José Araújo de Saldanha apresentando novas denúncias", sem data (*ADIM*, vol. 7, p. 63).

27. "Carta de Joaquim Silvério dos Reis ao vice-rei, Luís de Vasconcelos e Sousa", de 05/05/1790 (ibid., pp. 84-8).

28. "Ofício do vice-rei a Martinho de Melo e Castro relatando o trabalho dos desembargadores mandados à capitania de Minas Gerais e queixando-se dos embaraços opostos à sua atividade pelo visconde de Barbacena", de 08/01/1790 (*ADIM*, vol. 4, pp. 277-82).

29. "Carta de Joaquim Silvério dos Reis ao vice-rei, Luís de Vasconcelos e Sousa", de 05/05/1790 (*ADIM*, vol. 7, pp. 84-8).

30. "Joaquim Silvério dos Reis — Petição à Junta da Real Fazenda (MG) indicando seu irmão, João Damasceno dos Reis, para representá-lo nas obrigações de seu contrato das entradas", de fevereiro de 1791 (*ADIM*, vol. 9, pp. 69-71).

31. Para "boa-fé", "candura", "lealdade", salvamento de Portugal e "grande serviço", "Carta de Joaquim Silvério dos Reis ao vice-rei, Luís de Vasconcelos e Sousa", de 05/05/1790 (*ADIM*, vol. 7, pp. 84-8). Para "até a última pinga", para o não arrependimento e para os "prejuízos consideráveis", "Joaquim Silvério dos Reis — Carta ao A. O. Francisco Antônio Rebelo, então em Lisboa, para obter-lhe licença de se transferir para o Reino com a família", de 03/07/1790 (*ADIM*, vol. 9, pp. 67-8).

32. "Carta de Joaquim Silvério dos Reis ao vice-rei, Luís de Vasconcelos e Sousa", de 05/05/1790 (*ADIM*, vol. 7, pp. 84-8).

33. O quinto depoimento foi colhido em 04/02/1790. O seguinte, em 14/04/1791. "Joaquim José da Silva Xavier — 6ª inquirição", de 14/04/1791 (*ADIM*, vol. 5, pp. 46-51).

34. Os magistrados Sebastião Xavier de Vasconcelos Coutinho e Francisco Luís Álvares da Rocha haviam chegado de Lisboa recentemente. Marcelino Pereira Cleto já atuava na devassa do Rio de Janeiro, tendo participado de outros interrogatórios do alferes.

35. "Carta régia ao conde de Resende, vice-rei do Estado do Brasil, sobre a Alçada para julgamento dos inconfidentes de Minas Gerais", de 17/07/1790 (*ADIM*, vol. 8, pp. 286-9).

36. Para a avaliação da rainha, ibid., e também "Decreto nomeando o des. Sebastião Xavier de Vasconcelos Coutinho para chanceler da Relação do Rio de Janeiro", de 13/06/1790 (ibid., p. 285). Para a avaliação do ministro, "Ofício de Martinho de Melo e Castro ao conde de Resende, vice-rei, sobre a Alçada nomeada por carta régia de 17/07/1790", de 23/10/1790 (ibid., pp. 321-3).

37. "Carta de Sebastião Xavier de Vasconcelos Coutinho para Martinho de Melo e Castro", de 30/05/1791 (*AMI*, 1953, ano 2, pp. 207-11).

38. Ibid., e também "Carta de Sebastião Xavier de Vasconcelos Coutinho para Martinho de Melo e Castro", de 20/02/1791 (ibid., pp. 206-7).

39. "II — A influência ou epidemia de defluxões", de 30/05/1792 (*RAPM*, n. 2, tomo 1, 1897, pp. 6-7).

40. "Carta de Sebastião Xavier de Vasconcelos Coutinho para Martinho de Melo e Castro", de 18/01/1791 (*AMI*, 1953, ano 2, pp. 205-6).

41. "Joaquim José da Silva Xavier — 6ª inquirição", de 14/04/1791 (*ADIM*, vol. 5, pp. 46-51).

42. Para o avolumamento do processo, "Carta de Sebastião Xavier de Vasconcelos Coutinho para Martinho de Melo e Castro", de 30/05/1791 (*AMI*, 1953, ano 2, pp. 207-11). Para o número de páginas e apensos, "Termo de entrega de duas devassas ao cons. Sebastião Xavier de Vasconcelos Coutinho", de 26/01/1791 (*ADIM*, vol. 7, pp. 121-8).

43. "Justificação — Suplicante: Antônia Maria do Espírito Santo; Ré: Real Fazenda, sendo promotor do Fisco ad hoc o dr. Paulo José de Lana Costa e Dantas, pelo confiscado Joaquim José da Silva Xavier", de 05/11/1789 (*ADIM*, vol. 9, pp. 45-60).

44. "Carta de Sebastião Xavier de Vasconcelos Coutinho para Martinho de Melo e Castro", de 30/05/1791 (*AMI*, 1953, ano 2, pp. 207-11).

45. "Joaquim José da Silva Xavier — 7ª inquirição", de 20/06/1791 (*ADIM*, vol. 5, pp. 51-5).

46. Para o depoimento, "Joaquim José da Silva Xavier — 8ª inquirição", de 22/06/1791 (ibid., pp. 56-63).

47. O primeiro registro de Tiradentes na Cadeia Velha é "Joaquim José da Silva Xavier — 9ª inquirição", de 04/07/1791 (ibid., pp. 64-7).

48. Para os réus mantidos na ilha, "Relação de presos da conjuração premeditada na capitania de Minas Gerais", de 25/10/1791 (*ADIM*, vol. 7, pp. 133-7).

49. A. B. Cotrim Neto, "As primeiras prisões do Rio: A Cadeia Velha e o Aljube", em *Execução penal na Guanabara*, pp. 29-33, e Vivaldo Coaracy, *Memórias da cidade do Rio de Janeiro*, p. 111.

50. Para "antro infernal", ibid. Para a prisão "em segredo" e a incomunicabilidade, "Joaquim José da Silva Xavier — 9ª inquirição", de 04/07/1791 (*ADIM*, vol. 5, pp. 64-7).

51. Ibid.

52. "Joaquim José da Silva Xavier — 10ª inquirição", de 07/07/1791 (ibid., pp. 68-72).

53. "Joaquim José da Silva Xavier — 11ª inquirição", de 15/07/1791 (ibid., pp. 72-5). Ao registrar o depoimento, Manitti recorreu a cinco ressalvas, três emendas e quatro entrelinhas.

PARTE X: O JULGAMENTO [pp. 339-55]

28.

1. Para a transferência, "Relação de presos da conjuração premeditada na capitania de Minas Gerais", de 25/10/1791 (*ADIM*, vol. 7, pp. 133-7).

2. "Certidão da intimação do acórdão", de 31/10/1791 (ibid., p. 141).

3. Para o número de réus e o crime a eles imputado, "Acórdão dos juízes da devassa", de 18/04/1792 (ibid., pp. 198-238), e "Acórdão relativo aos réus eclesiásticos", de 18/04/1792 (ibid., pp. 239-53).

4. "Indicação de desembargadores para juízes da devassa", de 26/10/1791 (ibid., p. 139).

5. A Alçada concedeu "licença a todos os advogados que quiserem ajudar a defesa dos réus", mas nenhum apareceu. Ibid.

6. Para os hospitais, Rita de Cássia Marques, "A saúde na terra dos bons ares, poucos médicos e muita fé", em Maria Efigênia Lage de Resende e Luiz Carlos Villalta (Orgs.), *História de Minas Gerais: As Minas setecentistas*, vol. 2, pp. 225-45. Para a inclusão de Joaquim no quadro da irmandade, Adalgisa Arantes Campos em "Execuções na colônia: A morte de Tiradentes e a cultura barroca", pp. 141-67.

7. Para a inclusão no quadro da irmandade, ver nota 1 de Herculano Gomes Mathias em *ADIM*, vol. 7, pp. 335-6.

8. Ibid., p. 142.

9. "Juramento do advogado José de Oliveira Fagundes, defensor dos réus inconfidentes", de 31/10/1791 (*ADIM*, vol. 7, pp. 141-2).

10. "Termo de vista", de 02/11/1791 (ibid., pp. 142-3).

11. Para o desmembramento do processo, "Carta régia de d. Maria I", de 17/07/1790 (ibid., pp. 116-9).

12. "Embargos do advogado José de Oliveira Fagundes ao acórdão da comissão de Alçada, de 02/11/1791 (ibid., pp. 143-98).

13. Ibid.

14. Ibid.

15. Ibid.

16. Ibid.

17. Caetano Beirão, *D. Maria I (1777-1792): Subsídios para a revisão da história do seu reinado*, pp. 3-5.

29.

1. Tesouros reais, pp. 153-5.

2. Ibid., pp. 100 e 104.

3. Para a angústia, "Memória do êxito que teve a Conjuração Mineira e dos fatos relativos a ela acontecidos nesta cidade do Rio de Janeiro desde 17 até 26 de abril de 1792", de 02/05/1792 (*ADIM*, vol. 9, pp. 95-118).

4. Ibid. Ver também "Últimos momentos dos inconfidentes de 1789 pelo frade que os assistiu de confissão" (*RIHGB*, tomo 44, parte 1, 1881, pp. 161-85). As prisões eram: Hospital da Ordem Terceira da Penitência, fortaleza da Ilha das Cobras, fortaleza de Nossa Senhora da Conceição, Guarda Principal e Cadeia da Relação.

5. Os demais eram: Francisco de Paula Freire de Andrada, Alvarenga Peixoto, José Álvares Maciel, Francisco Antônio de Oliveira Lopes, Domingos de Abreu Vieira, Luís Vaz de Toledo Piza, José Resende Costa (pai), José Resende Costa (filho), Domingos Vidal de Barbosa Laje e Salvador Carvalho do Amaral Gurgel. Ibid.

6. Ibid.

7. Ibid.

8. Ibid.

9. "Acórdão dos juízes da devassa", de 18/04/1792 (*ADIM*, vol. 7, pp. 198-238).

10. "Memória do êxito que teve a Conjuração Mineira e dos fatos relativos a ela acontecidos nesta cidade do Rio de Janeiro desde 17 até 26 de abril de 1792", de 02/05/1792 (*ADIM*, vol. 9, pp. 95-118), e "Últimos momentos dos inconfidentes de 1789 pelo frade que os assistiu de confissão" (*RIHGB*, tomo 44, parte 1, 1881, pp. 161-85).

11. "Acórdão dos juízes da devassa", de 18/04/1792 (*ADIM*, vol. 7, pp. 198-238).

12. Ibid.

13. Ibid. A lista completa é: condenados à forca: Tiradentes, Francisco de Paula Freire de Andrada, Inácio José de Alvarenga Peixoto, José Álvares Maciel, Francisco Antônio de Oliveira Lopes, Domingos de Abreu Vieira, Luís Vaz de Toledo Piza, José Resende Costa (pai), José Resende Costa

(filho), Domingos Vidal de Barbosa Laje e Salvador Carvalho do Amaral Gurgel; condenados ao degredo: Tomás Antônio Gonzaga, Vicente Vieira da Mota, José Aires Gomes, João da Costa Rodrigues, Antônio de Oliveira Lopes (também conhecido como Fraca-Roupa), João Dias da Mota, Vitoriano Gonçalves Veloso e Fernando José Ribeiro; condenado à infâmia: Cláudio Manuel da Costa (falecido); e condenado às galés: José Martins Borges. Inocentes: João Francisco das Chagas, Alexandre (escravo que redigia as cartas do padre Rolim), Domingos Fernandes da Cruz (o dono da oficina onde Tiradentes se escondeu no Rio de Janeiro), Manuel José de Miranda, Manuel Joaquim de Sá Pinto do Rego Fortes (falecido), Francisco José de Melo (falecido), Manuel da Costa Capanema e Faustino Soares de Araújo. Os religiosos cujas penas não foram divulgadas eram: padre José da Silva e Oliveira Rolim, padre Carlos Correia de Toledo e Melo, cônego Luís Vieira da Silva, padre José Lopes de Oliveira e padre Manuel Rodrigues da Costa.

14. "Últimos momentos dos inconfidentes de 1789 pelo frade que os assistiu de confissão" (*RIHGB*, tomo 44, parte 1, 1881, pp. 161-85).

15. Para o som dos ferros se misturando ao bater de portas, "Memória do êxito que teve a Conjuração Mineira e dos fatos relativos a ela acontecidos nesta cidade do Rio de Janeiro desde 17 até 26 de abril de 1792", de 02/05/1792 (*ADIM*, vol. 9, pp. 95-118).

16. Ibid.

17. Ibid. Ver também "Últimos momentos dos inconfidentes de 1789 pelo frade que os assistiu de confissão" (*RIHGB*, tomo 44, parte 1, 1881, pp. 161-85).

18. Ibid.

19. Ibid.

20. "Termo de entrega dos autos ao escrivão da comissão de Alçada", de 18/04/1792 (*ADIM*, vol. 7, pp. 253-4).

21. "Embargos ao acórdão pelo advogado dos réus inconfidentes, dr. José de Oliveira Fagundes", de 20/04/1792 (ibid., pp. 254-64).

22. Ibid.

23. Ibid.

24. Ibid.

25. "Segundos embargos de restituição de presos", de 20/04/1792 (ibid., pp. 264-8).

26. Ibid.

27. Para o semblante e o anúncio, "Últimos momentos dos inconfidentes de 1789 pelo frade que os assistiu de confissão" (*RIHGB*, tomo 44, parte 1, 1881, pp. 161-85). Para a rejeição da apelação, "Segundos embargos de restituição de presos", de 20/04/1792 (*ADIM*, vol. 7, pp. 264-8).

28. "Memória do êxito que teve a Conjuração Mineira e dos fatos relativos a ela acontecidos nesta cidade do Rio de Janeiro desde 17 até 26 de abril de 1792", de 02/05/1792 (*ADIM*, vol. 9, pp. 95-118).

29. Para as explicações do escrivão, ibid. Ver também "Últimos momentos dos inconfidentes de 1789 pelo frade que os assistiu de confissão" (*RIHGB*, tomo 44, parte 1, 1881, pp. 161-85). Para a suposta apresentação da mensagem da rainha naquela data, "Carta régia — Palácio de Queluz, Rio, pela rainha, des. Sebastião Xavier de Vasconcelos Coutinho, do Conselho da Real Fazenda e Chanceler da Relação", de 15/10/1790 (*ADIM*, vol. 7, pp. 268-70).

30. Ibid. Para os procedimentos referentes aos réus eclesiásticos, ver também "Carta régia ao des. Sebastião Xavier de Vasconcelos Coutinho, chanceler da Alçada, sobre o julgamento dos

eclesiásticos", de 01/10/1790 (*ADIM*, vol. 8, p. 318), e "Carta régia de d. Maria I", de 17/07/1790 (*ADIM*, vol. 7, pp. 116-9).

31. A carta é datada de 15 de outubro de 1790. A leitura ocorreu em 20 de abril de 1792.

32. "Ofício de Martinho de Melo e Castro ao conde de Resende, vice-rei, remetendo cópias de cartas ao chanceler Sebastião Xavier de Vasconcelos Coutinho", de 23/10/1790 (*ADIM*, vol. 8, p. 324).

33. "Carta régia de d. Maria I", de 17/07/1790 (*ADIM*, vol. 7, pp. 116-9).

34. Duas delas: "Carta de Sebastião Xavier de Vasconcelos Coutinho para Martinho de Melo e Castro", de 18/01/1791 (*AMI*, 1953, ano 2, pp. 205-6), e "Carta de Sebastião Xavier de Vasconcelos Coutinho para Martinho de Melo e Castro", de 30/05/1791 (ibid., pp. 207-11).

35. "Ofício de Sebastião Xavier de Vasconcelos Coutinho a Martinho de Melo e Castro, secretário da Marinha e Ultramar, relatando andamento dos trabalhos da Alçada", de 16/08/1791 (*ADIM*, vol. 8, pp. 361-2).

36. Para o informe, "Carta de Sebastião Xavier de Vasconcelos Coutinho para Martinho de Melo e Castro", de 30/05/1791 (*AMI*, 1953, ano 2, pp. 207-11). Para o interesse do ministro na versão, "Ofício de Martinho de Melo e Castro ao visconde de Barbacena, governador e capitão-general de Minas", de 29/09/1790 (*ADIM*, vol. 8, pp. 294-316).

37. "Carta de Sebastião Xavier de Vasconcelos Coutinho para Martinho de Melo e Castro", de 18/01/1791 (*AMI*, 1953, ano 2, pp. 205-6).

38. "Carta de Sebastião Xavier de Vasconcelos Coutinho para Martinho de Melo e Castro", de 30/05/1791 (ibid., pp. 207-11).

39. "Memória do êxito que teve a Conjuração Mineira e dos fatos relativos a ela acontecidos nesta cidade do Rio de Janeiro desde 17 até 26 de abril de 1792", de 02/05/1792 (*ADIM*, vol. 9, pp. 95-118).

40. Ibid.

41. "Últimos momentos dos inconfidentes de 1789 pelo frade que os assistiu de confissão" (*RIHGB*, tomo 44, parte 1, 1881, pp. 161-85).

42. Para a exceção, ibid. Para a libertação dos demais presos, "Memória do êxito que teve a Conjuração Mineira e dos fatos relativos a ela acontecidos nesta cidade do Rio de Janeiro desde 17 até 26 de abril de 1792", de 02/05/1792 (*ADIM*, vol. 9, pp. 95-118).

43. Ibid.

44. Ibid.

45. Para as aspas e os parabéns, ibid. Para os grilhões, "Últimos momentos dos inconfidentes de 1789 pelo frade que os assistiu de confissão" (*RIHGB*, tomo 44, parte 1, 1881, pp. 161-85).

46. Ibid.

47. Ibid.

48. Para as aspas, "Memória do êxito que teve a Conjuração Mineira e dos fatos relativos a ela acontecidos nesta cidade do Rio de Janeiro desde 17 até 26 de abril de 1792", de 02/05/1792 (*ADIM*, vol. 9, pp. 95-118).

49. "Últimos momentos dos inconfidentes de 1789 pelo frade que os assistiu de confissão" (*RIHGB*, tomo 44, parte 1, 1881, pp. 161-85).

50. "Memória do êxito que teve a Conjuração Mineira e dos fatos relativos a ela acontecidos

nesta cidade do Rio de Janeiro desde 17 até 26 de abril de 1792", de 02/05/1792 (*ADIM*, vol. 9, pp. 95-118).

51. "Últimos momentos dos inconfidentes de 1789 pelo frade que os assistiu de confissão" (*RIHGB*, tomo 44, parte 1, 1881, pp. 161-85).

PARTE XI: A EXECUÇÃO [pp. 357-68]

30.

1. "Memória do êxito que teve a Conjuração Mineira e dos fatos relativos a ela acontecidos nesta cidade do Rio de Janeiro desde 17 até 26 de abril de 1792", de 02/05/1792 (*ADIM*, vol. 9, pp. 95-118).
2. Ibid.
3. Caetano Beirão, *D. Maria I (1777-1792): Subsídios para a revisão da história do seu reinado*, pp. 407-17.
4. "Idiotia apática" é expressão de Caetano Beirão, ibid.
5. A reconstituição dos fatos ocorridos nesse dia foi feita com base nos textos dos dois frades que acompanharam os eventos: "Memória do êxito que teve a Conjuração Mineira e dos fatos relativos a ela acontecidos nesta cidade do Rio de Janeiro desde 17 até 26 de abril de 1792", de 02/05/1792 (*ADIM*, vol. 9, pp. 95-118), e "Últimos momentos dos inconfidentes de 1789 pelo frade que os assistiu de confissão" (*RIHGB*, tomo 44, parte 1, 1881, pp. 161-85).
6. Ibid.
7. Para o nome do carrasco, nota 1 de Tarquínio J. B. de Oliveira em *ADIM*, vol. 9, pp. 149-50.
8. Na maioria das ilustrações feitas no século XVIII e início do século XIX, como as de Johann Moritz Rugendas e Jean-Baptiste Debret, os carrascos são negros ou mestiços.
9. "Memória do êxito que teve a Conjuração Mineira e dos fatos relativos a ela acontecidos nesta cidade do Rio de Janeiro desde 17 até 26 de abril de 1792", de 02/05/1792 (*ADIM*, vol. 9, pp. 95-118), e "Últimos momentos dos inconfidentes de 1789 pelo frade que os assistiu de confissão" (*RIHGB*, tomo 44, parte 1, 1881, pp. 161-85).
10. Ibid. Desde a segunda metade do século XIX, uma questão apaixona os debates sobre Tiradentes: em seus momentos finais, ele estava de barba ou sem barba? À luz dos registros conhecidos, é impossível responder a essa pergunta, já que nenhum deles menciona o aspecto físico do alferes — aliás, essa é uma lacuna que acompanha toda a vida do personagem. Entre os que defendem a existência da barba, menciona-se que Tiradentes possuiria navalhas na cela. Não é verdade. Ao ser preso, Joaquim teve os "trastes" pessoais apreendidos e depositados na fortaleza da Ilha das Cobras, aos cuidados do governador do presídio, José Monteiro de Macedo Ramos. Entre os pertences apreendidos, estavam as "duas navalhas de barba" do alferes. Quando Joaquim foi transferido de presídio, as navalhas continuaram nos depósitos da fortaleza, de onde só saíram após sua morte, a fim de serem leiloadas. Ver "Sequestro e avaliação dos bens dos réus que ficaram na Ilha das Cobras", de 10 e 11/05/1792 (*ADIM*, vol. 6, pp. 481-5). Para a apreensão de bens dos presos, ver também "Pedido de restituição de um estojo com instrumentos cirúrgicos pertencente ao réu Salvador Carvalho do Amaral Gurgel", de 16/05/1792 (ibid., pp. 485-6).

11. "Memória do êxito que teve a Conjuração Mineira e dos fatos relativos a ela acontecidos nesta cidade do Rio de Janeiro desde 17 até 26 de abril de 1792", de 02/05/1792 (*ADIM*, vol. 9, pp. 95-118), e "Últimos momentos dos inconfidentes de 1789 pelo frade que os assistiu de confissão" (*RIHGB*, tomo 44, parte 1, 1881, pp. 161-85).

12. Para os pés no chão e as mãos amarradas, José Vieira Fazenda, *Antiqualhas e memórias do Rio de Janeiro*, vol. 4, p. 157.

13. "Memória do êxito que teve a Conjuração Mineira e dos fatos relativos a ela acontecidos nesta cidade do Rio de Janeiro desde 17 até 26 de abril de 1792", de 02/05/1792 (*ADIM*, vol. 9, pp. 95-118), e "Últimos momentos dos inconfidentes de 1789 pelo frade que os assistiu de confissão" (*RIHGB*, tomo 44, parte 1, 1881, pp. 161-85).

14. Ibid.

15. Para as paradas, José Vieira Fazenda, *Antiqualhas e memórias do Rio de Janeiro*, vol. 4, p. 157.

16. "Memória do êxito que teve a Conjuração Mineira e dos fatos relativos a ela acontecidos nesta cidade do Rio de Janeiro desde 17 até 26 de abril de 1792", de 02/05/1792 (*ADIM*, vol. 9, pp. 95-118), e "Últimos momentos dos inconfidentes de 1789 pelo frade que os assistiu de confissão" (*RIHGB*, tomo 44, parte 1, 1881, pp. 161-85).

17. Ibid.

18. Ibid.

19. Para as tradições, Adalgisa Arantes Campos, "Execuções na colônia: a morte de Tiradentes e a cultura barroca", pp. 141-67.

20. "Memória do êxito que teve a Conjuração Mineira e dos fatos relativos a ela acontecidos nesta cidade do Rio de Janeiro desde 17 até 26 de abril de 1792", de 02/05/1792 (*ADIM*, vol. 9, pp. 95-118), e "Últimos momentos dos inconfidentes de 1789 pelo frade que os assistiu de confissão" (*RIHGB*, tomo 44, parte 1, 1881, pp. 161-85).

21. Ibid.

22. Ibid.

23. Ibid.

24. Para o encerramento, "Proclamação do brigadeiro Pedro Álvares de Andrade à tropa", sem data (*ADIM*, vol. 7, p. 281), e "Missivista não identificado (pessoa muito inteligente) — Carta a destinatário ignorado em Portugal relatando julgamento dos inconfidentes", de 04/05/1792 (*ADIM*, vol. 9, pp. 121-3). Para as instruções prévias, "Carta do vice-rei, conde de Resende, ao brigadeiro Pedro Álvares de Andrade", de 20/04/1792 (*ADIM*, vol. 7, p. 277).

25. Para a função do carrasco, nota 1 de Tarquínio J. B. de Oliveira em *ADIM*, vol. 9, pp. 149--50. Construído em 1762, o edifício da Casa do Trem foi preservado e atualmente faz parte do conjunto do Museu Histórico Nacional, sendo aberto à visitação pública.

26. Para a determinação da Alçada, "Acórdão dos juízes da devassa", de 18/04/1792 (*ADIM*, vol. 7, pp. 198-238). Para o cumprimento da ordem, "Certidão: Francisco Luís Álvares da Rocha, escrivão da comissão, certifica que Tiradentes foi executado no campo de São Domingos, Rio de Janeiro", de 21/04/1792 (ibid., p. 283).

27. Para a sentença, "Acórdão dos juízes da devassa", de 18/04/1792 (ibid., pp. 198-238). Para a negação da tradição fúnebre cristã, Adalgisa Arantes Campos, "Execuções na colônia: A morte de Tiradentes e a cultura barroca", pp. 141-67.

28. Ibid.

31.

1. Para o número de integrantes, "Cabo de esquadra (EVR) José Esteves de Lorena — Petição ao governador capitão general de Minas Gerais, visconde de Barbacena, para adiantamento de soldo para si e seis soldados, a fim de regressarem ao Rio de Janeiro", de 26/05/1792 (?) (*ADIM*, vol. 9, pp. 149-50). Para a presença de Capitania, nota 1 de Tarquínio J. B. de Oliveira em *ADIM*, vol. 9, pp. 149-50.

2. Para a verba insuficiente e a extorsão, "Ofício do visconde de Barbacena ao vice-rei, conde de Resende", de 31/05/1792 (*ADIM*, vol. 7, pp. 343-4).

3. "Acórdão dos juízes da devassa", de 18/04/1792 (ibid., pp. 198-238).

4. Para a tentativa de recrutamento, "3.2.4 — Testemunha 4ª — Manuel Luís Pereira", de 20/05/1789 (*ADIM*, vol. 4, p. 59).

5. "Senado da Câmara, presidido pelo juiz de fora, dr. Baltasar da Silva Lisboa — Edital do bando mandando pôr luminárias três dias (21 a 23/04) em regozijo pela clemência da soberana e por ter o Rio de Janeiro ficado ileso e incontaminado pela Inconfidência Mineira", de 21/04/1792 (*ADIM*, vol. 9, pp. 92-4).

6. A reconstituição dos fatos ocorridos nesse dia foi feita com base nos seguintes documentos: ibid.; "Cerimônias religiosas em regozijo pelo malogro da Inconfidência", de 26/04/1792 (*ADIM*, vol. 7, pp. 291-2); "Memória do êxito que teve a Conjuração Mineira e dos fatos relativos a ela acontecidos nesta cidade do Rio de Janeiro desde 17 até 26 de abril de 1792", de 02/05/1792 (*ADIM*, vol. 9, pp. 95-118); "Últimos momentos dos inconfidentes de 1789 pelo frade que os assistiu de confissão" (*RIHGB*, tomo 44, parte 1, 1881, pp. 161-85); e "Missivista não identificado (pessoa muito inteligente) — Carta a destinatário ignorado em Portugal relatando julgamento dos inconfidentes", de 04/05/1792 (*ADIM*, vol. 9, pp. 121-3).

7. Ibid.

8. Ibid.

9. "Últimos momentos dos inconfidentes de 1789 pelo frade que os assistiu de confissão" (*RIHGB*, tomo 44, parte 1, 1881, pp. 161-85).

10. Para o brinde, "XIV — Antônio de Oliveira Lopes — XIV.1 — 1ª inquirição", de 01/08/1789 (*ADIM*, vol. 2, pp. 261-4); "5.11.1 — Testemunha 18ª — João Dias da Mota", de 07/08/1789 (*ADIM*, vol. 4, pp. 135-8); "5.12.1 — Testemunha referida (por T. 9ª) João da Costa Rodrigues", de 07/08/1789 (ibid., pp. 140-1); e "5.12.2 — Testemunha referida (por T. antecedente) Antônio de Oliveira Lopes", de 07/08/1789 (ibid., pp. 141-2).

11. Para o local escolhido, "Acórdão dos juízes da devassa", de 18/04/1792 (*ADIM*, vol. 7, pp. 198-238).

12. A sentença especificou apenas três dos cinco locais onde os restos mortais de Tiradentes deveriam ser expostos publicamente, deixando os outros dois em aberto, citando somente que deveriam ser "sítios de maiores povoações" no caminho entre o Rio de Janeiro e Vila Rica. Especula-se que um dos locais escolhidos tenha sido o arraial da Borda do Campo (atual Barbacena), um dos centros de maior atividade rebelde do alferes. Ibid.

13. "Ofício do visconde de Barbacena ao vice-rei, conde de Resende", de 31/05/1792 (ibid., pp. 343-4).

14. Para o tempo de viagem, nota 1 de Tarquínio J. B. de Oliveira em *ADIM*, vol. 9, pp. 149-50.

15. Para o evento, "Acórdão dos juízes da devassa", de 18/04/1792 (*ADIM*, vol. 7, pp. 198-238).

Para a localização exata do fincamento do mastro, "Câmara — Sessão solene: Fala do vereador dr. Diogo Pereira Ribeiro de Vasconcelos, de gratidão à rainha e regozijo pelo fracasso da Inconfidência", de 22/05/1792 (*ADIM*, vol. 9, pp. 135-46). O local abriga hoje a praça Tiradentes, ponto central de Ouro Preto, onde uma estátua do alferes, suspensa por um obelisco de granito a uma altura de dezenove metros, reverencia a memória de Joaquim. Na base do monumento, há uma placa com o lema imaginado pelos conjurados para a bandeira da "nova república" (*Libertas quæ sera tamen*).

16. Tomás Antônio Gonzaga descreveu o sofrimento no pelourinho nas *Cartas chilenas*, pp. 66-7. Para o costume de exigir publicamente cabeças de quilombolas, ver Adalgisa Arantes Campos, "Execuções na colônia: A morte de Tiradentes e a cultura barroca", p. 145.

17. "Testemunha 31ª — Pedro Afonso Galvão de São Martinho", de 13/07/1789 (*ADIM*, vol. 1, p. 223).

18. Para as ordens, "Acórdão dos juízes da devassa", de 18/04/1792 (*ADIM*, vol. 7, pp. 198--238). Para o cumprimento das ordens, "Ofício do visconde de Barbacena ao vice-rei, conde de Resende", de 31/05/1792 (ibid., pp. 343-4); "Ofício do visconde de Barbacena ao vice-rei, conde de Resende", de 10/06/1792 (ibid., p. 347); e "José Ribeiro de Carvalhais, mestre pedreiro — Conta da demolição da casa da rua São José em que residiu Tiradentes, propriedade do pe. Joaquim Pereira de Magalhães, e construção do padrão da infâmia", de 15/05/1792 (*ADIM*, vol. 9, p. 147). Para o aluguel da casa, "Pe. Joaquim Pereira de Magalhães — Petição de pagamento da indenização devida pela casa em que morou Tiradentes, demolida e arrasada por ordem da Justiça", de 20/10/1792 (ibid., p. 247). O terreno voltaria a ser edificado 142 anos mais tarde, com a construção de um sobrado de dois andares. Em abril de 2018, o imóvel — rua São José, 132 — abrigava a sede da Associação Comercial e Empresarial de Ouro Preto.

19. Ibid.
20. Ibid.
21. "Acórdão dos juízes da devassa", de 18/04/1792 (*ADIM*, vol. 7, pp. 198-238).
22. Para os enfeites, "Câmara — Carta ao secretário da Marinha e Ultramar, Martinho de Melo e Castro, relatando os festejos pelo fracasso da Inconfidência", de 02/07/1792 (*ADIM*, vol. 9, pp. 185-7), e "Câmara — Sessão solene: Fala do vereador dr. Diogo Pereira Ribeiro de Vasconcelos, de gratidão à rainha e regozijo pelo fracasso da Inconfidência", de 22/05/1792 (ibid., pp. 135-46). Para os porcos, ver nota de Tarquínio J. B. de Oliveira em *ADIM*, vol. 9, p. 128.

23. Para a contratação dos músicos e cantores do *Te Deum*, "Senado da Câmara e porteiro dos auditórios dela — Auto de arrematação da música a Manuel Pereira de Oliveira para o *Te Deum* de regozijo pelo fracasso da conjuração de Minas", de 16/05/1792 (*ADIM*, vol. 9, pp. 126-8).

24. "Câmara — Carta ao secretário da Marinha e Ultramar, Martinho de Melo e Castro, relatando os festejos pelo fracasso da Inconfidência", de 02/07/1792 (ibid., pp. 185-7).

25. Ibid.
26. Ibid.
27. Para a menção à tarefa cumprida com zelo, ibid. Para "salvador da pátria", "Câmara — Sessão solene: Fala do vereador dr. Diogo Pereira Ribeiro de Vasconcelos, de gratidão à rainha e regozijo pelo fracasso da Inconfidência", de 22/05/1792 (ibid., pp. 135-46).

28. Ibid. Para a prisão e a condição de suspeito, "xi — Diogo Pereira Ribeiro de Vasconcelos — xi.1 — Inquirição", de 29/05/1789 (*ADIM*, vol. 2, pp. 231-4).

29. Ibid.
30. Ibid.

EPÍLOGO: DEPOIS DO FIM [pp. 369-84]

1. "Cabo de esquadra (EVR) José Esteves de Lorena — Petição ao governador capitão general de Minas Gerais, visconde de Barbacena, para adiantamento de soldo para si e seis soldados, a fim de regressarem ao Rio de Janeiro", de 26/05/1792 (?) (*ADIM*, vol. 9, pp. 149-50); "Manuel Antônio de Carvalho, tesoureiro da Real Fazenda — Ajuste com Basílio dos Santos de aluguel de montadas para retorno ao Rio dos oficiais de justiça que conduziram os despojos de Tiradentes", de 01/06/1792 (ibid., pp. 151-2); "Domingos Rodrigues Neves, meirinho da Relação do Rio de Janeiro — Aviso ao A. O. Francisco Antônio Rebelo (Vila Rica) sobre as montadas alugadas a Basílio dos Santos para condução dos oficiais de justiça em seu regresso", de 12/06/1792 (ibid., p. 153); "Basílio (Pereira) dos Santos — Petição à Junta da Real Fazenda concernente ao pagamento do aluguel de três montadas aos oficiais de justiça que conduziram os despojos de Tiradentes", de 25/06/1792 (ibid., pp. 160-1).

2. Para a atuação de Fagundes no processo após a morte de Tiradentes, para os prazos, para o deferimento parcial dos pedidos e para a alteração dos destinos de degredo: "O escrivão da devassa des. Francisco Luís Álvares da Rocha certifica a intimação ao acórdão e sentença a nove réus", de 24/04/1792 (*ADIM*, vol. 7, pp. 283-4); "Escrivão da devassa recebe do adv. José de Oliveira Fagundes os embargos dos acórdãos que menciona", de 27/04/1792 (ibid., pp. 315-7); "O adv. José de Oliveira Fagundes apresenta segundos embargos de restituição de presos", de 04/05/1792 (ibid., pp. 318-29); e "Segundos embargos de restituição de presos apresentados pelo adv. José de Oliveira Fagundes", sem data (ibid., pp. 332-6). Para o uso do apelido "Tiradentes", por 33 vezes, "Dr. José de Oliveira Fagundes — Embargos aos acórdãos que menciona", sem data (ibid., pp. 283-313). Para o término do processo, "Rejeição de embargo pelos juízes da Alçada, em Relação desta data", de 09/05/1792 (ibid., pp. 337-8).

3. "Santa Casa de Misericórdia — Pagamento ao dr. José de Oliveira Fagundes, advogado nomeado para a defesa dos inconfidentes perante a Alçada", de 21/04/1793 (*ADIM*, vol. 9, pp. 269-70).

4. Ibid.

5. "Aos 66 anos de idade — 1817 — Fagundes ainda estava vivo e comprando terras no município de Valença, na capitania do Rio de Janeiro" (Márcio Jardim, *A Inconfidência Mineira: Uma síntese factual*, p. 293).

6. Para a data do início do embarque dos condenados, *ADIM*, vol. 10, pp. 310-1. Para o barulho, "Domingos de Abreu Vieira — Carta a Manuel Pereira Alvim (Vila Rica) dando notícias e anunciando sua partida para o degredo de Angola no dia seguinte", de 13/06/1792 (*ADIM*, vol. 9, p. 155). Para a confusão, "Ofício do conde de Resende a Martinho de Melo e Castro, secretário da Marinha e Ultramar, sobre incidente havido com o comandante da fragata *Golfinho*, concernente à guarda dos réus eclesiásticos e civis embarcados para Lisboa", de 21/06/1792 (*ADIM*, vol. 8, pp. 381-4).

7. "Tomás Antônio Gonzaga — Carta a Joaquim (?) Ferreira França, já morador no Rio de Janeiro, dando notícias da viagem e do degredo", de 19/08/1792 (*ADIM*, vol. 9, pp. 202-3).

8. "Acórdão relativo aos réus eclesiásticos", de 18/04/1792 (*ADIM*, vol. 7, pp. 239-53).

9. Para a luta para reaver os bens, "Junta da Real Fazenda (MG) — Informação ao Governo Provisional (MG) sobre bens sequestrados ao pe. José da Silva e Oliveira Rolim. Governo Provisional (MG) — Ofício à Secretaria do Reino (José Bonifácio de Andrada e Silva) sobre sequestro em bens do pe. José da Silva e Oliveira Rolim", de 03/08/1822 (*ADIM*, vol. 9, pp. 407-9), e "Providên-

cias legais sobre o testamento do padre José da Silva e Oliveira Rolim", de 04/06/1866 (*ADIM*, vol. 11, pp. 114-5).

10. Para o caso dos sacerdotes condenados, Márcio Jardim, *A Inconfidência Mineira: Uma síntese factual*, pp. 276-307.

11. Ibid.

12. Virgínia Maria Trindade Valadares, *A sombra do poder*, p. 209.

13. Para a pena extra, "Mandado de execução da pena imposta a Vitoriano Gonçalves Veloso", de 12/05/1792 (*ADIM*, vol. 7, pp. 338-9). Para a condição de pardo, "VI — Vitoriano Gonçalves Veloso — VI.1 — 1ª inquirição", de 09/06/1789 (*ADIM*, vol. 2, pp. 161-4).

14. "Resumo do produto dos bens arrematados, pertencentes aos conjurados", de 24/05/1793 (*ADIM*, vol. 7, p. 391).

15. "José de Resende Costa (filho) — Notas sobre a Inconfidência Mineira ao texto de Robert Southey, *História do Brasil*", de 16/11/1839 (*ADIM*, vol. 9, p. 459).

16. *ADIM*, vol. 10, pp. 310-1.

17. "D. Miguel Antônio de Melo, governador de Angola — Oficio a d. Rodrigo de Sousa Coutinho, secretário da Marinha e Ultramar, sobre a fábrica de ferro de José Álvares Maciel e notícias relativas a Francisco de Paula Freire de Andrada", de 02/04/1801 (*ADIM*, vol. 9, pp. 351-4), e "Manuel de Almeida Vasconcelos, governador e capitão general de Angola — Ordem de marcha e guia para o presídio de Encoge (Francisco de Paula Freire de Andrada)", de 09/10/1792 (ibid., pp. 243-4).

18. Para a questão do advogado, "Segundos embargos de restituição de presos", de 20/04/1792 (*ADIM*, vol. 7, pp. 264-8).

19. Para a fábrica de ferro, "D. Fernando Antônio de Noronha, governador de Angola — Oficio ao visconde de Anadia, secretário da Marinha e Ultramar, com notícias sobre a fábrica de ferro a cargo de Maciel", de 20/04/1803 (*ADIM*, vol. 9, pp. 372-3).

20. Adelto Gonçalves, *Gonzaga, um poeta do Iluminismo*, pp. 501-2.

21. Márcio Jardim, *A Inconfidência Mineira: Uma síntese factual*, pp. 188-9.

22. Para a situação em Angola e a disputa em torno de degredados, Rosa da Cruz e Silva, "The Saga of Kakonda and Kilengues: Relations between Benguela and Its Interior, 1791-1796", pp. 245-59.

23. Para a luta para preservar os bens, "Missivista local — Carta para a cidade do Porto relatando notícias da repressão à Inconfidência Mineira", de 30/10/1789 (*ADIM*, vol. 9, p. 40); "D. Rodrigo de Sousa Coutinho, secretário da Marinha e Ultramar — Oficio à Junta da Real Fazenda da capitania de Minas Gerais mandando informar sobre requerimento de d. Hipólita Jacinta Teixeira de Melo, viúva de Francisco Antônio de Oliveira Lopes", de 28/09/1802 (ibid., p. 369); e "Óbito e registro do testamento de d. Hipólita Jacinta Teixeira de Melo, viúva do inconfidente Francisco Antônio de Oliveira Lopes", de 27/04/1828 (ibid., pp. 429-37).

24. "Carta do chanceler da Relação a respeito da carta anônima", de 01/04/1793 (*RIHGB*, tomo 65, parte 1, 1903, pp. 255-64).

25. Ver carta da rainha (assinada pelo príncipe regente) ao conde de Resende, de 13 de novembro de 1792, transcrita na nota 1 dos *ADIM*, vol. 9, p. 384.

26. Ibid.

27. Virgínia Maria Trindade Valadares, *Elites mineiras setecentistas*, p. 98.

28. "Oficio do visconde de Barbacena a Martinho de Melo e Castro, secretário da Marinha

e Ultramar, propondo confirmação de promoções feitas a Antônio José Dias Coelho e Francisco Xavier Machado", de 20/02/1790 (*ADIM*, vol. 8, pp. 273-4).

29. Para o bacamarte, "Joaquim José da Silva Xavier — 6ª inquirição", de 14/04/1791 (*ADIM*, vol. 5, p. 51); "XXVI.10 — De Francisco Xavier Machado, sobre ocorrências de sua estada no Rio e regresso a Minas", de 10/07/1789 (*ADIM*, vol. 2, pp. 474-80); "Testemunha 65ª — Francisco Xavier Machado", de 26/02/1790 (*ADIM*, vol. 1, pp. 302-6); e "Perguntas a Simão Pires Sardinha", de 13/08/1790 (*ADIM*, vol. 3, p. 463).

30. Para a cerimônia, Waldemar de Almeida Barbosa, *Dicionário histórico-geográfico de Minas Gerais*, pp. 42-3.

31. João Pinto Furtado, *O manto de Penélope*, p. 288.

32. Para a suspeita do envolvimento do governador, "2.4 — Carta denúncia de Basílio de Brito Malheiro do Lago", de 15/04/1789 (*ADIM*, vol. 1, pp. 95-106).

33. Para a sinecura e o benefício, "Carta de Martinho de Melo e Castro ao visconde de Barbacena, governador e capitão general de Minas, sobre prêmios aos adjuvantes da repressão da Inconfidência", de 24/10/1790 (*ADIM*, vol. 8, pp. 326-9).

34. Para as aspas, a decadência dos negócios, o receio de ser assassinado e o testamento, "Basílio de Brito Malheiro do Lago — Testamento: transcrição das partes referentes à Inconfidência Mineira", de 25/10/1806 (*ADIM*, vol. 9, pp. 389-92). A associação da ficha corrida de Basílio com sua declaração sobre o Brasil foi feita por Kenneth Maxwell em *A devassa da devassa*, p. 354.

35. Para "nada", "Relação pelo visconde de Barbacena de propostos a agraciamento, anexa ao ofício anterior (doc. 58), com despachos marginais, em Lisboa, de Martinho de Melo e Castro, secretário da Marinha e Ultramar", de 11/02/1790 (*ADIM*, vol. 8, p. 250). Para "bastante graça", "Carta de Martinho de Melo e Castro ao visconde de Barbacena, governador e capitão general de Minas, sobre prêmios aos adjuvantes da repressão da Inconfidência", de 24/10/1790 (ibid., pp. 326-9).

36. "Des. Francisco Gregório Pires Monteiro Bandeira (?) — Exposição sobre a repressão e julgamento dos réus da Inconfidência Mineira", de novembro de 1792 (*ADIM*, vol. 9, pp. 253-62).

37. "Joaquim Silvério dos Reis — Exposição ao Secretário da Marinha e Ultramar, Martinho de Melo e Castro, reiterando pedido de se mudar para o Reino com toda sua família, pelos riscos de permanecer no Brasil", de 15/03/1791 (ibid., pp. 74-8).

38. Ibid.

39. Decreto de 14/10/1794 (*ADIM*, vol. 11, p. 103).

40. Decreto de 04/10/1794 (ibid., p. 103). A cerimônia ocorreu seis dias após a assinatura do ofício.

41. Decreto de 20/12/1794 (ibid., pp. 103-4).

42. Kenneth Maxwell, *A devassa da devassa*, p. 353.

43. Para adulação e as aspas, "Joaquim Silvério dos Reis — Carta ao vice-rei, conde de Resende, encaminhando mapa da população local", de 28/07/1799 (*ADIM*, vol. 9, p. 332).

44. "Joaquim Silvério dos Reis — Petição ao príncipe regente d. João do governo vitalício da ilha de São Miguel, nos Açores, além de cavalgaduras para seu tratamento", de 1802 (ibid., pp. 366-7).

45. Para o requerimento e sua aprovação, "Petição de Joaquim Silvério dos Reis ao conde de Aguiar", de 28/01/1809 (*ADIM*, vol. 7, pp. 403-5).

46. "Joaquim Silvério dos Reis — Petição ao príncipe regente d. João do governo vitalício da

ilha de São Miguel, nos Açores, além de cavalgaduras para seu tratamento", de 1802 (*ADIM*, vol. 9, pp. 366-7).

47. Para a morte, o enterro e as honrarias, "Igreja de São João Batista, paróquia de Nossa Senhora da Vitória da Catedral — Certidão de óbito de Joaquim Silvério dos Reis Montenegro", de 17/02/1819 (ibid., pp. 399-400).

48. Em contato com o autor, a assessoria da Arquidiocese de São Luís confirmou a remoção do despojos mortais em data desconhecida, bem como a falta de informação sobre possíveis registros feitos à época da operação.

49. Montenegro Cordeiro, *Tiradentes: Esquisse Biographique*, pp. 56-7. Uma tradução para o português das páginas mencionadas pode ser vista em *ADIM*, vol. 11, pp. 154-6.

50. "Relação pelo visconde de Barbacena de propostos a agraciamento, anexa ao ofício anterior (doc. 58), com despachos marginais, em Lisboa, de Martinho de Melo e Castro, secretário da Marinha e Ultramar", de 11/02/1790 (*ADIM*, vol. 8, pp. 249-50).

51. Para "penosas invectivas", ibid. Para as críticas, "Des. Francisco Gregório Pires Monteiro Bandeira (?) — Exposição sobre a repressão e julgamento dos réus da Inconfidência Mineira", de novembro de 1792 (*ADIM*, vol. 9, pp. 253-62).

52. Para a triangulação, "Carta do desembargador José Caetano César Manitti a João Rodrigues de Macedo", sem data (*ADIM*, vol. 7, p. 314).

53. Para os gastos custeados, "Des. Francisco Gregório Pires Monteiro Bandeira (?) — Exposição sobre a repressão e julgamento dos réus da Inconfidência Mineira", de novembro de 1792 (*ADIM*, vol. 9, pp. 253-62).

54. "José Caetano César Manitti — Carta a João Rodrigues de Macedo solicitando dinheiro às vésperas de seu retorno ao Reino", de 24/09/1797 (ibid., pp. 311-3).

55. Para o dinheiro, Kenneth Maxwell, *A devassa da devassa*, p. 353.

56. "Basílio de Brito Malheiro do Lago — Carta a João Rodrigues de Macedo, ex-contratador das entradas (1776-81) e dos dízimos (1777-83) na capitania de Minas, abrangendo o contrato das entradas igualmente as capitanias de São Paulo, Goiás e Mato Grosso", de 14/02/1800 (*ADIM*, vol. 9, pp. 339-42).

57. Para a arrematação dos bens e associação com Bárbara Heliodora, ver André Figueiredo Rodrigues, *A fortuna dos inconfidentes*, pp. 76 e 271-82.

58. Para a dinâmica do leilão, as aspas e o valor arrecadado, "Documento n. 88 — Arrematação de bens de Tiradentes por João Rodrigues Macedo" (*ABN*, vol. 65, 1943, pp. 208-9).

59. Para o pagamento a Barbacena, "Testemunha 3ª — Basílio de Brito Malheiro do Lago", de 18/06/1789 (*ADIM*, vol. 1, pp. 153-4).

60. Para o tabuleiro, o solar e outros itens alienados, "Cópia do termo de rematação de bens feito na execução abaixo declarada", de 11 de agosto de 1802, transcrito por Tarquínio J. B. de Oliveira em *Um banqueiro na Inconfidência*, pp. 74-6. Ver também André Figueiredo Rodrigues, *A fortuna dos inconfidentes*, pp. 75-6.

61. "Prisão do Castelo — Vicente Vieira da Mota: carta a João Rodrigues de Macedo nas vésperas da partida para degredo em Moçambique", de 18/05/1792 (*ADIM*, vol. 9, pp. 132-4).

62. "Vicente Vieira da Mota — Carta a João Rodrigues de Macedo, primeira que escreve do degredo comentando julgamento e suas esperanças", de 20/08/1792 (ibid., pp. 205-9).

63. Para os bons tratos, ibid.

64. Herculano Gomes Mathias, Um recenseamento na capitania de Minas Gerais: Vila Rica, 1804, pp. 76-7.

65. Ibid.

66. Há cinco décadas, o Estado brasileiro comete um erro histórico ao reconhecer que Tiradentes teve outro filho, chamado João de Almeida Beltrão. O equívoco começou em 1969, quando a junta militar que governava o país baixou o decreto-lei n. 952, que concedeu pensão especial aos denominados "três últimos membros da quinta geração do alferes Joaquim José da Silva Xavier", todos eles descendentes de João de Almeida Beltrão. Na época, não havia nenhum documento que provasse que João fosse filho de Tiradentes. E, mais tarde, o historiador Waldemar de Almeida Barbosa dirimiu qualquer dúvida em relação ao caso ao localizar a certidão de batismo de João (reproduzida em *ADIM*, vol. 3, pp. 346-7), na qual está registrado que este era filho do cadete José Pereira de Almeida Beltrão (colega de regimento de Tiradentes) e de Eugênia Joaquina da Silva (irmã de Antônia Maria do Espírito Santo, a mãe da filha de Tiradentes). Ou seja, João de Almeida Beltrão era sobrinho e não filho de Tiradentes. Mesmo com a comprovação do erro histórico, descendentes de João conseguiram manter na Justiça o direito à pensão.

67. Em 1860, ao tomar conhecimento de que o governo de Santa Catarina promovia uma campanha de doação para fundar uma biblioteca, o então diretor da Biblioteca Nacional, Alexandre José de Melo Morais, doou o exemplar. Assim, tendo sido produzido em Paris, em 1778, e passado por Birmingham, Lisboa, Rio de Janeiro (duas vezes) e Vila Rica, o *Recueil* de Tiradentes fez uma nova viagem e, 82 anos depois, foi parar em uma pequena biblioteca pública da cidade de Desterro (atual Florianópolis). Em 1984, após delicadas tratativas entre os governos de Santa Catarina e Minas Gerais, o livro foi devolvido e incorporado ao acervo do Museu da Inconfidência, em Ouro Preto. Ver Kenneth Maxwell (Coord.), *O livro de Tiradentes*, pp. 9-66.

68. A história da canalização de águas do rio Maracanã é contada por Verena Andreatta em *Cidades quadradas, paraísos circulares: Os planos urbanísticos do Rio de Janeiro no século XIX*, pp. 5-34 e 120-144.

69. Para as negociações em Bordeaux, "Testemunha 27ª — Domingos Vidal de Barbosa Laje", de 13/07/1789 (*ADIM*, vol. 1, pp. 212-7), e "II.5.3.1 — Francisco Antônio de Oliveira Lopes", de 08/07/1789 (*ADIM*, vol. 2, pp. 89-92). Para as afirmações de Tiradentes referentes ao apoio da França, "Testemunha 13ª — João Dias da Mota", de 26/06/1789 (*ADIM*, vol. 1, p. 177).

70. Para as "minas de ouro", "Tableau de la marine...", de 17/01/1789 (AN/FAE — AE/B/III/385. Mémoires et documents, 1641-1792).

71. Relatório secreto do embaixador da França em Lisboa, Jacques Hardouin de Châlon, de 03/06/1790 (AD/MAE, 104CP119, documento n. 29, pp. 337-8v).

72. Afora o documento citado, não há nenhum outro que faça referência à Conjuração Mineira nos dois principais acervos da França referentes às relações externas no século XVIII (Archives Nationales/Fonds des Affaires Étrangères e Archives Diplomatiques/Ministère des Affaires Étrangères).

73. "Écrit à Paris le 22 Décembre l'an premier de la République Française — Les citoyens formant le Conseil Exécutif provisoire de la République de France" (AD/MAE, 104CP120, p. 416).

74. "Aux Representants du peuple membres du Comité de Salut Public de la Convention Nationale", de 09/03/1793 (AD/MAE, 104CP121, pp. 135-41).

75. Para a afirmação do embaixador, carta de Thomas Jefferson de 12 de março de 1789 (*AMI*, 1953, ano 2, pp. 19-22). Para o empréstimo da mula, *ADIM*, vol. 10, p. 291.

76. Carta de David Humphreys de 07/05/1791 (NA, Despatches from United States Ministers to Portugal, 1943, vol. 3 — 19/11/1770 a 17/09/1793, pp. 78b-80).

77. Carta de David Humphreys de 23/12/1791 (NA, Despatches from United States Ministers to Portugal, 1943, vol. 3 — 19/11/1770 a 17/09/1793, pp. 155-158b).

78. Carta de Thomas Jefferson para o governador Morris, de 10/03/1792 (LC/TTJP. Disponível em: <http://lcweb2.loc.gov/service/mss/mtj/mtj1/015/015_1067_1069.pdf>. Acesso em: maio 2018).

79. Carta de Thomas Jefferson para James Monroe, de 02/06/1802 (LC/TTJP. Disponível em: <http://lcweb2.loc.gov/service/mss/mtj/mtj1/026/026_0491_0492.pdf>. Acesso em: maio 2018).

80. Carta de Thomas Jefferson para John Lynch, de 21/01/1811 (LC/TTJP. Disponível em: <http://memory.loc.gov/service/mss/mtj/mtj1/045/045_0075_0077.pdf>. Acesso em: maio 2018).

81. O naturalista francês Auguste de Saint-Hilaire ouviu o termo em 1816 e registrou em seu livro *Viagem pelas províncias do Rio de Janeiro e Minas Gerais*, p. 93.

82. *ADIM*, vol. 11, p. 18.

83. Ibid.

84. "Governo provisional da capitania de Minas, presidido por d. Manuel de Portugal e Castro — Ordem de demolição do padrão de infâmia no terreno da casa onde residira Tiradentes, à rua São José", de 21/09/1821 (*ADIM*, vol. 9, pp. 405-6).

85. Para a nomeação como patrono, lei n. 4897 de 09/12/1965. Para a apropriação do mito, ver o clássico *A formação das almas: O imaginário da República no Brasil*, de José Murilo de Carvalho.

86. "Sonho poético", reproduzido na íntegra por Manuel Rodrigues Lapa em *Vida e obra de Alvarenga Peixoto*, p. 45.

SOBRE ESTE LIVRO [pp. 385-8]

1. Para "tratos", "Des. Francisco Gregório Pires Monteiro Bandeira (?) — Exposição sobre a repressão e julgamento dos réus da Inconfidência Mineira", de novembro de 1792 (*ADIM*, vol. 9, pp. 253-62). Em seu *Vocabulário português e latino* (vol. 2, p. 485), escrito entre 1712 e 1728, o padre Rafael Bluteau define trato como "tormento, tortura".

2. Kenneth Maxwell, *A devassa da devassa*, p. 13.

3. "Relatório do visconde de Barbacena a Martinho de Melo e Castro, secretário da Marinha e Ultramar, sobre a Inconfidência Mineira", de 11/07/1789 (*ADIM*, vol. 8, pp. 189-206).

4. "Vicente Vieira da Mota — 1ª inquirição — Rio, Casas da Ordem Terceira de São Francisco — Acareação com Basílio de Brito Malheiro do Lago", de 19/07/1791 (*ADIM*, vol. 5, p. 407).

Fontes

ACERVOS DE FONTES PRIMARIAS

AD/ MAE — Archives Diplomatiques/ Ministère des Affaires Étrangères (Paris)
AHU/ CU/ BR-MG — Arquivo Histórico Ultramarino/ Conselho Ultramarino/ Brasil-Minas Gerais (Lisboa)
AN/ FAE — Archives Nationales/ Fonds des Affaires Étrangères (Paris)
APM/ AVC — Arquivo Público Mineiro/ Avulsos da Capitania de Minas Gerais
APM/ CMOP — Arquivo Público Mineiro/ Câmara Municipal de Ouro Preto
APM/ CC — Arquivo Público Mineiro/ Coleção Casa dos Contos
APM/ CP — Arquivo Público Mineiro/ Coleção Personalidades
APM/ IM — Arquivo Público Mineiro/ Coleção Inconfidência Mineira
BN — Biblioteca Nacional (Rio de Janeiro)
IHGB — Instituto Histórico e Geográfico Brasileiro
LC/ TTJP — Library of Congress/ The Thomas Jefferson Papers (Washington, DC)
MI — Museu da Inconfidência
MHN — Museu Histórico Nacional (Rio de Janeiro)
NA — National Archives (Washington, DC)

COLEÇÕES IMPRESSAS DE FONTES PRIMÁRIAS

Anais da Biblioteca Nacional (ABN)
Anais do Museu Histórico Nacional (AMHN)

Anuário do Museu da Inconfidência (AMI)
Autos de Devassa da Inconfidência Mineira (ADIM)
Códice Costa Matoso (CCM)
Revista do Arquivo Público Mineiro (RAPM)
Revista do Instituto Histórico e Geográfico Brasileiro (RIHGB)
Revista do Instituto Histórico e Geográfico de Minas Gerais (RIHGMG)
Revista do Instituto Histórico e Geográfico de São Paulo (RIHGSP)

Referências bibliográficas

AGUIAR, Melânia Silva de. "Ideologias cruzadas em poetas do Setecentos em Minas Gerais". *Matraga*, Rio de Janeiro, vol. 18, n. 29, jul./dez. 2011, pp. 170-84.

ALCIDES, Sérgio. *Estes penhascos: Cláudio Manuel da Costa e a paisagem das Minas, 1753-1773*. São Paulo: Hucitec, 2003.

ALMEIDA, Anita Correia Lima de. "Inconfidência em círculos". *Revista de História da Biblioteca Nacional*, Rio de Janeiro, n. 19, abr. 2007.

AMANTINO, Márcia. "A escravidão indígena e seus disfarces em Minas Gerais no século XVIII". *Revista do Instituto Histórico e Geográfico Brasileiro*, Rio de Janeiro, tomo 170, n. 442, abr./mar. 2009, pp. 163-82.

ANASTASIA, Carla Maria Junho. "Insurreições no Brasil até 1822". In: MEDINA, João (dir.). *História de Portugal: Dos tempos pré-históricos aos nossos dias*. Lisboa: Ediclube, s.d. [1993, reed. 1998], vol. 5, pp. 196-206.

_____. "Salteadores, bandoleiros e desbravadores nas matas gerais da Mantiqueira (1783--1786)". In: DEL PRIORE, Mary (Org.). *Revisão do paraíso: Os brasileiros e o Estado em 500 anos de história*. Rio de Janeiro: Campus, 2000, pp. 117-38.

_____. "Conflitos de jurisdição e violência nos sertões da comarca do Rio das Mortes (Minas Gerais, século XVIII)". *Politeia: História e Sociedade*, Vitória da Conquista, vol. 2, n. 1, 2002, pp. 185-200.

_____. *A geografia do crime: Violência nas Minas setecentistas*. Belo Horizonte: UFMG, 2005.

_____. *Vassalos rebeldes: Violência coletiva nas Minas na primeira metade no século XVIII*. 2ª ed. Belo Horizonte: C/Arte, 2012.

ANDREATTA, Verena. *Cidades quadradas, paraísos circulares: Os planos urbanísticos do Rio de Janeiro no século XIX*. Rio de Janeiro: Mauad X, 2006.

ANTONIL, André João. *Cultura e opulência do Brasil*. 3. ed. Belo Horizonte: Itatiaia; São Paulo: Edusp, 1982.

AQUINO, Rubim Santos Leão de; VIEIRA, Fernando Antônio da Costa; AGOSTINO, Gilberto Werneck; ROEDEL, Hiran. *Sociedade brasileira: Uma história através dos movimentos sociais: Da crise do escravagismo ao apogeu do neoliberalismo*. Rio de Janeiro: Record, 2000.

ARAÚJO, Emanuel. "Tão vasto, tão ermo, tão longe: O sertão e o sertanejo nos tempos coloniais". In: DEL PRIORE, Mary (Org.). *Revisão do paraíso: Os brasileiros e o Estado em 500 anos de história*. Rio de Janeiro: Campus, 2000, pp. 49-51.

_____. *O teatro dos vícios: Transgressão e transigência na sociedade urbana e colonial*. 3. ed. Rio de Janeiro: José Olympio, 2008.

AUTOS *de Devassa da Inconfidência Mineira*. Brasília: Câmara dos Deputados; Belo Horizonte: Imprensa Oficial do Estado de Minas Gerais, 1976-83, 10 v.

AUTOS *de Devassa da Inconfidência Mineira, complementação documental*. Edição supervisionada por Herculano Gomes Mathias. Ouro Preto: MinC/ Iphan/ Museu da Inconfidência, 2001, vol. 11.

BARATA, Mário. "Comunicação sobre Inácio José de Alvarenga, inconfidente nascido no Rio de Janeiro". *Bicentenário de Tiradentes: Conferências e estudo*. Rio de Janeiro: Alerj, 1993, pp. 85-107.

BARBOSA, Waldemar de Almeida. *A verdade sobre Tiradentes*. Belo Horizonte: Instituto de História, Letras e Arte, s.d. [1961?].

_____. *Dicionário histórico-geográfico de Minas Gerais*. Belo Horizonte: Itatiaia, 1995.

_____. *Histórias da história mineira*. Belo Horizonte: Garnier, 2008.

BARROW, John. *A Voyage to Cochinchina, in the Years 1792 and 1793*. Londres: T. Cadell & W. Davies, 1806.

BECKFORD, William. *A corte da rainha d. Maria I: Correspondência de William Beckford — 1787*. Lisboa: Tavares Cardoso & Irmão, 1901. Disponível em: <https://archive.org/details/crtedarainhadmar00beck>. Acesso em: maio 2018.

BEIRÃO, Caetano. *D. Maria I (1777-1792): Subsídios para a revisão da história do seu reinado*. Lisboa: Empresa Nacional de Publicidade, 1934.

BEZERRA, Rafael Zamorano. "Autoridade e função de autor na valoração de objetos históricos: O caso das traves da forca de Tiradentes". In: BEZERRA, Rafael Zamorano; MAGALHÃES, Aline Montenegro (orgs.). *Museus nacionais e os desafios do contemporâneo*. Rio de Janeiro: Museu Histórico Nacional, 2011, pp. 222-42.

_____. "Autoridade e tradição familiar na musealização de objetos das primeiras coleções do Museu Histórico Nacional". In: BEZERRA, Rafael Zamorano; MAGALHÃES, Aline Montenegro (Orgs.). *Coleções e colecionadores: A polissemia das práticas*. Rio de Janeiro: Museu Histórico Nacional, 2012, pp. 234-45.

BLUTEAU, Rafael. *Vocabulário português e latino*. Lisboa: Officina de Pascoal da Sylva, Impressor de Sua Majestade, 1720, 8 vols., 2 suplementos (edição on-line da Biblioteca Brasiliana Guita e José Mindlin).

BOSCHI, Caio César. "O clero e a Inconfidência". *IX Anuário do Museu da Inconfidência*. Ouro Preto: Ministério da Cultura/ IBCP, 1993, pp. 111-20.

_____. "Tiradentes". In: MEDINA, João (dir.). *História de Portugal: Dos tempos pré-históricos aos nossos dias*. Lisboa: Ediclube, s.d. [1993, reed. 1998], vol. 5, pp. 184-6.

BOXER, Charles R. *A idade de ouro do Brasil: Dores de crescimento de uma sociedade colonial*. 2. ed. São Paulo: Companhia Editora Nacional, 1969.

BRITTEN, Frederick James. *Old Clocks and Watches & Their Makers: Being an Historical and Descriptive Account of the Different Styles of Clocks and Watches of the Past, in England and Abroad*. 2. ed. Londres: B. T. Batsford, 1904.

CAMPOS, Adalgisa Arantes. "Execuções na colônia: A morte de Tiradentes e a cultura barroca". *Tempo Brasileiro*, Rio de Janeiro, n. 110, jul./set. 1992, pp. 141-68.

CAMPOS, Rafael Dias da Silva; SANTOS, Christian Fausto Moraes dos Santos. "Doutores da devassa: Sedição e teses médicas de luso-brasileiros em Montpellier". *História Unisinos*, São Leopoldo, vol. 17, n. 1, jan./abr. 2013, pp. 61-5.

CARVALHO, José Geraldo Vidigal de. "Os conjurados de 1789 e a escravidão". *Revista de História*, São Paulo, n. 119, dez. 1988, pp. 91-9.

CARVALHO, José Murilo de. *A formação das almas: O imaginário da República no Brasil*. São Paulo: Companhia das Letras, 1990.

CASTELLUCCI JUNIOR, Wellington. *Caçadores de baleia: Armações, arpoadores, atravessadores e outros sujeitos envolvidos nos negócios do cetáceo no Brasil*. São Paulo: Annablume, 2009.

CASTRO, Márcia de Moura. *Ex-votos mineiros: As tábuas votivas no ciclo do ouro*. Rio de Janeiro: Expressão e Cultura, 1994.

CAVALCANTI, Nireu. *O Rio de Janeiro setecentista: A vida e a construção da cidade da invasão francesa até a chegada da corte*. Rio de Janeiro: Jorge Zahar, 2004.

_____. "Tiradentes foi enforcado na atual praça Tiradentes, no Rio de Janeiro?". *Revista de História da Biblioteca Nacional*, Rio de Janeiro, n. 19, abr. 2007.

_____. *Histórias de conflitos no Rio de Janeiro colonial: Da carta de Caminha ao contrabando de camisinha (1500-1807)*. Rio de Janeiro: Civilização Brasileira, 2013.

CERQUEIRA E SILVA, Ignacio Accioli de. *Memórias históricas e políticas da província da Bahia*. Salvador: Imprensa Oficial do Estado, 1931, vol. 3.

CHACON, Vamireh. "Inconfidência, inconfidências". *Acervo — Revista do Arquivo Público Nacional*, Rio de Janeiro, vol. 4, n. 1, jan./jun. 1989, pp. 127-34.

COARACY, Vivaldo. *Memórias da cidade do Rio de Janeiro*. Rio de Janeiro: José Olympio, 1955.

CÓDICE Costa Matoso: *Coleção das notícias dos primeiros descobrimentos das minas na América que fez o doutor Caetano da Costa Matoso sendo ouvidor-geral das do Ouro Preto, de que tomou posse em fevereiro de 1749, & vários papéis*. Belo Horizonte: Fundação João Pinheiro/ Fapemig, 2000, 2 vols. (Coleção Mineiriana).

COELHO, José João Teixeira. *Instrução para o governo da capitania de Minas Gerais*. Org., transcrição documental e textos introdutórios de Caio César Boschi. Belo Horizonte: Secretaria de Estado de Cultura; Arquivo Público Mineiro; Instituto Histórico e Geográfico Brasileiro, 2007.

CORDEIRO, Montenegro. *Tiradentes: Esquisse Biographique*. Paris, 1892.

COSTA, Antônio Gilberto (Org.). *Cartografia da conquista do território das Minas*. Belo Horizonte: UFMG; Lisboa: Kapa, 2004.

COSTA, Cláudio Manuel da. *Melhores poemas de Cláudio Manuel da Costa*. Sel. de Francisco Iglésias. 2. ed. São Paulo: Global, 2012.

COSTA, Vanessa Lourenço Vaz. *O Caminho Novo: Ocupação do solo e produção rural, 1700-1831*. Juiz de Fora: ICH-UFJF, 2013. Dissertação (Mestrado em História).

COTRIM NETO, A. B. "As primeiras prisões do Rio: A Cadeia Velha e o Aljube". *Execuçao penal na Guanabara*. Rio de Janeiro: Secretaria de Estado da Justiça, 1971, pp. 29-33.

COTTA, Francis Albert. "Para além da desclassificação e da docilização dos corpos: Organização militar nas Minas Gerais do século XVIII". *Mneme — Revista de Humanidades*, Natal, vol. 1, n. 1, ago./set. 2000, pp. 1-23.

_____. *Breve história da Polícia Militar de Minas Gerais*. Belo Horizonte: Crisálida, 2006.

COUTO, Jorge. "O Brasil pombalino". In: MEDINA, João (Dir.). *História de Portugal: Dos tempos pré-históricos aos nossos dias*. Lisboa: Ediclube, s.d. [1993, reed. 1998], vol. 5, pp. 113-31.

CRAUGHWELL, Thomas J. *Thomas Jefferson's Crème Brûlée: How a Founding Father and his Slave James Hemings Introduced French Cuisine to America*. Filadélfia: Quirk Books, 2012.

CRUZ E SILVA, Rosa da. "The Saga of Kakonda and Kilengues: Relations between Benguela and Its Interior, 1791-1796". In: CURTO, J. C.; LOVEJOY, P. E. (Orgs.). *Enslaving Connections: Changing Cultures of Africa and Brazil during the Era of Slavery*, pp. 245-59. Amherst: Humanity Books, 2004.

CUNHA, Ernesto Salles. *História da odontologia no Brasil: 1500-1900*. Rio de Janeiro: Fernandes & Rohe, 1931.

DARNTON, Robert. *Os dentes falsos de George Washington: Um guia não convencional para o século XVIII*. São Paulo: Companhia das Letras, 2005.

DIAS, Hélcia. "O mobiliário dos inconfidentes". *Arquitetura Civil III: Mobiliário e alfaias*. São Paulo: FAU-USP; Brasília: MEC-Iphan, 1975, pp. 148-56.

DIAS, José da Silva. *Teatros do Rio do século XVIII ao século XX*. Rio de Janeiro: Funarte, 2012.

DISCURSO histórico e político sobre a sublevação que nas minas houve no ano de 1720. Estudo crítico de Laura de Mello e Souza. Belo Horizonte: Fundação João Pinheiro, Centro de Estudos Históricos e Culturais, 1994.

DOMINGUES, Mário. *O marquês de Pombal: O homem e sua época*. 3. ed. Lisboa: Romano Torres, 1970.

EDMUNDO, Luiz. *O Rio de Janeiro no tempo dos vice-reis (1763-1808)*. Belo Horizonte: Itatiaia, 2000.

FALCÃO, Edgard de Cerqueira. *Relíquias da terra do ouro*. São Paulo: F. Lanzara, 1946.

FAZENDA, José Vieira. *Antiqualhas e memórias do Rio de Janeiro*. Rio de Janeiro: Imprensa Nacional, 1927, vol. 4.

FERNANDES, António Carlos Sequeira; ANTUNES, Miguel Telles; BRANDÃO, José Manuel; RAMOS, Renato Rodriguez Cabral. "O Monstro de Prados e Simão Pires Sardinha: Considerações sobre o primeiro relatório de registro de um fóssil brasileiro". *Filosofia e História da Biologia*, Lisboa, vol. 7, n. 1, 2012, pp. 1-22.

FERRAZ, Márcia Helena Mendes. "A produção de salitre no Brasil colonial". *Química Nova*, São Paulo, vol. 23, n. 6, 2000, pp. 845-50.

FERREIRA, Luís Gomes. *Erário mineral*. Org. de Júnia Ferreira Furtado. Rio de Janeiro: Fiocruz, 2006, vols. 1 e 2.

FERREIRA-ALVES, Joaquim Jaime B. "Festejos no Porto pelos casamentos dos príncipes d. João com d. Carlota Joaquina de Bourbon e de d. Mariana Vitória com d. Gabriel de Bourbon". In: *Conferência Nacional. V Colóquio Internacional. Teatro do mundo: tradição e vanguardas: cenas de uma conversa inacabada*. Porto: Universidade do Porto, 2011, pp. 63-76. Disponível em: <http://ler.letras.up.pt/uploads/ficheiros/10242.pdf>. Acesso em: maio 2018.

FIGUEIREDO, Betânia Gonçalves. *A arte de curar: Cirurgiões, médicos, boticários e curandeiros no século XIX em Minas Gerais*. 2. ed. Brasília: Capes; Belo Horizonte: Argumentum, 2008.

FIGUEIREDO, Lucas. *Boa ventura! A corrida do ouro no Brasil (1697-1810): A cobiça que forjou um país, sustentou Portugal e inflamou o mundo*. 5. ed. Rio de Janeiro: Record, 2011.

FIGUEIREDO, Luciano Raposo de Almeida. "Tributação, sociedade e a administração fazendária em Minas no século XVIII". *IX Anuário do Museu da Inconfidência*. Ouro Preto: Ministério da Cultura/ IBCP, 1993, pp. 96-110.

FOCAS, Júnia Diniz. *A Inconfidência Mineira: A história dos sentidos de uma história*. Belo Horizonte: FALE-UFMG, 2002.

FRIEIRO, Eduardo. *O diabo na livraria do cônego*. 2. ed. Belo Horizonte: Itatiaia; São Paulo: Edusp, 1981.

FURTADO, João Pinto. *O manto de Penélope: História, mito e memória da Inconfidência Mineira de 1788-9*. São Paulo: Companhia das Letras, 2002.

FURTADO, Júnia Ferreira. "O outro lado da Inconfidência Mineira: Pacto colonial e elites locais". *Revista de História*, São Paulo, n. 4, 1993-4, pp. 70-91.

_____. "Novas tendências da historiografia sobre Minas Gerais no período colonial". *História da Historiografia*, n. 2, mar. 2009, pp. 116-62.

_____. "Um cartógrafo rebelde?: José Joaquim da Rocha e a cartografia de Minas Gerais". *Anais do Museu Paulista*, São Paulo, vol. 17, n. 2, jul./dez. 2009, pp. 155-87.

GASPAR, Tarcísio de Souza. *Palavras no chão: Murmurações e vozes em Minas Gerais no século XVIII*. Niterói: ICHF-UFF, 2008. Dissertação (Mestrado em História).

GONÇALVES, Adelto. *Gonzaga, um poeta do Iluminismo*. Rio de Janeiro: Nova Fronteira, 1999.

GONZAGA, Tomás Antônio. *Cartas chilenas*. Intr., cronol., notas e estabelecimento de texto de Joaci Pereira Furtado. São Paulo: Companhia das Letras, 2006.

_____. *Marília de Dirceu*. 1. ed. São Paulo: Ediouro (Prestígio), [1985?].

GUIMARÃES, Carlos Magno. "Escravismo e rebeldia escrava: Quilombos nas Minas Gerais do século XVIII". In: SILVA, Maria Beatriz Nizza da (Org.). *Brasil: Colonização e escravidão*. Rio de Janeiro: Nova Fronteira, 2000, pp. 324-38.

GUIMARÃES, Fábio Nelson; CÂMARA, Altivo de Lemos Sette; BARBOSA, Waldemar de Almeida. *O Tiradentes: Patrono cívico do Brasil*. 2. ed. São João del-Rei: Instituto Histórico e Geográfico de São João del-Rei, 1973.

GURGEL, Cristina. *Doenças e curas: O Brasil nos primeiros séculos*. São Paulo: Contexto, 2011.

HOLANDA, Sérgio Buarque de (Dir.). *História geral da civilização brasileira*. Tomo 1: *A época colonial*. Tomo 2: *Administração, economia e sociedade*. 12. ed. Rio de Janeiro: Bertrand Brasil, 2008.

IGLÉSIAS, Francisco. *Minas dos Inconfidentes*. São Paulo: EP&C, 1988.

_____. "Raízes ideológicas da Inconfidência". *Acervo — Revista do Arquivo Público Nacional*, Rio de Janeiro, vol. 4, n. 1, jan./jun. 1989, pp. 7-13.

_____. "Estrutura social do século XVIII". *IX Anuário do Museu da Inconfidência*. Ouro Preto: Ministério da Cultura/ IBCP, 1993, pp. 50-7.

JARDIM, Márcio. *A Inconfidência Mineira: Uma síntese factual*. Rio de Janeiro: Bibliex, 1989.

JONES, Colin. *Paris: Biografia de uma cidade*. 5. ed. Porto Alegre: L&PM, 2013.

KNIGHT, Franklin W.; LISS, Peggy K. (Orgs.). *Atlantic Port Cities: Economy, Culture, and Society in the Atlantic World, 1650-1850*. Knoxville: University of Tennessee Press, 1991.

LACOMBE, Américo Jacobina. "A Inconfidência Mineira e a ideia da República". *Bicentenário de Tiradentes: Conferências e estudo*. Rio de Janeiro: Alerj, 1993, pp. 65-83.

LAPA, Manuel Rodrigues. *Vida e obra de Alvarenga Peixoto*. Rio de Janeiro: MEC/ Instituto Nacional do Livro, 1960.

LUCAS, Fábio. *Luzes e trevas: Minas Gerais no século XVIII*. Belo Horizonte: UFMG, 1998.

LUCCOCK, John. *Notes on Rio de Janeiro, and the Southern Parts of Brazil: Taken during a Residence of Ten Years in that Country, from 1808-1818*. Disponível em: <https://archive.org/details/notesonriodejane01lucc>. Acesso em: maio 2018.

MANO, Marcel. "Índios e negros nos sertões das Minas: contatos e identidades". *Varia Historia*, Belo Horizonte, vol. 31, n. 56, maio/ago. 2015, pp. 511-46.

MARTINS, Joaquim Pedro de Oliveira. *História de Portugal*. 15. ed. Lisboa: Guimarães, 1968.

MATHIAS, Herculano Gomes. *Um recenseamento na capitania de Minas Gerais: Vila Rica, 1804*. Rio de Janeiro: Arquivo Nacional, 1969.

_____. "A documentação da Inconfidência Mineira". *IX Anuário do Museu da Inconfidência*. Ouro Preto: Ministério da Cultura/ IBCP, 1993, pp. 32-49.

MATOS, Raimundo José da Cunha. *Corografia histórica da província de Minas Gerais (1837)*. Belo Horizonte: Arquivo Público Mineiro, 1979-81, vols. 1 e 2.

MAXWELL, Kenneth. "História da Inconfidência Mineira: Dimensões internacionais". *IX Anuário do Museu da Inconfidência*. Ouro Preto: Ministério da Cultura/ IBCP, 1993, pp. 17-31.

_____. *Marquês de Pombal: Paradoxo do Iluminismo*. São Paulo: Paz e Terra, 1996.

_____. *Chocolate, piratas e outros malandros: Ensaios tropicais*. São Paulo: Paz e Terra, 1999.

_____. "As causas e o contexto da Conjuração Mineira". In: FURTADO, Júnia (Org.). *Diálogos oceânicos: Minas Gerais e as novas abordagens para uma história do Império Ultramarino Português*. Belo Horizonte: UFMG, 2001, pp. 389-414.

_____. *A devassa da devassa. A Inconfidência Mineira: Brasil e Portugal (1750-1808)*. 7. ed. ampl. e il. São Paulo: Paz e Terra, 2010.

_____ (Coord.). *O livro de Tiradentes: Transmissão atlântica de ideias políticas no século XVIII*. São Paulo: Penguin Classics Companhia das Letras, 2013.

MEACHAM, Jon. *Thomas Jefferson: The Art of Power*. Nova York: Random House, 2012.

MEDEIROS, Carlos Alberto. "A população portuguesa ao longo de dois séculos (1790-1990)". In: MEDINA, João (Dir.). *História de Portugal: Dos tempos pré-históricos aos nossos dias*. Lisboa: Ediclube, s.d. [1993, reed. 1998], vol. 5, pp. 11-48.

MELLO E SOUZA, Laura de. "Tensões sociais em Minas na segunda metade do século XVIII". In: NOVAES, Adauto (Org.). *Tempo e história*. São Paulo: Companhia das Letras, 1992, pp. 347-66.

_____. *Desclassificados do ouro: A pobreza mineira no século XVIII*. 4. ed. Rio de Janeiro: Graal, 2004.

_____. *Norma e conflito: Aspectos da história de Minas no século XVIII*. Belo Horizonte: UFMG, 2006.

_____. *Cláudio Manuel da Costa: O letrado dividido*. São Paulo: Companhia das Letras, 2011.

MONTEIRO, Lívia Nascimento. *Administrando o bem comum: Os "homens bons" e a Câmara de São João del-Rei (1730-1760)*. Rio de Janeiro: CFCH-UFRJ, 2010. Dissertação (Mestrado em História Social).

MONTELEONE, Joana. *O circuito das roupas: A corte, o consumo e a moda (Rio de Janeiro, 1840-1889)*. São Paulo: FFLCH-USP, 2013. Tese (Doutorado em História Econômica).

MOURÃO, Paulo Krüger Corrêa. *As igrejas setecentistas de Minas*. 2. ed. rev. e ampl. Belo Horizonte: Itatiaia, 1986.

MUNTEAL FILHO, Oswaldo; MELO, Mariana Ferreira de (Orgs.). *Minas Gerais e a história natural das colônias: Política colonial e cultura científica no século XVIII*. Belo Horizonte: Fundação João Pinheiro, 2005.

NOGUEIRA, André Luís Lima. "Doenças de feitiço: As Minas setecentistas e o imaginário das doenças". *Varia Historia*, Belo Horizonte, vol. 28, n. 47, jan./jun. 2012, pp. 259-78.

NOVAIS, Fernando A. *Portugal e Brasil na crise do antigo sistema colonial (1777-1808)*. 9. ed. São Paulo: Hucitec, 2011.

NÚÑEZ, Clara Eugenia (Org.). *Monetary History in Global Perspective, 1500-1808*. Madri: Fundación Fomento de la Historia Económica, 1998.

O MUSEU da Inconfidência. São Paulo: Banco Safra, 1995.

OLIVEIRA, Myriam Andrade Ribeiro de; CAMPOS, Adalgisa Arantes. *Barroco e rococó nas igrejas de Ouro Preto e Mariana*. Brasília: Iphan/Programa Monumenta, 2010, 2 vols.

OLIVEIRA, Rodrigo Leonardo de Sousa. *"Mão de Luva" e "Montanha": Bandoleiros e salteadores nos caminhos de Minas Gerais no século XVIII (Matas Gerais da Mantiqueira: 1755-1786)*. Juiz de Fora: ICH-UFJF, 2008. Dissertação (Mestrado em História).

OLIVEIRA, Tarquínio J. B. de. *Erário Régio de Francisco A. Rebelo, 1768*. Brasília: ESAF, 1976.

_____. *Correspondência ativa de João Roiz de Macedo*. Ouro Preto: ESAF/Centro de Estudos do Ciclo do Ouro/Casa dos Contos, 1979, vol. 1.

_____. *Um banqueiro na Inconfidência: Ensaio biográfico sobre João Rodrigues de Macedo*. Ouro Preto: ESAF/Centro de Estudos do Ciclo do Ouro/Casa dos Contos, 1979.

ORDENAÇÕES filipinas. Rio de Janeiro: Edição de Cândido Mendes de Almeida, 1870, 5 vols. Disponível em: <http://www.ci.uc.pt/ihti/proj/filipinas/ordenacoes.htm>. Acesso em: maio 2018.

PAGANO DE MELLO, Christiane Figueiredo. "Desassossego das Minas: A guerra e o sertão. A situação militar na capitania durante o governo de d. Antônio de Noronha, 1775-1779". *Revista História e Perspectiva*, Uberlândia, vol. 1, n. 31, jul./dez. 2004, pp. 9-32.

PAIVA, Eduardo França (Org.). *Brasil-Portugal: Sociedades, culturas e formas de governar no mundo português (séculos XVI-XVIII)*. São Paulo: Annablume, 2006.

PARANHOS, Paulo. "A Relação do Rio de Janeiro (1751-1808)". *Revista da Asbrap*, São Paulo, n. 2, 1995, pp. 25-32.

PARRELA, Ivana D. *O teatro das desordens: Garimpo, contrabando e violência no sertão diamantino (1768--1800)*. São Paulo: Annablume; Belo Horizonte: Fapemig, 2009.

PENNEY, David. "The Faking of English Watches". *Antiquarian Horological*, jun. 2014, p. 849. Sussex: Antiquarian Horological Society.

PEREIRA, Ana Cristina; TRONI, Joana. *A vida privada dos Bragança: De d. João IV a d. Manuel II: o dia a dia na corte*. Lisboa: A Esfera dos Livros, 2011.

PINTO, Virgílio Noya. *O ouro brasileiro e o comércio anglo-português: Uma contribuição aos estudos da economia atlântica no século XVIII*. 2. ed. São Paulo: Companhia Editora Nacional, 1979.

PIRES, Ariosvaldo de Campos. "O processo jurídico da Inconfidência Mineira". *IX Anuário do Museu da Inconfidência*. Ouro Preto: Ministério da Cultura/IBCP, 1993, pp. 82-95.

REIS, José Euríalo dos. *Inconfidência Mineira: Manuscritos do Instituto Histórico e Geográfico de Minas Gerais (IHGMG): transcrição, edição e glossário*. Belo Horizonte: FALE-UFMG, 2010. Dissertação (Mestrado em Letras).

REIS, Liana Maria. *Crimes e escravos na capitania de todos os negros (Minas Gerais, 1720-1800)*. São Paulo: Hucitec, 2008.

REIS, Liana; VALADARES, Virgínia. *Capitania de Minas Gerais em documentos: Economia, política e sociedade*. 2. ed. rev. e ampl. Belo Horizonte: C/Arte, 2012.

RESENDE, Maria Efigênia Lage de. *Inconfidência Mineira*. 4. ed. São Paulo: Global, 1988.

RESENDE, Maria Efigênia Lage de; VILLALTA, Luiz Carlos (Orgs.). *História de Minas Gerais: As Minas setecentistas*. Belo Horizonte: Autêntica; Companhia do Tempo, 2007, 2 vols.

REZENDE, Arthur. *Genealogia mineira*. Belo Horizonte: Imprensa Oficial de Minas Gerais, 1939, vol. 4.

RIBEIRO, Márcia Moisés. *A ciência dos trópicos: A arte médica no Brasil do século XVIII*. São Paulo: Hucitec, 1997.

ROCHE, Daniel. *Le Peuple de Paris: essai sur la culture populaire au XVIIIᵉ siècle*. Paris: Fayard, 1998.

RODRIGUES, André Figueiredo. *O clero e a Conjuração Mineira*. São Paulo: Humanitas/ FFLCH-USP, 2002.

_____. "Os sertões proibidos da Mantiqueira: Desbravamento, ocupação da terra e as observações do governador d. Rodrigo José de Meneses". *Revista Brasileira de História*, São Paulo, vol. 23, n. 46, 2003, pp. 253-70.

_____. "Joaquim José da Silva Xavier era um simples alferes sem posses?". *Revista de História da Biblioteca Nacional*, Rio de Janeiro, n. 19, abr. 2007.

_____. *A fortuna dos inconfidentes: Caminhos e descaminhos dos bens de conjurados mineiros (1760--1850)*. São Paulo: Globo, 2010.

_____. "Exílio lucrativo". *Revista de História da Biblioteca Nacional*, Rio de Janeiro, 8 abr. 2011.

RODRIGUES, José Wasth. *Documentário arquitetônico relativo à antiga construção civil no Brasil*. 5. ed. Belo Horizonte: Itatiaia; São Paulo: Edusp, 1979.

ROMEIRO, Adriana; BOTELHO, Angela Vianna. *Dicionário histórico das Minas Gerais: Período colonial*. 3. ed. rev. e ampl. Belo Horizonte: Autêntica, 2013.

ROUANET, Sergio Paulo. "As Minas iluminadas: A Ilustração e a Inconfidência". In: NOVAES, Adauto (Org.). *Tempo e história*. São Paulo: Companhia das Letras, 1992, pp. 329-45.

_____. "A Inconfidência Mineira e o Iluminismo". *IX Anuário do Museu da Inconfidência*. Ouro Preto: Ministério da Cultura/ IBCP, 1993, pp. 69-81.

RUSSELL-WOOD, A. J. R. *Escravos e libertos no Brasil colonial*. Rio de Janeiro: Civilização Brasileira, 2005.

SAINT-HILAIRE, Auguste de. *Segunda viagem do Rio de Janeiro a Minas Gerais e a São Paulo — 1822*. Belo Horizonte: Itatiaia; São Paulo: Edusp, 1974.

_____. *Viagem pelo Distrito dos Diamantes e litoral do Brasil*. Belo Horizonte: Itatiaia; São Paulo: Edusp, 1974.

_____. *Viagem pelas províncias do Rio de Janeiro e Minas Gerais*. Belo Horizonte: Itatiaia, 2000.

SALGADO, Karine. "O direito no Brasil colônia à luz da Inconfidência Mineira". *Revista Brasileira de Estudos Políticos*, Belo Horizonte, vol. 98, 2008, pp. 479-93.

SALVADOR, Vicente do. "História do Brasil". *Anais da Biblioteca Nacional*, Rio de Janeiro, vol. 13, 1889, pp. 2-261.

SANTOS, Lúcio José dos. *A Inconfidência Mineira: Papel de Tiradentes na Inconfidência Mineira*. Belo Horizonte: Imprensa Oficial de Minas Gerais, 1972.

SCHWARCZ, Lilia Moritz; STARLING, Heloisa Murgel. *Brasil: Uma biografia*. São Paulo: Companhia das Letras, 2015.

SEMINÁRIO Tiradentes, hoje: Imaginário e política na república brasileira. Belo Horizonte: Fundação João Pinheiro, 1994.

SILVA, Célia Nonata da. *A teia da vida: Violência interpessoal nas Minas setecentistas*. Belo Horizonte: Fafich-UFMG, 1998. Dissertação (Mestrado em História).

SILVA, Joaquim Norberto de Sousa. *História da Conjuração Mineira*. Rio de Janeiro: Instituto Nacional do Livro, 1948, 2 vols.

SILVA, Marilda Santana da. "O Senado da Câmara de Vila Rica e sua relação política com a Coroa portuguesa na segunda metade do século XVIII". *Varia Historia*, Belo Horizonte, vol. 21, n. 33, jan. 2005, pp. 203-18.

SIMONSEN, Roberto Cochrane. *História econômica do Brasil: 1500-1820*. 7. ed. São Paulo: Companhia Editora Nacional; Brasília: INL, 1977.

SOUZA, Rafael de Freitas e. *O Tiradentes leitor*. Viçosa: Suprema, 2008.

STARLING, Heloisa Maria Murgel; FIGUEIREDO, Betânia Gonçalves; FURTADO, Júnia Ferreira; GERMANO, Lígia Beatriz de Paula (Orgs.). *Odontologia: História restaurada*. Belo Horizonte: UFMG, 2007.

TAKÁCS, Sarolta Anna; CLINE, Eric H. (Orgs.). *The Ancient World*. Nova York: Routledge, 2007.

TAPAJÓS, Vicente; WEHRS, Carlos; LACOMBE, Américo Jacobina, BARATA, Mário; BARBOSA, Waldemar de Almeida. *Bicentenário de Tiradentes: Conferências e estudo*. Rio de Janeiro: Alerj, 1993.

TESOUROS Reais. 2. ed. Lisboa: Palácio Nacional da Ajuda; Instituto Português do Patrimônio Cultural, 1992.

TORRES, Luís Wanderley. *Tiradentes: A áspera estrada para a liberdade*. São Paulo: L. Oren, 1977.

VAINFAS, Ronaldo (Org.). *Dicionário do Brasil colonial (1500-1808)*. Rio de Janeiro: Objetiva, 2001.

VALADARES, Virgínia Maria Trindade. *Elites mineiras setecentistas: Conjugação de dois mundos*. Lisboa: Colibri/ Instituto de Cultura Ibero-Atlântica, 2004.

_____. *A sombra do poder: Martinho de Melo e Castro e a administração da capitania de Minas Gerais (1770-1795)*. São Paulo: Hucitec, 2006.

VASCONCELLOS BASTOS, Francisco de Paula. *A igreja de São Francisco de Assis de Vila Rica*. Belo Horizonte: Edição do Autor, 2006.

VASSALLO E SILVA, Nuno. "Os Pollet, joalheiros de d. Maria I". *Oceanos*, Lisboa, n. 43, 2000, pp. 66-76.

VILAR, Pierre. *Ouro e moeda na história (1450-1920)*. Rio de Janeiro: Paz e Terra, 1980.

VILLALTA, Luiz Carlos. "O diabo na livraria dos inconfidentes". In: NOVAES, Adauto (Org.). *Tempo e história*. São Paulo: Companhia das Letras, 1992, pp. 367-95.

_____. "A moral sexual dos inconfidentes: Da potência ao ato ou a última tentação de Gonzaga". *IX Anuário do Museu da Inconfidência*. Ouro Preto: Ministério da Cultura/ IBCP, 1993, pp. 171-81.

_____. *1789-1808: O império luso-brasileiro e os Brasis*. São Paulo: Companhia das Letras, 2000.

WEHRS, Carlos. "O Rio de Janeiro e a Inconfidência Mineira". *Revista do Instituto Histórico e Geográfico Brasileiro*, Rio de Janeiro, tomo 153, n. 375, abr./jun. 1992, pp. 50-63.

_____. "Tiradentes e o Rio de Janeiro". *Bicentenário de Tiradentes: Conferências e estudo*. Rio de Janeiro: Alerj, 1993, pp. 41-64.

Créditos das imagens

CADERNO 1

01
Fotografia de autor desconhecido, s.d. Fundo Dermeval José Pimenta, Arquivo Público Mineiro.

02
Alphonse Bichebois, *Villa Rica*, gravura, 1835. Acervo da Fundação Biblioteca Nacional — Brasil.

03
Arnaud Julien Pallière, *Vista de Vila Rica*, 1820, óleo sobre tela, 36,5 × 96,8 cm. Museu da Inconfidência (Ibram).

04
Vista da Praça Tiradentes, Ouro Preto. Fotografia de autor desconhecido, *c.* 1870. Instituto do Patrimônio Histórico e Artístico Nacional (Iphan).

05
Cadeia de Ouro Preto, Ouro Preto. Fotografia de Augusto Riedel, 1868-9. Acervo da Fundação Biblioteca Nacional — Brasil.

06
Fotografia de José Israel Abrantes.

07
Fotografia de Luiz Fontana, começo do século XX. Núcleo de Mentalidade e Memória do IFAC/UFOP.

08
Fotografia de Marc Ferrez, *O mercado e a Igreja de São Francisco*, Ouro Preto, c. 1880. Coleção Gilberto Ferrez, Instituto Moreira Salles.

09
Fotografia de José Israel Abrantes.

10
Gravura de autor desconhecido, 1728. *In.* WEINBERGER, Bernard Wolf. *An Introduction to the History of Dentistry*. St. Louis: C. V. Mosby, 1948, 2 v., p. 94.

11
Fotografia de autor desconhecido, século XVIII. Museu da Inconfidência (Ibram).

12
Ilustração de Joannis Jacobi Mangeti, início do século XVIII. *In.* MANGETI, Joannis Jacobi. *Bibliotheca Scriptorum Medicorum*. Genebra, 1731.

13 e 14
Relógio de Tiradentes, século XVIII. Reprodução de Aldo Araújo, Museu da Inconfidência (Ibram).

15
Vila Rica, 05/11/1789. Fundo Secretaria de Governo da Capitania, Arquivo Público Mineiro.

16
Fotografia de Marcel Gautherot, 1956, negativo flexível gelatina/prata, 6 × 6 cm. Coleção Marcel Gautherot, Instituto Moreira Salles.

17
Ilustração de Johann Moritz Rugendas, *Rio Panahyba*, 1835. Acervo da Fundação Biblioteca Nacional — Brasil.

18
Mapa manuscrito aquarelado de autor desconhecido, século XVIII. Seção Colonial, Arquivo Público Mineiro.

19
Ilustração de autor desconhecido, *c.* 1776. Arquivo Histórico Ultramarino.

20
Gravura de Victor Adam; G. Engelmann; J. M. Rugendas e Louis Villeneuve, *Praya Rodriguez*, 1835. Acervo da Fundação Biblioteca Nacional — Brasil.

21 e 22
Seção Colonial, Arquivo Público Mineiro.

23
Acervo da Fundação Biblioteca Nacional — Brasil.

24
Milagre de São Gonçalo do Amarante e Manuel Pereira Marante, óleo sobre tela de autor desconhecido, 1744, 71 × 64,5 cm. Museu Paroquial de Arte Sacra da Paróquia de São Gonçalo de Amarante.

25
Van de Velden, *Tanz der Purís*, c.1823-31. Acervo da Fundação Biblioteca Nacional — Brasil.

26
Aquarela de autor desconhecido, 1780, 34,5 × 43,5 cm. Acervo Yan de Almeida Prado, Arquivo do Instituto de Estudos Brasileiros da Universidade de São Paulo.

27
Fotografia de Manuel Farinha, século XVIII. Banco de Portugal.

28 e 29
Casa da Moeda de Vila Rica.

30
Toni Giuseppe, *Dona Maria I*, 1783, óleo sobre tela, 122 × 94 cm. Palácio Nacional de Queluz.

31
A General View of the City of Lisbone, the Capitel of Portugal, água-forte aquarelada de autor desconhecido, 1760, 21,1 × 36,5 cm. Biblioteca Nacional de Portugal.

32
Fotografia de Mário Soares. Direção-Geral do Património Cultural, Arquivo de Documentação Fotográfica (DGPC/ADF).

33
Pintura de autor desconhecido, s.d. In. *História de Minas Gerais: As Minas Setecentistas*. Belo Horizonte: Autêntica, 2007.

34
Seção Colonial, Arquivo Público Mineiro.

CADERNO 2

35
Anuário do Museu da Inconfidência, v. II, 1953, p. 7.

36

The Thomas Jefferson Papers at the Library of Congress.

37

Gravura de Ludwig e Briggs, *Antigo chafariz da Carioca*, 1845, 26,5 × 17,5 cm. Acervo da Fundação Biblioteca Nacional — Brasil.

38

Leandro Joaquim, *Lagoa do Boqueirão e Aqueduto da Carioca*, c. 1750-90, óleo sobre tela, 126 × 96 cm. Museu Histórico Nacional.

39

Fundo Arquivo Histórico Ultramarino, Arquivo Público Mineiro.

40

Museu da Inconfidência (Ibram).

41

Retrato de Guillaume-Thomas Raynal, gravura.

42

Assinaturas de Tomas Antonio Gonzaga, Inácio José de Alvarenga Peixoto e Francisco de Paula de Freira de Andrade: Museu da Inconfidência (Ibram). Assinaturas de Cláudio Manuel da Costa e Domingos Vieira Abreu: Coleção Casa dos Contos, Arquivo Público Mineiro. Assinatura de Carlos Correia Toledo e Melo: Acervo da Fundação Biblioteca Nacional — Brasil.

43

Museu da Inconfidência (Ibram).

44

Seção Colonial, Arquivo Público Mineiro.

45

Fotografia de Miguel Aun.

46
Fotografia de Marcel Gautherot, 1956, gotografia em negativo flexível — gelatina/prata, 6 × 6 cm. Coleção Marcel Gautherot, Instituto Moreira Salles.

47
Fotografia de autor desconhecido. Coleção Municípios Mineiros, Arquivo Público Mineiro.

48
Cartão-postal de autora desconhecido, s.d, 8,8 × 13,9 cm. Coleção Municípios Mineiros, Arquivo Público Mineiro.

49
Pintura de autor desconhecido, s.d, formato 32,2 × 41,5 cm. Coleção Personalidades, Arquivo Público Mineiro.

50
Seção de Manuscritos, Acervo da Fundação Biblioteca Nacional — Brasil.

51
Coleção Casa dos Contos, Arquivo Público Mineiro.

52
Leandro Joaquim, c. 1790, *Retrato de Dom Luís de Vasconcelos e Souza*, óleo sobre tela, 90 × 66 cm. Museu Histórico Nacional.

53
Desenho de Bartolomeu Sesinando Ribeiro Artur, 1740.

54
Gravura a água e tinta de Friedrich Salathé, 1835. Acervo da Fundação Biblioteca Nacional — Brasil.

55
Acervo da Fundação Biblioteca Nacional — Brasil.

56
Museu da Inconfidência (Ibram).

57
Archives Diplomatiques/Ministère des Affaires Étrangères (Paris).

58
Décio Villares, *Tiradentes*, 1890, litografia, 46 × 27 cm. Museu Histórico Nacionale

59
Pedro Américo, *Tiradentes supliciado*, 1893, óleo sobre tela, 270 x 165 cm. Museu Mariano Procópio.

60
Candido Portinari, *Tiradentes* (detalhe), 1948, pintura a têmpera, formato total 17,7 × 3,09 m. Direito de reprodução gentilmente cedido por João Candido Portinari

Índice remissivo

Abranches, vila (Guarda, Portugal), 198
Abreu e Melo, Maria Córdula de, 88
absolutismo, 72, 86, 166, 289, 385
Academia Real das Ciências (Lisboa), 169, 176
Acioli, José de Sá Bittencourt, 139
Açores (Portugal), 42
Açucreira *ver* Andrade, José Antônio de
África, 34-5, 37, 66, 77, 83, 97, 214, 349, 372-4, 380, 384
agricultura, 41, 51, 92, 145, 214
Aix-en-Provence, banhos termais de (França), 145
Albemarle, condado de (Virgínia, Estados Unidos), 216
Alçada (corte especial), 334-5, 337, 342, 346-8, 350-3, 355, 364-5, 367-70, 374, 381
Aleijadinho *ver* Lisboa, Antônio Francisco
Alentejo, região do (Portugal), 165
Alexandre Pardo (escravo) *ver* Silva, Alexandre da
Alexandria (Egito), 53
Alfândega, rua da (Rio de Janeiro), 131, 285
Almas, irmandade das, 42, 47
Almeida, Inácia Gertrudes de, 131, 285, 400n, 455n

almotacé, cargo de, 42
Alvarenga Peixoto, Inácio José de, 144, 159, 193-5, 197, 199-201, 203-4, 206, 208, 210, 212-3, 215, 217, 220, 222-3, 225-6, 228-9, 248, 257-9, 262-3, 302-4, 314, 316, 328, 343, 346, 350, 372, 379, 384, 414n, 416n, 430n, 432-3n, 438-40n, 474n
Alves, Antônio Francisco (Vira-Saia), 98, 409n
Amado, Manuel do Vale, 87-8
Amaral Gurgel, Francisco do, 34
Amaral Gurgel, Salvador Carvalho do, 229-30, 329, 444n, 475n
América do Norte, 36, 72, 86, 135, 211
América do Sul, 36, 66, 145, 150, 212, 297
América inglesa, 54, 136, 158; *ver também* Estados Unidos
América portuguesa, 33, 35, 39, 41, 54, 66, 69, 75, 105, 138, 196, 257, 316, 323, 332, 374, 377, 381; *ver também* Império Português
Américas, 35, 66, 149, 165, 184, 255, 266
Andaraí, rio (Rio de Janeiro), 151, 273
Andrada, Francisco de Paula Freire de, 69, 157, 180-1, 199-200, 204-5, 207-9, 216, 223, 226-7,

248, 263-4, 296, 299-300, 303-4, 336, 372, 390n, 416n, 433n, 438n, 474n
Andrade, José Antônio de (Açucreira), 93-5
anestesia, 56
Angola, 370, 372-3
Antigo Regime, 138, 175
Antônia (companheira de Tiradentes) *ver* Espírito Santo, Antônia Maria do
Antônia (escrava de Gonzaga), 296
Antônio, santo, 44, 288
Antônio Dias, freguesia de (MG), 220, 295
Antônio Dias, ponte (Vila Rica), 37
Apolônia, santa, 53
Arábia, 83
Araçuaí, vila de (MG), 189, 235
Araújo, Antônio José de, 115
Araújo, Antônio Sanhudo de, 94-5
Araújo, Faustino Soares de, 475n
Araújo e Azevedo, Luís Ferreira de, 410n, 430n
Ásia, 66
Assembleia dos Estados Gerais da França, 289
Assumar, conde de, 65
Avelar, Antônio Ribeiro de, 78, 130, 271, 455n

Bahia, 58, 60, 79, 106, 147, 168, 186, 192, 197, 206, 210, 251, 303
Baixo Vouga, região do (Portugal), 189
Bananeiras (MG), 251-3
Bandeira, José Lopes, 45, 394n
bandeira da Conjuração Mineira, 213, 223, 438n
Bandeirinhas, lugarejo (MG), 296
bandoleiros, 59, 94, 97-8; *ver também* salteadores
Bangelas (escravo de Tiradentes), 216, 325
Barbacena, visconde de (Luís Antônio Furtado de Castro do Rio de Mendonça e Faro), 166, 168-9, 171, 174, 176, 202, 207, 217, 238-9, 241, 243, 248-50, 254-8, 260-1, 263-6, 275, 281, 296, 301-7, 318-21, 324, 330-2, 335, 348, 367-9, 374-5, 378-80, 386, 436n, 447n, 449n, 451-2n, 454n, 464n
Barbosa, Waldemar de Almeida, 485n
Barbosa Laje, Domingos Vidal de, 139-40, 154, 265, 350, 372, 422n, 435n, 475n

Barreiro Grande, arraial do (Três Marias, MG), 79
barroco, 39
Barroso (MG), 113
Barrow, John, 465n
Bastilha, queda da (Paris, 1789), 317; *ver também* Revolução Francesa
Bastos, Francisco de Paula Vasconcellos, 412-3n
Batatinha, ladeira do (Vila Rica), 117
Beckford, William, 411-2n, 423n
Beltrão, João de Almeida (sobrinho de Tiradentes), 125, 485n
Beltrão, José Pereira de Almeida, 125, 485n
Berri, Rue de (Paris), 145
Bessa, Manuel José, 414n
Biblioteca Joanina (Coimbra), 137; *ver também* Universidade de Coimbra
Biblioteca Nacional (Rio de Janeiro), 485n
Bichinho, vilarejo de (MG), 300
Birmingham (Inglaterra), 154, 156, 184, 217, 372, 485n
Bobadela, condes de, 181
Bonjardim, rua do (Porto, Portugal), 176
Borda do Campo, arraial/vila de (Barbacena, MG), 73, 100, 236, 239, 251-2, 265, 375, 452n, 479n
Bordeaux (França), 153-4, 172, 381, 422n
Borges, José Martins, 475n
Borgonha, região da (França), 146
Botelho, Angela Vianna, 451n
botocudos, índios, 49, 75, 86, 95
Bragança, dinastia dos, 110
Brandão, Manuel da Silva, 210
Brandão, Matias Sanches, 242, 252, 259, 285, 455n
bússolas, 119, 122, 414n

Cabaceira Grande (Moçambique), 370
Cabo Verde, 372
"cábulas" (alunos rebeldes de Coimbra), 137-40, 142-4, 147, 153-4, 156, 158, 172, 197, 216, 381; *ver também* Universidade de Coimbra
cachaça, 37, 56, 59, 76, 170, 197
Cachaça, rua da (São João del-Rei), 319

Cachoeira do Campo, arraial de (MG), 78, 174, 180, 207-8, 248-9, 254, 256, 260, 263-5, 296-7, 452n
cachoeira do Funil (Rio das Flores, RJ), 92
Cachoeiras de Macacu (RJ), 99
Caconda (Angola), 370
Cadeia, rua da (Rio de Janeiro), 155, 360
Cadeia da Relação (Rio de Janeiro), 335-6, 341, 346-7, 360, 362
Caeté (MG), 259, 283, 368
caiapós, índios, 95
Caldeirões, fazenda dos (MG), 226, 258, 263, 300
caligrafia de Tiradentes, 45, 68, 394n
Câmara de Vila Rica, 255, 368
Caminho Novo (Minas Gerais-Rio de Janeiro), 73, 83, 86-7, 89-90, 93-4, 98-9, 102-3, 113, 115-6, 129, 172, 174, 211, 238, 251, 280-1, 336, 403n
Camões, Luís de, 170, 373
Campanha do Rio Verde, arraial de (MG), 66, 193, 206, 210
Canal Real de Languedoc (França), 153
canalização de águas, projetos de (Rio de Janeiro), 151-2, 182, 228-9, 273, 278, 381
Capacho ver Costa, José Inácio da
Capanema, Manuel da Costa, 319, 475n
Capão do Lana (MG), 300
capitães do mato, 44, 96
Capitania (carrasco de Tiradentes), 360-2, 364-7
Capitólio de Roma, 117
cárie, 56; ver também dentes, oficio de tratar dos; "tirar dentes", arte de
Carijós, arraial de (Conselheiro Lafaiete, MG), 73, 298
Carioca, largo da (Rio de Janeiro), 341, 360
Carlos III, rei da Espanha, 110-1, 345
Carlota Joaquina, d., 111
Carneiro, João José Nunes, 57, 259, 281, 313-4
Cartas chilenas (Gonzaga), 115, 196, 215, 233-4, 239, 248, 389n, 480n
Carvalho, Pedro Teixeira de, 297
Carvalho e Melo, Sebastião José de ver Pombal, marquês de

Casa da Câmara e Cadeia (Vila Rica), 38, 117, 367
Casa da Moeda (Rio de Janeiro), 131
Casa da Ópera (Vila Rica), 38, 117, 330
Casa de Fundição (Sabará), 234
Casa de Misericórdia (Rio de Janeiro), 342, 360, 362, 370
Casa dos Reais Contratos (Vila Rica), 303-4
"casas de alcouce" (prostíbulos), 37; ver também meretrício em Vila Rica
Castro, José Luís de ver Resende, conde de
Castro e Sousa, Jerônimo de, 273, 284, 315, 455n
Catas Altas (MG), 65
Catete, córrego do (Rio de Janeiro), 151, 273
catolicismo ver Igreja católica
Cavalaria ver Regimento Regular de Cavalaria de Minas
Caveira, fazenda (Barbacena, MG), 235, 333
Cebolas, arraial (RJ), 251, 365
Celorico de Basto, vila de (Portugal), 41
Cervantes, Miguel de, 36, 198
Cévennes, montanhas de (França), 142
chafariz da Carioca (Rio de Janeiro), 151-2, 273, 278, 288
chafarizes de Vila Rica, 38, 117, 391n
Chagas, João Francisco das, 475n
Châlon, Jacques Hardouin de, 381
Champagne, região de (França), 146
Champs-Élysées, Avenue des (Paris), 145
Charlottesville (Virgínia, Estados Unidos), 146
Cleto, Marcelino Pereira, 153
Coelho, José João Teixeira, 68, 72-3, 175, 176, 237, 403n, 407n, 428n
Coimbra (Portugal), 80, 133, 154, 156; ver também Universidade de Coimbra
colônias portuguesas, 72, 169, 233, 349, 372; ver também América portuguesa; Império Português
Confederação Helvética (Suíça), 121, 166; ver também Suíça
Conjuração Baiana (1798), 383
Conjuração Mineira (1789), 158, 166, 168, 182,

193, 195, 201, 216, 227, 238, 255, 264, 266, 287, 290, 297, 301, 304, 306, 313, 316, 324, 331, 333-4, 344-6, 348, 350, 355, 366, 369-71, 373-5, 377, 381-3, 385, 389n, 422n, 432n, 451-2n, 464n, 485n
Conselho Ultramarino (Portugal), 129-30, 132, 151
Constituição da Pensilvânia, 184
Constituição de Delaware, 185
contrabandistas, 58, 79, 90, 99, 143, 165, 168
contratadores, 38, 80-2, 87, 138, 191, 200-2, 204, 206, 218, 234-43, 247-9, 263, 266, 276, 280, 290-1, 296, 303-4, 306, 313, 320, 329, 378-9; *ver também* diamantes
contratos das entradas, 70, 81, 190, 201, 218, 224, 234-8, 241, 405n
contratos dos dízimos, 70, 81, 191, 201, 405n
"Copa Cabana", região de (Copacabana, Rio de Janeiro), 76-7, 180, 271
Coqueiro do Córrego do Beta, sítio do (Prados, MG), 163
Cordeiro, Montenegro, 378
Cormatin (França), 85
Coroa portuguesa, 37, 40, 50-1, 55, 63-73, 76, 78-81, 83-4, 87, 89-91, 95-6, 99-100, 103-5, 108-10, 112-4, 130, 134-6, 138-9, 143, 145, 148, 151, 155-7, 164-5, 175, 180, 183-4, 186-7, 189, 198, 201-2, 205-6, 209, 211, 218, 225, 227, 234-43, 248-9, 255-7, 260, 273, 277, 313, 316, 319, 328, 331, 333, 342, 352-3, 359, 366, 371-2, 374, 377, 382-3; *ver também* Lisboa; Portugal
Correia, Maria do Bonsucesso, 181
corrupção, 104, 142
Costa, Cláudio Manuel da, 143, 159, 212-3, 216, 220, 223, 241, 249, 258, 264, 295-6, 303-4, 307, 320, 329, 348, 386, 390n, 414n, 416n, 438n, 464-5n, 475n
Costa, José Inácio da (Capacho), 155
Costa, Manuel Rodrigues da, padre, 172-3, 370-1, 414n, 416n, 475n
Coutinho, Sebastião Xavier de Vasconcelos, 334-7, 351-3, 374

Couto, José Vieira, 138
"crioulos e mulatos" (escravos nascidos no Brasil), 215; *ver também* escravos
cristãos, 42-3, 53
Cristo *ver* Jesus Cristo
Cruz, Domingos Fernandes da, 289, 416n, 455n, 475n
Cuiabá, vila de (MT), 49
Cuieté, povoado de (Conselheiro Pena, MG), 48, 76
Cunha, Valentim Lopes da, 273, 315, 455n
Curvelo (MG), 81-2

Damasceno, João, 196
Damiens, Robert-François, 304-5
Dantas, Antônio Rodrigues, 45
Debret, Jean-Baptiste, 477n
Declaração de Independência dos Estados Unidos (1776), 136, 140, 184; *ver também* Estados Unidos; Revolução Americana (1776)
Declaração dos Direitos do Homem e do Cidadão (França, 1789), 317
degredo, 351-2, 370-2, 380, 384
dentes, ofício de tratar dos, 54-5; *ver também* "tirar dentes", arte de
derrama (coleta forçada de impostos), 51, 165-6, 169, 175-7, 179, 183, 186-7, 195, 202, 206-7, 218, 220-3, 225-7, 241-2, 251, 255-61, 266, 273, 312, 314, 331, 337, 347-8, 374, 451n; *ver também* "quinto" (tributo sobre a produção do ouro)
Descoberto do Macacu, povoado de (Cachoeiras de Macacu, RJ), 105-9, 112-3
Desterro (atual Florianópolis, SC), 485n
Desterro, José Carlos de Jesus Maria do, frei, 324, 354-5, 359, 361, 363
devassa da Conjuração Mineira, 287, 316, 318-20, 324, 327, 330, 335, 371, 374, 378, 381, 383, 398-400n, 440n
diamantes, 60, 65, 68, 84, 116, 143-4, 147, 167, 198, 214, 261, 291, 345
Dias Pais, Fernão, 88, 283
Diderot, Denis, 72

Direita, rua (Rio de Janeiro), 276, 282
Direita, rua (Vila Rica), 77-8, 203
ditadura civil-militar (1964-85), 384
Dom Quixote de La Mancha (Cervantes), 36
Dragões, regimento dos, 64, 67-8, 70-1, 73, 91, 100, 109, 112-3, 115, 123-5, 129, 131-2, 157, 174, 177-8, 181, 186, 188, 191, 199-200, 208, 226, 229, 328, 403n; *ver também* Regimento Regular de Cavalaria de Minas Gerais
Duke of York (navio inglês), 100

Egito, 53
elites mineiras, 35, 122, 138, 142-3, 180, 200, 204, 215
embuçado, o, 295-6
Engenho do Campo (MG), 242
Engenho do Mato, arraial de (MG), 170
Erário mineral (Ferreira), 55
erisipela, 77
escova de dentes, primeira (Inglaterra), 56
escravatura, 165, 214-6, 440n
escravos, 35-9, 42, 44, 47-8, 52, 54-5, 58, 67, 74-7, 80-1, 86, 88, 90-2, 95-7, 102, 113-4, 121, 144-5, 147-8, 152, 157, 163, 167-8, 170, 182, 187, 194-5, 201, 214-7, 234, 240, 252, 262-3, 271, 281-4, 303, 325, 326, 371, 380, 393n, 395n, 407n, 415n, 428n; *ver também* negros
Espanha, 66, 74, 110, 150, 154, 189, 194, 345
Espinhaço, serra do (BA/MG), 33
Espírito Santo, Antônia Maria do (companheira de Tiradentes), 118-9, 121-5, 129, 178-9, 325-6, 335, 380, 413n, 426n, 485n
Espírito Santo, capitania do, 49, 75-6
Espírito Santo da Varginha, vila de (Varginha, MG), 49
esquerda armada, organizações da, 384
Estado Novo, ditadura do (1937-45), 384
Estados Unidos, 34, 54, 86, 135-6, 140-1, 146, 148-50, 153-4, 157-8, 183-4, 212, 273, 317, 382-3; *ver também* América inglesa; Revolução Americana (1776)
Estalagem das Cabeças (Vila Rica), 224-5, 254
Estremoz (Portugal), 291

Etiópia, 83
Eugênia (cunhada de Tiradentes) *ver* Silva, Eugênia Joaquina da
Europa, 34-6, 58, 71-2, 74, 85, 121, 130, 135, 138-9, 141-2, 144, 154, 158, 164, 166, 168, 172-3, 184, 198, 200, 214, 253, 276, 317, 330, 373-4
Expedition (navio inglês), 100

Fagundes, José de Oliveira, 342-4, 346, 349-52, 369-70, 372, 382, 481n
faiscadores, 35, 60
família real portuguesa, 84, 111, 345
Fanfarrão Minésio *ver* Meneses, Luís da Cunha
Fernandes, Mateus (escravo), 80
Ferreira, Luís Gomes, 55
Filadélfia (Estados Unidos), 86
Flora fluminensis (Frei Veloso), 45
fóssil animal do Brasil, 163-4, 276, 423n
Fourberies de Scapin, Les (Molière), 155
Fraca-Roupa *ver* Oliveira Lopes, Antônio de
França, 50-1, 54, 85, 139-40, 142-3, 145-7, 150, 153, 156, 166, 184, 186, 200, 228, 289, 305, 350, 372, 374, 381-2, 420n, 485n; *ver também* Revolução Francesa (1789)
francês, idioma, 141, 157-8, 184-5, 276, 373
Francisca (menina escrava), 216, 325
franciscanos, 354, 359-62
Francisco, são, 44
Francisco Caetano (escravo de Tiradentes), 216, 325
Franklin, Benjamin, 140
Freire, Francisco José, 157
Freitas, Martinho Vieira de, 66
Furtado, João Pinto, 390n, 415n, 428n, 439n, 444n

Gabriel (genro de d. Maria I), 345
Galvão, João, 101
Galvão de São Martinho, Pedro Afonso, 106-9, 182
Garengeot, chave de, 56
Gaspar, Tarcísio de Souza, 451n
gastronomia, 146

Gazeta de Lisboa, 156, 359, 374
Genebra (Suíça), 120
Germain, François-Thomas, 51, 85
Goa (Índia), 165
Goiás, 79-102, 134, 210, 429n
Goldoni, Carlo, 155
Golfinho (fragata), 353, 372
Gomes, José Aires, 170-3, 329, 416n, 424n, 432n, 475n
Gonçalo, são, 44
Gonzaga, Tomás Antônio, 7, 143, 158-9, 196-9, 203-4, 212-3, 215, 218, 220, 224, 226, 233-4, 237, 239, 248, 256-61, 264, 296, 299-300, 303-5, 314, 316, 323, 326, 329, 372-3, 389-90n, 414n, 416n, 430n, 433n, 475n, 480n
Goulart, Manuel, 394n
Grã-Bretanha *ver* Inglaterra
Guanabara, baía de (RJ), 77, 152, 273, 282, 311, 381
Guarda do Rio Marmelada (Abaeté, MG), 80
Guerra de Independência dos Estados Unidos (1775–83), 86
Guerra dos Emboabas (1707-9), 65
Guiné, 83, 372

Haia (Holanda), 71
Haiti, 166
Hampden (navio inglês), 100
Heliodora, Bárbara, 197, 379
Hemings, James, 146
Henrique IV, rei da França, 304
Henriques, Manuel (Mão de Luva), 99, 105-9, 113, 182
Histoire philosophique et politique des établissements et du commerce des européens dans les deux Indes (Raynal), 196
Homero, 36
Horácio, 36
Hospital da Ordem Terceira da Penitência, prisão do (Rio de Janeiro), 341
Hôtel des Menus-Plaisirs (Versalhes), 289
Humphreys, David, 382

Idade Média, 212, 341

Igreja católica, 42, 111, 173, 342, 364
Igreja Nova, arraial da (Barbacena, MG), 99, 101, 251, 302
igrejas de Vila Rica, 39, 117
Iguaçu, rio (RJ), 283
Ilha das Cobras, fortaleza da (RJ), 311, 313-4, 316, 323-5, 327, 329, 332, 334-6, 381, 465n, 477n
Ilha de Santa Catarina (Florianópolis, SC), 74
Iluminismo, 71, 137-8, 141-2, 148-9, 169-70, 193, 214
Império Português, 50, 66, 175, 228, 257, 261, 312, 341, 371, 374; *ver também* América portuguesa; Portugal
Império Romano, 53
imprensa no Brasil, 373
inconfidência, crime de, 225, 318, 344
Índia, 83, 165
índios/indígenas, 33, 49, 66-7, 75, 95-9, 105, 148, 150, 188, 213-4, 311, 366
indústria em Portugal, precariedade da, 51
indústria no Brasil, proibição da, 79
influenza, 334
Inglaterra, 42, 51, 54, 56, 121, 135-6, 140, 145, 154, 156-7, 183-4, 186, 192, 211, 415n
Inhomirim, rio (RJ), 74
Inquisição *ver* Santo Ofício, tribunal do
Isabel (escrava da família Silva Xavier), 44
Isabel, santa, 133
Itambé, sítio do (Santo Antônio do Itambé, MG), 303

Jardim (bandido), 98
Jardim, Márcio, 465n
Jay, John, 150
Jefferson, Thomas, 140-2, 145-50, 153-4, 156, 170, 172, 216, 330, 348, 382-3, 420n, 422n
Jerônimo (menino escravo), 125, 216, 325
Jesus, Antônia Maria de, 395n
Jesus Cristo, 40, 44, 53, 118, 173, 213, 262, 355, 361, 363, 384
João Camundongo (escravo de Tiradentes), 216, 325, 455n

Joaquim, Tomás, 115
Joaquina (filha de Tiradentes e Antônia), 124-5, 129, 178, 191, 206, 325, 346, 367, 380, 417n, 426n, 485n
João VI, d. (príncipe regente), 110-1, 330, 370, 377, 404n
José, d. (príncipe do Brasil, herdeiro de Portugal), 257, 345
José I, d. (rei de Portugal), 51, 71, 84-5, 110, 138, 169, 344, 360
judeus, 43
Juiz de Fora (MG), 73, 251

Kant, Immanuel, 72
King George (navio inglês), 100
Kubitschek, Juscelino, 414n

Laje, arraial da (Resende Costa, MG), 239-40, 301
Lampadosa, largo da (Rio de Janeiro), 350, 362
Lapa, bairro da (Rio de Janeiro), 139
Lapinha (atriz Joaquina da Lapa), 155
Laranjeiras, córrego (Rio de Janeiro), 151, 272
Latoeiros, rua dos (Rio de Janeiro), 288-9, 291
lavabo da sacristia da igreja de São Francisco de Assis (Aleijadinho), 118, 412-3n
Lavradio, marquês do, 74-5
Leal, Januário Garcia (Sete Orelhas/Tutu-Marambá), 98
Leal, José Mariano, 140, 154
Lei da Trintena (1752), 47-8
Leiria (Portugal), 233
Leitão, Sebastião Ferreira (padrinho de Tiradentes), 49-50, 54, 395n
Leite, Maximiano de Oliveira, 203, 210, 227, 336, 433n, 436n, 439n
Leme, pedra do (Rio de Janeiro), 76
Lemos, Carlos Francisco de, 116-7
lepra, 247
lesa-majestade, crime de, 85, 247, 341
Libertas quæ sera tamen (trecho de verso de Virgílio, lema da bandeira dos conjurados), 213, 223, 480n
Lima, Inácio Nogueira, padre, 290-1, 455n

língua geral, 152
Lisboa, 34, 36, 50-1, 65-71, 74, 76, 79, 81, 83-4, 99-100, 104-6, 110-2, 116, 130-2, 135-6, 144, 148, 151, 153, 155-6, 164, 168-9, 174-6, 184, 201, 209, 211-2, 226, 228, 235, 238, 241, 257, 261, 276, 281, 306-7, 319-20, 330-1, 333-4, 342, 345, 350, 352-3, 370, 372, 374, 376, 378, 381-3, 411n, 423n, 452n, 485n; *ver também* Portugal
Lisboa, Antônio Francisco (Aleijadinho), 39-40, 118, 260
livros sediciosos, 156
Lobo e Melo, José de Sousa, 115-6
Loja Maçônica de Paris, 141
Londres, 51, 71, 100, 120-1, 414n
Lopes, Joaquim, padre, 163
Luanda (Angola), 370
Luccock, John, 389n
Luís, José Vaz, 66
Luís XIV, rei da França, 54
Luís XV, rei da França, 50-1, 304
Luís XVI, rei da França, 140, 145, 289, 346

Macau (China), 66
Macedo, João Rodrigues de, 38, 80-3, 87, 200-2, 204, 218, 234-5, 263, 304, 306-7, 320, 329, 348, 378-80, 405n, 425n, 432n
Machado, Francisco Xavier, 185, 276-7, 284-5, 375, 455n
Maciel, Isabel Querubina de Oliveira, 181
Maciel, José Álvares, 139, 154, 156-9, 164, 167-70, 172-3, 180-1, 183-4, 192, 200, 203, 205-6, 209, 214-5, 217, 238, 264, 296, 303-4, 318, 328, 346, 350, 372, 430n, 433n, 440n, 474n
maçonaria, 141, 154
Madri, 111
Magalhães, Joaquim Pereira, 117
Magalhães, Joaquim Pereira de, padre, 391n
Maia e Barbalho, José Joaquim (Vendek), 139-42, 144, 146-9, 153-4, 156, 164, 172, 216, 348, 350, 372, 381-2, 420n, 422n
Maison Carrée, templo da (França), 147
mal de Parkinson, 170

Malheiro do Lago, Basílio de Brito, 223-4, 255, 265, 375, 379, 425n, 467n
Manique, Pina, 147, 169
Manitti, José Caetano César, 319-20, 335-7, 368, 378, 462n
Manso, Valeriano, 115
Mão de Luva *ver* Henriques, Manuel
Maranhão, 66, 377
Marapicu, arraial de (RJ), 283
Maria (amante de Jefferson), 146
Maria I, d. (rainha de Portugal), 71, 83-6, 110-2, 130, 134-5, 139, 142, 155, 164-5, 169, 175-7, 210, 211, 238, 248, 257, 334, 344-7, 351-4, 359, 366, 370, 374, 383, 412n
Maria Angola (escrava de Tiradentes), 124-5, 216, 325, 335
Maria Antonieta, rainha consorte da França, 346
Mariana (MG), 96, 199, 257, 260, 300, 368; *também* Seminário de Mariana
Mariana, d. (mãe de Maria I), 85
Mariana Vitória, d. (filha de Maria I), 110-1, 345
Marília (noiva de Gonzaga) *ver* Seixas Brandão, Maria Doroteia Joaquina de
Marília de Dirceu (Gonzaga), 7, 196, 373
Marucas (atriz Maria Jacinta), 155
mascates, 35, 58-60, 63, 73-4, 87, 192, 216, 300
Massachusetts (Estados Unidos), 213, 438n
Mata Atlântica (RJ), 76
Mata do Macaia, arraial de (MG), 220
Matias Barbosa (MG), 73, 87-8, 406n
Mato Grosso, 49, 81, 186, 251
Matosinhos, arraial de (MG), 133
Maxwell, Kenneth, 385, 451n
Mayne, Burn & Maynes (companhia financeira inglesa), 78
"mazombos", 216
medicina, 57, 120, 137, 139, 257, 345
Mello e Souza, Laura de, 465n
Melo, Francisco José de, 298-9, 320, 475n
Melo, Hipólita Jacinta Teixeira de, 297-8, 301-2, 320, 373
Melo e Castro, Martinho de, 71-3, 79, 83-4, 86, 103, 105, 139, 142, 163-6, 169, 174-7, 183, 189, 241, 307, 330-1, 334, 352-3, 370-1, 432n
Mendanha, fazenda (Lagoa Dourada, MG), 298
Mendonça e Faro, Luís Antônio Furtado de Castro do Rio de *ver* Barbacena, visconde de
Meneses, Luís da Cunha (Fanfarrão Minésio), 106-7, 109, 163-5, 168, 174, 177, 236-8, 411n
Meneses, Rodrigo José de, d., 79, 86, 89, 99-100, 104, 106, 234-6, 409n, 445n
Meneses e Valadares, Joana de (monja), 133
mercado de escravos (Rio de Janeiro), 77, 155, 282
Mercês, rua das (Vila Rica), 35
meretrício em Vila Rica, 37, 118, 182
Meriti, rio (RJ), 283
mestiços, 76, 95-8, 103, 371, 477n
Metastasio, Pietro, 155
México, 149
Minas Novas, vila de (MG), 60, 189, 400n
mineração, 34, 48, 50, 60, 65, 67, 69, 74-6, 80, 87, 90-1, 94-5, 98, 106, 109, 118, 122, 143, 151, 178, 187, 193, 195, 204, 214, 352, 379; *ver também* diamantes; ouro; prata
Minho (Portugal), 41-2, 52
Miranda Ribeiro, Teotônio Maurício de, 131
Miranda, Joaquim Veloso de, 176
Miranda, Manuel José de, 283, 284, 289, 455n, 475n
mitologia greco-romana, 36
Moçambique, 66, 370, 372-3, 380
moedas de ouro, cunhagem de, 51
Mogi das Cruzes, vila de (SP), 289
Molière (Jean-Baptiste Poquelin), 155
monopólio comercial português, 142, 144, 149, 156
Montanha *ver* Oliveira, Joaquim de
Monte Real (Portugal), 233
Montesquieu, barão de, 72
Montpellier (França), 139, 141-2, 153-4
Morais, Manuel Antônio de, 224
Morcego, fazenda do (MG), 102
Moreira, Manuel, 394-5n

Mortes, rio das (MG), 43, 98; ver também Rio das Mortes, comarca do (MG)
Mossuril (Moçambique), 370
mosteiros de Lisboa, 370
Mota, João Dias da, 253, 329, 372, 475n
Mota, Vicente Vieira da, 320, 379, 399-400n, 416n, 425n, 432n, 475n
motins, 65-7
Moura, Caetana Francisca de, 182
Mourão, Augusto Vaz, 400n, 415n
Movimento Revolucionário Tiradentes (MRT, organização da esquerda armada), 384
Mozart, Wolfgang Amadeus, 38
Mucuia (Moçambique), 370
muçulmanos, 43
Museu da Inconfidência (Ouro Preto, 384, 391n, 414-5n, 485n

negros, 35, 37, 43-4, 66-7, 76-8, 93, 95-8, 102-4, 188, 190, 194, 214-6, 221, 236, 301, 364, 367, 371, 477n; ver também escravos
"negros insurgentes" norte-americanos, 383
Neuchâtel (Suíça), 120
Nicolau (escravo), 371
Nictheroy (Niterói, RJ), 311
Nîmes (França), 142, 145-6, 150, 154, 382
Nordeste brasileiro, 60
Noronha, Antônio de, d., 68, 70, 73, 75
Noronha, João Antunes de, padre, 411n
Nossa Senhora da Ajuda, capela de (fazenda da família Silva Xavier), 42
Nossa Senhora das Mercês e Perdões, capela de (Vila Rica), 117
Nossa Senhora de Belém (navio), 176, 212, 225
Nossa Senhora de Guadalupe (navio), 372
Nossa Senhora do Bom Sucesso das Minas Novas do Araçuaí, vila ver Minas Novas, vila de (MG)
Nossa Senhora do Campo Alegre de Carijós (Conceição do Ibitipoca, MG), 173
Nossa Senhora do Carmo do Morro de Santa Quitéria, capela de (Vila Rica), 117

Nossa Senhora do Pilar, matriz de (Vila Rica), 39, 124, 368
Nossa Senhora Mãe dos Homens, igreja de (Rio de Janeiro), 131
Nova York, 34
Novo Redondo (Angola), 370
Nunes, Francisco da Silva, 45

Ocidente, 142, 183
Odisseia (Homero), 36
oligarquias, 138, 142-3
Oliveira, João Fernandes de, 276
Oliveira, Joaquim de (Montanha), 99, 102-5, 113, 170, 409n
Oliveira, José Lopes de, padre, 223, 265, 302, 370, 475n
Oliveira, Manuel Caetano de, 455n
Oliveira, Maria Inácia de, 170
Oliveira e Silva, Pedro de, 272, 276, 285, 455n
Oliveira Lopes, Antônio de (Fraca-Roupa), 198, 329, 366, 373, 475n
Oliveira Lopes, Francisco Antônio de, 144, 213, 226, 265, 297-303, 319, 346, 373, 474n
Oliveira Pinto, Antônio de, 144, 455n
Ópera Nova (Rio de Janeiro), 155, 189, 278, 422n
Ordem de Cristo (Portugal), 377
Ordem do Tosão de Ouro (Portugal), 345
Ordem Terceira de São Francisco, 42, 47
Ordem Terceira do Carmo, igreja da (Rio de Janeiro), 366
Ordenações Filipinas (leis portuguesas), 247, 341
Orelha Pé de Pato (bandido), 98
osorós, índios, 96, 105
Ourives, rua dos (Rio de Janeiro), 276
ouro, 33-4, 36-9, 41-4, 47, 50-2, 55, 60, 63-5, 67-70, 72-6, 79-80, 84-6, 88, 90-1, 94-100, 102, 106, 108-9, 111, 122, 124-5, 137, 143, 147, 149, 157, 164-6, 168, 175, 177, 179, 183, 187-8, 193-6, 198, 201, 212, 214-5, 218, 221, 225, 234, 236-7, 239, 251, 258, 281, 288-9, 331, 345, 347, 352, 379, 407n, 423n, 428n; ver

513

também "quinto" (tributo sobre a produção do ouro)
Ouro Branco, arraial de (MG), 300
Ouro Preto (MG), 116, 125, 381, 384, 392n, 480n, 485n; *ver também* Vila Rica
Ouro Preto, ponte do (Vila Rica), 221
Ouvidor, rua do (Vila Rica), 220, 258-9, 273, 295
Ovídio, 36
Oxford (Inglaterra), 121, 156

Pacheco, Severino Francisco, 400n, 415n
Paço da Ribeira (Lisboa), 84, 86
Paço Imperial (Rio de Janeiro), 404n
Pais, Antônio da Silva, 118
Pais Fundadores dos Estados Unidos (Founding Fathers), 140
Países Baixos Austríacos, 346
Palácio de Queluz (Portugal), 135, 360
Palácio do Governador (Vila Rica), 38, 117, 168, 174, 236, 238, 367
Palácio do Vice-Rei (Rio de Janeiro), 77, 155, 236, 276, 278, 336
Palácio Real (Madri), 111
Palácio Tiradentes (Rio de Janeiro), 422n
Pamplona, Inácio Correia, 263-4, 296, 307, 319-20, 376, 464n, 467n
Panteão do Museu da Inconfidência (Ouro Preto), 384
Pão de Açúcar (Rio de Janeiro), 76, 312
Pará, 186, 251
Paracatu, arraial de (MG), 70, 223
Paraíba, capitania da, 66
Paraíba, rio (RJ), 78, 105, 107, 288
Paraibuna, rio (MG/RJ), 92, 366
Paraopeba, fazenda (MG), 220, 257
Paraty (RJ), 229
pardos, 35, 37, 43, 188, 190, 211, 300
Paris, 34-5, 51, 85, 140-1, 145-6, 154, 196, 317, 331, 345, 374, 378, 381, 485n
Patrono Cívico da Nação, Tiradentes como, 384
Paty do Alferes, arraial de (RJ), 78, 282
Paulistas, rua dos (Vila Rica), 35

Pé Pequeno, sítio do (Raposos, MG), 406n
pedras preciosas, 60, 79, 86, 99, 112, 239, 289
Pedro (agregado da família Silva Xavier), 43-4, 216
Pedro I, d., 383
Pedro III, d. (rei consorte de Portugal), 86, 135, 164
pelourinho, 36, 96, 215, 252, 375, 480n
Penaforte, Raimundo da Anunciação, frei, 324, 354-5, 361-3, 366
Penney, David, 414-5n
Pereira, Francisco de Araújo, 144
Pereira, João da Silva, 445n
Pereira, Manuel Luís, 252
Pernambuco, 66, 186, 251
Pérsia, 83
Peru, 150
Pescadores, rua dos (Rio de Janeiro), 78
Pestana, Antônio de Fonseca, 240
Pestana, largo do (Vila Rica), 117
Petrópolis (RJ), 283
Piabanha, rio (Rio de Janeiro), 281-3
Pilar, freguesia do (MG), 117
Pinheiro, Miguel, 101-2
Pinto, Virgílio Noya, 407-8n
Piolho, rua do (Rio de Janeiro), 341, 360
Pires, Domingos, 429n
Pires Bandeira, Francisco Gregório, 237, 259, 446n
Pitangui, vila de (MG), 65, 210
pólvora, 78, 157, 191-2, 199, 206, 211, 221, 234, 240, 250, 258, 261, 272, 288, 292, 346, 360, 429n
Pombal, fazenda do (Ritápolis, MG), 42-3, 46, 48-50, 52, 60, 87, 122, 123, 216, 395n
Pombal, marquês de (Sebastião José de Carvalho e Melo), 71, 138
Ponta do Morro, fazenda (MG), 297-8, 300, 373
Ponte de Lima, vila de (Portugal), 224
Ponte Seca, rua da (Vila Rica), 117, 125, 178-9, 380
pontes de Vila Rica, 37-8
Pontével, Domingos da Encarnação, d., 260

população de Lisboa, 84
população de Vila Rica, 33, 77, 84
população do Rio de Janeiro, 77
Porto (Portugal), 176, 225, 433n
Porto da Estrela (Magé, RJ), 74
Porto de Meneses (Além Paraíba, MG), 90
Portugal, 41-2, 47, 49-52, 65-8, 72-6, 81, 83, 97, 100, 104, 110-1, 115, 130, 132-5, 137-8, 143, 147-51, 156, 158, 164-6, 169, 172-3, 175-6, 178, 183, 189-92, 211, 214, 216, 224-5, 233, 238, 241, 247, 251, 256, 291, 312, 331, 333, 344-6, 374-7, 381-3; *ver também* Lisboa
Praça Tiradentes (Ouro Preto. MG), 480n
Prados, arraial de (MG), 163, 395n
prata, 35, 44, 85, 119-20, 123, 133, 155, 196, 289, 362
Preto, rio (MG/RJ), 87, 90, 92
Princesa de Portugal (navio), 372
Proclamação da República (1889), 384
Provença (França), 150
Províncias Unidas (Holanda), 166
puris, índios, 75, 96, 105

Quadrilha da Mantiqueira, 99, 102-3, 105
quadrilhas de bandoleiros, 98-9
Quartéis, rua dos (Rio de Janeiro), 282
Quiabos (bandido), 98
quilombolas, 58, 67, 96-8, 367, 480n
quilombos, 96-7
"quinto" (tributo sobre a produção do ouro), 50-1, 72, 89, 100, 135, 164-5, 175-7, 206, 212, 225, 234, 255, 258, 260, 279, 315, 331, 347, 374; *ver também* ouro
Quitanda, rua da (Rio de Janeiro), 276

Ramos, José Monteiro de Macedo, 311, 477n
Ramos, Pantaleão da Silva, padre, 124
Ravaillac, François, 304-5
Raynal, Guillaume Thomas François, abade, 196, 217, 430n
Real Fazenda, 52, 88, 112, 131, 177, 194, 201, 206, 212, 218, 224, 228-9, 237, 241-2, 248, 259, 265, 331

Rebelo, Francisco Antônio, 254, 256
Recôncavo da Guanabara (Baixada Fluminense, RJ), 283
Recueil des loix constitutives des colonies angloises, confédérées sous la dénomination d'États-Unis de l'Amérique-Septentrionale (compêndio de leis norte-americanas), 157, 183-6, 195, 212, 216, 230, 273, 276, 285, 380-1, 485n
Regimento Regular de Cavalaria de Minas, 67, 70, 72, 74-5, 78, 113, 130, 177, 180, 182, 188, 193, 196, 199, 203, 210-1, 221-2, 226, 229, 235, 248, 261, 263, 265, 278, 286, 296, 299-300, 303, 312, 318, 320-1, 328, 335, 372
Registro de Matias Barbosa, posto fiscal (Matias Barbosa, MG), 87
Registro do Paraibuna, posto fiscal (Simão Pereira, MG), 87, 90, 113, 180, 207
Registro do Ribeirão da Areia, posto fiscal (Pitangui, MG), 80
Registro Velho, fazenda do (Barbacena, MG), 73, 94, 100, 172, 251, 371
Rego Fortes, Manuel Joaquim de Sá Pinto do, 283, 285, 320, 455n, 475n
relógios de bolso, 120-1, 414-5n
relojoeiros suíços, 120
Renascentismo, 120
Rendón, Inácio de Andrade Souto Maior, 283
republicanismo, 139, 147-9, 182, 196, 198, 212, 255, 266, 276, 384
Resende, Artur Vieira de, 393n
Resende, conde de (José Luís de Castro), 334
Resende Costa, José de (pai), 225, 226, 239-40, 248, 255, 263, 321, 350, 372, 474n
Resende Costa, José de (filho), 240, 321, 350, 372, 474n
restos mortais de Tiradentes, 365, 367-8, 384, 479n
Retábulo com a Santíssima Trindade (Aleijadinho), 40; *ver também* Santíssima Trindade, devoção de Tiradentes à
Revolução Americana (1776), 135, 138, 142, 148, 154, 183-5, 213, 216, 259
Revolução Francesa (1789), 289, 331, 346, 374

Revolução Industrial (Inglaterra), 156
Ribeirão, lugarejo (Queluzito, MG), 242
Ribeiro, Fernando José, 475n
Ribeiro, José Pereira, 139, 154
Rio da Prata, região do (Uruguai e Argentina), 74
Rio das Mortes, comarca do (MG), 41-3, 48, 52, 63, 133, 143, 145, 159, 163, 170, 174, 192-5, 197-8, 200, 204, 210, 217, 220, 223, 226, 235, 239-40, 250, 262, 297-8, 426n, 452n
Rio das Pedras, arraial do (MG), 94
Rio das Velhas, comarca do (MG), 63, 78, 174
Rio de Janeiro, capitania do, 73-5, 86-8, 94, 109, 129, 138, 140, 142, 144, 159, 180, 186, 200, 205, 207, 209, 212, 221, 229-30, 234, 238, 242, 249, 251, 260, 262-3, 266, 271, 281, 283, 369
Rio de Janeiro, cidade do (RJ), 33-4, 36, 40, 48, 57-8, 66, 74, 76-7, 93, 100, 103, 122, 129-31, 144-5, 150-1, 154-5, 167, 170, 182, 194, 199, 209, 228, 259, 278, 280, 287, 296, 311, 318, 327, 334, 346, 352-3, 360, 365, 367, 372, 374, 381, 403n, 414n, 445n, 447n, 449n, 479n, 485n
Rio Grande do Norte, 66
Rio Grande do Sul, 74
Rocha, José Joaquim da, 188-90, 329
Rocinha da Negra, região da (Simão Pereira, MG), 92, 114, 117, 122, 125, 151, 178, 325, 379
Rodrigues, João da Costa, 198, 253, 329, 475n
Rodrigues, Joaquim, 113
Rolim, José da Silva e Oliveira, padre, 144-5, 159, 167-8, 173, 191, 199, 203, 205-6, 208, 215, 222, 228, 238, 248, 262, 264, 299, 302-4, 316, 328, 349, 370-1, 433n, 435n, 447n, 475n
Roma Antiga, 36, 117
Romeiro, Adriana, 451n
Rosário, ponte do (Vila Rica), 37
Rousseau, Jean-Jacques, 72
Rugendas, Johann Moritz, 477n

Sabará (bandido), 98
Sabará, vila de (MG), 69, 80, 93, 201, 234, 319, 368, 376

Sacramento, Mônica Antônia do, 273
Saint-Hilaire, Auguste de, 400n, 403n, 424n, 461n
Saint-Honoré, Rue (Paris), 35
Sala do Oratório (Cadeia da Relação do Rio de Janeiro), 346-8, 350, 352-4, 359-60
Saldanha, Pedro José Araújo de, 170-1, 173, 326, 335
salitre, 192, 288, 430n
Sally (escrava de Jefferson), 146
salteadores, 59, 98, 101, 103; *ver também* bandoleiros
Salvador (BA), 33-4, 210, 383
Salvaterra de Magos (Portugal), 165
Santa Casa de Misericórdia (Vila Rica), 36
Santa Catarina, 381, 485n
Santa Clara, convento de (Portugal), 133, 136
Santa Efigênia dos Pretos, capela de (Vila Rica), 117
Santa Maria dos Olivais, freguesia de (Lisboa, Portugal), 79
Santa Quitéria, morro de (Vila Rica), 36, 38, 117
Santa Rita (navio), 372
Santana da Carnota (Portugal), 78
Santana da Ressaca, vila de (Carandaí, MG), 49, 73
Santiago de Compostela (Espanha), 154
Santíssima Trindade, devoção de Tiradentes à, 40, 45, 123-4, 213, 361-2
Santíssimo Sacramento, irmandade do, 42, 47
Santo André de Codeçoso, aldeia de (Portugal), 41, 392n
Santo Antônio, convento de (Rio de Janeiro), 347, 354, 359
Santo Antônio, matriz de (São José del-Rei, MG), 195-7, 225
Santo Antônio, rio (MG), 43
Santo Ildefonso, freguesia de (Portugal), 176
Santo Oficio, tribunal do (Inquisição), 137
Santos (SP), 66, 300
Santos, Francisco dos (escravo), 80
Santos, Lúcio José dos, 394n

São Bento, morro de (Rio de Janeiro), 311
São Bento do Tamanduá, arraial de (Itapecerica, MG), 98
São Cristóvão (Rio de Janeiro), 282, 285, 289
São Domingos (Haiti), 165
São Domingos, campo de (Rio de Janeiro), 360
São Francisco, rio, 79, 210
São Francisco da Cidade, convento de (Lisboa), 370
São Francisco de Assis, igreja de (Vila Rica), 39-40, 118, 412-3n
São Francisco de Assis, rua (Vila Rica), 295
São João Batista, igreja de (São Luís, MA), 377
São João del-Rei, vila de (MG), 42, 49, 75, 80, 87, 193, 197, 210-1, 217, 302, 319, 368
São José, ponte de (Vila Rica), 37, 117, 189-90
São José, rua (Vila Rica), 40, 117, 123-4, 178, 200, 304, 367, 379, 391n, 409n, 480n
São José del-Rei, vila (MG), 42, 45, 48, 52, 102, 193, 195, 199, 220, 223, 225-6, 262, 298, 301
São Julião da Barra, fortaleza de (Lisboa), 370
São Luís (MA), 377
São Martinho de Leitões, vila de (Portugal), 49
São Miguel e Almas, capela de (Vila Rica), 117
São Paulo, capitania de, 58, 81, 200, 205-6, 209-10, 260
São Paulo, vila de (SP), 42, 300
São Pedro, rua (Rio de Janeiro), 259, 288, 457n
São Sebastião, catedral de (Rio de Janeiro), 404n
São Sebastião do Rio Abaixo, arraial de (Ritápolis, MG), 43
São Vicente, vila de (SP), 66
sarampo, 77, 84, 111
Sardinha, Manuel Pires, 276
Sardinha, Simão Pires, 163, 275-6, 285, 455n
Sátiras (Horácio), 36
Sebastião, são, 44
Secretaria da Marinha e Domínios Ultramarinos (Portugal), 71, 79, 86, 103, 105, 115, 163-4
Seixas Brandão, Maria Doroteia Joaquina de, 196, 258, 316
Seminário de Mariana, 45, 48-50

Senado da Câmara do Porto (Portugal), 111
Senado da Câmara do Rio de Janeiro, 365, 370
Senhora Mãe dos Homens, rua da (Rio de Janeiro), 291
senhores de escravos, 90, 215
senzalas, 37, 42, 57, 88, 92, 96, 108, 214-6
Sergipe, 66
Serra da Estrela (Portugal), 156
Serra da Mantiqueira (MG/RJ/SP), 73, 86-7, 90, 95, 99, 103, 106, 113, 117, 170-2, 211, 216, 283, 325, 379
Serra das Abóboras, arraial da (Paraíba do Sul, RJ), 92
Serra de Petrópolis (RJ), 283
Serro do Frio, comarca do (MG), 63, 68, 144-5, 159, 167, 174, 204, 206, 223, 275, 298-9, 303
Sertão da Farinha Podre, região do (Triângulo Mineiro), 192
Sertão do Leste (Cachoeiras de Macacu, MG/RJ), 99
sertão do São Francisco, 66
Sertões da Cachoeira do Macacu, região dos (RJ), 105
Sete Lagoas, arraial de (MG), 78-83, 86, 115
Sete Orelhas *ver* Leal, Januário Garcia (Sete Orelhas/Tutu-Marambá)
sífilis, 77
Silva dos Santos, Antônio da (irmão de Tiradentes), 43, 45, 47, 49, 393n
Silva, Alexandre da (Alexandre Pardo), 60, 215, 303, 316, 371, 400n, 475n
Silva, Ana Maria Rosa da, 118
Silva, Antônio Gonçalves da, 395n
Silva, Caetana da, 118
Silva, Carlos José da, 445n, 468n
Silva, Chica da, 167, 275
Silva, Eugênia Joaquina da, 125, 485n
Silva, família (ramo paterno de Tiradentes), 41, 49
Silva, Francisco Coelho da, 66
Silva, João da (escravo), 80
Silva, Luís Vieira da, cônego, 159, 204, 212, 257-9, 264, 296, 303, 370-1, 416n, 475n
Silva, Maria Josefa da, 118, 179

Silva, Quitéria Rita da, 167
Silva, Simplícia da, 118
Silva dos Santos, Domingos da (pai de Tiradentes), 41-8, 50, 52, 118, 392n, 394n, 396n, 415n; ver também Xavier, Antônia da Encarnação (mãe de Tiradentes)
Silva e Melo, Francisco Manuel da, 444n
Silva Xavier, Antônia da (irmã de Tiradentes), 43, 46
Silva Xavier, Domingos da (irmão de Tiradentes), 43, 45, 48-9, 393n
Silva Xavier, Eufrásia da (irmã de Tiradentes), 43
Silva Xavier, família, 44, 48-9, 87
Silva Xavier, José da (irmão de Tiradentes), 43
Silva Xavier, Maria Vitória da (irmã de Tiradentes), 43, 49, 395n
Silveira Frade, José Bernardo da, 144, 383
Silvério dos Reis, Joaquim, 145, 218, 233-43, 247-51, 254-6, 260-1, 264-6, 280-2, 284-8, 290-1, 296-8, 306-7, 312-5, 318, 320-2, 328, 332-3, 337, 347-8, 376-8, 444-6n, 448n, 451-2n, 467n
Simão Pereira (MG), 73
Sintaxe latina (Dantas), 45
Sol, rua do (São José del-Rei), 197, 241
sonegadores, 73, 90, 177
"Sonho poético" (Alvarenga Peixoto), 384
Sorocaba (SP), 58
Sousa, Francisca Arcângela de, 216
Sousa Câmara, Joaquim Pedro de, 133-4
"subúrbios" do Rio de Janeiro, 151, 228, 278, 381
Sucusarará, rua do (Rio de Janeiro), 342
Suíça, 120-1, 166, 415n

Taubaté, vila de (SP), 195, 206
Távora, família, 85
Tejuco, arraial do (Diamantina, MG), 167, 262, 299, 302-3
templos romanos do sul da França, 147
terremoto de Lisboa (1755), 51
testamento dos pais de Tiradentes, 46-7, 394n
Testoride argonauta (drama musical), 135
Tiradentes: esquisse biographique (Cordeiro), 378

tira-dentes, ofício de, 56, 58, 63-4, 122, 325, 349, 398-9n
"tirar dentes", arte de, 50, 55-6, 123, 130, 323-4, 337; ver também dentes, ofício de tratar dos
Toledo e Melo, Carlos Correia de, padre, 144, 159, 195-7, 199-200, 203-7, 210-1, 215, 217, 220, 223, 225-6, 228, 240-1, 248, 262-3, 298, 301-4, 314, 328, 336-7, 349, 370, 416n, 432-3n, 438n, 475n
Toledo Piza, Luís Vaz de, 197, 211, 225-6, 240, 248, 301-2, 372, 474n
treze colônias britânicas, 86, 135, 183; ver também América inglesa
Tribunal da Relação (Rio de Janeiro), 342, 370
Tristes (Ovídio), 36
tropeiros, 35, 58-9, 73, 99, 191, 251, 365
tuberculose, 77, 154, 320
tumbeiros (navios negreiros), 77
Túpac Amaru II, 150
tupi, idioma, 152
Tutu-Marambá *ver* Leal, Januário Garcia (Sete Orelhas/Tutu-Marambá)

Ulhoa, Duarte Lopes de, 81-2
Universal Magazine of Knowledge and Pleasure, The (revista inglesa), 120
Universidade de Coimbra, 50, 71, 137-9, 143, 147, 156, 169, 193, 197, 240, 342, 372
Universidade de Montpellier, 139, 141, 422n
Universidade Harvard, 184
Urca, morro da (Rio de Janeiro), 76
"ursos" (bons alunos de Coimbra), 137, 144

Vainfas, Ronaldo, 451n
Vale de Joux (Suíça), 120
Vale do Paraíba (RJ), 78
Valongo, porto do (Rio de Janeiro), 77, 151-2, 272, 282, 381
Vargem, fazenda da (Matias Barbosa, MG), 296
Varginha do Lourenço, arraial da (MG), 198, 251, 253-4, 366
varíola, 77, 257, 345

Vasconcellos, Diogo Luís de Almeida Pereira de, 413n
Vasconcelos, Diogo Pereira Ribeiro de, 368
Vasconcelos, Fernando de, 115
Vasconcelos e Sousa, Luís de, d., 105, 108, 228-9, 264, 266, 275, 277-82, 287, 291, 296, 313, 316, 333-4, 394n
Vasconcelos Lobo, Roberto Mascarenhas de, 467n
Vasques, Manuel Correia, 273
Vaz, Januário, 102
Veloso, José Mariano da Conceição, frei, 45, 57, 192
Veloso, Vitoriano Gonçalves, 299-301, 303, 371, 475n
Venda Nova, arraial de (MG), 79
Vendek *ver* Maia e Barbalho, José Joaquim
Versalhes (França), 289
Vidal, irmãos (Francisco e José), 113-4
Vidigal, Francisco Pereira, 291
Vieira, Antônio, padre, 55
Vieira, Domingos de Abreu, 191, 206-7, 218, 228-9, 259, 262, 264-5, 303, 321, 328, 336, 343, 346, 371-2, 414n, 435n, 474n
Vigarous, Joseph, 141
Vila de Nossa Senhora dos Remédios de Paraty (RJ), 229
Vila do Carmo (Mariana, MG), 65, 73
Vila Nova da Rainha (Caeté, MG), 65
Vila Real de Nossa Senhora da Conceição do Sabará (MG), 65

Vila Rica, 33-5, 37-41, 54, 57, 63-6, 68, 73, 76, 78-80, 84, 86-7, 94, 98, 100-1, 104, 106-7, 112-23, 129, 131, 143-4, 151, 156-7, 159, 165, 167-8, 170, 174, 177-9, 182-4, 189-90, 192-3, 196, 198-9, 201, 203-10, 212, 214-5, 217, 221-8, 230, 235, 238, 242, 247, 250, 254-5, 257-8, 260-3, 265, 272, 279-81, 284-5, 287, 295-6, 298-300, 303-6, 316, 318-20, 323, 326, 328, 330, 367-9, 373, 377, 380-1, 383, 389n, 399-400n, 415n, 426n, 428n, 452n, 461n, 479n, 485n; *ver também* Ouro Preto
Vila Rica, morro de (Rio de Janeiro), 77
Vila Viçosa (Portugal), 134
Vilas-Boas, Antônio Caetano de Almeida, padre, 424n
vinhos franceses, 146
Vira-Saia *ver* Alves, Antônio Francisco
Virgem Maria, 44, 354
Virgílio, 36, 213, 439n
Virgínia (Estados Unidos), 146, 216
Vivaldi, Antonio, 38
Voltaire (François-Marie Arouet), 72

Washington, George, 54, 184, 317
Werneck, sítio do (RJ), 221, 296

Xavier, Antônia da Encarnação (mãe de Tiradentes), 42-8, 50, 52, 70, 392n, 394n, 396n, 415n; *ver também* Silva dos Santos, Domingos da (pai de Tiradentes)
xopotós, índios, 96, 105

ESTA OBRA FOI COMPOSTA PELA SPRESS EM DANTE E IMPRESSA EM OFSETE
PELA GEOGRÁFICA SOBRE PAPEL PÓLEN SOFT DA SUZANO PAPEL E CELULOSE
PARA A EDITORA SCHWARCZ EM JULHO DE 2018

A marca FSC® é a garantia de que a madeira utilizada na fabricação do papel deste livro provém de florestas que foram gerenciadas de maneira ambientalmente correta, socialmente justa e economicamente viável, além de outras fontes de origem controlada.